Foreign Policy and Diplomacy

외교정책 그리고 외교

송 영 우 지음

KYOWOOSA 교우사

머리말

이번에 출간하는 『외교정책 그리고 외교』 이 책은 나의 저서 『현대 외교론』(초판 2쇄 그리고 개정판 2쇄)과 『외교정책론』(초판 2쇄)을 한 권의 책으로 엮은 것이다.

외교정책과 외교는 국제정치를 실제로 전개하는 중요한 분야이다. 처음에는 이 두 분야를 각각의 책으로 나누어 출간하였다. 그러나 외교정책과 외교는 전혀 별개의 분야가 아니라 맥(脈)을 같이 하고 있는 분야이다.

외교정책과 외교는 바늘과 실의 관계와 같은 불가분의 연관성을 갖고 있다. 만일 외교정책이 없다면 외교의 실질적 존재의미는 상실될 것이고 또 외교가 없다면 외교정책의 추진은 매우 어려울 것이다. 외교가 있어야 외교정책을 실현시킬 수 있고 외교정책 목표를 성취시켜 국가 이익을 증진시킬 수 있다. 그러므로 외교정책 없는 외교 그리고 외교 없는 외교정책은 모두 그들의 존재 의미를 가질 수 없을 것이다. 이러한 측면에서 볼 때 긴밀한 연관성을 갖고 있는 외교정책과 외교를 한 데 묶어 한 권의 책으로 출간하는 것은 꼭 필요한 일이라고 생각된다. 처음부터 외교정책과 외교 두 분야를 한 권의 책으로 묶어 출간하는 것이 바람직한 일이었겠지만 이 두 권의 책이 각각 출간될 때에 나는 그렇게 할 수 있는 능력이 없었다. 두 권의 책을 한 권의 책으로 엮으면서 두 분야를 연결해서 생각하는데 절실하지 않은 부분은 새 책에 포함시키지 않았다. 『외교정책 그리고 외교』 이 책은 국력 및 외교정책 목표에 초점을 맞추어 내용을 전개하였고 그리고 부분적으로 수정하였고 또 보충하였다. 이 책은 제1부 및 제2부로 구성되었다. 제1부에서는 외교정책을 다루었고 제2부에서는 외교를 다루었다. 제1부에서는 주로 외교정책의 결정에 초점을 맞추어 내용을 전개하였고 제2부 외교에서는 주로 외교정책을 실천하는 행위에 초점을 맞추어 내용을 전개하였다.

무정부적인 국제사회에서 배타적인 성격을 강하게 갖고 있는 독립된 주권 국가간에 전개되는 국제정치에서 힘은 절대적이고 필수적인 요소이다. 힘이란 어떠한 형태의 힘이든 다른 국가의 결정과 행위를 지배할 수 있는 힘을 의미한다. 좀 더 구체적으로 말하면 여기서 말하는 힘이란 영향력을 의미하는 것이다. 오늘날 국제정치에서 말하는 강대국이란 다른 국가와 싸우지 않고 소기의 목적을 달성할 수 있는 국가를 말하는 것이다. 이러한 국가가 되기 위해서는 다른 국가에 대해 효율적인 영향력을 행사할 수 있는 영향력 행사의 기초 및 근거를 갖는 일이다. 이러한 기초 및 근거를 갖기 위해 국가는 지속적으로 영향력 행사의 기초 및 근거를 구축할 수 있는 외교적 노력을 꾸준히 하여야 한다.

국제정치(International Politics)는 문자 그대로 국가간의 정치이다. 국제정치에서 정치란 국가간의 지배－복종의 과정이다. 각 국가는 보다 많은 것 그리고 보다 큰 것을 얻기 위해 국가간 상호 접촉하고 교류하며 한 당사국이 다른 당사국을 지배하려 한다. 이와 같이 한 당사국은 다른 당사국의 결정 및 행위를 지배하려하며 보다 많은 것을 얻으려하고 다른 당사국은 국가 이익을 훼손시키지 않기 위해 복종하지 않으려 할 것이다. 이러한 현상이 국제정치의 과정이다. 이러한 국제정치의 과정은 국가의 이름으로 결정하고 행위하는 정부에 의해 구체적으로 전개된다. 각 국가의 정부는 유형 또는 무형의 국가 이익을 극대화하기 위해 외교정책목표를 설정한다. 정부는 이 외교정책목표를 성취시키기 위해 구체적으로 외교정책을 결정하고 그 결정을 실천하기 위해 외교행위를 행한다. 외교정책 목표는 국가 이익의 한 부분을 담고 있고, 외교정책은 이 목표를 달성하기 위해 무엇을 하겠다는 정부의 의사결정이고 그리고 외교는 외교정책을 실현시키기 위해 어떻게 하겠다는 의사 표시행위 및 의사 전달행위이다.

외교정책목표, 외교정책 그리고 외교가 잘 조화를 이루어야 국가이익을 극대화할 수 있다. 외교정책목표는 이상적이거나 추상적이지 않고 현실적이어야 한다. 외교정책목표가 비현실적이라면 이 목표를 성취시키기 위한 외교정책의 수립이 매우 어려울 것이고 또는 외교정책 역시 비현실적일 수 있기 때문에 구체적인 외교행위의 전개가 이루어질 수 없을 것이다. 그렇기 때문에 외교정책 목표가 현실적이고 실현가능한 것이어야 하고 그렇게 되어야 외교정책이 구체적으로 결정될 수 있고 동시에 실질적인 외교행위의 전개가 가능할 것이다. 외교정책과 외교는 국제정치의 틀 속에서 함께 연구되어야 그의 실효성이 커질 것이고 소기의 목적을 달성할 수 있다. 연구에서 뿐만 아니라 실제 정부에서도 현실의 국제정치 틀 속에서 국가의 이익을 위해 외교정책 목표, 외교정책 그리고 외교를 함께 묶어 결정하고 전개하여야 할 것이다. 이와 함께 학자들에 의해 만들어지는 이론도 실제 상황에 입각해서 체계화되어야 그 이론이 실용성을 갖게 될 것이며 실제로 외교정책목표를 설정하고 외교정책을 결정하고 외교행위를 수행하는 정부의 실무자들도 체계적인 이론에 근거해서 그의 임무를 수행하여야 그 또한 소기의 목적을 달성하게 될 것이다.

일반적으로 일반 사람들뿐만 아니라 학자 등 전문가들도 학술용어들을 사용할 때 그 용어들의 개념을 구체적으로 정의하지 않고 사용하고 있다. 학술용어들은 매우 커다란 현상 또는 추상적인 생각들을 담고 있다. 예를 들면 민주주의, 민족주의, 정치 등의 용어들은 매우 커다란 현상이고 다양한 의미를 담고 있다. 이러한 용어들의 개념을 구체적으로 정의하지 않고 사용한다면 그것을 사용하는 사람 자신도 명확한 의미를 모르고 그것을 사용하게 될 것이며 이런 사정 하에서 쓰여진 글은 자신도 잘 모르게 글을 쓰게 될 것이고 독자들은 그 글의 내용을 이해하기 어려울 것이다. 독자들의 이해를 돕기 위해 이 책에서는 주요 용어들의 개념을 구체적으로 정의하였다. 나는 국가의 이익이 무엇이고 외교정책목표가 무엇이며 구체적으로 외교정책, 외교 등을 정의하였다.

나는 국제정치를 공부하는 사람 그리고 국제정치에 관심을 갖고 있는 사람들에게 국제정치 현상을 이해하고, 그것을 설명하고 더 나아가 국제정치 현상을 분석하는 데 도움이 될 수 있기를 기대하며 이 책을 저술하였다. 나는 이 책에서 국제정치의 현상을 소개하거나 설명하지 않고 국제정치의 현상을 체계적으로 정리할 수 있는 틀을 제공하려고 노력하였다.

나의 글이 이처럼 책으로 출간되는데 여러 사람의 도움을 받았다. 나는 펜을 들고 손으로 글을 쓴다. 내가 손으로 쓴 글을 컴퓨터작업을 통해 책으로 출간될 수 있는 원고로 정리해준 고려대학교 대학원에 재학중인 이선영 양의 도움에 감사한다. 내가 탈고를 하고 출간을 고민하고 있을 때 이 원고가 책으로 만들어져 세상에 빛을 볼 수 있도록 기회를 마련해준 한국국방연구원 전문연구위원 이창형 박사에게 감사의 마음을 전한다. 그리고 이 졸고의 출간을 흔쾌히 허락해주신 교우사 오판근 사장님께 감사의 말씀을 드린다.

2014년 3월

송 영 우

차 례

제2부 외교

제1부

외교정책

1
외교정책 및 외교의 근간

국가의 국력

국가는 국가의 이익을 극대화하기 위해 외교정책목표를 설정하고 이 목표를 성취시키기 위해 외교정책을 결정하고 외교행위를 행한다. 이 외교정책목표는 특정 국가를 상대로 특정 목표를 성취시키려 한다. 동시에 외교정책도 그리고 외교도 모두 특정 국가를 대상으로 하여 결정되고 실제 행위로 옮겨진다. 외교정책이란 한 국가가 다른 특정 국가에 대해 무엇을 하겠다는 의사결정이고 외교란 한 국가가 다른 특정 국가에 대해 어떻게 행위 하겠다는 의사표시행위 및 의사전달행위이다.

외교정책과 외교는 모두 국가에 의해 그리고 특정 국가에 대해 전개되는 국제정치적 행태이다. 국제정치는 문자 그대로 국가간의 정치(Inter-national Politics)이다. 즉 국제정치는 국가에 의해서 그리고 국가간에 전개되는 정치이다. 근본적으로 국제정치의 본질은 법에 의해서라기보다는 힘에 의한 지배 및 복종의 과정이다. 그렇기 때문에 국제정치에서 국가의 힘 즉 국력은 절대적이고 필수적인 요소이다.[1] 그리하여 각 국가는 자국의 국력을 극대화하려 노력한다. 국가간에 전개되는 국제정치적 행위인 외교에서 국력은 크게 작용한다. 국가의 모든 대외행위는 군사적, 경제적, 기술적, 심리적 힘의 그늘 아래에서 이루어진다는 것은 사실로 인정되고 있다. 그러므로 국가가 대외행위를 할 때, 각 국가의 국력의 정도를 고려하는 일은 매우 중요하다.[2]

2012년 초 중국 당국은 북한으로부터 탈출한 탈북자들을 난민으로 인정하지 않고

---

1) Roger Hilsman, The Politics of Policy Maing in Defense and Foreign Affairs, 3rd ed. (Upper Saddle River, NJ: Prentire-Hall, INC., 2000), pp.76-77.

2) Herman F. Eilts, "Diplomacy-Contemporary Practice," in Elmer Plishke(ed.), Modern Diplomacy (Washington, D.C.: American Enterprise Institute, 1981), pp.11-12.

불법입국자로 간주하여 본인들의 뜻과는 다르게 이들을 강제로 북한으로 되돌려 보냈고 앞으로도 돌려보내려고 한다. 이들이 북한으로 돌아가면 북한 당국은 이들을 처벌하고 그의 친족까지 처벌 대상에 포함시킨다. 이러한 사실을 알고 있는 한국은 대통령, 및 외교통상부장관도 중국 당국자들에게 직접 탈북자들의 북한 송환을 중지하도록 요구하였다. 그러나 우리 정부의 이러한 의사 전달 행위가 효력을 발휘하지 못하는 것으로 보여졌다. 그러자 많은 사람들은 한국정부의 대중국외교가 소극적이고 우리정부의 대중국 외교가 무기력하게 전개된다고 비난하였다. 또 일부 정치권 인사들은 탈북자 관련 정책을 분명히 하고 탈북자가 강제 송환 문제의 실질적 해결 방안을 공개하라고 촉구하였다.

한국정부는 중국에 머물고 있는 탈북자의 강제 북송을 저지해야 한다는 외교정책 목표를 성취시키기 위한 보다 적극적인 외교정책 및 외교가 요구되어지고 있다. 더 자세히 말하면 우리 정부의 대중국 외교가 효력을 발휘하여 탈북자가 강제로 북으로 되돌려 보내는 일을 막아야 한다. 우리의 외교가 효력을 발휘하려면 중국 당국을 움직여야 한다. 한국정부가 중국 당국을 움직이려면 힘이 있어야 한다. 즉 중국을 움직일 수 있는 영향력이 있어야 한다. 그런데 이 문제에 대한 한국정부의 외교가 성과를 거둘 수 없었다. 그 이유는 한국의 힘이 즉 영향력이 약했기 때문이다.

객관적 국력 및 주관적 국력

한 국가를 강대국 또는 약소국으로 구분하는 기준은 국력이다. 그런데 국력에는 계량이 가능한 객관적 국력과 계량적으로 측정할 수 없는 주관적 국력이 있다.

객관적 국력－객관적 국력이란 군사적 능력, 국내총생산(GDP), 경제력, 국가가 보유하고 있는 천연자원, 국토의 면적, 인구 수 등으로 계량화 할 수 있는 국력을 의미한다. 21세기인 오늘날 일반적으로 중국을 강대국이라고 한다. 중국은 계량할 수 있는 지표상으로 보면 즉 객관적 국력 측면에서 보면 중국은 강대국이다. 오늘날 국가의 객관적 국력을 측정하는 데 가장 중요한 요소 중의 하나는 국내총생산이다. 국제통화기금(IMF)이 발표한 2010년 기준 세계 각국의 국내총생산 순위를 보면 중국의 국내총생산은 5조 8,782억 달러로 미국에 이어 세계 제2위의 경제 규모를 갖고 있다. 그뿐만 아니라 중국은 거대한 영토, 13억이 넘는 세계에서 가장 많은 인구를 갖고 있고 막강한 군사력도 갖고 있는 국가이다. 그러므로 객관적 국력의 측면에서 보면 중국은 분명히 강대국이다. 그러나 이 객관적 국력이 한 국가의 부(富)의 정도를 가늠할 수 있는 요소이기는 하지만 이 객관적 국력을 국제정치 또는 국가의 대외행위 측면에서 보면 객관적 국력은 국가의 이익을 극대화하는데 중요하게 작용하지 못한다. 특히 1950년대 또는 1960년대에도 객관적 국력이 큰 국가는 분명히 강대국이었다. 이 시기 중국은 객관적 국력이 매우 큰 국가였다. 그러나 중국은 국제사회에서 또 국제정치에서 그의 국가 이익을 극대화시키거나 또는 세계 그리고 아시아지역에서 다른 국가에 영향을 행사하거나 또는 압력을 가하여 소기의 목적을 달성하는 일을 찾아 볼 수 없었다. 중국의 이러한 행태는 객관적 국력이 정치적으로는 아무런 작용도 또 역할도 할 수 없는 국력이라는 사실을 보여주었다. 객관적 국력이 한 국가의 부로서는 의미를 갖고 있지만, 정치적으로는 가치가 큰 것이라고 말하기는 어렵다.

주관적 국력–주관적 국력이란 수적으로 계량화 할 수 없는 국력을 말하는 것이다. 주관적 국력이란 눈에 보이지 않고 잡히지 않지만 다른 국가에 행사되어 다른 국가의 정책결정 또는 대외행위에 영향을 미치는 능력 즉 영향력을 의미하는 것이다. 영향력이란 한 국가가 다른 국가로 하여금 자국이 원하는 방향으로 정책을 결정하고 원하는 방향으로 행위하게 강제할 수 있는 능력을 의미한다. 구체적으로 말하면 한 국가가 그의 목표를 달성하기 위해 다른 국가로 하여금 무엇은 하게하고 무엇은 하지 못하게 할 수 있는 능력을 말한다. 이러한 영향력에는 적극적 영향력(positive influence), 소극적 영향력(negative influence) 그리고 잠재적 영향력(potential influence)이 있다.[3)]

적극적 영향력이란 다른 국가로 하여금 자국이 원하는 것을 계속하도록 하거나 또는 하지 않으려는 것을 하게 만드는 능력을 의미한다. 소극적 영향력이란 다른 국가로 하여금 자국에게 불리한 것을 하지 못하게 하는 능력을 의미하고 그리고 잠재적 영향력이란 심리적 현상으로서 한 국가의 정책 결정자가 상대국가의 입장 및 영향력을 미리 인지하고 상대국가의 입장이나 정책에 역행하는 또는 반(反)하는 정책을 결정하지 않고 행동하지 않게 하는 능력을 의미한다.

---

3) Bruce Russett and Harvey Starr, World Politics: The Menu for Choice(San Francisco: W.H. Freeman and Company, 1981), pp.127-129.

한 국가의 이러한 주관적 국력 즉 영향력은 국가가 갖고 있는 객관적 국력에서 자연스럽게 생겨나는 것이 아니라, 국가가 갖고 있는 객관적 국력을 주관적 국력으로 변형시켜야 생겨나는 것이다. 객관적 국력을 주관적 국력으로 바꾸는 것을 '힘의 전환'(power conversion)이라고 한다. '힘의 전환'이란 한 국가가 갖고 있는 자산 및 자원들을 실효적이고 사용 가능한 힘으로 바꾸는 일을 의미한다. 즉 '힘의 전환'이란 국가가 갖고 있는 잠재적 힘(potential power)을 실제 사용할 수 있는 힘(realized power)으로 바꾸는 것을 의미한다.[4] '힘의 전환'이란 국가가 갖고 있는 힘으로 영향력을 행사할 수 있는 바탕을 만드는 과정 및 행위를 의미한다. '힘의 전환'이란 다른 국가에 영향력을 행사하기 위한 바탕을 마련하려는 국가가 그의 대상국가에 대해 자국이 갖고 있는 자산(assets)을 정치적 목적을 위해 투자해서 국가간 불평등한 의존적 관계(asymmetrical interdependence)를 설정하여 영향력을 행사할 수 있는 근거를 만드는 과정 및 행위를 의미한다. 이처럼 한 국가가 특정 국가를 자국에 일방적으로 의존하게 만들어 영향력을 행사하여 국가의 목적을 달성할 수 있게 하는 일은 한 국가로 하여금 커다란 정치적 자산을 갖게 하는 것이다.[5] 이와 같은 일련의 과정들이 전개되어 국가간의 관계가 불평등한 의존적 관계가 설정된다면 여기에서 상대적으로 강한 힘을 가진 국가와 상대적으로 약한 힘을 가진 국가가 등장하게 된다. 상대적으로 강한 국가는 상대적으로 약한 국가에 대해 성공률이 높은 외교정책을 결정할 수 있고 적극적인 외교행위를 전개할 수 있다. 왜냐하면 앞에서 설명한 바와 같이 이러한 강대국은 이러한 약소국의 외교정책 결정과 외교 행위에 영향력을 행사하여 상대국가의 외교정책과 외교행위를 지배할 수 있기 때문이다.

아무리 강하고 큰 객관적 국력을 갖고 있다고 하더라도 힘의 전환이라는 과정을 거치지 않는다면 객관적 국력의 주관적 국력화는 이루어질 수 없다. 객관적 국력이 주관적 국력으로 바뀌어야 영향력이 생겨난다. 이렇게 한 국가가 상대국가보다 더 강한 주관적 국력을 가지고 영향력을 행사할 수 있는 국가는 대외적으로 소기의 목적을 달성할 수 있다.

이렇게 상대적으로 강한 주관적 국력을 갖고 있는 국가는 외교정책과 외교가 전개되

---

4) Joseph S. Nye, "The Changing Nature of World Power," Political Science Quarterly vol.105, no.2(summer 1990), pp.177ff.

5) Robert O. Keohane and Joseph S. Nye, Power and Interdependence, 2nd ed,(Glenview, Illinois: Scott, Foresman and Company. 1989), p.229.

는 과정에서 자국의 외교정책목표를 성취시키기 위해 상대국가에 영향력을 행사하여 자국에 유리한 외교정책을 결정하고 외교행위를 하도록 만들 수 있다.

한편 국제사회에는 다른 국가의 국력과 비교할 수 없는 절대적 힘(unrival power)을 갖고 있는 국가도 있다. 이러한 힘을 갖고 있는 국가를 일명 패권국가(hegemon)라고 한다. 이러한 패권국가는 정치적 강대국이라고 할 수 있다. 이 절대적 힘을 가진 패권국가는 자국 중심의 현존세계질서 또는 지역질서를 유지하기 위해 그리고 현존 세계질서하에 초강대국의 지위를 유지하며 자국의 국가 이익을 극대화하기 위해 자국에게 유리하고 유익한 규칙(rules) 및 규정(arrangements)를 만들어 다른 국가들에게 이 규칙과 규정을 준수하도록 강제할 수 있는 절대적 힘을 갖고 있고 또 행사한다.[6] 예를 들면 제2차 세계대전이 끝난 다음 형성된 양극체제하에서 미국과 소련은 절대적 힘을 가진 절대적 강국 즉 패권국가로 등극하였다. 이 패권국가들은 세계정치를 그의 의지대로 움직일 수 있다. 그러므로 이러한 국가는 정치적 강대국이라고 말할 수 있다. 이 정치적 강대국은 그의 외교정책 및 외교를 통해 그가 얻고자 하는 결과를 얻을 수 있다. 양극체제하에서 미국은 서유럽 등 자본주의 국가를 그의 휘하에 두고 이 국가들 위에 군림하였고 소련은 동유럽국가들 등 공산주의를 채택하고 있는 국가들을 지배하였다.

15세기 말부터 유럽대륙에 패권국가가 등장하면서 20세기 말까지 지속적으로 패권국가는 존재했었다. 주로 유럽대륙에 패권국가가 등장했던 이유는 유럽국가들이 일찍이 부를 축적하고 무기를 개발하게 되면서 가장 강한 국력을 갖게 되었다. 15세기 말부터 등장한 패권국가부터 20세기 중반까지의 패권국가들은 일차적으로 막강한 군사력을 보유했던 국가들이었다. 특히 제2차 세계대전이 발발할 때까지 강력한 군사력을 가진 국가들은 패권국가로 등극하였고 이 군사력으로 국가가 성취하고자하는 목적을 성취시키려 하였다. 그렇기 때문에 20세기에도 패권국가들은 구체적인 외교정책 및 외교로 외교정책목표를 성취시키기 위해 군사력을 정치적으로 이용하였다. 공산주의국가 진영의 패권국가인 소련은 1956년 헝가리 민주화운동을 군사력으로 저지시켰고 그리고 1969년 체코슬로바키아에서 또 1970년 폴란드에서도 무력으로 이들 국가의 민주화운동을 제압하였다. 실제로 소련은 그의 외교정책목표를 성취시키기 위해 그리고 다른 국가

6) Charles W. Kegley, Jr. and Eugene R. Wittkopf, World Politics, 8th ed. (Boston: Bedfrond/ST. Martin's, 2001), p.87; Robert O. Keohane and Joseph S. Nye, Power and Interdependence, p.229.

와 외교관계를 증진시키기 위해 군사력을 정치적으로 그리고 정치적 목적을 위해 많이 사용하였다.[7]

미국도 20세기 패권국가로 소련세력의 팽창을 막기 위해 1950년대 한국의 6.25전쟁, 1960년대 베트남전쟁을 감행하였다. 1979년 소련이 아프가니스탄을 침공한 다음 이집트와 함께 미국은 소련의 인도양으로 진출을 억제하기 위해 인도양 지역에 해군의 정찰을 강화하였다. 1983년 미국은 리비아의 독재자 카다피(Muammar Qaddafi)의 수단(Sudan) 침공을 억제시키기 위해 지중해에 미 해군함대를 주둔시켰다. 그리고 1994년 미국은 이라크의 후세인(Saddam Hussein)대통령으로 하여금 쿠웨이트에 대한 무력침공 행위를 억제시키기 위해 미군 35,000명을 페르시아만에 진주시켰다.[8] 제2차 세계대전 이후 패권국가인 미국의 경우는 실제로 무력을 행사하기도 하였지만, 그보다 미국은 다른 국가의 결정에 영향을 미치기 위해 1946년부터 1984년까지 약 300여 차례 군사력 행사의 위협을 가하였다. 미국은 군사력의 실제 행사보다는 군사력을 정치적으로 또 외교적으로 이용하는 전략을 주로 구사하였다. 미국의 이러한 전략은 '무력외교'(gunboat diplomacy)라고 한다.[9]

이러한 국가들은 정치적 절대 강대국이고 정치적 패권국가이다.

어느 시대, 어느 사회를 막론하고 하나의 사회에는 정치적으로, 또 경제적으로 그 외에 여러 분야에서 힘 있는 사람, 힘 있는 집단이 있고 그리고 힘 있는 국가가 있고 또 힘이 약한 사람, 힘이 약한 집단, 그리고 약한 국가가 있다. 한 사회에서 힘 있는 사람이나 힘 있는 집단, 힘 있는 국가는 그들의 이익을 신장시킬 수 있는 사회적, 경제적 및 정치적 체제를 구축하기 위해 그들이 갖고 있는 힘을 사용한다. 이와 같은 체제의 존재 목적은 그 사회에서 힘 있는 구성원들의 이익을 대변하기 위한 것이고 또 다른 하나의 목적은 강자의 논리를 전개할 수 있는 바탕을 구축하고 유지하기 위한 것이다.[10] 이러한 현상은 국제사회에도 나타나고 있다.

---

7) Stephen S. Kaplan, Diplomacy of Power (Washington, D.C. L The Brookings Institution, 1981), pp.32ff참고.

8) Charles W. Kegley, Jr. and Eugene R. Wittkopf, American Foreign Policy, 5th ed. (New York: St;.Martin's Press, 1996), p.97.

9) Ibid.

10) Robert Gilpin, War & Change in World Politics(Cambridge University Press, 1981), pp.Xi-Xii.

외교정책목표, 외교정책 그리고 외교의 조화

각 국가는 그의 핵심적 가치 및 핵심적 이익을 갖고 있다. 국가가 이들 핵심적인 국가의 가치와 이익을 수호하고 그것을 극대화시키는 것은 국가적 목표이고 국민적 목표이다. 우선 주권을 수호하고 영토의 안전을 보장하고 국민의 생명과 재산을 보호하는 일은 국가의 핵심적 가치이고 핵심적 이익이다. 이 두 개의 가치 및 이익은 국가의 모든 것을 바쳐 수호해야 할 가치이고 이익이다. 그러므로 국가는 이 핵심적 가치와 핵심적 이익에 초점을 맞추어 정책 목표를 설정하고, 정책을 결정하고 그 결정을 실천하기 위한 행위를 전개하여야 한다. 동시에 한 국가의 정권을 담당하는 정부는 이러한 국가의 핵심적 가치 및 핵심적 이익인 국가적 목표 및 국민적 목표를 달성하기 위한 구체적 정책 목표, 정책 그리고 행위의 지침을 만들어 가져야 한다. 각 정부가 이렇게 한다면 정부가 바뀌어도 국가 차원의 일관성 있는 대내외적인 정책목표, 정책 그리고 행위를 지속적으로 전개할 수 있을 것이다. 이렇게 하기 위해서 각 정부는 국가적 가치와 국가적 이익을 극대화하기 위한 외교정책목표에 초점을 맞추어 외교정책을 결정하고 외교를 전개하여야 할 것이다. 각 정부가 이렇게 한다면 정권이 바뀌어도 그 국가는 일관성 있는 외교정책목표를 추진할 수 있게 될 것이다.

한편 한 국가의 외교정책목표는 구체적이고 실현 가능한 것이어야 국가적 목표 및 국민적 목표를 성취시킬 수 있다. 제2차 세계대전에서 승리한 미국은 절대적 강대국인 패권국가가 되었다.[11] 패권국가가 된 미국의 국가적 및 국민적인 목표는 미국의 주권수호 및 영토안전뿐만 아니라 공산주의 세력의 확장을 저지하여 세계의 평화와 세계인의 안전을 도모하는 것이었다. 미국은 이러한 목표를 성취하기 위해 반공 및 반소를 핵심으로 하는 외교정책목표를 설정하였다. 그리고 미국은 제2차 세계대전이 끝난 다음인 1945년부터 1991년 소련이 붕괴될 때까지 미국의 이러한 외교정책목표는 각 정부마다 온도의 차이는 다소 있었지만 각 정부에서 일관되게 수용되었다. 동시에 미국의 이러한 외교정책목표는 미국의 이익을 수호하고 또 이익을 극대화하기 위해 반드시 이루어져야하고 성취시켜야 한다고 생각하고 설정된 최종 결과물이었다.

---

11) Charles W. Kegley, Jr. and Eugene R. Wittkopf, WOrld Politics, 8th ed.(Boston: Bedford/ST. Martin's 2001), pp87, 256, 패권(hegemony)-국제정치 및 국제경제를 지배하기 위해 법과 규정을 지배하는 한 국가의 능력. 패권국가(hegemon)-현존 세계질서를 유지할 목적으로 절대적인 힘을 이용하여 원칙 및 규칙을 만들어 강제할 수 있는 우월한 군사력 및 경제력을 가진 한 국가.

각 국가는 미국과 같이 한 번 설정된 외교정책 목표를 바꾸지 않고 각 정부가 이 목표를 그 정부의 목표로 수용하고 이 목표를 달성하기 위해 외교정책을 결정하고 외교를 전개해왔기 때문에 미국은 40여년 이상 세계의 패권국가로 군림할 수 있었다.

외교정책(foreign policy)이란 외국 또는 타국이라는 말과 정책이라는 말의 합성어이다. 먼저 주권 또는 영토라는 말이 외국 또는 타국이라는 말의 의미를 이해하는데 도움을 준다. 주권이란 영토, 영해 그리고 영공 안에서만 효력을 갖고 적용되는 최고·독립적 그리고 절대적 권력이고 그리고 외국이란 주권이 적용되지 않는 지역을 의미한다. 그리고 외교정책이란 국가가 다른 국가에 대해 무엇을 하겠다는 정부의 의사결정이다. 그러므로 외교정책이란 외국 또는 타국에 대해 최종결과를 얻기 위해 무엇을 하겠다는 정부의 의사결정을 의미한다.

외교란 한 국가가 그의 외교정책을 실천하여 외교정책 목표를 성취하기 위해 다른 국가에 대해 어떻게 하겠다는 의사 표시행위 또는 의사 전달행위를 말하는 것이다. 이때의 의사에는 정부의 의지, 주장, 요구, 정책 등을 담고 있다.

1979년 12월 소련이 아프가니스탄을 침공하자 카터(Jimmy Carter)대통령은 "소련의 아프가니스탄에 대한 무력 침공행위는 세계평화를 위협하고 미국과 소련 양국의 관계에 근본적이고 결정적으로 영향을 미쳤다.…만일 소련이 지금 자행하고 있는 행위를 중지하지 않는다면 이는 틀림없이 미국과 소련의 관계를 크게 위협하게 될 것이다"[12)]라며 그의 대통령 재임 중 소련에게 가장 강력한 의사표시를 하였다. 그러나 카터대통령의 이러한 의사표시행위에도 불구하고 미국의 뜻이 소련에 의해 받아들여지지 않자 카터대통령은 1980년 1월 소련과 모든 정상적인 업무를 계속할 수 없다고 판단하고 소련에 대해 구체적인 조치를 취했다. 미국은 뉴욕과 키예프에 설치하려던 양국의 총영사관의 개설을 연기하기로 결정하고, 경제 및 문화적 교류를 중지하고, 소련에 대한 고급 기술 및 전략적 기술의 이전(移轉)중지, 곡물 수출 중지 등을 결정하였다.[13)] 카터대통령의 이러한 조치들은 모두 미국의 대소련 외교정책이다. 이때 카터대통령의 이러한 의사표시행위 및 결정들은 미국의 외교정책목표와 소련의 팽창정책을 저지시키기 위해 행해진 미국정부의 의사표시이고 외교정책이다. 이때 카터대통령에 의해 행해진 일련의

---

12) Jimmy Carter, Keeping Faith: Memoirs of a President(New York: Bantam Brooks, 1982), p.472.

13) Presidential Documents, Vol.16(January 14, 1980), p.27; Raymond L. Garthoff, Detente and Confrontation(Washington, D.C.: The Brookings Institution, 1985), p.952.

조치들은 미국이 추진하는 외교정책목표, 외교정책 그리고 외교로 어우러진 미국 카터 대통령의 국제정치적 행위였다. 카터대통령은 소련 세력의 제3세계로 팽창하는 것을 저지시키는 것이 미국의 국가 이익에 부합하는 것이고 그리하여 소련 세력의 팽창저지는 미국의 외교정책목표였다. 이때 미국은 소련의 팽창정책이 미국의 국가 이익을 침해한다고 생각하였다. 그리하여 소련의 이러한 팽창정책의 저지가 곧 미국의 국가 이익이라고 미국은 생각하였다. 전통적으로 소련의 팽창 저지는 언제나 미국의 주요한 대소련 정책의 하나였다. 그렇기 때문에 카터 대통령의 이러한 외교정책과 외교가 등장하게 되었다.[14] 미국 카터 행정부에 의해 전개된 일련의 국제정치적 행위는 그의 목표달성에 실패하였고 소련의 제3세계에 대한 세력 확장은 계속되었다. 미국의 소련 세력의 팽창을 저지시키려는 목표달성에 실패한 이유는 외교정책목표－외교정책－외교의 조합이 적절하지 못했기 때문이다.

소련의 제3세계에 대한 세력 팽창은 미국 카터행정부의 소극적인 국제정치적 행위에 대한 반작용에서 유래하였다. 미국의 카터정부는 동서데탕트(detente)[15]에 몰입하고 있었다. 소련의 세력 팽창 정책은 냉전적인 행위였으나, 미국의 대소 정책은 데탕트적이었다. 미국 카터행정부의 대 소련 외교정책목표는 냉정적인 것이었으나 외교정책 및 외교는 데탕트적이어서 이것에 의한 미국 외교정책 목표의 성취는 어려웠다. 다시 말하면 카터행정부의 소련에 대한 국제정치적 행위는 외교정책목표, 외교정책 그리고 외교의 조합이 잘 이루어지지 않았기 때문에 실패한 것이다.

북한의 김정일 정권이 핵무기를 보유하기 위해 핵개발 프로그램을 추진하고 있을 때, 미국은 핵개발 프로그램의 추진을 저지시키는 것을 미국 정부의 외교정책목표의 하나로 설정하였다. 미국은 북한의 핵개발 저지를 위해 북한, 미국, 러시아, 중국, 일본 그리고 한국을 포함하여 6자회담을 개최하기로 결정하였다. 이 결정은 미국의 외교정책이다. 그리고 이 6개국이 한 자리에 모여 북한의 핵개발을 포기시키기 위한 회담이라는 외교행위를 전개하였다. 미국은 북한의 핵 포기라는 외교정책목표를 설정하고, 6자회담

---

14) Raymond L. Garthoff, Detente and Confrontation (Washington, D.C.: The Brokkings Institution, 1985), pp.971ff.

15) Henry Kissinger에 의하면 "데탕트는 협력과 억제를 통해서 이익의 창출을 모색하려는 환경을 의미한다. 더 자세히 말하면 데탕트란 경쟁자가 서로의 차이점을 조율하고 또 경쟁 대신 협력을 강조하려는 환경을 의미한다."고 말하였다. Charles W. Kegley, Jr. and Eugene R. Wittkopf, American Foreign Policy, p.65에서 인용.

개최라는 외교정책을 결정하였고 그리고 6자회담을 실제로 진행하는 외교행위를 추진하였다. 이러한 일련의 과정들이 10여년 이상 진행되었지만, 오늘날까지 북한은 그의 핵개발 프로그램을 포기하지 않고 있다. 미국의 북한에 대한 국제정치적 행위는 목표달성에 실패하였다. 북한 당국은 핵개발을 그 정권의 존립과 연결시켜 놓고 있어 북한이 핵개발은 포기하는 일은 상상할 수 없는 일이다. 그런데 북한의 핵개발을 포기시키기 위한 미국의 외교정책은 미국의 목표를 달성할 수 없는 것이었다. 미국이 결정한 6자회담은 각 당사국의 이해가 다르기 때문에 합의에 도달하는 것이 불가능하다. 근본적으로 핵개발의 당사국인 북한이 6자회담의 한 구성원이었고 러시아와 중국은 북한에 우호적인 입장을 갖고 있는 국가들이다. 한편 북한 핵의 직접적인 피해 당사국인 한국이 이 6자회담의 당사국이고 또한 한국에 우호적인 입장을 갖고 있는 일본과 미국이 이 회담의 당사국이다. 이러한 국가들로 구성된 6자회담은 원천적으로 북한으로 하여금 핵개발을 포기시킬 수 있는 방책이 아니었다. 근본적으로 미국이 결정한 6자회담이라는 미국의 외교정책은 그의 외교정책목표를 달성할 수 있는 정책이 아니었다. 그렇기 때문에 6자회담은 실패한다는 결과를 안고 태어난 정책이었다.

여기에서 강조되어야한 것은 외교정책목표—외교정책—외교 이 3개의 요소가 조합을 잘 이루어야 소기의 목적을 달성될 수 있다는 것이다. 북한의 핵개발을 포기시키려는 미국 등에 의해 추진되는 방책은 기본적으로 잘못되었다. 한 국가가 설정한 외교정책목표가 어떠한 성격의 목표인가를 신중히 검토하고 그에 걸맞는 해결책인 외교정책이 결정되고 적절한 외교가 추진되어야 한다. 북한의 핵개발을 포기시키려는 미국의 외교정책목표는 북한 정권이 사활을 걸고 추진하는 고도의 정치적 프로그램이다. 이 프로그램은 북한 정권의 생존이 달린 지극히 정치적인 프로그램이다. 그런데 이 목표를 달성하기 위한 외교정책인 6자회담은 비정치적인 정책이다. 그 뿐만 아니라, 6자회담이라는 형식은 전형적인 비정치적인 행정적 외교이다.[16] 미국 등 북한을 제외한 6자회담 5개 당사국은 북한에게 굉장히 중대한 정치적 문제를 비정치적인 행정적 방법으로 해결하려고 시도하였다. 지금까지 설명한 바와 같이 북한의 핵개발 프로그램을 포기시키려는 외교정책목표, 외교정책 그리고 외교는 훌륭한 조합(調合)을 이루고 있지 못해 성공하기 어렵게 되었다.

한편 외교정책목표, 외교정책 그리고 외교가 조합을 잘 이루어 미국이 소기의 목표를

---

16) 송영우, 현대외교론, 4th ed.(서울: 평민사, 2003), pp.54ff.

달성한 경우가 있다. 1990년 8월 이라크가 쿠웨이트를 무력으로 침공하였다. 이라크의 쿠웨이트 침공행위는 인접국가인 사우디아라비아도 침공할 가능성이 있다고 미국은 판단하였다. 이때 미국의 부시(George H.W. Bush) 행정부는 사우디아라비아를 보호하는 일은 미국의 중요한 외교정책목표중의 하나라고 생각하고 있었기 때문에 이 목표를 달성하기 위한 일련의 조치를 취했다. 이라크가 쿠웨이트를 침공한 지 3개월 후인 1990년 11월 현재 사우디아라비아에는 20만의 미군이 주둔하고 있지만 사우디아라비아에 더 많은 미군을 파견하고 공격 능력을 강화하기로 결정하였다고 부시대통령은 선언하였다. 그리고 미국은 1991년 1월 16일 저녁 이라크에 대한 군사행동을 개시하였다. 실제로 미국은 이라크군에 대해 미사일을 발사하고 공중폭격을 감행하였다. 미국은 외교 행위로 군사적 행동을 채택하였다.[17] 미국 부시 행정부의 이러한 일련의 조치들은 미국의 외교정책목표를 성취시켰다. 미국의 목표성취가 가능했던 배경은 세계 주요 석유 생산국인 사우디아라비아의 안전을 보장하여야 한다는 부시 행정부의 의지가 강하고 확고하였고, 그리고 이라크의 무력침공에 대응하는 외교정책의 결정인 미국의 무력사용결정이 적절하였고 아울러 미국의 구체적인 외교행위인 미국의 군사행동이 훌륭히 전개되었기 때문에 미국 부시 행정부는 외교정책목표를 성취시킬 수 있었다.

이처럼 한 국가의 외교정책목표가 성공하려면 외교정책과 외교가 조화를 이루어 그 대상국가에게 결정적인 영향을 미칠 수 있어야 한다. 미국의 군사행동으로 이라크에게 커다란 피해를 입게 하였던 것처럼 어떠한 형태이든 외교정책 및 외교가 대상국가에게 감내하기 어려운 고통과 손해를 입힐 수 있어야 외교정책목표를 달성할 수 있다. 미국의 이라크침공행위를 저지시킨 것과 북한의 핵개발을 포기시키려는 6자회담을 비교해 보면 처음부터 6자회담은 미국의 외교정책 목표를 성공시킬 수 없는 방책이었다. 이 6자회담은 북한에 아무런 정치적, 또는 경제적 부담을 전혀 가질 수 있게 하지 못했다. 북한의 핵을 포기시키려는 6자회담은 북한체제의 존립이 달려있는 핵문제를 다루기에는 매우 부적절한 행태였다. 이 회담에서는 북한을 설득하는 일도 불가능하였고 위협하거나 압력을 가하는 일도 불가능하였다. 다자간의 회담의 자리에서는 설득, 압력, 위협 등이 가해지기 어렵고 또 그렇게 한다고해도 효력은 없다. 왜냐하면 이 회담에서 어떻게 하더라도 북한은 핵을 포기하는 일은 상상하지 않기 때문이다.

지금까지 살펴 본 바와 같이 외교정책목표－외교정책－외교가 조합을 이루어야 국가

17) Charles W. Kegley, Jr. and Eugene R. Wittkopf, American Foreign Policy, p.17.

간 소기의 목적을 달성할 수 있다는 것을 알 수 있다. 그렇기 때문에 한편 외교는 그 자체 행위만으로 기능할 수 있고, 외교정책목표 및 외교정책은 실천적인 외교없이는 그 존재 의미를 찾을 수 없다. 한편 외교는 그 자체 행위만으로도 기능할 수 있고 경우에 따라서는 일정한 소득도 얻을 수 있다. 즉 국가는 외교정책목표가 설정되지 않아도 또 구체적인 외교정책이 결정되어 있지 않아도 의사표시 행위 및 의사전달행위인 외교행위를 독자적으로 행할 수 있다.

한 국가는 다른 국가의 어떤 정책 또는 행위에 대해 찬성하는 경우 찬성한다는 의사표시행위 및 의사전달행위를 하고 반대하는 경우에도 불만스러운, 또는 위협적인 또 위해를 가하겠다는 등의 의사표시행위 또는 의사전달 행위를 할 수 있다. 이처럼 국가의 의사표시 행위 및 의사전달행위인 외교행위는 구체적인 외교정책목표를 설정하지 않고도 실행이 가능하고 또 외교정책을 결정하지 않아도 외교행위는 행할 수 있다. 그리고 국가간에 해결해야 할 현안이 발생했을 때, 예를 들면 국가간에 전개되는 무역거래에서 국가간에 관세를 조절할 필요가 생길 때, 또 배타적 경제 수역에서 어로문제가 생겨나서 이 문제를 해결해야 할 필요가 발생했을 때 등 이러한 경우에는 구체적인 외교정책목표가 없어도 그리고 구체적인 외교정책이 없어도 문제해결을 위한 외교행위인 교섭은 전개될 수 있다.

실제적으로 외교정책을 실천해서 외교정책목표를 달성하여 국가이익을 증진시키는 구체적인 행위는 외교이다. 외교가 성공적으로 수행되어야 궁극적으로 국가가 부강하게 된다. 그런데 이러한 외교는 말로만 또는 글만으로 소기의 목적을 달성하기는 어렵다. 한 국가가 다른 국가에 말이나 글만으로도 국가의 목적을 성취시키는 경우도 있다. 이 경우는 한국가가 다른 국가에 압력 또는 영향력을 행사하여 다른 국가를 굴복시킬 수 있는 힘을 갖고 있다면 말이나 글만으로 그의 목적을 성취시킬 수 있다. 이때 한 국가에 의해 다른 국가에 말이나 글로 그의 의사를 표시하거나 전달할 때, 이 말이나 글 뒤에는 압력이나 영향력이라는 눈에 보이지 않는 힘이 작용하여야 하며, 외교가 성공하려면 거기에는 반드시 힘의 뒷받침이 있어야 한다.

2

외교정책의 의의

1648년 '30년 전쟁'을 마무리 지은 웨스트파리아조약(Treaty of Westphalia)은 현대 국가체제의 기원으로서 이 조약은 새로운 국제정치의 단위인 민족국가를 탄생시켰고 민족국가는 국제정치의 주된 행위자로 등장하였다. 각 민족국가는 국제정치의 합법적인 존재가 되었고 또 일정한 영토 내에서 독립적으로 그리고 배타적으로 주권을 행사할 수 있는 정부를 갖게 되었다. 각 민족국가(왕국)는 단일 정부로 그의 권력을 강화하고 하나의 정치 단위로서 그의 영토 내에서 모든 집단을 통합할 수 있게 되었다.[1) 그리고 웨스트팔리아조약은 국제사회가 어떻게 조직되어야하는가 하는 17세기적인 관념을 명문으로 규정하였다. 한마디로 말하여 이 조약은 전통적으로 국제법학자들에 의해 강조되었던 국제사회의 원칙과 개념을 명문화하였다. 이러한 원칙과 개념은 자연법사상과 주권사상에 근거하여 구체화되었고 이 조약에서 주권국가만이 국제사회에서 유일한 주된 행위자이며 주권국가만이 국제사회에서 국제법의 주체가 된다고 규정하였다. 그리고 이 조약에서 모든 국가는 국제법상 동등한 권리와 의무를 가지며 누구도 다른 주권국가의 독립과 자치권을 침해할 수 있는 권리를 가질 수 없다고 규정하였다.[2) 이로부터 유럽대륙을 시작으로 국제사회에는 민족을 중심으로 하는 독립주권국가들이 등장하기 시작하였다. 이제 민족국가는 독립적인 개체로서 독자적으로 결정하고 행위하기 시작하였다. 이 결과 이들 국가들 간에는 이해의 충돌이 자연스럽게 생겨나게 되었다. 이로부터 오늘날까지 민족국가간 이해의 충돌을 해결하는 문제는 국제사회의 가장 중

---

1) Rene Albrecht-Carnie, A Diplomatic History of Europe Since the Congress of Vienna (New York: Harper & Row, Publishers, 1973), pp.4-5; Frederic C. Pearson and Simon Payaslian, International Political Economy(Boston: McCraw-Hill College, 1999), pp.77-78.

2) Edward I. Morse, Modernization and the Transformation of International Relations (New York: The Free Press, 1967), pp.154-160.

요한 문제로 등장하였다. 17세기 유럽에 민족국가가 등장하면서 국가간에 발생하는 이해의 충돌은 특별한 방법을 강구하지 않고 주로 무력으로 또 전쟁으로 해결하여왔다. 17세기 이래로 약 300여 년 동안 무력행사나 전쟁은 국가간이 어려운 문제 해결의 주요 수단으로 이용되었다. 예를 들면 1480년부터 1941년 제2차 세계대전이 발발할 때까지 국제사회에서 발생했던 전쟁은 278건이었다.[3] 그리고 1945년부터 1967년까지 전쟁 및 무력 충돌은 82건이 발생하였다.[4]

1989년부터 1992년까지 발생했던 무력 충돌은 82건이었으나 그 가운데 국가간의 무력 충돌은 3건 뿐이었다. 국제사회에서 발생했던 대부분의 무력 충돌은 개발도상국내에서 발생한 내전(civil wars)이었다.[5] 시간이 지날수록 국가간의 접촉과 교류가 많아지면서 국가간의 상호의존도는 높아지고 국가간의 의존 관계의 심화는 국가간의 이해관계를 더욱 복잡하게 만든다. 이러한 상황 하에서도 국가간 무력 충돌이나 전쟁이 줄어들고 있다는 것은 우선 무력행사나 전쟁이 국가간의 문제를 또 국가간의 이해의 충돌을 근본적으로 해결할 수 없다는 사실을 많은 국가들이 이해하였기 때문이다. 세계 최강국인 미국이 베트남에서 10여 년간 전쟁을 치렀으나 미국은 소기의 목적을 달성하지 못했고, 1980년대에도 1980년부터 1988년까지 8년간 이라크와 이란이 전쟁을 치렀으나 두 국가는 모두 전쟁의 상처만 남겼을 뿐 두 국가는 아무것도 얻은 것이 없었다.

이제 모든 국가는 국가간 이해가 상충되는 문제들을 해결하기 위한 다른 방책의 필요성을 더욱 절실하게 느끼게 되었다. 각국은 국가간 문제 해결의 방법으로 정책개발과 그 정책의 실천을 최선의 방법으로 생각하게 되었다. 각국으로 하여금 이러한 방법을 생각하게 만든 배경은 전쟁이나 무력행사 이외에 다른 방법으로 국가간 문제해결이 가능한 국제환경이 조성되었기 때문이다. 그것은 바로 경제가 국가의 가장 중요한 문제로 등장하였고 따라서 국가간 접촉, 교류 등이 경제 중심으로 전개되어가고 있기 때문에 국가간 이해의 충돌이나 문제 해결의 수단이 다양화 되었다. 그 가운데에서도 가장 중요한 수단중의 하나는 국가가 외교정책을 결정하고 그것을 실천하는 것이다. 이제 각국은 전쟁이 아니어도 각국이 적절한 외교정책을 결정하고 그것을 실천하면 국가간

---

3) Quincy Wrights, A Study of War, vol.1 (Chicago: University of Chicago Press, 1942), p.650.

4) K.J. Hosti, International Politics, 5th ed. (Englewood Cliffs, New Jersey: Prentice-Hall, 1968), p.141.

5) Charles W. Kegley, Jr. and Eugene R. Wittkopf, American Foreign Policy, 5th ed. (New York: St. Martin's Press, 1996), p.191에서 인용.

의 문제나 이해의 충돌은 해결할 수 있다는 생각을 갖게 되었다. 오늘날 각 국가간 대부분의 접촉이나 교류는 경제가 중심이 되었기 때문에 그리고 문제 해결의 수단이 다양하게 되었기 때문에 각국은 외교정책에 의한 문제의 해결을 선호하게 되었다. 각국은 합리적인 외교정책을 결정하고 외교정책의 적절한 수단을 강구한다면 국가는 소기의 목적을 달성할 수 있게 되었다.

외교정책의 의미

외교정책(Foreign Policy)이란 외국(foreign)이란 말과 정책(policy)이란 말의 합성어이다. 먼저 정책이란 행위(behavior)의 지침으로서 어떤 행위를 실제 수행하는데 필요한 결정 또는 프로그램(program)을 의미한다. 정책이란 한 조직이 그 조직을 위해 만들어놓은 결정을 실천하기 위해 행해야 할 행위에 대한 지침(guide)이다. 정책 그 자체는 선택(choice)이라는 개념에 기초하고 있다. 다시 말하면 조직의 목적을 성취하기 위한 행위를 선택하는 것이다. 주권과 영토라는 것이 외국(foreign)이라는 의미를 이해하는데 우리에게 도움을 준다. 주권이란 국가의 합법적인 지역 내에 위치하고 있는 영토 내에만 적용된다. 그리고 외국이란 합법적인 영역 밖의 지역을 의미한다. 다시 말하면 외국이란 국가의 권한이 합법적으로 미치지 않는 지역이다. 그러므로 외교정책이란 영토 밖의 사람, 지역, 그리고 물체에 대해 행해야 할 행위를 선택하는 지침이다.

외교정책은 몇 가지 공통된 특징을 갖고 있다. 첫째 우리가 정책을 개발한다, 또는 결정한다, 또는 결정을 실행한다는 등의 과정을 말할 때 외교정책은 상대국, 또 자국의 행위 등과 관련성을 갖고 있다. 외교정책은 다른 행위자의 행위 또는 결정에 상대방과 어떻게 교역을 할까, 유엔에서 어떻게 투표할까 또는 상대방에게 이 무기를 어떻게 사용할까 등에 영향을 미치려는 의도를 내포하고 있다. 국가의 외교정책목표는 상대방과 관련성을 갖고 있다. 외교정책은 언제나 여러 가지 이유로 다른 행위자의 결정과 행위에 주의를 기울이고 관심을 갖는다. 외교정책은 근본적으로 다른 행위자 즉 다른 국가로 하여금 자국에게 유익하게 결정하고 행동하도록 영향력을 행사하고 그리고 다른 국가의 결정과 행위를 지배하려는 의도에 기초하고 있다. 또 외교정책은 계속성을 갖고 있으며 외교정책은 특별한 시한을 갖고 있지 않고 다른 국가의 정권이 바뀌어도 계속된다. 국제사회에 국가가 존재하는 한, 다른 국가로 하여금 자국의 뜻에 따라 결정하고 행위 하게 만드는 결정 과정 및 실천 과정은 끝이 없다. 한 마디로 말하여 외교정책이란 자국의 목적을 달성하기 위해 그리고 정책을 실천하기 위해 상대국가의 결정 또는 행위에 영향을 미치고 또 상대 국가의 결정이나 행위를 자국의 뜻대로 만들기 위한 국가의 결정이고 그 결정을 실천하기 위한 일단의 지침이다.[6)]

외교정책목표

국가의 외교정책목표는 장기목표 및 단기목표로 나누어 생각할 수 있다. 장기 목표는 국가 차원에서 지속적으로 추구되어야 할 목표이고 단기 목표는 각 정권이 설정한 목표를 말하는 것이다. 즉 장기 외교정책목표는 국가 차원의 목표이고 단기 외교정책목표는 각 정권이 설정하고 그 정권의 임기 중에 성취시키려는 목표를 말하는 것이다. 국가 차원의 장기 외교정책목표는 주권의 독립성 수호, 영토의 안전보장, 각국 고유의 정치적, 경제적, 사회적 가치 및 체제를 외세의 간섭없이 영원히 유지하는 일 또 대외적으로 국가의 품격을 높이고 국제사회에서 국가의 명예를 제고시키는 일도 국가 차원의 장기 외교정책목표이다. 그 뿐만 아니라 각 국가의 국민적 숙원 사업이 있다면 그것 역시 국가 차원의 장기 외교정책 목표가 될 수 있다. 이러한 외교정책 목표는 국가가 존재하는 한, 그리고 국가의 존립을 위해 반드시 국가 차원에서 지속적으로 추구하고 실현시켜야 할 외교정책목표이다. 예를 들면 미국의 경우 자유민주주의 체제의 수호는 국가 차원의 장기 목표이다. 그리고 미국은 제2차 대전 이후 세계 최강대국으로 부상하면서 공산주의 반대 및 소련봉쇄를 외교정책 목표로 설정하고 이 목표를 성취시키기 위한 외교정책을 결정하고 이 정책을 추진하였다. 제2차 대전 이후에 설정된 외교정책 목표는 정권이 바뀌어도 변함없이 계승되었다. 미국의 반공 및 반소 외교정책목표는 트루먼 대통령으로부터 시작되어 소련이 붕괴된 1990년까지 계속 존중되었다. 이렇게 정권이 바뀌어도 유지 계승되는 외교정책목표는 국가차원의 장기 외교정책목표라고 말할 수 있다. 한국도 자유민주주의 체제를 수호하는 일, 평화적 남북통일 등은 장기적인 국가 차원의 외교정책목표이다. 그 뿐만 아니라 한국이 주변의 강대국들인 미국, 일본, 중국, 러시아 등과 긴밀한 협력적 관계를 유지하고 발전시키는 일 역시 국가 차원의 외교정책

6) Bruce Russett and Harvey Starr, World Politics: The Menu for Choice(San Francisco: W.H. Freeman and Company, 1981), pp.188-189.

목표이다. 특히 한국에서 강조되는 국가 차원의 장기 외교정책목표는 미국과의 동맹관계를 강화하는 일이다. 이러한 한국의 외교정책목표는 정권 교체와 관계없이 지속적으로 계승되고 추진되어야 할 장기적인 국가 차원의 외교정책목표이다.

민주국가의 경우 국민의 선거에 의해 탄생된 정부는 국민의 지지를 얻어 정권을 담당하기 위해 선거 기간 중에 각 정당 또는 정권을 담당하려는 후보자는 국민들에게 여러 대내외 정책 목표들을 공약으로 내세운다. 이때 국민들에게 약속한 외교정책목표들이 정부 차원의 단기 외교정책 목표들이다. 이러한 정부 차원의 목표들은 정권의 임기 4~5년 내에 성취해야할 단기적 목표들이다. 예를 들면 미국의 닉슨(Richard M. Nixon) 대통령은 대통령선거 기간에 베트남전쟁을 종식시키고 미군을 철수시킬 것을 선거 공약으로 결정하였다. 이 공약은 닉슨 행정부가 그의 임기 안에 성취시켜야 할 외교정책목표였다. 또한 카터(Jimmy Carter)대통령은 역시 선거기간인 1977년 봄 그의 임기 내에 성취시킬 10개의 외교정책목표를 결정하였다. 카터대통령은 중국과 외교관계 정상화를 성취시키는 일을 카터정부의 외교정책목표 10개 가운데 포함시켰다.[7] 이와 같이 새로운 정권은 각기 새로운 외교정책목표를 갖고 탄생한다.

한국도 박정희 정부는 국가 건설과 산업화를 이루기 위해 경제발전을 추진해야 할 필요성을 느꼈다. 한국은 일본의 식민통치 6.25전쟁 등으로 경제가 크게 낙후되어 있어 자본도 기술도 없었다. 경제발전을 위해서는 자본과 기술이 절대적으로 필요하였다. 박정희 대통령은 자본과 기술을 얻기 위해 일본과의 외교관계 정상화를 정권 차원의 외교정책목표로 설정하고 이것을 추진하였다. 박정희 대통령이 한일국교정상화를 추진하던 시기는 일제통치로부터 해방된 지 십 수 년 밖에 지나지 않은 때였다. 그리하여 한국인들은 일본 식민통치의 기억이 생생했고 따라서 한일국교정상화를 크게 반대하였다. 그럼에도 불구하고 박정희 대통령은 한일국교정상화를 성취시켰다. 결국 박정희 대통령은 그 정부의 단기 외교정책목표를 성취시켰다.

국민의 직접선거로 1988년 노태우 정부가 탄생되었다. 노태우 대통령은 1988년 2월 25일 취임사에서 "우리와 교류가 없었던 저 대륙국가에도 국제협력의 진로를 넓혀 북방외교를 전개할 것이다. 이념과 체제가 다른 이들 국가들과의 관계개선은 동아시아의 안정과 평화 그리고 공동의 번영은 물론 통일로 가는 길을 열어 줄 것이다"라고 선언하

---

7) Raymond L. Garthoff, Detente and Confrontation(Washington, D.C.: The Brookings Institution, 1995), p.693.

였다. 이처럼 노태우 대통령은 북방외교 즉 동유럽사회주의 국가 등 다른 사회주의 국가들과의 외교관계 정상화를 노태우 정부의 외교정책목표로 설정하고 그는 그의 임기 중에 소련, 중국, 동유럽 국가들과 국교를 정상화하는데 성공하였다.

한 국가에서 국가 차원의 외교정책목표는 정부 차원의 외교정책목표의 근본이고 대전제이다. 국가 차원의 외교정책목표는 모든 정부의 궁극적이고 절대적인 목표이기 때문에 모든 정부가 반드시 지키고 달성해야 할 목표이다. 국가 차원의 외교정책목표는 모든 정부 외교정책 목표의 초석이 되어야 한다. 그러므로 각 정부는 국가 차원의 외교정책목표에 기초해서 그리고 그의 범주 내에서 각 정권차원의 외교정책목표를 설정하고 추진해야 한다. 각 정부는 정권 차원의 외교정책목표를 성취시키기 위한 구체적인 외교정책을 결정하고 외교를 전개한다. 각 정부는 국가 차원의 외교정책목표의 틀 안에서 자신들의 정권 차원의 외교정책목표를 선정하고 이 목표를 성취시키기 위한 외교정책을 결정하고 외교를 전개하면 자신들의 정부 차원의 외교정책목표를 달성할 수 있을 것이고 이러한 정부의 결정 및 행위는 궁극적으로 국가 차원의 외교정책목표 성취에 이르는 지름길이 될 것이다. 국가 차원의 외교정책목표는 장기적인 목표이고 정권 차원의 외교정책목표는 단기 목표이다. 이 정권 차원의 단기 목표는 정권의 임기 내에 성취시킬 수 있는 것이어야 한다.

외교정책의 일관성

정권 교체에 관계없이 한 국가에 의해 결정된 외교정책이 일관성을 갖고 있다면 그 국가는 전통적이고 정통성 있고 그리고 체계적인 외교정책 기조를 갖고 있는 것으로 판단된다. 그 국가는 모든 정권이 외교정책을 결정할 때 동일한 외교정책 기조를 갖고 그에 기초해서 외교정책을 결정하고 있다는 것을 의미한다. 이러한 국가는 어떠한 경우에도 그들의 전통적이고 정통성 있는 외교정책 기조에 입각해서 외교정책을 결정하기 때문에 언제나 균형 잡힌 외교정책을 결정할 수 있을 것이다. 이렇게 결정된 외교정책은 효율성을 극대화 할 수 있을 것이다.

몬로(James Monroe)대통령 정부의 국무장관이었던 아담스(John Quincy Adams)는 "환경이 변할 뿐 정책은 변하지 않는다"[8]라고 말했다. 아담스의 이 말은 외적인 환경이

8) Charles W. Kegley, Jr. and Eugene R. Wittkopf, American Foreign Policy, p.31.

변할지라도 한 국가의 외교정책은 일관성을 갖고 있어야 한다는 것을 강조한 말이다. 여기서 아담스가 말하는 외교정책은 구체적인 특정 외교정책이 변하지 않아야 한다는 것이 아니라, 한 국가가 갖고 있는 외교정책의 기조가 변하지 않아야 한다는 것을 강조한 것이다.

적어도 수 십 년 이상의 역사를 갖고 있는 국가는 여러 국가와 외교 관계를 정상화하였고 또 여러 외교정책을 결정하였을 것이다. 국가는 이러한 과정을 거치면서 일정한 외교정책결정의 기초를 갖게 되고 이러한 과정이 계속되면서 그 기초가 확립되면 그 기초가 국가의 외교정책 결정의 근간으로 자리 잡게 될 것이다. 이러한 과정을 되풀이하면서 자연스럽게 한 국가의 외교정책 결정의 기조(基調)가 만들어진다. 이렇게 형성된 외교정책의 기조는 그 국가의 전통이 되고 정통성을 갖게 된다. 이러한 과정을 거치며 만들어진 외교정책 결정의 기조는 각 정권이 외교정책을 결정하는 기초가 되고 그리고 기조가 되어 각 정부가 이 기조에 의해 외교정책을 결정하면 그 국가의 각 정부는 일관성 있는 외교정책을 결정하게 될 것이다.

미국은 제2차 대전의 승리로 세계 최강국으로 등극하면서 트루먼(Harry S. Truman) 대통령은 새로운 외교정책노선을 채택하였다. 미국은 세계주의(globalism), 반공주의(anti-communism) 그리고 소련봉쇄정책(containment) 이 세 개의 요소를 새로운 외교정책의 근간으로 삼고 이것을 이 외교정책노선의 기조로 설정하였다. 이 세 개의 요소는 미국 외교정책 기조의 근간이 되면서 미국의 전통적 외교정책의 기조인 고립주의를 대체했을 뿐만 아니라 20세기 후반 미국 외교정책의 새로운 기조로 자리매김하게 되었다. 미국 외교정책의 새로운 기조는 첫째 고립주의를 영원히 거부하고 국제문제에 대해 책임 있는 자세로 임한다. 둘째 공산주의는 세계에서 가장 위험한 이념이며 미국은 이 이념의 확산을 저지하여야 한다. 그리고 셋째 소련은 공산주의 세력 확장의 선봉장이기 때문에 미국의 외교정책은 소련의 영향력 및 공산주의의 확장을 봉쇄하여야 한다[9]는 것이었다. 미국은 제2차 세계대전 이후 현재까지도 이러한 외교정책 기조를 유지하고 준수하며 일관성 있는 외교정책을 결정하였다. 이처럼 미국은 정통을 갖고 있는 외교정책의 기조를 갖고 있으며 국가 및 정부 차원의 외교정책은 일관성을 유지할 수 있고 또 예측 가능하고 체계적인 외교정책을 결정하여 왔다. 제2차 세계대전 이후 미국은 1991년 소련이 해체될 때까지 세계주의, 반공 그리고 소련 봉쇄정책을 외교정책의

---

9) Ibid., pp.50-51.

기조로 견지하며 일관성 있는 외교정책을 결정하여 왔다.

한편 1949년 10월에 건국된 중화인민공화국(이하 중국)은 1950년 2월 당시 공산주의 종주국인 소련과 군사동맹조약을 체결하면서 소련 일변도 외교정책 노선을 채택하여 1950년대 이 정책 노선을 유지하였다. 그러나 1950년대 말부터 중국은 소련과의 갈등이 심화되면서 중국은 소련과 실질적 단교상태에 돌입하며 소련 일변도 노선을 포기하였다. 1960년대는 독자적인 외교노선으로 혁명적 외교노선을 추구하였고 1970년대는 미국과 관계를 개선(rapprochement)하고 반소 친미적인 외교노선을 채택하였고 1980년대에는 실용주의적인 외교노선으로 미국과 소련 어느 측에도 기울어지지 않는 중립적이며 독립·자주적인 외교노선을 천명하였다.[10] 중국은 건국 이후 소련 및 미국 중심의 외교정책 노선을 추구하였고 대체로 10년 주기로 외교정책노선을 바꾸어 가졌다. 건국한 지 60여년 밖에 되지 않은 중국이 이렇게 여러 차례 외교정책노선 즉 외교정책의 기조를 바꾸어 가졌다는 사실은 중국공산당의 정체성을 확고하게 확립하지 못하였다는 것을 의미하는 것이다. 그렇기 때문에 중국은 일관성 있는 외교정책을 갖지 못했었다. 이처럼 명확한 외교정책 기조를 갖고 있지 못한 국가는 외교정책의 일관성도 없을 뿐만 아니라 다른 국가와의 외교관계가 불안하게 유지되고 외교행위도 원칙없이 전개될 것이다.

중국은 대외 개방 정책의 성공으로 경제가 발전되고 또 공산주의 종주(宗主)국가인 소련이 해체된 다음인 1990년대부터 더욱 독립적이고 자주적인 외교정책기조를 갖게 되었고 중국의 이 외교정책기조는 현재까지도 유지되고 있다. 중국은 앞으로도 이 기조를 견지하게 될 것이다. 그러므로 앞으로 중국 정부도 어떠한 외교정책을 결정할 때 큰 어려움 없이 독립적이고 자주적인 외교정책노선을 견지하고 이에 근거한 외교정책을 결정하게 될 것이며 따라서 다른 국가도 중국의 장래 외교정책을 예측할 수 있을 것이다. 중국도 1980년대 초부터는 갖고 있는 외교정책의 기조를 견지하며 일관성 있는 외교정책을 유지해오고 있다.

제2차 세계대전이 끝나고 미국과 소련 간에 냉전이 시작되었을 때 인도의 네루(Jauraharlal Nehru)수상은 비동맹외교정책노선(nonalignment)을 채택하였다. 이 네루의 비동맹외교정책노선은 세계문제에 전혀 간여하지 않는다는 것이 아니며 또 완전한 중립주의(neutralism)노선도 아니다. 네루의 비동맹외교정책노선은 냉전적 군사동맹조

10) Beijing Review, no.25(November 15, 1982), p.21.

약을 체결하지 않는다는 것이다. 냉전의 핵심국인 미국 및 소련과 군사동맹관계를 갖지 않는다는 것이다. 인도는 이러한 외교정책의 기조를 유지하였다. 1971년 8월 네루의 딸인 인디라 간디(Indira Gandhi) 수상은 소련과 '평화·우호 그리고 협력 조약'을 체결하였다. 그래서 인도의 외교정책노선이 변화하는 것이 아닌가 하고 생각하는 사람도 있었으나 인도의 중립주의는 이 조약 체결 이후에도 비동맹외교정책 노선은 계속해서 유지되었다. 이 조약은 군사동맹조약이 아니었다. 인도가 이러한 외교정책노선을 견지하여 왔기 때문에 비동맹국가회의 등에서 주도적 역할을 하였다.[11] 이와 같이 인도는 일찍이 비동맹외교 노선을 그의 외교정책 기조로 채택하고 동서 냉전이 지속되는 동안 어떤 경우에도 이 기조에 따라 외교정책을 결정하여 왔다. 그리하여 인도는 외교정책의 일관성을 유지하여 왔다.

일본은 1951년 샌프란시스코에서 미국과 '샌프란시스코 평화조약'을 체결하였고 이 조약의 효력이 발효되는 1952년 4월 28일 공식적으로 독립 국가가 되었다. 그리고 일본은 1960년 미국과 동맹조약(treaty of mutual cooperation and security)을 체결하여 미국과 전략적 동반자 관계를 갖게 되었다.[12]

일본의 외교정책기조는 미－일 동맹에 기초한 미국과의 전략적 동반자 관계의 유지이다. 일본은 외교정책을 결정할 때 미국과의 동맹 및 동반자 관계에 기초해서 외교정책을 결정한다.[13] 그리하여 일본은 언제나 미국과의 전략적 동반자 관계에 기초해서 외교정책을 결정하므로 일본 외교정책의 기조는 미일동맹과 미·일 전략적 동반자 관계이다. 그러므로 일본의 외교정책은 예측이 가능하다.

한국과 일본의 외교관계를 예측 할 때도 일본이 갖고 있는 외교정책 기조의 측면에서 설명할 수 있다. 한국도 미국과 동맹관계를 갖고 있다. 한국과 일본은 공통적으로 미국과 동맹관계를 갖고 따라서 한국과 일본은 공통적인 외교정책의 기조를 갖고 있다. 그러므로 한·일 양국의 외교관계는 어떠한 경우에도 극단적이 갈등관계로 발전할 가능

11) Lloyd Jensen, Explaining Foreign Policy(Englewood Cliffs, New Jersey: Prentice-Hall, Inc., 1982), p.96.

12) Robert Scalapino, "Japan's Economic Route to Power," in Steven W. Hook(ed.), Comparative Foreign Policy(Upper Saddle River, New Jersey: Prentice-Hall, Inc., 2002), p.101.

13) Robert Scalapino, "The Foreign Policy of Modern Japan," in Roy C. Marridis(ed.), Foreign Policy in World Politics, 8th ed. (Upper Saddle River, New Jersey: Prentice-Hall, Inc., 1992). p.210.

성은 없다고 예측할 수 있다.

한국은 1953년 10월 1일 워싱턴에서 한·미 방위조약에 서명하였고 이 조약은 1954년 11월 17일에 발효되었다. 이후 한국은 이 한미동맹관계를 외교정책 및 외교관계의 근간으로 하고 있고 따라서 외교정책도 이 한미동맹 관계에 기초해서 결정한다. 한국은 일본에 대한 외교정책도 그리고 중국에 대한 외교정책도 한미동맹관계의 기초에 입각해서 결정하여 왔다. 한국이 다른 국가에 대한 외교정책을 결정할 때 한미동맹관계에 나쁜 영향을 미치는 외교정책을 결정한 일은 없었다. 한국이 한미동맹관계의 근간을 무시하는 외교정책은 결정될 수 없을 것이다. 한미동맹관계는 한국 외교정책의 기조가 되었다.

한국의 역대 어느 정부도 한미동맹관계를 부정하는 외교정책을 결정하는 일은 없었다. 미국과의 외교관계에서 다소 거리를 두고 있었던 노무현 대통령도 2003년 미국 부시(George W. Bush)대통령이 이라크에 한국군의 파병을 요구하였을 때 그는 미국의 요구를 수용하여 이라크에 파병을 결정하였다. 노무현 대통령의 이러한 결정도 한미동맹 관계라는 틀에 기초해서 파병을 결정하였다.

1948년 건국 이후 한국의 역대 정부는 한미동맹관계에 의거해서 외교정책을 결정하고 외교관계를 유지하여 왔다. 이러한 결정은 한미동맹관계가 한국 외교정책의 기조라는 사실을 인정하는 것이다. 한국 정부는 한미동맹관계를 기조로 해서 외교정책을 결정하여 왔기 때문에 한국의 외교정책은 일관성을 갖고 있었다.

이처럼 각 국가는 전통적이고 정통적인 외교정책기조를 갖고 있어야 일관성 있고 성공 가능한 외교정책을 결정할 수 있고 동시에 국가의 안전을 보장하고 국가의 이익을 극대화하는 데 도움이 될 것이다.

외교정책의 합리성

한 국가의 외교정책의 의의는 국가 차원의 또는 정권 차원의 외교정책목표를 성취시키는 데 있다. 그러므로 이상적이고 효율적인 외교정책이란 외교정책 목표를 성취시킬 수 있는 정책을 말하는 것이다. 외교정책은 외교정책목표의 성취에 초점을 맞추어 결정된 구체적 정책이어야 하며 이러한 정책이 좋은 성과를 거둘 수 있다.[14] 이와 함께

14) 이 부분에서 설명되는 외교정책의 합리성에 관한 주요 내용은 Charles W. Kegley, Jr. and Eugene

외교정책이 외교정책목표를 성취시키기 위해서는 이 외교정책을 실현시킬 수 있는 외교적 수단을 갖고 있어야 한다. 어떠한 외교정책이더라도 수단을 함께 갖고 있지 않다면 그 외교정책은 허공에 떠 있는 쓸모없는 정책으로 남게 될 것이다. 하나의 외교정책은 구체적인 외교정책 목표를 성취시키기 위한 결정이고 이 결정은 외교라는 수단에 의해 실천되고 실제로 외교정책 목표를 성취시켰을 때 그 외교정책은 이상적이고 효율적인 정책이라고 말할 수 있다. 외교정책은 그의 외교정책목표를 성취시키기 위한 결정이고 이 결정은 외교라는 수단에 의해 실천될 수 있다. 이러한 체제를 갖추어야 그 외교정책은 이상적이고 효율적인 것이다.

외교정책은 자국의 주권이 미치지 않는 지역에 위치하고 있는 다른 주권 독립 국가를 대상으로 결정된다. 그러므로 한 국가의 외교정책은 그것을 결정한 국가의 의지대로 모든 것이 실천될 수 없다. 어떤 외교정책은 결정한 국가의 이익과 그 외교정책의 대상이 되는 국가의 이익과 조화를 이루어 특별한 수단 없이도 실현될 수 있는 정책도 있겠고 그와는 달리 어떤 외교정책의 실천은 그 외교정책의 대상국가의 이익을 침해하는 경우도 있을 수 있다. 전자의 경우라면 외교정책의 결정국가와 그것의 대상국가간 모두가 수용할 수 있는 정상적 외교정책 실천 수단이 이용될 것이다. 그러나 한 국가의 외교정책의 실천이 대상국가의 이익을 침해한다면 대상국가에 의해 수용될 수 없는 수단을 동원해서 외교정책을 무리하게 실천하려는 경우도 있을 수 있다. 후자의 경우, 무리한 수단이 이용된다면 그 정책의 실천은 어려울 것이고 따라서 외교정책목표도 성취될 수 없게 될 것이다.

각 국가는 외교정책목표를 설정하고 이 목표를 성취시키기 위한 외교정책을 결정할 때, 각국은 그것들의 대상국가의 이익과 자국의 외교정책 목표의 상관관계를 면밀히 검토하여야 외교정책 목표 성취에 좋은 영향을 미치게 될 것이다. 동서냉전을 종식시키고 세계 정치질서의 재편을 촉진시키는 세계정치사적으로 큰 의미를 갖는 사건이 발생했다. 그것은 1972년 2월 중국과 미국의 관계개선이었다. 제2차 세계대전 이후 적대관계를 유지해오던 양국의 적대관계 해소는 세계 정치의 지각 변동을 가져왔다. 즉 동서냉전을 종식시키는 계기를 마련하였다.

중국은 제1단계 문화혁명[15]을 끝내고 중국공산당은 새로운 외교정책 노선을 걷기

R. Wittkopf, World Politics, 8th ed.(Boston: Bedford/St. Martin's, 2001), pp.66-68참고.

15) 중국은 1966년 5월부터 1976년 10월까지 10년을 문화혁명기간으로 규정하고 있다. 중국은 이 10년

위해 미국과의 관계개선을 1차적 외교정책목표로 결정하였다. 중국은 이 목표를 성취시키기 위해 다음과 같은 결정을 하였다.

중국은 그의 독립을 기념하기 위해 매년 10월 1일 천안문(天安門)광장에게 군부대의 퍼레이드를 실시한다. 중국 당국은 1970년 10월 1일에 거행되는 독립기념 퍼레이드에 모택동의 오랜 친구인 미국 언론인 스노우(Edgar Snow)를 초청해서 모택동 옆에서 이 행사를 참관하도록 결정하고 실제로 그렇게 실시하였다.[16] 또 중국 당국은 미국과의 관계개선이라는 외교정책목표를 달성하기 위해 1971년 4월 일본에서 개최되었던 세계 탁구 선수권 대회가 끝난 직후 이 대회에 참가한 미국 탁구팀을 초청하기로 결정하였다. 이 결정은 곧 중국의 외교정책이다. 그리고 중국 당국은 중국 탁구팀으로 하여금 세계 탁구 선수권 대회에 참가한 미국 탁구팀을 초청해서 중국 탁구팀과 친선경기를 하자고 제의하였다. 이때 미국의 탁구팀도 미 국무성의 허락을 얻어 역사상 처음으로 중국 당국의 공식 초청을 받고 중국을 방문하였다. 1971년 4월 14일 주은래 수상은 미국 탁구팀을 접견하는 자리에서 “여러분의 중국 방문은 두 나라 국민간의 우호적인 교류의 문호를 여는 계기가 되었다”[17]고 말하여 미국과의 관계개선 의지를 강하게 나타냈다. 미국도 중국의 의사표시에 동의해서 1971년 7월 닉슨 대통령 안보보좌관 키신저가 중국을 방문해 주은래 수상과의 회담에서 양국 관계 개선에 합의하고 1972년 2월 닉슨 대통령이 중국을 방문해서 양국이 관계개선을 이룩했다는 상해공동성명을 발표하였다.

지금까지 살펴 본 바와 같이 중국이 미국과의 관계개선이라는 외교정책목표를 설정하고 이 목표의 성취를 위해 중국이 만들어낸 구체적인 외교정책 즉 1970년 스노우의 천안문 광장 초청 결정 및 1971년 미국 탁구팀의 중국초청 결정 그리고 이 결정을 실천했던 행위는 중국의 외교정책목표를 성취시켰기 때문에 이 일련의 목표－결정－행위는 모두 이상적인 과정이었다. 보다 더 합리적인 외교정책이 되기 위해서는 외교정책을 결정하는 국가차원에서의 합리성뿐만 아니라 외교정책의 대상국가도 그 결정이 합

을 3단계로 나누고 있다.
제1단계－1966년 5월부터 중국공산당 9전대회가 개최된 1969년 4월
제2단계－1969년 4월부터 중국공산당 10전대회가 개최된 1973년 8월
제3단계－1973년 8월부터 1976년 10월 문화혁명의 주류파인 4인방이 제거되는 시기까지
“关于建国以来党的若干历史问题的决议”, 人民日報, 1987年 7月 1日.

16) Henry Kissinger, Diplomacy(New York: Simon & Schuster,1994), pp.725-726.

17) Home News Library of the Xinhwa News Agency(ed.), China's Foreign Relations: A Chronology of Events 1949-1988(Beijing: Foreign Language Press, 1989), p.529.

리적이라고 평가할 수 있는 외교정책이 이상적인 외교정책이고, 이러한 정책이 외교정책목표를 성취시킬 수 있는 정책이라고 말할 수 있다. 외교정책이란 외교정책목표의 성취를 위해 무엇을 하겠다는 정부의 의사결정이고, 외교는 이 정부의 결정을 구체적으로 어떻게 행동으로 옮기겠다는 정부의 의사표시행위 또는 의사전달행위이다.

중국과 미국의 관계 개선은 먼저 두 국가 모두 갖고 있던 외교정책목표였다. 중국의 모택동은 문화혁명 이후 친미적 노선을 걷기로 하고 미국과의 관계개선을 그의 외교정책목표로 설정하였고, 미국도 전략적 차원에서 중국과 관계개선이 이루어지면 대 소련 관계에서 유리한 입장을 갖고 소련을 상대할 수 있을 것으로 생각하였다. 이러한 이유로 양국은 상호 관계 개선에 깊은 관심을 가졌고 이것을 외교정책목표로 설정했다.[18] 1960년대 말부터 중국과 미국 양국은 멀리 있었지만 관계개선이라는 목표를 함께 갖고 있었다. 그리고 중국이 채택한 미국 언론인 스노우의 퍼레이드 참관 결정, 그리고 미국 탁구팀의 초청 결정은 미국 측에서도 수용할 수 있는 결정이었다. 그리고 이 결정은 실제 행위로 옮기는 데 모두 동의하였다. 그 결과 중국과 미국의 관계개선은 겉으로 보기에는 불가능한 것처럼 보였지만 중국의 이상적인 외교정책 및 적극적인 외교 행위로 불가능을 가능으로 만들었다. 또한 중국의 외교정책 및 외교는 중국 외교정책목표의 대상국인 미국도 중국의 결정들을 수용하는데 어려움이 없었고 그 결과 양국은 모두 외교정책목표를 달성할 수 있었다. 이러한 중국의 외교정책은 합리적이고 효율적인 외교정책이라고 생각된다.

외교정책의 종류

외교정책이란 정부에 의해 설정된 외교정책목표를 성취하여 국가의 이익을 극대화하기 위한 정부의 의사결정이다. 외교정책은 그것이 결정되는 배경, 동기, 계기, 과정 등에 따라 외교정책의 역할과 기능이 달라질 수 있다. 외교정책에는 외교정책목표를 설정하고 그것을 성취시키기 위해 능동적으로 또 적극적으로 결정되는 외교정책이 있고, 다른 한편, 앞의 외교정책과는 달리 외교정책목표의 설정없이 또는 그것과 무관하게 수동적으로, 또 타의에 의해 결정되는 외교정책이 있다. 이것들에 이름을 붙인다면 전자

---

18) Henry Kissinger, Does America Need a Foreign Policy(New York: Simon & Schuster, 2001), pp.138ff.

는 적극적 외교정책이고 후자는 소극적 외교정책이다.

적극적 외교정책은 설정된 외교정책목표를 설정시키기 위해 정부가 주도적으로 그리고 능동적으로 결정하는 외교정책이다. 이 적극적 외교정책은 정부의 목표를 성취시켜 국가의 이익을 극대화하려는 외교정책이다. 이 적극적 외교정책은 외교정책목표와 같은 맥락에서 결정된다. 이 적극적 외교정책은 자국의 필요에 의해 그리고 자의적으로 결정되는 외교정책이며 이 정책은 외교라는 수단에 의해서 구체적으로 실천하게 된다.

한편 소극적 외교정책은 그 정책 결정의 배경, 동기, 계기 등이 자의적이 아니라 타의적이고 수동적인 차원에서 결정된 외교정책을 말하는 것이다. 소극적 외교정책이란 한 국가의 외교정책이 그 국가의 외교정책목표를 성취시키기 위해 결정되는 것이 아니라 다른 국가의 필요에 따라 또는 다른 국가의 요구에 의해 결정되는 외교정책을 말하는 것이다. 그러므로 이렇게 결정된 외교정책은 자국의 외교정책목표를 성취시키기기 위한 정책이 아니라 오히려 외교정책의 결정을 요구했던 상대국가의 외교정책목표를 성취시키기 위한 외교정책이다.

이 소극적 외교정책은 자의적으로 결정된 것이 아니라 그 결정의 배경, 동기, 과정 등이 모두 다른 국가에 의해서 제공되었기 때문에 이 외교정책은 그 정책을 결정한 국가의 외교정책목표와는 아무런 연관성도 갖고 있지 않다. 그렇기 때문에 소극적 외교정책은 국가의 이익을 극대화한다는 외교정책의 본질적 속성을 근본적으로 배제하고 있다. 소극적 외교정책이란 외교정책목표를 갖지 않고 만들어지는 외교저책을 말하는 것이다. 그렇기 때문에 소극적 외교정책은 실천을 위한 수단인 외교가 필요하지 않다. 외교정책은 결정되면서 그의 임무는 끝나는 것이다.

1965년 한국정부는 베트남에 전투 병력을 파견하기로 결정하였다. 한국정부가 전투 병력 파견이라는 결정 즉 외교정책의 결정은 미국의 요구에 의해서가 아니라 베트남정부의 초청을 받고 파병을 결정하였다. 이 결정은 한국정부의 주도적이고 독자적인 의지에 의해 이루어졌다. 당시 한국정부의 베트남에 전투병 파견 결정의 배경, 목적 등은 다양하다. 한국정부는 포괄적인 목적을 즉 다양한 외교정책목표를 설정하고 전투 병력의 파견이라는 외교정책을 결정하였다. 이 외교정책목표에는 다음과 같은 것이 포함되어 있었다. 이 목표 가운데에는 먼저 공산주의자를 퇴치해야하다는 의지, 1950년 6.25 전쟁 중에 한국에 제공되었던 지원에 대해 보답한다는 뜻, 그리고 더 구체적인 목표로는 한국의 경제발전을 도모하기 위해 미국으로부터 보다 많은 경제적 지원을 받으려는 목적이 포함되어 있었다.[19] 이처럼 한국 정부의 베트남에 전투병력 파견이 결정된 다음 1966년 3월 한미양국은 '브라운 각서'에 서명하여 미국은 한국에 군사원조 및 경제원조의 제공을 약속하였다. 1965년 한국정부의 베트남 파병 결정은 전형적인 적극적 외교정책이다. 한국정부가 경제발전을 위해 미국의 적극적인 지원을 받으려는 외교정책목표를 설정하고 이 목표를 성취하기 위해 전투병을 파견한다는 결정은 한국정부의 의지가 담겨있는 적극적이고 능동적인 외교정책이라고 말할 수 있다. 한편 2003년 노무현대통령의 이라크에 한국군 파견 결정은 소극적인 외교정책이다. 이 경우에 이라크에 한국군 파견은 한국의 외교정책목표와는 거의 무관하게 이루어진 결정이었다. 이때 한국정부의 파병 결정은 전적으로 미국의 요구에 의해 그리고 한국의 외교정책목표와는 무관하게 결정된 외교정책이었다.

한편 1962년 10월 미국 케네디정부가 쿠바에 소련의 미사일기지가 건설되고 있다는 사실을 알게 되었다. 이러한 사실은 미국의 안전을 위협하는 중대한 사안이라고 결론내리고, 미국정부는 즉각적이고 강경한 대응책을 모색하였다. 미국의 합참의장 등 고위정책결정자들은 쿠바로부터 소련의 미사일을 철수시키기 위해 공중 폭격, 쿠바에 대한 지상공격 등 다양한 방안들을 논의하였다.

케네디대통령의 동생인 법무장관 로버트 케네디(Robert Kennedy)는 주미소련 대사인 돕리닌(Anatoly Dobrynin)에게 쿠바에 대한 미국의 공중폭격을 위협하는 최후통첩을 전달하였다. 그리고 케네디대통령도 직접 텔레비전에 출현해 '쿠바에 설치되는 소련의 미사일이 철수되지 않는다면 미국은 핵무기로 이 미사일기지를 공격할 것'이라고 경고하였다.[20] 이러한 미국의 강경한 입장을 전달받은 소련이 쿠바에 설치된 미사일의 철수를 결정하였다. 물론 미국은 소련에게 미사일기지 철수의 명분으로 쿠바로부터 미사일이 철수된다면 미국은 쿠바를 무력공격하지 않을 것을 약속하였다.[21] 그와 함께 미국은 소련을 겨냥하고 있는 이태리와 터키에 있는 미국의 미사일을 쿠바에 있는 소련 미사일 철수 이후 3개월 이내에 철수하겠다고 약속하였다.[22]

---

19) Donald Stone MacDonald U.S.-Korean Relations from Liberation to Self-Reliance(Boulder: Westreview Press, 1992), pp.109-110.

20) K. J. Holsti, International Politics, 5th ed.(Englewood Cliffs, New Jersey: Prentice-Hall International, Inc., 1988), pp.289-290.

21) Current Digest of the Soviet Press, vol.14(December 5. 1962), p.7.

22) Fred C. Ikle, How Nations Negotiate(Millwood, New York: Harper & Row, Publishers, 1995),

결과적으로 소련은 미국의 요구 및 위협에 굴복하여 쿠바로부터 그의 미사일을 철수하기로 결정하였다. 소련의 이 결정은 소련의 외교정책목표에 배치되는 것이었고, 그 결정의 동기 및 배경은 타의적이었고 수동적이었다.

소련의 쿠바로부터의 핵무기 철수 결정은 전형적인 소극적 외교정책이다. 케네디대통령의 쿠바로부터 소련 미사일을 철수시킨 결정은 많은 사람들에 의해 매우 성공적인 외교정책이었다고 평가되고 있다. 당시 미국은 양극체제하에서 양극체제의 한 축인 소련을 외교정책으로 굴복시켰기 때문에 이때 케네디정부에 의해 결정되었던 외교정책 그리고 이 정책을 실천하였던 외교는 국제정치의 표본이 되고 있다.

p.86.

3
외교정책의 결정 요소

동서고금을 막론하고 또 강대국이나 약소국을 불문하고 모든 국가는 외교정책목표를 갖고 있고 그래서 외교정책도 갖게 된다. 그러나 각 국가는 서로 다른 국력, 지정학적 위치, 상이한 역사, 전통 등을 갖고 있고 국내외 여건도 다르기 때문에 정부에 의해 결정되는 외교정책도 천차만별이고, 이것이 결정되는 절차, 과정 등도 매우 다르다. 그러나 외교정책의 중요성은 아무리 강조하여도 지나침이 없기 때문에 외교정책의 체계적인 연구, 개발 등이 요구되고 특히 외교정책 결정에 관한 연구도 반드시 필요하다.

이러한 필요를 충족시키기 위해서 무엇보다도 먼저 외교정책 결정 요소에 대한 연구가 이루어져야 할 것이다. 한 국가의 외교정책은 그 국가의 외교정책목표에 초점이 맞추어져서 결정하는 일이 매우 중요하다. 한 국가의 정부가 외교정책을 결정하는 이유는 외교정책목표를 성취시키기 위해서이다.

외교정책목표에는 국가차원의 장기외교정책목표가 있고, 그리고 정부 차원의 단기외교정책목표가 있다. 국가차원의 외교정책목표에는 장기 목표가 포함되고, 정부차원의 외교정책 목표에는 정권이 추진하려는 단기외교정책목표가 있다.[1] 이 단기 목표는 정권담당기간에 한 정권이 달성하려는 목표이다. 이 목표를 달성하기 위해 정부는 외교정책을 결정한다.

1960년대 박정희 대통령은 일본과 국교정상화를 결정했고, 베트남에 한국군의 전투병 파병을 결정하였다. 박대통령의 이러한 결정은 주권의 독립성을 수호하고 한국의 주요 가치체계를 수호하기 위한 외교정책의 결정이라기보다 이 두 정책은 미국으로부터 한국의 경제발전을 위한 기술 및 자본을 획득하는데 미국에 대한 영향력을 강화하여야 한다는 외교정책목표를 성취하기 위해 결정된 정책이었다. 또한 박대통령은 이러한

1) 외교정책 의의에서 설명하고 있는 외교정책 목표 참고.

외교정책은 미국의 한국에 대한 방위의무를 강조하기 위한, 외교정책목표를 달성하기 위한 정책결정이었다.[2] 이 외교정책목표는 정권차원의 단기 목표이고, 이에 대한 결정은 정권차원의 외교정책이다.

여기에서는 정권차원의 단기 외교정책목표를 실현하기 위한 적극적 외교정책의 결정요소를 논의하려한다. 앞의 외교정책의 종류에서 언급한 것처럼 정권차원의 단기적 외교정책목표를 성취시키려는 외교정책, 즉 적극적 외교정책이 있고, 다른 하나는 외교정책목표 없이 타의에 의해 수동적으로 결정되는 외교정책이 있다. 이 외교정책은 소극적 외교정책이라 한다. 한 국가의 진정하고 실질적 외교정책은 적극적 외교정책이다. 이 적극적 외교정책은 정부의 외교정책목표를 성취시켜 국가이익을 증진시킬 수 있는 외교정책이다.

하나의 정부가 정권 차원의 적극적 외교정책을 결정할 때 그 정책결정에 영향을 미치고 또 정책 결정자들이 정책을 결정할 때 고려하고 검토해야 할 요소는 3개의 부류로 나누어 생각할 수 있다. 첫째는 간접적 요소이고, 둘째는 직접적 요소이고, 그리고 셋는 가장 크게 영향을 미치는 결정적 요소이다.

첫 번째 간접적 요소에는 국가의 객관적 국력, 국가가 수호하려는 불변의 가치, 국가 차원의 외교정책 기조 및 원칙, 국가 차원의 중기 및 장기 외교정책목표 등이 포함되고, 둘째, 직접적 요소에는 외교정책의 대상국가, 단기 외교정책목표, 그 국가와의 정치, 외교, 군사, 경제관계, 국내여론, 결정되는 외교정책의 실현가능성의 정도, 외교정책을 결정하는 국가가 이 정책의 대상 국가에 행사할 수 있는 영향력, 등을 포함시킬 수 있고, 그리고 셋째 결정적 요소에는 최종 정책결정자의 신념, 의지, 그가 갖고 있고 지향하는 목적, 또는 목표, 그 단기적 외교정책목표의 성취 여부가 국내 정치, 경제, 사회 등에 미치는 영향 또는 파급 효과 등을 포함시킬 수 있다.

여기에서는 이 3개 요소가 정부의 외교정책을 결정할 때 이 요소들이 얼마나 그리고 어떻게 영향을 미치고 작용하는가를 살펴보려 한다.

---

2) Donald Stone Macdonald, U.S.-Korean Relations from Liberation to Self-Reliance(Boulder: Westview Press, 1992), p.109.

여기에서는 특정상황을 전제하지 않고 이 3개의 요소가 각각 정부차원의 단기 외교정책목표를 성취하기 위한 적극적 외교정책을 결정하는데 이 3개의 요소가 얼마만큼의 영향을 미치고 어떻게 작용하는가를 검토하려한다. 이 3개의 요소 가운데 중요하다고 생각되는 주요 요소들을 설명한다.

첫째 간접적 요소

국가의 외교정책 기조 및 원칙－국가 차원의 외교정책 기조 및 원칙은 모든 정부의 외교정책 결정의 기초이며 근간을 이루는 요소이다. 국가 차원의 외교정책 기조와 원칙은 몇 가지 요소들에 의해서 결정된다. 이 기조와 원칙을 확립하는데 근간이 되는 요소들은 먼저 국가가 전통적으로 또 역사적으로 수호하여야 한다고 생각하는 국가 불변의 가치이다. 각 국가는 이러한 가치들을 갖고 있다. 예를 들면 미국의 경우 자유, 평화, 번영, 안정, 민주주의 등은 그의 불변의 가치라고 할 수 있다. 미국뿐만 아니라 대부분의 국가들은 인류 보편적 가치를 국가 불변의 가치로 여기고 있다. 이 불변의 가치도 외교정책의 기조 및 원칙을 확립하는데 중요하게 영향을 미치고 작용한다. 그리고 각 국가가 가지고 있는 국가 차원의 중기 및 장기 외교정책 목표인 주권의 독립성 수호, 각국 특유의 정치적, 경제적 사회적, 가치 및 체제 수호는 모든 국가가 지켜야할 불변의 가치이다. 이 또한 외교정책의 기조 및 원칙 확립에 크게 작용한다.

미국의 경우, 독재로부터 자유, 상업적 이익, 미국의 이상과 이념의 실현을 미국의 가치 및 이익과 직결된 불변의 국가적 외교정책 목표로 인정하고 있다. 그 뿐만 아니라 외교노선에 있어서도 고립주의, 또는 국제주의도 서로 다른 시대에 미국 외교정책의 기조이고 원칙이었다.[3)]

대한민국은 1948년 8월 15일에 탄생되었다. 대한민국은 제2차 세계대전 이후 3년간의 미군정을 거쳐 유엔의 감시하에 치러진 민주적 선거를 통해 이 땅에 태어났다. 그리고 1950년 6월 25일, 북한의 남침에 의해 한반도에 전쟁이 발발했고, 그 후 한국은 안전보장을 위해 당시 서방 자유 민주진영의 종주국 역할을 했던 미국과 군사동맹조약을 체결하여 미국의 동맹국이 되었다. 이 시기는 국제적으로 동서 냉전의 분위기가

---

3) Charles W. Kegley, Jr. and Eugene R. Wittkopf, American Foreign Policy, 5th ed.(New York: St. Martin's Press, 1996), p.31.

최고조에 달해있었다. 그러므로 한국은 우선 반공을 외교정책의 기조로 삼았고 친미적인 외교를 기조 및 원칙으로 하였다. 그리하여 1950년대 및 1960년대 한국의 외교정책을 이 기조와 원칙에 따라 결정되었다. 이 원칙과 기조는 한국 외교정책 결정에 기본적인 틀을 제공하였다. 1960년대 베트남에 한국의 전투병 파병을 결정한 것도 이 기조와 원칙에 근거한 것이다. 또한 한국의 남북통일은 한국의 국가차원의 외교정책목표이다. 그러므로 한국의 모든 정부는 통일이 이루어질 때까지는 외교정책을 결정할 때 통일의 원칙과 일치하는 외교정책을 결정해야 할 것이다.

미국은 1823년 소위 '몬로 독트린'(Monroe Doctrine)의 선언으로부터 1898년 스페인과의 전쟁을 하기까지 미국 외교정책의 기조는 고립주의였다. 이 시기 미국의 대외관계는 미주대륙에서만 전개되었다. 그러므로 19세기 미국의 외교정책은 고립주의라는 원칙과 기조 하에서 결정되었다. 제2차 세계대전에서 승리한 미국은 세계 최강국이 되었다. 이제 미국은 고립주의를 버리고 국제주의를 채택하고 적극적으로 국제 문제에 개입하였다. 이후 미국 외교정책의 기조 및 원칙은 국제주의로 대체되었다. 미국은 21세기까지 국제 테러와의 전쟁을 수행하고 이라크, 아프가니스탄 등지에서 폭력을 행사하는 독재자, 침략자들을 응징하고 있다. 미국의 이러한 대외적 행각은 미국이 불변의 가치로 여기고 있는 평화, 안전, 안정, 민주주의를 수호하려고 여러 수단을 구사하고 있다. 미국의 이와 같은 결정과 행위는 모두 미국 외교정책 기조 및 원칙 하에서 이루어진 것들이다. 1947년 트루만 대통령은 소위 '트루만 독트린'을 선포하며 그는 "세계 자유국가의 국민들은 그들의 자유를 수호하기 위해 우리의 지원을 원하고 있으며… 만일 우리의 지도력이 흔들린다면 세계의 평화는 위험하게 될 것이며, 동시에 미국 국민의 복지를 위험하게 만들 것이다."라고 말하며 제2차 대전 이후 미국 외교정책의 기조를 확립하였다. 그리고 1980년대 레이건(Ronald Reagan)대통령도 "우리나라는 그리고 우리세계는 선택이 아니라 숙명적으로 자유세계의 장벽을 지키는 수호자가 되어야한다." 고 강조하였다.

이처럼 미국은 제2차 세계대전 이후 확립된 미국 외교정책의 기조 및 원칙을 변함없이 지켜왔다. 미국이 이러한 외교정책의 원칙 및 배경을 갖게 된 근원은 미국이 공산주의에 대한 인식에서 비롯되었다. 미국은 "공산주의는 선천적으로 독재적이고, 반민주적이고 그리고 반자본주의적이기 때문에 공산주의는 세계적으로 자유, 안정 그리고 번영을 위협하는 존재다"라고 인식하고 있다. 이제 중국, 북한을 제외한 주요 공산국가는 모두 붕괴되어 공산주의로부터 자유·민주에 대한 직접적인 위협은 없지만, 공산주의자가 아닌 다른 세력, 집단 등이 자유, 번영, 민주주의를 위협하고 있기 때문에 미국의 외교정책의 기조 및 원칙은 변하지 않고 있다. 그렇기 때문에 미국의 외교정책은 어떤 경우에 또는 언제나 이러한 기조 및 원칙 하에서 결정된다. 이러한 원칙과 기조는 미국 외교정책의 틀, 범위 등을 결정지어준다. 미국의 경우 자유, 민주, 번영, 평화의 수호는 동시에 미국의 장기 및 중기 외교정책목표이기도 하다. 그러므로 이러한 요소들은 미국의 외교정책 결정에 매우 크게 영향을 미치고 있다.

또한 미국은 공산주의로부터 자유, 민주주의, 세계평화, 안정을 수호하기 위해 소련 및 공산주의의 팽창을 저지하기 위해 소련 및 공산주의의 봉쇄전략을 미국 국가 차원의 외교정책목표로 설정하였다. 미국 트루만 정부는 이 봉쇄전략을 구체적으로 전개하기 위해 1947년 3월 12일 '트루만 독트린'을 선언하였고, 그로부터 약 3개월 후인 1947년 6월 5일 소위 '마샬 계획(Marshall Plan)'을 발표하였다.[4] 이후 미국의 소련 및 공산주의 봉쇄 전략은 미국의 국가적 외교정책목표가 되었다. 그래서 냉전시기 미국의 각 정부는 소련 및 공산주의 봉쇄라는 전략의 틀 속에서 외교정책을 결정하였다.

이러한 외교정책의 기조 및 원칙은 외교정책을 결정하는 사람들에게 정책결정의 범위, 한계, 틀 등을 제공하는 역할을 한다.

중화인민공화국(이하 중국)은 중국공산당이 지배하는 사회주의 국가이다. 중국은 일찍이 건국도 하기 전인 1945년 4월, 연안(延安)에서 개최된 중국공산당 제7차 전국대표대회에서 모택동사상을 중국공산당의 지도 사상으로 채택하였다. 그리고 1949년 6월 모택동은 '논 인민민주전정(論人民民主專政)'이라는 글에서 그는 "마르크스-레닌주의 국가학설에 기초해서 중국을 건설해야한다"고 역설했다. 1999년 3월에 수정 통과된 헌법에도 마르크스·레닌주의·모택동사상의 지도하에 중국 특색적 사회주의를 건설한다고 강조하고 있다. 그 뿐만 아니라 2002년 11월 개정 통과된 중국공산당장정(中國共産章程)에서도 마르크스주의·레닌주의·모택동사상 등을 행동의 지침으로 삼아 중국공산당의 최고 이상이며 최종목표인 공산주의를 실현한다고 천명하고 있다. 중국에서 이들 주의 및 사상은 중국의 모든 정책의 근간이 되고 정책의 기조 및 원칙이라고 말할 수 있다. 그러므로 중국은 마르크스-레닌주의-모택동 사상의 틀 속에서 외교정책을 결정할 것이다. 실제로 외부세계에서 볼 때 중국의 외교정책이 이러한 주의 및 사상의

4) Henry Kissinger, Diplomacy(New York: Simon & Schuster, 1994), pp.446ff.

범주 밖에서 결정된 것처럼 보일지라도 중국 정부는 모든 정책이 이들 범주 속에서 결정되었다고 주장할 것이다. 이와 같은 주의 및 사상을 강조하는 중국은 정도의 차이는 있을지라도 그들의 대내외 정책은 이들 주의 및 사상과 상반되거나 이것들을 부정하는 결정을 하지는 못할 것이다. 중국에서 이러한 주의 및 사상이 외교정책 결정을 좌지우지하지는 않겠지만 이 마르크스주의－레닌주의－모택동사상은 외교정책결정의 범위 또는 한계를 제공할 것이다. 지금까지도 중국은 사회주의를 주요한 가치로 생각하고 있다. 헌법에서도 사회주의를 강조하고 있다. 21세기인 오늘날에도 중국이 외교정책을 결정할 때 중국은 사회주의의 실현을 저해하거나 방해하는 외교정책을 결정하는 일은 없을 것이다. 중국은 그의 경제를 사회주의 시장 경제라 한다. 이처럼 중국은 사회주의를 금과옥조로 여기고 있다. 이와 같은 사회주의 건설은 중국에서 반드시 존중되어야 할 가치이므로 이 가치는 중국의 외교정책 결정에 어느 정도의 범위 및 한계를 제공하게 될 것이다. 또한 중국의 중국 특색적 사회건설이 중국의 국가적 장기 및 중기 외교정책 목표이기 때문에 또한 중국에서 사회주의는 외교정책 결정에 일정한 틀을 제공하게 될 것이다.

국제체제－한 국가의 외교정책은 국가의 주권이 미치지 않은 지역 및 국가를 향해 결정되는 정책이기 때문에 외교정책은 국제정치 환경과 밀접한 관계를 갖지 않을 수 없다. 국가가 국제정치 환경을 무시하거나 초월해서 국가를 경영한다면 그 국가는 고립될 것이고, 동시에 국가 이익을 증진시켜 국가를 발전시킬 수 없을 것이다. 국제사회가 무정부적 상태이지만 강한 국가가 등장하면 이 국가는 그 자신의 가치에 맞추어 세계를 하나의 틀로 아우르는 국제체제(International system)을 구축한다.[5] 한 사회에서 힘 있는 구성원이 생겨나면 그는 그의 이익을 극대화하기 위해 그의 힘을 이용해서 사회적 및 정치적 국제체제를 구축한다. 이 체제는 힘 있는 구성원의 이익을 반영한다. 만일 국제사회에서 힘 있는 구성원이 바뀌게 되면 바뀐 구성원의 이익을 반영하기 위해 체제가 바뀐다. 국제사회에서도 새로운 강대국이 등장하면 그의 국가 이익을 증진시키기 위해 국제체제가 바뀌어진다.[6] 국내사회와는 달리 국제사회에서는 국가의 힘이 적나라

---

5) Ibid., p.17.

6) Robert Gilpin, War & Change in World Politics(Cambridge: Cambridge University Press, 1983), pp.ixff.

하게 작용하기 때문에 강대국은 그의 목적을 위해 힘을 사용해서 국제정치 환경을 자국에 유리하게 바꾸고 이것을 뒷받침하기 위해 구체적인 국제체제를 형성하게 된다. 이렇게 국제정치 환경이 바뀌고 새로운 국제체제가 만들어지면 각 국가는 이 새로운 환경, 새로운 체제에 맞추어 살아야 한다. 이 새로운 체제에 맞추어 산다는 것은 국가의 외교정책, 외교관계를 이 새로운 체제에 맞춘다는 것이다. 국제체제는 국가들이 외교정책을 결정하고 대외적으로 행위하고 국가간 상호작용하는 국제무대이고 국제적 틀이다. 모든 국가는 국제정치 환경에 따라 힘 있는 국가에 의해 만들어지는 이 틀 속에서 즉 국제체제 속에서 살아야 한다. 국제정치 환경이 변하면 따라서 국제체제도 바뀌어진다. 각 국제체제는 각기 나름대로의 각 시대의 국제사회의 환경에 따라 개성과 특성을 갖고 있다. 그러므로 각 국가는 그 국제체제의 개성과 특성에 따라 외교정책을 결정하고 국가간의 상호관계 및 상호작용을 가져야 한다. 국제체제의 구조(structure of the International system)는 강대국간의 힘의 분배를 의미하며 이 국제체제는 국가 외교정책의 주요한 결정 요소중의 하나이다.[7)]

국제체제는 17세기 유럽 대륙에서 전개되었던 종교전쟁(1618-1648)을 마무리 짓고 1648년 체결된 웨스트팔리아조약에서 비롯되었다.[8)] 이 조약은 유럽 내 주권 독립국가를 탄생시켰고 모든 국가의 군주를 평등하게 만들었고, 모든 군주의 권리와 의무를 존중하도록 규정하였다. 그리고 이 조약은 국제사회가 어떻게 조직되어야 하는가하는 17세기적 관념을 명문으로 규정하였다. 또 이 조약은 국제사회의 유일한 행위자는 주권국가이며 주권국가만이 국제법의 주체이고 누구도 다른 주권 국가의 독립과 자치권을 제한할 수 있는 권리를 가질 수 없다고 규정하였다.[9)] 웨스트팔리아 조약의 내용은 종교, 영토를 초월하여 유럽 내에서 발생하는 모든 문제에 적용되는 법이 되었다. 이후부터 유럽의 각 국가는 이 조약에 근거해서 외교정책, 대외관계를 갖게 되어 이 조약은 유럽 내 모든 국가의 상호관계 및 상호작용의 모체가 되었다. 이러한 상황을 웨스트팔리아 체제라고 한다. 이제 이 체제는 유럽대륙의 국제정치 질서를 마련하였고 유럽 대륙의 국제정치의 틀을 형성시켰다.

---

7) Charles W. Kegley, Jr. and Eugene R. Wittkopf, American Foreign Policy, p.159.

8) Edward L. Morse, Modernization and Transformation of International Relations(New York: The Free Press, 1976), p.24; Henry Kissinger, Diplomacy, p.21; Henry Kissinger, Does America Need a Foreign Policy(New York: Simon & Schuster, 2001), pp.20ff.

9) Edward L. Morse, Modernization and Transformation of International Relations, pp.154-160.

17세기 유럽에서 각 주권국가들은 그들의 주권과 영토의 안정을 위해 모색한 방법은 세력균형이었다. 유럽의 군주들은 국제사회(International arena)를 자연 상태로 보고 또 국제사회를 질서 없는 무정부적인 상태로 보았다. 유럽의 군주들은 국제사회를 특징짓고, 무정부적이고, 무질서한 유럽대륙을 안정시킬 수 있는 방책(方策)으로 세력균형을 생각하였다.[10] 이때의 세력균형은 어느 한 국가가 다른 국가의 영토나 유럽 대륙을 지배할 수 없도록 하기 위해 각 국가가 준수해야 할 일단의 행동양식(a set of behavior patterns)이었다. 17세기의 세력균형은 인위적으로 국가의 객관적이고 물리적인 국력을 균등하게 만드는 것이 아니라 17세기 유럽의 현상(status quo)을 유지한다는 것을 말하는 것이다. 이 세력균형이란 각 주권국가의 정치적 독립을 보장하고 영토의 안전을 유지하기 위해 이 현상유지 원칙을 유럽 대륙에 있는 모든 국가들의 외교정책 및 외교관계의 준칙으로 삼고 또 국가간 상호작용의 과정, 상호관계 등의 기본 틀로 확립하려는 체제를 말하는 것이다. 웨스트팔리아 평화조약이 체결되기 이전까지 유럽의 군주들은 신(神)에 의해 유지되었던 질서를 신 대신 세력균형 즉 현상 유지라는 전략으로 유럽대륙의 질서를 유지하고 모든 대외정책 및 대외행위는 현상유지로부터 나오고 현상유지로 귀결되어야 한다는 원칙을 확립하게 되었다.[11]

이 웨스트팔리아 조약은 유럽에서 역사상 처음으로 유럽의 모든 강대국이 참여한 최초의 다변조약이었다. 이 조약체결을 위한 웨스트팔리아 회의(Congress of Westphalia)에 참여했던 각국의 군주들은 '30년 전쟁'에서 발생했던 광범위한 종교적, 정치적, 그리고 영토문제의 해결을 위한 규범도 만들었다. 그리고 이 회의에 참여했던 각국의 정치지도자들은 유럽의 지도를 다시 만들었고, 장래 유럽의 평화를 위한 일단의 법칙(a set of rules)을 만들었다.[12] 이후 유럽 국가들은 그들이 만들어 놓은 유럽 대륙의 현상유지 원칙과 법칙에 따라 외교정책을 결정하고 외교관계를 전개해왔기 때문에 웨스트팔리아조약이 체결된 후 1789년 프랑스 대혁명이 일어날 때까지 141년 동안 현상을 뒤엎는 정복전쟁 없이 유럽대륙의 현상유지체제 즉 세력균형체제는 잘 유지되었다. 국제사회에서 이러한 17세기 및 18세기적 유럽의 현상이 국제체제의 필요성을 절감(切感)하게 만들었다. 이로부터 국제사회에서 새로운 정치 환경에 따라 국제체제가 만들어

10) Ibid., pp.23ff.

11) William D. Colpin, Introduction to International Politics, 3rd ed.(Englewood Cliffs, New Jersey: Prentice-Hall, Inc., 1980), p.29.

12) Robert Gilpin, War & Change in World Politics, p.36.

져 왔다.

프랑스 대혁명으로 유럽 대륙에 민족주의가 전파되면서 각 민족간의 크고 작은 전쟁이 발발하기 시작하였다. 그리고 1792년 시작된 나폴레옹 전쟁은 전 유럽을 전쟁의 소용돌이 속으로 몰아넣었다. 유럽 대륙에서 20여 년간 계속되던 전쟁이 끝나면서 유럽 대륙에는 역사상 처음으로 소위 강대국이 등장하였다. 모든 사회체제에서는 힘 있는 세력 또는 힘이 강한 행위자들의 이익의 극대화를 위해 이들을 위한 권리 및 규칙이 만들어진다. 힘 있는 행위자들은 그 자신들의 특수한 이익의 증대를 위해 약한 행위자에게 강자인 자신들의 이익을 위해 만든 규칙을 강제하고 강자의 권리를 주장한다. 그리고 강한 힘을 가진 행위자는 그 자신의 가치에 준거해서 사회체제를 형성하고 국제사회에서도 강대국은 그들의 이익을 증대시키기 위한 국제체제를 구축한다. 이러한 체제는 구성원의 행위를 결정짓는 가장 중요한 요소이다.[13)]

19세기 유럽대륙에서도 이와 같은 사회법칙에 따라 새롭게 탄생한 강대국들은 그들의 이익을 위한 그들 중심의 국제체제를 구축하였다. 19세기 유럽에는 영국, 프랑스, 프러시아, 러시아 그리고 오스트리아-헝가리 5개의 강대국이 등장하고 이들은 자신들의 이익 증대에 적합하다고 생각하는 19세기적 유럽의 세력균형체제를 구축하였다. 이 국제체제 즉 이 세력균형체제는 국제사회에서 최초로 강대국에 의해 구축되었고 강대국에 의해 유지되었던 국제체제였다. 이 세력균형체제는 100여 년간 안정적으로 유지되었다. 유럽강대국들의 이익이 안정적으로 보장되었기 때문에 이 체제가 100여 년간 유지될 수 있었다. 19세기 유럽의 국제체제인 세력균형체제는 나폴레옹 전쟁이 끝나면서 형성된 유럽대륙의 현상을 유지하는 것이었다. 구체적으로 현상유지란 나폴레옹 전쟁 이후 만들어진 유럽 국가들의 국경을 침범하거나 바꾸지 않고 또 유럽 강대국의 이익과 안전을 위협하지 않는 현상유지에 초점을 맞춘 세력균형체제였다. 또한 이 세력균형체제가 가장 중요시했던 원칙 중의 하나는 어느 한 국가 또는 국가 집단이 패권국가로 변신하거나 또는 패권적 집단이 되는 것을 방지하는 것이었다. 즉 어느 한 국가나 국가집단에 의해 유럽대륙이 지배되는 것을 방지하는 것을 기본 원칙으로 삼았다.[14)] 그러므로 19세기 유럽의 모든 국가들은 이러한 세력균형체제의 원칙을 준수

---

13) Ibid., pp.10ff; Henry Kissinger, Diplomacy, p.17.

14) David W. Ziegler, War, Peace and International Politics, 3rd ed.(Boston: Little Brown and Company, 1984), p.171.

해야 하고 각국의 외교정책도 이 원칙에 따라서 결정되어야 했다. 약소국이 이 국제체제의 원칙에 어긋나는 외교정책을 결정하면 이 약소국은 국가 이익을 훼손시키고 아울러 국제적으로 고립될 것이다. 한편 국제체제의 핵심 국가인 강대국이 국제체제의 원칙에 어긋나는 외교정책을 결정하고 그것을 시행한다면 이 국제체제는 유지되지 못하고 붕괴될 것이다. 그러면 강대국의 이익은 보호받지 못할 것이다.

제2차 세계대전은 미국과 소련을 강대국으로 만들었다. 그러므로 이 전쟁이 끝나면서 국제사회에는 새로운 국제체제를 출현시켰다.[15] 이름 하여 양극체제가 구축되었다. 세계는 미국을 중심으로 하는 자본주의 세계와 소련 중심의 공산주의 세계가 형성되면서 미국과 소련 그리고 자본주의 세계와 공산주의 세계는 서로 대립하며 적대적인 갈등관계가 지속되기 시작하였다. 이제 국제사회에는 각각 미국 및 소련 중심의 양극체제(the bipolar system)가 구축되었다. 이 양극체제는 이념에 기초해서 구축되었고 자본주의 진영과 공산주의 진영으로 양분되어 서로를 적대시하였다. 이 체제의 주요 특징 중의 하나는 상대진영 및 그에 속해있는 국가를 이롭게 하는 외교정책의 결정은 금물(禁物)이었다. 그리고 양 진영 중 하나의 진영에 속해있는 국가들은 각기 미국 또는 소련과 여러 형태의 군사동맹조약을 체결하고 각 진영의 맹주(盟主)가 되는 국가의 외교정책 노선에 따라 외교정책을 결정하여야 했다. 이러한 요소들이 이 양극체제의 특성이었고 따라서 각 국가는 이 특성에 맞추어 외교정책을 결정하였다.[16]

국제체제는 국가의 외교정책 결정에 직접적으로 영향을 미치기보다는 외교정책을 결정하는 국가의 정책결정자가 염두에 두고 정책결정에 반영해야 할 요소이다. 정책결정자가 고려하고 검토해야 할 국제체제의 요소는 강대국간의 힘의 분배에 따라 결정되는 국제체제의 권력구조, 그리고 이 강대국들의 주요 외교정책이다.

객관적 국력－마키아벨리(Nicholo Machiavelli) 그리고 웨버(Max Weber)도 "정치의 핵심은 힘이다"[17]라고 하였다. 모겐소(Hans J. Morgenthau)도 "국내정치이든 국제정치이든 모든 정치는 권력을 추구한다. 국제정치의 궁극적 목적이 무엇이든 권력을 언제나 국제정치의 직접적인 목표이다."[18] 더우기 국제사회는 무정부적 상태이므로 힘을

---

15) Henry Kissinger, Diplomacy, pp.423ff.

16) 송영우, 국제정치학(서울: 건국대학교 출판부, 2006), pp.78ff.

17) Roger Hilsman, The Politics of Policy Making in Defense and Foreign Affairs 3rd ed.(Upper Saddle River, NK: Prentice-Hall, Inc., 2000), p.77에서 인용.

국내사회보다 더 크게 작용한다. 이러한 측면에서 볼 때 한 국가의 객관적 국력은 외교정책을 결정하는데 고려해야 할 중요한 요소이다. 객관적 국력에는 계량이 가능한 요소로서 인구, 국토, 발달한 기술, 중요한 물적 자원, 국내총생산(GDP), 군사력, 그리고 계량이 어려운 요소로서 국민의 사기, 훌륭한 지도력(leadership), 교육수준, 또는 국가의 영향력 등을 열거할 수 있다.[19]

국가의 외교정책이 다르게 결정되는 이유 중의 하나는 각 국가에 의해 사용될 수 있는 능력이 다르기 때문이다. 여기에서 능력이란 국가가 갖고 있고 사용 가능한 자원(resources)을 의미하는 것이다. 이러한 자원은 국가의 규모(size)와 밀접한 관계를 갖고 있다. '국가적 사건에 관한 비교연구'(Comparative Research on the Events of Nations-CREON)에 의하면 1959년부터 1968년 사이 33개국의 4,500여개의 외교정책을 분석한 결과에 의하면 국가의 객관적인 국력이 각 국가의 외교정책이 가각 다른 이유를 설명하는데 가장 중요한 요소라고 결론 내렸다. 국가의 규모는 국가의 능력과 역량(capability and capacity)에 직접 영향을 미친다. 규모가 보다 큰 국가는 보다 많은 자원을 갖고 있기 때문에 외교정책을 결정하는데 선택의 폭을 넓게 가질 수 있고, 한계는 좁게 가질 수 있다. 한편 영토도 작고, 인구도 적고, 국민총생산(GNP)도 낮고 군사력도 약한 약소국은 자원과 능력이 취약해 외교정책결정에 제약을 받게 된다.[20] 이와 같이 한 국가가 외교정책을 결정할 때 객관적 국력은 외교정책 결정자에게 선택의 폭을 넓게 가질 수도 있게 하고 또는 그 폭을 좁게 할 수도 있다. 정책이란 그 자체가 '선택'이라는 의미를 갖고 있다. 즉 정책이란 국가의 목적을 성취시키기 위한 행위를 선택하는 것이다. 외교정책이란 국경을 넘어 다른 국가에 대해 행해질 여러 행위 가운데 하나를 선택하는데 작용하는 행위의 지침이다.[21] 다시 말하면, 국가가 갖고 있는 객관적 국력은 이러한 행위를 결정하는데 제한을 가하기도 하고 또는 폭을 넓게 해주는 역할을 한다. 이러한 객관적 국력은 다른 국력과 같이 상대적인 성격을 갖고 있다. 한 국가가 상대적으로 약한 객관적 국력을 가진 국가를 대상으로 외교정책을 결정할 때 이 국가에 대한 외교정

18) Hans J. Morgenthau, Politics Among Nations, 3rd. ed.(New York: Alfred A. Knopf, 1962), p.27.

19) Lloyd Jensen, Explaining Foreign Policy(Englewood, NJ: Prentice-Hall, Inc., 1982), pp.200ff.

20) Bruce Russett and Harvey Starr, World Politics(San Francisco: W.H. Freeman, 1981), pp.195-197에서 인용.

21) Ibid., pp.188-189.

책의 폭은 넓어지고 이와는 달리 자국보다 강한 객관적 국력을 가진 국가에 대한 외교정책을 결정할 때 이 국가의 외교정책의 폭은 좁아질 것이다. 외교정책의 결정이란 정책의 선택을 의미한다. 그러므로 선택에는 폭이 있게 마련이다. 외교정책 결정에 폭이 넓어지면 한계는 좁아지고 폭이 좁아지면 한계는 매우 커진다.

한 국가가 외교정책을 결정하는데 폭 및 한계에 크게 영향을 미치는 객관적 국력에는 다음과 같은 것들이 있다. 객관적 국력 가운데에는 정적(靜的)요소가 있고 동적(動的)요소가 있다. 정적요소에는 국가가 위치하고 있는 지정학적 위치, 자원 등으로 이 요소는 외교정책 결정에 폭 및 한계를 제공한다. 그리고 경제력, 군사력 등은 객관적 국력의 동적 요소로서 이 요소는 경우에 따라 영향력 또는 압력으로 작용할 수 있다. 그렇기 때문에 이 동적 요소들은 외교정책 결정의 폭을 넓게 하는데 매우 중요한 요소이다. 그리고 경제력, 군사력 등은 외교정책의 성공 여부에도 크게 작용할 수 있는 요소이다. 정적 요소 및 동적 요소를 설명하면 다음과 같다.

객관적 국력 중 정적요소—먼저 객관적 국력 가운데 정적인 요소들이 외교정책 결정에 영향을 미치고 작용하는 정도를 살펴보면 다음과 같다.

한 국가의 지정학적 위치는 특히 안보에 관한 외교정책을 결정하는데 크게 영향을 미친다. 안보 측면에서 볼 때 과거에는 말할 나위도 없지만, 교통·통신 등이 발달된 오늘날에도 산·바다 등 장애물이 있어 접근성이 떨어지는 위치에 있는 국가들은 상대적으로 안보 관련 외교정책을 결정하는 데 어느 정도 결정의 폭을 넓게 가질 수 있다. 지정학적 측면에서 자국과 국경을 접하고 있는 인접(隣接)국가들이 어떠한 국가인지 하는 것도 매운 중요하다. 예를 들면 스위스는 과거 독일, 프랑스, 오스트리아 등 강한 군사력과 호전적인 국가들에 둘러싸여 있었다. 그러했기 때문에 스위스는 항상 힘 있는 국가들의 침략 대상이 되었다. 그리하여 주변 국가들의 동의하에 스위스는 영세 중립국이 되었다. 또한 한국이 위치하고 있는 한반도 역시 지정학적으로 안보상 매우 취약한 지역에 위치하고 있다. 한국은 지리적으로 그리고 역사적으로 동아시아의 폭풍의 중심에 운명적으로 위치하고 있다. 수 세기 동안 한반도는 인접국가의 다리였고 전쟁터였다. 세계의 최고의 강대국인 소련, 중국 그리고 일본 3개국이 한반도를 둘러싸고 있었다. 이 강대국들은 한반도가 자국의 안전에 매우 중요하다고 생각하였고, 그래서 이 국가들은 각기 수 세기 동안 한반도를 지배하려고 노력하였다.[22] 이처럼 한반도는 언제나 주변 강대국들의 각축장이었다. 오늘날에도 여러 국가와 국경을 접하고 있는 국가는 언제나 인접 국가들에 크게 관심을 갖고 살아야 한다. 오늘날에도 쿠웨이트는 호전적인 이라크의 무력 침공을 경험하였다. 인도차이나 반도에 위치하고 있는 국가들은 중국이라는 거대 강국과 국경을 접하고 있을 뿐만 아니라 2개 이상의 국가들과 국경을 접하고 있다. 그러므로 이들 국가들은 안보상 외교정책을 결정할 때 이웃 국가들을 크게 고려해야할 것이다. 지금까지 제시된 내용들은 각국의 외교정책 결정에 제한을 가하고 외교정책 결정의 폭을 좁게 할 수 있는 요소들이다. 특히 주변 국가들보다 상대적으로 군사력이 취약한 국가는 이 지정학적 위치가 주변 국가에 대한 외교정책 결정에 크게 영향을 미치게 될 것이다. 이와는 반대로 상대적으로 강한 군사력을 갖고 있는 국가들은 여러 국가들과 국경을 접하고 있더라도 이러한 위치가 외교정책 결정에 제한을 가하지도 않고 폭을 좁게 하지도 않을 것이다. 훌륭한 자연 국경을 가진 스페인, 프랑스 그리고 영국은 동유럽, 독일 그리고 오스트리아에 비해 국경으로부터 위협이 적었고 안정적이었다.[23]

오늘날 부강한 국가로 존재하고 있는 일본과 미국도 지정학적으로 매우 안전한 곳에 위치하고 있었다. 먼저 일본은 제2차 대전에서 하와이 진주만 포격하여 미국의 반격으로 패배한 일이 있지만 섬나라로서 역사적으로 외부로부터 침략당하거나 정복되어 본 일이 없다. 이러한 영토적 안전이 국가적 안정을 도모하였고 이러한 안정이 일본을 여러 분야에서 발전시키는 바탕이 되었다. 그리하여 일본은 오히려 다른 국가를 침략하였다. 그리고 미국도 지정학적으로 매우 좋은 곳에 위치하였다. 미국이 섬나라는 아니지만 동쪽으로는 태평양에 연해있고 서쪽으로는 대서양에 위치하고 있어 대륙으로부터 고립된 것과 같은 위치에 있었다. 그 뿐만 아니라 남북 접경지역에도 역사적으로 미국을 위협할만한 국가는 존재한 일이 없었다. 이와 함께 섬나라로서 외국에 의해 정복당한 일이 없었다. 특히 무기가 크게 발달되지 않았던 과거에 이들 미국을 포함한 섬나라는 안보적 위협이 없었다. 이처럼 영국, 일본 및 미국은 외교정책을 결정할 때 그들의 영토적 안보를 염려하고 깊이 고민할 필요는 없는 국가였다. 일본과 미국의 이러한 지정학적 상황은 외교정책을 결정할 때 정책결정의 폭을 제한하는 경우는 없었다고 생각된다. 그렇기 때문에 영국, 일본과 미국의 외교정책 결정의 폭은 매우 넓었다. 미국

---

22) Donald Stone Macdonald, Koreans (Boulders: Westview Press, 1988), p.1.

23) Lloyd Jensen, Explaining Foreign Policy, p.210에서 인용.

은 그 역사상 처음으로 그리고 단 한번 본토가 아닌 하와이에 있는 진주만이 일본의 군사적 공격을 받은 일이 있었다. 영토적 안전을 위협받지 않았던 이 3개국은 오늘날 모두 선진 강대국이다.

객관적 국력의 정적 요소에는 영토의 크기 및 인구의 수도 포함된다. 영토의 크기도 중요하다. 영토가 큰 국가는 군사적으로 종심이 깊어 다른 국가에 의해 완전 정복되기는 매우 어렵다. 제2차 세계대전시에 독일군이 소련을 침공하였으나 소련은 독일군에 정복되지 않았다. 19세기부터 서양의 군사 강대국 및 일본이 중국 대륙에 진출하였으나 어느 강대국도 중국 대륙을 완전히 정복하지 못하고 대륙의 일부분만을 장악하고 있었다. 이러한 현상은 소련 및 중국의 영토가 매우 컸기 때문에 한 국가가 이 넓은 영토를 가진 국가를 정복하는 일은 불가능한 일이었다. 그 반면 한반도는 상대적으로 조그마한 땅이었기 때문에 일본에 의해 어렵지 않게 정복되었다.

군사적인 측면이 아닌 다른 측면에 한 국가의 영토의 크기를 보면 영토 역시 그 크기 못지않게 여러 여건을 살펴볼 필요가 있다. 큰 영토를 가진 국가는 그의 국경을 수호하는데 많은 경비, 병력 및 군사적 장비가 필요하다. 또한 국경이 길어서 여러 국가와 국경을 접하고 있다면 더욱 국경의 수비가 절실하고 따라서 수비를 위해 보다 많은 병력 및 장비가 요구된다. 이것은 곧 많은 국방비를 필요로 하고 국가재정에 부담이 될 수 있다. 만일 영토는 크고 국경선은 매우 길지만 국가의 경제력이 취약한 국가는 영토가 큰 것이 국가적 부담이 될 수도 있다. 영토는 크지만 땅이 비옥하지 못해 농산물의 재배가 어려운 영토를 가진 국가는 큰 영토가 국가에 도움이 되지 않을 것이다. 과거 소련이 큰 영토를 갖고 있었지만 시베리아 같은 불모지가 있어 식량의 자급자족이 어려웠다. 1979년 소련이 아프가니스탄을 무력침공 하였을 때 미국은 곡물을 정치적 무기로 활용하여 소련에 대한 곡물 수출을 금지하기도 하였다. 또한 큰 영토 안에 중요한 지하자원이 많이 매장되어 있다면, 그 큰 영토가 국가에 도움이 되겠지만 그렇지 않다면 큰 영토는 가치가 없다. 그러므로 영토의 크기만으로 그것을 객관적 국력으로 평가하는 것은 의미가 없는 일이다. 영토의 크기가 곧 외교정책 결정에 영향을 주지는 않는다. 외교정책을 결정할 때 영토를 국가의 객관적 국력으로 평가하기 위해서는 영토의 크기, 영토가 갖고 있는 자원, 이용 가능정도 등 여러 여건을 감안해서 영토를 국가의 객관적 국력으로 평가해야 한다.

한 국가의 인구의 다소(多少)도 그것이 반드시 객관적 국력으로 평가될 수 없다. 인구의 수는 그 국가의 경제력과 결부시켜 평가하여야 한다. 국가가 국민을 건강하도록 돌봐주고, 수준 높은 교육을 시켜 국민의 능력을 강화하고 국민의 생활 안정을 도모하여 경제적으로 여유있는 생활을 하게 만들어 구매력을 강하게 갖게 하여 경제 발전의 한 축을 담당할 수 있는 능력을 갖게 한다면 그 국민은 분명히 국력의 한 부분을 차지하게 될 것이다. 이러한 경우라면 이 국민은 객관적 국력으로 평가할 수 있다. 그러나 많은 인구를 갖고 있지만 국가가 국민을 물질적으로 지원하지 못해서 국민이 여러 면에서 능력이 없고 수준이 낮다면 그 많은 국민은 국력에 보탬이 되기보다는 오히려 국가의 짐이 되고 부담이 될 것이다. 국가의 짐이되고 부담이 되는 국민은 국력에 보탬이 되지 않는다. 많은 국민이 교육 수준이 높고, 생활 수준도 높아 이들의 사회적 활동이 국가의 능력을 제고시킬 수 있다면 이 국가의 국민은 분명히 국가의 객관적 국력으로 작용할 수 있을 것이다.

객관적 국력 가운데 외교정책 결정에 중요하게 작용하는 요소는 천연자원(natural resources)이다. 이러한 자원 가운데 국민생활과 국가경제에 필수적인 자원은 외교정책 결정에 크게 영향을 미치고 작용한다. 예를 들어 식량과 원유가 바로 그것이다. 이러한 자원을 넉넉히 갖고 있는 국가는 언제나 또 어떤 외교정책을 결정할 때 좌고우면(左顧右眄)하지 않고 당당히 외교정책을 결정할 수 있고 그렇지 못한 국가는 외교정책을 결정할 때 많은 제한을 받게 될 것이다. 1979년 소련이 아프가니스탄을 침공하였을 때 미국의 카터대통령은 소련에 곡물 수출을 금지시켜 소련의 침략행위를 응징하려 하였다. 1973년 중동에서 소위 '10월 전쟁'이 있은 다음 아랍국가의 지도자들은 석유를 정치적 무기로 사용하였다. 예를 들면, 아랍국가들은 석유를 무기로 해서 이스라엘을 국제노동기구(ILO)로부터 축출한다는 결의안을 의결하였고, 또 1980년 아랍국가들은 석유를 무기로 하여 유엔총회에서 반시온주의(anti-zionism)결의안을 압도적 다수의 지지를 얻어 통과시켰다.(이때 반대한 국가는 7개뿐 이었다.[24]) 이처럼 각 국가 경제에 주요한 자원은 한 국가의 외교정책결정에 제한을 크게 가하기도 하고 정책 선택의 폭을 넓게 하기도 한다. 국민 경제 및 국가경제 발전에 절대적으로 필요한 자원을 다른 국가에 의존하고 있는 국가는 의존하고 있는 국가로부터 가해질 수도 있는 경제제재도 염두에 두고 외교정책을 결정해야 할 것이다.

---

24) Ibid., p.219.

객관적 국력 중 동적요소－객관적 국력 가운데 동적인 요소는 한 국가의 경제력 및 군사력을 들 수 있다. 먼저 외교정책 결정 측면에서 경제력 및 군사력을 조명해 보면 한 국가의 경제력은 양적으로도 크고 질적으로도 우수하여야 한다. 경제력이 질적으로 우수하다는 것은 경제적 자립도를 의미하는 것이다. 한 국가의 경제적 자립도가 높으면 그 경제력은 질적으로 우수하고 외교정책 결정에서 상당한 선택의 폭을 갖게 되고 그렇지 못하면 커다란 제한을 받게 될 것이다. 경제적 자립도는 경제적 해외 의존도에 반비례한다. 경제적으로 해외 의존도가 높으면 외교정책 결정의 폭은 매우 좁을 것이다. 예를 들면, 한 국가의 국내 총생산(GDP)에서 무역이 차지하는 비중이 높다면 그 국가의 해외 의존도는 매우 높을 것이다. 이러한 국가는 해외시장에 취약하다.

2010년 국제통화기금(IMF)의 발표에 의하면 한국은 국내 총생산 규모는 1조 144억 달러로 세계 15위이다. 그런데 2010년 한국의 무역의존도는 88%이다.[25] 한국의 경제적 능력은 양적으로는 좋은 편이지만 질적으로는 해외 의존도가 높아 좋은 평가를 받기 어렵다. 따라서 한국의 경제적 능력은 객관적 국력으로서는 외교정책 결정에 한계를 갖게 한다. 왜냐하면 한국은 해외 수출입 시장에 민감하게 반응해야 하기 때문이다. 2010년 국제통화기금 발표에 의하면 중국의 경제 규모는 국내 총생산 5조 8,782억 달러로 세계 2위이며, 세계경제의 9%를 차지하고 있다. 그런데 중국도 국내총생산에서 무역이 차지하는 비율이 75%를 상회하고 있다.[26] 객관적 국력 측면에서 중국의 경제력은 그다지 위력적이지 못하다. 왜냐하면 중국경제의 해외 의존도가 높아 대외적으로 취약성을 갖고 있다. 이런 중국의 경제력은 외교정책 결정에 폭을 넓게 가질 수 없게한다. 중국 경제는 규모는 크지만 해외 의존도가 높아 체질이 허약한 경제체제를 갖고 있다. 중국이 수입 또는 수출을 크게 의존하고 있는 국가에 대해 중국의 외교정책 결정은 크게 자유롭지 못할 것이다. 이런 현상은 곧 중국 외교정책의 폭과 한계에 크게 영향을 미칠 것이다.

한편 일본은 2011년 기준으로 국내총생산에서 무역이 차지하는 비율은 25%에 불과하다.[27] 일본은 경제규모에서 5조 4,587억 달러로 세계 3위로 중국의 경제규모와 거의 비슷하다. 그러나 일본 경제의 해외 의존도는 중국의 1/3에 불과하다. 일본의 경제력은

25) 朝鮮日報, 2011. 3. 12-13, C1.

26) 金起秀, "중국의 경제 성장과 한계," 月刊朝鮮, 2010. 11, pp.258ff.

27) 朝鮮日報, 2011.3. 12~13, C1.

양적으로 또 질적으로 매우 양호하다. 그렇기 때문에 일본의 경제는 해외 의존도가 낮을 뿐만 아니라 일본은 자본·기술 측면에서 세계적으로 높은 수준을 유지하고 있어 일본의 경제력은 상당한 위력을 갖고 있다고 말할 수 있다. 그러므로 일본의 경제력은 외교정책 결정에 한계는 좁고 폭은 매우 넓게 갖고 있는 국가이다. 이 말은 질적으로 또 양적으로 수준 높은 경제력을 갖고 있는 국가는 보다 능동적이고 적극적인 외교정책을 가질 수 있다[28]는 것이다. 대외의존도가 높은 국가는 경우에 따라 그 상대국가로부터 여러 형태의 경제제재(economic sanctions)를 받을 수 있다. 그러므로 이러한 국가들은 외교정책 결정의 폭을 좁게 갖고 있기 때문에 소극적이고 수동적인 외교정책을 결정하게 될 것이다. 해외시장에 크게 의존하고 있는 국가는 커다란 시장을 갖고 있는 국가와 '불평등한 상호의존 관계'(asymmetrical interdependence)를 형성하게 된다. 이러한 불평등한 상호의존 관계는 영향력을 행사할 수 있는 힘의 근원(a source of power)을 제공한다.[29] 그렇기 때문에 이렇게 경제적으로 다른 국가에 크게 의존하고 있는 국가는 외교정책 결정에 한계를 갖게 될 것이다.

동서고금을 막론하고 군사력은 객관적 국력의 핵심적 동적 요소로서 외교정책 결정에 영향을 미친다. 국제사회는 국내사회처럼 법과 도덕에 의해 평화가 유지되고 또 법으로 사회구성원 간의 문제를 해결할 수 있는 사회는 아니다. 또 국제사회는 모든 구성원에 의해 인정된 공권력을 행사할 수 있는 중앙집권적인 기구도 없고, 이 기구가 사회 구성원의 안전을 보장하고 사회의 여러 문제들을 해결하고 조정해 줄 수 있는 사회도 아니다. 그렇기 때문에 국제사회는 언제나 불안하고 구성원 간에는 언제나 긴장감이 감돌게 된다. 그리하여 이러한 무정부적인 국제사회를 풍자한 라틴어의 격언이 있다. "너희가 평화를 원한다면 전쟁을 준비하라"(Si Vis Pacem Para Bellum). 카(E.H. Carr)도 "국가가 생존하는 데 가장 중요한 요소인 군사력은 그 자체가 수단일 뿐만 아니라 목적이다. 지난 수 백 년 동안에 있었던 몇몇 중요한 전쟁은 해외시장 또는 영토를 확대시키기 위해 의도적으로 감행되었다. 그런 가운데 많은 전쟁은 자국의 군사력을 더 강하게 하기 위해서 또는 다른 국가가 군사적으로 더 강해지는 것을 방지하기 위해 치러졌다"[30]라고 하였다.

---

28) Maurice A. East, "Size and Foreign Policy Behavior," World Politics, 25(July 1973), pp.556ff.

29) Robert O. Keohane and Joseph S. Nye, Power and Interdependence, 2nd. ed.(Glenview, Illinois: Scott, Forseman and Company, 1989), p.11.

30) E. H. Carr, The twenty Years' Crises, 1919-1939(London: Macmillan&Co., Ltd., 1958), p.111.

다른 한편, 군사력은 국가의 영토의 안전을 보장하고 또 국민들에게 심리적 안정감을 주고 국가의 정책결정자들에게 자신감을 주기도 한다. 또한 군사력은 다른 국가에 압력이나 위협을 가할 수 있고 또 다른 국가에 자국의 저항능력을 과시하며 다른 국가의 자국에 대한 정책결정에 영향을 미칠 수도 있다. 군사력은 이처럼 다양한 이유로 모든 국가는 질과 양의 차이는 있지만 군사력을 보유하고 있다. 영세 중립국인 스위스도 군대를 보유하고 있다. 이렇게 모든 국가가 군을 보유하고 어느 정도의 군사력을 갖고 있지만 그것의 정치적 의미 및 정치적 위력은 다양하다. 군사력이란 한 국가가 갖고 있는 병력의 수, 사용 가능한 무기의 질과 양 및 그의 기지, 군의 훈련 정도 그리고 군을 유지하는 지휘관과 참모의 전략적 및 기술적 지식을 총 망라한 힘의 종합을 지칭하는 것이다.[31]

오늘날 군사력에 포함시켜야 할 중요한 요소는 핵무기이다. 오늘날 군사적 강국으로 평가 받으려면 핵무기를 보유하여야 한다. 핵무기는 핵탄두와 그것을 운반하는 운반체제를 갖추어야 이 무기의 위력이 극대화된다. 핵무기를 보유하고 있는 국가중에 그의 국가적 안전을 완벽하게 보장할 수 있는 국가도 있고 그렇지 못한 국가도 있다. 오늘날 국제적으로 핵무기 보유국가로 인정받고 있는 국가는 몇몇 국가에 불과하다.

핵무기를 보유하고 있는 국가 가운데 미국을 제외하고 확실하게 자국의 안전을 보장할 수 있는 국가는 없다. 핵무기를 보유한 국가로서 다른 국가로부터 1차적으로 핵무기의 공격을 받은 다음 이에 대한 대응으로 보복공격능력(second strike capability)을 갖고 있어야 자국의 안전을 보장할 수 있다. 이러한 능력을 가진 국가는 미국뿐이라고 생각된다. 오늘날 국가는 자국의 군사력만으로 안전을 보장할 수 없는데도 불구하고 대부분의 국가들은 군사력을 강화시키려 노력한다. 각 국가가 이러한 노력을 하고 있는 이유는 국민들로 하여금 심리적으로 어느 정도 안정감을 갖게 하려는 것이다. 정치적인 측면에서 군사력을 관찰해보면, 각 국가가 군사력을 유지·강화하려는 목적은 군사력을 수단으로 다른 국가의 정책노선, 역할, 목적, 행위 등에 영향력을 행사하여 자국의 목적을 성취시키고 또 '국가 이익을 수호하기 위한 것이다.' 국가가 군사력을 적극적으로 행사하지 않더라도 다른 국가의 자국에 대한 공격에 대항할 수 있는 능력을 갖기 위해 군사력을 강화하는 것도 매우 중요하다. 실제로 제2차 세계대전 마지막 단계에서 독일은 스위스 침공을 고려하였다. 그러나 스위스는 잘 훈련된 50개 사단을 보유하고 있었

---

31) Peter Bernholz, The International Game of Power(Berlin: Walter de Gruyer&Co., 1985), p.77.

기 때문에 독일은 스위스의 저항이 강할 것으로 판단하여 스위스에 대한 침공을 감행하지 못했다.[32] 이와 같이 여러 가지 이유로 각국은 군사력을 유지 강화하고 있다. 특히 강한 군사력을 갖고 있는 국가는 군사력을 군사적 측면뿐만 아니라 정치적 목적을 위해서도 사용한다. 그러나 군사력이 상대적으로 약한 국가는 정치적으로 사용하는 것은 불가능하고 다만 군사적 측면에서 방어용으로만 사용이 가능하고, 국민의 심리적 안정에 도움을 주게 될 것이다.

오늘날 군사력은 영토적 안전을 보장하기 위한 목적으로만 존재하기 보다는 정치적 목적을 달성하기 위한 수단으로서 더 큰 의미를 갖고 있다. 제2차 세계대전 이전까지는 무기, 군사전략 등이 크게 발달되지 못해서 군사력 그 자체가 잠재적 위협의 효과를 갖지 못했다. 그리하여 군사력은 실제로 행사될 때 효과가 더 컸기 때문에 국가는 실제로 무력을 행사함으로서만 소기의 목적을 달성할 수 있었다. 그러나 오늘날은 무기의 위력이 크게 강화되어 실제 행사보다는 정치적 목적을 위한 위협의 수단으로 더 많이 이용되고 있다.

정치적 목적을 위해 군사력을 정치적 위협의 수단으로 사용하는 경우는 화력의 실제 사용(use of fire power), 군사시설의 설치, 봉쇄, 군사적 위력, 시위 및 군사 훈련, 일상적이 아닌 정찰 또는 순찰, 다른 국가의 병력이나 군수물자의 수송 또는 호위행위, 자국의, 비행기, 군함 등의 외국기지 방문, 예비군의 동원, 특정 지역으로 군의 이동배치, 경계 상태의 변화 등이 있다. 이러한 행위들은 군사력을 정치적 수단으로 이용해서 다른 국가에 정치적으로 영향을 미치려는 것이 그 주된 목적이며, 이러한 행위는 다른 국가들이 하지 않으려는 것을 하게 하거나 또는 하려고 하는 것을 하지 못하게 하려는 것이다. 이러한 군사적 행위는 직접 정치적 목적을 달성하는 것이 아니라 다른 국가에 의해 이루어지는 결정이나 행위에 영향을 미쳐서 정치적 목적을 달성하려는 것이다.[33]

오늘날 미국 같이 절대적으로 막강한 군사력을 갖고 있는 국가는 군사적 측면에서만 보면 그의 외교정책을 결정하는 데 거의 제한을 받지 않고 정책을 결정할 수 있다. 미국은 보다 넓은 외교정책 결정의 폭을 갖게 될 것이다. 미국은 군사적으로는 거의 위협을 느끼지 않을 것이기 때문에 군사적 측면에서 보면 외교정책의 결정은 매우 자유

---

32) Dean Acheson, Present to the Creation(New York: Norton, 1969), p.61.

33) Stephen S. Kaplan, Diplomacy of Power(Washington, D.C.: The Brookings Institution, 1981), pp.15-16.

롭게 이루어질 것이다. 그리고 상대국가보다 상대적으로 강한 군사력을 가진 국가도 영토적 안전에 크게 위협을 느끼지 않을 것이기 때문에 이 국가들도 우선 심리적으로 안정감을 갖고 외교정책을 결정하게 될 것이다. 예를 들면 오늘날 중국의 군사력은 미국에게는 크게 뒤지지만 국경을 접하고 있는 국가들보다는 군사력이 월등하게 우세하기 때문에 중국의 정책결정자들은 심리적으로 불안한 감정을 갖지 않고 주변 국가에 대한 외교정책 결정의 폭을 넓게 갖고 정책을 결정할 수 있을 것이다. 그와는 달리 중국과 국경을 접하고 있는 국가들의 정책결정자들은 의식적 또는 무의식적으로 불안한 느낌을 갖고 있을 것이고 따라서 중국에 대한 외교정책 결정의 폭은 상대적으로 좁게 될 것이다. 한 국가의 군사력이 한 국가의 외교정책 결정을 좌우하지는 않지만 국민 및 정책결정자들에게 심리적으로 영향을 미치는 역할을 하게 될 것이다.

둘째 직접적 요소

국가간 외교관계–특정 개별 국가에 대한 외교정책을 결정할 때 크게 고려해야할 또 다른 하나이 요소는 자국과 외교정책대상 국가와의 외교관계이다. 이와 함께 한 국가와 다른 국가와의 정치, 경제, 군사적 관계 등도 국가간 외교관계의 정도에 따라 결정된다. 한 국가와 다른 국가와의 외교관계의 정도는 외교정책 결정에 크게 영향을 미친다.

일반적으로 국가간에 형성되는 외교관계는 협조적 관계(cooperation), 갈등적 관계(conflict) 그리고 통상적 관계((indifference)가 있다. 각 국가는 다른 국가와 이 세 가지 관계 가운데 하나의 관계를 갖는다.[34)]

협조적 관계를 갖고 있는 국가간에는 원칙적으로 상호 새로운 물질적 및 정신적 가치를 창출하여 나누어 가질 수 있도록 상호작용하며 상호간의 대외행위도 그리고 외교정책도 일방적이 아니라 이해(利害)를 나누어 갖는다는 정신에 입각해서 서로 적응하고 조화를 이룰 수 있는 정책 및 행위로 일관한다. 국가간에 형성되는 협조적 관계는 각 당사국이 서로 상대 국가를 서로 필요로 할 때 만들어지는 외교관계이다. 각 국가는 서로 상대국가를 필요로 해서 형성된 외교관계인데 이러한 관계 속에서 한 국가가 상대국가의 가치 또는 이익을 침해하는 정책이나 행위는 발생하지 않을 것이다. 국가간에는 군사적으로 서로를 필요로 하는 경우도 있고 또 경제적으로 서로를 필요로 하는 경우도

---

34) Klause Knorr, The Power of Nations(New York: Basic Books, INC., Publishers, 1975), p,3.

있다. 전시나 또는 평시에 상대국가를 서로 필요로 한다면 군사동맹조약을 체결할 수 있을 것이고, 경제적으로 필요하다면 자유무역협정(FTA)을 체결해서 상호 경제적 이익을 도모할 수 있다. 이러한 국제법적 효력을 갖는 장치를 갖고 서로의 필요를 충족시키고 이익을 도모한다면 이들 국가간의 외교관계는 협조적 관계가 형성되어 있다고 말할 수 있다. 그리고 국가간 협조적 관계는 국제법적 근거를 갖고 있을 때 국가간의 협조적 관계가 확실하게 유지될 수 있다. 국가간에 군사동맹조약을 체결하고 있는 국가간의 관계는 확실한 협조적 관계를 보증할 수 있다. 한국과 미국은 양국의 필요에 의해 전시(戰時)가 아닌 평시(平時)인데도 불구하고 군사동맹조약을 유지하고 있고 또한 유럽연합(EU)도 각 국가들이 '마스트리히트조약(Maastricht Treaty)'을 비준하면서 유럽연합의 회원국이 되고 이 회원국들은 조약에 명시된 권리 및 의무를 이행할 것이다. 유럽연합의 회원국들은 모두 동일한 권리 및 의무를 이행하며 공동의 이익을 추구하고 있다. 그러므로 이 회원국들은 외교적으로 협조적 관계를 갖게 될 것이다. 이 '마스트리히트조약'은 회원국들에게 공통적인 외교정책 및 안보정책의 법적 기초를 제공하였다.[35)]

국가간에는 협조적 관계와 상반되는 갈등적 관계도 형성된다. 국가간 갈등적 관계를 규정하면 다음과 같다. 국가간 공개적으로 또 지속적으로 상대국가를 비난하는 성명을 발표하는 등 강도 높은 갈등이 지속되는 경우, 무력충돌이 산발적으로 발생하는 경우, 국가간 분쟁이 명백하게 종결되지 않은 경우, 또는 약 15년간에 걸쳐 상호무력충돌을 3회 이상 경험하는 관계를 형성하고 있는 국가간의 관계를 갈등적 관계라고 말할 수 있다.[36)] 국가간 이러한 갈등적 관계를 갖고 있는 국가들은 상호 배타적인 정책을 추진하고 비우호적으로 행위하며 상대국가의 가치와 이익을 저해하는 정책을 결정하고 그렇게 행위하며 더 나아가 상대국가의 희생 위에 자국의 이익을 증대시키는 정책과 행위로 일관하게 될 것이다. 국가간 갈등적 관계는 외교정책이 서로 배타적이고 모든 대외행위는 상대국가의 희생이나 손해를 염두에 두고 행해지는 악의적인 대립 및 경쟁 관계를 말하는 것이다. 한 국가가 다른 국가와 공식적으로 외교관계를 정상화하고 있지만, 양국의 외교관계가 협조적 관계도 아니고, 갈등적 관계도 아닌 국가간의 관계는 통상적

35) James Sperling, "European Union Foreign Policy: Still An Oxymoron?" in Steven W. Hook(ed.), Comparative Foreign Policy(Upper Saddle River, New Jersey: Pearson Education, Inc., 2002), p.134.

36) Charles S. Gochman & Zeev Maoz, "Militarized Interstate Dispute, 1816-1976," Journal of Conflict Resolution, vol. 28 no.4(1984), pp.585ff.

관계라고 한다. 이들 국가들은 서로 정치적으로, 경제적으로 또 전략적으로 필요성을 크게 느끼지 않고 이해(利害)를 공유할 여지가 없기 때문에 긴밀히 교류하고 상호작용이 전개되지 않는 국가간의 관계를 통상적 관계라고 한다. 한 국가가 특정 국가에 대해 외교정책을 결정할 때 상대국가와 형성되어 있는 외교관계는 정책결정에 지대한 영향을 미친다.

앞에서 말한 바와 같이 국가간 협조적 외교관계를 갖고 있는 국가라면 상대국에 대한 외교정책을 결정할 때 상대국가의 이익을 훼손하는 외교정책을 결정하지는 않을 것이다. 한국과 미국은 군사동맹조약을 체결하여 협조적 외교관계를 갖고 있는데 어느 한 국가가 한국이나 미국이 외교정책을 결정할 때는 두 국가의 이익에 기초해서 외교정책을 결정하게 될 것이다. 유럽 연합의 회원국들도 모두 협조적 외교관계를 갖고 있으므로 상호 그리고 회원국 모두에게 이익이 되는 외교정책을 결정할 것이다.

이와는 달리 갈등적 외교관계를 갖고 있는 국가는 상호이익이 되는 외교정책을 결정하지 않을 것이다. 이러한 국가들은 오히려 상대국가에 해로운 외교정책을 결정하게 될 것이다. 예를 들면 1979년 미국이 지지하는 이란 왕정이 코메이니(Ayatollah Khomeini)에 의해 주도되는 혁명세력에 의해 붕괴되고 그로부터 오늘날까지 미국과 이란은 극단적인 갈등관계를 유지하고 있다. 그리하여 미국과 이란은 수 십 년 동안 갈등관계를 지속하며 상호이익을 증진시킬 수 있는 외교정책은 만들어지지 않고 있다. 미국과 이란은 이란의 핵 개발 문제로 갈등이 심화되며 상호 비방을 계속하고 있다.

또 다른 대표적인 외교적 갈등관계는 1960년대 소련과 중국의 갈등관계이다. 이 시기 중국과 소련간의 갈등관계는 수많은 국경충돌로 나타났다. 중·소 양국은 약 4,000마일의 국경선을 공유하고 있다. 소련측의 발표에 의하면 1962년에만 중국은 5,000번 이상 소련의 국경을 침범하였다고 발표하였다. 그 후에도 중국과 소련은 국경에서 항상 대치하고 있었고 특히 1969년 3월 중·소 국경에 위치하고 있는 진보도(珍宝島. 소련명으로 Damansky)에서 대규모 군사충돌이 있어 양측 모두 상당한 피해가 있었다.[37] 중·소 양국 관계가 이러한 경지에 이르러 있었다는 것은 중국과 소련간의 외교관계가 갈등적이라는 것을 보여주는 것이다. 국가간 관계가 이러한 관계라면 상대국에 도움이 되는 외교정책보다 해로운 정책을 결정하게 될 것이다. 국가간의 외교관계는 고정불변인

37) James C.F.Wang, Contemporary Chinese Politics, 4th ed.(Englewood Cliffs, New Jersey: Prentice-Hall, Inc., 1992), pp.328ff.

것이 아니라, 여러 가지 상황의 변화에 따라 바뀌어진다. 그러나 각 국가는 외교정책을 결정할 때 당시 국가간의 외교관계가 크게 작용하고 영향을 미친다.

일반적으로 대부분의 국가가 외교관계는 통상적 외교관계를 갖고 있다. 이 관계는 국가간 외교적으로 특별히 의무를 부여할 만한 관계를 갖고 있지 않은 관계이다. 그러므로 이러한 외교관계를 갖고 있는 국가는 사안에 따라 또 국가 이익에 근거해서 외교정책을 결정한다. 이러한 통상적 외교관계를 갖고 있는 국가에 대해 외교정책을 결정할 때 국가간 외교관계는 외교정책결정에 크게 고려해야 할 사항은 아니다.

의존관계－오늘날 지구상 거의 모든 국가는 문호를 개방하고 여러 국가와 다양한 접촉 및 교류를 하며 상호의존적 관계를 갖고 있다. 오늘날 개방 세계에서 국가가 다른 국가와 상호의존적 관계를 갖는 것은 필연적인 일이다. 그런데 그 상호의존 관계가 평등한 의존관계는 매우 바람직한 일이다. 그러나 국가간 불평등한 상호의존관계(asymmetrical interdependence)는 국가의 외교정책 결정 및 외교 행위에 지대한 영향을 미친다. 국가간 이러한 불평등한 상호의존 관계는 영향력이나 또는 압력을 행사할 수 있는 힘의 원천(a source of power)을 제공한다. 즉 한 국가가 다른 국가에 크게 의존하게 되어 불평등한 의존관계가 형성되면 다른 국가에 많이 의존한 국가는 상대적으로 적게 의존한 국가로부터 영향력이나 압력을 행사할 수 있게 한다. 이러한 압력이나 영향력은 국가간의 자원을 지배하고 결과에 영향을 미칠 수 있는 능력을 말한다. 불평등한 상호의존 관계는 다른 국가에 많이 의존하고 있는 국가에 희생이 요구되고 독립성을 제한받는다.[38] 이러한 불평등한 상호의존관계는 국가간 주종관계를 설정할 수 있는 정치적 관계로 작용하게 될 것이다 이 정치적 관계는 영향력이나 압력의 바탕을 제공하게 된다. 국가가 외교정책을 결정할 때 그 외교정책의 대상국가와 자국이 어떠한 상호의존적 관계를 갖고 있는가를 반드시 고려해야 한다. 자국과 외교정책의 대상국가와 영향력이나 압력이 행사될 수 있는 정치적 관계가 설정되어 있다면 이 관계는 상호 외교정책 결정에 상당한 선택의 폭을 갖게 할 수도 있고 또는 크게 제한을 가할 수도 있다. 다른 국가에 상대적으로 의존을 많이 하고 있는 국가는 외교정책을 결정할 때 상당한 제한을 받게 될 것이고, 상대적으로 조금 의존하고 있는 국가는 상대국가에 대한 외교정책을 결정할 때 보다 넓은 정책 결정의 폭을 갖게 될 것이다.

---

38) Robert O. Keohane and Joseph S. Nye, Power and Interdependence, pp.3ff.

국가간에 행사될 수 있는 영향력에는 적극적 영향력, 소극적 영향력, 그리고 잠재적 영향력이 있다.

적극적 영향력이란 다른 국가가 하지 않으려는 것을 하게 할 수 있는 영향력을 말하고, 소극적 영향력이란 다른 국가로부터 자국에게 요구될 수 있는 결정 또는 행위를 사전에 예방할 수 있는 능력이다. 구체적으로 군사적 억지력이 소극적 영향력의 대표적인 예이다. 그리고 세 번째 잠재적 영향력이란 심리적 현상으로 이것은 한 국가의 정책결정자가 다른 국가의 의지 및 능력을 스스로 인지하고 그것으로부터 심리적으로 느끼는 영향력을 말한다. 다시 말하면 한 국가의 정책 결정자가 특정 국가에 대해 불리한 정책을 결정하거나 또는 행위를 하게 되면 그 특정국가로부터 불리한 보복을 당할 수 있다고 느끼게 만드는 영향력이 잠재적 영향력이다.[39] 예를 들면 한 국가가 중동의 특정 국가로부터 자국이 필요로 하는 원유의 50% 이상을 수입한다면 전자 국가의 정책결정자는 후자 국가인 원유 생산 국가가 원유 수출을 중단할 수 있다는 잠재적 위협을 느낄 수 있다. 이것이 곧 잠재적 영향력이다. 한 국가의 정책결정자로 하여금 항상 특정국가로부터 보복을 당할 수 있다고 느끼게 할 수 있는 국가가 있다면 이렇게 느끼게 할 수 있는 국가는 잠재적 영향력을 갖고 있는 국가이다. 한 국가가 잠재적 영향력이 있다고 인지하고 있는 국가에 대해 외교정책을 결정한다면 이 정책을 결정하는 당국자는 외교정책 결정에 많은 제한을 받고 정책결정의 폭은 좁아질 것이다. 이러한 한 국가의 잠재적 영향력은 국가의 외교정책결정에 직접적으로 영향을 미치는 요소로 작용할 것이다.

국가의 권리 및 의무-국가도 국제법에 근거한 권리 또는 의무를 갖고 있다. 국가간에 체결된 조약, 협정 등은 국제법으로 체결 당사국에 권리도 부여되고 의무도 주어진다. 한 국가가 특정 국가에 대해 외교정책을 결정할 때, 이때 결정된 외교정책이 국제법에 의해 권리 또는 의무와 충돌하지 않는지 여부를 명확히 검토하여야 한다. 평시 또는 전시에 국가는 다른 국가와 군사 동맹조약을 체결한다. 이 조약은 국제법의 효력을 갖는다. 그러므로 이 동맹조약의 체결 국가는 조약의 내용을 준수할 의무가 있다. 대체로 전시에 국가간에 체결된 군사동맹조약은 공동의 적에 공동으로 대처할 것을 약속한다. 그리고 평시에 이 군사동맹조약의 각 당사국들은 동맹조약의 정신에 입각하여 동일

39) Bruce Russett and Harvey Starr, World Politics, pp.128-129.

한 외교정책노선을 견지하여야 한다는 의무가 주어진다. 오늘날 각 국가가 평시에도 군사동맹조약을 폐기하지 않고 유지하는 이유 중의 하나는 조약 체결 당사국들이 동일한 외교정책 노선을 취하기 위해 또 공동의 전략적 행보를 걷기 위해서이다. 국가들이 이처럼 동일한 외교정책노선 및 공동의 전략적 행보를 걷는다면 이 동맹조약의 체결 국가들은 외교적으로 또 안전보장 측면에서 매우 안정적인 대외관계를 유지할 수 있게 될 것이다.

1953년 한국은 미국과 상호방위조약을 체결하고 현재까지 한미양국은 이 조약을 유지하고 있다. 오늘날은 평시이므로 한국과 미국은 동일한 외교정책노선을 견지하고 공동의 전략적 행보를 견지해야 할 의무가 있다. 예를 들면 미국은 북한 정책에서 한국의 대북정책과 동일한 정책과 자세를 견지할 의무가 있다. 한편 한국도 핵무기를 개발하고 있는 이란에 대한 미국의 정책 및 태도에 동의하고 공동보조를 취하여야 한다. 한국과 미국이 이렇게 하는 이유는 양국은 동맹관계를 갖고 있기 때문이다. 미국이 이란에 경제 등의 제재를 가할 때 한국도 미국의 이란 제재에 동참하여야 한다.

2003년 미국은 이라크에 무력 공격을 감행하였다. 그리고 미국은 한국에 대해 전투병 파병을 요구하였다. 이때 한국 정부는 미국의 요구를 수용하여 이라크에 전투병을 파견하였다. 한국정부의 이러한 결정은 미국의 동맹국으로서 의무를 이행한 것이었다.

한국과 일본은 동맹조약을 체결하고 있지 않다. 그러나 한국과 일본은 미국과 각기 동맹조약을 체결하고 있다. 한국이 미국과 동맹국으로 동일한 외교정책노선을 유지할 것이고 일본도 미국과 공동의 외교정책노선을 갖게 될 것이다. 이렇게 되면 결과적으로 한국과 일본은 모두 미국의 외교정책노선을 걷게 될 것이므로 한·일 양국은 동일한 외교정책노선을 걷게 될 것이다.

한국과 일본의 이러한 정책노선의 견지는 미국과 유지하고 있는 동맹관계에 입각한 한국과 일본의 의무이다. 한국과 일본의 독도문제, 일본 역사교과서 왜곡 문제 등으로 갈등의 요소가 있지만 양국은 각각 미국과 동맹관계를 갖고 있기 때문에 이러한 갈등이 한·일간의 외교관계 악화로 발전하지 않을 것이다. 한국과 일본은 이렇게 특수한 외교적 관계를 갖고 있기 때문에 북한에 대한 정책에서도 공동의 보조를 취하게 될 것이다.

한국과 중국이 '전략적 동반자 관계'를 갖고 있다고 한다. 이 관계는 외교적 수사에 불과하며 이 관계가 국가의 권리 또는 의무를 규정하고 있지는 않다. 그러므로 이러한 외교적 수사는 외교정책 결정에 아무런 영향을 미치지 않는다. 실제로 중국은 한국과 다른 외교정책을 갖고 있다. 북한이 핵 실험을 했을 때 한국은 북한을 크게 비난하였으나 중국은 북한을 비난하지도 않았고 대북한 제재에도 매우 소극적이었다.

1950년 2월 중국과 소련은 '중·소 우호동맹원조조약'을 체결하였다. 그리하여 양국은 동맹관계를 갖게 되었다. 그런데 1956년 2월에 개최된 소련공산당 제20차 당대회에서 소련공산당 서기장 후르시초프(Nikita Khrushchev)는 "정치·사회적으로 체제를 달리하는 국가와의 평화공존이 가능하며 자본주의가 지구상에 존재하는 한, 전쟁이 불가피하다"는 레닌의 주장을 부정하는 연설을 하였다. 그리고 스탈린(Joseph Stalin)은 선량한 인민을 대량 학살했고, 개인숭배를 강요했다고 스탈린을 비난하였다.[40] 이때 중국은 레닌주의 및 스탈린주의의 기치 하에 모택동의 카리스마적인 개인의 지도력에 의해 통치가 이루어졌다. 후르시초프의 이러한 주장은 중국과 소련간에 이념적으로 차이가 있음을 노정시켰고, 양국의 이념적 갈등은 시작되었다. 그리고 1960년부터 중국은 독자적으로 혁명적 외교노선을 걷기 시작하였다. 이렇게 중국과 소련은 동맹관계를 갖고 있던 국가였으나 서로 다른 그리고 배타적인 외교노선을 추구하면서 양국관계는 극단적 갈등관계로 발전하고 국경에서 무력충돌도 자주 있었다. 중국과 소련 양국은 1950년 2월 동맹조약을 체결할 때 양국이 공통으로 갖고 있는 이념적 정책 노선을 1950년대 후반 바꾸어 갖게 되면서 서로 다른 길을 걷게 되었다. 소련은 미국과 평화공존을 추진하였고 중국은 소련과 다른 비동맹외교노선을 또는 혁명외교노선을 걷게 되었다. 이로서 중·소 양국은 동맹관계를 파기하기에 이르렀고, 양국은 더 이상 공동의 외교노선을 걷지 않았고 각기 독자적인 외교정책 노선을 걷게 되었다. 동맹국으로서 동일한 외교정책 노선을 걷지 않는다면 그 동맹관계는 더 이상 존재하지 않을 것이다. 국가간 동맹조약을 체결하였다면 이 조약의 당사국은 외교정책을 결정할 때 이 동맹조약이 중요한 고려사항이 되어야 한다. 날이 갈수록 국가간 경제관계가 심화되면서 자유무역협정(FTA)을 체결하는 국가가 증가하고 있다. 이 협정도 국제법적 효력을 갖기 때문에 국가가 외교정책을 결정할 때 반드시 고려해야할 요소이다.

여론－자유민주주의 국가에서 국민의 직·간접적인 정치 참여의 폭이 커지면서 국민들은 정부의 정책결정에 영향을 미칠 수 있게 되었다 .심지어 독재국가도 민심을 의식해

40) Alan J. Day(ed.), China and the Soviet Union 1949-84(Burnt Mill: Longman, 1985), pp.5-7에서 인용.

서 정책을 결정한다. 독재국가에서 정책결정이 독재자 중심으로 이루어지지만, 국민의 기본권을 침해하거나 국민의 희생을 크게 강요하는 정책이 결정된다면 국민의 강한 저항이 있을 수 있고, 이러한 저항은 독재정권의 존립을 위협하게 될 것이다. 1960년 한국은 국민의 힘으로 독재정권을 붕괴시킨 경험을 갖고 있다. 중국에서도 1989년 6월 독재정권에 항거하는 대규모 시위가 있었다. 모든 정부는 국민의 뜻을 살피고 수렴해서 정책을 결정하려 한다. 이러한 국민의 뜻은 여론을 통해서 표출되고 이 여론은 정책결정에 영향을 미칠 수 있다.

민주국가에서 국민의 힘은 대단히 위력적이다. 이러한 국민의 힘은 우선 구체적으로 여론을 통해 표출된다. 민주국가에서 다양한 매체, 정치적 및 사적인 집단들은 그 국민들이 무엇을 생각하고 어떻게 생각하고 있는가를 알아내기 위해 많은 돈을 들여 국민의 생각을 조사한다. 오늘날 정치에서 여론의 중요성이 강조되기 때문에 정부는 여론을 측정하고 또 정부가 여론을 주도적으로 형성하고 그리고 정부는 여론을 지배하도록 강요받고 있다. 그리하여 혹자는 다음과 같이 여론을 지칭하고 있다. "정치인들은(politicians) 여론에 비위를 맞추고, 행정가들은(statemen)은 여론에 호소하고, 철학자들은 여론을 칭송하거나 또는 비난하고, 기업인들은 여론에 편승하고, 군의 지휘관들은 여론을 두려워하고, 사회학자들은 여론을 분석하고 통계학자들은 여론을 측정하고 그리고 헌법을 만드는 사람들은 여론을 주권자로 만들려 한다."[41] 이처럼 여론의 중요성이 강조되는 이유는 그것이 정치에 그리고 정책결정에 상당한 영향을 미치기 때문이다.

이러한 여론은 이익집단, 언론매체, 정당 등을 통해서 형성되고 정책에 반영된다. 이 여론에는 국민의 생각이 담겨져 있다. 국민의 생각이란 이들의 사회, 경제, 정치 등에 관한 정치적 가치, 정치적 인식 및 정치적 이상과 신념을 말하는데 바로 이러한 것들을 그 국가의 정치문화라 한다. 한 사회의 구성원들은 동일한 문화적 영향으로 사회화되었기 때문에 이들은 폭 넓고 깊이 있는 공통된 정치문화를 갖고 있다.[42] 각국은 독특한 정치문화를 갖고 있기 때문에 각국의 여론은 서로 다르고 따라서 이 여론이 정책결정에 미치는 영향도 다르다. 다시 말하면 각국은 독특한 정치문화를 갖고 있고 따라서 이것이 여론을 통해 정책결정에 반영되기 때문에 각국은 독특한 외교정책을

41) Charles W. Kegley, Jr. and Eugene R. Wittkopf, American Foreign Policy, 5th ed.(New York: At. Martin's Press, 1996), p.264 참고.

42) Ibid., p.257.

갖게 된다. 미국에 있어 미국의 정치문화를 미국이 갖고 있는 정치적 가치, 규범, 신념 그리고 이상(理想)을 말한다. 미국의 정치문화는 국민주권, 정치적 평등 그리고 표현의 자유를 강조하는 자유주의 전통을 반영한다는 데에 학자들은 견해를 같이한다.[43] 이와 같이 여론 속에는 국민의 정치적 가치, 신념과 이념이 그리고 정치적 인식 즉 그 국민의 정치문화가 담겨져 있다. 그리하여 각국은 그의 정치문화 속에서 또 정치문화에 의해 정책이 결정되고 정치가 전개된다. 이러한 정치문화는 국민의 여론으로 표현되어 정치에 또 정책결정에 영향을 미치게 된다.

여론이 외교정책결정에 작용하는 것은 사실이지만 여론이 체계적으로 그리고 논리적으로 형성되는 것은 아니다. 민주정치가 가장 발달되어 있고 국민이 정치에 참여할 수 있는 장치가 잘 마련되어 있는 미국에서도 실제로 대부분의 국민들이 정치에 참여하지 않고 정치에 무관심하며 참여할 수 있는 동기도 갖고 있지 않다. 미국 국민들이 정치에 관심을 갖고 있지 않지만 그래도 미국 국민들은 외교정책보다 국내 문제에 더 많은 관심을 갖는다. 미국에서 외교정책에 대한 국민의 의사가 체계적인 구조에 의해 여론으로 만들어지는 것이 아니라 국민의 생각은 사안에 따라 수시로 바뀔 수 있는 분위기 정도로 나타난다. 이와 같은 형태는 외교정책에 대한 국민의 무관심에서 생겨나는 것이다.[44] 미국인들은 외교정책에 무관심하기도 하지만 또한 이에 대해 잘 알고 있지도 않다. 미국인들은 미국의 정치제도에 대해 기초적인 지식도 갖고 있지 않고 국제문제에 대해서는 더 많이 모르고 있다. 미국인들이 국제문제에 대해 알고 있는 정도는 놀라울 정도로 낮은 수준이다. 몇 가지 예를 들어보면 다음과 같다.[45]

1985년도 실시한 조사에 의하면 응답자의 28%는 제2차 세계대전 당시 미국과 소련이 적대국으로서 전쟁을 하였다고 대답하였고 응답자의 44%는 제2차 대전 당시 미국과 소련이 동맹국이었다는 사실을 모르고 있었다. 또 구 유고슬라비아에서 치열한 전투가 일 년 이상 전개된 다음인 1993년 행해진 조사에서 이 조사의 응답자 가운데 28%만이 이 무력충돌 행위가 종족간의 충돌이었다고 정확히 알고 있었다. 그리고 베트남 전쟁에서 미군이 58,000여 명이 희생되었는데도 불구하고 1985년 실시한 조사에 의하면 미국

---

43) Howard J. Wiarda and Lana L. Wylice, "New Challenges in U.S. Foreign Policy," in Steven W. Hook(ed.), Comparative Foreign Policy, p.35.

44) Charles W. Kegley, Jr. and Eugene R. Wittkopf, p.267.

45) Ibid., pp.265-267; John T. Rouke, Making Foreign Policy(Pacific Grove, California: Books/Cole Publishing Company, 1990), pp.142ff.

인의 63%만이 미국이 월남을 지원하였다는 사실을 알고 있었다. 그리고 1964년도에 실시한 조사에 의하면 조사에 응답한 사람 가운데 58%만이 미국이 북대서양조약기구(NATO)의 회원국이고 응답자의 40%는 소련도 북대서양조약기구의 회원국인 것으로 알고 있었다. 이처럼 미국인들 가운데 2/3내지 3/4은 미국 영토 밖에서 전개되는 상황에 대해서 관심도 없고 이해도 크게 부족하다.[46] 이처럼 여론이란 일반적으로 무지(無知), 무관심, 묵인, 냉담에서 형성되고 경우에 따라서는 조작이 가능하기도 하다. 그러나 여론은 정책결정에 반대하고 저항하는 힘으로 작용하기는 한다. 결론적으로 말해 여론은 외교정책을 결정하는데 명확하고 체계적인 방침이나 지침을 제공하지는 못하지만 정책결정에 부정적으로 작용할 수 있다.[47]

미국의 저명한 언론인인 리프만(Walter Lippmann)은 결정과 여론에 대해 다음과 같이 언급하였다. "미국이 외교정책을 결정하는데 미국 국민의 여론은 항상 잘 못 표현되고 있다. 미국인들은 전쟁에는 지나치게 비타협적이고 평화에는 지나치리만큼 관대하다. 그런데 미국인들은 외교정책에 대해 정보도 갖고 있지 않고 전문적인 지식도 없다. 그리하여 미국의 여론은 미국의 외교정책을 결정하는데 명확한 판단 기준을 제공하지 못하고 있다."[48]

1995년 미국에서 실시한 여론조사에 의하면 한반도에서 전쟁이 발생했을 때 미국의 참전 여부를 묻는 질문에 대해 지식인 계층의 84%는 미국의 한반도 개입에 찬성하였고 일반 국민들은 45%만이 미국의 개입에 찬성하였다.[49] 여기에 제시된 예는 여론의 본질이 어떠한 것인가를 보여주고 있다. 같은 사안에 대해서도 조사의 대상자, 또 조사 방법 등에 따라 그 결과가 다르다. 외교정책을 결정하는데 다양한 여론이 형성된다면 여론은 정책결정에 중요하게 작용하지 못할 것이다.

민주적인 절차에 의해 외교정책을 결정하는데 아무런 정보도 갖고 있지 않은 사람들이 외교정책 결정에 지나칠 정도로 영향력을 행사한다는 비판이 있다. 그리하여 이러한 현상은 현명하지 못한 결정을 만들어낸다는 비판도 있다. 물론 여론과 외교정책결정에

---

46) Howard J. Wianda and Lana I. Wylie, "New Challenges in U.S. Foreign Policy," p.35.

47) Charles W. Kegley, Jr. and Eugene R. Wittkopf, American Foreign Policy, p.286.

48) Chas W. Freeman, Jr., The Diplomat's Dictionary(Washington, D.C.: United States Institute of Peace Press, 1997), p.243.

49) John E. Rielly(ed.), American Public Opinion and U.S. Foreign Policy 1995(Chicago: Council on Foreign Relations, 1995), p.39.

대한 상관관계를 정확히 연구하는 데에는 한계가 있기는 하지만 우리는 외교정책결정에 대한 여론의 역할에 대해 다음과 같은 결론을 내릴 수 있다.[50)]

첫째, 일반 국민들은 일반적으로 외교정책에 대해 정보도 갖고 있지 않고 관심도 거의 없다. 일반 국민들은 국제문제에 대한 일반적인 지식을 갖고 있지 않다는 데에 전문가들은 견해를 같이 하고 있다. 선진국인 미국에서도 국민 중의 75% 내지 90%는 국제문제에 대해 지식을 갖고 있지 않다. 문맹률이 세계에서 가장 낮고 신문 구독률이 가장 높은 국가 중의 하나인 일본에서 행해진 여론조사에 의하면 일본 국민의 1/3은 중국을 공산당이 지배한다는 사실을 모르고 있었다. 그리고 과거 서독 국민들도 27.1%만이 국제문제에 관심을 갖고 있다고 응답했고 영국은 16.9%, 프랑스는 11.9% 그리고 일본은 8.7%만이 국제문제에 관심을 갖고 있다고 대답하였다.

둘째, 외교정책결정자들은 정책을 결정하는데 상당한 결정의 폭을 갖고 있다.

한 조사에 의하면 외교정책이나 국제문제에 대해 정부의 태도가 바뀌어도 이에 대한 국민의 여론은 크게 바뀌지 않았다. 그렇기 때문에 정책결정자들은 대체로 그의 의지대로 정책을 결정할 수 있었다. 특히 국가의 위기시에는 국민들이 단합된 생각을 갖고 정부를 신뢰하기 때문에 정책결정자들의 정책 선택의 폭은 더욱 커진다. 예를 들면 1979년 11월 이란인들이 이란 주재 미국 대사관에서 미국인들을 인질로 잡고 있을 때 카터 대통령은 이에 적극적으로 대응하였다. 이때 카터 대통령에 대한 지지도가 32%에서 61%로 크게 높아졌다. 지지도가 이렇게 크게 오른 것은 1930년대 말 갤럽조사가 실시된 이래 지지율이 가장 많이 상승한 것이었다.

실제로 정책결정자들은 여론에 크게 주의를 기울이지 않는 것 같다. 1960년 일본 국민의 상당수가 미-일 안전보장조약의 체결을 반대하였는데도 불구하고 일본 의회는 이 조약을 비준하였다.(이때 원내 제2당인 일본사회당 의원들은 국회 등원을 거부하여 투표에 참여하지 않았다.) 영국에서도 많은 국민들이 영국의 유럽공동시장(European Common Market)에 참여를 반대하였다. 그러나 영국정부는 국민들의 반대에도 불구하고 유럽공동시장에 가입하였다. 또한 서독에서도 국민들은 브란트(Willy Brandt)정부의 동방정책(Ost-Politick)을 강력히 반대하였음에도 불구하고 서독은 소련 및 동유럽 국가들과 외교관계 정상화를 추진하였다.

독재국가에서는 여론이 외교정책결정에 크게 영향을 미치지 않는데도 불구하고 여론

---

50) Lloyd Jensen, pp.140ff.

에 많은 관심을 기울이고 있다. 독재국가들도 외교정책에 대한 국민의 여론을 선도하기 위해 다시 말하면 국민을 교육시키고 세뇌(洗腦)시키기 위해 심혈을 기울인다. 중국의 경우 마오쩌둥은 여러 가지 구호, 선전, 대중운동 등을 이용하여 대외문제를 국민 생활의 한 부분으로 만들려고 노력하였다. 실제 중국의 인민일보는 세계의 어느 국가 신문보다 국제문제를 보도하는데 많은 지면을 할애한다. 개발도상국가의 경우 외교정책결정에 대한 여론은 거의 영향을 미치지 않는다. 실제로 이들 국가에는 국민들이 정치에 대해 아는 것이 없고 또 국민들에게 대외문제에 대한 정보가 제공되지 않고 있다. 따라서 국민들은 대외문제에는 관심이 없고 국내문제에 관심이 더 많다. 실제로 중남미 국가들의 정당들도 국제문제에 대한 자신들의 견해를 밝히거나 국민들을 설득하지 않는다.

셋째, 여론은 쉽게 조작될 수 있다.

정치지도자들은 그들의 정치적 목적을 위해 여론을 조작하려 한다. 지도자들은 국민들로 하여금 국내문제에 관심을 적게 갖도록 하기 위해 국제문제를 이용하기도 하고 또 국민의 보다 많은 지지를 얻기 위해 국제무대에서 평화적인 역할을 수행하기도 한다. 닉슨대통령은 워터게이트(Watergate)사건으로 그의 입지가 위태로워지고 있을 때 이것을 만회하기 위해 제2차 전략무기제한협정(SALT II)을 추진하였고, 1974년 소련의 브레주네프와 정상회담을 추진하기도 하였다. 카터대통령도 트루먼 대통령 이래 가장 낮은 국민의 지지율을 높이기 위해 캠프 데이비드(Camp David)에서 1978년 9월 이스라엘의 베긴(Menachem Begin) 수상과 이집트의 사다트(Wnwar Sadat) 대통령간의 평화회담을 성공시키면서 카터의 지지율은 13% 상승하였다. 또한 정책결정자들은 국제무대에서 그의 협상력을 강화하기 위해 여론에 영향을 미친다. 미국은 언제나 소련의 군사력 강화가 미국에게 위협이 된다는 것을 국민들에게 강조하면서 미국의 군비증강을 반대하는 여론을 정부에 유리하게 만들고 소련에 강력하게 대응할 수 있는 입지를 강화한다.

넷째, 여론의 조작은 역효과를 만들어낼 수도 있다. 정부가 결정할 정책에 대해 국민의 지지를 얻기 위해 국민을 설득하고 또 교육하면 이러한 정부의 처사에 저항하는 집단이 형성될 수 있다. 정부의 의도적인 여론 형성 행위는 국민의 저항을 낳을 수도 있기 때문에 정부에 의한 여론 형성 작업은 매우 신중하여야 한다.

다섯째, 여론이 잘 조직화되어진다면 그 여론은 외교정책을 결정하는데 효과적으로 작용할 수 있다. 그러나 외교정책에 영향을 미치려는 압력단체는 국내 정책에 영향을 미치려는 이익집단보다는 그 영향력이 훨씬 약하다. 외냐하면 외교정책에 대한 압력단체는 상대적으로 외교정책에 관해 믿을 수 있고 합법적인 주장을 구체화시키는 일이 현실적으로 어렵기 때문이다. 이에 반해 국내문제를 다루는 이익집단은 구체적이고 실행 가능한 주장을 보다 명확하게 제시할 수 있다. 예를 들면 미국의 '국립농장기구'(National Farm Organization)는 농장에 대한 입법에 영향을 행사할 수 있지만, '미국유엔협회'(United States Association for UN)는 미국의 유엔정책에 영향을 미치기 어렵다.

여섯째, 여론에 대해 정책결정자가 갖고 있는 인식은 외교정책결정에 여러 제한을 가한다. 모든 정책결정자들은 그들 자신이 인지한 국민의 의사에 기초해서 결심을 한다. 그렇기 때문에 국민의 의사가 찬성과 반대로 크게 양분된다면 정책결정은 매우 어렵다. 예를 들면 제2차 세계대전이 발생했을 때 많은 미국 국민들이 참전을 반대했기 때문에 루스벨트(Franklin D. Roosevelt) 대통령은 참전을 결정하는데 큰 어려움을 겪었다고 한다. 또한 1970년대 미국이 중국을 승인하고 싶었지만, 미국 국민들이 중국의 존재를 인정하지 않아 중국을 승인하는데 많은 시간이 걸렸다.

일곱째, 여론은 일반적으로 국가로 하여금 전쟁에 참여하도록 자극하지 않는다. 특수한 경우 즉 국가가 외부로부터 직접 위협을 받거나 또는 중대한 국가 이익이 침해받지 않는 한, 국민은 전쟁을 원하지 않는다. 그러므로 여론이 정부로 하여금 전쟁을 결정하도록 압력을 가하는 일은 없을 것이다.

여덟째, 외교정책에 관한 여론은 선거에서 국내문제보다 크게 작용하지 않는다. 민주주의 국가에서 후보자들이 외교정책을 선거의 쟁점으로 삼지 않는다. 1968년 베트남전쟁이 국민적 관심사였음에도 불구하고 대통령선거에서 베트남전쟁을 선거 쟁점으로 삼지 않았다. 왜냐하면 대통령선거에서 닉슨(Richard Nixon) 후보와 험프리(Hurbert Humphrey) 후보는 이 베트남전쟁에 대해 유사한 생각을 갖고 있었기 때문이다. 또한 외교정책이 선거에서 쟁점이 되지 않고 있는 이유는 외교정책은 국내문제에 비해 직접적이고 가시적인 효과를 나타낼 수 없기 때문이다. 예를 들면 군비축소문제 또는 다른 국가의 인권 상황 개선 문제 같은 외교문제는 그것이 결실을 보기까지는 상당한 시간이 걸리기 때문에 이 문제들은 유권자에게 아무런 영향을 미치지 못한다. 그러나 국내문제로서 자원 배분 문제, 실업문제, 인플레이션 또 물가문제 등은 유권자들이 직접 피부로 느낄 수 있는 문제이기 때문에 유권자들은 국내문제에 직접적으로 반응하고 선거결과에 영향을 미칠 수 있다. 물론 외교정책도 국민생활에 직접 영향을 미치는 경우에는 국민들도 직접적으로 그리고 민감하게 반응한다. 예를 들면 1972년 미국 정부가 소련에 밀을 판매하려고 할 때 미국 국민들은 예민하게 반응하였다. 미국이 소련에 밀을 수출하게 되면 미국 내 밀의 값이 비싸지게 된다. 이 결과는 미국 국민생활에 직접 영향을 미치게 된다.

여론이라는 것은 집약된 국민의 생각이다. 국민들은 일차적으로 그들의 일상생활에 직접적으로 영향을 미치는 문제에 대해서는 크게 관심도 크게 갖고 정보도 갖고 잘 알려고 한다. 이러한 국민의 일상생활에 관련된 문제는 대체로 국내문제이다. 그러므로 국내문제에 대한 국민의 생각 또는 여론은 비교적 정확하게 형성되고 정책결정에 상당한 영향을 미치게 된다. 그러나 국민들은 외교정책에 대해서는 무관심, 무지, 이해부족 등으로 국민들의 생각이나 의사가 제대로 형성되지도 않는다. 그리하여 여론은 외교정책결정에도 크게 작용하지 못한다. 그러나 외교정책에 관심이 있는 단체에 의해 여론이 형성되면 이것이 외교정책에 관심을 갖고 있는 일부 국민에 의해 반응이 나타난다. 이때 이들의 반응은 정책결정에 저항하나 반대로 나타나는데 이에 동참하는 국민의 숫자가 저항의 정도가 대체로 크기 않기 때문에 외교정책결정에 결정적인 영향을 미치지 못한다. 한국의 경우 1960년대 중반 박정희 정부는 한국과 일본의 국교정상화 그리고 월남에 전투병의 파견을 결정해야 했다. 이 문제에 애해 야당이 중심이 되어 이 문제에 대한 정부의 정책결정에 반대하였으나 정부는 그의 의지대로 결정을 강행하였다. 물론 이 시기에는 한일국교정상화 및 월남 파병에 대한 체계적인 국민의 여론이 형성되어 있지 않아 야당 중심의 반대는 저항으로 이해될 수 있다. 이러한 저항은 외교정책의 결정을 저지시키지는 못하지만 정부의 정책결정에 부분적으로는 제한을 가하는 역할은 할 수 있다. 외교정책을 결정하는데 국민적인 저항이 매우 강하다면 사회는 다소 소란스러울 수 있으나 이것이 중요한 외교정책의 결정을 저지시키지는 못한다.

1960년대와 마찬가지로 2003년 미국은 한국에 대해 이라크에 전투병의 파견을 요청하였다. 이때 국내에는 이라크에 전투병의 파견을 반대하는 사람들이 있었다. 이들에 의하면 미국의 이라크에 대한 군사력의 행사는 국제법에 어긋나고 명분이 없는 무력행사이기 때문에 파병을 반대하였다. 이들이 반대하는 이유가 전혀 근거 없는 것은 아니다. 파병을 반대하는 사람들이 이러한 명분론 이외에 한미동맹관계, 이라크 복구참여문제, 이러한 문제들로 인해 국가 이익에 어떠한 영향을 미칠 것인가 하는 문제들까지 깊이 생각한 흔적은 찾아보기 어려웠다. 이렇게 파병을 반대하는 저항의 소리는 있었지만 정부가 파병을 결정하지 못할 정도의 체계적인 여론은 형성되지 못했다. 앞에서 설명한 바와 같이 국민들이 이라크 전투병 파견에 대한 이해나 정보 등이 부족하고 깊은 관심도 없었기 때문에 파병 바대 여론은 위력적이지 못했고 정부는 이라크에 전투병 파견을 결정하였다.

대상국가–외교정책이란 기본적으로 한 국가가 자국의 외교정책 목표를 성취하여 자국의 국가 이익을 극대화하기 위해 다른 상대국가에 대해 무엇을 어떻게 하겠다는 국가의 의사결정이다. 그리고 이 외교정책에는 다른 국가의 결정과 행위에 영향을 미쳐 이 결정과 행위를 자국의 외교정책에 부합시키려는 목적과 의지가 담겨져 있다. 이러한 속성을 갖고 있는 외교정책을 결정하는데 고려해야 할 가장 핵심적인 요소 중의 하나는 그 외교정책의 대상국가이다. 그러므로 한 국가의 외교정책의 성패 여부는 그 정책을 결정하는 국가의 여러 능력과 함께 대상국가에 관한 여러 요소를 얼마나 파악하고 이 요소들을 어떻게 활용하느냐에 달려 있다. 외교정책을 결정할 때는 상대 국가의 여러 국내 상황, 그 국가가 가장 중요시하는 요소, 자국과의 외교관게 또 정치적 관계 등을 충분히 고려하여야 한다. 국가가 외교정책을 결정할 때 가장 먼저 간파하고 이해하여야 할 요소는 상대국가의 국내 상황이다. 즉 상대국가의 정치적, 경제적, 사회적 상황의 안정성 여부이다. 예를 들면 외교정책의 대상국가가 정치적으로 불안하여 정권이 어려운 상황에 처해있는데 그 국가에 대해 국경의 개방을 요구하는 외교정책을 결정한다면 이 정책은 상대국가에 의해 수용되기 어렵게 될 것이고 그렇다면 이 외교정책은 성공하기 어려울 것이다. 또 상대국가가 대통령 선거가 있는 시기이거나 또 국회의원 총선거가 있는 시기라면 그 상대 국가는 유권자를 크게 의식하기 때문에 그 국가가 정책을 결정하는 자유는 폭이 매우 좁을 것이다.

국가가 외교정책을 결정할 때 또 하나 신중히 고려해야할 요소는 외교정책 대상국가 국민들의 자국에 대한 선호도이다. 외교정책 대상국가의 국민들이 자국에 대해 호의적인 생각을 갖고 있는지 아니면 나쁜 인식을 갖고 있는지의 여부를 파악하는 것은 매우 중요하다. 외교정책 대상국가의 국민들이 자국에 대해 나쁜 감정을 갖고 있다면 그 대상국가의 정부는 국민의 나쁜 감정 때문에 다른 국가의 외교정책을 수용할 수 있는 폭이 매우 좁아질 것이다. 예를 들면 2002년 훈련 중인 미군의 장갑차에 의해 한국의 여중생 2명이 희생되는 일이 발생하였다. 여중생의 희생도 한국인에게는 커다란 마음의 상처를 안겨주었다. 그런데 미군 당국은 이러한 사고를 저지른 미군에게 무죄를 판결하였다. 미군의 규정에 의하면 훈련 중에 발생된 행위는 범죄가 아니라는 것이다. 이 사건은 많은 한국인에게 반미감정을 갖게 만들었다. 그런데 미국 부시 대통령은 2003년 초 한국 정부에 대해 이라크에 전투병의 파견을 요구하였다. 한국인의 반미감정이 많이 식지 않았는데 미국이 전투병 파견 요청은 한국 정부를 매우 어렵게 만들었다. 한국과 미국은 동맹관계를 갖고 있어 전략적으로 동일한 보조를 취하지 않을 수 없는 것이 한국 정부의 입장이었다. 이러한 상황에서 상당한 반미감정을 갖고 있는 한국 국민들은 당연히 한국 정부의 미국 파병 요구의 수용을 반대하였다. 한국 국민의 반대에도 불구하고 정부는 미국의 요구를 수용하였다. 미국 정부는 한국 내 반미감정의 정도를 알고 있었음에도 불구하고 한국군의 이라크 파병을 요구하는 정책을 결정하였다. 2003년 초 미국이 한국에 대한 정책을 결정하고 수용을 요구할 수 있었던 배경은 한미간의 특수한 관계가 있기 때문이다. 그리고 미국은 세계 유일의 초강대국이고 한국은 안보, 경제 등 미국에 대한 의존도가 높기 때문이다. 그와는 반대로 만일 미국 내 한국에 대한 감정이 나쁘다면 한국의 대미정책의 결정 폭은 매우 좁을 것이다. 일반적으로 외교정책 대상국가 국민들의 자국에 대한 인식 또는 감정은 외교정책 결정에 중요한 고려사항이다.

외교정책을 결정하는데 매우 중요하게 작용하는 것은 국가간의 정치적 관계이다. 법적, 제도적 장치에 근거해서 정치가 전개되는 국내 정치와는 달리 국제정치를 다른 말로 표현한다면 국가간의 정치(politics between or among nations)이다. 국제정치는 일반적으로 법적 근거 없이 힘에 기초해서 전개된다. 국내정치에서 법이 정치의 기초이고 근거라면 국제정치의 근거는 힘이다. 위에서 예로 제시했던 한국과 미국간 이라크 파병의 결정 및 수용은 한국과 미국간의 정치적 관계에서 비롯된 것이었다. 국가간의 정치에서 사용되는 힘이란 다른 국가로 하여금 하지 않으려는 것을 하도록 만드는 한 국가의 능력을 말하는 것이다. 즉 힘이란 결과를 지배할 수 있는 능력이다. 이러한 힘은 국가간의 불평등한 상호의존관계(asymmetrical interdependence)에서 생겨난다. 국가들이 상호의존하고 있는데 이 상호의존의 정도가 똑같은 것이 아니라 어느 한 국가는 다른 국가에 조금 의존해 있고, 다른 한 국가는 상대국가에 더 많이 그리고 크게 의존하는 경우가 있다. 이 경우 두 국가의 관계는 영향력을 행사할 수 있는 힘이 생기고 이 힘은 국가간에 행사된다. 그리하여 전자국가는 후자국가에 대해 힘을 행사하고 전자국가는 결과를 지배받게 된다.[51] 국가간의 정치적 관계는 실질적으로 외교정책의 성패를 결정한다. 그러므로 외교정책을 결정하는데 국가간 이러한 정치적 관계는 반드시 고려되어야 할 요소이다.

국가가 외교정책을 결정할 때 대상국가에 대해 관심을 갖고 크게 고려해야 할 사항은 그 국가의 외교정책 노선의 변경 여부 및 다른 국가와의 관계변화이다.

예를 들면 2001년 1월에 등장한 부시(George W. Bush)행정부의 외교정책 노선은 클린턴 행정부의 노선과는 차이를 보였다. 클린턴 행정부의 외교정책은 상대적으로 온건하였고, 비간섭적이었고, 자유주의적이었다. 클린턴 행정부는 세계문제에 적극적으로 개입하지 않았고 또 다른 국가와 정치 또는 경제적으로 충돌되는 정책을 갖지 않았다. 클린턴 행정부의 북한과의 관계는 미국의 어느 정권보다 유화적이고 비적대적이었다. 북한은 1993년 핵확산금지조약(NPT)에서 탈퇴하고 국제원자력기구(IAEA)로부터 철수하였다. 그럼에도 불구하고 클린턴 행정부는 북한에 대한 제재를 유보하고 북한과 북한의 핵문제의 해결을 위해 협상을 시작하였다. 북한과 미국은 결국 1994년 10월 소위 '제네바합의'에 서명하였다. 이 합의의 내용은 북한은 계속해서 핵확산금지조약에서 탈퇴하지 않고 핵시설을 동결하고, 미국은 북한에 중유를 공급하고 한국, 미국 그리고 일본이 '한반도에너지개발기구'(KEDO)를 만들어 경수로를 건설하고, 미국과 북한간의 무역 및 투자 장벽을 제거한다는 등 10여 가지였다.[52] 그 뿐만 아니라 2002년에는 미국 국무장관 올브라이트(Madeleine K. Albright)가 평양을 직접 방문하여 김정일과 회담을 갖고 북한과 미국과의 외교관계가 크게 발전할 수 있는 가능성을 보였다.

다른 한편 부시 행정부의 외교정책 노선은 매우 강경하였다. 2002년 1월 부시 대통령의 '악의 축'(axis of evil) 발언이나 2003년 3월 이라크에 대한 무력행사 등은 그의 외교정책 노선과 클린턴 대통령의 노선이 상당히 다르다는 것을 보여주고 있다. 이렇게 두 정부의 외교정책 노선이 같지 않기 때문에 대미정책을 결정하는 국가는 두 정부의 외교정책 노선의 변화를 명확히 인지하고 그것을 정책결정에 반영하여야 할 것이다. 미국의 대통령이 바뀌고 외교정책노선이 바뀌었으므로 한국의 대북한정책도 바뀌어야

51) Robert O. Keohane and Joseph S. Nye, Power and Interdependence, p.11.

52) Daniel W. Dregner, The Sanctions Paradox(Cambridge: Cambridge University Press, 1999), p.282 참고.

한다. 왜냐하면 한국과 미국은 동맹관계를 갖고 있고 전략적 공조체제를 유지하고 있기 때문이다.

중국은 1950년대 친소반미노선을, 1960년대는 반소반미노선을, 1970년대는 반소친미노선을 걸었고 그리고 1980년대는 친미친소정책노선을 걸었다. 중국은 미소등거리 외교노선을 추구하면서 그의 노선 변경을 합리화하기 위한 1982년 소위 독립자주외교노선을 천명하였다.[53)]

소련의 아프가니스탄 침공 이후 1979년 1월 1일 중국과 미국이 외교관계를 정상화한 다음 미국과 중국과의 관계는 실질적인 동맹관계에 버금가는 관계로 발전하였다. 1970년대 미국과 중국은 긴밀하게 전략문제를 협의하였고 양국의 지도자들은 세계적 전략문제에 대해 인식을 같이하였고 세계적 문제에 공동대처하였다.[54)] 미국은 대중국 외교정책을 결정하는데 중국의 이러한 외교노선의 변경을 정확히 인지하는 일은 매우 중요한 일이다. 1980년대 중국의 외교정책노선이 미국의 측면에서 보면 크게 바뀌었기 때문에 1980년대 미국의 대중국정책은 1970년대의 그것과 크게 달라져야 했다. 만일 1980년대 이후 미국이 중국에 대해 소련을 적대시하는 정책에 동조할 것을 요구한다면 미국의 대중국 정책은 근본적으로 잘못된 것이다. 각 국가는 어떤 국가에 대한 외교정책을 결정할 때 그 상대국가의 외교정책 노선의 변화 유무를 명확하게 파악하고 외교정책을 결정하여야 그 정책이 소기의 목적을 달성할 수 있을 것이다.

셋째 필수요소

정권차원의 외교정책 기조 및 원칙－외교정책 결정의 주체는 정부이다. 그 중에서도 실질적인 최종 결정자의 주체는 일반적으로 대통령 중심제 국가에서는 대통령이 주체이고 내각 책임제 국가에서는 수상(또는 총리)이다. 우리는 한 국가의 정부를 지칭할 때 대통령이나 수상의 이름을 앞에 붙여 누구 정부 또는 누구 정권이라고 하며 일반적으로 정권 담당자와 정부를 동일하게 취급한다. 그러므로 이 글에서도 정권 담당자와 정부를 동일하게 다룬다. 새로이 정권을 담당하는 대통령 또는 수상은 앞의 정권과의

53) Beijing Review, no.25(November 15, 1982), p.21.

54) David Shambaugh, "Patterns of Interaction in Sino-American Relations," in Thomas W. Robinson and David Shambaugh(eds.), Chinese Foreign Policy(Oxford: Clarendon Press, 1995), p.203.

차별화를 위해서 국가차원의 외교정책 기조 및 원칙의 범위 안에서 정권차원의 외교정책 기조 및 원칙을 갖는다. 그리고 새로운 정부는 국민들에게 약속한 정부 차원의 외교정책 목표가 있다면 이 목표의 실현을 위해서라도 새로운 정책 기조 및 원칙을 갖게 될 것이다.

노태우 대통령은 1988년 2월 25일 취임사에서 "우리와 교류가 없었던 저 대륙 국가에도 국제협력의 진로를 넓혀 북방외교를 전개할 것이다. 이념과 체제가 다른 이들 국가들과의 관계 개선은 동아시아의 안정과 평화 그리고 공동의 번영은 물론 통일로 가는 길을 열어줄 것이다."라고 하였다. 노 대통령은 이 선언을 실제로 실천하기 위해 1988년 7월 7일 외교정책의 기조를 제시하고 구체적으로 북방외교의 원칙을 선언하였다. 노태우 대통령은 그의 외교정책 기조로 '민족자존과 통일 번영을 위한 7·7 대통령 특별선언'을 발표하였다. 이 선언은 소련, 중국, 동유럽 및 아시아 지역의 사회주의 국가들과의 외교관계의 정상화를 노태우 정부의 외교정책 목표로 설정한다는 것을 선언한 것이다. 노태우 정부는 그 임기 동안 실제로 소련, 중국, 동유럽 사회주의 국가들과 외교관계를 정상화하여 한국 외교의 폭을 크게 넓혔다. 이와 같은 결과는 노태우 대통령의 외교정책 기조에 근거해서 얻을 수 있었던 것이다. 이처럼 노태우 대통령은 정권 차원의 외교정책 기조를 새롭게 가졌고 이 기조가 노태우 정권 외교정책 결정에 근간이 되었다. 이처럼 정권 차원의 외교정책 기조는 그 정권 외교정책 결정에 중요한 요소로 작용한다.

1998년 2월에 출범한 김대중 정부는 '평화·화해·협력'을 통해 남북관계를 개선하고, 평화 정착의 기반 위에서 남·북간의 화해를 도모하고 협력을 추진해 간다는 대북정책 기조를 설정하였다. 김대중 정부는 적극적이고 과감하게 북한에 접근한다는 소위 '햇볕정책'을 제시하고 이런 입장을 대북정책의 기조로 삼았다. 특히 김대중 대통령이 집권하고 있는 동안에도 북한의 침투·도발 행위로 남·북한간에 긴장이 고조되었지만 김대중 정부의 '햇볕정책'기조는 변하지 않고 계속 되었다. 그 뿐만 아니라 북한이 핵개발 의혹이 제기되고 있었지만 김대중 정부의 대북정책기조는 변하지 않았다. 그리고 김대중 대통령 집권 시기에 서해 '북방한계선'(NLL)인근에서 2차례 양측 해군간의 무력충돌이 발생했으나 김대중 정부의 대북한 정책에는 아무런 변화가 없었다. 이러한 상황이 존재했던 이유는 김대중 정부의 대북한 정책의 기조 때문이었다고 말할 수 있다.

한편 2008년 2월에 시작된 이명박 정부의 대북정책기조는 '비핵·개방·3000'이었다. 이것은 북한이 핵무기를 포기하고 문호를 개방한다면 북한 주민의 개인 소득을 미화

3,000달러 수준이 될 수 있도록 경제지원 및 경제협력을 한다는 의미이다. 이명박 정부의 대북한 정책기조는 상대적으로 소극적이고 제한적이다. 이명박 정부의 대북한 정책의 기조는 조건을 제시하는 조건부협력을 강조하고 있다. 북한이 이 정부의 조건을 충족시키지 못해서 남북관계는 발전적이지 못했다. 특히 2010년 3월 서해에서 우리 해군 함정 '천안함'이 북한에 의해 공격을 받고 46명의 우리 해군 장병이 목숨을 잃는 참사가 발생했다. 이에 대한 대응 조치로 이명박 정부는 소위 '5·24조치' 즉 2010년 5월 24일 이 정부는 남북한의 모든 경제교류를 중지시켰다. 이러한 조치는 김대중 정부의 결정과 크게 대비되는 부분이다. 이명박 정부의 이러한 조치는 역시 이 정부의 대북정책기조에 근거해서 취해진 결정이다. 이처럼 한 정부의 외교정책 기조는 외교정책 결정에 중요한 요소로 작용한다.

1977년 1월에 출범한 카터(Jimmy Carter)대통령은 취임한지 6일되는 날 소련공산당 서기장 브레즈네프(Leonid I. Brezhnev)에게 서한을 보냈다. 카터는 그 서한에서 "나의 목표는 상호평등, 상호존중 그리고 상호이익에 기초해서 소련과 관계를 증진시키는 것"이라고 언급하였다. 그리고 카터는 경쟁과 협력으로 소련과 긴장을 완화하며 소련과의 관계증진을 강조하였다. 브레즈네프도 "데탕트(detente)는 미·소간의 냉전을 극복하고 양국은 정상적이고 동등한 관계를 갖게 할 것이다."라고 하였다.[55] 카터대통령은 이러한 외교정책 기조를 천명하고 소련과의 관계증진을 도모하였다. 특히 카터대통령은 소련과의 협력, 상호 이익 창출 등으로 소련과의 데탕트를 강조하였다. 그러나 소련이 1970년대 후반 아시아-아프리카 국가에 대한 군사적 개입 등으로 미-소간 협력 및 관계증진은 이루어지지 못했다.

한편 1981년 1월에 대통령에 취임한 레이건(Ronald Reagan)대통령은 전임 대통령과는 달리 대소련 강경입장을 천명하였다. 레이건대통령은 소련의 지도자들을 '모든 악(惡)의 중심'(focus of all evil)이라고 하고 소련을 '악의 제국'(evil empire)이라고 규정하였다. 그리고 레이건대통령은 '별들의 전쟁'계획(star wars initiative)을 발표하며 새로운 탄도 미사일의 개발을 지시하였다.[56] 이처럼 레이건대통령은 경쟁적이고 대립적인 대 소련 정책기조를 견지하였다. 그리하여 레이건대통령은 첫 번째 임기동안 반소

55) Raymond L. Garthoff, Detente and Confrontation(Washington, D.C.: The Brookings Institution, 1985), pp.563ff.

56) Ibid., pp.1015ff.

및 반공을 강조하며 아프가니스탄, 앙골라 그리고 니카라과에서 소련의 지원을 받는 정부군과 싸우고 있는 반정부군을 "자유의 전사"(freedom fighters)라고 지칭하며 이들 반정부세력을 지원하기도 하였다.[57] 레이건대통령의 이러한 행보는 그의 외교정책 기조에 근거한 것이었다.

중국은 1980년대 등소평이 중국공산당 중앙군사위원회 주석으로 중국의 실권자로 군림하였을 때 중국은 미국과 '실질적 동맹관계'(de factor alliance)라고 할 만큼 양국관계는 매우 돈독하였다. 중국과 미국 양국은 1980년대 전략적으로 긴밀히 협의하고 국가안보분야에서 상호 의견을 교환할 정도로 전략적 연합전선을 구축하였다. 그 뿐만 아니라 양국의 지도자 및 정책 결정자들은 세계적인 전략적 흐름을 거의 동일하게 인식하고 있었다.[58] 이러한 중국 외교정책 기조는 등소평이 개혁·개방정책을 추진하며 중국의 경제 발전을 위해 친미국적인 외교정책 노선을 그의 외교정책 기조로 결정했기 때문이다.

한편 1989년 '6·4 천안문사건'이후 중국공산당 총서기에 등극한 강택민(江澤民)은 1990년대 친러시아적인 외교정책 기조를 견지하였다. 강택민은 미국과의 관계가 상당히 발전하였다고 판단하고 그 동안 소원했던 러시아와의 관계 발전을 도모하였다. 이제 중국은 세계적인 강대국들과 긴밀한 외교 및 전략적 관계에 역점을 두기 시작하였다. 1989년 강택민이 중국공산당 총서기가 된 이후 중국과 러시아는 1992년 12월부터 1998년 11월까지 6년 동안 양국 국가원수가 상호 교환 방문하며 6차례의 정상회담을 가졌다. 매 일 년에 한번씩 양국이 정상회담을 하였다. 강대국의 정상들이 짧은 시간안에 6차례의 정상회담을 갖는 것은 매우 이례적인 일이며 양국관계가 돈독하다는 것을 단적으로 보여주는 것이다. 중-러 양국은 정상회담을 하며 '평화 및 발전을 위한 중·러 위원회'를 설치하는데 합의하였고 그리고 군사적으로 서로 상대방을 공격하지 않는다는 등의 내용을 담은 '상해협정'을 체결하였다. 그리고 양국 정상은 1997년 11월 "중·러 양국은 다극적 세계를 구축하고 새로운 국제정치 및 국제경제질서 확립을 위해 양국은 공동으로 노력한다."는 공동선언문을 발표하였다.[59]

---

57) Ibid., p.67.

58) David Shambaugh, "Patterns of Interaction in Sino-American Relations," in Thomas W. Robinson and David Shambaugh(ed.), Chinese Foreign Policy(Oxford: Oxford University Press, 1995), p.203.

59) 송영우, 중국적 정치(서울: 지영사, 2012), pp.361ff 참고.

지금까지 살펴본 바와 같이 각 국가에 새로운 정권 담당자가 등장하면 새로운 외교정책 기조를 갖게 되며 이 정부는 이러한 정책 기조에 입각해서 외교정책 및 외교전략을 결정하게 된다. 그렇기 때문에 각 정부의 변화된 외교정책 기조는 새로운 외교정책을 생산한다.

최종 정책 결정자–미국의 국무장관을 역임했던 키신저(Henry Kissinger)는 1979년 다음과 같이 말했다. "외국인들이 쉽게 이해하지 못하는 일 중의 하나는 새로운 대통령이 등장하면 그의 개인적 성향에 따라 미국의 외교정책이 바뀐다는 것이다."[60] 키신저의 이 말은 한 정부의 외교정책을 결정하는데 가장 중요하게 작용하는 요소 중의 하나는 최종 정책결정자의 즉 실질적 국가원수의 개인적 성향, 특성, 의지 및 신념이라는 것이다. 외교정책 결정 과정에 참여하는 관료들은 대체로 최종 정책결정자의 성향, 경향 등에 맞추어 정책을 준비하는 것이 일반적인 현상이다. 그 뿐만 아니라 최종 정책 결정자의 정책 기조 및 원칙이 천명되기 때문에 외교정책결정에 참여하는 정부의 관료들은 이 기조 및 원칙에 따라 정책이 결정될 수 있도록 여러 안(案)들을 준비하게 될 것이다. 이처럼 정책이 결정되기 전에 이미 최종 정책결정자의 성향, 그의 정책 기조 등에 따라 여러 정책들이 준비될 것이다. 이러한 배경 때문에 최종 정책 결정자가 외교정책 결정에서 가장 중요한 요소라고 말할 수 있다. 특히 돌발사태가 발생해서 외교적으로 대응해야 할 때 그래서 긴급하게 대응해야 할 경우에 최종 정책 결정자가 평소보다 더욱 두드러지게 정책 결정에 권한을 크게 행사할 것이다. 이렇게 신속하게 정책을 결정해서 대응해야 할 상황이 발생한다면 최종 정책 결정자가 결정적으로 작용할 것이다.

일반적으로 한 정부의 외교정책은 국가 원수 즉 최종 정책결정자로부터 시작된다. 국가 원수 즉 정권 담당자가 되면서 그는 정부 차원의 외교정책 목표를 갖게 된다. 이 정권 담당자는 이 목표를 성취시키기 위해 필요한 외교정책을 구상하고 이를 실천하기 위한 외교정책을 결정하게 될 것이다. 이 외교정책은 두 말할 나위 없이 그 정권 담당자의 의지, 신념, 그의 외교정책의 기조 등에 의해 준비되고 그에 의해 결정될 것이다. 이렇게 볼 때 정권 담당자 즉 최종 정책 결정자의 역할은 절대적으로 작용하게 될 것이다. 한 정권의 외교정책은 최종 정책결정자로부터 시작하여 최종정책 결정자에서 끝난다.

---

60) Charles W. Kegley, Jr. and Eugene R. Wittkopf American Foreign Policy, p.502에서 인용.

2008년 2월 대통령에 취임한 이명박 대통령은 그 해 4월 미국을 방문하여 부시(George W. Bush)대통령과 첫 번째 정상회담에 활력을 불어 넣기 위해 미국 방문 전에 폭 넓은 미국산 쇠고기의 수입을 결정하였다. 이명박 대통령의 미국 쇠고기 수입 결정은 취임한 지 수 개월 밖에 되지 않은 새로운 대통령의 퇴임을 요구하는 대규모 시위가 수개월 동안 전개되었다. 이명박대통령이 미국을 방문하기 전에 미국과의 쇠고기 수입 문제를 매듭지은 것은 전적으로 이명박대통령의 신념에 근거해서 결정된 것이다. 다소 무리라고 생각되는 이러한 쇠고기 수입의 결정은 한국의 국가원수이고 최종 정책결정자인 대통령만이 할 수 있고 이러한 결정은 그의 의지 및 신념에서 비롯된 것이다. 대부분의 국가에서 중요하고 민감한 외교문제는 최종 정책결정자의 의지 또는 신념에 따라 결정되는 경우가 많다.

한 국가가 외교정책을 결정할 때 특히 중요하고 민감한 문제를 결정할 때 일수록 최종 정책결정자의 역할이 매우 크게 작용한다. 이 중요한 정책에 대해 책임을 질 수 있는 사람은 오직 최종 정책결정자 뿐이다. 그렇기 때문에 중대한 외교정책일수록 최종 정책결정자의 의지, 신념 등이 크게 작용한다.

4

외교정책 결정과정

국가의 외교정책이 만들어지는 기구, 방법, 과정 등은 매우 다양하고 복잡하다. 한 국가 내에서도 시기에 따라, 최종 정책결정자에 따라 또는 외교정책의 성격에 따라 결정의 절차, 방법 등이 다르다. 그리고 외교정책 결정 과정을 일반화하거나 또는 규격화하는 일은 현실적으로 매우 어렵고 또한 체계적으로 이론화하는 것 역시 쉬운 일이 아니다. 그럼에도 불구하고 우리가 외교정책을 위해서는 외교정책 결정의 절차, 과정, 방법 등의 체계적인 연구가 요구된다. 정책결정 그 자체가 하나의 과정이다. 그 과정이란 정책결정자가 목적을 달성하기 위한 행위의 진로를 선택하는 것이다.[1] 다시 말하면 정책결정자가 외교정책을 결정한다는 것은 어떠한 행위를 취하는 것이 목적을 달성하는데 가장 좋은 방법인가를 선택하는 과정이다. 그런데 이 과정이 매우 다양하기도 하고 어떤 경우에는 복잡하다. 이렇게 정책결정 과정이 획일화되어 있지 않은 이유는 각 국가가 갖고 있는 정치체제, 권력구조, 정치행태 등이 다양하기 때문이기도 하고 또한 결정해야하는 정책의 경중(輕重)에 따라 그 결정의 절차나 방법이 다르기 때문이다. 그 뿐만 아니라 정책을 결정하는 상황에 따라 또한 절차나 방법이 다르다. 예를 들면 어떤 목표를 달성하기 위해 오랜 시간을 갖고 정책을 결정하는 경우도 있고, 또 어떤 경우는 돌발적인 상황에 신속하게 대응하기 위해 정책을 결정하는 경우도 있다. 이러한 두 경우의 정책결정과정은 다를 수밖에 없다. 그러나 이렇게 외교정책도 다양하고 상황도 다르지만, 외교정책은 그 나름대로의 과정을 갖고 결정된다.

우리가 외교정책을 공부하는데 가장 중요하게 생각해야할 요소는 구조(structure)와 과정(process)이다. 정책결정의 구조란 정책을 결정하는 제도 또는 기구를 말하는 것이고 과정이란 정책 결정에 참여하는 사람들의 행태를 지칭하는 것이다. 외교정책 결정

---

1) Bruce Russett and Harvey Starr, World Politics: The Menu For Choice(San Francisco : W. H. Freeman and Company, 1981), p.267.

과정을 논의하기 위해서는 이 과정에 참여하는 사람들과 그들의 행태가 논의의 중심이 되어야 할 것이다.

국가의 외교정책결정 과정을 이해하기 위해서는 다음과 같은 기본적인 문제에 대한 대답이 반드시 필요하다.[2)]

1. 최고의 정치기구
2. 외교정책결정에서 중요한 역할을 하는 개인, 집단, 그리고 기관.
3. 이들 간의 관계와 역할
4. 외교정책 결정에 중요한 제도(Institution)를 조정하는 기구 (mechanism)
5. 정보는 어디에서 구하고 자문은 또 어디에서 구하는지?
6. 전문가는 외교정책 결정에 어떻게 영향을 미치는가? 그리고 이들은 어떤 경로를 통해 자신들의 의견을 개진하는가?

이와 함께 정부는 대체로 다음과 같은 단계를 거쳐 외교정책을 결정한다.[3)]

1. 사실에 대한 합의
2. 전반적인 정책 목표에 대한 합의
3. 구체적으로 문제를 제기
4. 모든 가능한 해결책 토론
5. 이 해결책으로부터 얻을 수 있는 결과 검토
6. 여러 해결책 가운데 하나의 방법 권고
7. 채택된 방법에 대한 의견 교환
8. 이 방법의 실천을 위한 협조

지금까지 열거한 과정이나 방법들은 일반적이고 원칙론적인 것이다. 모든 국가들이 모든 외교정책을 결정하는데 이러한 절차와 과정을 거치고 또 거쳐야 한다는 것은 아니다. 이러한 과정이나 방법들은 여러 국가의 여러 외교정책을 이해하고 설명하는 기본적

---

2) A. Doak Barnett, The Making of Foreign Policy in China(Boulder, Colorado: Westview Press, 1985), p.2.

3) Charles W. Kegley, Jr. and Eugene R. Wittkopf, World Politics, 8th ed.(Boston: Bedford/ St. Martin's, 2001), p.69.

인 틀로 이용할 수 있을 것이다.

독재정권과 민주정권

민주국가이든 또는 독재국가이든 어떤 국가도 외교정책 결정의 방법이나 절차 등을 명문으로 규정하고 있지 않다. 그 뿐만 아니라 어떤 국가도 어떠한 외교정책이 어떤 절차를 거쳐 결정되었는지를 공식적으로 밝히는 일도 없다. 그렇기 때문에 어떠한 형태이든 외교정책결정 과정을 체계적으로 기술하는 일은 매우 어렵다.

외교정책의 결정 과정 또는 방법은 그 국가의 정치체제, 정치구조 및 형태와 밀접한 관계를 갖는다. 우선 독재 정권과 민주 정권의 외교정책 결정의 과정 및 방법은 다르다.

독재정권 – 일인 또는 일당 독재국가의 정책결정의 절차 및 방법은 상대적으로 단순하고 간단하다. 예를 들면 북한의 김일성이나 김정일은 완벽한 일인 지배 체제를 유지했기 때문에 그의 외교정책 결정도 최종적으로 이 한 사람에 의해서 이루어졌다. 북한의 독재자들은 외교정책을 결정하는데 북한 주민의 여론을 수렴할 필요가 없다. 김일성이나 김정일은 북한 주민 위에 군림하고 있기 때문에 북한의 주민들은 당연히 독재자의 뜻을 따르게 되어 있다. 극단적으로 말해서 북한 주민의 생사가 이 독재자의 수중에 있다고 해도 과언이 아니기 때문에 독재자가 주민의 뜻이나 여론을 수렴하는 것은 필요한 일이 아니다. 또한 북한의 최고인민회의가 독재자의 정책결정에 제한을 가하거나 이들의 결정을 반대하는 일도 있을 수 없다. 그러므로 북한의 외교정책은 독재자에 의해 일방적으로 결정된다. 또한 북한은 관료제도 역시 크게 발달되어있지 않아 관료들이 정책결정에 참여하는 일은 거의 없을 것이다. 그러나 북한 정권을 떠받치고 있는 집단은 군부이다. 그렇기 때문에 북한의 독재자 역시 중요한 외교정책을 결정하는 경우에는 이 군부의 뜻을 참고하기 위해 정책결정 과정에 군의 고위 간부들은 참여하기도 할 것이다.

모택동(毛澤東)이 집권하고 있던 시기에 중국의 외교정책 결정에 참여했던 사람들에 의하면 이 시기 주요 외교정책은 대체로 모택동에 의해 독점적으로 결정되었다고 한다. 오랫동안 모택동을 보좌했던 주은래(周恩來)는 1949년부터 1958년까지 외교부 장관을 그리고 1949년부터 그가 사망할 때까지인 1976년까지 총리를 역임했다. 그런데도 불구하고 주은래 총리는 외교정책 결정과정에 참여하지 않고 단지 외교문제 처리만을 책임지고 있었다. 1984년 7월 조자양(趙紫陽)총리는 중국의 주요 외교정책 결정에 대해 다음과 같이 언급하였다. 한때 중국의 주요 정책의 결정은 정치국 및 정치국 상무위원회에서 이루어 졌었으나 지금은 중국공산당 총서기 호요방(胡耀邦)이 이끄는 당처기처와 조자양 자신이 이끄는 국무원이 주도하고 있다고 말했다. 이 두 기관이 외교정책 결정에 협의하고 있지만 궁극적으로는 등소평(鄧小平)이 외교정책을 결정한다고 조자양은 덧붙였다. 중국도 외교정책을 결정하는데 조직이나 기구보다 개인이 더 크게 작용하였다.[4] 모택동에 이어 집권한 등소평은 모택동과 같이 어떤 정책을 선택하도록 직접 명령하지는 않았지만, 상당히 중요한 외교정책은 등소평에 의해서 결정되었다. 예를 들면 1984년 '일 국가 2체제' 형식의 중국-영국간 홍콩반환협정 및 14개의 경제특구 선정은 등소평에 의해 단독으로 결정된 것이다.

1987년 10월 중국공산당 13기전국대표대회 이후 등소평을 포함한 당의 원노들이 정치 일선에서 물러난 다음 중국은 '외교문제소조'(Foreign Affairs Small Group)를 만들어 외교문제에 관계되는 모든 기관이 이 그룹에 참여하여 외교문제를 논의하였다. 이 그룹의 회의는 국가 주석이 주재하였고 이 그룹에서 총리, 제1부총리, 외교정책 조정위원, 외교부장 등이 참여하였다. 그리고 외교정책의 최종 결정은 몇몇 핵심 인사에 의해 결정되었다.[5] 2000년대에 접어들어 중국은 주요 정책을 조정하는 내부기구인 '외교문제소그룹'을 없애고 '국가안전영도소조'(National Security Leading Group)를 만들어 이 기구가 체계화 되면서 개인이나 파벌이 정책결정에 미치는 영향력을 약화시켰다.[6] 중국은 일당 독재국가이지만 모택동, 등소평 등 절대적인 독재가 사라진 다음에는 정권내 소수 사람만이 참여하는 그룹을 만들어 외교정책을 결정하는 체제를 갖추었다.

소련도 다른 독재국가와 마찬가지로 외교정책을 포함하여 모든 중요한 정책은 거의 공개적인 논의없이 장막 뒤에서 이루어졌다.[7] 이 장막 뒤에서 이루어지는 외교정책의

4) A. Doak Barnett, pp. 7-16; Allen S. Whiting, "Foreign Policy of China," in Roy C. Macridis(ed.), Foreign Policy in World Politics, 8thed.(Upper Saddle River, New Jersey: Prentice Hall, 1992), pp.223-224.

5) Allen S. Whiting, pp.241-243.

6) Evan S. Medeiros and M. Taylor Fravel, "China's New Diplomacy," Foreign Affairs, vol, no.6(November/ December, 2003), p.29.

7) Donald D. Berry and Carol Barner Berry, Contemporary Soviet Politics(Englewood Cliffs, N.J.: Prentice-Hall, 1978), p.5; William Zimmerman, "What Do Scholars Know about Soviet Foreign

결정은 물론 소련 정권의 몇몇 고위 인사에 의해 이루어지는 것이다. 특히 스탈린(Joseph Stalin)집권 시에는 그가 소련공산당을 완전히 장악하고 있었기 때문에 모든 정책은 그에 의해 독점적으로 결정되었다. 그러나 1953년 3월 스탈린 사망 이후 소련공산당은 잠시 집단지도체제를 형성하였다. 그리하여 한때 정책결정 권한이 소련공산당 정치국에 집중되기도 하였다. 그 후 흐르시초프(Nikita Khrushchev)와 브르즈네프(Leonid Brezhnev)는 소련공산당을 장악하여 주요 외교정책이 이들에 의해 독점적으로 결정되었다. 이들의 집권 시기에 소련의 정책결정과정은 독재국가의 전형이었다. 18년간 소련을 통치해왔던 브레즈네프가 1982년 1월 사망한 다음 약 2년 반 동안은 실제적으로 소련 정치의 공백기간이었다. 이 시기는 안드로포프(Yuri Andropov)와 체르넨코(Konstantin Chernenko)가 정권을 담당하였으나 이들은 정치권력을 독점적으로 행사하지 못했었다. 그러나 1985년 4월에 집권한 고르바초프는 소련의 개혁(perestroika)과 개방(glasnost)를 주장하였다. 그가 주장하는 개혁은 지극히 제한적이었고 오히려 사회주의를 더 강화하려 하였다. 그리고 개방 역시 상대적으로 과거에 비해 조금 진전이 있었지만, 비밀과 억압은 잔존하였다. 예를 들면 아르메니아, 에스토니아 등 여러 지역에서 많은 부정에 항의하는 데모가 있었는데 이 데모는 경찰에 의해 폭력적으로 저지되었다.[8] 그리고 고르바초프는 소련의 대통령으로 미국이나 프랑스의 대통령보다 더 막강한 권한은 가졌었고 고르바초프는 소련 역사상 가장 강력한 권한을 가졌다. 그의 권한은 과거 스탈린이 장악했던 권한보다 더 막강하였다. 또한 고르바초프는 소련공산당정치국 및 사무처를 무력화시켜 정책결정기구로 기능할 수 없게 만들었고 공산당의 지배체제를 해체시켜 소련공산당을 집권당이 아니라 군소정당 가운데 하나의 정당으로 전락시켜버렸다. 그리고 소련의 대통령은 법적 구속력을 가진 법령을 공포할 수 있고 계엄령을 선포할 수 있는 권한도 갖게 되었다.[9] 고르바초프는 실질적으로 모든 권한을 독점하고 있었기 때문에 모든 국내외 정책도 그에 의해 독점적으로 결정되었다는 사실은 의심이 여지가 없다.

독재국가의 경우 권력이 특정인에 집중되면 집중될수록 외교정책 결정 과정에 참여

Policy," in Robbin F. Laird and Erik P. Hoffmann(eds.), Soviet Foreign Policy in a Changing World(New York: Aldine, 1986), pp.84-98.

8) John T. Rourke, Making Foreign Policy(Pacific Grove, California: Books/Cole Publishing Company, 1990), pp.85-86.

9) Vernon V. Aspaturian, "Soviet Foreign Policy," in Roy C. Macridis(ed.), pp.163-164.

하는 사람의 수가 적고, 권한이 분산되면 정책 결정 과정에 참여하는 사람의 수가 많아진다. 역설적으로 외교정책 결정의 효율과 능률의 측면에서 본다면 독재정권의 구조가 민주정권의 구조보다 더 좋다는 지적이 있다. 이러한 주장을 뒷받침 하는 근거는 다음과 같다.[10]

첫째, 독재 정권의 구조는 외교정책을 보다 빠르게 결정할 수 있게 되어있다. 이 독재정권은 국민의 여론을 의식하지 않고 또 외교정책을 결정하는데 극소수의 사람들이 참여한다. 그리고 정부 내의 반대자는 무시해버리거나 정책 결정에 참여시키지 않는다.

둘째, 독재정권은 정부 내 위계질서가 매우 엄격하고 이러한 질서를 무시하면 엄한 처벌을 받을 수 있기 때문에 모든 사람들은 정책결정자에 의해 결정된 정책을 따르게 되어있다. 그리하여 독재정권의 외교정책은 매우 효과적이고 능률적으로 결정될 수 있다.

셋째, 독재국가에는 외교정책 결정권이 한 곳에 또는 한 사람에 집중되어 있기 때문에 외교정책을 실천하는데 통일된 행위를 가능하게 한다. 민주정권의 경우에는 다양한 견해가 표출되기 때문에 통일된 입장을 갖지 못해 민주정권은 상대적으로 불리한 위치에서 외교정책을 결정하게 된다.

넷째, 독재정권은 일관된 외교정책의 입장을 가질 수 있고 그리하여 다른 국가에 대해 그 국가의 신뢰를 높일 수 있다. 특히 독재정권은 변화하는 상황에 빠르게 적응할 수 있다. 독재정권은 여론과 반대집단으로부터 자유롭기 때문에 정책을 변경하는데 여론의 추이나 반대집단의 태도 변화 같은 것을 기다릴 필요가 없다.

다섯째, 독재 정권들은 기존의 외교정책 목표를 성취시키기 원한다면 서로 모순 되는 정책을 동시에 추구할 수 있다. 소련과 같은 폐쇄된 사회는 미국과는 달리 데탕트정책을 추진하면서 동시에 군사력을 증강하며 상호 모순되는 정책을 어렵지 않게 동시에 추진하고 있다고 미국 당론자들은 불만을 토로하였다. 민주국가에서는 정책결정자들이 데탕트를 추진하면서 국민들에게 군사력 증가의 필요성을 강조하는 일은 매우 어려운 일이다.

독재정권들이 외교정책 결정에서 위에서 언급한 자유를 누릴 수 있는 배경은 국민

---

10) Lloyd Jensen, Explaining Foreign Policy(Englewood Cliffs, New Jersey: Prentice-Hall, Inc., 1982), pp.108-109.

그리고 이익 집단을 크게 의식할 필요가 없기 때문이기도 하다. 다른 한편 독재정권의 경우 외교정책의 결정권한이 몇몇 결정자, 결정기구, 특정인 또는 특정기구에 집중되어 있기 때문에 독재정권의 구조는 편협해지고 따라서 독재정권의 모든 구성원은 독재자가 원하는 것만을 추구하게 된다. 그리하여 독재정권에서는 창의성이 없어지고 선택의 폭이 좁아진다. 비밀을 강조하고 외부로부터의 비난을 받지 않기 위해 특정기구에 모든 권한을 집중시키고 있는 독재정권은 새롭고 참신한 견해를 개발할 수 있는 기회를 없애고 또 새로운 정보를 얻을 수 있는 기회도 갖지 못한다. 그리하여 독재정권은 특히 중요하지 않은 외교정책은 주로 과거의 정책을 답습한다. 독재정권의 외교정책은 특정인 또는 특정구조에 의해 결정되기 때문에 독재정권의 외교정책은 유연성이 없이 경직되어 있다.[11)]

정책결정 과정의 효율성만을 본다면 독재정권이 유리할 수 있겠지만 정책 결정의 과정이 효율적이라고 정책 그 자체까지 효율적이라고 말할 수 는 없다. 오히려 정책결정 과정이 단순하고 간단하기 때문에 독재정권의 외교정책은 효율적이지 못할 것이다. 왜냐하면 이러한 정권의 외교정책 결정과정에는 많은 사람의 견해를 참고하지 못하고 또 많은 정보가 이용되지 못하고 절대 권력자의 견해나 의지가 많이 작용하기 때문이다.

민주정권-민주적인 정부에 있어서는 여러 가지 요소들의 작용으로 행정부 및 행정부 내의 고위 관료들에게 외교정책을 결정하는데 많은 권한을 부여하고 있다. 이렇게 행정부 쪽에 많은 권한을 갖게 만든 요소들은 다음과 같다.[12)]

첫째, 국제문제가 크게 증가하고 그리고 국제적 위기가 상존하기 때문에 외교정책 결정기본 권한이 행정부에 집중되어야 할 필요성이 증가하였다.

둘째, 통신 수단이 발달되고 현대적 기술이 발달되어 있기 때문에 정상회담 및 전화와 위성통신을 이용하여 최고의 정책결정자로 하여금 직접 정책결정과정에 참여를 가능케 하고 있다.

셋째, 행정부는 고급 정보망을 갖고 있기 때문에 외교정책을 결정하는데 중요한 역할을 할 수 있게 되었다. 각 국가의 정치, 군사 및 경제 분야의 관료들이 세계 각지에 주재하면서 그 관료들이 소속되어 있는 부서장에게 여러 가지 정보를 제공한다. 그러나

11) Ibid., p.110.

12) Ibid., p.117.

독립적으로 정보를 얻을 수 있는 권한을 요구하는 의회와 다른 기관들은 그들의 참모들과 자료의 부족으로 외교정책 결정 과정에 참여하는데 많은 제한을 받는다.

넷째, 그렇기 때문에 의회와 같은 집단적인 기구보다는 행정부의 고위 관료들이 정책을 개발하는 것이 훨씬 쉽다.

다섯째, 국제문제는 많은 정부기관에 영향을 미친다. 이 기관들은 서로 상대 기관을 지배할 수 없기 때문에 정책결정은 정부의 최고 관리자 수준에서 이루어진다.

여섯째, 대체로 국민들은 외교정책에 관해 관심도 없고 또한 이해도 부족하기 때문에 전통적으로 외교정책의 결정은 강력한 권한을 가진 행정부가 담당하였다. 그렇기 때문에 대부분의 국가에서 국민을 대표하는 의회는 외교정책 결정에 적극적으로 참여하지 못한다.

실제로 민주정권에서도 주요한 외교정책은 국가의 안전보장 때문에 비밀을 보장하여야 한다는 이름하에 닫힌 문 속에서 소수지배 집단에 의해 또는 최종 정책 결정자 한 사람에 의해 결정되기도 한다. 심지어 미국은 권한이 분산되어 있고 정책결정과정이 복잡함에도 불구하고 중요한 외교정책은 대통령과 대통령의 정책보좌관 몇몇 사람에 의해 만들어진다.[13)]

1962년 쿠바미사일사건이 발생했을 때 13일 동안 케네디(John F. Kennedy) 대통령과 그의 몇몇 측근 참모들이 이 사건에 대한 대책을 논의하고 있을 때 세계는 물론이고 미국 정부 내 사람들도 이들이 무엇을 하고 있는지 모르고 있었다. 1971년 닉슨 대통령과 1978년 카터 대통령은 일부 국민들의 압력을 피하기 위해 그들의 일단계 조치가 마무리될 때까지 중국과의 관계개선 및 관계정상화를 위한 행정부의 움직임을 비밀로 하였다. 그리고 카터 대통령은 중국과의 관계정상화 움직임을 10여명의 관계자에게만 알도록 하였다. 만약 미국 행정부가 중국과의 접촉 사실을 사전에 공개한다면 중국 당국을 곤란하게 할 수도 있고 또 중국과의 관계변화를 반대하고 대만을 지지하는 의회 의원들의 반발을 유발시킬 수도 있다.[14)]

미국 외교정책 결정 과정은 '동심원시리스'(a series of concentric circles)라고 한다. 이 원의 중심에는 대통령이 위치하고 있고 대통령은 외교정책 결정에 가장 주요한 역할

---

13) Ibid., p. 4; A. Doak Barnett, p.7.

14) David D. Newsom, Public Dimension of Foreign Policy(Bloomington: Indiana University Press, 1996), pp.26-27.

을 수행하는 사람들에 둘러싸여 있다.[15] 미국의 대통령은 자유세계 대통령 가운데 가장 막강한 권한을 갖고 있다.[16] 역사학자 쉬레진저(Arthur H. Schlesinger, Jr.)에 의하면 미국의 대통령은 제왕적이며 그는 세계의 전쟁과 평화의 문제에 관해서 가장 절대적인 군주라고 평가하였다.[17] 그 외에도 많은 사람들에 의하면 미국의 대통령은 과거 왕국의 국왕 같으나 그의 권한이 절대적인 것은 아니다. 그러나 미국 대통령은 대단히 큰 권한을 갖고 있다고 말하고 있다.[18]

미국의 헌법은 대통령에게 외교정책 및 국방정책을 결정할 수 있는 독점적인 권한(sole right)을 부여하고 있다. 실제로 미국 대통령은 의회의 승인 없이 주요 외교정책을 결정한다. 예를 들면 1950년 트루먼 대통령은 의회의 승인 없이 미군을 한국의 6·25전쟁에 참전시켰고 아이젠하워 대통령도 의회의 승인 없이 레바논에 군대를 파견하였으며 존슨 대통령도 의회의 승인 없이 북베트남 폭격을 명령하였고 55만 명의 지상군을 베트남에 파견하였다. 레이건 대통령도 의회의 승인 없이 미군으로 하여금 그레나다(Grenada)에 대해 그리고 부시(George H.W. Bush) 대통령은 파나마를 공격하도록 명령하였다. 이러한 사실은 외교정책 및 국방정책 결정에 미국 대통령의 권한이 얼마나 막강한가를 잘 보여주고 있다.[19]

미국의 국무장관을 지낸 키신저(Henry A. Kissinger)에 의하면 "미국의 외교정책은 새 대통령의 개인적인 취향에 기초해서 변화된다는 사실을 외국인들은 잘 이해하지 못하고 있다"고 한다.[20] 실제로 미국의 새로운 대통령은 전임자와 다른 외교정책의 선택으로 차별화를 추구한다. 그리고 새 대통령은 그의 새로운 정책의 추진을 위해 새로운 대통령의 참모진을 구성해서 이들과 함께 외교정책을 결정한다. 실제로 최근 미국 대통령들의 외교정책을 보면 위의 설명을 뒷받침하고 있다. 예를 들며 카터 대통령

15) Bruce Russett and Harvey Starr, p.277.

16) James McGregor Burns and Jack Walter Peltason, Government by the People: The Dynamics of American National Government, 7th ed.(Englewood Cliffs, N. J.: Prentice Hall, 1969), p.359.

17) Arthur M. Schlesinger, Jr., The Imperial Presidency(New York: Popular Library, 1973), p.11.

18) Roger Hilsman, The Politics of Policy Making in Defense and Foreign Affairs, 3rd ed.(Upper Saddle River, N. J.: Prentice-Hall, Inc., 2001), p.130.

19) Ibid., pp.136-137.

20) Charles W. Kegley, Jr. and Eugene R. Wittkopf, American Foreign Policy, 5th ed.(New York: St. Martin's Press, 1996), p.502에서 인용.

은 인권외교를 내세워 유연한 외교정책을 추진했고 레이건 대통령은 소련을 '악의 제국'으로 지칭하며 강성 외교정책을, 클린턴 대통령은 자유주의 입장을 견지하며 온건한 그리고 유연한 정책을 그리고 부시(George W. Bush) 대통령은 전임자와는 달리 '악의 축'의 선언으로 강경한 외교정책을 추진하였다. 미국은 외교정책에 관한 한 대통령의 권한이 매우 크기 때문에 그리고 개인적 성향과 커다란 권한이 작용하고 있기 때문에 미국이 민주국가이지만 대통령이 미국의 외교정책을 좌우한다.

일본은 미국과 달리 내각책임제를 채택하고 있다. 동시에 수상이 정부를 책임지고 있는데 수상은 대통령과 같이 임기가 보장되어 있지도 않고 또 법적으로 외교정책 결정의 독점적 권한도 보장되어 있지 않다. 그 뿐만 아니라 일본의 수상은 집권당을 대표하기 때문에 당의 뜻을 무시할 수 없고 수상은 외교정책 결정에 절대적인 역할을 하지 못한다. 일본은 정부 내 여러 유관기관간의 협의 및 타협을 통해 만들어진 합의에 기초해서 집단적으로 외교정책을 결정하는 특성을 갖고 있다.[21] 일본 정부 내에는 명백한 지도자가 없기 때문에 정책결정에 책임을 지는 사람이 없다. 더욱이 일본의 최종정책결정은 매우 느리게 그리고 우유부단하고 혼란스런 과정을 거쳐 집권층 내 여러 세력간의 타협에 의해 이루어진다. 그리하여 일본에서는 한 사람이 또는 특정 부서가 최종적으로 결정된 정책에 책임을 지지 않는다. 그러나 일본 정부를 책임지고 있는 수상이 결정된 외교정책에 대해 무한책임은 아니더라도 일차적이 책임은 면할 수 없을 것이다. 이렇게 일본 외교정책에 대한 책임 소재가 불분명한 이유는 여러 부서의 합의에 의해 정책이 결정되기 때문이다. 그러므로 일본의 정책 결정과정은 매우 복잡하고 길다. 일본은 이러한 정책 결정 과정을 갖고 있기 때문에 한번 결정된 정책은 변경되기 어렵다. 그리하여 일본의 외교정책은 융통성이 없어 다른 국가와 마찰을 야기시킬 소지가 많다.[22] 일본의 이와 같은 외교정책 과정을 미국의 과정과 비교해 볼 때 두 과정 간에는 다소 차이가 있음을 알 수 있다. 미국의 경우는 정책의 결정의 권한이 특정인 또는 특정 집단에 집중되어 있어 정책결정이 비교적 빠르고 동시에 책임 소재도 비교적 명확하다. 그리고 미국의 정책결정 과정은 상대적으로 단순하다. 그런데 미국의 정책결정 과정은

---

21) Robert Scalapino, "Japan's Economic Route to Power," in Steven W. Hook(ed.), Comparative Foreign Policy(Upper Saddle River, New Jersey: Pearson Education, Inc., 2002), pp.104-105.

22) Robert A. Scalapino, "The Foreign Policy of Modern Japan," in Roy C. Macridis(ed.), Foreign Policy in World Politics, 8th ed.(Upper Saddle River, New Jersey: Prentice-Hall, 1992), pp.200-201.

비교적 간단하고 단순하기 때문에 비교적 투명성은 결여되어 있다. 일본의 경우는 미국이 갖고 있는 특성은 갖고 있지 않다. 그러나 일본의 정책결정 과정은 여러 사람 또는 여러 기관의 합의에 의해서 결정되기 때문에 상대적으로 높은 투명성을 갖고 있다. 일본의 경우 정책 결정의 시간이 길고 복잡하다는 것은 정책이 비밀리에 또 장막 뒤에서 결정될 가능성은 많지 않다는 것을 의미한다. 그러므로 일본의 외교정책은 비교적 많은 사람이 참여하여 결정되기 때문에 많은 관계자들이 그 과정을 지켜볼 수 있다.

같은 민주적 정권을 갖고 있는 미국과 일본의 정책결정 과정을 비교해보면 미국의 외교정책은 소수에 의해 간단한 절차를 거쳐 결정된다. 그리하여 미국 정책결정의 효율성은 일본보다 더 크다. 그러나 미국의 외교정책 결정은 참여하는 사람과 기관이 일본보다 적기 때문에 미국 정책결정과정의 투명성은 크게 낮은 편이다. 이러한 정책결정 과정의 차이가 반드시 정책 그 자체의 효율성과 연관성을 갖는 것은 아니다. 물론 신중하게 결정된 정책이 그렇지 아니한 정책보다는 성공의 가능성이 좀 더 있다고 말할 수 있으나 이러한 판단은 정확하다고 말할 수 없다. 외교정책 그 자체의 효율성은 그 정책의 실천 의지 및 실천 수단에 의해 결정된다.

한국은 1948년 8월 독립하며 민주국가로 탄생하였고 그의 체제와 제도 역시 민주적이었다. 그럼에도 불구하고 1980년대까지 한국의 정권이 독재적이라는 데에 크게 이의를 제기하는 사람은 많지 않을 것이다. 한국의 경우를 보면 국가는 민주적이었으나 40여 년간 정권은 독재정권이었다. 즉 외형은 민주의 탈을 쓰고 있었고 내용은 반민주적이었다. 각 정권들은 정치권력을 법에 의하지 않고 정권 담당자 뜻대로 행사하였다. 1950년대는 공권력을 이용하여 주요 선거가 불법적으로 시행되었고 대통령에게 초법적인 권한을 부여하는 유신체제가 만들어지고 법에 근거하지 않은 국민의 기본권의 침해 등이 각 정권에 의해 자행되었다. 그러한 행위들이 자행되었기 때문에 과거 한국의 정권들은 독재정권이라고 말할 수 있다. 이러한 정권들의 정책결정 과정은 다른 국가의 독재정권의 그것과 크게 다르지 않을 것이다. 한 마디로 말하여 이 독재정권들 역시 주요 외교정책들은 대통령을 중심으로 몇몇 핵심측근 인사들에 의해 거의 독점적으로 결정했다. 특히 독재정권은 물론 국민의 뜻을 의식하지 않고 정책을 결정한다. 그 하나의 예로 1960년대 월남에 전투병 파견을 결정할 때 또 일본과 국교를 정상화할 때 많은 국민들이 크게 반대하였다. 그러나 이 결정들은 정부의 뜻대로 이루어졌다.

1990년대 이후에 등장한 한국의 정권은 대체로 민주적이라고 말할 수 있다. 앞에서 가장 민주적이라는 미국 정부의 예를 살펴보았다. 한국 역시 미국처럼 대통령 중심제를 채택하고 있고 한국의 대통령도 미국 대통령에 버금가는 권한을 법적으로 보장받고 있다. 그러므로 한국의 정부도 주요 외교정책은 대통령을 중심으로 결정된다. 2003년 한국의 대통령은 미국의 요구에 의해 이라크에 한국의 전투병 파병을 결정하였다. 이때 일부 한국 국민들은 파병을 반대하였고 오랫동안 국회의 비준 동의를 받지 못했다. 한국의 민주적 정권들의 외교정책의 결정은 대통령 및 그의 핵심 측근들에 의해 결정되었다. 그러나 민주적인 정권의 외교정책결정 과정이 과거 독재정권과 다른 점은 정책결정 과정의 투명성에 차이가 있다. 한국의 민주적 정권의 정책 결정 과정에는 비교적 많은 관계자가 참여하고 여러 절차를 거치기 때문에 이 정권들의 정책 결정과정은 비교적 투명하다고 말할 수 있다. 독재정권과 민주정권의 주요 정책결정 과정은 일차적으로 투명성에 차이가 가장 커다란 것이라고 말할 수 있다.

외교정책의 유형과 결정 과정

외교정책에는 국가의 중대한 이익과 밀접히 연관되어 있는 외교정책도 있고 그렇지 않은 정책도 있다. 예를 들면 국가의 안전 보장과 직결되는 동맹조약의 체결 문제 또는 인접 지역에서 대규모 전쟁이 발생했을 때 이 전쟁에 참여 여부를 결정하는 문제 등에 대해 정부의 방침을 결정해야하는 경우도 있다. 다른 한편으로는 다른 국가 정부 당국자의 적절하지 못한 발언에 대해 대응하는 반박 성명 발표 여부를 결정하는 경우 또는 어느 국가의 외교정책에 대해 원론적으로 대응하는 입장을 결정하는 경우 등 비교적 중요하지 않은 결정을 해야 하는 경우도 있다. 일본의 정부 당국자가 독도에 대해 적절하지 못한 발언을 했을 때 이에 대응하는 한국 정부의 선택 방안을 결정해야하는 경우에는 그 사안이 한국의 중대한 국가 이익을 직접적으로 침해한다고 생각되지 않기 때문에 그에 대한 대응 방안을 결정하는데 여러 부서의 많은 사람이 참여하지는 않을 것이다. 그러나 앞의 국가의 안보와 직접적인 연관성을 가진 문제에 대해 대응방안을 결정할 때에는 많은 부서의 많은 사람들이 참여하여 긴 시간을 갖고 그에 대한 방안을 모색하게 될 것이다. 이와 같이 외교정책은 그 사안의 경중에 따라 정책 결정 과정에 참여하는 사람의 지위 및 수가 다르다. 그리고 같은 사안이라도 각 국가의 정치적 상황, 권력구조 또는 최종 정책결정자의 성향에 따라 정책결정 과정은 다르게 전개될 것이다. 앞에서 살펴본 바와 같이 일본 정부가 중대한 외교정책을 결정하는 것과 미국의 그 과정은 서로 다른 점을 발견할 수 있다. 정부가 결정하는 외교정책 가운데 정부가 이미 설정한 목표를 성취시키기 위해 정상적이고 통상적인 과정을 거쳐 결정되는 외교정책이 있고, 다른 하나는 돌발적이고 위급한 상황이나 사건에 대처하기 위해 결정되는 외교정책이 있다.

이 두 가지 외교정책은 근본적으로 그 성격을 달리한다. 이 두 가지 외교정책 결정에서 서로 다른 점은 시간적 요소이다. 정상적인 외교정책의 결정은 대체로 충분한 시간을 갖고 결정할 수 있다. 그렇기 때문에 이 정책은 한 정부가 갖고 있는 정상적인 절차, 방법뿐만 아니라 국민의 여론을 수렴하는 절차 등을 거쳐 충분한 시간을 갖고 결정된다. 그리고 정상적인 외교정책은 여러 과정을 거쳐 결정되기 때문에 이 정책의 결정 과정은 당연히 복잡하며 여기에는 많은 사람이 참여하다.

그와는 달리 돌발적이고 위급한 상황하의 외교정책은 화급(火急)한 것이기 때문에 그 결정과정은 당연히 단순하지 않을 수 없다. 그 과정이 단순하다는 것은 여러 단계 또는 과정들을 많이 단축한다는 것을 의미하며 그리고 이 과정에 참여하는 사람은 당연히 크게 축소될 것이다. 대체로 독재정권이건 또는 민주정권이건 외교정책의 결정은 특정인 또는 특정 집안에 의해 배타적으로 결정되는 경우가 많은데 화급을 요하는 외교정책은 더욱 배타적으로 결정될 것이고 따라서 투명성은 크게 떨어질 것이다. 적어도 민주정권과 독재정권의 외교정책결정 과정의 차별화는 투명성에서 찾을 수 있었다. 그런데 돌발적인 상황에 대처하기위한 외교정책 결정 과정에서는 어느 정권하에서도 투명성은 찾아보기 어렵다. 그렇다면 위급한 상황 하에서의 외교정책 결정 과정은 독재정권이나 민주정권간의 차별성을 찾기 어렵다.

일반적으로 전개되고 있는 정상적인 외교정책 결정 과정과 긴급한 상황 하에서 전개되는 외교정책 결정 과정을 소개하면 다음과 같다.

정상적인 외교정책 결정 과정[23)]

1. 사실의 존재에 대한 공통적 인지
2. 여러 정책목표에 대한 합의

23) Theodore Sorensen, Decision Making in the White House(New York: Columbia University Press, 1963), pp.19-20. 소렌센은 케네디 대통령의 외교정책 결정을 보좌하는 최측근 참모였다.

3. 문제에 대한 구체적인 성격 규명
4. 모든 사용 가능한 해결책 토론 및 검토
5. 각 해결책으로부터 파생될 수 있는 문제점들의 일람표 작성
6. 하나의 방안을 최종 정책 결정자에게 권고
7. 선택된 방안에 대한 의견 교환
8. 결정의 집행에 대한 준비

정부가 외교정책을 결정하는데 이러한 과정을 따르는 것이 바람직하지만 실제로 정책결정에 참여하는 사람들이 사실에 대한 인식도 다르고, 여러 개의 정책들이 서로 상충되기도 하고 또 그 뿐만 아니라 참여하는 인사들의 가치판단의 기준도 달리 갖고 있기 때문에 무엇이 옳고 또 무엇이 가능한가 등 여러 가지 사항에 대해 해석이 다르고 이견이 많다. 그리하여 이러한 과정을 거쳐 외교정책을 결정하는 일은 매우 어렵다.[24]

쿠바 미사일 사건이 발생했을 때 케네디 대통령은 다음과 같이 대처하였다. 먼저 케네디 대통령은 '위기정책결정그룹'을 구성하고 다른 일은 모두 중지하고 사태의 심각성을 빠르고 정확하게 파악하고 가능한 모든 조치를 강구하라고 지시하였다. 그리하여 이 그룹은 6가지의 선택 방안을 마련하였다.[25]

1. 아무 조치도 강구하지 않는 것
2. 모든 외교적 압력을 구사하는 것
3. 카스트로에게 비밀리에 접근하는 것
4. 쿠바를 침공하는 것
5. 미사일기지에 대해 공중 공격을 감행하는 것
6. 쿠바에 대해 봉쇄를 실시하는 것

두 가지의 외교정책 결정 과정을 비교해보면 정상적인 외교정책을 결정하는 과정은 길고 복잡한 반면 위급한 상황 하에서의 과정은 비교적 단순하다. 후자의 경우를 보면 여러 가지 검증, 토론 등의 절차 없이 몇몇 사람들에 의해 즉각적으로 대응책이 마련되었

---

24) Ibid., p.20.

25) Charles W. Kegley, Jr. and Eugene R. Wittkopf, World Politics, p.67.

다. 위급한 상황이 발생했으므로 당연히 빠르게 대책을 강구하여야 할 것이다. 그러므로 이러한 긴급한 상황에서의 정책 결정 과정은 민주정권이건 또는 독재정권이건 어떤 정권이건 크게 다르지 않을 것이다. 특히 이러한 상황 하에서는 많은 사람이 정책 결정에 참여할 수 없고 따라서 그 절차도 크게 단순화될 것이다. 그러므로 긴급한 상황하에서 결정되는 외교정책은 어느 정권하에서도 민주성 및 투명성은 찾기 어려울 것이다. 위급한 상황 하에서 외교정책을 결정하는 과정에 참여하는 사람들은 일반적인 정책을 결정하는 과정에 참여하는 사람보다 숫자는 적고 직급은 높다. 중요성이 적은 일반적인 정책을 결정하는 과정에서는 여러 기관이 의견을 교환하고 토론을 하기도 하기 때문에 이러한 과정에 참여하는 사람도 많을 것이고 이들의 직급도 상대적으로 낮을 것이다.[26)]

외교정책을 결정하는 정부에 대한 국민의 지지의 정도가 정책결정에 상당한 영향을 미치게 되기 때문에 정부가 얻고 있는 국민의 지지도와 외교정책은 밀접한 관계를 갖게 된다. 일반적으로 절대 다수의 국민이 그의 정부를 전폭적으로 지지하다면 그 정권의 정책결정의 폭이나 범위는 매우 넓을 것이다. 한 정부가 유능하여 국민의 삶의 질을 크게 향상시키고 사회를 안정시킨다면 그 정권은 국민의 전폭적인 지지를 받게 될 것이다. 국민이 정부를 크게 지지한다면 그 정부가 결정하는 정책에 대해서도 국민은 지지하게 될 것이다. 그러므로 이러한 정부는 외교정책을 정상적인 과정을 거처 결정할 수 있을 것이다. 이러한 정책 결정의 과정은 상당한 투명성을 갖게 될 것이다.

그러나 그 반대로 국민의 지지가 매우 적은 정부는 투명한 절차를 거쳐 정책을 결정하지 못할 것이다. 왜냐하면 이러한 정부는 국민의 저항을 강하게 받기 때문에 그 정부가 결정하는 중요한 외교정책 역시 국민의 저항에 직면하게 될 것이다. 1960년대 박정희 정권은 불법적으로 정권을 장악하였기 때문에 이 정권은 정통성을 갖고 있지 못했다. 그렇기 때문에 국민들로부터 지지를 받지 못했다. 따라서 이 정권은 국민의 여론을 수렴하는 절차를 거치지 않고 두 개의 중요한 외교정책을 결정하였다. 하나는 월남에 전투병을 파병하는 결정이고 다른 하나는 일본과의 국교정상화 결정이었다. 이 두 개의 정책은 공개적인 절차없이 정부에서 일방적으로 결정되었다. 정부가 중요한 외교정책을 장막 뒤에서 결정하는 이유는 야당과 다수의 국민이 이 정책을 반대한다는 것을 알았기 때문이다. 박정희 정권이 결정한 두 개의 외교정책이 좋고 나쁘고를 떠나 국가의 이익과 밀접한 관계를 갖고 있는 정책에 국민의 지지를 받지 못하는 것은 정권도 불행한

---

26) Bruce Russett and Harvey Starr, p.279.

일일 뿐만 아니라 국가적으로 도움이 되는 일이 아니다.

외교정책의 결정 과정을 정리하면 다음과 같다.[27]

첫째, 정책결정자가 외교정책에 관심을 많이 가지면 가질수록 외교정책을 결정 할 때 개인의 영향을 크게 받는다. 최종 정책 결정자 가운데에는 국내 문제에 더 많은 관심을 갖는 사람도 있고 어떤 사람은 대외문제에 더 많은 관심을 갖는 사람도 있다.

둘째, 정책 결정자에게 정책선택의 폭이 크게 주어지면 주어질수록 외교정책 결정에 개인의 성향이 더 크게 작용한다. 독재정권은 정책결정에 제약을 거의 받지 않기 때문에 외교정책 결정에 독재자의 개인적인 생각이 크게 작용한다. 그렇기 때문에 독재정권의 외교정책은 쉽게 변할 수 있다. 외교정책 결정자에게 정책 선택의 폭을 넓게하는 요소는 지도자의 카리스마(charisma)이다. 카리스마가 있는 지도자는 국민의 지지를 받을 수 있다. 그러므로 국민들은 그 지도자의 정책을 지지하게 될 것이므로 그 지도자는 정책결정에 폭 넓은 자유를 누릴 수 있다. 예를 들면 인도의 네루(Jawaharlal Nehru)같은 사람은 상당한 카리스마를 가졌던 사람이다.

셋째, 외교정책을 결정하는 데는 정책결정의 구조보다 개인적 요소가 더 크게 작용한다. 한 연구는 다음과 같은 연구 결과를 내놓았다. 상위직 및 하위직 관리들에게 외교정책을 결정할 때, 구조적인 요소 및 개인적인 요소 가운데 어느 요소가 더 크게 작용하느냐고 물었을 때 하위직 관리들은 구조가 더 크게 작용한다고 답했고, 고위직 관리들은 개인적 요소가 더 크게 작용한다고 답했다. 관리들의 답변이 이렇게 다른 이유는 고위 관리들의 역할이 명확히 규정되어 있지 않기 때문이다. 실제로 대부분의 국가에는 외교정책을 결정할 때 구조의 작용을 억제하고 그 대신 개인의 성향을 크게 작용할 수 있게 되어 있다.

넷째, 외교정책 결정에 있어 비정상적인 상황에서는 기본적인 과정이 작동될 수 없기 때문에 정책을 결정할 때 개인의 역할이 더 중요하다. 위기 상황은 지도자들에게 더 큰 역할을 할 수 있는 기회를 제공한다. 위기의 상황에서 정책을 결정할 때에는 여기에 참여하는 사람의 수가 크게 제한되기 때문에 이 경우에 최종 정책결정자가 그 어느 때보다 더 크게 작용한다.

다섯째, 어떤 상황이 매우 유동적이고 예측이 어렵고 또는 서로 모순되는 정보가 난무하는 경우 정책을 결정할 때 지도자 개인이 커다란 영향을 미친다. 이처럼 어려운 상황 하에서 정책을 결정할 때는 지도자 개인 특유의 성향에 의해 정책이 결정된다.

---

27) Lloyd Jensen, pp.14-17.

이렇게 불분명한 상황하에서는 누구도 어떤 정책에 반대할 수 있는 요소들을 갖고 있지 않기 때문에 최종 정책 결정자는 정책을 결정하는데 반대 또는 저항에 직면하지 않는다. 그러므로 그 지도자 개인의 의지에 따라 비교적 자유롭게 정책을 결정할 수 있는 기회를 갖게 된다.

여섯째, 어떤 상황에 대해 정보가 너무 많거나 또는 너무 적을 때에도, 지도자 개인의 성향이 정책결정에 크게 작용한다. 이러한 상황하에서는 누구도 정확히 상황을 파악할 수 없기 때문에 이러한 경우에 지도자의 역할이 클 수밖에 없다.

일곱째, 현재 발생된 사태에 대처하기 보다는 장기적인 목표를 성취시키기 위한 정책을 결정할 때 지도자 개인의 독특한 성향이 크게 작용한다. 장기적인 정책을 결정할 때 지도자는 시간적인 여유를 갖고 개인의 성향에 따라 정보를 선택할 수 있고 또 그 성향과 일치하는 조언을 들을 수 있기 때문에 이 경우에도 지도자 개인의 성향이 중요하게 작용한다.

여덟째, 만일 어떤 상황 또는 문제가 국가의 생존에 중대한 영향을 미치는 것으로 지도자가 판단한다면 이에 대응하는 외교정책을 결정할 때 그 지도자 개인의 성향이나 생각을 반영하는 것을 자제한다. 왜냐하면 그 문제나 성향이 국가에 매우 크게 영향을 미치기 때문에 지도자가 단독으로 또는 그의 생각이나 성향에 따라 정책을 결정하는 것이 매우 위험하다고 생각하기 때문이다.

5

외교정책의 수단

외교정책은 특정 국가를 대상으로 하여 결정된다. 외교정책은 그 대상국가로 하여금 무엇을 하게하고 어떤 것을 하지 못하게 하여야 한다는 의미를 담고 있다. 외교정책이 갖고 있는 의의는 근본적으로 다른 국가의 정책이나 행위에 영향을 미치려는 것이다. 또한 외교정책은 다른 국가의 정책이나 행위를 지배하려는 의지를 갖고 있으며 더 나아가 다른 국가로 하여금 자국의 이익에 도움이 되도록 정책을 결정하고 행위하게 만들려는 의지에 기초해서 만들어진다.[1] 국제사회에서 이러한 의미를 갖고 있는 외교정책은 그것을 실천해서 소기의 목적을 달성하기 위해서는 적절한 수단이 강구되어야 할 것이다. 하나의 외교정책이 그것을 결정한 국가 즉 외교정책의 주체국가와 이 외교정책의 대상국가 즉 객체국가 모두의 이익을 증진시키는 것이라면 주체국가가 따로이 그 정책을 실천하기 위한 특별한 수단을 강구할 필요가 없을 것이다. 이러한 외교정책은 두 국가 모두에 의해서 수용되어 실천될 수 있기 때문이다. 그러나 대부분의 외교정책은 다른 국가 즉 외교정책의 대상국가의 이익을 침해하거나 또는 다른 국가의 정책이나 행위를 지배하려는 것이기 때문에 외교정책의 객체국가는 주체국가의 정책을 수용하지 않거나 수용을 주저할 것이다. 이때 외교정책의 주체국가는 그 정책의 실천을 위해 적절한 수단이 필요하게 될 것이다.

외교행위[2]

외교정책은 그것을 결정한 국가의 구체적인 행위를 통하여 그의 실천을 도모한다.

1) Bruce Russett and Harvey Starr, World Politics: The Menu for Choice(San Francisco: W. H. Freeman and Company, 1981), pp.188-189.

2) 송영우, 현대외교론(서울: 평민사, 2003), pp.18ff.

외교정책을 실천하는 수단은 국가에 의해 행해지는 대외행위이다. 이러한 행위에는 첫째, 외교정책의 주체국가와 객체국가가 그 정책의 실천을 함께 도모하는 교호적인 외교행위가 있고 둘째는 주체국가가 객체국가에 그의 정책 또는 의사 등을 직접 전달하는 직접적인 외교행위가 있고 그리고 셋째는 주체국가가 객체국가에게 정책이나 의사를 간접적으로 표시 또는 표현하는 간접적인 외교행위가 있다.

교호적인 외교행위－외교정책을 실천하기 위한 교호적인 외교행위는 국가간 정책에 대한 공통적인 인식이 존재해야 한다. 다시 말하면 외교정책의 당사국들이 해결해야할 문제가 있고 또 그것을 해결해야할 필요성을 함께 가져야 한다. 각 당사국들이 문제에 대해 이해관계를 공유하게 되면 이들은 문제 해결을 공동으로 모색하게 될 것이고 그렇게 된다면 외교정책의 실천이 가능하게 될 것이다.

1972년 미국과 소련 간에 체결된 전략무기제한협정(SALT)은 하나의 외교정책을 교호적 외교행위로 해결한 대표적인 사례이다. 1960년대 말 소련은 전략무기의 능력 면에서 다소 미국에 뒤져있었지만 양적인 측면에서는 미국과 비슷한 숫자의 전략무기를 보유하게 되었다. 이때 미국은 더 이상 소련과 군비 경쟁을 회피하기 위해 소련과의 회담을 결정하고 이것을 소련에 제의하였다. 지금까지 미국은 소련을 군사적으로 미국보다 열세라고 생각하고 있었다. 그런데 소련이 미국과 전략무기를 더 이상 경쟁하지 않게 된다면 소련은 1917년 공산혁명 이후 처음으로 미국과 군사적으로 동등한 지위에 오르게 되는 것이다. 또한 미국과 군사적으로 비슷한 능력을 갖게 된다는 것은 강대국으로서 또 정치적으로도 커다란 의미를 가질 것이라고 소련은 생각하였다. 이와 같이 미국과 소련이 전략무기제한에 인식을 같이하게 되어 미국이 주도했던 이 정책을 양국의 교호적인 외교행위, 다시 말하면 교섭을 통하여 정책이 실천되었다.[3] 냉전시대 미국과 소련 두 초강대국이 전략무기제한협정에 서명이 가능했던 배경은 미국이 이 정책의 주체국가로서 객체국가인 소련의 정책을 지배하거나 소련의 이익을 침해하려는 의도를 갖고 있지 않았기 때문이다.

북한은 핵무기를 개발하고 있었고 미국의 북한 핵무기 개발 저지는 미국의 중요한 외교정책이었다. 북한의 핵무기 보유는 그 인접 국가들인 일본, 한국, 대만 등도 핵무기

---

3) Raymond L. Garthoff, Detente and Confrontation(Washington, D.C.: The Brookings Institution, 1985), p.16.

를 보유할 수 있는 계기를 제공할 수 있다. 이러한 현상은 핵무기의 확산을 조장하게 된다. 그렇기 때문에 북한의 핵무기 개발 저지는 미국의 가장 중요한 정책 중의 하나였다. 동시에 북한으로서도 핵무기 개발은 그들의 체제 유지에 매우 중요한 요소이다. 이처럼 북한의 핵무기 개발은 미국과 북한 어느 측도 양보할 수 없는 문제이다. 미국이 북한의 핵무기 개발을 포기하게 만드는 것은 북한의 중요한 정책의 포기를 의미하는 것이다.

그런데 이 민감한 문제가 양측의 교호적 대외행위인 교섭을 통해 해결이 모색되었다. 북한이 1993년 3월 핵무기확산금지조약(NPT)을 탈퇴한지 3개월 후인 6월 미국의 대표와 북한의 대표가 북한의 핵무기 개발 문제를 해결하기 위해 회담을 시작하였다. 이 회담에서 북한은 핵개발 중단을 선언하고 국제원자력기구의 사찰을 허용하기로 약속하였고 미국은 북한을 공격하지 않을 것을 약속했고 그리고 양측은 회담을 계속하기로 하였다. 그 후 양측은 회담을 계속하여 1994년 10월 문제 해결에 합의하였다. 그 합의 내용은 대체로 다음과 같다.[4] 북한은 핵확산금지조약에 잔류하고 모든 핵개발 활동을 중지한다. 미국은 50메가와트 및 200메가와트 경수로를 북한에 건설해주고 북한에 중유 50만 톤을 공급하기로 하였다. 북한의 핵개발 문제는 두 당사국이 상대방의 제의를 수용함으로써 해결이 가능하였다. 국가간 정치적으로 민감한 문제일지라도 외교정책의 실천을 위해 먼저 교호적인 외교행위인 교섭이라는 형식을 갖고 각 당사국이 각기 수용할 수 있는 제안들을 교환할 수 있다면 문제 해결이 가능하고 동시에 외교정책의 실천이 가능하다.

직접적인 외교행위–이 행위는 외교정책을 실천하기 위해 주체국가에 의해서 주도적으로 그리고 일방적으로 행해지는 대외적인 행위이다. 이 행위는 주체국가에 의해 자국의 정책 또는 의사 등을 객체국가에게 직접 전달하여 이것들의 수용 또는 이에 대한 적응을 요구하는 행위이다. 원래 정책은 여러 형태의 행위를 내포하고 있다. 행위란 한 정부가 그의 정책노선을 효과적으로 확립하기 위하여, 그의 역할을 다 하기 위하여 또는 국가의 목표를 성취시키거나 보호하기 위하여 다른 국가에 대해 취하는 조치들을 의미한다. 이 행위는 외교정책의 주체국가와 그의 정책목표를 성취시키기 위하여 그

---

4) Daniel W. Drezner, The Sanctions Paradox(Cambridge: Cambridge University Press, 1999), p.282 참고.

객체국가의 정책이나 행위의 유지 또는 변경을 목적으로 취하는 의사소통의 한 형태(a form of communication)이다.[5)]

직접적인 외교행위는 주체국가가 객체국가를 이해시키거나 또는 이견을 조정하고 문제 해결의 정보나 방법을 교환할 목적으로 행해진다. 이러한 경우에 이용되는 수단으로 공식 또는 비공식적인 회합(meeting), 회의(conference), 협의(consultation), 대화(dialogue) 등이 있다.[6)] 이러한 직접적인 외교행위는 외형적으로는 단순히 주체국가의 의사나 정책을 전달하려는 행위로 볼 수 있다. 그러나 이러한 행위를 주도적으로 행하는 주체국가의 본래 목적은 객체국가로 하여금 자국의 의사나 정책을 수용하게 하거나 또는 자국의 정책에 적응할 것을 강하게 요구하려는 것이다. 주체국가가 객체국가에게 그의 정책이나 의사를 단순하게 전달만하려면 객체국가와 자리를 함께 하지 않아도 이러한 것들을 알릴 수 있는 방법은 있다. 이러한 직접적인 외교행위는 중요한 정책을 반드시 실천하여야 하는 경우에 그리고 시간적으로 여유가 없는 경우에 주로 이용되는 수단이다. 직접적인 외교행위 가운데 대표적인 것은 외교정책 주체국가의 외교부 장관 등 고위 인사를 객체국가에 직접 파견하여 객체국가의 국가 원수 또는 주요 정책결정자를 만나 자국의 목적 또는 의지를 직접 전달하는 행위이다. 이처럼 고위 인사를 대상국가에 직접 파견하는 경우는 주체국가가 결정한 정책이 중요하고 또 그것을 실천하려는 의지가 강하다는 것을 표시하려는 것이다.

미국의 외교정책을 실질적으로 주도하였던 백악관 안보보좌관 키신저는 1971년 10월 두 번째 중국을 직접 방문하였다. 키신저가 직접 중국을 방문하였다는 사실은 실천해야 할 중요한 정책이 있다는 것을 암시하는 것이다. 미국에게 중국과의 관계개선은 매우 절실한 정책이었다. 미국이 중국과 관계개선을 중요하게 생각하고 서두르는 이유는 다음과 같다. 베트남을 고립시켜 베트남과 전쟁을 조기에 종식시키고 이곳으로부터 불명예스러운 철수를 중국과의 관계개선으로 만회하기 위해서 그리고 다극체제화하는 국제사회에서 미국은 세계를 움직일 수 있는 강한 힘을 갖고 있다는 사실을 과시하기 위해서였다.[7)] 미국은 국제적으로 베트남이라는 작은 것을 잃고 중국이라는 큰 것을

---

5) K. J. Holsti, International Politics, 5th ed.(Englewood Cliffs, New Jersey: Prentice Hall, 1988), p.140.

6) Herman F. Elits, "Diplomacy-Contemporary Practice, " in Elmer Plischke(ed.), Modern Diplomacy(Washington, D.C.: American Enterprise Institute, 1981), pp.12-13.

7) Henry Kissinger, Does America Need a Foreign Policy?(New York: Simon&Schuster, 2001).

얻었다는 사실을 과시하여 미국의 명예를 회복하려는 것이었다.

1970년대 중반부터 미국의 제3세계에 대한 외교정책이 소극적으로 지속되는 동안 소련은 이 시기 앙골라, 에치오피아 등 아프리카 국가에 대해 그의 영향력을 확대하고 있었다. 이때 미국의 국무장관은 아프리카 국가들을 설득하기 위해 1976년 4월과 5월 아프리카 6개국을 방문하고 이 국가들에게 미국의 정책과 그들에 대한 지원 의지를 직접 전달하는 직접적인 외교행위를 전개하였다. 직접적으로 정책이나 의사를 전달하는 직접적인 외교행위 가운데에는 국가 원수 간의 정상회담도 있다. 이 정상회담은 국가 원수 간의 정책 및 의사 전달행위이므로 그 어떤 행위보다 그 비중이 매우 크다. 이 정상간의 직접적인 외교행위는 정책의 수용 또는 적응을 최종적으로 마무리할 수 있다. 그렇기 때문에 정상회담은 대단히 중요한 회담이다. 국가 정상간의 회합에서 어떤 외교정책의 수용이나 적응에 합의하지 못한다면 이 결과는 그 정책에만 나쁜 영향을 미치는 것이 아니라 국가간의 관계에도 나쁜 영향을 미치게 될 것이다.

미국의 레이건 대통령과 소련공산당서기장 고르바초프는 1985년 군비통제 및 미래의 미소관계를 논의하기 위해 제네바에서 정상회담을 가졌다. 그리고 양국의 정상은 역시 1986년 아이슬랜드의 레이카비크에서 정상회담을 갖고 전략 및 중거리핵무기문제와 모든 핵무기의 완전 제거의 가능성을 논의하였다. 이 두 번의 미소 정상회담은 세계의 긴장을 크게 완화시키며 실질적으로 냉전시대를 마감하는 계기를 마련하였다. 정상회담은 국가의 주요 정책을 최종적으로 실천하는 가장 주요한 직접적인 외교행위이다.

한 국가의 정책이나 의사를 전달하는 직접적인 외교행위 가운데에는 문서를 이용하는 경우도 있다. 이 행위 가운데 대표적인 것은 국가 원수의 친서전달이다. 이 국가 원수의 친서전달 행위는 상당한 정치적 의미를 갖는다. 국가 원수의 친서를 전달하는 경우는 외교정책 주체국가의 정책이나 의사가 중요한 의미를 갖는 것으로 판단된다. 그렇기 때문에 주체국가 원수의 친서를 전달받은 객체국가가 그 내용의 수용이나 적응을 거부한다면 이 역시 국가 원수 간의 행위이므로 국가간 관계에 나쁜 영향을 미칠 수 있다. 1970년대 중반 소련은 앙골라 등 제3세계국가에 영향력을 확대하고 있었다. 이에 대한 항의 표시로 미국 포드 행정부는 소련에 대해 최혜국대우(MFN)를 허용하지 않고 대소무역제한조치를 강화하여 미·소 양국의 관계는 매우 좋지 않았다. 그런데 1977년 1월 카터는 취임 6일 만에 소련공산당 서기장 브레즈네프(Leonid Breznev)에게

p.140.

친서를 보냈다. 그 친서의 내용은 "나의 목표는 양국이 서로 존중하고 양국의 이익에 기초해서 미국과 소련과의 관계를 증진시키는 것이다"라는 것이었다.[8] 이 친서는 카터 대통령이 소련과의 긴장관계를 완화하는 대소정책을 추진하겠다는 의사를 직접 전달하는 직접적인 외교행위이다.

1987년 중반 서울에서는 반정부 시위가 매우 극렬하여 한국의 정국이 지극히 불안하였다. 한편 한국의 안정은 미국의 중요한 외교정책목표였다. 이때 한국 정부는 군을 동원하여 반정부 시위 진압을 생각하고 있었다. 군에 의한 시위 진압은 정국을 더욱 악화시키게 되어 한국을 불안하게 만들 것이라고 미국 정부는 판단하였다. 그리하여 미국 정부는 1987년 6월 17일 주한미국대사로 하여금 군에 의한 시위 진압을 자제하고 이 정국의 불안을 정치적으로 해결할 것을 요구하는 레이건 대통령의 친서를 전두환 대통령에게 전달하였다.[9] 이것은 문서로 미국 정부의 의사를 한국 정부에 전달한 직접적인 외교행위이다. 그리고 1987년 6월 25일 레이건 정부는 또 다시 미국국무부 차관보 시거(Gaston Sigur)를 한국에 파견하고 전두환 대통령에게 시위 진압을 위해 군을 동원해서는 안 된다는 미국 정부의 의사를 다시 한번 직접 전달하였다.[10] 이 역시 매우 무게 있는 직접적인 미국정부의 외교 행위이다.

간접적인 외교행위－이 행위는 적나라하게 그리고 강제적으로 다른 국가 즉 외교정책 객체국가의 정책이나 행위 등을 유지 또는 변화를 강요하기보다는 객체국가로 하여금 주체국가의 정책이나 의사를 스스로 느끼게 또는 인지하도록 만들기 위한 목적으로 행해지는 간접적인 외교행위이다. 이 행위는 주체국가에 의해 일방적으로 또 선언적으로 표시 또는 표현되는 행위이다. 이러한 행위가 객체국가의 외교정책 결정자를 겨냥하여 행해질 때 이 행위를 암시(signals)라고 한다.[11] 이 암시는 통상적으로 구체적인 행위(signaling via actions) 또는 글이나 말(signaling via language)로 표현된다.[12] 말이

---

8) Raymond L. Garthoff, pp.12-13.

9) Don Oberdorfer, The Two Koreas(Reading, Massachusetts: Adison-Wesley, 1997), pp.161ff.

10) Ibid., pp.171-172.

11) M. H. Halperlin and A. Kanter, "The Bureaucratic Perspective: A Preliminary Framework," in M. H. Halperlin and A. Kanter(eds.), Reading in American Foreign Policy(Boston: Little, Brown and Company, 1973), p.299.

12) Robert L. Wendzel, International Politics(New York: John Wiley & Sons, 1981), p.308.

나 글로서 자국의 정책이나 의사를 나타내는 방법으로는 공식적인 성명서 발표, 기자회견, 브리핑 또는 연설 등이 있고 또는 대중매체를 이용하는 경우도 있다.

공산주의 국가는 당이나 정부가 언론매체를 독점적으로 장악하고 있다. 그리하여 정부는 그의 외교정책이나 다른 국가에 알리고 싶은 의사를 그의 기관지 또는 국영방송을 통해 발표한다. 오늘날도 중국의 인민일보(人民日報) 또 북한의 '로동신문'은 각기 중국과 북한의 간접적인 외교행위를 수행하는 수단이 되고 있다. 자유민주주의 국가의 언론매체와는 달리 공산국가의 매체들은 당이나 정부의 정책이나 의사만을 발표한다. 이런 공산국가의 정부들은 그들에 의해 장악되고 있는 언론매체를 통해 특정국가에 대한 의사를 표시하기도 한다.

소련은 중소분쟁 이후 중국과의 관계증진을 희망하였다. 그러나 모택동은 소련과의 관계 변화를 원하지 않아 소련은 그의 목표를 달성하지 못하였다. 그런데 1976년 9월 모택동의 사망으로 소련은 중국과의 관계 변화에 희망을 가질 수 있게 되었다. 소련은 그동안 소련공산당의 기관지 '프라우다'(Pravda)를 통해 중국을 비난하는 글을 계속 발표해왔다. 그러나 모택동 사망 후부터 소련 당국은 그의 당 기관지를 통해 중국을 비난하는 글의 발표를 중지하고 10월 1일 중국 국경일에는 이 신문을 통해 소련은 중국과의 관계 증진을 희망하며 소련은 영토문제에는 관심도 없고 중국에 대해 불만도 없다고 하며 중국에 대해 소련의 관계 증진 의사를 표시했다.[13)]

선전이나 선언도 자국의 정책이나 의지 또는 의사를 간접적으로 표명하고 아울러 외교정책 대상국가의 태도, 행위, 정책 등을 자국의 이익에 부합시키기 위한 수단으로 이용된다.[14)]

1947년 미국의 트루먼 대통령은 제2차 대전 이후 미국의 적극적인 외교정책 의지를 선언하였다. 그는 "언제 그리고 어디서나 반공국가가 토착적인 폭도, 외부세력 또는 외교적 압력 등에 의해 위협을 받는다면, 미국은 이 국가에 대해 정치적, 경제적, 군사적인 모든 원조를 제공할 것이다."[15)]라고 선언하였다. 이것이 소위 트루먼독트린이며 전후 미국의 대소봉쇄정책의 결정을 알리는 선언이었다. 이 선언은 미국의 외교정책이

---

13) Raymond L. Garthoff, p.560.

14) Terrence H. Qualter, Propaganda and Psychological Warfare(New York: Random House, 1962), p.27.

15) Charles W. Kegley. Jr. and Eugene R. Wittkopf, American Foreign Policy, 5th ed.(New York: St. Martin's Press, 1996), p.61.

어떻게 전개될 것이라는 미국의 의지를 소련, 서유럽 국가 등 여러 국가에 간접적으로 알리고 이러한 미국의 정책에 대응하고 또는 적응할 것을 요구하는 암시적이고 간접적인 외교행위이다. 과거 소련도 독트린을 선언하였다. 1968년 체코슬로바키아에서 민주화운동이 격렬하게 진행되었다. 이때 브레즈네프는 민주화운동을 저지시키기 위해 체코슬로바키아에 군사적 개입을 정당화하고 다른 사회주의 국가에게 경고하기 위해 소련의 동유럽국가에 대한 정책을 선언하였다. 이 독트린의 내용은 '반혁명적인 집단으로부터 전복의 위협을 받고 있는 순수한 사회주의 국가를 보호하기 위해 소련은 사회주의 국가에 간섭할 수 있는 권리를 갖고 있다'는 것이다. 외교정책을 실천하는데 객체국가에게 간접적으로 주체국가의 외교정책이나 그의 의사를 행위로 표시하는 경우도 많다.

중국은 1969년 제1단계 문화혁명을 마무리 짓고 외교정책노선을 결정하는데 공산당 내 갈등도 있었고 권력투쟁도 있었다. 이러한 과정을 거쳐 모택동은 친미적인 외교노선을 결정하였다. 미국도 베트남으로부터 명예롭게 철수할 수 있는 방편으로 중국과의 관계개선을 그의 외교정책으로 결정하였다.[16] 그리하여 미국도 이러한 미국의 정책을 간접적으로 표시하였다. 미국은 1969년 중반부터 닉슨 대통령, 국무장관 로저스(William P. Rogers), 국무차관 리차드슨 (John Richardson, Jr.), 등은 "미국은 중국에 대한 소련의 공격을 불행한 일이라고 생각하며 그에 대해 많은 관심을 갖고 있다"[17]며 여러 차례 친중국적인 공식 성명을 발표하였다. 이러한 분위기 하에서 중국은 미국과의 관계개선 의지를 행동으로 보여주었다. 중국은 1930년대 이래 여러 중국공산당원 및 모택동의 오랜 친구이며 좌경적인 입장을 갖고 있는 미국 언론인 스노우(Edgar Snow)를 1970년 10월 1일 천안문 광장에서 거행된 국경일 행사에 스노우를 초청하여 단상에서 모택동과 함께 그 행사를 참관하도록 하였다.[18] 중국이 스노우를 그 행사장에 초청한 것은 미국과의 관계개선 의지를 강하게 표현한 중국의 간접적 외교행위이다.

중국은 베트남과 소련과의 밀착관계를 저지하고 인도차이나 반도에서 베트남의 영향력을 약화시키기 위해 1979년 1월 베트남에 무력을 행사하였다. 중국과 베트남 사이에 군사적 충돌이 계속되는 동안 소련은 중국에 여러 차례 구두로 경고하고 또 남중국해에 10여척의 소련 군함을 파견하여 중국의 베트남에 대한 군사적 행위를 자제시키려는

16) Henry Kissinger, p.140.

17) John Garver, "Chinese Foreign Policy in 1970: The Tilt towards the Soviet Union," The China Quarterly, no.82(June 1980), p.240에서 인용.

18) Raymond L. Garthoff, p.225.

간접적인 외교행위를 하였다.[19]

1969년 3월 중국과 소련간의 국경충돌이 있은 다음 양국의 국경에서 여러 체례 무력충돌이 있었고[20] 중국은 친미노선 정책을 결정하고 1972년 2월 미국과 관계개선(rapprochement)에 성공하였다. 이에 대해 소련은 중국에 대한 경고적 의미의 외교행위로 중소국경에 군사력을 크게 증강시켰고 소련은 1961년에는 중소국경에 12개 사단을 배치했었으나 1969년에는 25개 사단을 주둔시켰고 1973년에는 45개 사단을 배치하였다. 그리고 전술전투기도 200기 정도 배치했으나 1973년에는 1,200기로 증가시켰고 기존의 낡은 미사일을 제거하고 최신형 SS−11중거리 및 대륙간 미사일 120기를 배치하였다.[21] 즉 소련은 국경에 군비를 증강시켜 중국의 반소련 정책의 변경을 요구하는 간접적 외교행위를 감행하였다. 이처럼 직·간접적인 말 또는 행위로 외교정책을 실천하려는 시도는 가장 바람직한 외교행태이다.

평화적 수단

외교정책을 실천하기 위한 수단에는 힘을 수반하는 행위가 있다. 이 행위 가운데에 평화적인 행위도 있고 폭력적인 행위도 있다. 평화적인 행위에는 경제적 압력, 경제전쟁, 경제원조, 군사원조, 무기판매, 선전, 신념체계의 사용 등이 있고, 폭력적인 수단에는 전쟁, 군사적 간섭, 무력의 행사 및 위협, 게릴라전쟁, 테러행위, 비밀작전(clandestine operations) 등이 있다.[22] 힘을 동반한 평화적 수단으로서 많이 이용된 수단은 경제적 조치이다. 이 경제적 조치 가운데 외교정책의 주체국가가 객체국가에 대해 경제적으로 도움을 주는 조치가 있고 다른 하나는 경제적으로 피해를 주는 조치가 있다. 다른 말로 말하면 가치의 부여를 통해 목적을 달성하려는 조치와 가치를 박탈하여 목적을 달성하려는 조치가 있다.

각 국가는 그들의 경제를 발전시키기 위해 그리고 국민의 생활수준을 향상시키기

19) Joseph Camilleri, Chinese Foreign Policy(Seattle: University of Washington Press, 1980), pp.235-237.

20) Raymond L. Garthoff, p.203.

21) Ibid., p.208.

22) Peter Bernholy, The International Game of Power(Berlin: Walter de Gruyter & Co., 1985), pp. 133ff; Kegley, Jr. and Wittkopf, p.88.

위해 상호 자원과 상품의 교환이 필요하다. 그런데 이런 자원과 상품이 각 국가에게 균등하게 배분되어 있지 않다. 어떤 국가는 매우 풍부하게 자원과 상품을 갖고 있고 어떤 국가는 이것들을 거의 갖고 있지 못한 국가도 있다. 자원과 상품의 불균등한 소유는 국가간의 정치적 및 경제적 관계를 불평등하게 만든다 한 국가가 자국 내에서 그들이 필요로 하는 자원과 상품을 충족시키지 못한다면 그 국가는 다른 국가에 의존하게 된다. 의존은 취약성을 만들어내고 이 취약성은 다른 국가의 영향력 행사의 대상이 된다. 경제적 자원은 이것을 가진 국가에 의해 이것을 갖기 못한 국가에 대해 영향력을 행사하기 위한 수단으로 이용된다. 그렇기 때문에 풍부한 자원(또는 자금)을 갖고 있는 국가는 보다 강력한 경제적 영향력을 행사하여 소기의 목적을 달성할 수 있다. 그 대신 필요한 자원과 상품을 갖고 있지 못한 국가는 경제적 영향력 행사에 취약하다. 국가간 영향력을 행사하기 위해 이용되는 경제적 기술은 다른 국가의 경제적 취약성을 이용하는 것이다.[23)]

한 국가가 다른 국가에 도움을 주는 경제적 조치로는 자원, 상품 또는 서비스의 제공을 약속하거나 실제로 그것들을 제공하는 것이다. 한편 다른 국가에 피해를 주는 조치로는 경제적 자원, 상품, 또는 서비스의 공급을 중지하거나, 중지를 위협하거나 또는 줄이거나 지연시키는 조치가 있다.[24)] 경제적으로 부유한 국가들은 경제를 외교정책의 수단으로 이용한다. 이들이 이용하는 구체적인 수단들은 다음과 같다.[25)]

첫째, 자국의 화폐가치는 높이고 상대국가의 화폐가치를 절하시키기 위한 재정적 조작 행위를 한다.

둘째, 압력의 수단으로 사용하려고 약소국에 대한 경제적 침투를 감행한다.

셋째, 물품 가격의 조작, 투매(dumping), 수입물량의 제한, 교역통제 등과 같은 정책을 통하여 전략적인 경제적 지위를 활용한다.

넷째, 다른 국가상품의 구입을 거부한다.

다섯째, 경제적인 각종 보조금을 정치적으로 이용한다.

여섯째, 상대국가로 하여금 그가 필요로 하는 물품을 구입할 수 없도록 하기 위해

---

23) Bruce Russett and Harvey Starr, pp.178-179.

24) Ibid., p.180.

25) William C. Olson, David S. McLellen and Fred A. Sondermann(eds.), The Theory and Practice of International Relations, 6th ed.(Englewood Cliffs, New Jersey: Prentice-Hall, Inc., 1983), pp.154ff에서 인용.

물품을 매점매석한다.

일곱째, 중요 물품을 독점한다.

재정적 조작 행위란 대상국가의 경제력을 약화시키기 위해 모든 경제의 기본 수단인 화폐의 가치를 인위적으로 조작하여 이 행위의 주체국가가 큰 이익을 얻거나 또는 상대국가의 경제에 피해를 주기 위한 행위이다. 예를 들면 한 국가의 화폐가치를 파괴시킬 수 있는 방법 중에는 상대국가에 투자된 많은 돈을 일시에 인출하여 본국으로 가져가는 것이다. 한 국가가 다른 국가에 투자된 돈을 본국으로 회수하는 방법은 일시적으로 또 정치적 목적으로 금융기관의 금리를 크게 올리면 해외에 투자된 돈이 본국으로 돌아오게 된다. 그 대신 투자되었던 돈이 빠져나가게 된 국가는 은행 등 금융기관이 자금이 부족하게 되고 그렇게 되면 금융기관들의 신용에 문제가 생길 수 있다. 그 뿐만 아니라 자금이 부족하게 되며 인플레이션이 유발되어 화폐가치가 떨어지게 되고 또 정부는 부족한 자금을 보충하기 위해 불리한 조건으로 외국으로부터 자금을 긴급히 수혈받게 된다. 이러한 상황은 국가의 경제를 어렵게 만들 수 있고 또 국가는 재정적으로 다른 국가에 의존하는 결과를 초래하게 된다.

외교정책의 수단으로 많이 이용되는 경제적 수단중의 하나는 무역이다.

한 국가의 상품이 다른 국가 시장에 진출하려면 반드시 관세가 부과된다. 원칙적으로 관세는 상품을 수입하는 국가가 세금을 많이 걷기 위해 그리고 자국 상품을 보호하고 경쟁력을 높이기 위해 경쟁국가의 상품에 높은 관세를 부과하여 수입 상품의 가격을 높여 경쟁력을 약화시키는 것이 관세 부과의 근본 목적이다. 그러나 국가간의 경제교류가 많아지고 그의 중요성이 증대되면서 관세를 외교정책의 실천 수단으로 이용하고 있다. 예를 들면 한 국가가 특정 국가에 대해 자국 정책의 수용을 강제하기 위해 그 국가의 주요 상품에 대해 상대적으로 높은 관세를 부과하는 경우가 있다. 그와는 반대로 정치적 목적으로 한 국가의 특정 상품에 대해 상대적으로 관세를 낮추는 경우도 있다.

한 때 중국은 '관세 및 무역에 관한 일반협정'(GATT)의 서명국이 아니어서 중국은 미국으로부터 최혜국대우(MFN)를 받을 수 없었다. 그리하여 중국은 매년 미국 의회의 동의를 얻어 일년 단위로 최혜국대우를 연장해야 했다. 이렇게 하여야 미국에 수입되는 중국의 상품이 관세의 혜택을 받을 수 있었고 중국 상품이 미국에서 경쟁력을 가질 수 있었다. 특히 중국은 1995년 미국에 460억 달러를 수출하며 일본 다음으로 두 번째로 많은 무역 흑자를 얻는 국가가 되었다. 그렇기 때문에 미국이 중국에게 최혜국대우를 하는 것은 매우 중요한 일이다. 그런데 중국 정부가 미국의 지적재산권을 보호하지 않는다고 미국 정부는 여러 차례 중국 정부에 주의를 환기시켰다. 그럼에도 불구하고 중국 정부는 미국의 지적재산권의 보호를 소홀히 하였다. 이러한 가운데 미국과 중국은 44차례의 고위 관료 회담을 가졌으나 양국은 지적재산권 문제를 해결하지 못했다. 이때 미국 정부는 1996년 5월 15일 30억 달러 상당의 중국산 의류, 전자제품 등에 대해 100% 보복관세를 부과하는 등 중국에 대한 무역예비보복조치를 발표하였다. 이 조치는 한 달간의 유예기간을 거친 뒤 6월 17일부터 미국시장에 진출하는 30억 달러 상당의 중국산 상품에 대해 100%의 보복 수입관세를 부과하는 것이다. 미국의 이러한 결정이 발표된 다음 중국 정부는 이 조치의 발효가 중국의 수출에 미칠 파장을 인식하고 6월 13일 일차적으로 중국 내의 모든 음반 제조 공장을 폐쇄하기로 결정하였다. 이처럼 중국 정부가 중국 내에서 미국의 지적재산권보호 의지를 표명하자 미국은 중국에 대한 보복조치를 철회하였다.

외교정책의 주체국가는 객체국가로 하여금 자국의 정책에 적응하고 순응하게 만들기 위해 자원, 상품, 서비스 등에 대해 가치의 부여를 약속하거나 실제로 가치를 부여한다. 주체국가가 외교정책의 실천을 매우 중요하게 생각하는 경우에 이러한 수단을 사용한다. 이의 대표적인 예는 1947년 미국이 시행한 '유럽복구계획'(Europe Recovery Program)즉 소위 '마샬계획'(Marshall Plan)이다. 이 계획은 1947년 6월 5일 하버드대학교 졸업식에서 국무장관 마샬(George C. Marshall)이 미국 외교정책의 기조로서 전쟁으로 폐허가 된 유럽을 복구시키는 일은 미국의 임무라고 하였다. 미국은 외교정책 수단으로서 처음으로 평시에 다른 국가에 경제 원조를 제공하였고 이 계획은 매우 성공적이었다. 이 계획은 전쟁으로 폐허가 된 서유럽 국가에 미국의 자본을 제공하여 유럽 국가들의 경제적, 사회적 및 정치적 기반시설(infrastructure)을 구축해서 미국의 상품시장을 구축하고 동시에 공산주의의 침투를 저지할 수 있는 능력을 갖게 하여 서유럽 국가들을 미국의 공산주의 봉쇄정책에 참여시키려는 것이 그 목적이었다.[26] 이 마샬계획은 냉전적인 양극체제를 형성하는데 서유럽국가들을 미국 진영에 합류시켜 공산주의 및 소련의 저항세력으로 만들기 위한 정책의 수단이었다. 그 후 미국은 북대서양조약기구(NATO)를 결성하여 서유럽 국가들을 미국의 동맹국으로 만들었다. 이 기구는 미국의

26) Charles W. Kegley, Jr. and Eugene R. Wittkopf, p.140.

전후 봉쇄정책의 근간이었다. 서유럽 국가들은 미국의 자본으로 국가 경제를 부흥시켰고 그의 대가로 서유럽 국가들은 미국의 동맹국이 되어 전후 미국 외교정책 실천에 크게 기여하였다.

외교정책의 주체국가가 객체국가에게 경제적으로 도움을 주는 다시 말하면 가치를 부여하는 수단으로 가장 일반적인 것은 마샬계획과 같은 경제원조이다. 외국의 원조[27]에는 돈, 상품, 기술이전 또는 기술적 조언 등이 포함되며 이 원조는 오래 전부터 외교정책의 수단으로 이용되어 왔다. 17세기 이전에 이 경제원조는 인도주의적 측면이나 장기적인 경제 발전을 위한 것보다는 단기적으로 정치적 목적을 위해 사용되었다. 18세기경부터 정치인들은 상대국의 정치인에게 정책에 대한 적응 또는 동의를 위해 현금으로 뇌물 또는 장려금(pensions)을 제공하였다. 18세기 및 19세기에 영국은 직접 많은 군대를 유지하는 데는 비용이 많이 요구되기 때문에 영국이 직접 많은 군을 유지하지 않고 그의 동맹국들에게 자금이나 물자를 제공하여 그들 스스로 군대를 유지하고 전쟁을 하도록 하였다. 국제사회에서 영국이 처음으로 장기적인 경제발전을 촉진시키기 위하여 원조 정책을 결정하였다. 영국은 1930년대 식민지의 발전과 복지 프로그램을 통해 식민지 경제의 다양화를 도모하고 그들에게 정치적 및 경제적 독립을 준비시켰다.

제2차대전 이후는 미국이 영국을 대신해서 해외 원조의 주된 제공국가가 되었고 그 첫 번째 원조가 앞에서 지적한 유럽부흥계획이었다. 미국은 이 계획에 120억 달러를 사용하였다. 그리고 미국은 개도국의 군사력을 강화시키기 위해 이들에게 군사원조를 제공하였고 개도국의 산업화 및 경제적 경쟁력의 강화를 위해 경제 원조를 제공하였다. 1953년 스탈린 사망 이후 소련도 아시아, 아프리카 및 중남미국가에 자본과 기술을 제공하였다.

이러한 원조는 외교정책과 밀접한 관계를 갖고 있기 때문에 원조의 제공은 주로 두 국가간에 쌍무적으로 이루어진다. 원조 제공 행위는 정치적 및 외교적 행위이다. 이러한 행위가 효력을 발휘하기 위해서는 쌍무적으로 전개되어야 한다. 쌍무적 행위는 원조를 주고 받는 국가간에 의존적관계가 생기고 그것이 더 나아가 불평등한 관계를 형성한다. 국가간 이러한 관계가 형성되면 이 관계는 외교정책을 실천하는데 가장 좋은 조건을 갖게 된다. 쌍무적으로 주고받는 원조는 뇌물을 주는 것과 같다고 한다.[28] 대체로 원조

27) 외국원조에 관한 내용은 K. J. Holsti, pp.230-237에서 인용.

28) Hans J. Morgenthau, "A Political Theory of Foreign Aid," American Political Science Review,

는 일정한 조건(tied)을 갖고 있다. 조건이 달려 있는 원조는 이것을 제공하는 국가로부터 제공받는 국가에게 압력을 행사할 수 있는 기초를 제공한다.

한편 유엔, 세계은행 같은 국제기구나 또는 여러 국가들이 공동으로 원조를 제공하면 그것을 받는 국가와 제공한 국제기구나 국가들과는 의존관계 또는 불평등 관계가 형성되지 않는다. 그렇기 때문에 이러한 원조는 제공자에 의해 정치적으로 이용될 가능성은 매우 적다.[29)]

외교정책의 수단으로 이용되는 외국원조 가운데에는 경제적 가치의 박탈이라는 형태의 부정적 수단도 있다. 이 수단은 이미 주어지고 있는 원조를 압력의 수단으로 이용하는 행위이다. 이미 원조를 제공하고 있는 외교정책의 주체국가가 원조를 제공받고 있는 객체국가에 대해 자국의 정책을 전달했거나 또는 정책을 암시했는데도 불구하고 그 정책의 수용을 거부하거나 수용을 지연한다면 원조를 제공하는 외교정책의 주체국가는 원조의 중단을 위협하거나 또는 그의 제공을 늦추거나 아니면 원조의 양을 줄임으로써 자국 외교정책의 수용을 강제하는데 원조를 수단으로 이용한다. 남베트남의 디엠정권(Diem regime)이 독재정치를 계속해서 실시하는 한, 미국의 베트공과의 전쟁은 만족스럽게 수행될 수 없다고 1963년 미국 정부는 결론내렸다. 그 후 미국의 외교관들은 디엠과 그의 보좌관들에게 기본적인 시민의 자유를 보장하고 정책을 결정하는데 여러 정파를 참여시킬 것을 요구하였으나 디엠정권은 미국의 요구를 거부하였다. 그러자 미국 정부는 원조액을 줄이면서 디엠정권에 압력을 가하기 시작하였다. 먼저 미국은 남베트남에 제공되는 수출지원 자금의 제공을 중지하였고 이어서 반디엠정권 집단을 소탕하는 일에 종사하는 '베트남특수군'(Vietnames Special Forces)에 주어지는 지원금의 제공도 거부하였다. 미국 정부는 궁극적으로 남베트남에 미국의 잉여농산물의 제공을 위한 협정의 갱신을 연기시켰다. 그리고 미국 정부는 동남아시아에 제공되는 원조의 75%를 삭감하였다. 이러한 조치들은 디엠정권을 반대하는 외교적 및 선전적인 캠페인과 함께 실시되었다. 미국 정부에 의해 행해진 일련의 조치들은 결국 군부 쿠데타에 의해 디엠정권이 축출되는 결과를 가져왔다.[30)]

외교책의 실천 수단으로 외교정책의 대상에 피해를 주는 몇 가지 조치들이 있다.[31)]

56(1962), pp.301-309.

29) Bruce Russett and Harvey Starr, p.184.

30) K. J. Holsti, pp.235-236.

첫째, 대상국가에 대해 특정상품의 수출을 금지하거나 또는 제한하는 조치.

둘째, 대상국가로부터 특정상품의 수입을 금지하거나 또는 제한하는 조치.

셋째, 대상국가와의 신용관계를 이용하는 것 즉 대상국가의 신용등급을 낮추는 것 등.

넷째, 대상국가의 경제 질서를 파괴하거나 또는 취약하게 만드는 것.

위의 조치 가운데 국민생활이나 국가경제에 필수적인 식량이나 원유를 이용한다면 그 효과는 매우 클 것이다. 이러한 상품은 국민의 생존과 직결되기 때문에 이 두 상품을 수입하는 국가에 대해 식량이나 원유를 무기로 사용한다면 상당한 위력이 있을 것이다. 예를 들면 사우디아라비아가 서유럽국가에 대해 팔레스타인해방기구(PLO)를 지지하지 않는다면 원유의 수출을 중지하겠다고 위협한다면 이 위협은 서유럽국가들을 움직일 수 있는 충분한 수단이 될 것이다.

외교정책의 실천 수단으로 이용되는 또 다른 강력한 조치는 경제제재이다. 오늘날 그리고 시간이 갈수록 모든 국가들이 그의 경제발전을 지상의 과제로 삼고 있다. 각국은 경제적으로 교류도 활발하고 따라서 국가간 상호의존도 역시 심화되어 가고 있다. 이것이 오늘날 국제적 현상이기 때문에 경제가 국제정치의 핵심적인 요소로 등장하였다. 그렇기 때문에 경제제재가 외교정책의 중요한 수단이 되었다. 경제제재(economic coercion, economic statecraft, or economic sanctions)란 한 국가 또는 국가 집단에 의해서 대상 국가에 대해 모든 경제교류를 차단하거나 또는 차단하겠다고 위협하는 것을 의미한다. 차단되는 경제교류에는 무역제재, 보이코트, 원조의 중지, 금융자산의 동결 또는 관세율의 조정 등이 포함되어 있다. 경제 제재는 이것을 가하는 국가(sender)와 제재의 대상이 되는 국가(target)간의 이익 분배 및 경제관계의 파괴를 의미한다.[32]

경제제재는 냉전이 끝난 다음부터 외교정책수단으로 보다 많이 이용되었다. 특히 미국은 경제제재 조치를 가장 많이 사용한 국가이다. 미국은 1992년부터 1996년 사이에 세계 35개국에 대해 60여 차례에 경제제재를 가하거나 또는 제재를 위협하였다. 미국의 경제제재는 세계 인구 42%에 영향을 미쳤다.[33] 그리고 경제제재는 점차 미국 외교정책의 핵심이 되어가고 있다.[34] 러시아연방(Russian Federation)도 발틱(Baltic) 공화국 및

---

31) Peter Bernholy, pp.133-134.

32) Daniel W. Drezner, pp.2-4.

33) James Schlesinger, "Fragmentation and Hubris," The National Interest, 49(1977), p.8.

독립국연합(Commonwealth of Independent States)국가들로부터 정치적 양보를 얻어내기 위해 경제제재 조치를 사용하였다. 그리고 그리스, 터키 및 나이지리아 같은 약소국들도 지역에서 외교정책의 수단으로 경제제재 조치를 사용하였다.[35] 각국이 외교정책의 수단으로 경제제재 조치를 많이 사용하는 이유는 해외원조 예산이 크게 삭감되었기 때문에 원조를 외교정책의 수단으로 사용할 수 없게 되었다. 그리하여 정책결정자들은 원조의 대체 수단으로 경제제재 조치를 많이 이용하게 되었다.[36]

냉전시기 특히 양극체제하에서 많은 정책결정자들은 외교정책의 수단으로 경제제재 조치를 중요하게 생각하지 않았다. 예를 들면 제2차 대전 이후 미국이 추진했던 공산주의 및 소련 봉쇄정책에 핵심적인 역할을 했던 케난(George F. Kennan)은 "우리는 무역에 있어 최혜국대우(MFN)원칙을 가질 필요가 없다. 왜냐하면 이 원칙은 무역 그 자체를 방해하기 때문에다. 그러므로 정치적 양보를 끌어내기 위한 수단으로 무역을 이용하는 것은 어떤 경우에도 효과적이지 못한 것이라고 생각한다"고 말했다. 닉슨(Richard Nixon)대통령도 "경제제재 조치를 국가에 대한 징벌의 수단으로 이용하는 것은 바람직하지 않다. 이러한 조치는 역으로 기대 밖의 효과를 가져올 수 있다"고 말했다. 미국의 국무장관을 역임한 슐츠(George Schultz)도 "무역을 통한 제재 조치는 좋지 않은 외교정책의 수단이라고 생각한다. 이 조치로 다른 국가의 정책이나 행위에 영향을 미친다는 것은 생각하기 어렵다"라고 말했다.[37]

경제제재를 받는 국가는 경제적으로 어려움을 격게되고 그 어려움이 커야 경제제재 조치를 취하는 국가가 소기의 목적을 달성할 수 있다. 그런데 독재국가는 오히려 외국에 의해 가해지는 경제제재를 반기는 경우도 있다. 장기적으로 볼 때 경제제재를 받는 국가는 경제행위의 위축으로 수익이 감소된다. 그런데 통상정지(embargo)조치는 수입대체분야에 대해서는 오히려 사업 확장의 계기를 마련해주기도 한다. 그리고 경제제재의 장기화로 외국으로부터의 물품 수입이 어렵게 되면 독재자는 이 기회를 국내 반대파의 입지를 정치적으로 약화시키는데 이용하기도 한다. 또한 독재국가는 그에게 가해지는 경제제재를 국내 경제의 통제 수단으로 이용하기도 한다. 예를 들면 영국이 중심이

---

34) Richard Haass, "Sanctioning Madness," Foreign Affairs, vol.76 no.6(1997), p.74.

35) Daniel W. Drezner, p.7.

36) Beth Rogers, "Using Economic Sanctions to Control Regional Conflicts," Security Studies, no.5(1996), pp.43ff.

37) Daniel W. Dregner, p.10에서 인용.

되어 여러 국가들이 함께 로데시아(Rhodesia)에 대해 경제제재를 가하였을 때 흑인 가정은 가계 수입이 크게 줄었으나 백인들은 오히려 가계 수입이 증가하였다.

세르비아의 지도자 밀로세비치(Slobadan Milosevic)는 유엔으로부터 통상정치라는 경제제재가 가해졌을 때, 그는 그를 지원하는 기업에게 물자를 지원해주었으나 다른 기업들은 물자 부족으로 생산 활동이 매우 어려웠다. 동시에 밀로세비치는 국내적으로 경제 사정이 어려운 상황을 그의 정치적 반대 세력을 숙청하는데 이용하였다. 경제제재가 효과를 거두려면 그 대상국가의 국민뿐만 아니라 지도자들이 많은 어려움을 겪게 하여야 한다. 한 예로 영국은 우간다(Uganda)의 독재자 아민(Idi Amin)을 제거하기 위해 경제제재를 가하였다. 이때 영국은 우간다의 군 고위 간부들이 사용하는 사치품을 수출하지 않았다. 영국의 이러한 조치는 군 간부들을 고통스럽게 만들었기 때문에 이 경제제재 조치는 효과를 거둘 수 있었다.

미국은 1990년부터 1994년까지 하이티(Haiti)에 대해 경제제재를 가하였다. 처음 하이티의 군부정권은 미국과의 교섭을 거부하였으나 클린턴 정부가 하이티 군부정권으로 하여금 세계 시장에서 무기 또 원유를 획득할 수 없게 만든 다음 하이티 군부정권은 미국과 교섭하겠다는 의사를 발표하였다. 이러한 경제제재가 성공할 수 있는 경우는 다음과 같은 두 가지 경우이다. 첫째는 경제제재를 받는 정부가 국내적으로 불안하면 그 정부는 경제제재 조치를 정치적 지지로 바꿀 수 있는 수단을 가질 수 없게 된다. 그렇기 때문에 이렇게 불안한 정부는 정권을 유지하기 위해 경제제재 조치를 수용할 가능성이 많다. 이 조치를 수용하지 않는다면 그 정권은 붕괴될 수도 있다. 둘째, 경제제재를 받는 국가의 수뇌부가 일반 국민과 같이 고통을 겪게 된다면, 수뇌부가 이 어려움을 탈피할 수 없기 때문에 이들에게 압력이 가해진다면 그 제재 조치는 성공할 수 있다. 또한 경제제재 조치가 성공하려면 반드시 국제적 협력을 얻어야 한다. 국제적 협력 없이 한 국가에 의해 가해지는 경제제재는 대상국가에 대해 철저한 제재를 가하는 것이 거의 불가능하다.[38] 미국은 1990년부터 1994년까지 하이티에 경제제재를 가하였다. 이 제재 조치로 미국은 집권하고 있던 군사정부(military junta)를 제거하고 아리스티드(Jeam Bertrand Aristide)를 대통령으로 만들었다. 미국의 하이티에 대한 경제제재가 성공할 수 있었던 것은 미국의 군사력 행사 위협도 함께 가해졌기 때문이다. 미국의 82공수 사단이 출동 준비를 하고 있을 때 하이티 지도부는 미국의 요구를 수용하였

38) Ibid., pp.13-15.

다.[39]

경제제재를 가하는 것은 정치적 양보를 얻어내기 위해 경제적 무기를 사용하는 것이다. 경제제재가 성공한다는 것은 물론 경제제재를 받는 국가의 정치적 자산(political assets)이 경제제재를 가하는 국가로 이전되는 것을 의미한다. 경제제재가 실시되는 경우에 이에 관계되는 국가들은 상대방보다 상대적으로 보다 많은 것을 얻으려 노력한다. 왜냐하면 양보를 많이 얻어내면 그것은 장래 영향력을 행사할 수 있는 근거가 될 수 있기 때문이다. 대체로 강대국들은 경제제재를 가할 때 군사력도 함께 사용한다. 경제제재가 가해지는 경우 약 20%는 군사력이 함께 행사된다. 경제제재가 행해지는 경우 국가간 힘의 불균형이 존재하게 되면 상대적으로 어느 측이 더 많은 것을 얻느냐 하는 것은 그렇게 중요한 것이 아니다. 왜냐하면 힘의 균형이 이미 깨어져있기 때문이다. 이러한 상황하에서 결과는 힘이 강한 쪽에 유리하게 나타난다. 힘이 강한 국가는 힘이 약한 국가에게 자국의 의지를 강요할 수 있다.[40]

1945년부터 1981년까지 경제제재 조치를 가장 많이 취한 국가는 미국이다. 이 기간 동안 미국은 107건의 경제제재 조치를 취하였다. 이 조치 가운데 14%는 미국의 경제 이익과 관련된 것이고 그 나머지 대부분의 조치는 정치적 및 군사적 문제와 관련이 있는 것이었다. 미국의 경우 국내 문제는 경제제재와 아무런 연관성을 갖고 있지 않다. 미국은 경제적으로 침체되어 있거나 경제가 활성화되거나, 미국이 전쟁중이거나 아니거나, 공화당이 집권하였거나 민주당이 집권하였거나, 선거가 있거나 없거나 또는 의회의 발언권이 강하거나 약하거나 이런 문제들은 경제제재와 무관하였다.[41]

1979년 12월 소련이 아프가니스탄을 무력침공 하였다. 카터 행정부는 소련의 세계평화 파괴 행위에 대해 즉각 경제제재 조치를 강구하였다. 이 조치 가운데에는 미국 수역에서 소련 어선의 조업을 제한하고, 소련 국적기(Aeroflot)의 미국 취항횟수를 줄이고, 소련에 고급 기술이전을 중지시키는 것이었다. 그리고 미국이 소련에 대해 취한 가장 중요한 제재 조치는 1,700만 톤(metric tons)의 곡물 수출을 중지하기로 결정한 것이었다. 이 곡물 수출의 중지로 1980년 미국 농민들의 수익이 약 40% 줄었다고 미국 농림부가 밝혔다. 그러나 미국의 곡물 수출 금지로 소련이 입은 피해는 매우 작은 것으

39) Ibid., p.17

40) Ibid., pp.30 & 64.

41) Richard Ellings, Embargoes and World Power: Lessons From American Foreign Policy(Boulder, Co.: Westview Press, 1985), p.135.

로 나타났다. 미국이 소련에 대해 이러한 조치를 취했을 때 다른 곡물 수출 국가들인 오스트레일리아, 캐나다, 유럽공동체(EC) 그리고 알젠틴은 미국의 소련에 대한 제재조치에 참여하지 않기로 결정하였다. 그 후 이 국가들은 소련에 곡물을 수출하였고 소련은 이들 국가로부터 1980년에 3,100만 톤의 곡물을 수입할 수 있었다.[42] 그리고 소련은 미국이 요구하는 아프가니스탄으로부터의 철수를 거부하였다. 미국이 소련에 대해 곡물 수출을 거부하였을 때 소련은 다른 국가로부터 곡물을 수입하게 되어 결과적으로 제재를 가하는 미국이 소련보다 더 큰 피해를 입었다.[43] 이 조치로 소련이 실제 입은 피해액은 5억 2,500만 달러였고 미국이 입은 손실 액수는 7억 5,000만 달러였다. (이 금액에는 모스크바 올림픽에 서방 국가들이 많이 불참해서 소련이 입은 피해 액수는 포함되지 않았다.)[44] 미국의 소련에 대한 경제제재는 실패한 것으로 평가된다. 미국이 그의 목적 달성에 실패하였고 또 제재를 받은 소련보다 제재를 가한 미국의 손실이 더 컸다는 것은 전형적인 경제제재의 실패 경우이다.

성공적인 경제제재의 하나는 1973년 아랍 국가들이 단결하여 미국, 서유럽, 일본 등에 대한 석유 공급 중단을 위협했던 일이다. 아랍 국가들은 서방 국가들에게 이스라엘을 외교적 및 군사적으로 지원하지 않을 것과 이스라엘이 점령하고 있는 아랍 영토 포기를 요구하였다. 그리고 아랍의 산유국들은 소위 '10월 전쟁'이 발발하면서 매월 원유의 생산을 5% 씩 감산하기로 결정하였고 미국과 네덜란드에 대해서는 원유 수출을 완전 금지하였다. 아랍 국가들의 궁극적인 목적은 서방국가들의 이스라엘에 대한 정책을 변경시키는 것이었다. 이때 일본이 처음으로 그리고 공개적으로 이스라엘에 대한 외교적 지지 정책의 포기를 선언하였다. 그리고 미국도 이스라엘에 대한 군사적 지지를 포기하지는 않았으나 미국 국무장관 키신저는 이스라엘에 그가 점령하고 있는 중요한 영토를 양보하도록 강하게 권고하였다. 아랍 국가들의 부분적 원유 수출 금지, 또 생산량을 감축한 결과로 서방 국가들은 원유의 부족으로 어려움을 겪었다. 그리하여 서방

---

42) Robert Paarlberg, "Lessons of the Grain Embargo," Foreign Affairs, vol.59, no.3(1980), pp.144ff.

43) Franklin Lavin, "Asphyxiation or Oxygen? The Sonctions Dilemma," Foreign Policy, no.104(1996), p.145.

44) Gary Hufbauer, Jeffrey Scott and Kimberly Elliott, Economic Sanctions Reconsidered: History and Current Policy, 2nd ed.(Washington D.C.: Institute for International Economics, 1990), pp.79 & 171.

국가들은 아랍 국가들의 요구를 어느 정도 수용하였고 이어서 원유는 서방국가에게 원만하게 공급되기 시작하였다.

우리는 경제제재의 실패 사례와 성공 사례를 보았다. 앞의 두 사례는 경제제재의 성공의 조건이 무엇이어야 하는 가를 보여주고 있다. 일반적으로 경제가 외교정책의 수단으로서 이용되어 효과를 얻기 위해서는 다음과 같은 조건들을 충족시킬 수 있어야 한다.[45]

첫째, 경제적 압력을 가하는 국가와 그 대상국가 간에 경제관계가 취약한 불평등한 의존관계가 형성되어 있어야 한다.

둘째, 경제적 압력을 받는 국가가 다른 국가로부터 그가 필요로 하는 자원이나 시장 등을 새로이 얻을 수 없을 만큼 그 의존의 정도가 철저해야한다.

셋째, 경제적 압력의 대상이 되는 국가가 필요로 하는 것을 얻을 수 없을 때 그것을 대처할 수 있는 기술이나 자원을 갖고 있지 않아야 한다.

넷째, 경제적 압력의 대상이 되는 국가에 대한 경제적 조치인 불매운동 또는 수출금지(boycotts or embargoes)로 경제적 어려움을 겪을 때 이에 대해 불만을 갖고 정부에 대해 압력을 가할 수 있는 다수의 국민들이 있어야 한다.

다섯째, 경제적 조치는 개별국가에 의해서 행해지는 것보다 여러 국가들이 집단적으로 행해져야 효과적이다. 국가의 집단이 또는 한 지역에 있는 모든 국가들이 경제적 제재조치를 취할 때 이 조치의 대상이 되는 정부의 정당성은 크게 훼손될 것이다.

여섯째, 경제적 압력을 가하는 국가가 압력을 받는 국가보다 손실이 적어야 한다.

일곱째, 경제적 압력의 대상국가가 국제적으로 동정을 받지 않아야 한다.

여덟째, 경제적 압력 조치가 다른 조치와 함께 구사되어야 한다.

폭력적 수단

우리가 21세기를 살고 있지만 국제사회는 무정부적 상태이기 때문에 폭력이나 무력이 노골적으로 사용되고 있다. 2003년 3월 미국은 그의 막강한 군사력으로 이라크를 공격하고 점령하였다. 이 무력 공격은 이라크가 보유하고 있다는 대량살상무기의 제거라는 미국의 외교정책을 실천하기 위해 행해진 무력 행사였다. 역사적으로 볼 때 이

45) K. J. Holsti, p.227.

지구상에 국가가 존재하면서 국가는 그의 목적을 달성하기 위해 무력을 행사하였다. 국가에 의한 무력행사는 오랜 역사를 갖고 있다. 미국은 1776년 독립한 이래 9차례의 큰 전쟁에 참여했고 1946년부터 1976년 까지 30여 년 동안 226차례 무력을 행사했거나 무력행사를 위협하였다.[46)]

독일의 군사전문가 클라우제비츠(Karl von Clausewitz)는 “전쟁이란 정책을 계속해서 추진시키기 위한 다른 하나의 수단이며 또한 전쟁이란 다른 국가의 저항 능력을 분쇄하여 자국의 의지를 다른 국가에 강제하는데 이용되어지는 수단이다”[47)]라고 하였다. 소련의 레닌도 클라우제비츠의 견해에 동조하며 “전쟁이란 정책을 실천하기 위한 하나의 수단이다”[48)]라고 하였다. 이와 같은 생각들이 오늘날에도 많은 사람들의 머리속에 남아 있고 그래서 이러한 생각들이 오늘날에도 실제 행동으로 옮겨지고 있다.

1928년 8월 소련을 포함하여 50개국이 참여하여 체결된 ‘케로그－브리앙조약’(Kellogg-Briand Pact)은 다음과 같은 내용을 담고 있다.[49)]

첫째, 참가국들은 국제분쟁의 해결을 위해 전쟁을 이용하지 않을 것이고 동시에 이 조약 당사국간의 관계에서 정책 실천의 수단으로 전쟁을 수단으로 사용하지 않을 것을 존경하는 국민의 이름으로 엄숙히 선언한다.

둘째, 당사국들은 그 본질이 어떠한 것이든 모든 국가간의 분쟁은 평화적인 수단으로 해결할 것을 확인한다.

국제적으로 전쟁을 배격하여야 한다는 분위기가 조성되고 있는 가운데 많은 국가들이 이 조약에 동참하였지만 전쟁 등 군사적 또는 무력적 행위는 여러 국가에 의해 자행되었고 21세기에도 전쟁 등 폭력적 행위는 정도의 차이는 있지만 계속되고 있다. 오늘날 까지도 폭력적 행위가 자행되는 이유는 첫째, 국제사회가 무정부적인 상태이고 둘째, 막강한 군사력을 갖고 있는 국가가 있는가 하면 그렇지 못한 국가가 있어 이들 간에 상당한 힘의 불균형을 보이고 있기 때문이다. 이러한 힘은 국가의 목적이기도 하고

46) Barry M. Blechman and Stephen S. Kaplan, Force without War: U.S. Armed Forces as a Political Instrument(Washington, D.C.: The Brookings Institution, 1979), p.12.

47) Karl von Clausewitz, War, Politics and Power, ed. and tran., Edward M. Collins(Chicago: Henry Regnery, 1962), p.63.

48) Joseph D. Douglass, Jr., Soviet Military Strategy in Europe(New York: Pergamon Press, 1980), p.2에서 인용.

49) Rene Albrecht-Carrie, A Diplomatic History of Europe Since the Congress of Vienna(New York: Harper & Row, Publishers, 1973), p.442.

수단이기도 하다. 힘의 존재 의미는 힘을 사용하여 목적을 달성하는 데에 있다. 그러므로 강한 군사력을 가진 국가는 필요한 경우 그 힘을 사용한다. 그리하여 오늘날에도 군사력 등 폭력은 정치적으로 중요한 역할을 한다. 외교정책의 실천 수단으로 이용되는 폭력은 이러한 힘의 행사 또는 행사의 위협이라는 방법을 통해 이용된다. 이러한 폭력은 파괴하고, 살상하고 또는 제거하고 그리고 점령하고 지배하는 능력을 지칭하는 것이다. 정책결정자들이 폭력을 정책의 수단으로 이용하는데 그 이유는 폭력의 행사로 이득을 얻을 수 있을 것이라고 기대하고 또 폭력의 행사로 새로운 가치를 얻을 수 있을 것으로 기대하기 때문이다. 그리고 폭력 행사의 대상이 되는 국가는 국가적으로 손실이 있을 것으로 생각되어 폭력행사를 매우 두렵게 생각하여 크게 영향을 받는다. 폭력 행사의 목적은 상대방에게 상처를 입히고 상대방의 저항 의지를 분쇄하려는 것이다. 1945년 8월 미국이 일본에 2개의 원자탄을 투하한 것은 미국에 대항해서 싸우고 있는 일본의 군사력을 파괴하려는 것보다 일본 국민들에게 상처를 입혀 일본으로 하여금 미국이 희망하고 있는 것을 수용하도록 만들려는 것이 주된 목적이었다. 미국이 일본에 대해 희망하고 있는 것은 항복이었다. 미국은 일본에게 항복을 강제하기 위해 원자탄을 투하하였다.[50]

오늘날 세계에서 가장 막강한 군사력을 보유하고 있는 미국은 제2차 세계대전 이후 그의 외교정책을 실천하기 위해 10차례 공개적으로 다른 국가에 무력을 행사하였다. 한반도(1950-1953), 레바논(1958), 도미니카공화국(1965-1966), 베트남(1965-1973), 그레나다(1983), 파나마(1989), 페르샤만(1990-1991 및 1994), 하이티(1994), 그리고 이라크(2003)가 무력행사의 대상국이었다. 또 미국은 다른 국가에 대해 보복 또는 위협의 목적으로 여러 차례 무력을 행사하였다. 1998년 8월 테러집단이 케냐와 탄자니아에 주재하고 있는 미국 대사관에 폭탄테러 행위를 감행하였다. 이에 대해 미국은 곧 홍해와 걸프만에 위치하고 있는 미군 함정에서 크루즈미사일을 발사하여 화학무기 제조시설로 의심받고 있는 수단의 제약공장과 아프가니스탄의 6개 테러기지를 폭격하였다.

미국과 함께 한때 강한 군사력을 갖고 있던 소련도 그의 목적을 위해 군사력을 행사하였다. 소련은 냉전시기 그의 위성국가들이며 바르샤바조약기구(Warsaw Treaty Organization)회원국의 민주화운동을 저지시키기 위해 1956년 폴란드 및 헝가리, 그리고 1968년 체코슬로바키아에 대해 군사력을 직접 행사하여 그의 소기의 목적을 달성하

50) Bruce Russett and Harvey Starr, pp.171-172.

였다.[51] 이처럼 군사력은 소련으로 하여금 정치적 및 경제적으로 동유럽 국가들을 지배할 수 있게 하여 주었을 뿐만 아니라 1970년대에도 소련은 그의 군사력을 이용하여 제3세계 국가들에게 영향력을 행사할 수 있었다. 소련은 1975년 앙골라, 1977-1978년 에치오피아, 1978년 예멘인민민주공화국, 그리고 1979-89년 아프가니스탄에 군사적으로 개입하여 친소련 정부를 지원하였다. 소련의 군사력 행사는 해군부대의 파견, 다른 국가의 군을 훈련시키고 조언하기 위한 군인의 파견, 군장비의 작동을 돕기 위한 기술 공급, 비밀리에 소련의 비행기 조정사의 파견 그리고 다른 국가에 군 병력을 주둔시키는 것이었다. 그러나 소련은 그의 영토로부터 멀리 떨어진 지역에 많은 군 병력의 파견을 회피하였다. 그 대신 소련은 그의 동맹국들로 하여금 군 병력을 파견하도록 요구하였다. 그리고 소련은 미국과 충돌이 가능한 지역에 군사적 개입을 크게 자제하여 이러한 지역에 대한 군이 파견을 매우 신중하게 고려하였다.[52]

소련은 제2차 대전 이후 190여 차례 무력을 행사했거나 그의 행사를 위협하였다. 소련의 군사력 행사는 다음과 같은 4가지 상황이 발생했을 때 이루어졌다.

첫째, 정통적인 공산정권이 소련에 충성하지 않을 때. 다시 말하면 각 정권의 국내문제에 대한 소련의 지도 및 감독을 따르지 않거나 또는 소련의 외교정책을 수용하지 않을 때(9번). 둘째, 정통적인 공산정권에 대해 내부 세력이 공격을 가했을 때(13번). 셋째, 우호적인 동맹국가에 대해 외부의 정치적 압력이 가해졌을 때(15번). 그리고 넷째, 동맹국에 대해 외부의 군사적 공격이 가해졌을 때(6번)이다. 소련은 모두 43번 군사력을 행사했는데 이 경우는 모두 대외적으로 소련의 지위를 크게 위협받았던 경우이었다. 소련의 이러한 군사적 행위는 모두 새로운 것을 얻기 위해서 행해진 것이 아니라 이미 갖고 있던 것들을 지키기 위해서 취해진 조치들이었다. 외부로부터 군사적 공격을 받은 국가를 돕기 위해 소련이 취했던 군사행위는 모두 아시아에서 전개되었고 그리고 공산정권의 소련에 대한 불충성 및 내부 세력에 의한 공산정권에 대한 공격을 저지하기 위해 소련에 의해 취해진 군사행동은 모두 동유럽에서 이루어졌다.[53]

---

51) Michel Tatu, "Intervention in Easter Europe," in Stephen S. Kaplan(ed.), Diplomacy of Power(Washington, D.C.: The Brookings Institution, 1981), pp.209ff.

52) John T. Rourke, Making Foreign Policy(Pacific Grove, California: Brooks/Cole Publishing Company, 1990), p.177.

53) Gardon H. McCormick, "The Politics of Armed Demonstration," ORBIS, vol.25 no.3(Fall 1981), p.818 ; Stephen S. Kaplan(ed.), pp.34-36.

중국도 군사적으로 적지 않은 능력을 갖고 있는 국가이다. 그런데 중국이 무력을 사용하기는 했으나 실제로 중국은 정치적 고려 그리고 군사적 능력으로 인하여 무력을 제한적으로 행사하였다. 중국의 군사적 행위는 대체로 국경과 관련하여 행해졌다. 중국은 1951년 티베트, 1954 및 1958년 타이완, 1962년 인도 그리고 1974년 남베트남 군도(Paracel Islands)에서 무력을 행사하였고 1960년대 말 및 1970년대 초 중소국경에서의 군사적 충돌 그리고 1979년 베트남과 전쟁이 있었다.[54] 객관적으로 보면 중국도 군사적 강대국으로 분류가 가능하다. 그런데 중국은 그의 국경에 국한하여 군사력을 사용하였을 뿐 그의 영토 밖으로 정치적 목적을 위해 군사력을 사용한 일이 없다. 중국의 군사력 행사를 미국이나 구소련의 그것과 비교한다면 중국은 군사적으로 다른 국가를 움직일 수 있는 능력을 갖고 있지 못한 국가라고 분류할 수 있다. 이렇게 볼 때 군사적으로 강한 국가란 막강한 전쟁 수행 능력뿐만 아니라 외교정책의 실천 수단으로 군사력을 사용하고 또 이를 통해 소기의 목적을 달성할 수 있는 국가를 지칭하는 것이라고 생각된다.

폭력적 수단에는 무력외교(gunboat diplomacy)가 있다. 무력외교란 실제로 무력을 행사하는 것이 아니라 무력의 행사를 위협하여 다른 국가의 행위나 정책에 영향을 미쳐 정책의 유지 또는 변경을 강제하는 수단을 말한다.[55] 1979년 소련이 아프가니스탄을 침공하였을 때, 미국은 소련의 세력이 서쪽으로 확장되는 것을 방지하기 위한 미국의 의사 표시 행위로 인도양 인근에 미국 해군이 순찰을 강화하였다. 1983년 리비아의 독재자 카다피(Muammar Qaddafi)가 수단에 대한 공격을 하지 못하게 할 목적으로 미국은 지중해에 기동성이 좋은 기동타격대를 주둔시켰다. 1989년에 파나마의 노리에가(Manuel Noriega)장군이 선거 결과를 무시하자 미국은 파나마에 지상군을 파견하여 노리에가에게 미국은 필요하다면 또 다른 조치를 위할 수 있다는 의사를 표시하였다. 1994년 미국은 이라크의 후세인(Saddam Hussein)으로 하여금 지난번 쿠웨이트를 침공했던 것과 같은 적대적 행위를 억제세키기 위해 페르샤만(Persian Gulf)에 35,000여명의 미군을 파견하여 미국의 의사를 후세인에게 간접적으로 표시하였다. 이와 같이 미국은 1946년부터 1984년까지 약 300여회 다른 국가의 결정에 영향을 미치려는 무력외교를 전개하였다.[56]

54) John T. Rourke, p.179.

55) Charles W. Kegley, Jr. and Eugene R. Wittkopf, p.97.

구소련도 군사대국답게 역시 무력외교를 전개하였다. 소련은 1970년 이스라엘의 이집트에 대한 공중 공격을 저지시키기 위해 이집트에 소련의 미사일 부대와 조정사들을 파견하였다. 소련의 이러한 행위는 이스라엘의 아랍 국가들에 대한 공격을 억제시킴으로서 이집트와 아랍 국가들과의 관계를 증진시키기 위한 것이었다. 그리고 소련은 1971년 소련공산당 서기장 브레즈네프(Leonid I. Brezhnev)와 수상 코시긴(Aleksei Kosygin)이 프랑스를 공식 방문하기 전에 소련은 프랑스에 MIG 비행중대를 보내었고 또 1975년에 소련은 보스턴 항구에 그의 미사일구축함 두 척(Boyki and Zhguchy)을 보냈다. 두 건의 소련 행위는 군사력을 비폭력적으로 사용하여 그의 외교정책목표인 국가간의 관계 증진을 도모하기 위한 무력외교였다.

1968년 3월 소련 국적의 두 척의 트롤어선과 52명의 선원이 가나공화국의 영해에서 가나 해군에 의해 납치되어 감금되었다. 이때 소련은 선박과 선원의 석방을 위해 외교적 및 경제적 압력을 가하였으나 4개월 동안 아무런 성과도 없었다. 그리하여 소련은 지중해에 위치하고 있던 4척의 군함을 가나공화국 근처의 기니아만에 파견하였다. 그러자 가나정부는 1969년 3월 3일 소련의 어선과 대부부의 선원들을 석방하였고 소련은 다음날 그 군함을 다른 지역으로 이동시켰다. 그러나 가나정부는 계속해서 3명의 소련 선원을 억류하고 있었다. 그리하여 소련은 3월 11일 그의 군함을 다시 가나의 근해로 파견하였다. 그 결과 가나정부는 3월 19일 억류하고 있던 3명의 소련 선원을 석방하였다.[57]

실제로 무력이나 폭력은 행사되지는 않지만 다른 국가에서 은밀한 행위를 통해 외교정책 목표를 성취하려는 대외행위가 있다. 이러한 행위를 일명 '비밀행위'(covert action)라고 한다. 이 비밀행위란 표면적으로 특정 국가의 행위라는 사실이 표시되지 않고 외국에서 그 국가가 필요로 하는 결과를 얻기 위해 자행되는 행위를 의미한다. 이 비밀행위는 정치적 문제에 직접적으로 영향을 미치기 위해 외국정부, 시설 또는 개인에 대해 행해지는 비밀스런 행위이다. 이 비밀행위는 불법적으로 정보를 수집하지만 정치적 사건에 직접 영향을 미치지 못하는 스파이행위와는 다르다. 미국 의회는 1991년 공식적으로 이 비밀행위를 정의하였다. "비밀행위란 미국 정부에 의해서 다른 국가의 정치, 경제 또는 군사적 상황에 영향을 미치기 위해 행해지는 행위다. 이 행위를 미국

---

56) Ibid.

57) David K. Hall, "Naval Diplomacy in West African Waters," in Stephen S. Kaplan(ed.), pp.519-520.

정부가 자행하였다는 사실이 공개적으로 알려지지 않거나 또는 인정하려는 의지가 없는 행위이다."[58]

미국에 의해 자행되었던 대표적인 비밀행위에는 다음과 같은 것들이 있다.

1950년대 미국 중앙정보국(CIA)에 의해 이란과 과테말라에 쿠데타가 획책되었고, 1960년대에는 역시 중앙정보국에 의해 베트남에 쿠데타가 기도되었고, 그리고 쿠바의 카스트로 정권을 붕괴시키기 위해 그리고 라오스에서 비밀전쟁을 수행하기 위해 미국 중앙정보국은 특정집단에 자금을 제공하고 이 국가의 군을 훈련시키고 지도하였다. 1970년대에는 엘살바도르에서 마르크스주의자인 알렌데(Salvador Allende)가 대통령으로 당선되는 것을 막기 위해 그리고 칠레에 대해 정치적 영향력을 행사하기 위해 미국 정보국은 특수한 정치적 프로그램을 실시하였다. 1980년대에는 니카라과 정부에 대해 비밀전쟁을 수행하였다. 또한 미국의 중앙정보국은 1950년대부터 1970년대 초까지 일본의 보수정당인 자유민주당에 자금을 제공하고 이 정당으로 하여금 일본 사회주의자들에 의한 저항을 분쇄하도록 요구하였다. 그런데 미정보국이 일본 정부의 고위 관리들에게 자금을 제공한 결과 이들이 부패하게 되어 마침내 자유민주당은 선거에서 실패하여 정권을 담당할 수 없게 되어 1989년에는 일본 역사상 처음으로 자유민주당 대신 사회주의자들이 일본의 집권당이 되었다.[59]

1985년 레이건 대통령은 "자유를 위해 투쟁하는 전사들을 지원하는 것은 자위적 행위이다"라고 선언하였다. 그리고 그는 "우리는 아프가니스탄으로부터 니카라과에 이르기까지 모든 대륙에서 소련의 지원을 받고 있는 침략자와 싸우며 생명의 위협을 느끼고 있는 사람들과의 신의를 저버리지 않을 것이다. 우리는 이들에게 물질적으로 지원할 것이다"라고 선언하였다. 이러한 레이건 정부의 정책에 따라 미국 중앙정보국은 파키스탄을 통해 아프가니스탄의 반마르크스 집단인 무자베딘(mujabeddin: 아프가니스탄 내에서 소련군 및 친소련 정권에 대항해서 싸우는 모슬렘 게릴라)에게 1986년 한 해에 5억 달러 상당의 무기, 탄약 및 다른 군수품을 제공하였다. 그 뿐만 아니라 미국은 아프가니스탄의 게릴라에게 항공기를 공격할 수 있는 스팅거(Stinger)미사일을 제공하기로 결정하였다. 이 결정은 다른 국가 내전에 직접 개입하였다는 사실을 감추기 위해 미국에서 제조된 무기를 다른 국가에 제공하지 않기로 결정한 비밀작전의 주요한 원칙

58) Charles W. Kegley, Jr. and Eugene R. Wittkopf, p.127.

59) Ibid., p.128.

을 깨뜨린 것이었다. 그러나 미국의 무기를 제공받은 아프가니스탄의 게리라들이 소련군을 크게 괴롭혔기 때문에 이들의 행위는 이 지역으로부터 소련군을 철수시키는데 중요한 역할을 하였다.[60] 이와 같은 미국의 비밀행위는 그의 계획과 정책을 해외에서 추진하기 위해 마련된 비밀공작이었다. 미국의 이러한 행위는 1991년 미국 의회에 의해서 공식적으로 인정되었다. 위의 사실들은 해외에서 미국에 의해 행해진 비밀공작 행위라고 미국의회가 밝혔기 때문에 그 사실이 세상에 알려졌다. 그러나 다른 국가들은 공식적으로 이러한 행위가 있었는지 없었는지를 밝히지 않기 때문에 미국 이외의 국가에 대해서는 아무것도 알려진 것이 없다.

문화적 수단

문화적 수단은 외교정책을 직접 실천하는 수단이라기보다, 앞으로 자국의 외교정책이 성공적으로 실천될 수 있는 조건, 환경 등을 조성하기 위해 행해지는 간접적인 대외행위이다. 이러한 대외행위를 가장 폭 넓고 다양하게 수행하는 행위는 공공외교(public diplomacy)이다. 일반적으로 외교는 대상국가의 정책결정자에게 여러 방법을 통하여 자국의 의사를 직접 전달하거나 또는 간접적으로 표현하고 영향력을 행사해서 상대국가의 결정이나 행위를 지배하려는 대외행위를 말한다. 이에 반해 공공외교는 선전, 정보제공, 문화교류 등을 통해 다른 국가의 여론에 영향을 미치려는 대외행위를 의미한다. 이 행위를 다른 말로 표현하면 이는 직접적인 선전이다.[61] 문화적 수단으로 행해지는 공공외교는 다른 국가의 국민들에게 자국은 평화를 사랑하고, 자유민주주의를 신봉하며, 많은 세계인을 돕고 더불어 살 수 있는 국가로 인식시켜 자국을 신뢰하고 자국의 정책에 협조할 수 있게 만드는 대외행위이다.

미국의 전감사원장(former comptroller general of the U.S.)인 스타트스(Elmer Staats)는 1979년 7월 23일 미국 의회에 제출한 보고서에서 '다른 국가의 공공외교'(The Public Diplomacy of Other Countries)라는 보고서에서 "공공외교는 외국 국민을 대상으로 전개되는 국제적 의사 교환이고 문화 및 교육적 행위이다. 공공외교는 미국의 주요한 외교의 수단이다"라고 언급하였다. 그리고 1965년 처음으로 대중외교라는 용어

60) Ibid., p.131.

61) Ibid., p.135.

를 사용한 굴리온(Edmund Gullion)교수는 "공공외교는 외교정책을 결정하고 실천하는 데 영향을 미치기 위해 국민의 입장과 여론에 대한 인과관계"라고 정의하였다.[62]

공공외교의 목적은 첫째, 다른 국가 국민들에게 자국의 가치관, 체제 및 여러 정책들을 보다 정확히 이해시키는 것. 둘째, 자국 국민들에게 다른 국가 및 자국과 상호관계를 정확히 알리는 것. 셋째, 국가간 문화의 국경을 초월해서 개인적 또는 집단적으로 체제간 상호 관계를 증진시켜 상호 이해의 폭을 넓히는 것. 그리고 넷째, 자국 정부가 다른 국가에 대한 외교정책을 결정할 때 그 정부가 다른 국가의 가치 및 이익의 우선 순위를 충분히 고려할 수 있도록 만들기 위한 것이다. 한마디로 말해 공공외교를 전개하는 목적은 다른 국가의 국민들로 하여금 자국에 대해 호의적인 태도를 갖고 자국을 이해하도록 만들어 자국의 외교정책을 지지하도록 만드는 것이다.[63]

다른 국가의 국민들에게 행해지는 공공외교의 배경은 자국의 외교정책이 실천되고 외교 행위가 효율적으로 전개될 수 있는 기반을 강화하려는 것이다. 외교정책은 정부에 의해 결정된다. 이때 정부는 국민의 의사를 수렴한다. 특히 국민의 집약된 의사는 한 정부의 정책결정에 지대한 영향을 미친다. 그러므로 다른 국가의 국민에게 공공외교를 실시하는 목적은 다른 국가 정부에 의해서 자국에 대한 정책이 결정될 때 자국에 유익한 여론이 형성될 수 있도록 만들어 이 여론에 의해 자국에게 유리한 정책이 결정되도록 하려는 것이다. 예를 들면 한국인은 일본에 대해 좋지 않은 감정을 갖고 있다. 그렇기 때문에 한국 정부의 일본에 대한 정책 결정은 매우 신중하고 소극적이다. 즉 한국 정부는 일본에 호의적이고 또 일본에게 양보하는 정책 결정을 하기는 매우 어렵다. 왜냐하면 우리 국민의 대다수가 한국 정부의 이러한 결정을 수용하지 않을 것이기 때문이다. 한국 정부로 하여금 일본에 대해 우호적이고 적극적인 외교정책을 결정할 수 있게 하기 위해서는 일본 정부가 한국인들에게 공공외교를 적극적으로 전개해서 한국인들이 갖고 있는 일본에 대한 나쁜 감정을 버리고 호의적인 감정을 갖게 하여야할 것이다. 그렇게 하여야만이 한국 정부의 일본에 대한 외교정책 결정의 폭이 넓어질 것이다. 예를 들면 미국 정부가 한국을 크게 도울 수 있는 정책을 결정하려할 때 미국 국민들의 한국에 대한 나쁜 감정이 미국의 주요 언론매체를 통해 밝혀진다면 미국 정부의 예산을 결정하

62) Allen C. Hansen, USIA-Public Dilpomacy in the Computer Age(New York: Praeger Publishers,1984), p.2.

63) Ibid., pp.3ff.

는 의회는 행정부가 추진하려는 한국 정책에 제동을 걸 수 있다. 그렇게 되면 미국 정부는 한국을 도울 수 있는 정책을 결정하지 못하게 될 것이다. 미국 정부로 하여금 한국에게 유익한 정책을 마음 놓고 결정할 수 있게 하려면 한국도 미국 국민을 대상으로 공공외교를 적극적으로 전개하여야 할 것이다.

1993년 미국에서 실시한 여론조사에서 북한이 남한을 침공하였을 때 미국의 군사적 개입에 대한 찬반 의사를 물었다. 이에 대해 미국의 지도층은 84%가 개입에 찬성하였고 일반 국민들은 45%만이 개입을 찬성하였다.[64] 이러한 결과로 보아 한국은 미국 국민에 대해 보다 적극적인 공공외교가 전개되어야 할 것으로 생각된다. 국민의 생각을 지배하는 힘은 제3의 힘이다. 적극적인 외교를 강조하는 사람들(Jingoes)은 "우리들은 배를 얻었고, 우리는 돈을 얻었고 우리들은 또한 사람을 얻었다고 한다."[65] 이 표현은 3가지의 핵심적 정치권력인 군사력, 경제력 그리고 사람의 힘을 지칭하는 것이다.

외교정책의 수단으로서 사람의 생각을 지배하는데 힘을 체계적으로 사용하기 시작한 것은 그렇게 오래되지 않았다. 1914년경부터 국제관계에서 정부가 선전을 외교정책의 수단으로 사용하였다. 비스마르크(Oelo Von Bismarck) 및 다른 정치인들은 외국 정부에 무엇을 알리기 위해서보다 다른 국가의 여론에 영향을 미치기 위해 신문을 자유롭게 이용하였다. 특히 선전을 외교정책의 실질적인 주요 수단으로 사용한 국가는 소련이다. 소련에서 정권을 담당하게 된 볼쉐비키는 경제적으로 그리고 군사적으로 약하다고 생각했다. 그리하여 소련 당국은 그의 입지를 강화하기 위해 다른 국가의 여론을 지배하기 위한 영향력을 강화하는데 선전이라는 수단을 이용하였다. 그리고 소련은 국제공산주의(Communist International)를 형성하면서 소련은 세계에서 처음으로 대규모 상설 국제 선전기구를 만들었다. 영국도 1935년부터 '영국협의회(British Council)가 영국인의 생활과 생각을 다른 국가에 알리는 임무를 수행했고 1938년에는 영국방송국(British Broadcasting Corporation)이 여러 외국어로 정기적으로 해외 방송을 실시하였다. 그리고 1939년 6월에는 영국 수상이 외교부 산하에 해외선전국(Foreign Publicity Department)을 창설한다고 발표했고 이 기관은 제2차 대전 발발직후 공보부(Ministry of Information)의 핵심 기구로 기능하였다.[66]

---

64) John E. Rielly(ed.), American Public Opinion and U.S. Foreign Policy 1995(Chicago: Council on Foreign Relations, 1995), p.39.

65) Edward Hallet Carr, The Twenty Years Crisis(London: Macmillan & Co LTD., 1958), p.132.

66) Ibid., pp.133ff.

미국은 공공외교의 중요성을 일찍이 인식하고 1948년 '미국정보 및 교육 교환법'(United States Information and Educational Exchange Act-일명 Smith-Mundt Act)을 제정하였다.[67] 이 법을 제정한 미국 의회는 다른 국가의 국민들로 하여금 미국을 더 잘 이해하게 만들고 또 미국 국민과 외국 국민간의 이해를 증진시키는 것이 이 법의 목적이라고 하였다. 이러한 법의 취지에 따라 미국 정부는 1953년 국무성 산하에 미국공보원(U.S. Information Agency-USIA)을 설치하고 여러 국가에서 미국문화원을 운영하였다. 미국문화원은 언론, 출판, 영화 등 여러 대중매체를 이용해 미국을 다른 국가 국민에게 알리는 일을 하고 있다. 미국 문화원은 그의 교육 및 문화프로그램을 통해 미국의 정책과 행위의 근간이 되는 미국의 문화를 외국인들에게 올바로 이해시켜서 궁극적으로 미국 정부의 정책과 목적을 외국인들에게 알리는 일을 주임무로 하고 있다. 미국은 이와 같은 목적을 위해 120여 개국에 200여개의 미국공보원을 두고 다른 국가 국민들에게 체계적으로 공공외교를 전개하고 있다. 미국의 부시(George W. Bush)행정부는 공공외교를 강화하기 위해 2002년 '세계공보국'(Office of Global Communication)을 신설 운영키로 하였다. 이 세계공보국은 기존의 공공외교 담당기구나 다른 부처의 해외 홍보 기능을 대체하는 것이 아니라 이들의 업무를 증강 보완하려는 것이다. 그뿐만 아니라 미국무부는 예산과 보안을 이유로 감축했던 미국문화원과 도서관을 세계 곳곳에 증설하여 세계적으로 확산되고 있는 반미정서 및 반미 분위기를 바꾸어 친미정서 및 친미분위기를 확산시키려는 것이 미국의 뜻이다.

공공외교는 일차적으로 다양한 문화교류를 통해 이루어진다. 다른 국가의 국민들에게 자국의 여러 가지 장점을 알리고 각인시킬 수 있는 것들을 외국에 소개하는 것이 가장 많이 이용되는 수단이다. 자국이 외국에 자랑할 수 있는 운동선수, 예술가, 음악가, 학자들을 외국에 여행시켜 외국인에게 자국의 수준 높은 문화를 소개시키고 또 외국의 정치지도자, 학생, 교육자들에게 장학금을 주어 자국에서 연구하게 기회를 제공하여 자국을 많이 이해하게 만들고 그 국가에 대해 애정을 갖게 하여 외국인들에게 자국에 대해 좋은 인상을 갖도록 하는 것이 중요한 공공외교의 수단이다.

미국은 과거 공공외교를 매우 활발하게 전개하였다. 이집트 대통령 사다르(Anwar Sadat), 프랑스 대통령 지스까르데스뎅(Valery Giscard d'Estang) 그리고 독일 수상 쉬미

67) 공공외교에 관한 내용은 Allen C. Hansen, USIA-Public Diplomacy in the Computer Age.에서 인용하였음.

트(Helmut Schmit)는 미국 정부의 교육 교환 프로그램으로 미국에서 공부하였다. 이것은 미국의 공공외교이다. 중남미 사람들이 불법적인 마약 밀매가 모든 사회에 나쁜 영향을 미치는 위험한 일이라는 내용이 담겨져 있는 '여행'(The Trip)이라는 영화를 본다면 그것도 공공외교를 전개하고 있는 것이다. 그 영화는 미국의 정부기관인 미국공보원이 제작하고 미국의 외교관이 배포한 작품을 보고 있으므로 이 과정은 공공외교이다. 또한 미국의 우주인이 역사상 처음으로 달에 착륙하였을 때 미국공보처가 운영하는 라디오 방송인 '미국의 소리'(Voice of America)방송국이 전 세계 수백만 사람들에게 암스트롱(Neil Armstrong)의 말을 전하는 것도 역시 공공외교이다.

또한 개발도상국가의 학생 또는 학자들이 그의 수도에 설치되어 운영되고 있는 미국 문화원에서 공부를 하고 있다면 그들은 자국에서 미국 외교관에 의해 제공되는 도움을 받고 있는 것이다. 또 미국의 예술가가 미국 정부에 의해 마련되는 해외 연주 여행을 한다면 또 외국에 있는 미국의 외교관들이 예술가의 연주 행사를 그의 주재국에 홍보하여 그의 연주를 주선한다면 그 역시 미국의 공공외교이다. 그리고 다른 국가의 국민들에게 영향을 미치기 위해서는 공개적이고 다양한 의사의 교환 수단이 이용된다. 이 수단 가운데에는 개인적 접촉, 라디오방송, 도서관의 설치, 도서출판 및 배분, 영화 및 텔레비전프로그램의 보급, 전시회, 영어교육 등이 있다.

외교정책의 결정 및 실천을 도모하기 위해서는 다른 국가의 여론을 지배해야 한다. 다른 국가의 여론을 지배하는 중요 수단은 공공외교이다. 미국의 경우 다른 국가의 여론에 영향을 미치는 행위는 외교관의 주요 임무중의 하나이고 이러한 임무의 수행은 계속되어야할 것이라고 케네디(John F. Kennedy)대통령은 주장하였다. 미국의 경우 공공외교관의 임무는 다음과 같다.

첫째, 미국과 다른 국가 국민들간의 생각을 가능한 한 폭 넓게 교환할 수 있도록 격려하고, 지원하고 그리고 이 일을 주관하는 것.

둘째, 외국인들에게 우리의 정책과 의지를 충분히 이해하게 만들고 그리고 미국은 왜 다른 국가에 대해 이러한 정책을 선택하였는가를 이해할 수 있도록 미국 사회와 문화에 대해 충분한 정보를 제공하는 일.

셋째, 미국 정부로 하여금 정책을 결정하기 위해 외국의 여론과 문화를 정확히 이해하도록 지원하고 다른 국가와 그들의 문화를 알도록 미국인과 미국의 기관들을 지원하는 일.

넷째, 자국의 정책을 개발하고 실천할 수 있도록 지원하고 세계적으로 정보와 미국의 생각이 보다 많이 전파되도록 계획을 수립하는 일.

다섯째, 외국과 문화 교류를 활발히 전개하기 위해 여러 가지 교섭을 하는 일.

선진 국가들은 대체로 공공외교를 전개한다. 프랑스는 그의 대중외교를 강화하기 위해 1978년 정보 및 문화기구를 재편성하였다. 프랑스는 오랫동안 비공산국가에서 공공외교를 매우 폭 넓게 전개하였고 프랑스정부는 그의 공공외교 행위를 '우리 외교정책의 필수적인 수단이며 우리 대외업무의 동력(動力)'이라고 하였다. 프랑스는 1980년에 약 10억 달러를 해외 정보 및 문화 사업에 사용하였다.

독일은 정보 및 문화사업에 국가 예산의 1%를 사용하고 있다.(미국은 이 사업에 국가 예사의 0.1%를 배정하고 있다.) 1979년 이후 독일은 공공외교 예산을 미국보다 더 많이 쓰고 있다. 1980년 독일의 정보 및 문화사업 예산은 약 9억 달러였다. 그리고 독일은 외교부를 포함해서 10개 이상의 부서가 대중외교에 참여하고 있다. 영국의 경우도 1980-1981년 정보 및 문화사업의 예산이 약 4억 8,000만 달러이고 해마다 예산을 증액하고 있다. 영국의 이 사업의 예산은 전체 예산의 0.2%를 차지하고 있다. 영국에서 이 정보 및 문화사업을 수행하는 기관에는 준정부적 영국위원회(semigovermental British Council), 영국방송국(BBC external Broadcasting services), 중앙정보국(Central Office of Information), 영국정보국(British Information Services), 그리고 해외 및 영연방국(Foreign and Commonwealth Office)이 포함되어 있다. 이 기구들이 수행하는 사업에는 영어교육, 문화 소개 및 교류 그리고 도서관의 설립이다. 영국위원회는 1970년대 말에 매년 14만여 명의 영어교육을 지원하였고 160여 개국에서 3만여 명이 영국을 방문하도록 재정을 지원하였고 200여회 이상 문화행사를 개최하였다. 영국 공공외교의 대상 지역은 서유럽 국가들, 중동국가, 아프리카 사하라사막 이남지역, 북미, 일본 그리고 오스트레일리아이다. 영국의 대중외교가 강조하는 부분중의 하나는 수출 증진과 투자 유치이다.

일본은 1979-1980년도 공공외교의 예산은 전체 정부 예산의 0.1%인 2억 4,400만 달러였다. 이 액수는 1980년대 초를 기준으로 세계에서 다섯 번째로 공공외교 예산을 많이 쓰는 국가이다. 일본의 공공외교는 세개의 정부 부서, 총리실 그리고 과학기술국에 의해 수행되고 있다. 이 예산은 해외 교육사업 및 인적 교류에 주로 쓰이고 있다. 일본의 문화 및 정보사업은 일본 수출 시장 및 원자재 공급 국가와 경제 관계증진을 중요 목적으로 전개되고 있다.

구소련도 공공외교를 적극적으로 전개하였다. 레닌의 격언에는 '생각은 무기이다'라는 말이 있다. 그리하여 소련 당국은 생각의 전쟁을 수행하였다. 소련이 행하는 공공외교에는 언론에 정보를 공개하고, 공개적인 방송을 하고, 학술 및 문화교류 등이 있다. 1982년도 소련의 공공외교 예산은 약 30억 달러로 추정된다. 소련이 행하는 구체적인 공공외교는 강력한 방송국을 많이 운영하고, 출판 활동을 활발히 하고, 다른 국가의 공산집단을 지원하고 문화교류 프로그램을 실시하고 그리고 세계적으로 소련의 의지와 행위는 다른 국가 그것보다 더 고귀하다는 것을 세계 여러 국가에 선전하는 것이다. 소련의 공공외교 예산은 그의 최대 경쟁국인 미국보다 4배 이상 더 많다. 소련의 가장 대표적인 공공외교 활동은 '라디오모스크바'였다. 이 송방의 규모는 세계적이며 소련 내 여러 지역에 많은 지역 방송국을 두고 있었다. 이 방송국은 1982년에 82개국의 언어로 일주일에 약 2,100시간을 방송하였다.

공공외교의 핵심적인 행위중의 하나는 선전이다. 이 선전은 다른 국가의 국민에게 자국의 장점, 좋은 것 등을 널리 알리어 다른 국가 국민들의 자국에 대한 생각, 태도 등에 영향을 미치려는 행위이다. 그런데 이 선전 행위는 개인이나 또는 기업에 의해서가 아니라 국가의 이름으로 정부에 의해서 행해진다. 이러한 선전은 주로 다른 국가의 국민들에게 자국의 이상, 상징 그리고 본질을 알리는데 주안점을 두고 있다. 선전의 수단은 매우 다양하다. 책을 포함한 인쇄물, 라디오, 텔레비전, 신문 등 방송매체, 등이 이용되고 그 외에도 연예인 단체의 해외 공연, 운동선수들의 교환 방문, 문화 행사, 또 학술회의, 강연회 등은 모두 선전의 수단이다. 이러한 선전 행위는 정치적 행사로 또는 정치적 의도로 표출시키기 위해 행하여지는 것은 아니다. 다른 국가의 국민들에 대한 선전 행위 그 자체는 정치적 성격을 띠지 않고 순수하게 행해진다.

외교정책의 수단과 효과

하나의 수단이 수단으로서만 존재한다면 그것은 존재 의미가 없다. 어떠한 수단이든 그것의 본질은 목적을 달성하는 것이다. 외교정책의 수단도 그의 본질은 외교정책을 실천하는 것이다. 국제사회에서 각 국가는 대체로 배타적으로 결정하고 배타적으로 행위한다. 대부분의 외교정책은 특정 국가를 대상으로 결정되고 그 외교정책은 주체국가에 의해 객체국가에 대해 수용을 요구한다. 객체국가가 주체국가에 의한 의사 표시 행위 또는 의사 전달 행위에 의해 그 요구가 전폭적으로 수용된다면 그 외교정책의 주체국가는 그 정책을 실천하기 위한 수단을 필요로 하지 않을 것이다. 그러나 주체국가에 의해 결정된 외교정책이 객체국가의 이익과 명예를 훼손하는 것이라면 객체국가는 주체국가의 정책을 수용하지 않을 것이다. 그렇게 된다면 주체국가는 그의 외교정책의 실천을 위해 적절한 수단을 강구하여야 할 것이다. 그러나 수단이 강구되고 전개된다고 해서 그 수단이 소기의 목적을 달성할 수 있는 것은 아니다. 주체국가에 의해 발동되는 수단이 효력을 발휘하려면 그 수단이 작동될 수 있는 기초가 마련되어 있어야 하고, 성취하고자하는 목적과 수단이 조화를 이루어야 하며, 또한 그 수단이 적극적이고 합리적이어야 한다.

외교정책 수단의 기초

수단의 기초란 수단이 전개되고 작동할 수 있는 기본적 여건을 말한다. 이 외교정책의 수단이 아무런 근거도 없이 또 아무런 뒷받침 없이 전개된다면 그 수단은 허공을 헤매게 될 것이다. 다시 말하면 외교정책의 주체국가가 객체국가에 대해 어떠한 수단을 강구하고 전개하였는데도 객체국가가 그 수단에 대해 아무런 반응을 보이지 않는다면 이 현상은 그 수단에 작용할 수 있는 기초를 갖고 있지 않다는 것을 의미하는 것이다. 예를 들면 외교정책의 주체국가가 객체국가에 대해 우리의 관세 인하 요구를 수용하지 않는다면 우리는 객체국가의 공산품 수입을 전면 중지하겠다고 선언하였으나 그 객체국가가 이 선언에 대해 아무런 반응을 보이지 않았다면 수입을 중지하겠다는 위협이라는 수단은 목적을 달성할 수 있는 효력이 없다는 것을 보여주는 것이다. 이 위협 수단이 효력을 갖지 못하는 이유는 이 위협이 객체국가에게 피해를 줄 수 있는 기초를 갖고 있지 못하기 때문이다. 주체국가와 객체국가의 무역거래에서 객체국가는 주체국가에 대해 공산품을 많이 수출하지 않았거나 아니면 수출이 중단되어도 객체국가는 경제적으로 손실이 없거나 또는 다른 국가에 공산품을 수출할 수 있는 시장이 있다면 그 수입 중단 위협은 아무런 효력을 갖지 못할 것이다. 이 위협 수단이 효력을 가지려면 주체국가가 객체국가의 상품을 수입하지 않을 때 객체국가는 경제적으로 결정적인 손실을 입게 되어야 할 것이다. 다시 말하면 객체국가가 그의 수출을 주체국가에 크게 의지하여 객체국가가 경제적으로 주체국가에 불평등하고 취약한 의존관계를 갖고 있을 때 주체국가에 의해 전개되는 외교정책 수단이 효력을 가질 수 있다. 바로 이러한 관계가 외교정책 수단의 기초가 되는 것이다.

국가간의 상호의존관계에 있어 어느 한 국가가 다른 국가에 보다 많이 의존하게 되어 그 상호의존관계가 불평등하고 취약한 상호의존 관계(asymmetrical vulnerability interdependence)로 발전된다면 이 관계는 국가간에 작용될 수 있는 '힘의 근원'(a source of power)이 된다.[68] 한 국가가 다른 국가에 안전보장, 경제, 기술 등을 크게 의지하여 생존하게 된다면 후자국가는 전자국가와 불평등하고 취약한 상호의존관계를 갖게 될 것이다. 이 관계는 전자국가로 하여금 후자국가에게 영향력을 행사할 수 있는 힘의 근거를 제공하게 될 것이다. 따라서 이 관계는 전자국가로 하여금 후자국가의 정책 및 행위를 지배할 수 있게 만들 것이다. 국가간의 불평등하고 취약한 의존관계는 자연적으로 형성되는 것이 아니라 국가에 의해 인위적으로 만들어진다. 힘이란 자신의 목적을 성취시킬 수 있는 능력을 의미한다. 사전적인 의미로 힘이란 무엇을 실천할 수 있고 다른 사람을 지배하는 능력이다. 다른 사람을 지배하는 능력은 자원의 보유와 밀접한 관계를 갖고 있기 때문에 정치지도자들은 힘을 자원의 보유로 정의한다. 이 자원에는 인구, 영토, 자연자원, 경제규모. 군사력 그리고 정치적 안정이 포함된다.[69]

이러한 자원이 다른 국가의 정책과 행위를 지배할 수 있는 힘이 되려면 그 자원을 사용 가능한 힘으로 바꾸어 놓아야 한다. 다시 말하면 국가가 갖고 있는 자원을 효과적인 영향력으로 만들어야 한다. 이것을 '힘의 전환'(power conversion)이라고 한다. 힘의 전환을 구체적으로 말하면 잠재적인 힘(potential power)을 사용가능한 힘(realized power)으로 전환시키는 것을 말한다.[70] 힘의 전환은 상당한 자원을 갖고 있는 국가가 다른 국가의 경제 발전을 지원하고, 선진 과학기술을 제공하고 또 국민의 교육 수준을 향상시키기 위해 물질적 지원을 계속하므로 이루어지다. 이러한 계속적인 지원은 이것들을 제공하는 국가와 이것을 제공받는 국가간에 불평등하고 취약한 상호의존관계를

68) Robert O. Keohane and Joseph S. Nye, Power and Interdependence, 2nd ed.(Glenview, Illinois: Scott, Foresman and Company, 1989), pp.18 & 222.

69) Hans J. Morgenthau, Politics among Nations(New York: Alfred Knopf, 1955), chap. 9; and Klaus Knorr, The Power of Nations(New York: Basic Books, Inc., 1975), chaps. 3 & 4.

70) Joseph S. Nye, Jr., " The Changing Nature of World Power," Political Science Quarterly, vol.105, no.2(Summer 1990), pp.172ff.

형성시키며 이 관계가 전자국에게 후자국가의 정책 및 행위를 지배할 수 있는 힘을 갖게 한다.[71] 이러한 힘을 갖고 있는 국가는 상대국가에 대해 효과적이고 위력적인 외교정책의 수단을 구사할 수 있고 동시에 외교정책의 실현으로 소기의 목적을 달성할 수 있다. 이러한 현상이 한 국가의 외교정책을 실현시킬 수 있는 기초이다. 이러한 기초 없이 다른 국가에게 자국 외교정책의 수용을 강요한다면 그것은 국가간 마찰, 갈등만을 조장하게 될 것이다.

수단의 효율성

한 국가가 다른 국가에 영향력을 행사할 수 있는 기초를 갖고 있는 경우에 외교정책을 실천할 수 있는 일차적인 수단은 설득이다. 이때의 설득은 양보, 희생 등을 강요하는 의미의 설득을 말한다. 이 경우에 설득을 당하는 국가는 설득하는 국가의 외교적 역량을 알기 때문에 상대국가에 대해 의지의 표현만 잘 이루어진다면 이 설득은 성공할 수 있다. 영향력을 행사할 수 있는 국가는 상대국가에게 수용을 요구하는 외교정책의 중요성 그리고 이 정책이 수용되지 않으면 영향력을 행사할 의지가 확고하다는 의지를 명확히 표시하거나 전달한다면 그 설득은 소기의 성과를 얻을 수 있을 것이다. 그러나 설득으로 목적을 달성할 수 없다면 영향력 또는 압력이라는 방법을 강구하여야 할 것이다. 이때 행사되는 압력 또는 영향력 행사는 외교정책의 대상이 되는 국가에게 불이익을 감수하지 않을 수 없게 하겠다는 의사의 표시이다. 이러한 영향력 또는 압력으로도 대상국가의 태도, 행위, 정책 등에 아무런 변화가 없다면 압력을 실제 행동으로 옮겨 불이익을 감수하게 만들어야 할 것이다. 다른 국가에 대해 영향력을 행사할 수 있는 기초를 갖고 있지 않은 국가가 다른 국가에 대해 자국 정책의 수용을 일방적으로 요구한다면 그 정책은 수용되지 않을 것이고 따라서 정책은 실천되지 못할 것이다. 한 국가가 영향력이나 압력의 행사로 외교정책을 실천할 수 없다면 외교정책의 주체국가는 객체국가에 대해 실제로 경제제재 또는 그의 위협, 그리고 무력행사 또는 그의 위협이라는 수단을 강구하여야 할 것이다.

먼저 군사력의 행사 또는 그의 위협이 효력을 발휘하며 소기의 목적을 달성하기 위해서는 갖추어야 할 요건들이 있다. 국가가 대외문제의 해결을 위해 실제로 군사력을

71) Bruce Russett and Harvey Starr, p.134.

사용한다는 것은 영향력 행사의 실패를 의미하는 것이다. 즉 한 국가에 의해서 다른 국가에 군사력을 행사한다는 것은 다른 국가를 설득하는데 실패하였다는 것을 의미한다. 국가가 군사력을 사용한다는 것은 어떠한 약속도 효력이 없었고 어떠한 위협도 효력을 갖지 못했다는 것을 의미한다.[72] 다른 국가에 대해 영향력을 행사해서 외교정책을 실천할 수 없는 국가가 그것을 실천할 수 있는 군사력을 갖고 있다면 외교정책의 수단으로 군사력을 사용하려할 것이다. 그러나 국가가 군사력을 갖고 있다고 또 그것을 실제로 행사한다고 그 수단이 반드시 소기의 목적을 달성하는 것은 아니다. 1960년대 미국은 베트남에서 실제로 군사력을 사용하였고, 1979년 소련도 군사적으로 아프가니스탄을 점령하였다. 앞에 열거한 미국과 소련의 군사행동은 성공적이라고 말할 수 없다. 왜냐하면 이 군사적 행동은 모두 소기의 목적을 달성하는데 실패했다. 그러나 소련이 1956년 헝가리에 그리고 1968년 폴란드에 대해 군사력을 행사하여 이 두 국가의 민주화운동을 저지하는데 성공하였다. 군사력이 외교정책의 수단으로 행사되어 소기의 목적을 달서하기 위해서는 그 군사력이 군사적으로가 아니라 정치적으로 이용되어야 한다.

위에 열거한 사례 가운데 군사력이 정치적으로 사용된 경우는 성공하였고 군사적으로 이용된 경우에는 실패하였다. 군사력이 군사적으로 이용된다는 것은 폭력으로 파괴하고 살상하고, 제거하고, 점령하고, 지배한다는 것이고 군사력을 정치적으로 이용한다는 것은 군사력을 영향력으로 이용한다는 것이다. 다시 말하면 군사력 즉 무력의 행사는 상대방에게 어느 정도의 피해를 입게 하겠지만 그 피해가 피해로 끝나지 않고 그 피해가 그 국가로 하여금 더 이상의 저항 의지를 분쇄하려는 것이 군사력의 정치적 이용이다. 현재 자국에게 가해진 피해는 시작일 뿐 계속해서 저항한다면 보다 더 큰 피해를 입게 될 수도 있다는 것을 암시하는 것이 군사력의 정치적 이용이다. '당신이 나로 하여금 당신에게 피해를 주는 행위의 중지를 원한다면 내가 당신에게 요구하는 것을 이행하여라'라는 의사를 상대 국가에 전달하기 위해 국가에 의해 군사력이 정치적으로 이용된다. 1945년 8월 미국이 일본에 원자탄을 투하한 것은 위에 말한 미국의 의지가 담겨져 있는 것이다. 그리하여 국가는 파괴, 살상, 부, 명예, 영토의 손실 등을 위해 군사력이 사용되는 것이 아니라 상대방의 의지를 지배하기 위해 군사력을 사용한다.[73] 군사력의

72) Ibid., p.137.

73) Ibid., pp.171-172.

사용이 효과를 거두기 위해서는 군사력의 행사로 상대방에게 피해만을 주는 것이 아니라 그 피해가 상대방의 저항 의지를 포기하게 만들 수 있어야 한다. 군사력이 이처럼 사용된다면 이것이 군사력을 통해 영향력이 행사되고 이렇게 되어야 군사력이 정치적 목적을 위한 정치적 수단이 되는 것이다. 군사력의 정치적 이용이란 한 국가가 계속적으로 폭력을 행사하는 것이 아니라 다른 국가의 특정 정책이나 행위에 영향을 미치거나 또는 영향력을 행사하기위해 계획적으로 군사력을 이용하여 물리적인 행위가 행해질 때 이것을 가리켜 군사력이 정치적 수단으로 이용된다고 한다.[74)]

군사력을 정치적으로 이용하는 방법 가운데에는 군사력의 행사 위협이라는 수단이 있다. 이 수단은 실제로 무력을 사용하지 않고 위협만으로 대외적 목적을 달성하려는 것이다. 이 수단은 상대방에게 무엇을 하면 또 무엇을 하지 않으면 무력을 행사하여 상대방에게 피해를 줄 수 있다는 의사를 표시 또는 전달함으로써 정치적 목적을 달성하려는 수단이다. 이러한 의사 표시 또는 의사 전달만으로 외교정책을 실천하려면 여러 가지 요건이 충족되어야 한다.[75)]

첫째, 상대국가에 대해 군사적 능력을 과시하고 그 능력을 상대국가로부터 인정받아야 한다. 이렇게 하기 위해서는 핵 실험을 하는 일, 전쟁 게임을 하는 일, 상대국의 국경 근처에서 군사 훈련을 하는 일, 비행기 전시회, 화력이 뛰어난 무기 실험, 군의 위력 시위, 해군 함대의 시위 등이 필요하다.

둘째, 다른 국가에 대해 군사적 위협을 가하려는 국가는 그의 군사력 행사 의지를 명확하게 인지시켜야 한다. 상대국가의 군사력 행사 의지는 그 국가의 군사력 행사 경험에 대해 그 의지를 인지시킬 수 있다.

한 국가가 평시에 정치적 목적으로 군사력 행사 경험이 많은 국가는 군사력 행사 의지를 상당히 갖고 있을 것으로 인지될 것이고 군사력 행사의 경험이 없는 국가는 다른 국가에 대한 군사력 행사 의지를 강하게 갖고 있는 것으로 평가되지 않을 것이다. 미국은 1946년부터 1975년까지 30여 년 동안 군사력을 정치적 목적으로 사용한 경우는 215회라고 한다. 이 경험으로 보아 미국의 군사력 행사 의지는 강한 것으로 평가되고 그의 위협은 상당한 효력을 갖게 될 것이다.

셋째, 군사력 행사 위협이 효력을 가지려면 위협받는 군사를 비호하는 국가나 세력이

74) Barry M. Belchman and Stephen S. Kaplan, pp.12-16.

75) Bruce Russett and Harvey Starr, p.173.

없어야 한다. 어떤 국가로부터 위협을 받고 있는 국가가 다른 국가의 보호를 받는다면 그 위협받는 국가는 위협을 두려워하지 않을 것이다. 1968년 미국 해군에 의해 운영되고 있는 첩보함 푸에블로(Pueblo)호가 북한 해안에서 북한 해군에 의해 나포되었다. 그리하여 미국은 북한을 위협해서 정보수집함과 선원들을 되돌려 받기 위해 북한 해역에 항공모함 엔터프라이스(Enterprise)와 구축함들을 파견하였다. 이때 여러 척의 소련 군함들이 미국 항공모함 주위에 집결하였다. 이러한 소련의 행위는 북한을 보호하기 위한 행위이며 소련의 이러한 행위는 미국 함정으로 하여금 북한을 위협할 수 없게 하였다.[76]

오늘날 경제를 외교정책의 수단으로 이용할 때 가장 많이 이용되는 조치는 경제제재 조치이다. 이 경제제재 조치역시 실제로 경제제재 조치를 가하는 경우가 있고 다른 하나는 경제제재를 위협하는 경우가 있다. 경제제재 조치의 위협이란 영향력의 행사를 통해 목적을 달성하려는 조치이고, 경제제재를 실제로 행사한다는 것은 경제제재를 위협했으나 그것으로 소기의 목적을 달성하지 못했기 때문에 그 대안으로 이용되는 조치가 경제제재 조치이다. 이 경제제재 조치가 성공을 거두기 위해서는 조치로서 이용되는 요소가 이 조치 대상국가에게 결정적으로 중요한 요소이어야 하고 동시에 그 요소를 어떠한 방법으로도 대체할 수 없어야 한다. 예를 들면 제재의 대상이 되는 국가의 수출시장을 제재 조치의 요소로 이용한다면 제재 대상국이 제재를 가하는 국가 이외에 다른 수출시장을 얻을 수 없게 하여야 한다. 또 어떤 상품은 제재 조치의 요소로 이용한다면 제재 대상국이 제재 조치로 이용되는 상품을 절대로 얻을 수 없게 하여야 그 제재 조치가 성공을 거둘 수 있다.

경제제재 조치의 성공 여부를 가늠하는 기준은 첫째, 경제제재의 대상국가가 제재를 가하는 국가의 요구를 수용하였는가의 여부이다. 전자국가가 후자국가의 요구를 전적으로 수용하였다면 그 조치는 완벽하게 성공하였다고 평가한다. 둘째, 경제제재를 받는 국가가 경제적으로 어려움을 겪게 되어 국민 생활이 어려워지고 국민들이 정부에 저항하게 되어 정권의 존립이 위협을 받게 된다면 이러한 현상은 경제제재 조치가 효력이 있다는 것을 의미한다. 이때 제재를 받는 정부가 경제제재 조치를 정치적 지지로 바꿀 수 없다면, 그리하여 정부는 정권을 유지하기 위해 경제 제재를 가하는 국가의 요구를 수용할 가능성이 있다. 셋째, 만일 경제제재 조치의 대상국가의 지도 계층이 일반 국민

76) Stephen S. Kaplan(ed.), p.652.

들과 같이 고통을 느끼게 된다면 그 조치의 효력이 있었다고 평가할 수 있다. 제재를 받는 국가의 상황이 이렇게 어렵게 된다면 대상국가의 지도계층은 정부에 대해 제재 조치를 가하는 국가의 요구를 수용하도록 강력히 요구하게 될 것이다.

이 세 경우 가운데 하나의 현상이 발생한다면 그 경제제재 조치는 성공한 것으로 평가된다. 그리고 경제제재 조치의 대상 국가가 제재를 가하는 국가의 요구를 전혀 수용하지 않는 다면 그것은 제재 조치의 실패로 판단된다. 그러나 제재를 가하는 국가와 받는 국가간에 타협이 이루어져 전자 국가가 후자국가로부터 보다 많은 양보를 얻어내어 더 많은 이익을 얻는다면 그것은 경제제재 조치의 부분적 성공으로 간주한다. 이 경우는 제재를 받는 국가가 제재를 가하는 국가의 요구를 부분적으로 수용한 것으로 간주하기 때문에 이 결과는 제재 조치의 부분적 성공이라고 판단한다.[77)]

1950년대 말 카스트로(Fidel Castro)에 의해 쿠바에 친소련 정부가 수립되었다. 미국의 아이젠하워(Dwight Eisenhower) 대통령은 카스트로로 하여금 친소노선을 포기하도록 만들기 위해 경제제재 조치를 취했다. 이때 미국은 쿠바의 최대 수출 상품인 설탕의 수입량을 줄였고 또 미국과 서방 국가들은 쿠바에게 절대적으로 필요한 석유의 공급을 중단하며 쿠바에 압력을 가했다. 그러나 미국이 쿠바에 가한 경제제재 조치는 카스트로의 정책노선을 변경시키지 못했다. 미국의 쿠바에 대한 경제제재 조치는 실패했다. 왜냐하면 미국을 대신해서 소련이 쿠바의 설탕을 구매해주었고 석유 역시 소련에 의해 쿠바에 공급되었기 때문에 미국의 조치는 성공할 수 없었다. 쿠바는 설탕 수출 시장과 석유 공급원을 대체할 수 있었다. 1960년 12월 소련과 쿠바는 경제협정을 연장하는데 합의했고 1961년 1월 미국과 쿠바의 외교관계는 완전히 단절되었다.

앞에서 언급했던 것처럼 1979년 12월 소련은 아프가니스탄을 무력으로 침공하여 점령하였다. 이에 대해 미국의 카터 대통령은 소련에게 절실한 곡물수출을 금지하기로 결정했으나 알젠틴, 오스트레일리아, 캐나다, 유럽공동체(EC) 등이 소련에 곡물을 수출하게 되어 미국의 소련에 대한 경제제재 조치는 역시 실패하였다. 서유럽국가들은 에너지 수입원(源)을 다원화하여 석유수출국기구(OPEC)국가로부터 수입되는 에너지에 대한 의존도를 낮추기 위해 1970년대 말부터 시베리아 천연 가스의 개발 및 수입 문제를 소련과 교섭하기 시작하였다. 서독, 이태리 그리고 프랑스가 소련과 전개하고 있는 교섭의 내용은 5,000km의 가스관을 건설하고 이 국가들은 매년 400억 큐빅미터의 천연가스

77) Daniel W. Drezner, pp.15-18.

를 소련으로부터 수입하는 것이었다. 서유럽국가들이 소련으로부터 수입하는 가스의 양은 외국으로부터 이들 국가에게 공급되는 가스의 30% 이상이다. 미국은 이러한 현상을 크게 우려하였다. 서유럽국가들이 이 정도 양의 가스를 소련으로부터 도입하게 되는 이 국가들은 소련 에너지에 크게 이존하게 되고 이 결과는 서방국가들로 하여금 소련의 경제적 위협이나 제재에 취약하게 되어 소련으로부터 자유로울 수 없게 된다는 것이 미국의 주장이다.

이와 같은 주장에 근거해서 미국은 서유럽국가들의 소련 천연가스 수입을 환영하지 않았다. 이어서 미국의 레이건 대통령은 1981년 7월 캐나다의 오타와에서 개최된 서방 선진국 G-7 정상회담에서 최신 압착기를 소련에 제공하게 되면 서방 국가들이 소련에게 고급 기술을 이전하게 되므로 서방 국가들은 천연가스를 도입하기 위한 파이프라인의 건설을 하지 않을 것을 촉구하였다. 그럼에도 불구하고 서유럽 국가들은 미국의 요구를 수용하려하지 않았다. 그리고 1981년 8월 서독은 파이프라인의 건설에 소모되는 재정 지원을 약속하는 협정을 소련과 체결하였다. 그리고 같은 해 9월에는 유럽 국가들과 소련 정부간에 총 공사비 34억 7,000만 달러의 가스관 건설 계약을 체결하였다. 그리고 이태리와 서독은 소련으로부터 가스 도입 계약을 체결하였다.

이즈음 폴란드에 계엄령이 선포되었다. 이때 미국과 서유럽국가들은 폴란드에 여러 가지 제재 조치를 취할 수 있는 법적 장치를 마련하였다. 그리고 미국은 소련에 대한 제재를 희망하였고 미국은 1981년 12월 소련에 대한 원유 및 천연가스 채굴 장비 수출을 포함한 일련의 경제제재 조치를 취한다고 발표하였다. 그러나 서유럽 국가들은 소련에 대한 경제제재에 반대하였다. 왜냐하면 소련에 대한 경제제재는 가스관 건설에 영향을 주기 때문이었다. 그리고 미국은 6개월 동안 서유럽 국가들에게 소련에 대한 경제제재에 동참하도록 외교적 압력을 가하였다. 그러나 미국의 이러한 압력은 서유럽국가들을 움직이지 못했다. 그리고 가스관 건설은 계속되었고 1982년 1월 프랑스도 소련과 가스 수입 계약을 체결하였다. 그리고 레이건 대통령은 1982년 6월 베르사이유에서 개최된 G-7 정상회담에서 동맹국들에게 가스관 건설 장비의 수출 금지에 동참할 것을 재차 요구하였으나 서방 동맹국들은 미국의 요구를 수용하지 않았다. 그럼에도 불구하고 레이건 대통령은 6월 18일 소련에 대한 경제제재 조치를 연장한다고 선언하였다. 그리고 미국 정부는 미국 기업 및 미국의 기술을 사용하고 있는 외국 기업들도 원유 및 가스 채굴 장비의 소련 수출을 금지하도록 요구하였다. 이러한 미국 정부의 결정을 위반하는 기업 및 개인은 10년의 징역 또는 10만 달러의 벌금을 부과한다고 미국 정부는 선언하였다. 그러나 궁극적으로 미국의 소련에 대한 경제제재는 아무런 효력을 발휘하지 못했다. 그리하여 미국 정부는 1982년 11월 13일 대소련 경제제재조치를 취소하고 말았다.[78] 미국의 대소련 제재는 무모할 정도였다. 1980년대 초 미국이 서유럽국가들에게 영향력을 행사할 수 있는 기초를 갖고 있지 않았기 때문에 미국은 이 국가들을 움직일 수 없었고 소련은 서유럽국가들과 직접 거래하고 있었기 때문에 미국의 대소련 제재조치는 소련에 아무런 영향을 미치지 못했다. 레이건 행정부의 서유럽 동맹국과 소련에 대한 위협 및 제재 조치는 성공할 수 있는 어떠한 근거도 갖고 있지 않았기 때문에 미국의 제재 조치는 성공할 수 없었다.

1973년 아랍의 산유국들이 원유를 무기로 하여 이스라엘의 정책을 부분적으로 변경시키는데 어느 정도 성공하였다. 이 조치가 성공할 수 있었던 배경은 서방 국가들의 에너지 원동력인 원유를 무기로 하였기 때문이다. 서방국가들에게는 생명선과 같은 것이었을 뿐만 아니라 이렇게 중요한 에너지를 다른 지역으로부터 수입할 수 없었다. 이러한 상황은 서방 국가 경제에 치명적인 상처를 주었다. 특히 이러한 조치가 성공할 수 있었던 또 다른 배경은 중동의 산유국들이 일관되게 통일된 행동을 하였다는 것이다. 이 경우는 대안이 없는 무기로 서방 국가들을 위협하였기 때문에 특히 주요 서방 경제 선진국들이 아랍 산유국들의 요구를 수용하였다. 아랍 산유국들의 서방 국가에 대해 취했던 제재 조치는 외교정책 수단으로서 성공한 모범적인 사례이다. 경제적 압력 또는 경제적 제재를 가할 때 이용되는 전략에는 당근(carrot)과 채찍(stick)이 있다. 이 두 가지는 모두 외교적인 전략적 무기로 사용되는데 이것이 적절히 사용되어야 목적을 달성할 수 있다.

1970년대 한국이 핵개발을 하려할 때 미국은 한국에 대해 채찍을 사용하여 한국의 핵개발을 중지시켰고 1990년대 북한의 핵개발을 당근으로 그것을 중지시켰다. 상식적으로 한국은 미국의 동맹국이므로 당근으로 핵개발을 저지시키고 북한은 적대적 국가이므로 당연히 채찍으로 핵개발을 저지시킬 것으로 생각할 수 있다. 그런데 실제로 미국이 사용한 전략적 무기는 상식과는 정반대였다.

미국이 남북한에 대해 상식과 다른 전략을 구사했던 이유는 다음과 같다. 먼저 한국은 오랫동안 안보, 경제 등을 미국에 의지하여 살아왔다. 그리하여 한국은 미국과 의존적이

78) Ibid., pp.80ff참고.

고 취약한 의존관계를 갖게 되었고 이 관계는 미국으로 하여금 한국에 영향력이나 압력을 행사하여 한국을 움직일 수 있는 기초를 제공하고 있다. 그러므로 미국은 채찍으로 한국을 움직여 그의 목적을 달서할 수 있었다.

한편 북한은 미국과 의존적이고 취약한 관계를 갖고 있지 않기 때문에 미국이 북한에 영향력이나 압력을 행사할 수 있는 근거를 갖고 있지 않았다. 그렇게 때문에 미국은 북한에 대해 채찍을 사용할 수 없었다. 그러므로 미국은 북한에 당근을 제공해서 당시 북한의 핵개발을 중지시켰다. 이러한 결과는 미국의 외교정책의 수단을 매우 효과적으로 이용한 경우이다.[79] 이처럼 수단의 적절한 활용은 정책 실천의 성패를 좌우한다.

79) Ibid., pp.252ff참고.

6

국가간의 외교관계·정치적 관계 그리고 외교정책

오늘날 국제사회에는 약 200여개의 국가들이 더불어 살고 있다. 모든 분야가 세계화되어 가고 있기 때문에 각 국가는 다른 국가와 많은 분야에서 교류와 접촉을 갖고 있다. 이러한 현상은 국가간 상호의존관계를 심화시키고 상호작용을 활발하게 만든다. 국가의 이러한 관계와 작용은 그의 빈도, 정도 등에 따라 국가간 관계의 질(quality)과 양(quantity)을 결정한다. 국가간 관계의 질이란 국가들이 여러 분야에서 이루어지고 있는 교류 및 상호작용에 심도있고 긴밀하게 이루어지고 있는 정도를 말하는 것이다. 예를 들면 어떤 국가들은 언제나 같은 입장, 같은 정책을 갖고 서로 상대국가에 적응하며 이익과 피해를 공유하는 관계를 유지하는 국가들의 관계의 질은 매우 좋은 것이라고 평가할 수 있다.

국가간 관계의 양(量)이란 숫적으로 여러 분야에서 접촉 및 교류가 많은 것을 의미한다. 대체로 외교관계의 질이 좋으면 따라서 외교관계의 양도 증가하게 될 것이다. 국가간 관계의 질이 좋다면 양이 많더라도 그 양의 질도 좋아질 것이다. 국제사회에서 한 국가가 다른 국가와 더불어 살면서 국가 이익을 극대화할 수 있다는 것은 다른 국가와의 관계가 질적으로 또 양적으로 매우 좋기 때문이라고 말할 수 있다. 국가간의 관계가 나쁘다면 상호 배타적으로 결정하고 적대적으로 행위 하게 될 것이다. 그렇다면 이러한 관계를 가진 국가는 국가의 이익을 증진시킬 수 없다. 이와 같이 국가간의 관계는 한 국가의 다른 국가에 대한 정책이나 행위의 질과 양을 결정하는데 지대한 영향을 미친다.

국가간 여러 관계 가운데 외교정책의 측면에서 고려되어야 할 관계는 첫째, 외교관계 둘째, 정치적 관계 그리고 세번째 국가 원수 즉 최종 정책 결정자간의 개인적 관계이다. 이러한 관계는 국가의 외교정책 결정에 영향을 미친다.

외교관계와 외교정책

한 국가가 다른 국가와 외교관계를 정상화하면 국가간에는 공식적 관계가 수립된다. 국가간 외교관계의 수립이란 국가의 이름으로 정부간 공식적으로 접촉, 교류 등을 할 수 있다는 것을 의미한다. 국가간 외교관계가 수립되면 국가는 상대국가에 해외공관을 설치하고 외교관을 상주시키고 외교관은 주재국에서 자국을 대표하는 일, 자국의 이익과 국민을 보호하는 일, 주재국의 상황을 본국에 보고하는 일상적인 업무를 수행한다. 이러한 업무는 일상적인 것으로 이것만으로 국가의 이익을 증진시키는 데에는 한계가 있다. 국가간의 관계에서 국가의 이익을 증진시키려면 국가간 외교관계의 질을 높여야 한다. 국가간 외교관계의 질이 향상되어야 국가간의 교류 및 접촉이 활발해지고 따라서 상호작용이 적극적으로 전개될 수 있다.

국가간 외교관계를 그 관계의 질에 따라 분류하면 협조관계(cooperation), 갈등관계(conflict) 그리고 통상적 관계(indifference)로 나눌 수 있다.[1)]

협조적 관계와 외교정책－기본적으로 국가간의 외교관계가 협조적 관계라는 것은 국가가 공존공영(共存共榮)하기 위해 새로운 물질적 및 정신적 가치를 창출해서 나누어 가질 수 있도록 상호의존하고 상호작용하고 그리고 상호간의 외교정책 및 대외행위가 일방적이 아니라 상부상조의 정신에 입각해서 서로 적응하고 조화를 이룰 수 있는 국가간의 관계를 의미한다. 그러나 국가간의 외교관계가 협조적이라고 해서 언제나 또 어떠한 문제에 대해서 국가간 이해(利害)를 똑같이 나누어 갖는다는 절대적인 의미가 아니라 국가간 여러 분야에 있어 원칙적으로 상부상조하고 이해를 균점할 의지를 갖고 있다는 것을 뜻하는 것이다.

국가간 이러한 협조적 관계는 동맹조약, 다양한 실질적인 협정, 경제블럭 형성 등에 의해 명시적인 방법에 의해 형성되는 경우가 있고 어떤 경우는 명시적인 합의없이 국가간의 전통, 국가간 특수한 관계 등에 의해 협조적 관계가 형성되는 경우가 있다. 전자의

---

1) Klaus Knorr, The Power of Nations(New York: Basic Books, Inc., 1975), p.3; Charles McClelland and Gray Hoggard, "Conflict Patterns in the Interaction among Nations," in James Rosenau(ed.), International Politics and Foreign Policy(New York: The Free Press, 1969), pp.71f; Maurice A. East, Stephen A. Salmore and Chrales F. Hermann(eds.), Why Nations Act(Beverly Hills: Sage Publications, 1978), p.41.

경우는 제2차 대전 직후 북대서양조약기구(NATO)회원국이나 유럽연합(EU)회원국간에는 명문조약에 의해 협조적 관계를 갖고 있다.

한편 미국과 영국의 관계는 후자의 경우로서 역사적으로 전통적으로 또 문화적으로 확실한 동질성을 갖고 있어 두 국가는 전형적인 협조적 관계를 갖는다. 미국과 이스라엘은 미국 내 유대인의 영향력이 막강하기 때문에 이 양국은 특수한 관계를 갖고 있고 협조적 관계가 유지되고 있다. 또 미국과 캐나다는 '북미자유무역협정'(NAFTA)을 체결하고 있고 또 이 협정이전에 이 두 국가는 우선 국경을 접하고 있기 때문에 언제나 영토적 안전 보장에 공통으로 대처해야 한다. 그렇기 때문에 이 두 국가도 외교적으로 특수한 협조적 관계를 갖고 있다.

한국과 미국은 국력의 커다란 차이를 보이고 있지만, 한국과 미국은 일찍이 한미상호방위조약을 체결하여 반세기 이상 동맹관계를 유지해왔다. 그 동안 미국은 한국의 영토적 안전 보장에 기여하여 왔고 한국의 경제 발전에도 많은 도움을 주었다. 이러한 관계라면 한국과 미국과의 외교관계는 협조적 관계라고 말할 수 있다. 그리고 과거 양극체제하에서 소련과 동유럽 국가들은 바르샤바조약기구(WTO)의 회원국으로 이들은 모두 동맹국이었다. 그러므로 이 국가들의 외교관계도 협조적 외교관계를 갖고 있다고 말할 수 있다.

협조적 외교관계를 갖고 있는 국가들은 대체로 동일한 외교정책 노선을 갖고 있다. 그리고 이 국가들은 상호 배타적이거나 서로 상충되는 외교정책 목표 또는 외교정책을 갖지 않으며 대외적인 행위나 태도 등에서도 동일한 보조를 취하는 것이 일반적인 현상이다. 외교적으로 협조적 관계를 갖고 있는 국가간에는 적어도 상대국가에서 대해 일방적으로 결정적인 피해나 희생을 강요하는 정책을 결정하거나 또는 불리한 행위를 강요하지 않았다. 만약 이들 간에 이러한 바람하지 못한 정책이나 행위가 발생한다면 이 국가간의 협조적 관계는 지속되기 어려울 것이다. 이러한 협조적 관계를 갖고 있음에도 불구하고 이들 국가간에 문제가 발생했는데 이 문제가 합의에 의해 원만하게 해결되지 않는 경우가 있다면 이런 경우에는 부득이 문제 해결을 위한 방법이 강구되어야 할 것이다. 이 경우에도 이 국가간에는 무력행사를 위협하거나 또는 가혹한 제재를 위협하는 수단은 강구되지 않을 것이다. 이러한 경우에 일반적으로 강구되는 수단을 설득과 보상(persuasion and rewards)이다. 예를 들면 미국과 일본이 동맹관계를 갖고 있는데 양국간에 현안이 합의에 의해 해결이 되지 않고 있을 때 미국이 이 문제의 해결을 위해 사용되는 방법은 물론 설득과 보상이다. 지금까지 양국의 관계로 보아 어느 한 국가가 근본적으로 외교정책의 목표를 달리하거나 또는 상대국가에 대해 적대적인 정책이나 태도를 취하지 않았다. 협조적인 외교관계를 오래 지속하여 왔던 미국과 영국의 경우도 이들 간의 현안은 설득과 보상으로 해결될 것이다.

미국 레이건 대통령의 반대에도 불구하고 서독과 이태리는 1981년 9월 시베리아에서 채굴되는 천연가스 수입 계약을 체결하였고 프랑스 역시 1982년 1월 소련과 천연가스 수입 계약을 체결하였다. 동맹국들이 이와 같은 결정을 하였을 때, 1982년 6월 베르사이유에서 개최되었던 서방 경제 선진국(G-7) 정상회담에서 레이건 미국 대통령은 그의 동맹국들에게 소련에 대한 천연가스 수송관 판매 금수 조치를 취하도록 요구하였으나 동맹국들은 미국의 요구를 거부하였다. 그리고 레이건 대통령은 모든 미국 기업 및 이 기업의 자회사(foreign subsidiaries of US firms)그리고 미국의 기술을 사용하고 있는 외국 기업에게 소련에 대한 원유 및 천연가스 채굴 장비의 수출 금지를 명령하였다. 이 명령을 어기는 경우에는 10년의 징역, 10만 달러의 벌금, 그리고 미국과 무역 특권을 박탈한다고 선언하였다. 미국의 동맹국들은 미국 정부의 모든 요구의 수용을 거부하였다. 그리고 서유럽의 미국 동맹국들은 소련과의 천연가스 사업을 계속하였다. 그리하여 미국은 이태리, 영국 그리고 서독에 있는 이 기업들에게 벌칙을 가하였다. 그리고 동맹국들에게도 소련과의 천연가스 사업을 중지하도록 압력을 가하였다. 그러나 미국은 동맹국이 절대적으로 필요로 하는 식량의 수출금지 조치는 취하지 않았다.

만일 미국이 동맹국들에게 피해를 입히는 결정을 한다면 이 결정은 미국과 동맹국과의 신뢰관계를 훼손한다고 미국은 생각하였다. 그리하여 레이건 대통령은 결국 1982년 11월 서유럽 동맹국에 대한 모든 제재조치는 모두 취소한다고 선언하였다.[2] 1979년 소련의 아프가니스탄 침공으로 카터 대통령은 소련과의 데탕트를 포기했고 새로 대통령이 된 레이건 대통령 역시 소련에 대해 강경한 입장을 견지하였다.[3] 이러한 가운데 미국의 동맹국인 서유럽국가들이 시베리아의 천연가스를 발굴하여 그것을 수입한다는 것은 미국에게는 적을 돕는 행위로 간주된다. 그렇기 때문에 미국은 동맹국이지만 서유럽 국가들에게 강력한 제재를 가하려 하였다. 그러나 이들은 미국의 동맹국이고 협조적

2) Daniel W. Drezner, The Sanctions Paradox(Cambridge: Cambridge University Press, 1999), pp.81-82.

3) Raymond L. Garthoff, Detente and Confrontation(Washington, D.C.: The Brookings Institution, 1985), pp.1014-1015.

외교관계를 갖고 있기 때문에 역시 미국은 이들에게 피해를 주지 않고 동맹국들의 결정을 수용하였다. 미국과 서유럽동맹국간에 전개되었던 모든 과정은 협조적 외교관계를 갖고 있는 국가들이 취하는 전형적인 외교형태이다. 동맹관계에 의해 협조적 외교관계를 갖고 있다고 하더라도 외교정책 목표를 과거와 다르게 갖게 되거나 또는 동맹 관계를 갖고 있는 다른 국가에 대해 적대적 정책이나 적대적 행위를 자행한다면 이 경우에는 상당한 응징이 따르게 될 것이다.

1956년 10월 헝가리에서 그리고 1968년 여름 체코슬로바키아에서 민주화 운동이 전개되었을 때 소련은 다른 바르샤바 동맹국의 군대와 함께 무력으로 이들의 민주화 운동을 진압하였다. 헝가리와 체코슬로바키아의 민주화 운동은 세계 사회주의 체제의 결속을 약화시키고 이 체제로부터의 이탈을 목적으로 하려는 것으로 소련은 판단하였다.[4] 동유럽 국가들의 동맹 이탈 행위는 협조적 외교관계를 근본적으로 파괴하는 행위이므로 소련의 군사적 개입은 당연한 것이다. 동맹으로 인하여 협조적 외교관계를 갖고 있는 국가간이라도 동맹관계를 파괴하는 정책을 결정하거나 반동맹적 행위를 한다면 이 동맹관계의 유지를 희망하는 국가로서 상대국을 응징할 수 있는 힘을 갖고 있다면 그 국가는 힘을 행사할 것이다.

한국과 미국은 동맹조약을 체결하고 있어 양국은 외교적으로 협조관계를 갖고 있다. 6·25전쟁 이래 미국은 한국의 영토적 안전보장에 크게 기여하였고, 한국의 경제 발전을 위해 적극적으로 지원하였다. 한국과 미국은 동맹조약 체결 이후 외교정책 목표를 부분적이나마 달리한 일이 없이 양국은 외교정책이나 대외행위에 있어 대체로 사전에 협의하고 조율하여 공조관계를 유지하여 왔기 때문에 지금까지 한국과 미국은 심각한 갈등적 상황을 만들지 않았다. 또한 미국이 강대국이지만 한국에 대해 무리한 정책이나 행위를 강요하는 경우도 거의 없었다. 1970년대 한국 정부는 은밀하게 핵개발을 추진하였다. 그러나 이 사실이 미국 정부에 알려졌을 때 미국은 한국 정부에 매우 엄중한 여러 제재 또는 응징조치를 위협하였다. 먼저 미국 정부는 한국에 제공할 차관 2억 7,500만 달러의 제공을 중지하고 또 수출입은행이 제공하는 차관 2억 2,700만 달러의 차관 보증의 철회를 위협하였고, 매년 한국에 제공되는 군사원조 2억 7,500만 달러의 지급 중지를 검토하겠다고 위협하였다. 그뿐만 아니라 1975년 8월 한국을 방문한 쉬레

4) Stephen S. Kaplan, Diplomacy of Power(Washington, D.C.: The Brookings Institution, 1981), pp.85-86 참고.

진저(James Schlesinger)국방장관은 박정희 대통령에게 '한국의 핵개발은 한미관계를 위험하게 한다'고 말했다. 그리고 새로이 국방장관이 된 럼스펠드(Donald Rumsfeld)도 1976년 5월 한국 국방장관에게 '한국 정부가 핵개발을 계속한다면 미국은 안전보장 및 경제문제를 재검토하게 될 것이다'라고 경고하였다. 미국의 이러한 위협에 굴복하여 한국정부는 핵개발을 포기하였다.[5] 한국과 미국이 협조적 외교관계를 갖고 있는 가운데 한국의 핵개발에 대한 미국의 강경 대응 조치는 매우 이례적인 것이었다. 미국이 이러한 강경 조치를 취한 이유는 한국의 핵개발이 미국의 외교정책 목표와 정면으로 충돌된다고 판단했기 때문이다. 미국은 핵확산금지를 중대한 외교정책 목표로 삼고 있다.

국가간 협조적 외교관계 가운데에는 질적으로 차이가 있는 두 가지 종류가 있다. 하나는 협조적 외교관계가 당사국 모두에 의해 절대적으로 필요하다고 인정되는 절대적 협조관계가 있고 다른 하나는 대체로 당사국 중 어느 한 쪽에 의해서만 협조관계를 필요로 해서 형성된 상대적 협조관계가 있다. 예를 들면 기존의 세계경제질서 유지를 목적으로 하고 있는 서방선진국들의 모임체인 G-7은 절대적 협조관계를 갖고 있다. 이들 7개국은 항상 맥을 같이 하는 경제정책을 견지하여야 이들 간에 협조가 이루어지고 세계경제질서를 7개국 중심으로 유지할 수 있다. 그러므로 이들 간에는 외교적으로도 협조적 관계를 유지하는 것이 절대적으로 필요하다. 그렇기 때문에 이들의 외교정책 역시 다른 G-7 국가들과 공조가 요구될 것이다. 이 국가들의 외교정책은 기본적으로 서로의 이익을 존중하게 될 것이다. 만일 G-7 국가들의 외교정책 목표가 서로 상충되고 또 한 국가의 외교정책이 다른 G-7 국가의 이익을 훼손하는 일이 반복된다면 G-7은 존립할 수 없게 될 것이다.

북대서양조약기구의 회원국간의 외교관계는 절대적 협조관계를 갖고 있다고 말할 수 있다. 왜냐하면 아직까지 이 기구의 모든 회원국은 이 기구의 존속을 절대적으로 필요로 하기 때문이다. 이미 냉전의 시기는 지났지만 이 기구의 존폐 문제를 제기한 회원국은 없다. 북대서양조약기구가 동서냉전의 산물이고 또 냉전시대가 끝났지만 북대서양조약기구의 회원국들은 이 기구를 필요로 한다. 만일 이 기구가 해체된다면 유럽대륙에 힘의 공백이 생기게 될 것이다. 이러한 현상은 자칫 국가간 군비경쟁을 유발할

---

5) Don Oberdorfer, The Two Koreas(Readings, Mass.: Addison-Wesley, 1997), pp.68ff ; Daniel W. Drezner, pp.254ff.

수도 있고 국가간 대립 또는 갈등이 생겨날 수 있다. 이러한 현상은 유럽 대륙의 안정과 안전을 위협할 수도 있기 때문에 이 기구의 모든 회원국들은 이 기구의 존립을 희망하고 있다. 그렇기 때문에 이 기구 회원국의 외교관계는 절대적 협조관계이다. 이 기구 회원국의 입장을 대변하는 것으로 이 북대서양조약기구는 1949년 12개국으로 시작했으나 2003년에는 동유럽의 폴란드, 체코, 그리고 헝가리를 새로운 회원국으로 영입하였고 앞으로도 계속해서 동유럽 국가들은 새로운 회원국으로 영입할 예정으로 되어 있다.

예를 들면 벨지움과 미국은 같이 북대서양조약기구의 회원국이다. 국력이 크고 강한 미국이 국력이 약한 벨지움의 이익을 희생시키는 외교정책을 결정하고 벨지움에게 이것의 수용을 강요한다면 미국과 벨지움의 협조관계는 위태롭게 될 것이다. 따라서 북대서양조약기구의 존립에도 나쁜 영향을 미치게 될 것이다. 그렇기 때문에 이 기구의 회원국들이 그 기구의 존속을 원한다면 다른 회원국에게 또는 이 기구에 대해 직접적으로 위해를 가할 수 있는 외교정책을 결정하지 않을 것이다.

1950년대 및 1960년대 냉전시기 소련과 동유럽 국가들은 상대적 협조관계를 갖고 있었다. 즉 동유럽 국가들보다는 소련이 이들과의 동맹관계 유지를 희망하고 있었다. 그렇기 때문에 몇몇 동유럽 국가들은 동맹의 이탈을 꾀하는 정책들을 추진하기도 하였다. 실제로 1950년대 헝가리 그리고 1960년대 폴란드는 민주화운동을 전개하며 자유롭고 독자적인 노선을 추구하기도 하였다. 또한 소련지도자들의 의지와는 달리 1969년 루마니아, 1970년 유고슬라비아, 1972년 폴란드는 미국 닉슨 대통령의 자국 방문을 허용하기도 하였다. 소련과 동유럽 국가들과의 협조관계가 상대적인 것이었기 때문에 이러한 현상이 전개될 수 있었다.

1950년 2월 소련과 중국은 '우호·동맹·상호원조조약'을 체결하였다. 그러므로 양국은 외교적으로 협조관계를 갖고 있었다. 그런데 이 두 국가는 1960년 협조관계 뿐만 아니라 실질적인 단교상태에 이르렀다. 이러한 결과로 보아 이 두 국가의 협조관계는 절대적인 것이 아니고 상대적인 것이었다고 말할 수 있다. 만일 소련과 중국 양국이 모두 협조관계를 절대적으로 필요로 하였다면 이들 간의 협조관계는 파괴되지 않았을 것이다. 실제로 1950년대 중국과 소련은 동맹관계를 갖고 있었지만 이 두 국가는 대외정책이나 대외관계에서 공조를 이루지 못했다. 특히 1953년 스탈린 사망 이후 중국은 독자적으로 제3세계국가들과의 관계를 강화하는데 전력하는 모습을 보였다. 중국의 주도로 1955년 4월 반둥에서 아시아–아프리카민족회의가 개최되었고 이 회의에 29개국이 참여하였다. 이것은 중국이 독자적으로 외교정책을 결정하고 외교행위를 적극적으로 추진하겠다는 명백한 의사표시였다. 한편 소련은 1956년 제20차 소련공산당 대회에서 다음과 같이 주장했다. "전쟁불가피론은 더 이상 현실에 적용될 수 없고 각국은 그의 실정에 따라 마르크스－레닌주의를 창조적으로 적용하여 평화적 방법인 서구식 의회주의 방식에 의한 사회주의에로의 이행이 가능하다. 그러므로 동서 평화공존노선은 단순한 전략적 고려가 아니라 이것이 외교정책의 기본원칙이며 이것이 소련의 신노선이다"[6] 중국과 소련은 동맹관계를 갖고 있었음에도 불구하고 대외적으로 각기 독자적인 길을 걷고 있었다. 그러므로 중국과 소련은 대외적으로 더 이상 공조체제를 유지할 수 없게 되었다. 이와 같은 사실은 두 국가의 협조적 외교관계가 절대적 협조관계가 아니라 상대적 협조관계였다는 것을 말해주는 것이다.

한국과 일본은 과거 불행한 역사를 갖고 있다. 그러나 양국은 1965년 외교관계를 정상화한 이후 어느 국가도 상대국가에 일방적으로 피해를 주는 정책이나 행위를 강요한 일은 없었다. 그러나 한국과 일본은 수교 이후 충돌하거나 갈등을 조장할 수 있었던 일들이 있었다. 한국과 일본은 서로 독도를 자국 영토라고 주장하고 있다. 그런데 한국 정부는 오래전부터 독도에 태극기를 꽂고 한국경비대를 주둔시키며 독도를 한국의 영토로 간주하고 있다. 그럼에도 한국과 일본간에는 영토 분쟁이 발생한 일이 없었다. 또한 1973년 8월 박정희 정권은 한때 대통령 후보였던 김대중을 일본으로부터 비밀리에 한국으로 납치하였다. 한국 정부의 이러한 행위는 일본의 주권을 침해하는 행위였다. 한국 정부의 이러한 행위에 대한 항의 표시로 일본 정부는 한일정기각료회의를 연기하였고 (7-8-9차) 또 이 각료회의 기간을 의도적으로 2일 내지 3일을 단축하였고(7차 및 8차), 이 각료회의 참석 각료들의 수를 줄였고(7차 및 8차), 정부간 경제협력을 각료회의 의제로 삼지 않았다. 이러한 일본 정부의 항의 표시에 우리 정부가 국무총리를 일본에 보내어 사죄의 뜻을 표시하였다. 이와 같은 양국 정부의 의사 표시로 한일관계는 다시 정상적인 관계를 회복하였다. 한국 정부에 의한 일본의 주권 침해 행위에도 불구하고 두 국가의 관계는 크게 악화되지 않고 원만하게 수습되었다. 양국간의 관계가 자칫 극단적인 갈등관계로 치닫을 수 있었지만 양국의 관계가 빠르게 정상을 되찾을 수 있었던 이유는 양국의 외교관계가 절대적 협조관계였기 때문이었다. 한국과 일본은 각각

6) David Floyd, Mao against Khrushchev: A Short History of Sino-Soviet Conflict(New York: Frederick A. Praeger, 1964), pp.228-230.

미국과 동맹관계를 갖고 있다. 이것은 한국과 일본이 직접 동맹관계를 갖고 있지는 않지만 한국, 미국 그리고 일본은 동일한 외교정책노선과 입장을 견지하며 외교적으로 적극적인 공조체제를 유지하고 있다. 한국과 일본은 간접동맹 관계를 갖고 있는 것으로 간주 된다. 예를 들면 한국, 미국 그리고 일본은 21세기에도 북한의 핵개발 문재, 이라크에 대한 무력행사 등에 대해서도 적극적으로 공조체제를 유지하고 있다. 그리하여 한국과 일본은 실질적으로 그리고 현실적으로 협조관계를 갖고 있다.

국가간 외교적으로 협조관계를 유지하려면 각국의 외교정책 목표는 서로 조화를 이루어야 하고 외교정책의 공조는 필수적이다. 그리고 국가간 외교적 협조관계를 유지하기 위해서는 상호 제재 조치의 대상(target)이 되는 것을 회피하여야 한다.[7] 또한 국가간 제재 조치가 엄중한 것이라면 이것은 외교적 협조관계의 붕괴를 초래하게 될 것이다.[8]

갈등적 관계와 외교정책－국가간에는 외교적으로 갈등적 관계를 갖는 경우도 있다. 갈등관계란 국가간 이념과 정책이 상충되고 서로 상대국가의 이익을 해치는 행위를 하고 또는 상대 국가를 비난하거나 비우호적으로 행위 하는 국가간의 관계를 지칭하는 것이다. 국가간의 관계를 갈등적이라고 규정지을 수 있는 객관적이고 절대적인 기준은 없다. 그러나 일반적으로 다음과 같은 형태를 국가간 갈등관계로 규정짓는 기준으로 삼고 있다. “국가간 15년간에 걸쳐 상호 무력 분쟁을 3회 이상 경험하는 관계(enduring rivalry) 또는 강도 높은 극단적 대립 또는 극단적 경쟁이 장기적으로 지속되고, 군사적 충돌의 산발적인 발발 또는 분쟁의 명백한 종결이 없는 경우에는 국가간 외교적으로 갈등관계를 갖고 있는 것으로 간주한다.”[9] 이와 함께 한 국가가 상대국가에 대해 그의 가치를 어느 정도 저해하거나 또 가치의 취득을 방해하는 결정이나 행위를 반복해서 위협하거나 실제로 그렇게 하는 국가간의 관계도 갈등적 관계라고 말할 수 있다.[10]

외교적으로 갈등관계를 갖고 있는 국가는 근본적으로 외교정책목표를 달리 갖고 있

---

7) Daniel W. Drezner, p.9에서 인용.

8) Robert Axelrod and Robert Keohane, "Achieving Cooperation under Anarchy: Strategies and Institution," in Kenneth Oye(ed.), Cooperation Under Anarchy(Princeton: Princeton University Press, 1986), p.236.

9) Charles S. Gochman and Zeev Maoz "Militarized Interstate Dispute, 1816-1976," Journal of Conflict Resolution, vol. 28 no.4(1984), pp.585ff.

10) Charles F. Herman, "Foreign Policy Behavior: That Which Is to Be Explained," in Maurice A. East, Stephen A. Salmore and Charles F. Hermam(eds.), p.41.

고, 한 국가가 상대국가에 대해 행하는 모든 대외행위는 상대국가의 이익에 대한 침해를 위협하는 것으로 간주되고 상호간의 접촉 또는 교류는 지극히 적다. 갈등적 관계를 갖고 있는 국가간에 한 국가에 의해 다른 국가에 대해 행해지는 행위에는 첫째, 경고하고 또 응징을 위협하고 둘째, 비폭력적인 제재를 가하고 또는 심각한 도발행위를 자행하고 그리고 셋째, 평시에도 봉쇄조치와 같은 선별적이고 제한적인 무력을 행사한다. 대체로 동서간 데탕트가 이루어지기 전까지 소련과 서유럽 국가간의 관계, 1948년 이래 시리아와 이스라엘의 관계, 또 중국과 베트남의 관계를 갈등적 관계라고 말할 수 있다.[11] 갈등적 외교관계를 갖고 있는 국가들은 상대국가와 정신적 및 물질적 가치를 공유하고 또 피해를 나누어 가질 수 있는 외교정책을 결정하는 일은 거의 없을 것이다. 이 관계를 갖고 있는 국가들은 외교정책 목표를 서로 다르게 또는 상대 국가의 목표와 배치(背馳)되는 목표를 갖고 있기 때문에 외교정책도 당연히 상대국가에 도움이 되지 않는 외교정책을 결정할 것이다.

국가간 갈등적 관계에도 극단적인 갈등관계가 있고 일반적인 갈등관계가 있다. 예를 들면 1960년대 중국과 소련, 1970년대 중국과 베트남, 1980년대는 소련과 아프가니스탄, 이라크와 이란, 그리고 1990년대에는 미국과 이라크의 관계를 극단적 갈등관계라고 말할 수 있고, 그리고 1970년대 미국과 소련과의 관계는 대표적인 일반적 갈등관계라고 말할 수 있다. 이시기 미국과 소련은 정상회담도 가졌었고 전략무기제한협정(SALT Ⅰ)도 성사시켰다. 그러나 소련은 1970년대 후반 에치오피아, 앙골라, 예멘 등에 공산정권을 수립하여 제3세계 국가에 그의 영향력을 확대하여 미국과 갈등을 유발시키기도 하였다. 카터 대통령도 1980년 1월 미국의 상하양원 합동회의에서 연두교서를 발표하면서 “미국과 소련과의 관계는 그렇게 단순한 것도 아니고, 정적(靜的)인 것도 아니다. 미국과 소련 간에는 협조하는 경우도 있고 경쟁도 있으며 어떤 때는 대치(confrontation)도 있었다.”[12]고 말한 일이 있었다.

국가간 갈등적 외교관계를 갖고 있는 국가간에는 실제적으로 다음과 같은 행위를 자행한다. 강압적인 상황 하에서 상대국가의 가치를 저해하는 행위를 일방이 또는 쌍방이 계속해서 되풀이 하고 또 국가 및 정부산하에 있는 공개적인 대중매체를 통해 상대국

11) K. J. Holsti, International Politics, 5th ed.(Englewood Cliffs, New Jersey: Prentice-Hall, 1988), p.155.

12) "The State of the Union: Address Delivered before A Joint Session of the Congress, January 23, 1980," Weekly Compilation of President Documents, vol. 16(January 28, 1980), p.195.

가의 정책, 행위, 태도, 국내 상황 등을 자주 비난하고 비판하기도 한다. 이와 같은 다른 국가에 대한 비방(誹謗)행위는 상대 국가의 명예를 훼손할 수도 있고, 신의(信義), 권위 등을 실추시킬 수도 있다. 국가간 이와 같은 행위가 행해지고 있다는 것은 국가간의 관계가 지극히 갈등적이라는 것을 나타내는 것이다.

1980년대 레이건 행정부는 그의 주요한 외교정책 목표를 소련 세력의 확장을 봉쇄하는 것이라고 선언하였다.[13] 이처럼 레이건 행정부가 대소련 강경책을 취하면서 미국과 소련의 경쟁과 대립이 재현되기 시작하였다. 그리하여 이 시기를 '신냉전시기'라고 한다.[14] 실제로 미국은 소련에 대한 적대적 의지의 표현으로 레이건 대통령은 소련을 '악의 제국'(an evil empire)이라고 지칭하고 그리고 소련지도자들을 '모든 악의 중심'(focus of all evil)이라고 비난하였다.[15] 이에 대해 소련 측도 1985년 12월 17일자 프라우다지를 통해 "미국은 동유럽을 공산주의로부터 해방시키기 위해 오랫동안 불신되어온 덜레스(John Foster Dulles)정책을 재현하려고 꿈꾸고 있으며 최근 서베르린에서 행한 슐츠(George P. Shultz)국무장관의 연설은 냉전의 냄새가 난다"[16]고 미국을 비난하였다.

갈등적 외교관계를 갖고 있는 국가간에 결정되고 시행되는 외교정책의 대표적인 예는 1979년 및 1980년 미국의 소련에 대한 정책에서 찾아볼 수 있다.

1979년 12월 소련이 군사력을 이용해 아프가니스탄을 점령한 다음 미국의 대소련 정책은 매우 강경하였다. 12월 28일 카터 대통령은 브레즈네프 소련공산당서기장에게 다음과 같은 미국의 입장을 전달하였다. "소련의 아프가니스탄 침공은 세계 평화에 대한 명백한 위협이며 미소관계의 근본적이고 장기적인 변화를 가져오게 될 것이다. 만일 소련이 그 곳으로부터 철수하지 않는다면 미국과 소련과의 관계는 위험하게 될 것이다" 그리고 카터는 소련에게 아프가니스탄으로부터 즉각적인 철수와 아프가니스탄의 내정간섭의 중단을 요구하였다.[17] 이와 함께 1980년 1월 카터 대통령은 국제적 협정에 의해 소련에 판매하기로 계약했던 1,700만 톤을 포함하여 모든 곡물 수출을 취소하

13) Raymond L. Garthoff, p.1012.

14) Fred Halliday, The Making of The Second Cold War(London: Verso Editions and NLB., 1984), pp.20ff.

15) Raymond L. Garthoff, p.1015에서 인용.

16) The Current Digest of the Soviet Press, vol.XXXVII, no.50(January 8, 1986), p.24에서 인용.

17) Jimmy Carter, Keeping Faith: Memoirs of a President(Bantam Books, 1982), p.472; Zbigniew Brezezinski, Power and Principle: Memoirs of the National Security Adviser, 1977-1981(Farrar, Straus: Giroux, 1983), p.429.

고 소련과의 정상적인 모든 사업도 중지하기로 결정하였다. 그리고 미국은 소련에 판매하기로 했던 고급 기술 및 전략적 물품의 판매도 중지키로 결정하였다.[18)]

통상적 관계와 외교정책－국가간 외교관계가 통상적 관계라는 것은 국가간에 공식적인 외교 관계는 가지고 있지만 실질적으로 국가간에 정신적 및 물질적 가치를 나누어 가질 수 있을 만큼 명백한 협조적 관계를 가지고 있는 것도 아니고 또 다른 국가의 가치를 훼손시키는 대립적 또는 갈등적 관계도 갖고 있지 않는 국가간의 외교관계를 말하는 것이다. 근본적으로 이러한 국가간에는 접촉이나 교류가 많지 않기 때문에 국가간 깊은 관계를 갖고 있지 않은 국가간의 소원(疎遠)한 관계를 통상적 외교관계라고 한다. 예를 들면 한국은 100개 이상의 국가와 외교관계를 정상화하고 있지만, 한국은 대부분의 국가와 외교적으로 통상적 외교관계를 갖고 있다. 한국은 주위의 몇몇 국가와 정치, 경제, 안보 등 여러 분야에서 빈번한 교류와 접촉을 갖고 있기 때문에 이들 국가와 협조적 또는 갈등적 관계를 가질 수 있다. 예를 들면 한국은 아프리카의 말라위 공화국 또는 중남미의 에콰도르와 같은 국가들과는 기본적으로 접촉이나 교류가 많지 않기 때문에 한국과 이들 국가와의 관계는 당연히 통상적 외교 관계를 갖지 않을 수 없다. 한국과 이들 국가들과는 접촉이나 교류가 많지 않기 때문에 이해(利害)의 충돌이 거의 없을 것이다. 그러므로 이러한 외교관계를 갖고 있는 국가간 중요한 외교정책이 결정되는 경우는 많지 않을 것이다. 우선 이들 간에는 접촉이나 교류가 많지 않기 때문에 해결해야할 문제가 거의 발생하지 않을 것이고 따라서 이의 해결을 위한 외교정책은 필요하지 않게 될 것이다. 국가간의 관계가 통상적 관계란 국가간 상호 주고받을 것이 없다는 관계이므로 특별한 상황이 발생하지 않으면 이들 간에는 외교정책도 필요하지 않게 될 것이다. 이러한 통상적 외교관계를 갖고 있는 국가간에는 사안에 따라 협조적으로 결정하고 행위 할 수도 있고 그 반대의 경우도 있을 수 있다. 예를 들면 국가간 접촉과 교류는 빈번하지 않지만 만약 사법처리, 국제테러 조직에 대한 조치 등에 대해서는 협조적 공조체제를 가질 수 있을 것이다. 한편 통상적 외교관계를 갖고 있는 국가 가운데 한 국가가 상대 국가의 무관(武官) 또는 외교관을 간접의 혐의가 있다고 추방하고 국가 이름의 사과를 요구하게 된다면 양국의 통상적 관계는 갈등적 관계로 변질될 것이다.

---

18) Raymond L. Garthoff, p.952.

정치적 관계와 외교정책

정치적 관계의 의미–한 국가가 외교정책을 결정할 때 가장 크게 작용하는 요소는 외교정책의 대상이 되는 국가와의 정치적 관계이다. 한 국가가 다른 국가와 다양한 관계를 갖고 있지만 한 국가의 다른 국가에 대한 외교정책의 폭과 깊이를 결정하는 것은 국가간의 정치적 관계이다. 국제정치(International Politics)는 문자 그대로 국가간의 정치이다. 정치가 갖고 있는 가장 핵심적인 본질중의 하나는 지배와 복종이다. 그러므로 국제정치의 본질도 지배와 복종이다. 국내정치는 정치권력을 담당하고 그것을 행사하는 치자(治者)와 그의 상대적 존재인 피치자(被治者) 즉 국민이 명확히 구분되어 있으며 이 두 개체는 합리적으로 그리고 합법적으로 상호작용하며 정치가 전개된다.

한편 국제정치에는 치자와 피치자가 구분되어 있지 않다. 국제정치에서 모든 국가는 정치의 주체로서 각기 독자적으로 정치적 행위를 전개한다. 이러한 가운데에서 국가간에는 지배와 복종이 이루어진다. 국제정치의 모든 주체는 국제법상 동등한 권리와 의무를 갖는다. 유엔헌장을 비롯하여 모든 국제법은 국가의 지위를 차별하지 않고 있다. 그러나 국제정치에서 정치적 행위가 합리적이고 합법적으로 전개될 수 있는 근거나 장치는 없다. 이러한 가운데 국가간에 행해지는 국가간 정치는 법이나 윤리에 의해 전개되는 것이 아니라 힘에 의해 전개된다. 즉 국제정치의 주체간의 지배·복종은 힘에 의해 전개된다. 국제정치에서 국력이 강한 국가는 지배자가 되고 국력이 약한 국가는 지배자에 대해 복종하게 된다. 국제정치에서 국가간의 지배와 복종이란 강한 국가가 약한 국가에 대해 그의 결정이나 행위를 강제하는 과정 또는 현상을 의미한다. 강한 국가의 이러한 강제는 강한 국가에는 이익이 되고 약한 국가에게는 손해가 되기도 한다. 이러한 경우 약한 국가가 강한 국가의 요구를 수용하지 않는다면 그 요구를 수용해서 잃는 손실보다 더 많은 손실을 입을 수도 있기 때문에 약한 국가는 강한 국가의 요구를 수용하게 된다. 다른 국가에게 결정이나 행위를 강제하는 국가는 그 대상국가에게 피해를 입힐 수 있는 장치와 능력을 갖고 있다.

정치적 관계의 형성 배경–국가간의 정치적 관계는 국가간의 일방적인 의존적 및 불평등한 관계에서 비롯된다. 한 국가가 특정국가에 그의 안전보장, 경제발전 또는 기술원조 등을 일방적으로 의존하게 되면 이 두 국가간에는 불평등한 관계가 형성된다.

한 국가가 특정국가에 의존하게 되면 이 의존은 정치적 취약성을 갖게 된다. 예를 들어 과거 북한과 군사적으로 대치하고 있고 또 북한은 중국 및 소련의 지원을 받고 있는 상황에서 한국은 그의 자력으로 북한에 대한 전쟁 억지력을 갖고 있지 못하기 때문에 한국은 미국의 도움을 전적으로 필요로 하게 된다. 미국은 한국 안전보장의 핵심이고 한국은 그의 안전보장을 미국에 크게 의존하게 된다. 다시 말하면 미국의 도움이 없다면 한국은 그의 안전을 보장하기 어렵다. 이처럼 한국이 그의 안보를 미국에 일방적으로 의존하게 되면서 한국과 미국간에는 불평등한 관계를 형성하게 되었다.

한국은 사우디아라비아 등 중동의 산유국들로부터 원유의 절대량을 수입한다. 중동 산유국은 한국의 중요한 원유 수입 시장으로 한국은 중동 국가 원유에 크게 의존하고 있다. 원유수입에 있어 한국은 중동의 산유국과 불평등한 관계를 갖고 있다. 이러한 불평등한 의존관계(asymmetrical interdependence)는 힘의 근원이 되고 이 힘은 결과에 영향을 미치게 된다. 다른 국가에 상대국가보다 적게 의존하고 있는 국가는 상당한 정치적 자원을 갖게 된다. 국가간의 이러한 일방적인 의존관계는 국가간의 불평등한 관계를 창출하고 불평등한 관계는 상대적으로 적게 의존하고 있는 국가가 크게 의존하고 있는 국가에 대해 영향력 또는 압력을 행사할 수 있는 근거를 제공한다.[19]

국제정치에서 힘은 가장 핵심적 요소이다. 국제정치에서 힘은 영향력이라는 형태로 행사된다. 영향력이란 국제정치의 주체인 국가가 그의 목적을 달성하기 위해 다른 행위자로 하여금 자국이 원하는 방향으로 결정하고 행위하도록 만드는 능력을 말한다.[20] 국가간 정치적으로 평등한 관계를 갖고 있는 국가간에는 영향력이 행사될 수 있는 근거가 존재하지 않는다. 국가간에 영향력이 행사되기 위해서는 의존적 관계에 의해 불평등한 관계가 형성되어 있어야 한다. 국가간의 이러한 관계는 정치적 관계를 만들어낸다. 다시 말하면 국가간의 의존적 관계는 국가간의 역학관계(power relationship)를 창출하고[21] 이 역학관계는 국가간 강제와 강요를 작용할 수 있게 한다.[22]

---

19) Robert O. Keahane and Joseph S. Nye, Power and Interdependence (Glenview, Illinois: Scott, Foresman and Company, 1989), p.11.

20) Bruce Russett and Harvey Starr, World Politics: The Menu for Choice (San Francisco: W. H. Freeman and Company, 1981), pp.126-128.

21) Robert Gilpin, The Political Economy of International Relations(Princeton, N.J.: Princeton University Press, 1987), pp.8ff.

22) David N. Balaam and Michael Veseth, Introduction to International Political Economy(Upper Saddle River, New Jersey: Prentice-Hall, Inc., 1996), p.13.

국력과 외교정책

국가간에 정치적 관계가 형성되어 있다면 한 쪽 국가는 그의 상대 국가에 영향력이나 압력을 행사할 수 있고 후자 국가는 전자 국가의 영향력이나 압력으로부터 외교정책 결정이나 대외행위에 자유로울 수 없을 것이다. 근본적으로 상대국가에 크게 의존하고 있어 불평등한 의존 관계를 갖고 있는 국가는 자국에 영향력을 행사할 수 있는 국가의 외교정책 노선 및 그의 기조에 따라 외교정책을 결정하고 대외행위를 하여야할 것이다. 만일 후자 국가가 전자 국가의 그것과 다른 외교정책을 결정한다면 전자 국가로부터 불이익을 받을 수도 있다.[23]

정치적 역학관계를 갖고 있지 않은 평등한 관계를 갖고 있는 국가들간에는 외교정책을 결정하는데 어떠한 인위적인 제한도 주고받지 않을 것이다. 국가간 정치적으로 평등한 관계를 갖고 있고 또 외교적으로 협조관계를 갖고 있는 국가들은 외교정책을 결정하는데 자유를 제한받지 않겠지만 이들 국가간에는 공조체제를 유지하게 될 것이다. 한편 국가간 정치적으로 평등한 관계를 갖고 있지만 외교적으로 갈등적 관계를 갖고 있다면 이 국가들의 상대국가에 대한 외교정책은 배타적이고 비협조적인 것이 될 것이다.

국가간에 힘이 작용하는 정치적 관계를 갖고 있는 국가간에는 외교관계의 질이 작용하지 않는다. 정치적 관계를 갖고 있는 국가간에는 갈등적 관계도 없고 무관심한 관계도 없다. 정치적 관계를 갖고 있는 국가간에는 협조적 관계만 있을 뿐이다. 국가간의 정치적 관계는 상호 의존의 정도가 심화되면서 형성된다. 의존의 심화는 서로 상대 국가를 필요로 하는 경우에만 있을 수 있는 현상이다. 그러므로 국가간 정치적 관계가 형성되면 이들 국가간의 외교관계는 필연적으로 협조관계를 갖게 된다. 국가간에 지배·복종이 가능한 정치적 관계가 형성되면 이 국가들의 외교정책은 상대국가의 중대한 이익을 침해하는 외교정책을 강요하지는 않는다. 왜냐하면 영향력이나 압력을 행사하는 국가나 또는 그것을 받는 국가나 이들은 모두 서로를 필요로 하기 때문에 상대국가에 결정적으로 피해를 주는 정책이나 부당한 행위를 강요하지 않는다.

제2차 대전이 끝나면서 한반도 남쪽에는 3년간(1945.8-1948.8)미군정이 실시되었다. 이로부터 한국은 수십 년 동안 안전보장, 경제 등에서 미국에 크게 의존하여 살아왔음을

23) Michael Handel, Weak States in the International System(London: Frank Cass and Company Limited, 1981), p.229.

부인할 수 없다. 한국이 미국과 이러한 관계를 오랫동안 유지하였기 때문에 양국간에는 필연적으로 정치적 관계가 형성되어 있다. 그러므로 이론상으로 보면 한국은 외교정책을 결정하는데 자유로울 수 없는 위치에 놓여 있었다. 그러나 미국은 한국의 중대한 이익을 훼손할 수 있는 정책을 강요하는 일은 거의 없었다. 한국과 미국은 동맹관계를 유지하고 있어 대체로 공통된 외교정책 노선과 기조를 견지하며 국제문제에 대해 커다란 이견없이 정책적으로 공조체제를 유지하여 왔다.

한국과 미국간에는 정치적 관계가 형성되어 있었지만 양국은 정책상 커다란 이견이나 갈등없이 공조체제를 유지하여 왔기 때문에 양국간에는 외교정책 결정에 중대한 문제가 야기된 일이 거의 없었다. 한미간의 정책적 공조가 원만하게 이루어져 온 것은 미국에 의존하여 불평등한 상호의존관계를 갖고 있는 한국이 미국의 정책에 대체로 적응하고 순응하였기 때문이기도 하다. 미국과 정치적 관계를 갖고 있는 한국이 미국의 정책 노선과 다른 외교정책을 결정하면서 한국과 미국의 관계가 불편했던 일이 있었다. 1970년대 중반 한국 정부는 정치적 관계를 갖고 있고 또 외교적으로 협조적 관계를 갖고 있는 미국에 알리지 않고 비밀리에 핵무기의 개발을 추진하였다. 한국의 핵무기 개발은 미국 외교정책 기조에 어긋나는 것이다. 미국은 핵무기의 확산 방지를 주요 외교정책의 기조로 삼고 있다. 미국과 정치적 관계를 갖고 있는 한국이 미국과 외교정책 공조체제를 무시한다면 한국에 대해 영향력을 또 압력을 행사할 수 있는 미국은 한국의 핵무기 개발을 좌시하지 않을 것이다.

실제로 미국은 한국의 핵무기 개발 사실을 알았을 때 미국은 한국에 대해 여러 형태로 위협하고 압력을 가하였다. 1975년 3월 미국무부장관 키신저는 "만일 한국이 핵무기 개발을 계속한다면 미국은 한국에 대한 보호 의무를 철회하겠다"[24]고 위협하였다. 또 1976년 1월 미국의 관리는 "한국 정부가 미국의 핵무기 개발 포기 요구를 수용하지 않는다면, 미국은 2억 7,500만 달러의 차관을 제공하지 않을 것이며 또한 수출입은행으로부터 제공되는 2억 2,700만 달러의 지급 보증도 철회할 것이다. 그리고 미국이 한국에 매년 정기적으로 제공하는 군사원조 2억 7,500만 달러의 제공도 취소할 것이다."[25] 라고 위협하였다. 그 외에도 미국 정부는 여러 가지 경제제재를 가하겠다고 위협하였고

24) Peter Hayes, Pacific Powderkeg: American Nuclear Dilemma in Korea(Toronto: Lexington Books, 1990), p.204에서 인용.

25) Daniel W. Drezner, p.258.

한국 정부는 미국의 압력과 위협에 굴복하여 핵무기 개발을 포기하였다.[26] 이와 같이 한국은 미국과 정치적 관계를 갖고 있기 때문에 한국은 미국의 위협이나 압력에 굴복하지 않을 수 없었다.

한편 2002년 10월 미국 국무성 동아시아 차관보에 의해 북한의 핵개발 사실이 세상에 알려졌다. 그 후 미국을 비롯한 6개국(미국·일본·한국·러시아·중국 그리고 북한)이 북한의 핵개발을 평화적으로 해결하기 위해 소위 '6차 회담'을 진행하고 있다. 한국의 경우와는 달리 미국은 북한에 대해 위협하거나 압력을 행사하지 못하고 있다. 왜냐하면 미국과 북한은 정치적 관계가 형성되어있지 않아 미국이 북한에 대해 위협이나 압력을 행사할 수 있는 근거를 갖고 있지 못하기 때문이다. 북한은 약소국이지만 미국과 정치적으로 평등한 관계를 갖고 있었기 때문에 미국의 위협이나 압력을 의식하지 않고 강대국의 영향을 받지 않고 독자적으로 정책을 결정할 수 있다.

1950년대 중국은 정치적으로 독립하였으나 경제적으로 매우 어려웠다. 그리하여 중국은 외부로부터의 경제적 지원이 절실하였다. 이때 중국에게 경제 원조를 제공할 수 있는 국가는 소련뿐이었다. 그리하여 중국은 소련 일변도 노선을 천명하였다.[27] 그리고 중국은 소련과 '우호·동맹·상호원조조약'을 체결하며 그의 안전을 보장받았다. 중국은 1950년대 소련의 원조로 166개의 공장을 건설하였고, 24,000여건의 기술을 제공받았으며, 10,000여명의 중국인 기술자가 소련에서 훈련을 받았고 소련의 과학자 및 기술자 11,000여명이 중국에 파견되어 중국의 경제발전을 지원하였다. 또한 중국 무역의 약 2/3는 주로 소련 중심으로 이루어졌고 소련은 중국에 약 20억 달러의 차관을 제공하였다.[28] 1950년대 양극체제하에서 중국이 소련에 이정도로 크게 의존하고 있다면 양국간에는 정치적 관계가 설정되었을 것으로 판단된다.

이러한 가운데 중국은 1950년대 후반 그의 경제발전을 위해 소련식이 아닌 중국의 독창적인 방식으로 경제 발전을 추진하기 시작하였다. 중국은 자력갱생의 기치 아래 인민공사, 대약진 등의 운동을 전개하며 국내적으로 소련과는 다른 길을 걷기 시작하였다. 그 뿐만 아니라 중국은 1950년대 중반부터 대외적으로도 비동맹국가에 적극적으로 접근하여 역시 독자적인 대외정책 노선을 추구하며 소련의 노선을 따르지 않았다. 중국

---

26) Ibid., p.257.

27) 毛澤東, "論人民民主專政," 毛澤東選集, 第四集(北京: 人民出版社, 1966), p.1362.

28) Jurgen Domes, The Goverment and Politics of the PRC(Boulder, Colorado: Westview Press, 1985), pp.38-39.

의 이러한 대내외 정책의 추진은 소련과의 정치적 관계를 근본적으로 부정하는 것이었다. 이러한 사실이 현실로 나타나자 소련은 중국에 대한 모든 지원을 중지하고 모든 관계를 단절하였다. 중국은 소련과 정치적 관계를 갖고 있었음에도 불구하고 소련의 노선으로부터 이탈하여 소련과 단계 상태에 이르렀다.

다른 국가와 정치적 관계를 갖고 있는 국가는 대내외 정책을 결정하는데 자유를 제한받는다. 다른 국가와 정치적 관계를 갖고 있는데도 불구하고 독자적인 정책을 결정하여 정책적 공조를 유지하지 않는다면 이러한 관계를 저버린 국가는 힘 있는 국가로부터 불이익을 받게 되거나 아니면 정치적 관계를 파괴하며 독자적인 길을 걷게 될 것이다.

최종 정책결정자 간의 관계와 외교정책

한 국가의 외교정책을 결정하고 그것을 실천하는 일은 국가 이름으로 그 국가의 최종 정책결정자에 의해서 행해진다. 외교정책의 결정이란 최종 정책결정자에 의해 실행가능하고 국가의 이익을 극대화할 수 있는 다양한 정책 가운데 가장 타당하다고 생각되는 정책을 선택하는 것을 의미한다. 최종 정책 결정자가 정책을 결정할 때 그의 개인적 신념, 성향, 이념 등이 작용한다. 그렇기 때문에 한 국가의 최종 정책 결정자가 바뀌면 그 국가 외교정책의 기준 및 노선이 달라진다. 이처럼 최종 정책 결정권자가 바뀌게 되면 국가간의 관계도 바꾸어질 수 있다. 국가간 최종 정책 결정자들의 이념이나 신념이 달라지게 되면 국가에 의해 결정되는 외교정책 및 그의 기조가 변하게 된다. 이와 같이 최종정책 결정자의 이념이나 신념 또 정책 기조가 변하면 국가간의 관계도 자연스럽게 변하게 된다. 각 국가의 대통령이나 수상 등 최종 정책결정자들이 유사한 신념 또는 이념을 갖게 되면 그들이 결정하는 외교정책도 유사해지고 따라서 접촉 및 교류도 많아지게 될 것이며 이러한 관계는 대통령 또는 수상간의 개인적 관계도 돈독해지게 될 것이다. 국가의 최고 통치권자간의 이러한 관계는 외교정책의 공조체제를 갖게 하고 국가 관계도 이들 간의 인간적 관계도 증진시킬 것이다.

다른 한편 대통령 또는 수상들이 서로 상반되는 이념을 갖게 되면 이들이 결정하는 외교정책은 서로 상충되고 국가간의 관계도 악화되고 따라서 대통령 또는 수상 등 최고 통치권자간의 인간적 관계도 멀어지게 될 것이다. 이렇게 국가간 서로 상충되는 정책은 국가 이익을 증진시키는데 도움이 되지 않을 것이다. 그 뿐만 아니라 외교정책의 최종 결정자의 신념(beliefs)은 외교정책 연구의 핵심적 요소이며 다른 어떠한 단일 요소보다 훨씬 많은 변화를 가져올 수 있다.[29] 최종 결정자의 이념과 신념이 외교정책 결정에 매우 중요하게 작용한다. 이러한 이념과 신념이 달라지면 따라서 외교정책의 노선이 달라지고 외교정책도 달라진다.

제2차 대전이 진행되는 동안 루즈벨트(Franklin D. Roosevelt)대통령은 사망하기 1개월 전에 스탈린에게 우리는 상호 불신하지 않기를 바란다고 말했다. 그리고 루즈벨트와 스탈린은 제2차 대전 이후에도 전쟁 시에 가졌던 양국간 공조체제의 유지가 지속되기를 희망한다는 의사를 교환하였다.[30] 전쟁이 계속되는 동안 미국과 소련 두 국가의 정상은 긴밀한 협조관계를 가졌었고 양국 관계도 협조적이었다. 제2차 세계대전이 진행되는 동안 루즈벨트, 스탈린 그리고 처칠은 1943년 1월 테헤란에서 회합을 갖고 독일 처리 문제 등 전후 세계 문제를 협의하며 정책적 공조체제를 유지하였다. 테헤란 회의에서 동유럽 및 중부 유럽 문제는 소련의 의사에 따라 해결하도록 미국, 영국 그리고 스탈린 3국의 정상들은 합의하였다. 그 외에도 전후 문제에 대해 이 정상들은 큰 견해 차이가 없었다.[31]

1945년 2월에 개최되었던 얄타회담에서도 루즈벨트, 처칠 그리고 스탈린은 전쟁이 끝난 다음 특히 서유럽 및 동유럽 문제 처리에 대해 타협하고 양보하며 합의에 도달하였다. 예를 들면 루즈벨트와 처칠은 1941년에 설정된 소련의 국경을 인정하였고, 스탈린은 동유럽 국가에 민주정부를 수립하고 자유선거 실시를 약속하는 '유럽해방공동선언'(Joint Declaration on Liberated Europe)을 하는데 소련도 동의하였다. 얄타회담이 끝난 다음 모든 연합국들은 이 회담이 성공적이었다고 환호하였다. 루즈벨트 대통령은 의회에서 행한 귀국 보고에서 유엔 창설에 합의하였다는 사실을 강조하였다. 루즈벨트 대통령은 다음과 같이 천명하였다. "얄타회담은 일방적인 행위, 배타적인 동맹, 세력균형체제 그리고 수 세기 동안 이루지 못했던 것들을 청산하였다. 우리는 평화를 사랑하는 모든 사람들이 참여할 수 있는 세계적인 기구를 만들었다. 미국 국민과 의회는 항구적인

---

29) Michael J. Shapiro and G. Matthew Bonham, "Cognitive Processes and Foreign Politicy Decision-Making," International Studies Quarterly, 17(June 1973), p.61.

30) Charles W. Kegley, Jr. and Eugene R. Wittkopf, American Foreign Policy, 5th ed.(New York: St. Martin's Press, 1996), pp.54-55.

31) Rene Albrecht-Carrie, A Diplomatic History of Europe(New York: Harper & Row, Publishers, 1973), pp.583ff.

세계 평화 기구를 창설하려는 이 얄타회의의 결정을 수용해 줄 것으로 확신한다."[32] 그러나 새로이 미국 대통령이 된 트루먼은 미국 대외정책의 기조를 친소련에서 반소련으로 바꾸었다. 제2차대전 이후 미국은 대소련 봉쇄정책을 실시하여 미국과 소련의 관계는 극단적인 경쟁 대립 더 나아가 적대관계로 발전하였다.

1970년대 후반 대통령이 된 카터 대통령은 인권을 미국 외교정책의 기조로 삼았고 소련과 데탕트를 추구하였다. 카터 대통령은 취임 6일 후에 브레즈네프 소련 공산당서기장에게 친서를 보냈다. 그는 친서에서 "상대방을 인정하고, 상호 존중하고 그리고 상호 이익의 기초 하에서 미국은 소련과 관계를 증진시킬 수 있기를 희망한다"고 언급하였고 또한 카터 대통령은 경쟁과 협력에 기초해서 소련과의 긴장 완화를 통한 양국의 관계 발전을 모색하였다.[33]

한편 카터 다음으로 대통령에 취임한 레이건 대통령은 소련에 대한 강경한 태도를 견지하였다. 레이건 대통령은 소련 지도자들을 '모든 악의 근원'(focus of all evil)으로 그리고 소련을 '악의 제국'(evil empire)이라고 부르며 군비를 증강하고 소련과의 대결 구도를 마련하였다.[34]

중국도 강택민이 정권을 담당한 다음 러시아에 대한 태도와 정책을 바꾸면서 중국과 러시아의 관계는 발전하였다. 예를 들면 러시아가 탄생한 다음 해인 1992년 12월부터 1998년 11월까지 6년 동안 양국의 국가 원수가 상호 교환 방문하며 6차례의 정상회담을 가졌다. 이러한 상황은 과거 등소평이 실질적인 권한을 행사하던 시기의 대소련 관계와는 커다란 차이를 보이고 있다. 이처럼 중국과 러시아의 빈번한 정상회담은 양국 관계가 매우 돈독하고 긴밀하다는 것을 잘 보여주고 있는 것이다. 중국과 러시아간의 관계발전은 두 국가의 집권자가 바뀌면서 시작되었다. 양국의 새로운 국가 원수는 서로 상대국가에 대한 태도를 바꾸고 따라서 정책을 바꿈으로서 양국의 관계도 바뀌게 되었다.

한 국가의 최고통치권자가 바뀌고 다른 국가에 대한 태도와 정책이 바뀌면 구가간의 관계도 바뀐다. 한 국가의 다른 국가에 대한 정책이 우호적이고 협조적으로 계속해서 결정된다면 두 국가간의 관계는 매우 긴밀하고 여러 면에서 협조적인 공조체제를 구축하게 될 것이다. 그러나 이와는 반대로 한 국가의 다른 국가에 대한 정책이 악의적이고

32) Henry Kissinger, Diplomacy(New York: Simon & Schuster, 1994), pp.414-416.

33) Raymond L. Garthoff, pp.565-567.

34) Ibid. p.1015.

적대적인 것으로 일관되게 결정된다면 양국의 관계는 크게 악화되고 국가는 서로 대립적이고 갈등적인 태도 및 정책을 견지하게 될 것이다. 예를 들면 제2차대전동안 테헤란 회담에서 미국, 영국 및 소련 3개국의 관계 그리고 정책은 매우 우호적이고 협조적인 것이었고, 제2차 대전 이후의 미국과 소련의 경우는 대립적이고 갈등적이었다.

대체로 한 국가의 원수가 바뀌면 그 국가의 다른 국가에 대한 태도 및 정책이 바뀐다. 한 국가의 외교정책 및 대외관계는 기본적으로 그 국가 최고총치권자의 신념, 이념 또는 사상 등에 기초해서 결정된다. 그런데 국가의 최고 통치권자는 각각 상이한 신념, 이념 또는 사상 등을 갖고 있기 때문에 국가의 외교정책이나 대외관계가 바뀌는 것이다. 미국의 경우를 보면 루즈벨트는 제2차대전동안 소련과 동맹관계를 갖고 정책적 공조체제를 유지하였고, 반면 트루먼 대통령은 소련에 대해 봉쇄정책을 취하면 소련과 대립 및 갈등 관계를 유지하였다. 이렇게 미국의 두 대통령이 소련에 대해 상반된 정책을 결정한 배경은 두 대통령의 신념 및 이념은 달리 갖고 있었기 때문이다. 즉 루즈벨트 대통령은 공산국가인 소련과 공존 및 공조가 가능하다는 신념 및 이념을 가졌고 트루먼 대통령은 소련과의 공존 및 공조는 불가능하다는 신념 및 이념을 갖고 있었기 때문에 두 대통령의 대소련 정책은 다르게 표출되었다. 국가 최고 통치권자들이 동일한 신념과 이념을 갖게 되면 서로 조화를 이룰 수 있고 협조할 수 있는 정책을 결정하고 실천하게 된다. 이러한 상황이 계속되면 국가간의 관계도 협조적으로 발전하고 더 나아가 이러한 정책을 결정하는 국가 최고 통치권자간의 개인적 관계(personal relationship)도 매우 돈독해질 수 있다.

한 때 세계적으로 막강한 힘을 행사하고 있던 루즈벨트, 처칠 그리고 스탈린은 주변의 환경은 달랐지만 그들은 정책적 공조체제를 유지하며 개인적으로 서로 신뢰하고 서로를 존중했던 것으로 나타났다. 루즈벨트는 정당성을 강조하는 사람으로서 그의 매력에 기초해서 국민을 다루는 능력을 갖고 있었고, 스탈린은 독재자이지만 다정다감한 사람이고 루즈벨트에게 좋은 인상을 심어주었고 루즈벨트는 스탈린을 합리적인 사람이라고 평가하였다. 처칠과 루즈벨트의 관계는 매우 편안하고 우정이 넘치는 돈독한 사이였다. 이 두 정상은 서로를 신뢰하고 존경하였으며, 또 제3의 적대적 국가에 대한 관계나 정책에서 일방적인 입장을 갖는 것은 생각할 수 없는 일이었다. 영국은 미국의 원조에 크게 의존하고 있었고 미국의 능력을 믿기 때문에 처칠은 미국과 소련 간에 이루어진 합의를 모두 인정하였다.[35)]

이 3국의 정상이 정책적으로 공조체제를 이룰 수 있었던 배경은 다음과 같다. 제2차 대전이 진행되는 동안 이들 3정상은 유사한 신념 및 이념을 갖고 있었고 이것은 3국의 정책의 공조를 가능케 하였고 이 공조의 계속은 이들 간의 개인적 관계도 돈독하게 만들었다.

영국의 대처(Margaret Thatcher)수상은 1981년 1월 대통령에 취임한 레이건과 인간적으로 그리고 이념적으로 긴밀한 관계를 가졌다. 1982년 포클랜드(Falkland)분쟁이 발생했을 때 레이건 정부는 영국에 대해 막대한 원조를 제공하였고 미국과 영국의 관계는 20여 년 동안 그 어느 때보다 매우 특별한 관계가 형성되었다. 포클랜드 사건 이후 미국과 영국의 특별한 관계는 시대착오적일정도로 매우 긴밀해졌다. 미국과 영국의 긴밀한 관계는 1985-1986년 미국의 정책에 영국이 동조하면서 그 절정에 이르렀다. 예를 들면 미국이 뒤를 이어 영국도 유엔교육과학문화기구(UNESCO)를 탈퇴했고 북대서양조약기구(NATO)회원국으로선 처음으로 영국은 전략무기(SDI)[36]연구계획에 참여했으며 또 1986년 4월 영국 정부는 영국기지에 주둔하고 있던 미국 전투기로 하여금 리비아를 공격하도록 허락하였다. 이와 같이 대처 수상이 미국의 정책에 동조하고 있을 때 영국의 언론들은 대처 수상을 '귀여운 숙녀의 메아리'(Little Lady Echo) 또는 '레이건의 애완견'(Reagan's poodle)이라고 지칭하였다.[37] 대처 수상과 레이건 대통령이 개인적관계도 돈독하고 정책적으로 공동보조를 취할 수 있었던 배경은 두 사람의 이념과 신념이 같았기 때문이다. 앞에서 말한 바와 같이 레이건 대통령은 소련과 소련의 지도자를 악의 근원이라고 규정짓고 반공주의적 입장을 명확히 표명하며 대소련 강경책을 추진하였다. 1982년 3월에 가진 기자회견석상에서 레이건 대통령은 "미국과 소련의 핵능력을 보면 소련은 미국을 능가하는 우월한 힘을 갖고 있으며, 미국은 소련에 대해 공격의 창문을 열어놓고 있다"[38]고 말하며 미국의 전략적 능력이 소련에 뒤져있다고

---

35) Rene Albrecht-Carrie, p.584

36) SDI-Strategic Defense Initiative 는 미국의 National Security Decision Directive-85와 NSDD6-83에 대한 보고서 및 이와 관련된 모든 행위를 말한다. NSDD-85의 내용은 핵미사일의 위험을 제거할 수 있고 그것을 실천하는데 가장 실질적인 방법을 강조하기 위한 장기적인 기술 개발 계획. 그리고 NSDD6-83은 1983년 10월 백악관이 미국 국방성에 대해 SDI의 전략적 및 정책적 의미의 평가 보고서와 장기 연구 및 발전 계획서의 두 보고서를 말하는 것이다.

37) Brian P. White, "British Foreign Policy," in Roy C. Macridis(ed.), Foreign Policy in World Politics 8th ed.(Upper Saddle River, NJ.: Prentice-Hall Inc., 1992), p.22.

38) "President's News Conference on Foreign and Domestic Matters," The New York Times, April

말했다. 그리고 레이건 행정부 고위인사들도 "힘에 바탕을 둔 효과적인 대항 능력 없이 외교는 성공할 수 없고"[39] "군사력은 외교의 초석이다"[40]라는 신념아래 힘의 축척과 과시에 역점을 두고 대소련 및 반공정책을 추진하였다. 그리고 레이건 행정부는 소위 '레이건독트린'의 실천 사업인 반공게릴라집단에 대한 지원을 구체적으로 실시하였다.[41] 레이건 대통령은 미국이 이끌고 있는 반공적인자유세계는 소련 중심의 공산주의와 끊임없이 투쟁해야 한다고 강조하였다.[42] 그런가 하면 영국의 대처 수상도 반공산주의 노선을 택하였다. 1979년 대처 정부와 대처 수상은 이념적으로 제2의 냉전시대에 돌입하였으며 이러한 입장은 동서간 적대적 분위기를 조성하는데 일정 부분 기여하였다.[43] 이처럼 레이건 미국 대통령과 영국의 대처 수상은 반공이라는 동일한 이념을 갖고 이에 근거한 외교정책을 결정하면서 두 정상은 정책적 공조를 유지했고 이는 두 정상의 개인적 관계를 특수하게 만들며 미국과 영국은 국가적으로 또 개인적으로 긴밀한 관계를 가지며 밀월관계를 유지했다.

한국과 미국과의 관계를 보면 이전과는 달리 1970년대 후반 카터 정부 시절 양국 관계는 매우 불편한 관계를 유지하였다. 이 시기 한국은 유신체제하에서 국민의 인권은 유린되고 정치는 독재정권에 의해 비민주적으로 운영되었다. 그리고 박정희 대통령은 반공을 그의 이념적 기초로 삼고 있었다. 한편 1977년 1월 취임한 카터 대통령은 기존의 외교정책 기조인 현실주의 대신 '윌슨적인 이상주의'(Wilsonian idealism)로 회귀하면서 인권을 강조하였다.[44]

카터 대통령은 1977년 1월 미국과 소련이 서로 상대방을 인정하고 존중하며 소련과 긴장완화, 화해를 모색하며 소련과 관계를 증진시키는 일은 그의 목적이라는 내용의 친서를 소련공산당서기장 브레즈네프에게 전달하였다.[45] 카터 대통령은 소련과의 긴장

1, 1982, p.A-22.

39) U.S. Secretary of State George Schultz, "The New International Era: An American Perspective," U.S. Policy Series, no. 3, April 1986. p.15.

40) Charles W. Kegley, Jr. and Eugene R. Wittkopf, "The Reagan Administration's World View," ORBIS, vol. 26, no. 1(Spring 1982), p.225.

41) Raymond L. Garthoff, pp.1050-1063 참조.

42) Charles W. Kegley, Jr. and Eugene R. Wittkopf, American Foreign Policy, p.52.

43) Brian P. White, p.24.

44) Raymond L. Garthoff, p.569.

45) Ibid. p.565.

완화정책을 추진하였으나 한반도가 분단되고 북한과 대치상태에 있는 한국은 반공적인 이념을 갖고 있었다. 카터 대통령은 인권, 정권의 도덕성 등을 외교정책의 기조로 삼고 한국에 대한 정책도 인권과 정권의 도덕성에 기초하여 결정되었다. 1977년 2월 카터 대통령은 박정희 대통령에게 다음과 같은 내용이 담긴 친서를 보냈다. "미국은 한국에 대한 안보공약을 준수할 것이다. 그러나 주한미군의 철수는 이행될 것이며 한국에서 인권이 개선될 수 있는 조치를 강구하여야 한다."[46] 그리고 카터 대통령은 1977년 3월 한국의 박동진 외무장관을 접견하는 자리에서 '의회와 미국 국민에 의해 결정될 한국과 미국과의 관계는 언제나 불안하다. 그리고 한국이 정치범을 석방하지 않는다면 현재 한국에 제공되는 군사 원조는 재고될 것이고 인권 상황의 개선 조치도 더욱 강력하게 요구될 것이다'라고 말했다.[47] 이와 같이 카터가 대통령에 재임하고 있는 동안 미국과 한국의 관계는 지극히 불편하였다. 그 이유는 먼저 카터 대통령과 박정희 대통령은 서로 다른 신념을 갖고 있었기 때문이다. 그렇기 때문에 두 정상은 서로 다른 정책을 추진하였고 이러한 상태의 계속은 두 정상간의 개인적 관계, 국가적 관계를 불편하게 만들었다.

전두환 대통령이 정권을 담당한 1980년 후반 한반도는 남북이 분단되고 서로 대치하고 있는 긴장된 상황이었다. 그렇기 때문에 전두환 대통령 역시 물론 반공산주의적인 입장을 견지하였다. 미국의 레이건 대통령과 한국의 전두환 대통령은 공산주의를 반대하는 동일한 신념과 이념을 갖고 있었다. 두 대통령은 동일한 신념과 이념을 갖고 있었기 때문에 이들의 외교정책은 같은 궤도를 걷지 않을 수 없었다. 레이건 대통령이 취임한지 2주일도 되기 전에 백악관에서 전두환 대통령을 반갑게 맞이하였다. 영국, 프랑스 또 다른 북대서양조약기구의 국가 원수 또 일본, 캐나다, 멕시코의 국가원수들이 방문하기도 전에 전두환 대통령의 미국 방문은 전격적으로 이루어졌다. 레이건 대통령을 제일 먼저 방문한 국가 원수는 전두환 대통령이었다. 그리고 레이건 대통령은 한국 대통령 일행을 위한 만찬에서 "우리는 당신의 자유수호 의지에 공감하고 동참할 것이다. 내가 오늘 한국 국민에게 전하고 싶은 말은 한국과 미국의 자유와 우정에 기초한 특별한 유대관계는 그 어느 때보다 가장 강하다는 것이다"[48]라고 말하였다. 레이건 대통령이

---

46) Don Oberdorfer, p.88.

47) Ibid.

48) Ibid., pp.136-137.

전두환 대통령을 만나기 전에 헤이그(Alexander Haig)미국무장관은 대통령에게 메모(memorandum)를 전달하였다. 그 메모에는 "12년 만에 처음으로 한국의 대통령이 미국을 방문하였다는 사실은 오랜 동안 양국의 긴장관계를 마감하고 양국의 관계가 정상화되었다는 것을 상징하는 것이다. 그리고 전두환 대통령의 미국 방문은 한국 내에서 당신의 지위를 공고히 할 것이고 세계인들이 한국의 신정부를 합법적인 정부로 인정하는 계기가 될 것이다"[49]라는 내용이 적혀있었다. 이처럼 한국과 미국의 관계가 보다 긴밀해졌고, 두 정상간의 개인적 관계도 매우 돈독했다. 이것을 입증할 수 있는 것으로 레이건 대통령은 전두환 대통령에게 미국은 주한미군의 철수 계획을 갖고 있지 않다고 확신시켜주었고, 레이건 대통령은 실제로 주한미군을 43,000명으로 증강시켰다. 그리고 두 대통령은 그동안 연기되었던 한미간의 군사 및 경제 협의를 즉시 재개하기로 합의하였다. 그리고 공개적으로 발표하지는 않았지만 백악관 정상회담에서 레이건 대통령은 전두환 대통령에게 최신 전투기인 F-16을 한국에 판매하겠다고 정식으로 통고하였다.[50]

중국과 소련의 양국관계는 10년 사이에 동맹국관계에서 국교가 실질적으로 단교상태에 돌입하며 갈등적 또는 적대적 관계로 발전하였다. 이와 같은 상황은 최고 통치권자 신념 및 이념의 충돌에서 비롯된 것이었다. 1950년 중국과 소련이 상호 원조·동맹조약을 체결할 때에 두 국가의 원수는 공산주의 이념, 반자본주의, 반미국 그리고 자력갱생(自力更生)의 신념에 기초해서 외교정책의 공조체제를 유지하였다. 그리하여 양국은 상호 관계를 증진하고 이익을 도모할 수 있는 외교정책을 결정하였다. 소련은 중국의 경제발전을 위해 많은 원조를 제공하였고 평화적인 목적을 위해 중국이 원자력을 연구할 수 있도록 기술을 지원할 것이라고 소련 당국은 밝혔다.[51] 그리고 1958년 7월 31일부터 8월 3일까지 북경에서 양국은 정상회담을 갖고 "양국 정부는 모든 문제에 대해 의견을 같이 한다"[52] 내용의 공동성명을 발표하며 양국의 협조적인 관계에 변함이 없음을 확인하였다. 중국과 소련의 관계는 표면적으로 매우 우호적이고 협조적이었다. 그러나 내면적으로는 즉 이념적으로 그리고 정책적으로는 서로 다른 길을 걷기 시작하였다.

---

49) Ibid. p.137.

50) Ibid.

51) Alan J. Day(ed.), China and the Soviet Union, 1949-84(Burnt Mill: Longman Group Limited, 1985), pp.3-4.

52) Peking Review, August 12,1958, pp.6-7.

구체적으로 말하면 소련의 흐르시초프와 모택동은 서로 다른 이념을 갖고 다른 길을 걷고 있었다.

흐루시초프와 모택동이 서로 다른 이념을 갖고 있다는 사실은 1956년 2월에 개최된 소련공산당 제20차 전당대회에서 노출되었다. 이 대회에서 흐르시초프는 사회체제 및 정치체제를 달리하는 국가와 평화공존을 강조하고 레닌의 자본주의 국가와의 전쟁불가피론을 부인하였다. 시대가 많이 변하였기 때문에 마르크스－레닌주의자들이 주장하는 전쟁불가피론은 시대에 뒤떨어진 생각이라며 흐르시초프는 이 주장을 부정하였다. 그리고 당대회 연설에서 그는 스탈린과 그의 정책을 비난하며 스탈린을 격하시키려는 자세를 보였다. 한편 모택동은 처음부터 레닌주의 및 스탈린주의의 기치 하에 모택동 개인의 영도력에 의거해서 중국을 통치하였다. 소련공산당대회가 끝난 다음 중국공산당은 정치국 확대회의를 개최하고 "무산계급전정의 역사적 경험에 관하여" (關於無産階級專政的歷史經驗)라는 성명을 발표하였다. 이 성명에서 "스탈린은 과오(過誤)보다는 공(功)이 더 많다. 어떤 사람들은 스탈린이 모든 것을 잘못하였다고 하지만 이는 근본적으로 스탈린을 오해하고 있는 것이다. 마르크스－레닌주의자는 역사적으로 위대한 인물의 역할을 인정하고 있다. 개인의 역할을 부정하고 위대한 인물의 역할을 부정하는 것은 매우 잘못된 생각이다"[53]라고 공개적으로 흐르시초프의 생각에 도전하였다. 실제로 모택동은 자구책으로 1956-1957년 반스탈린 정책인 '백화제방(百花齊放)·백가쟁명'(百家爭鳴)운동을 전개하였다. 모택동이 이 운동을 전개한 목적은 형식적으로 사상적 자유화운동을 전개하여 반스탈린적인 그의 반대파를 공개적으로 끌어내어 그들을 타도하고 자신의 지위를 확고하게 구축하고 이념적으로 또 경제적으로 그의 독자적인 노선을 추구하려는 것이었다.[54] 그리고 1958년 8월 중국공산당은 북대하(北戴河)에서 중국공산당 정치국 확대회의를 개최하여 인민공사의 설립을 결정하였다. 중국공산당은 인민공사 설립을 결정하며 "인민공사는 사회주의를 가속화하고 공산주의로 가는 최선의 조직적 형식이다"[55]라고 그 설립 이유를 밝혔다. 이로서 중국은 실질적으로 소련에 의존하는 경제 건설을 포기하고 중국 자력으로 그리고 소련식이 아닌 중국식으로 발전을 도모하기 시작하였다.

---

53) 人民日報, 1956年 4月 5日.

54) Alvin Z. Rubinstein, Soviet Foreign Policy Since World War II: Imperial and Global(Cambridge, Mass.: Winthrop Publishers, Inc., 1981), p.120.

55) "關於在農村建立人民公社問題之決議案," 人民日報, 1958年 9月 10日.

한편 중국은 1958년 소련에게 경제 원조를 요청하였으나 거절당했고 그리고 소련이 중국에 제공하기로 약속했던 원자탄 제조 기술의 제공 협정을 소련은 1959년 6월 일방적으로 폐기하였다. 그리고 1960년 7월 소련은 중국에 파견되었던 소련의 기술자 1,390명 모두를 철수시켰고 257건의 과학기술협정도 폐기하며 중국과 체결했던 경제원조협정을 취소하였다.[56] 이로서 중국의 소련일변도 외교정책은 끝나고 소련과 관계도 단절되었다. 중국 모택동이 소련의 지도부와 서로 다른 이념을 갖고 또 자력갱생이 필요하고 가능하다는 모택동의 신념은 과거와 다른 국내외 정책을 갖게 하였고 이것은 중국과 소련의 관계도 적대적으로 바꾸어 놓았다. 한편 1972년 미국과 중국의 관계개선(rapprochement)은 중국이 공산주의 이념을 포기했기 때문이 아니라 중국이 반소련 이념을 새로이 가졌기 때문이다. 이 시기 반소련적 이념은 미국의 이념과 같기 때문에 미국과 중국은 적대관계를 해소할 수 있었고 1970년대 미국과 중국은 활발하게 접촉과 교류를 가질 수 있게 되었다.

이와 같이 최고 통치권자들의 신념과 이념은 그 국가 외교정책의 근간이 되고 또 국가간의 관계 그리고 통치권자 간의 개인적 관계를 결정짓는 중요한 요소로 작용한다.

56) "中共中央和蘇共中央來往的七封信," 人民日報, 1964年 5月 9日.

7
강대국의 외교정책

강대국의 형태: 상대적 강대국 및 절대적 강대국

강대국에는 상대적 강대국과 절대적 강대국이 있다. 먼저 상대적 강대국이란 국가와 국가의 국력, 또 능력 등을 단순 비교했을 때 어느 한 국가가 상대국가보다 상대적으로 더 크고 강한 국력 및 능력을 가진 국가를 의미한다. 예를 들면 미국과 필리핀을 비교한다면 객관적인 수치로 국력과 능력을 구체적으로 비교하지 않더라도 미국이 필리핀보다 더 크고 강한 국력과 능력을 가진 국가라는 것은 대부분의 사람들은 쉽게 알 수 있다. 이 경우 미국은 상대적 강대국이 되는 것이다.

다른 한편 상대적 강대국이 있으므로 절대적 강대국이 있다. 절대적 강대국이란 다른 국가와 비교할 수 없을 정도로 크고 강한 국력과 능력을 갖고 있고 동시에 그 국력과 능력을 이용하여 세계를 또는 한 지역을 지배하려는 또는 실제로 지배할 수 있는 국가를 의미한다. 이 국가들이 세계 또는 한 지역을 지배하는데 이용될 수 있는 힘은 군사적인 힘, 경제적인 힘, 정치적인 힘 등이 있다. 그러므로 절대적 강대국에는 군사적인 절대 강대국, 경제적인 절대 강대국 그리고 정치적인 절대 강대국이 있다.

군사적 절대 강대국이란 세계적인 또는 지역적 규모의 전쟁을 감행하여 세계적 또는 지역적으로 패권적 지위를 확보하고 있는 국가를 말한다. 이러한 전쟁을 감행하는 국가는 어느 국가와도 군사력을 비교할 수 없을 정도로 크고 강한 군사력을 가진 국가이다.

역사적상 최초의 절대적 군사 강대국으로서 처음으로 패권적 전쟁을 수행한 국가는 포르투갈이다. 포르투갈은 1495년부터 1540년까지 이태리 반도 및 인도양에서 유럽 대륙을 지배하기 위한 패권적 전쟁을 감행하였다. 이때 포르투갈에 대항해서 싸운 국가는 스페인, 프랑스, 영국, 베니스 등이었다. 두 번째 패권적인 전쟁은 1560년부터 1609년까지 스페인이 감행했던 '스페인–네덜란드 전쟁'(Spain Dutch Wars)이었다. 이 전쟁에서 스페인에 대항해서 싸운 국가는 네덜란드, 프랑스, 그리고 스페인이었다. 세 번째 패권전쟁은 1610년부터 1648년까지 신성로마제국에 의해 전개되었던 30년 전쟁이었다. 네 번째 패권적인 전쟁은 1650년부터 1713년까지 프랑스에 의해 주도되었던 전쟁으로 이 전쟁에 참여하였던 국가는 영국, 스페인, 프러시아, 러시아 등 여러 지역 국가들이 참여했다. 이 전쟁은 1713년 위트레흐트조약(Treat of Utrecht)의 체결로 마무리되었다.

그리고 지역적 규모의 패권적 전쟁은 18세기 말과 19세기 초에 걸쳐 프랑스가 유럽대륙을 정복하기 위해 감행한 나폴레옹전쟁(Napoleonic Wars)이었다. 이 전쟁은 유럽대륙의 거의 모든 국가를 전쟁의 당사국으로 만들었다. 그리고 20세기 세계적 규모의 전쟁은 독일에 의해서 주도적으로 전개되었던 제1차 및 제2차 세계 대전이었다. 19세기 프랑스 그리고 20세기에 독일에 이러한 세계적인 전쟁을 주도적으로 감행할 수 있었던 것은 이 국가들이 막강한 군사력을 갖고 있었기 때문이다. 이러한 사실이 있었기 때문에 이 국가들을 군사적 절대 강대국이라고 한다.[1] 이러한 측면에서 19세기 말 그리고 20세기 전반(前半)에 걸쳐 행해졌던 일본의 행적을 보면 일본도 군사적인 절대 강대국의 범주에 포함시킬 수 있다. 일본은 19세기 말부터 아시아에서 패권적 지위를 확립하기 위해 19세기 말에는 청일전쟁 그리고 20세기 초에는 러시아와의 전쟁에서 승리하여 한반도를 식민지화하였다. 그리고 일본은 1931년 만주를 침략하였고 1937년에는 중국과 전쟁을 하여 중국 대륙의 일부분을 차지하였다. 1940년대 초 유럽 등 세계 강대국과 함께 일본은 큰 식민지를 보유하고 있었다. 그 뿐만 아니라 일본은 1941년 12월 미국의 진주만을 선제공격하며 제2차 세계대전을 주도적으로 감행한 국가였다. 역시 일본의 이와 같은 행위는 그의 군사력에 대한 객관적인 검증 없이도 일본을 절대적인 군사강대국으로 분류하기에 충분할 것이다.

제2차 세계 대전 이후의 군사적인 절대강대국은 미국과 소련이다. 두 국가는 핵무기를 포함하여 상당한 군사력을 보유하였다. 그리고 소련은 1950년대 및 1960년대 그의 동맹국인 동부유럽 국가들에 군사력을 행사하였고 1980년대에도 아프가니스탄을 강제 점령하였다. 소련은 제2차 대전이후 190여 차례에 걸쳐 다른 국가에 무력 행사 및 위협을 가하였다.[2] 미국의 경우는 냉전전시기 세계에 400여개의 군사기지에 약 50만 명의

---

1) Charles W. Kegley. Jr. and Eugene R. Wittkopf, World Politics, 8th ed.(Boston: Bed/ST. Martin's, 2001), p.88 참고.

2) Stephen S. Kaplan, Diplomacy of Power(Washington, D.C.: The Brookings Institution, 1981), p.34.

군을 해외에 주둔시키고 있었고 또 미국은 1950년 한국의 6·25전쟁에서부터 2004이라크에서의 군사행위까지 10여 차례 명백한 군사력을 행사하였다.[3] 미국과 소련도 제1차 및 2차 대전을 적극적으로 수행하였을 뿐만 아니라 대외적으로 군사력을 행사한 국가들이다. 19세기 및 20세기에 걸쳐 세계적인 전쟁에 적극적으로 참여했고 또 평화시에도 대외적으로 군사력을 행사했던 국가는 모두 막강한 군사력을 갖고 있었기 때문에 적극적으로 또 주도적으로 군사적 행위를 할 수 있었다. 패권적 지위를 확보하기 위해 이렇게 군사력을 행사한 국가는 당연히 군사적 절대 강대국이라고 말할 수 있다.

객관적 자료에 의하면 중국도 상당한 군사력을 보유하고 있다. 예를 들면 중국은 1990년대 말 세계에서 군사비를 3번째로 많이 지출하는 국가이며 군 병력도 약 300여만 명을 유지하고 있다.[4] 그리고 중국은 상당한 수준의 핵탄두 및 대륙간탄도탄 (ICBM)을 보유하고 있을 뿐만 아니라 강한 해군 및 공군력도 보유하고 있다.[5] 중국은 이렇게 객관적으로는 어느 정도 강한 군사력을 갖고 있지만, 대외적으로 군사력을 행사한 경험은 2번뿐이다. 중국의 첫 번째 대외적 군사력 행사는 1950년 6·25전쟁에 중국군을 파견하였고, 두 번째는 1979년 베트남 침공이었다. 두 차례 국경을 넘어 군사 행동을 취하였지만, 이 군사 행동도 국경을 접하고 있는 국가에 대해 행해졌다. 중국이 1950년 한반도에 그의 군을 파견하였지만, 그 전쟁은 중국에 의해 주도되었던 전쟁이 아니고 북한이 주도했던 전쟁을 지원하기 위해 군을 파견하였던 것이다.

중국은 1979년 객관적으로 월등한 국력을 갖고 베트남을 침공하였으나 이 군사 행위는 성공적이지 못했다. 중국이 국경 너머로 감행했던 군사 행위는 세계적인 또는 지역적 규모의 전쟁이 아니었다. 그러므로 중국은 군사적 절대 강대국의 범주에 넣을 수 없는 국가이다. 중국의 군사력은 그의 국경선에서만 행사되었다.[6] 적어도 당대 세계적인 규모의 전쟁을 주도적으로 감행했던 국가 그리고 자국의 국가 이익을 보호하거나 극대화하기 위해 그의 영토 밖에서 군사력을 행사한 경험을 갖고 있는 국가들은 군사적인 절대 강대국이라고 할 수 있다. 이러한 행위를 감행하는 국가들은 당연히 월등한 그리고

3) Charles W. Kegley. Jr. and Eugene R. Wittkopf, American Foreign Policy, 5th ed.(New York: St. Martin's Press, 1996), pp.89-98.

4) Charles W. Kegley. Jr. and Eugene R. Wittkopf, World Politics, p.458 참고.

5) Charles W. Kegley. Jr. and Eugene R. Wittkopf, World Politics, p.458 참고.

6) John T. Rourke, Making Foreign Policy(Pacific Grove, California: Brooks/Cole Publishing Company, 1990), p.179.

절대적인 군사력을 갖고 있고 그것은 정치적 및 군사적 목적으로 이용할 수 있는 국가이므로 이 국가들이 절대적 군사 강대국이다.

한편 경제적 강대국의 역사는 매우 일천하다. 국제정치에서 경제적 강대국이 등장한 것은 경제를 국제정치의 수단으로 이용하고 또 경제에 근거해서 국제경제 질서를 주도적으로 확립하고 유지하는 국가가 탄생하면서부터이다.

유럽대륙에 대체로 16-17세기에 중상주의 시대에 접어들면서 최초로 세계시장체제가 확립되기 시작하였다. 18세기 말부터는 산업체제가 영국으로부터 유럽전역으로 확산되고 영국에서 제조된 공업제품의 무역거래가 확산되면서 오늘날의 체제와 유사한 세계경제가 창출되었다. 19세기 중엽부터 유럽 대륙을 중심으로 국가간의 무역거래가 활성화되었다.[7] 그리고 19세기 말 제2단계 산업혁명시기에 접어들면서 국가간 특히 유럽의 중심 국가들 간에는 경제 교류가 활발하여졌고 동시에 산업화된 북쪽 즉 중심과 산업화되지 못한 남쪽 즉 주변의 구분이 19세기를 마감하면서 가시화되기 시작하였다. 이로부터 산업화된 국가들이 중심이 되어 새로운 세계경제체제를 구축하기 시작하였고 이 체제는 중심국가들의 이익을 위해 운영되었다.[8] 이 중심 국가 가운데 영국이 핵심적인 역할을 하면서 19세기 유럽 대륙의 경제는 영국에 의해 주도적으로 운영되었다. 그러나 19세기 영국은 수동적인 패권국가의 역할만을 했을 뿐이다. 이 시기 영국은 자유방임주의 정치경제를 반영하였을 뿐 체계적으로 유럽 경제를 관리하지 못했다. 이 시기 영국은 관세를 크게 인상한 국가에 경제제재를 가하지 못했고 군사력으로 인도, 중국 등의 시장 개방을 강요하였다.[9] 이처럼 19세기는 영국 등 경제선진국에 의해 세계적인 경제질서가 구체적으로 확립되지 못했고 그리고 경제가 국제정치의 수단으로 이용될 수 있는 환경이 아니었다. 이 시기는 무력행사, 전쟁 등이 국제정치의 주된 수단이었다. 이러한 상황 하에서 경제적 패권국가가 존재할 수 없었다. 그러므로 영국은 19세기 경제적인 절대강대국이라고 규정할 수 없다.

제2차 세계대전은 미국을 세계 최고의 부강한 국가로 만들었다. 이 전쟁이 끝난 다음인 1947년 미국의 경제규모는 세계 총생산(gross world product)의 약 50%를 차지하였

---

7) Thomas D. Lairson and David Skidmore, International Political Economy, 2nd ed.(Fort Worth: Hancount Brace College Publisher,1997), pp.39ff.

8) Robert Gilpin, The Political Economy of International Relations(Princeton, New Jersey: Princeton University Press, 1987), pp.84-85.

9) Thomas D. Lairson and David Skidmore, p.51.

다.[10] 미국은 이 막강한 경제력을 바탕으로 브레턴우즈(Bretton Woods)체제를 구축하고 세계경제를 독점적으로 운영하며 경제적 패권 국가로 군림하였다. 미국은 제2차 대전이 끝난 다음부터 1970년대 초까지 절대적인 경제 강대국으로서 미국 중심의 세계경제 질서를 유지하고 관리하였다. 그리고 미국은 마샬계획을 시작으로 그의 동서양 동맹국들에게 경제 원조 및 군사 원조를 제공하며 이 동맹국에게 정치적 영향력을 행사하며 대소련 봉쇄정책을 추진하였다. 그러나 미국은 정치적으로 또 경제적으로 패권국가의 역할을 수행하면서 미국 달러화가 과잉공급 되었다. 그 결과 달러화의 가치가 크게 하락하며 미국은 1970년대 초부터 세계경제질서 유지의 기초였던 브레튼우즈 체제를 유지할 수 없게 되었고 따라서 미국 중심의 패권경제체제도 붕괴되었다.[11]

미국 중심의 패권경제체제가 유지되는 동안 미국 경제는 상대적으로 축소되고 약화되었고 다른 한편 서유럽의 영국, 프랑스 서독, 아시아의 일본 등의 경제는 규모도 커지고 경제력도 강화되었다. 앞에서 지적한 바와 같이 2차 전쟁 후 미국의 경제 규모는 세계경제의 절반을 차지하였으나 1970년 미국의 경제 규모는 세계총생산의 25%로 줄어들었다.[12]

1970년대 초 세계경제의 규모, 경제여건, 달러화의 가치 등이 과거 브레턴우즈체제를 구축할 때와는 다르기 때문에 미국이 독자적으로 세계경제를 관리할 수 없게 되었으나 기존의 세계경제 구조, 질서 등은 일본 및 서유럽의 경제선진국들에게는 매우 유익한 것이었고 따라서 기존의 세계경제 구조, 질서 등은 이들 경제선진국들이 유지, 발전시키고 싶은 체제였다. 왜냐하면 이 경제 선진국들은 기존의 세계경제 구조 및 질서 하에서 경제 강국으로 성장하였기 때문이다. 그리하여 미국, 영국, 프랑스, 서독 그리고 일본 5개국은 제2차 대전 이후 미국에 의해 형성되고 유지되어온 국제경제체제를 유지하기위해 임시조치(makeshift arrangements)를 강구하기로 하고 기존의 무역, 금융, 재정체계(regimes)를 유지하기로 합의하였다.[13] 정치이든 경제이든 국제체제에서 국가간의 역학관계가 변화하여도 그 체제내의 비교적 힘 있는 국가들의 공동 이해(利害)

10) Charles W. Kegley. Jr. and Eugene R. Wittkopf, American Foreign Policy, p.206.

11) Benjamin I. Cohen, "A Brief History in International Monetary Relations," in Jeffry A. Frieden and David A. Lake(eds.), International Political Economy(Boston: Bedford/st. Martin's, 1995), pp.226-228.

12) Charles W. Kegley. Jr. and Eugene R. Wittkopf, American Foreign Policy, p.206.

13) Robert Gilpin, p.351.

가 상존한다면 기존의 국제체제는 변하지 않는다. 왜냐하면 이 힘 있는 국가들도 새로운 체제를 형성하는 것 보다 기존의 체제를 유지하는 것이 더 쉽고 유리하기 때문이다. 이러한 사실을 알고 있는 경제 선진국들은 1975년부터 G-5를 형성해서 기존의 국제경제체제를 유지하며 이 G-5는 주도적으로 세계경제를 운영하여 절대적인 경제 강대국으로 군림하고 있다.

19세기 영국이 수동적인 패권국가이었기 때문에 영국은 국제체계(international regimes)[14]를 만들어 세계경제를 운영하고 관리하지 못했기 때문에 영국은 19세기 절대적인 경제 강대국에 포함시키기는 어렵다. 사실적으로 국제체계를 만들고 세계경제를 운영하고 관리하였던 국가는 제2차 대전 후 미국과 1970년대 후반 이후 G-5이다. 그러므로 이 경제 선진국들이 절대적인 경제 강대국이다.

국제사회에서 어떤 국가가 모든 국가의 대외관계와 외교정책을 규율할 수 있는 기본적인 원칙이나 규칙을 만들고 그것을 유지할 수 있는 힘과 의지를 갖고 있다면 그 국가는 패권적인 지도력을 갖고 있는 국가이다.[15] 국제사회에서 정치적으로 패권적 지도력을 가지려면 한 시대 국제정치의 틀 즉 국제정치체제를 형성하고 그 체제의 주축 국가가 되어야 한다. 이 주축국가들은 그들의 안전보장, 그들의 국가 이익이 보장되고 극대화될 수 있는 국제정치의 원칙, 규범 등을 만들고 이것을 다른 국가들에게 준수하도록 요구한다. 이러한 국가들이 진정한 정치적 절대 강대국이다. 국제사회에 국제정치체제가 형성되면서 이러한 강대국이 등장하였다.

역사적으로 보면 세계적 규모의 전쟁에서 승리한 국가는 국제정치체제를 변경시키고 국가의 위상을 바꾸어 정치적 강대국으로 등장하였다.[16] 세계적 규모의 전쟁은 상당한 국력을 바탕으로 막강한 군대를 가진 국가간의 전쟁이다. 그러므로 이 전쟁에서 승리한 국가는 세계를 정복할 수 있는 능력을 가진 국가이다. 이런 전쟁에서 승리한 강대국은 자국의 영토적 안전을 보장하고 자국의 이익을 계속적으로 극대화할 수 있는 장치를 마련한다. 이 장치는 곧 강대국 중심의 국제정치체제를 의미한다. 강대국들은 그들이

---

14) 국제체계(international regimes)는 특정분야 내에서 행위자간의 상호관계 및 상호작용을 조율하는 일단의 조치들을 말한다. 이 조치에는 norms, rules, principles and decision making procedures가 포함되어 있다.

15) Robert O. Keohane and Joseph S. Nye, Power and Interdependence, 2nd ed.(Glenview, Illinois: Scott, Foresman and Company,1989), p.229.

16) Charles W. Kegley. Jr. and Eugene R. Wittkopf, American Foreign Policy, p.1.

형성해놓은 이 체제의 유지가 그들에게 가장 유리하고 유익하다고 생각하며 이 체제유지를 위해 각국으로 하여금 이 체제의 원칙, 규범 등에 따라 결정하고 행동하도록 요구하고 강제한다.

국제사회에 최초로 형성된 국제정치체제는 나폴레옹전쟁 이후에 등장한 유럽대륙의 세력균형체제이다. 이 전쟁은 프랑스에 의해 감행된 패권적 전쟁으로 유럽 대륙의 대부분의 국가를 전쟁의 소용돌이 속으로 몰아넣는 세계적 규모의 전쟁이었다. 이때 유럽의 국가들은 프랑스의 유럽정복을 저지하기 위해 영국을 중심으로 동맹을 결성하였다. 유럽 국가들은 4차례 대프랑스동맹을 결성하여 마침내 프랑스 혁명군을 굴복시키고 20여 년간의 프랑스 침략전쟁을 마무리 지었다. 그 후 유럽 국가들은 비엔나회의를 개최하여 유럽의 안정을 위한 기구와 방법을 구체적으로 마련하였다. 이 회의에서는 프랑스와의 전쟁에서 승리하는데 크게 기여한 국가들에게 나폴레옹이 정복했다가 포기한 영토를 재분배하여 이 국가들의 국력을 크게 강화시켜주었다. 이것으로 인하여 강대국이 된 국가는 영국, 러시아, 프러시아 그리고 오스트리아이며 비엔나회의 이후 이 국가들이 정치적 강대국의 지위를 누리게 되었다.[17] 그리고 비엔나회의에서는 이 강대국 중심의 세력균형을 유럽 대륙의 국제관계의 원칙으로 결정하여 세력균형체제를 19세기 유럽의 국제정치체제로 결정하였다. 19세기 유럽의 세력균형체제는 비엔나회의 후의 유럽대륙의 현상유지를 체제의 근간으로 그리고 목적으로 하고 있었다. 유럽의 강대국들은 프랑스에게도 강대국의 지위를 부여하여 유럽의 국제질서는 이 5대 강국이 세력균형을 이루어 이것을 지도체제로 하여 유럽의 평화와 안전을 도모하기로 하였다. 구체적으로 5대 강국은 유럽대륙의 현상유지가 자신들의 국가 이익을 보호하고 극대화시킨다는 데에 인식을 같이 하였다. 그렇기 때문에 유럽의 국제정치, 각국의 외교정책, 대외관계는 모두 유럽 대륙의 현상유지에 초점이 맞추어져 전개되었다. 이러한 원칙의 준수는 유럽강대국들의 강력한 요구이다. 이 국가들이 절대적인 정치 강대국이다. 이 세력균형체제는 유럽의 5대 강대국의 가치에 입각해서 만들어진 국제정치체제이다.

제1차 세계대전은 명실 공히 세계적인 큰 규모의 전쟁이었다. 대체로 세계적인 규모의 전쟁은 국가의 위상을 바꾸어 놓고 동시에 국제정치체제를 바꾸어놓는다. 따라서 세계적 규모의 전쟁의 결과는 새로운 강대국을 탄생시킨다. 새로운 강대국은 과거의

---

17) Rene Albrecht-Carrie, A Diplomatic History of Europe(New York: Harper & Row, Publishers, 1973), p.12.

강대국과 가치를 달리하고, 목적을 달리하기 때문에 새로운 강대국은 새로운 국제정치체제를 형성한다. 그런데 제1차 세계대전은 새로운 강대국을 만들지 못했고 따라서 새로운 국제정치체제도 형성되지 않았다. 이 전쟁에서 미국, 영국, 프랑스 등은 승전국이었다. 미국은 전쟁이 끝난 다음 매우 부강한 국가가 되었으나 국제연맹에도 참여하지 않고 고립주의로 회귀하였다. 이로서 미국은 국제무대에서 강대국의 지위를 스스로 포기하였다. 영국과 프랑스는 승전국이기는 하였으나 전쟁으로 인한 피해가 매우 컸기 때문에 강대국의 역할을 할 수 있는 능력은 갖지 못했다. 그런 가운데 프랑스는 그의 장래를 보장하기 위하여 벨지움, 폴란드, 그리고 체코슬로바키아와 동맹조약을 체결하며 소위 '프랑스체제'(French system)를 형성하였다.[18] 이 체제는 프랑스의 안전을 보장하는데 도움이 될 수 있었지만 이 체제는 국제정치체제로서 기능할 수 없었다. 왜냐하면 프랑스의 능력으로는 정치적 패권적 국가로서 역할을 할 수 없었기 때문에 프랑스가 단독으로 국제정치체제를 형성하는 것은 불가능하였다.

제2차 세계대전은 역시 새로운 강대국을 만들어냈고 동시에 새로운 국제정치체제를 형성케 하였다. 이 제2차 대전은 미국과 소련을 강대국으로 탄생시켰고 이 두 가지를 축으로 하는 양극체제가 형성되었다. 제2차 대전 이후 미국과 소련이 효과적으로 힘을 독점하고 다른 약소국들은 미국이나 소련 가운데 한 국가로부터 영토적 안전을 보장받고 이들의 경제 원조에 의지하며 살았다. 이 시기 비동맹 국가를 제외하고 대부분의 국가는 미국과 소련의 외교정책 노선과 지침에 따라 결정하고 행위하며 양극체제 유지를 도모하였다. 양극체제하에서 미국의 동맹국들과 소련의 동맹국은 서로 경쟁하고 대립하며 또 접촉과 교류를 금기시하며 상호 적대적으로 결정하고 행위하는 것이 이 체제의 원칙이었고 규범이었다.

제2차 대전 이후는 세계적인 규모의 전쟁이 없어서 강대국의 자리바꿈이 이루어지지 않았고 국제정치체제도 새로이 형성되지 않았다. 그러나 1970년대에 접어들면서 미국과 소련의 국력이 상대적으로 약화되어 이 두 국가는 동서양진영에서 패권적 지위를 상실하게 되었고 양극체제도 더 이상 기능할 수 없게 되었다. 그리하여 1970년대 초부터 국제사회에서 국제정치체제는 실질적으로 존재하지 않게 되었고 정치적 패권국가도 존재하지 않게 되었다.

1990년대 미국은 군사적으로, 경제적으로 또 과학과 기술 그리고 교육과 농업 분야에

---

18) Ibid., pp.407-409.

서 과거 어떠한 국가도 누리지 못했던 가장 높은 위치에 올라있고, 미국은 전 세계적으로 경쟁자없이 그의 위력을 발휘하고 있다.[19] 미국이 이렇게 패권적 지위를 누리고 있지만 미국이 독자적으로 국제정치의 원칙과 규범을 만들고 강제하지는 못하고 있다. 미국이 이러한 일을 하기 위해서는 단극체제를 형성하여야 하는데 아직 이러한 체제는 등장하고 있지 않다. 다만 미국은 '유일 초강대국'(sole remaining superpower)으로 존재하고 있다.[20] 미국이 독자적으로 단극체제를 형성하고 있지는 못하지만 냉전종식은 미국을 정치적, 군사적, 그리고 경제적 패권국가로 군림하게 만들었다.[21]

상대적 강대국의 외교정책

외교정책이란 근본적으로 다른 국가로 하여금 자국에게 유익하게 결정하고 행위 하도록 영향력을 행사하고 그리고 다른 국가의 결정과 행위를 지배하려는 의도에 기초해서 결정된다. 이러한 측면에서 볼 때 외교정책은 상대국가보다 크고 강한 국력을 갖고 있는 국가가 보다 유리하고 유익한 외교정책을 결정할 수 있다.

국력이란 다른 국가의 목적과 의사가 자국의 그것들과 충돌되더라도 자국의 외교정책을 실천하여 소기의 목적을 달성할 수 있게 하는 국가의 능력을 의미한다.[22] 그러므로 외교정책을 결정하는 주체국가와 그 외교정책의 대상국가가 되는 객체국가간에 국력의 차이가 있다면 상대적으로 강한 국력을 가지고 있는 국가는 성공적인 외교정책을 가질 수 있다. 이러한 국력은 구체적으로 영향력이라는 형태로 행사된다. 영향력이란 한 행위자가 다른 행위자로 하여금 내가 원하는 것은 하게하고 내가 원하지 않는 것은 하지 못하게 하는 능력을 말한다. 그러므로 영향력이란 한 행위자가 그의 목적을 달성하기 위해 다른 행위자로 하여금 내가 원하는 방향으로 결정하고 행위하도록 만드는 능력을 말한다.[23] 이러한 영향력은 국가의 자산(asset)가치를 증대시키고 새로운 자원을

---

19) Henry Kissinger, Does America Need a Foreign Policy(New York: Simon&Schuster, 2001), p17.

20) Charles W. Kegley. Jr. and Eugene R. Wittkopf, American Foreign Policy, p.167.

21) Henry Kissinger, Diplomacy(New York: Simon & Schuster, 1994), p.809.

22) John T. Rourke, International Politics on the World Stage(Monterey, California: Brooks/cole Publishing Company, 1986), p.140.

23) Bruce Russett and Harvey Starr, World Politics: The Menu for Choice(San Francisco: W. H.

획득하고, 보다 넓은 선택의 폭을 갖게 되면서 생겨난다. 영향력을 행사하고자 하는 국가는 다양한 협상의 수단을 갖고 있어야 한다. 실제로 한 국가가 다른 국가에게 보다 큰 영향력을 행사하기 위해서는 전자 국가가 갖고 있는 자산을 후자 국가에게 정치적 목적으로 투자하여야 한다. 이러한 목적을 위해 가장 명백하고 가장 보편적으로 행해지는 전략은 경제 성장을 지원하고, 과학기술의 연구를 촉진시키고 또 국민의 교육수준을 높일 수 있는 물질적 투자를 적극적으로 행하는 것이다. 이러한 투자를 정치적 투자라고 한다.[24] 동시에 한 국가가 다른 국가에 대해 영향력을 행사하여 소기의 목적을 달성하기 위해서는 그가 갖고 있는 자원을 효과적으로 행사할 수 있는 영향력으로 전환시켜야 한다. 힘의 전환(power conversion)은 잠재적인 힘(potential power)을 실제 사용가능한 힘(realized power) 다시 말하면 다른 행위자의 결정과 행위를 지배하는데 사용할 수 있는 힘으로 전환시키는 능력을 말한다.[25] 이와 같이 정치적 투자 또는 힘의 전환은 국가간의 관계를 불평등한 상호의조관계(asymmetrical interdependence)로 만들고 이 관계는 국가간 영향력 행사의 근간이 되어 이것은 다른 국가의 자원을 지배하고 또 결과에 영향을 미칠 수 있는 힘이 된다. 그리하여 국가간의 관계에서 상대국가보다 낮은 의존적 관계를 갖고 있는 국가는 상당한 정치적 자산을 갖게 된다.[26]

이와 같은 일련의 과정들이 전개되어 국가간의 관계가 불평등하게 설정되면 여기에 상대적 강대국과 상대적 약소국이 형성되어 진다. 이러한 상대적 강대국은 특히 상대적 약소국에 대해 성공률이 매우 높은 외교정책을 결정할 수 있다. 왜냐하면 앞에서 말한 바와 같이 상대적 강대국은 상대적 약소국의 결정과 행위에 영향력을 행사하여 상대국가의 결정과 행위를 상당히 지배할 수 있기 때문이다.

국제정치에서 국가간의 관계에 '보호자－피보호자관계'(patrons-clients relation ship)라는 것이 있다. 이 관계는 상대적 강대국과 상대적 약소국의 관계와 같다. 이러한 관계에서 한 쪽은 보호하고 다른 한 쪽은 보호를 받고 또 전자는 후자에게 경제적 지원을 제공하고 다른 한 쪽은 경제적 도움을 받는다. 이러한 형태는 국가간의 불평등한 의존관계를 만들고 국력의 차이를 표출한다. 국가간의 관계가 이러하다면 상대적 약소

Freeman and Company, 1981), pp.127-128.

24) Ibid., p.134.

25) Joseph S. Nye, Jr., " The Changing Nature of World Power," Political Science Quarterly, vol.105, no.2(Summer 1990), pp.177ff.

26) Robert O. Keohane and Joseph S. Nye, p.11.

국은 여러 측면에서 보호를 받는 대가로 다양한 국제문제에 대한 결정과 행위에 제한을 받게 될 것이다. 그 뿐만 아니라 상대적 약소국은 여러 분야에서 상대적 강대국의 결정을 수용하고 따르게 된다. 심지어 상대적 약소국은 상대적 강대국이 무엇을 원하는지 예측하고 그렇게 결정하고 행위하려 한다.[27]

예를 들면 1970년대 쿠바는 유능한 조종사를 포함해서 4만여 명의 군인을 아프리카에 파견하여 한 동안 소련군과 함께 작전을 수행하였다. 이때 쿠바는 소련으로부터 매년 20억 달러의 원조를 제공받고 있었다. 그리고 한 동안 쿠바는 소말리아 군인들을 훈련시키고 소말리아를 지원하였다. 그런데 소련이 에치오피아를 지원하자 쿠바도 소련을 따라 에치오피아를 지원하였다.[28] 쿠바가 아프리카에 많은 군인들을 파견한 것, 그리고 소련의 정책 변화에 따라 지원국을 변경한 것은 쿠바 정부의 독자적인 외교정책 결정이 아니라, 쿠바는 소련과 피보호자-보호자 관계를 갖고 있고 동시에 소련과 쿠바는 상대적 강대국과 상대적 약소국의 관계를 갖고 있었기 때문에 쿠바는 자연스럽게 소련의 정책을 따르게 된 것이다. 그러므로 쿠바에 비해 상대적 강대국인 소련의 외교정책은 절대적이고 성공적이었다.

모든 측면에서 모두 약소국으로 분류되는 인도와 네팔 간에도 보호자-피보호자 그리고 상대적 강대국-상대적 약소국의 관계를 갖고 있었다. 인도와 네팔은 국경을 같이 갖고 있고 군사적으로 인도는 네팔보다 상당히 강한 힘을 갖고 있었다. 경제적으로도 네팔 무역의 90%는 인도와 이루어졌다. 그리고 네팔의 경제와 재정은 인도와 매우 깊이 연관성을 갖고 있었고 인도의 인플레이션은 네팔의 인플레이션이었다. 그리고 네팔은 스스로 그의 경제 문제를 해결할 수 있는 능력과 수단을 갖고 있지 않았다. 이러한 사실관계는 인도와 네팔의 관계를 보호자-피보호자관계로 만들었다. 양 국가에는 이러한 관계가 존재하기 때문에 네팔이 인도의 정책과 다른 정책을 가지면 네팔은 인도로부터 즉각적인 경제적 압력을 받았다. 네팔 정부가 그의 정책을 결정할 때 네팔 정부가 제일 먼저 해야 할 일은 이 정책이 인도와의 관계에 어떻게 영향을 미칠 것인가를 묻는 것이다. 심지어 인도는 네팔이 유엔의 회원국이 되는 데에 부정적인 입장을 견지하였다. 왜냐하면 유엔에서 네팔이 인도와 같이 카쉬미르(Kashmir)문제 같은 사안

27) Micheal Handel, Weak States in the International System(London: Frank Cass and Company Limited, 1981), p.132.

28) Ibid.

에 함께 투표하는 것을 원하지 않았기 때문이다. 또한 네팔이 많은 국가들과 외교관계를 확대시키는 것을 인도는 좋아하지 않았다.

한편 인도와 네팔은 티베트와 중국에 대한 정책을 결정할 때, 양국은 사전에 협의해야 한다는 데에 합의하였다. 이 합의가 강조하는 것은 네팔은 주요 정책을 결정할 때 사전에 인도와 협의해야 한다는 것을 의미하는 것이다. 실제로 네팔이 중국과 외교관계를 정상화하였다. 이때 중국은 네팔의 수도 카트만두(Katumandu)에 상주 공관을 설치할 수 없었다. 왜냐하면 중국 공관이 카트만두에 설치하는 것을 인도가 반대하였기 때문이다.[29] 이러한 인도와 네팔의 관계가 상대적 강대국과 상대적 약소국관계의 전형이라고 말할 수 있다. 이 현상은 전자가 후자의 국제문제에 대한 결정과 행위를 제한하는 대표적인 행태이다.

미국은 제2차 대전 이후 정치적, 경제적, 군사적인 부분에서 절대적 강대국이었다. 그러나 다른 한편 한국과 미국과의 관계만을 본다면 적어도 냉전시기 양국은 보호자-피보호자관계를 갖었고 따라서 미국과 한국의 관계는 상대적 강대국과 상대적 약소국의 관계를 설정하였다. 제2차 세계대전에서 미국이 일본으로부터 항복을 얻어 내어 한반도를 일본 식민지로부터 해방시키고 3년간의 미군정 통치를 거쳐 대한민국을 탄생시켰다. 1950년 6월에 발발한 전쟁에서 한국을 구원해주었고 그 후 한미방위조약을 체결하여 한국의 영토적 안전을 보장해주었다. 그리고 미국은 냉전 시기 경제적으로도 한국을 크게 지원하여 한국의 경제발전에 크게 기여하였다. 한국과 미국간의 이러한 관계는 상당한 국력의 차이를 보이는 상대적 강대국과 상대적 약소국의 관계를 충분히 설정할 수 있다. 그러므로 미국은 한국에 대해 영향력을 행사해서 소기의 목적을 달성할 수 있는 외교정책을 결정하고 실천할 수 있는 국가이다.[30]

1971년 닉슨독트린이 선언된 다음 한국 정부는 핵 억지력의 필요성을 인정하고 핵무기를 개발하기로 결정하였다. 그리하여 한국 정부는 비밀리에 핵무기 제조를 위한 시설을 구입하기 위해 1972년 프랑스 및 벨지움과 교섭을 시작하였다. 그러나 인도가 핵실험을 실시한 다음 벨지움은 한국과의 핵무기 제조시설의 판매 교섭을 중지하였다. 그러나 프랑스와 한국 정부와의 이 시설 구매 교섭은 계속되었다. 이러한 한국의 핵무기

29) Ibid., pp.137-138.

30) Donald Stone Macdonald, U.S.-Korean Relations from Liberation to Self-Reliance(Boulder: Westview Press, 1992), pp.1ff & pp.111f; 송영우, 한국의 외교(서울: 평민사, 2000), pp.240ff참고.

개발 사실이 미국 정부에 알려지자 미국 정부는 즉각 반대 의사를 표명했다. 먼저 미국 정부는 한국과 프랑스 정부에 핵무기 개발 시설 판매 교섭을 중지하도록 요구하였다. 1975년 3월 미 국무장관 키신저는 만일 한국이 핵무기 계발 계획을 계속한다면 미국은 한국에 대한 안전보장 의무 이행을 취소할 것이라고 위협했고 그리고 무역 거래의 중지 및 무기 판매도 중단하겠다고 위협하였다. 또 1976년 1월 미국은 한국에 제공될 2억 7,500만 달러의 차관을 중지하고 수출입은행으로부터 2억 2,700만 달러 차관에 대한 미국의 보증도 취소하겠다고 위협하였다. 이와 같은 미국의 위협이 가해지자 한국 정부는 결국 핵무기 개발을 취소하였다. 한국은 미국의 이러한 위협에 굴복할 정도로 한국과 미국의 관계는 매우 불평등한 의존적 관계였다.[31]

1980년대 약 4만여 명의 미군을 한국 영토에 주둔시키고 있는 미국은 한국의 안정을 중요한 대외목표로 생각하고 있었다. 그리하여 미국은 한국의 안정을 위해 한국의 국내 정치에도 관여하였다. 1987년 4월 전두환 대통령은 1988년 서울 올림픽이 끝날 때까지 헌법 개정 논의를 금지시켰다. 이러한 조치는 1987년 말에 5,000여명의 대통령 선거인단에 의해 그의 후계자를 대통령으로 당선시키기 위한 것이었다. 드디어 1987년 6월 10일 집권당은 노태우 당 대표를 차기 대통령 후보로 결정하였다.

집권당의 이러한 결정에 반대하여 한국에서는 전국적으로 대규모 반대시위가 전개되었고 사회는 매우 불안하였다. 한국의 불안은 미국 정부의 주요 관심 사항이었다. 전두환 대통령은 혼란스러운 상황을 진정시키기 위해 군의 동원을 신중히 고려하고 있었다. 이러한 상황의 전개는 미국의 한국 정책에 배치되는 것이기 때문에 미국은 한국 정치에 개입하였다. 레이건 대통령은 6월 17일 전두환 대통령에게 "건전한 민주체제에 기초한 정치적 안정이 장기적으로 한국의 안전을 보장하는 핵심적 요소이며 귀하께서는 이러한 뜻을 자주 표현하였다.…"는 내용의 친서를 주한 미국 대사를 통해 전달하였다. 그리고 6월 25일 시거(Gaston Sigur) 미국무부 차관보가 한국을 방문하여 전두환 대통령에게 레이건 대통령의 친서를 직접 전달하였다. 이와 같은 미국의 조치가 있은 다음 한국 정부는 6월 29일 헌법을 개정해서 다음 대통령은 국민의 직접 선거로 선출할 것 등을 약속하였다.[32] 그리하여 한국은 안정을 되찾게 되었다. 이와 같이 미국은 한국에

---

31) Daniel W. Drezner, The Sanctions Paradox(Cambridge: Cambridge University Press, 1999), p.255-259.

32) Don Oberdorfer, The Two Koreas(Reading, Massachusetts: Adison-Wesley, 1997), pp.168-172.

대해 미국이 원하지 않는 것을 하지 않도록 그리고 원하는 것은 하도록 만들 수 있는 능력을 갖고 있었다. 이러한 미국의 한국에 대한 정책의 배경은 한미간에 상대적 강대국과 상대적 약소국의 관계가 형성되어 있기 때문이다.

국가간의 일방적 의존관계는 불평등한 외교정책관계를 형성시킨다.[33] 다른 국가에 크게 의존하고 있는 상대적 약소국의 상대적 강대국에 대한 외교정책은 수동적이고 소극적인 것이 될 것이다. 상대적 약소국의 이와 같은 외교정책은 자국의 이익을 증진시키기 보다는 상대적 강대국의 국가 이익에 도움이 될 것이다. 상대적 강대국의 외교정책은 자국의 이익 증대를 위해 상대적 약소국에 대해 어떠한 정책을 결정하도록 또는 어떠한 정책을 결정하지 않도록 만들 수 있다. 즉 상대적 강대국의 외교정책은 능동적이고 적극적인 것이 될 것이다. 이와 같이 국가간의 불평등한 의존관계의 존재는 이들 국가의 외교정책도 그리고 외교행위도 불평등하게 만든다.

절대적 강대국의 외교정책

군사적 절대강대국－15세기 말 유럽 대륙에서 최초로 패권적 전쟁을 감행한 국가는 포르투갈이다. 그러므로 포르투갈은 최초의 절대적 군사 강대국이다. 이 시기 절대적 군사 강대국은 다른 국가들에게 무엇은 하고 또 어떤 것은 하지 말아야 한다는 정책을 결정할 필요를 느끼지 않았다. 왜냐하면 이 강대국은 그들이 필요한 것이 있다면 전쟁으로 또는 무력행사로 소기의 목적을 달성할 수 있었기 때문이다. 이 시기 강대국은 전쟁 또는 무력행사라는 수단 이외의 다른 수단을 갖고 있지 못했다. 그러므로 이 시기 강대국들이 특정 국가에 대해 외교정책을 결정하고 이것을 수용하도록 만드는 일을 전개할 수 없었다. 그리고 이 시기 국가들이 부를 축척하고 국력을 증강시키는 일은 다른 국가의 영토와 사람을 정복하는 것이 유일한 방법이었다. 15~6세기에 이와 같은 일들은 외교정책에 의해서 이루어질 수 있는 일이 아니고 전쟁이나 무력 행사에 의해서만 가능하였다.

프러시아의 군사 전문가인 클라우제비츠(Karl von Clausewitz)는 그의 저서 '전쟁

33) Tom A. Travis, "Comparative of The Global Economic Imperialism of Five Metropoles," in Charles W. Kegley, Jr. and Pat McGowan(eds.), The Political Economy of Foreign Policy Behavior(Beverly Hills: Sage Publication, Ins, 1981), p.165.

론'(On War)에서 "전쟁이란 우리의 의지를 관철시키기 위해 적대국을 굴복시키기 위해 사용되는 폭력적 행위이다.… 전쟁이란 다른 수단에 의해 행해지는 정책의 계속이다. 전쟁이란 정치적 행위일 뿐만 아니라 실질적인 정치적 수단이며 정치적 교류 행위이다."[34]라고 주장하였다. 클라우제비츠의 주장이 담고 있는 의미는 전쟁은 정치 행위라는 것이다. 그렇기 때문에 그는 전쟁 행위를 부도덕하고 불법적인 행위로 생각하지 않고 국가의 정치적 및 정책적 행위로 간주하고 있는 것이다.

17세기, 18세기는 말할 것도 없고 20세기 전반까지 군사적 절대 강국의 지도자들은 클라우제비츠의 주장과 같은 생각을 갖고 있었다. 나폴레옹의 침략전쟁은 말할 것도 없고 20세기 두 차례에 걸쳐 감행되었던 세계적 규모의 전쟁도 정치적 행위로 전개되었다. 16세기부터 제2차 세계대전까지 감행되었던 패권적 전쟁들은 특정한 정책을 실천하기 위한 수단으로 행해졌던 것이 아니라 다른 국가의 영토를 탈취하고 지배하기 위해 행해졌던 폭력적인 정치행위였다. 군사적 절대 강대국에 의해 감행되는 패권적 전쟁은 그 자체가 외교정책이었고 정치행위였다. 이와 같은 군사적 절대 강대국의 전쟁 행위의 산물은 영토적 식민지였다. 제2차 세계대전 이전까지 모든 군사적 절대 강대국은 상당한 식민지를 거느리고 있었다.

예나 지금이나 외교정책을 결정하고 실천하는 것은 국가의 안전을 보장하고 국가의 이익을 극대화시키기 위해서이다. 그런데 군사적 절대 강대국은 외교정책을 갖지 않고 전쟁만으로 모든 것을 얻을 수 있었다.이 강대국은 대외적으로 막강한 군사력을 행사하며 자국의 안전을 보장하고 또 전쟁으로 식민지를 획득하여 국가의 부를 증대시킬 수 있었다. 그러므로 군사적 절대 강대국에게 외교정책은 필요하지 않았다. 그러므로 이 강대국들은 외교정책을 갖고 있지 않았다. 이 강대국들은 필요한 일이 있으면 외교정책으로가 아니라 전쟁으로 또는 무력행사로 모든 문제를 해결하려하였고 또 그렇게 하였다. 18세기 말 나폴레옹에 의해 감행되었던 전쟁도 프랑스의 외교정책을 실천하기 위한 수단으로 이용된 것이 아니라 그 전쟁은 유럽 대륙을 정복하기 위한 침략적인 전쟁이었다. 이때 프랑스는 군사적인 절대 강대국으로서 그 막강한 군사력을 이용하여 유럽 대륙을 지배할 목적으로 전쟁을 감행하였다.

제1차 세계대전을 주도적으로 전개했던 독일이나 오스트리아 역시 그들의 안전보장이나 국가 이익의 증진을 위해 특정 국가에 대해 구체적인 정책을 갖고 있지 않았다.

34) Bruce Russett and Harvey Starr, pp.171-172.

그러므로 독일이나 오스트리아는 막강한 군사력을 보유하고 있었기 때문에 그 힘을 이용하여 그들은 유럽 대륙의 정복을 도모하였다. 독일과 오스트리아의 전쟁 목적은 전쟁을 통해서 영국, 프랑스, 러시아 등을 굴복시켜 패권적 지위를 확보하고 유럽 대륙을 지배하려는 것이었다. 그리고 독일과 오스트리아는 영국, 프랑스 등과의 전쟁에서 승리하여 이들이 거느리고 있는 아시아, 아프리카 지역의 식민지를 빼앗는 것 역시 이들의 목적이고 야욕이었다. 독일과 오스트리아가 이 전쟁에서 승리한다면 세계 지배도 가능하였을 것이다. 이러한 목적을 추구하는 군사적 절대 강대국은 외교정책을 필요로 하지 않는다.

독일, 이태리, 일본 등이 주도했던 제2차 세계대전 역시 그 맥락은 제1차 세계대전의 그것과 같다. 1933년 1월 30일 히틀러가 집권한 다음부터 독일은 군사적 절대 강대국의 길을 걷기 시작했고 세계적 위기는 현실로 나타나기 시작하였다. 독일은 1933년 10월 14일 국제군비축소회의에서 영원히 탈퇴하였고 그리고 그로부터 일주일 후 국제연맹을 탈퇴하였고 1934년 초에는 재무장을 선언하였다. 독일의 이러한 결정은 군사적인 절대 강대국이 되어 그의 군사력으로 독일의 유럽 지배 더 나아가 세계 지배를 도모하겠다는 의사 표시이고 이것이 당시 독일의 외교정책이라고 말할 수 있다. 이처럼 군사적 절대 강대국은 패권적 전쟁의 결정 그 자체가 외교정책이다. 독일은 1930년대 말부터 유럽대륙을 제패하기 위한 전쟁을 강행하였다. 일본 역시 19세기 말부터 군사력을 강화하며 청일전쟁, 만주침략, 그리고 1937년 중일전쟁을 감행했고 1941년 미국의 진주만을 공격하여 미국과도 전쟁을 하였다. 일본의 이러한 행적 역시 전쟁을 정책 실천의 수단으로보다는 전쟁을 정책 그 자체로 생각하였다. 일본에 의해 감행된 전쟁은 식민지를 얻기 위해 그리고 패권적 지위를 확보하기 위해 행해진 것이었다.

지금까지 살펴본 바와 같이 모든 군사적 절대 강대국은 전쟁이 곧 정책이고 정책이 바로 전쟁이라는 신념을 갖고 국가를 운영하여 왔다.

제2차 대전 이후 군사적 절대 강대국은 미국과 소련이었다. 이 두 강대국의 행적을 보면 제2차 대전 이전의 군사적 절대 강대국과는 달리 전쟁을 정책으로 그리고 정책은 전쟁이라는 신념을 갖고 이러한 신념을 반영하는 외교정책을 결정했던 경우는 거의 찾아보기 어렵다. 미국과 소련 두 국가는 세계적 규모의 전쟁은 물론이고 지역 규모의 전쟁도 감행한 일이 없었다. 미국과 소련은 이미 세계적으로 패권적 지위를 확보하고 있었기 때문에 미국과 소련은 세계적 규모의 전쟁을 필요로 하지 않았다. 제2차 대전 이후 미국과 소련은 군사력을 정치적 수단으로 주로 이용하였다.

소련은 양극체제였던 1944년부터 1970년대 말까지 190차례 군사력을 정치적 수단으로 이용하였다.[35] 소련의 이러한 행위는 전쟁이나 전투 행위라기보다 외교정책의 대상 국가에 대한 일방적인 무력행사 또는 그 행사의 위협 행위였다. 구체적으로 말하면 소련은 군사력을 이용하여 역내에서 그의 권리를 유지하고, 다른 공산정권에 영향력을 행사하고 서방 및 중국의 행위에 대응하고 소련의 안전에 위협이 된다고 생각되는 인접 국가에서 발생한 국내 문제에 대응하고 그리고 식민지로부터 독립한 신생 국가와 우호적인 관계를 창출하였다. 소련의 이와 같은 행위는 대체로 소련 영토로부터 멀지 않은 곳에서 전개되었다. 소련은 쿠바에 미사일기지 설치를 도모한 다음 소련은 군사력을 이용하여 아프가니스탄에 개입하였고, 체코슬로바키아의 정치 변동을 억압하였고, 중국을 위협하였고, 루마니아 같은 위성국가의 민주적인 정치행위 등을 억제시켰다. 그 외에도 소련은 1970년 요르단 사태에서 그의 해군으로 하여금 중요 역할을 하도록 하였고, 1971년 인도-파키스탄 전쟁에 개입하였고, 1973년 중동전쟁에서도 소련군이 중요한 역학을 하였다. 또 소련 해군은 1975-1976년 앙골라 내전에 개입하여 내전의 결과에 중대한 영향을 미쳤고, 1977-1978년 에치오피아-소말리아 분쟁에 그리고 1979년 중국-베트남 분쟁에도 개입하였다.[36]

제2차 세계대전을 통해 미국은 군사적 절대 강대국이 되었다. 그러나 미국도 소련과 같이 전쟁이 곧 정책이고 정책이 바로 전쟁이라는 신념을 갖고 이에 근거한 외교정책을 결정하지 않았다. 미국도 전쟁을 정책으로 생각하고 전쟁을 감행한 일은 없다. 미국은 2차 세계대전 이후 여러 차례 세계적인 규모나 지역적인 규모의 전쟁을 감행하지 않았다. 그러나 미국은 개별 국가를 상대로 전투 행위를 여러 차례 경험하였다. 미국은 1950년 한국의 6·25전쟁, 1960년대 베트남 전쟁, 1990년대 및 2000년대 이라크와의 전투 행위들이 그 대표적인 예이다. 미국의 이러한 전투 행위들은 그 자체가 정책이 아니고 정책을 실천하기 위한 수단으로 행해졌다. 1950년대 한국의 6·25전쟁이나 베트남전쟁은 미국 외교정책 목표인 공산주의 및 소련에 대한 봉쇄정책을 실천하기 위한 수단으로 행해졌다. 미국의 두 차례에 걸친 이라크와의 전쟁도 첫 번째는 이라크의 침공을 받은 쿠웨이트를 구하기 위한 전쟁이었고 두 번째는 이라크가 대량 살상무기를

35) Stephan S. Kaplan, pp.689-693참고.

36) Ibid., pp.1-2.

생산하고 있다는 정보에 의해 그 무기를 제거하기 위해 행해진 전쟁이었다. (2004년 미국 의회는 그 정보가 정확한 것이 아니었다고 판정하였다.) 이와 같이 미국이 군사적 절대 강대국이었지만 패권적인 정책으로 전쟁을 감행하지는 않았다.

경제적 절대 강대국-제2차 대전을 통해 가장 부유하고 강한 국가가 된 미국은 새로운 그리고 미국 중심의 국제경제질서를 수립하기 위해 전쟁이 끝나기도 전인 1944년 7월 미국 뉴햄프셔 주 브레턴우즈에서 40여 개국을 초청하여 회의를 개최하였다. 이때 미국은 자유방임주의에 기초한 새로운 국제경제질서의 수립을 추진하였다. 이 브레턴우즈 회의에서 기초가 튼튼한 두 개의 다변적 국제 금융기구를 창설하였다. 하나는 국제통화기금(IMF)이고 다른 하나는 세계은행(World Bank)이었다. 미국은 이 두 기구의 지분(持分)을 많이 가졌고[37] 따라서 이 기구는 미국에 의해 거의 배타적으로 운영되었으며 이 두 기구의 규정은 미국의 국가 이익과 정책에 맞추어져 만들어졌다. 그러므로 국제통화기금과 세계은행은 새로운 미국 중심의 국제경제질서의 유지를 위해 만들어졌지만 이 국제경제질서의 유지는 곧 미국의 국가 이익과 맥락을 같이 하는 것이었다. 그렇기 때문에 미국은 그의 이익을 증진시키기 위한 개별적이고 구체적인 정책을 갖지 않더라도 각국이 국제통화기금과 세계은행의 규정이 따라 경제 행위를 하고 교류를 갖는다면 그것은 곧 미국 중심의 국제경제질서 유지에 이바지하는 것이고 또한 미국의 국가 이익을 자연스럽게 증진시키게 되는 것이다.

미국은 1947년 제네바에서 '관세 및 무역에 관한 일반협정'(GATT)을 만들었다. 이 협정의 일차적 목적은 국제법, 자유로운 국제규범, 그리고 무역 교섭을 위한 명문의 규칙과 절차에 기초한 국제무역 관행을 정착시키기 위해 무역장벽을 축소시키는 것이었다. 1947년 4월 제네바에서 미국 주도로 2개국이 협상을 가져 이 협정을 만들고 이 협정은 1948년 1월 1이 참가국 중 8개국만 서명하여 정식으로 발효되었다. 가트의 규범은 국제무역의 총체적인 기본 질서를 규율하였다. 가트는 동등한 시장 접근, 무역양허(trade concessions)상의 상호주의, 지속적 무역자유를 위한 투명하고도 안정된 여건의 보장을 목적으로 하는 특정한 법적 권한과 의무조항들을 망라하고 있다. 가트의 기본원칙은 국제무역이 무차별적으로 이루어져야 하다는 것이다. 무차별적용원칙에는 최혜국

37) Frederic S. Pearson and Simon Payaslian, International Political Economy(Boston: The McGraw-Hill Companies, Inc.,1999), pp.128-129.

대우 및 내국민대우라는 두 개의 구체적인 규칙이 포함되어 있다.38)

가트의 규정 가운데에는 무역 자유화, 동등한 시장접근, 상호주의, 최혜국대우 등 지극히 '자본주의적'인 시장경제원리를 담고 있다. 그러나 이 가트협정이 만들어진 1947년 각국의 경제 사정을 보면 앞에서 지적한 바와 같이 미국이 세계 총생산의 50%를 차지하고 있을 만큼 미국의 경제력은 절대적이며 경제적으로 패권적 지위를 차지하고 있었다. 이러한 미국과 다른 국가들이 자유롭고 동등하게 무역거래를 하고 경쟁하도록 하는 규정은 다분히 제국주의적이고 패권적이다. 다시 말하면 가트와 같은 규정은 미국에 의해서 다른 국가를 경제적으로 지배할 수 있는 근거를 제공하는 것이다. 미국과 다른 국가의 경제 수준, 능력 등의 차이가 상당히 큰데 모든 국가에게 무역을 자유화하고 동등한 시장 접근을 요구하면 미국 이외의 다른 국가의 경제는 미국 경제에 예속될 것이다. 경제적으로 낙후되어 있는 국가들이 가트규정에 따라 경제 활동을 한다면 이 국가들은 미국의 경제 식민지로 전락하게 될 것이다. 제2차 대전 이후 약 30여 년간 미국은 경제적 패권국가로 군림하였고 경제적인 절대 강대국이었다.

이 시기 미국은 따로 대외적인 경제정책이 요구되지 않았다. 왜냐하면 가트규정의 준수 및 이행의 요구가 곧 미국의 경제적인 대외정책이었기 때문이다. 가트는 국제무역구조의 근간을 이루고 있고 국제무역구조는 힘의 산물이고 경제 강대국 이익의 산물이다. 국제무역구조는 패권국가에 의해 지배되고 있으며 이 패권 국가는 당연히 자유무역을 채택한다. 왜냐하면 자유무역은 패권국가의 경제를 성장시키고 그의 국가 이익을 극대화시키기 때문이다. 이와 함께 국제무역구조는 패권국가의 정치적 영향력을 강화시켜 준다.39)

제2차 세계대전 이후 경제적 패권 국가가 된 미국은 경제적 절대 강대국이 되었다. 이러한 미국은 국제경제질서를 미국 중심으로 구축하기 위해 국제금융체계 및 국제무역체계를 만들었고 이 국제 체계의 이행은 곧 미국 경제 정책의 이행과 맥락을 같이 했고 이러한 형태는 또 미국의 이익 증대에 부합하였다. 제2차 세계 대전 이후부터 1960년대 말까지 미국은 경제 및 군사 원조, 베트남전쟁, 소련과의 군비 경쟁 등 경제적 대외정책의 잘못으로 미국은 인플레이션 압력, 무역수지 적자, 실업 증가 등으로 미국

38) 김완순·한복연, 국제경제기구론(서울: 박영사, 1998), p.168.

39) Stephen D. Krasner, "State, Power and Structure of International Trade," World Politics, vol.28, no.3(April 1976), pp.317-347, Passim.

경제는 매우 어렵게 되었다. 그리하여 닉슨 대통령은 1971년 8월 브레튼우즈체제의 핵심이었던 금태환제를 중지한다고 일방적으로 선언하였다. 이로서 미국 중심의 패권적 국제경제질서는 더 이상 유지할 수 없게 되었고 따라서 미국의 경제적 절대 강대국의 지위도 상실하게 되었다. 미국의 경제적 패권국가 지위의 상실은 미국 경제력의 상대적 약화 때문이었다. 미국이 상대적으로 잃어버린 경제력은 영국, 프랑스, 서독 그리고 일본으로 돌아갔다. 그리하여 이 국가들도 경제적으로 강대국의 반열에 오르게 되었다. 새로이 경제 강대국이 된 4개국은 미국 중심의 경제질서하에서 경제 대국이 되었다. 그러므로 기존의 이 경제 질서는 새로운 경제 강대국에게는 매우 유익하고 유리한 질서이기 때문에 이 국가들은 기존의 국제경제질서 유지하는데 견해를 같이 하였다.

1970년대 초 브레트우즈 체제하의 고정환율제가 붕괴되고 제1차 석유 파동이 발생하여 세계 경제는 표류하지 않을 수 없게 되었다. 이러한 상황이 계속되고 있는데 1973년 슐츠(George Shultz)미국 재무장관은 주요 경제 선진국들의 경기 침체 문제를 논의하기 위해 미국, 영국, 프랑스, 서독 그리고 일본 5개국의 재무자관 회의를 제의하여 회의가 개최되었다. 재무장관 회의에 만족하지 않고 1975년 프랑스의 지스카르 데스탱(Valery Giscard d'Estaing)대통령은 재무장관 회의를 국가 원수급 회의로 격상시킬 것을 제안하였다. 각국은 이 제안을 수용하고 5개국에 이탈리아를 추가로 참여시켜 1975년 최초로 G-6정상회의가 프랑스 랑브이예에서 개최되었다. 그리고 1976년 푸에르토리코에서 두 번째 정사회담이 개최될 때 캐나다도 이 회담에 참여시켜 G-7회의의 골격이 갖추어지게 되었다. 첫 번째 정상회의에서는 각국의 환율 국제통화기금 및 세계은행에 대한 정책 방향이 논의의 주요 의제였고, 1976년 제2차 정상회의 에서는 통화개혁, 원유 가격문제, 세계경제 성장 문제, 가트(GATT)의 도쿄라운드 문제 등도 함께 논의되었다. 1980년대에 접어들면서 G-7은 세계 경제 및 정치문제들을 폭 넓게 다루었다. G-5는 1985년 뉴욕 시에 있는 플라자호텔에서 비밀리에 회동하여 미국 달러화의 가치를 절하시킨다는 데에 합의하였다.

그런데 플라자호텔에서 이루어진 합의가 미국의 무역수지 적자를 개선하지 못하게 되자 G-5는 1987년 다시 파리에서 회합을 갖고 이 국가들의 환율을 안정시키고 재정의 관리 전략을 강화하기로 합의하였다. 그리고 1980년대 말부터 G-7은 세계 경제문제뿐만 아니라 동유럽 국가들의 정치안정문제, 핵 확산금지문제, 화학무기 문제, 유엔평화유지활동 문제 등을 주된 의제로 다루었다.[40)]

G-7은 1970년대 중반부터 국제경제질서를 유지하고 관리하게 되었고 세계의 정치, 경제 문제도 이 G-7의 주요 관심사가 되었다. 이러한 사실은 이 G-7이 명실상부하게 경제적 절대강대국이 되었음을 입증하는 것이다. 그리고 G-7은 집단적인 절대 강대국이기 때문에 이들의 대외정책도 집단적으로 결정되지 않을 수 없게 되었다. G-7은 매년 정상회담 그리고 재무장관 및 중앙은행 총재 회담을 갖고 여기에서 주요 정책을 결정한다. G-7은 정치적으로 세계가 안정되어야 그들의 국가 이익이 증진된다고 생각하였고 세계적으로 정치적 안정이 보장되는 쪽으로 정책을 결정하였다. 예를 들면 어느 지역의 분쟁이 심각하여 이 분쟁의 방치는 세계 평화와 세계 경제에 도움이 안 된다고 판단되면, G-7은 유엔의 개입 등의 조치를 결정하게 될 것이다.

G-7은 경제적 절대 강대국이기 때문에 세계 경제 및 이들의 경제에 깊은 관심을 갖는다. G-7은 자신들의 국가 이익 및 경제에 초점을 맞추어 세계경제 및 각국의 경제 성장률, 환율, 무역체계, 금융체계 등을 결정한다. 이 결정 자체가 곧 G-7의 경제 정책이고 다른 국가들은 이 G-7의 결정에 따라 각기 자국의 경제를 운영하게 된다. 예를 들어 G-7 국가들이 그들의 화폐 가치의 절상이 자신들의 경제 발전에 유익하다고 판단되면 G-7은 유로화, 미국 달러화, 그리고 일본의 엔화의 가치를 절상한다. 그러면 각국은 이들 경제적 절대 강대국의 결정에 따라 자국의 금융정책을 조정하여 운영하여야 경제적 손실을 입지 않게 될 것이다.

경제적 절대 강대국들은 자신들의 국가 이익을 중심으로 국제체계도 만들고 경제 정책도 결정한다. 이 국가들은 경제적으로 패권적 국가이기 때문에 다른 국가들은 이들에 의해 만들어진 규칙, 원칙 등을 따르지 않는다면 또 이 경제적 패권 국가들의 정책에 능동적으로 순응하고 대응하지 않는다면 그 국가는 세계 경제 속에서 살아남기 어렵게 될 것이다. 경제적 절대 강대국은 무역, 금융 등 경제 여러 분야에서 매우 큰 시장을 갖고 있다. 그렇기 때문에 이 강대국들은 시장을 정치적으로 이용한다. 경제적 절대 강대국들은 자신들에게 우호적인 국가에게는 시장을 개방하는 정책을 결정하고 비우호적인 국가에게는 시장접근을 금지하고 더 나아가서는 경제적으로 고립시키고 또는 재정지원을 삭감하거나 중지시키기도 한다. 또한 경제적 절대 강대국은 구조적이고 체계적인 체제를 통해 다른 약소국가의 행위 및 기구를 지배한다. 이러한 강대국은 그들에

---

40) Frederic S. Pearson and Simon Payaslian, p.99; 권해룡, "제노아 G8정상회의와 장래," 외교, 제59호(2001, 10), pp.106-107.

의해 구축된 국제적 체제를 통해 다른 약소국가의 정치, 경제, 군사, 문화정책 및 행위를 지배한다. 그리고 경제적 절대 강대국은 다른 약소국가들의 대내외 목표 및 정책을 제한하고 이 약소국가들의 자치권 또는 주권도 제한한다.[41]

정치적 절대 강대국－19세기 유럽에 세력균형체제가 형성되면서 정치적 절대 강대국이 등장하였다. 이 시기 정치적 절대 강대국은 영국, 프랑스, 프러시아, 러시아 그리고 오스트리아였다. 세력균형체제의 본질은 1815년 이후 유럽 대륙에 형성된 현상(status quo)을 유지하는 것이었다. 비엔나 회의 이후 이 강대국들은 이 체제 유지의 수단으로 영국, 프러시아, 오스트리아 그리고 러시아로 구성된 4국 동맹(Quadruple Alliance)과 프러시아, 오스트리아 그리고 러시아로 구성된 신성동맹(Holy Alliance)을 만들었다. 이 동맹은 유럽 대륙의 세력균형체제가 프랑스에 의해 붕괴되는 것을 방지하기 위해서 만들어진 것이다.[42] 패권주의가 유럽에 있는 모든 국가의 존립을 위협한다는 인식하에 패권주의적인 전쟁의 재발을 방지하자는 것이 세력균형체제의 주요한 목표였다. 이러한 전제하에 19세기 유럽의 강대국들은 자신들을 포함한 유럽의 모든 국가들이 준수해야할 대외관계의 원칙, 규범 등을 규정하였다.

19세기 세력균형체제의 유지를 위해 준수되어야했던 원칙들은 다음과 같다.[43]

첫째, 강대국만이 전쟁과 평화에 관한 또 안정과 무질서에 관한 의견, 권한 및 능력을 갖는다.

둘째, 유럽 내의 영토 및 국경의 변경은 강대국의 승인사항이었다.(강대국 간에는 적절한 변화의 한계를 설정해 놓고 있었다.)

셋째, 유럽 국제정치체제 중심 국가는 반드시 보호되어야한다.

넷째, 5대 강대국의 명예와 이익은 존중되어야 한다.

이러한 원칙을 준수하며 전개된 19세기 유럽의 국제정치는 5대 강대국이 협조해서 외교적 조치를 강구하고, 동맹의 형성 또는 해지, 그리고 국가간 분쟁의 공개화를 통해 다른 국가들의 행위와 결정을 지배하고 통제하는 체제를 갖고 있었다.[44] 이러한 원칙과

---

41) Tom A. Travis, p.167.

42) Henry Kissinger, Diplomacy, pp.82-83.

43) Richard B. Elrod, "The Concert of Europe: A Fresh Look at an International System," World Politics, vol.28 no.2(January 1976), pp.163-166.

44) Robert Gilpin, War and Change in World Politics(Combridge University Press, 1983), p.29.

강대국의 형태는 다른 국가들의 외교정책 결정의 범위와 한계를 제공하였고 그리고 국가간의 관계의 원칙 및 범위를 제공하였다.

양극체제의 정치적 절대 강대국인 미국과 소련은 적대적 관계로 시작하였다. 따라서 이 두 강대국의 외교정책은 대립적이었고 갈등적이었다. 제2차 대전이 끝난 다음 소련은 동유럽 및 지중해 방면으로 그의 세력을 확대하고 있다고 미국은 주장하고 소련의 세력 확대를 저지하는 것이 미국 외교정책의 원칙이라고 주장하였다. 이러한 원칙을 고수하기 위해 미국은 1947년 3월 12일 소위 '트루먼독트린'을 선언하였다. 이 독트린은 '군사집단 또는 외부세력에 의한 정복에 저항하는 자유인들을 지원하는 것이 미국의 정책'이라는 것을 핵심으로 하고 있다.

미국은 이 선언의 실천을 위해 그리스와 터키에 경제 및 군사 원조를 제공하였다. 이어서 미국무장관 마샬(George C. Marshall)은 1947년 6월 5일 하버드대학교 졸업식에서 외부의 침략을 유도할 수 있는 사회적 및 경제적인 나쁜 상황을 제거하는 것은 미국의 임무이다. 미국은 이러한 임무를 수행하기 위해 유럽에 원조를 제공하기로 하였다. 미국은 유럽의 정치적 혼란을 막기 위해, 세계 경제를 회복시키기 위해 그리고 자유로운 체제를 성장시키기 위해 유럽에 경제 원조를 제공한다고 선언하였다. 이로부터 미국은 소련의 세력 팽창을 저지하기 위해 소련에 대한 봉쇄정책을 실시하였다. 그리고 미국은 역사상 처음으로 평화시 북대서양조약기구(NATO)를 포함하여 여러 국가와 군사동맹관계를 가졌다. 이에 맞서 소련도 동유럽의 공산화에 박차를 가하였다.

소련의 팽창을 저지하기 위한 미국의 봉쇄정책은 세계 도처에서 소련과 충돌하였고 미국과 소련은 세계의 안정과 서로의 이익을 침해하는 정책으로 일관하였다.[45] 미국은 소련 및 공산주의 봉쇄정책을 실천하기 위해 미국의 외교정책노선을 따르는 국가들과 군사 동맹조약을 체결하고 이 국가들에게 경제 및 군사 원조를 제공하며 미국중심의 국제정치 블럭을 형성하였다.

미국의 봉쇄정책에 대해 소련도 대응책을 강구하였다. 소련은 1948년 체코슬로바키아에 공산정권수립을 시작으로 동유럽 국가들을 모두 공산화하고 이들을 소련의 지배를 받는 위성국가로 만들었다. 그리고 소련은 1948년 6월 서베를린에 장벽을 설치하여 동서양극체제를 상징적으로 표현하였다. 그리고 소련도 그의 위성국들을 중심으로 바르샤바조약기구(Warsaw Treaty Organization)를 만들어 미국과의 대립을 노골화하였

45) Henry Kissinger, Diplomacy, pp.446ff.

다. 소련의 외교정책은 미국의 봉쇄정책에 대항하여 그 봉쇄를 분쇄하려는 데에 초점을 맞추었다.

이제 미국 및 소련의 외교정책 기조는 이들 국가의 정책노선을 따르는 동맹 국가들의 외교정책의 이정표(guidepost)가 되었고 국제정치의 원칙이 되고 준칙이 되었다. 미국과 소련 두 정치적 절대 강대국은 근본적으로 상대 동맹국과의 접촉 및 교류를 금기시하였다. 이러한 접촉과 교류의 금지 근거는 이념이었다. 즉 미국 중심의 진영은 민주주의 및 자본주의를 근본이념으로 하였고 소련 중심의 진영은 공산주의 및 사회주의를 근본이념으로 삼고 있었다. 양 진영은 각기 그들의 이념에 기초해서 외교정책을 결정하였고 더 구체적으로 말하면 각 국가의 외교정책은 그들의 종주국격인 미국과 소련의 외교정책에 준해서 결정되었다. 양극체제하에서 정치적 절대 강대국의 외교정책은 다른 국가 외교정책의 교과서였다.

미국과 소련 중심의 양극체제가 붕괴된 다음 정치적 절대 강대국이 사라졌고 따라서 국제정치체제도 존재하지 않게 되었다. 그래서 모든 국가들은 외교정책을 결정하는데 국제정치체제나 정치적 절대 강대국이 중요한 요소로 작용하지 않게 되었다. 그리하여 각국은 외교정책을 결정하는데 비교적 폭 넓은 자유를 누릴 수 있게 되었다.

8

약소국 외교정책

약소국의 특성

강대국의 경우와는 달리 어떤 국가를 절대적 약소국으로 규정한다는 것은 매우 어려운 일이다. 왜냐하면 한 국가를 절대적 약소국으로 규정할 수 있는 객관적인 기준을 설정할 수 없기 때문이다. 그러므로 약소국에는 상대적 약소국만 있을 수 있다. 한 국가를 절대적 강대국과 같은 선상에 놓았을 때 그 절대적 강대국과 비교되는 국가는 물론 상대적 약소국이다. 그뿐만 아니라 국가와 국가를 비교할 때 어떠한 측면에서 비교하더라도 대체로 국가의 국력, 군사력, 경제적 능력 등에서 차이가 있을 수 있다. 이때 비교되는 국가 가운데 어느 한 국가는 더 강하고 그 상대 국가는 상대적으로 더 약한 국가로 분류될 수 있다. 어떠한 경우이든 국력 등이 같은 국가의 경우를 제외한다면 약소국은 상대적 약소국만이 존재한다. 한 국가를 강대국 또는 약소국이라고 규정지을 수 있는 기준 또는 요소는 당대 국제정치에서 국가에 의해 사용된 힘의 유무 또는 힘의 강약이다. 다시 말하면 당대 국가가 그의 국가 이익을 극대화하고 국력을 신장시키는데 사용되었던 힘이 강하냐 또는 약하냐에 따라 국가를 강대국 또는 약소국으로 구분한다.

국제사회에 국가가 등장하면서부터 제2차 세계대전이 끝날 때까지 국제 정치에서 국가 이익을 극대화하고 국력을 신장시키는데 사용되었던 핵심적이 요소는 군사력이었다. 이 시기에 강한 군사력을 가졌던 국가는 이것을 수단으로 국가 목적도 성취시키려 하였고 국력을 신장시키기도 하였다. 제1차 세계 대전 이전까지 강한 군사력을 가졌던 국가는 산업혁명의 성공으로 공업이 크게 발전하였고 이것이 국력 신장의 원동력이 되었다. 한 예로 19세기말 그리고 20세기 초 세계 산업 생산의 분포를 보면 다음과 같다.[1)]

세계 산업생산 분포, 1870-1913(%)

	미국	영국	독일	프랑스	러시아	일본	잔여분
1870	23	32	13	10	4	–	17
1881-1889	29	27	14	9	3	–	19
1896-1900	30	20	17	7	5	1	20
1906-1910	35	15	16	6	5	1	21
1913	36	14	16	6	6	1	21

이 기간 동안 6개 국가들이 세계 산업 생산의 약 80%를 차지하였고 특히 미국과 영국이 약 50%를 차지했다. 지금까지 살펴 본 바와 같이 19세기에 군사력이 강한 국가들이 산업화를 통해 경제적으로도 부유하게 되었다. 이처럼 19세기에 부유했던 국가들이 오늘날에도 부유한 국가들이다. 이 부유한 국가들은 막강한 군사력을 이용하여 오랫동안 여러 국가를 식민통치했던 역사를 갖고 있다. 과거 이들의 식민지였던 지역은 오늘날에도 모두 경제적 어려움을 겪고 있다. 이 국가들이 제2차 대전 이후 모두 정치적으로 독립국가가 되었지만 실질적으로 부유한 국가의 경제적 식민지의 굴레를 완전히 벗어나지 못하고 있다. 특히 중남미 국가들은 대체로 19세기 초 모두 정치적으로 독립국가가 되었지만 이 국가들은 경제적으로 미국의 주변 국가로 살아왔고 지금도 세계경제의 주변국으로 남아있다.

오늘날 서유럽 국가, 미국 그리고 일본은 부강한 국가들이다. 이 국가들은 무력으로 다른 지역을 점령하여 이 지역에 대한 식민 통치의 역사를 갖고 있다. 1800년에 유럽인들은 지구의 1/3을 지배하였고 1878년에는 2/3 그리고 1914년에는 지구의 4/5를 지배하였다. 특히 19세기 말에는 유럽의 7개국(벨지움, 영국, 프랑스, 독일, 이태리, 포르투갈 그리고 스페인)이 아프리카의 85%를 정복하였다. 그리고 극동 및 태평양 지역에서는 중국, 일본 그리고 샴(태국)만이 유럽 국가나 미국의 식민통치 밖에 있었다. 그러나 중국은 다른 강대국들에 의해 부분적으로 분할되어 이들 지역을 외국인들에 의해 점령되고 착취되었다. 일본도 한반도, 대만 그리고 중국의 동북부 지역을 장악하고 지배하였으며 미국 역시 푸에토리코, 필리핀, 하와이, 파나마 운하지역을 점령하고 지배하였고

1) Walt Rostow, The World Economy(Austin: University of Texas Press, 1978), pp.52-53.

실질적으로 쿠바 등 몇몇 카리브지역의 섬들을 지배하였다.[2)]

지금까지 살펴본 국제정치 역사에 의하면 강한 군사력을 갖고 있지 못했던 국가들은 다른 강대국에 의해 점령당하고 이들에 의한 식민통치를 경험하였고 이러한 경험을 갖고 있는 국가는 오늘날 모두 빈곤한 약소국으로 남아있다. 오늘날 이 약소국들은 다른 국가에 의해 영토를 점령당하지 않고 독립국가로 존재하고 있다. 그러나 오늘날 대부분의 약소국들은 독립적으로 또 독자적으로 주권을 행사하지 못하고 있다. 왜냐하면 대부분의 약소국들은 형식상으로는 독립 국가이지만 현실적으로 또 실질적으로 그들의 경제적 존립을 다른 국가에 크게 의존하고 있기 때문이다. 그렇기 때문에 오늘의 약소국들은 대외행위나 외교정책을 결정하는데 외부로부터 많은 제한을 받고 있다. 이러한 제한은 약소국의 적극적이고 능동적인 외교정책의 결정을 방해한다. 특히 날이 갈수록 확대되는 재정, 무역 등 경제의 세계화는 가난한 약소국의 경제적 취약성을 더욱 확대 강화시키고 있다. 이러한 현상은 약소국의 외교정책 결정의 자유 및 독립성을 더욱 위축시킨다. 약소국들은 외교정책을 결정할 때 자국의 이익이나 목표보다 다른 강대국의 이익, 목표를 충분히 인식하고 그의 정책을 결정해야 한다.

오늘날 경제 선진국이라고 불리는 국가들은 모두 자유민주주의에 기초한 민주정치를 실시하는 민주국가이고 거의 대부분의 빈곤한 약소국들은 독재 정치를 실시하는 비민주적인 국가들이다. 독재국가에서는 국가와 국민을 위해서보다는 정통성을 결여한 정권의 유지를 위해 그리고 일부 집권 세력의 부귀영화를 위해 정책 결정이 이루어지고 정치권력이 행사된다. 대부분의 약소국들은 독립 국가를 경영해 본 경험이 없기 때문에 일부 세력이 정치권력을 독점하게 된다. 특히 약소국들은 경제를 발전시킬 수 있는 기술, 자본, 자원이 부족한데 독재정권은 국가적 어려움을 극복하기보다는 정권 안보에 많은 힘을 기울이고 독재정권들은 그들의 정권 안보를 위해 강대국에 맹종하고 강대국의 정책을 무분별하게 수용하려한다. 한편 강대국들은 자국의 정책들을 수용하고 자국의 노선을 따르는 약소국을 거느리기 위해 독재정권을 지지한다. 예를 들면 1960년대 후반 한국 정부의 월남 파병은 미국의 정책을 수용하고 그의 노선을 따르는 것이었다. 그렇기 때문에 당시 미국은 한국 정부의 비민주적 정치 형태를 묵인하였고 그 비민주적 정권을 지지하였다. 냉전시기 소련도 그의 정책을 전폭적으로 수용하는 쿠바의 독재정

2) Charles W. Kegley. Jr. and Eugene R. Wittkopf, World Politics(Boston: Bedford/ST. Martin's, 2001), p.131에서 인용.

권을 지지하고 지원하였다. 이처럼 독재정권들은 국가의 이익보다는 그 정권의 안전에 기초해서 외교정책을 결정한다. 이러한 불합리한 정책결정을 불식시키기 위해서는 정치적 민주화가 확립되고 정권도 민주적이어야 한다. 그렇게 해야 약소국도 국가 이익과 안전에 기초해서 외교정책을 결정할 수 있다.

약소국의 외교정책은 매우 소극적이다. 약소국은 국력이 취약하기 때문에 국가의 목표를 성취시키기 위한 정책을 결정하는 일은 매우 어렵다. 그렇기 때문에 약소국의 외교정책결정은 다른 국가 정책에 대응하는 소극적인 정책 결정에 급급하게 된다.

지역별 약소국의 외교정책

오늘날 약소국이 많이 있지만 이 약소국들은 독립 전후의 역사를 달리 갖고 있고 또 독립 후 신생국가와 과거 제국주의 국가와의 관계 또 지리적 위치 등에 따라 외교정책의 기조, 노선 등을 다르게 갖고 있다.

한편 오늘날의 약소국들은 대부분이 경제적으로 낙후되어 있고 가난하고 정치적으로 비민주적인 체제를 갖고 있고 또 독재정권에 의해 통치되고 있다. 오늘날 대부분의 약소국은 과거 식민통치의 역사를 갖고 있어 경제적으로 발전할 수 있는 기반을 구축하지 못했고 중남미를 제외한 대부분의 약소국들은 독립의 역사가 짧기 때문에 약소국의 국민들은 민주정치의 경험을 거의 갖기 못했다.

중남미 국가들의 외교정책–남미대륙은 북쪽으로 미국을 받들고 있고 동쪽으로는 태평양 그리고 서쪽으로는 대서양을 거느리고 있다. 이 대륙 대부분의 지역은 일찍이 스페인과 포르투갈에 점령되어 오랫동안 이들의 식민지로 살아 왔다. 스페인과 포르투갈의 몰락으로 남미대륙 대부분의 국가들은 19세기 초 독립국가로 거듭 태어났다. 이때부터 오늘날까지 남미대륙 국가들은 정치적 독립을 상실한 일이 없었다. 이 대륙은 좌우로 거대한 바다에 둘러싸여 있어 유럽 제국주의 국가들의 접근을 어렵게 하였고 동시에 미국이 선언한 '몬로주의'(Monree Doctrine)로 인하여 유럽 국가들의 공격 대상에서 벗어나 있었다. 1823년 몬로(James Monree)대통령은 의회에 보낸 교서에서 "유럽 국가들이 이 대륙에 유럽의 제도를 이식하려는 기도는 이 대륙에 평화와 안전을 위태롭게 하는 행위로 간주한다"고 선언하였다. 미국의 이러한 선언은 남미대륙 국가들의 독립과 안전을 보장하려는 것이며 동시에 이 선언은 미국이 이 지역의 보호자임을 대외적으로 표명한 것이다. 이로부터 이 지역의 국가들은 자연스럽게 미국과 보호자－피보호자 관계를 가지며 미국은 보호자가 되었고 남미 국가들은 피보호자가 되었다. 그리고 19세기 말 미국과 스페인간의 전쟁이 끝난 다음 20세기 초부터 카리브 해 및 중남미에서 미국 기업의 이익이 크게 증대되었다. 이 지역에서 미국 기업의 이익을 증진시키기 위해 중남미 국가의 국내 문제에 간섭하는 것은 미국의 권리라고 루즈벨트(Theodore Roosevelt)대통령은 주장하였다. 이로부터 소위 '달러외교'(dollar diplomacy)는 지속적으로 전개되었다.[3] 윌슨(Wocedrow Wilson) 정부에서는 미국이 이 지역에서 활동하는 미국의 기업을 지원하는 것은 미국 정부의 의무라고 주장하며 이 중남미지역에 미군을 파견하였다.

미국은 1912년 니카라과에 미국 군대를 파견하였고 1915년에는 도미니카공화국 및 하이티에 미군을 파견하였다. 이로부터 미국은 중남미 등 세계 여러 지역 문제에 미국군을 파견하고 각국 국내문제에 간섭하였다.[4] 이로부터 경제적으로도 미국은 중심 국가가 되었고 중남미 국가들은 주변 국가가 되었다. 미국과 중남미 국가들과의 이러한 일련의 관계는 전자를 상대적 강대국으로 후자를 상대적 약소국으로 만들어버렸다. 이렇게 상대적 약소국이 된 중남미 국가들은 국제문제에 대한 결정과 행위에 제한을 받지 않을 수 없게 되었고 동시에 상대적 약소국인 중남미 국가들은 여러 분야에서 상대적 강대국인 미국의 결정을 수용하고 따르게 되었다. 미국이 일찍이 남미대륙에 지대한 관심을 갖고 이 지역에 대해 배타적이고 독점적인 지위를 견지하려는 이유는 이 지역이 정치적으로 또 경제적으로 미국의 국가 이익을 충족시켜주는 지역이기 때문이다. 그리하여 이 지역은 미국의 간섭의 대상이 되었다. 1960년대 초 다시 소련이 쿠바에 미사일기지의 설치를 시도했을 때 미국은 소련과 핵전쟁도 불사하겠다는 의지를 갖고 소련에 압력을 가하였다. 결국 소련은 그의 시도를 철회하였다. 이와 같이 미국은 남미대륙을 미국의 성역으로 간주하였다.

미국은 1954년 사회주의 정책을 추진하는 과테말라의 아르벤즈(Jacobo Arbenz)대통령을 축출하기 위해 과테말라의 반정부 쿠데타를 지원하였고, 1965년에 도미니카 공화

---

3) Charles W. Kegley. Jr. and Eugene R. Wittkopf, American Foreign Policy(New York: St. Martin's Press, 1996), pp.40-42.

4) Lloyd Jensen, Explaining Foreign Policy(Englewood, New Jersey: Prentice-Hall, Inc., 1982), pp.83-84.

국 국내 문제에 군사적으로 개입하였고, 1970년대는 칠레에 공산주의 성향을 갖고 있는 알렌데(Salvador Allende)의 대통령 당선을 저지하기 위해 미국의 중앙정보국(CIA)이 직접 개입하였고 1980년대에는 니카라과 콘드라스(CONTRAS)를 지원하며 친 공산주의적 정권의 탄생을 방해하였고, 그레나다 그리고 파나마에 개입하며 이 지역을 미국의 휘하에 두려고 노력하였고 또 그 시도들이 대부분 성공하였다.

중남미지역은 미국의 주요 무역, 해외투자 그리고 경제 및 군사 원조의 대상 지역으로서 미국 패권체제의 한 부분이 되었다. 이 패권체제는 미국 워싱턴에 본부를 두고 있는 미국이 중심적 역할을 하고 있는 기구－예를 들면 '미주국가기구'(Organization of American States)를 이용하여 유지되고 있다. 이러한 체제하에서 미국은 중남미국가들의 국내외 정책들을 조정하고 제한을 강요한다.[5] '미주국가기구'는 중남미국가들로 하여금 독립성을 회복하는데 전혀 도움이 되지 않는 존재이다. 이 기구는 1954년 과테말라 및 1965년 도미니카공화국에 대한 미국의 간섭을 정당화하는 역할을 하였다. 그뿐만 아니라 위기 시에 예를 들면 1982년 알젠틴과 영국간의 전쟁, 1983년 미국의 그레나다 침공 그리고 중앙아메리카의 계속되는 지역 분쟁이 발생했을 때 이 '미주국가기구'는 이 지역의 분쟁해결에 아무런 역할도 하지 못했다.[6]

1950년대 중남미국가들은 이 지역의 방위를 위해 개별적으로 미국과 쌍무적인 군사협정(bilateral military agreements)을 체결하였다. 미국과 군사협정을 체결한 중남미국가들은 자국 내에 미국의 군사장비를 배치하는 데 동의하였고 이 지역의 안전을 위협하는 국가와 무역을 제한하는데 미국과 협조하기로 합의하였다. 그리고 수십 년 동안 중남미 18개국에서 800여명의 미군이 군사고문으로 활동하였다.[7]

남미대륙 몇몇 국가들에서는 1960년대부터 군부통치가 시작되었다. 1964년 브라질의 군부 쿠데타를 시작으로 1966 알젠틴, 1968년 및 1971년 페루 그리고 1973년 우루과이에 군부 통치가 행해졌다. 이들 독재국가들은 여러 문제에 대해 미국과 충돌하였다. 군부가 정권을 장악한 다음 브라질은 미국과 전통적인 협조적 관계를 버리고 외교정책

---

5) Andrew Hurrell, "The Foreign Policy of Modern Brazil," in Steven W. Hook(ed.), Comparative Foreign Policy(Upper Saddle River, New Jersey: Pearson Education, Inc., 2002), pp.153-154.

6) Riordan Roett, "The Foreign Policy of Latin America," in Roy C. Macridis(ed.), Foreign Policy in World Politics, 8th ed.(Upper Saddle River, New Jersey: Prentice-Hall, Inc., 1992), pp.279-280.

7) Ibid., p.277.

을 결정하는데 제3세계 노선을 견지하였다.

그리고 미국과 브라질 양국 정부는 영해 문제, 시오니즘(Zionism), 핵무기 개발 문제, 카터 정부시절 인권문제 등에서 충돌하였다. 브라질 외에 다른 국가들도 군부가 정권을 장악하면서 미국과 정책적으로 마찰을 빚었다. 남미 대륙의 여러 군사 정권들은 미국 의회에 매년 자국의 인권보고서를 제출하지 않았고 동시에 수십 년 간 계속된 미군이 실시하는 군사 훈련을 거부했고 미국과 체결한 무기구매 협정도 파기하였다. 1979년 소련이 아프가니스탄을 침공했을 때 미국은 소련과 곡물 급수 조치를 단행했다.

이때 알젠틴은 미국의 요구에도 불구하고 소련에 곡물을 수출하여 알젠틴은 소련의 주요 곡물 공급국가가 되었다. 그리고 알젠틴과 브라질은 1968년 체결된 지역적 핵확산 금지조약인 '틀라텔롤코조약'(Tlatelolco treaty)의 비준을 거부하였고 또 이 두 국가는 핵확산금지조약(UN Treaty on the Non-Proliferation)에 서명을 거부하였다.[8] 브라질은 1975년 서독으로부터 핵기술을 이전받을 수 있는 핵협정을 체결하였다. (그러나 브라질도 1990년 핵무기개발의 포기를 선언했고 1998년에는 핵확산금지조약에 서명하였다.)

이와 같이 남미 국가들의 군사 정부들은 1970년대까지 미국에 저항하는 정책 또 미국의 정책과 궤도를 달리하는 정책들을 추진하였다. 남미국가들은 19세기부터 미국의 휘하에서 식민지 아닌 식민지 국가로 살아왔다. 그리하여 남미 국가의 국민들은 미국에 대한 저항 의식을 갖고 있다. 이러한 환경 하에서 정통성을 갖고 있지 못한 군사 정부들은 그들의 정부에 대한 국민의 동의와 지지를 얻어내기 위해 미국에 저항하는 정책을 구사하였다. 이 군사 정부는 반미적인 국민의 감정에 또 정서에 편승해서 국민의 지지와 동의를 얻고 정권의 정통성을 확보하기 위한 수단으로 미국에 저항적인 정책을 이용하였다.

1970년대 접어들면서 미국은 제2차 대전 이후 유지해오던 미국 중심의 세계 패권 경제 질서를 포기해야 했고 베트남전에서 실패하여 미국의 외교정책은 소극적으로 전개되었고 또 미국은 1970년대 3년여 사이에 닉슨−포드−카터 이렇게 대통령이 3번 바뀌어 정책의 일관성도 결여되어 있었다. 동시에 카터 대통령은 인권을 외교정책의 기조로 하여 미국의 외교정책은 소극적이었고 고립주의적 성격을 갖고 있었다. 이와 같은 미국 국내의 상황이 중남미의 군사 정부로 하여금 저항적이고 적극적인 대미정책을 추진할 수 있게 하였다. 그러나 중남미 국가들은 오랫동안 미국에 의지해서 살아왔고 그리하여 미국의 영향력 하에서 생활해왔기 때문에 중남미 국가들은 원천적으로 미국

---

8) Ibid., pp.284-285.

으로부터 자유로울 수 없게 되어있다. 중남미 국가들이 1980년대 군사정권이 퇴진하고 민간인 중심의 정권이 복귀하면서 이들의 대내외 정책은 그들의 전통에 근거해서 결정되어 정상을 되찾게 되었다. 구체적으로 말하면 중남미 국가들의 민간인 정부는 미국과의 관계에 초점을 맞춘 정책을 결정하였다.

또한 중남미 국가들의 외교정책과 대외관계를 제약하는 요소는 이 국가들의 핵심과제인 경제이다. 1973년 및 1979년 두 차례 원유 값의 폭등은 1980년대 세계 경제를 크게 침체시켰고 또한 비싼 원유값은 중남미 국가들의 주요한 수입원(收入源)인 수출을 둔화시켜 이들 국가들은 경제적으로 어려움을 겪게 했고 특히 중남미국가들의 외환은 거의 고갈되었다. 특히 원유를 생산하지 못하는 브라질과 칠레 같은 국가들은 원유 수입 부담도 컸고 동시에 해외 부채도 크게 증가하였다. 이러한 어려운 문제들을 해결하기 위해 1984년 부채가 많은 국가들인 카르타게나(Cartagena)(이 기구는 후에 Rio Group에 흡수되었다.) 국가들은 자신들의 부채를 줄이기 위해 해외 교섭 활동을 활발히 전개하였고 라틴아메리카 국가의 대통령들은 G-7국가들의 정기적인 경제장관 및 중앙은행 총재 회의에 부채 탕감을 요구하는 서신을 보내기도 하였다. 이런 가운데 브라질은 1987년 일년간 채무 지불 유예(moratorium)를 선언하였다.

이러한 가운데 미국은 1985년 10월 '베이커계획'(Baker Plan)을 남미국가들에게 제시되었으나 이들에 의해 수용되지 않았고 1987년 6월 베니스에서 개최된 G-7경제정상회의에서 이 문제가 다시 논의 되었으나 채무국의 채무를 경감시킬 수 있는 조치는 취해지지 않았다. 또 1989년 3월 미국의 새로운 국무장관 브레디(Nicholas Brady)는 중남미 국가들의 부채 탕감을 위한 새로운 계획을 발표했으나 이 계획 역시 실천되지 못했다. 또한 1990년 6월 미국의 부시(George H.W. Bush)대통령도 중남미지역 국가들의 부채를 줄이고 무역과 투자를 촉진시키기 위한 계획(Enterprise for the American Initiative)을 발표했으나 이 계획 역시 실천에 옮겨지지 못했다. 이와 같이 중남미 국가들의 부채는 이들 국가 발전의 걸림돌인 동시에 이 부채를 해결하기 위해서는 미국의 도움이 절대적으로 필요하였다. 그런데 이 지역 국가들의 채무 문제는 아직 해결되지 않고 있으며 이 문제 역시 중남미 국가들의 외교정책 및 대외관계를 제한하고 미국과의 관계에서도 자유롭거나 독립성을 갖기 어렵게 하고 있다.[9] 미국은 중남미지역을 미국의 뒷마당(backyard)으로 생각하고 있어 이 지역을 전략적으로 매우 중요시하고 있다.

9) Ibid., pp.287ff.

따라서 미국은 이 지역에 상당한 관심을 갖고 있으며 이 관심은 이 지역 국가들의 정책 결정이나 대외행위의 운신의 폭을 좁게 하였고 미국의 이러한 입장은 중남미 국가들의 자유를 제한하였다.

중남미 국가들은 경제 통합을 위해 1990년대 지역 협력 체제를 모색하였다. 1991년 브라질, 알젠틴, 파라과이 그리고 우루과이 4개국은 '메르코수르'(Mercosur)라는 남미 공동시장을 탄생시킨 '아선시온조약'(Treaty of Asuncion)을 체결하였다. 이 '메르코수르'는 이 지역의 현대화를 도모하고 세계적으로 경쟁력을 강화하기 위해 만들어진 '지역적 실험실'(regional laboratory) 역할을 수행하기 위해 만들어진 것이었다. 이 기구는 성공적으로 잘 운영되고 있고 이 기구는 유럽연합(EU)과 북미자유무역협정(NAFTA)다음으로 세계 제3위의 지역경제블럭이다. 중남미지역내의 무역은 1991년에는 50억 달러였으나 1997년에는 200억 달러로 크게 증가하였다. 이 '메르코수르'는 1993년 칠레 및 볼리비아를 추가로 가입시켜 이것을 '남미자유무역지대'(South America Free Trade Area)로 확대하였다. 그리고 2000년 3월 브라질리아에서 남미국가 정상회담을 개최하고 이 회의는 '메르코수르'와 남미의 지역경제블럭인 '안데안협정'(Andean Pact)을 통합하기 위한 계획을 발표하였다.[10)]

아프리카 국가들의 외교정책[11)] – 오늘날까지도 아프리카 대륙은 식민지, 가난, 혼란의 대명사로 불리고 있다. 실제로 아프리카는 300여 년 동안 서양제국주의의 식민통치로 인하여 세계 경제 및 세계 정치의 주변에 위치하고 있다. 1990년대 기준으로 아프리카에는 52개의 독립국가가 있고, 인구는 약 6억, 면적은 1,200만 평방 마일(전 세계 면적의 약20%) 그리고 아프리카의 모든 국가들은 거의 예외없이 세계 문제에 영향을 미치지 못하고 있다. 세계은행에 의하면 세계 40개 최빈국 가운데 27개국이 아프리카 국가이고 이 지역의 년 평균 개인 소득(annual GNP per capita)은 450달러 이하이다. 아프리카 국가들의 국경은 각 지역의 전통, 역사성, 종족 등의 요소를 고려하지 않고 이 지역을 점령하고 있던 제국주의 국가들의 편의에 따라 인위적으로 획정되었다. 그리하여 오늘날 이 지역의 독립 국가들은 국내적으로도 종족간 또 집단간 갈등과 투쟁이 심각하고

---

10) Andrew Hurrell, pp.163-164.

11) Stephen Wright, "The Foreign Policy of Africa," in Roy C. Macridis(ed.), Foreign Policy in World Politics, pp.330-354, passim.

또 인접 국가와 국경분쟁 또 무력충돌도 빈번하다. 그리하여 아프리카 대륙은 언제나 불안하고 위험하다.

아프리카 대륙에 있는 이집트, 에치오피아, 리베리아 그리고 남아프리카공화국 4개국만이 제2차 세계대전이 끝난 1945년 당시 독립 국가였고, 이 4개국만이 유엔의 창립 회원국이었다. 그 이외의 국가들은 모두 제2차 세계 대전 이후에 특히 1960년을 전후해서 독립국가로 탄생되었다. 아프리카는 지리적으로 하나의 대륙이지만 정치적으로 또 문화적으로는 매우 이질적이다. 또 아프리카 대륙의 국가들은 종교, 문화, 인종, 언어 그리고 식민통치 역사를 크게 다르게 갖고 있다.

아프리카 국가들이 기나긴 식민통치로부터 해방되어 정치적으로 독립국가가 되었으나 경제적 독립은 전혀 별개의 문제였다. 이 지역 국가들이 독립국가로 탄생된 다음에도 유럽의 국가들과 유럽의 기업들은 아프리카 대륙에 있는 기업들을 완전히 장악하고 있었고 이들이 아프리카 경제에 상당한 영향력을 행사하였다. 각국의 인구 분포를 보면 나이지리아가 아프리카 전체 인구의 20%를 차지하고 있고 아프리카 내에 있는 국가 가운데 약 절반에 가까운 25개국의 인구는 모두 합해서 2,000만 명을 넘지 않고 있다. 그리하여 아프리카의 많은 국가들은 충분히 경제 활동을 할 수 있는 사람을 갖고 있지 않다. 그뿐만 아니라 대부분의 인구는 농촌에 살고 있고 이들의 문맹률은 60% 이상이며 숙련된 노동자도 매우 적다. 아프리카인들의 평균 수명은 50세 정도이고, 이 대륙 전체 인구의 절반은 18세 이하 이고 또 인구의 절반은 가까운 장래에 고용을 기대할 수 없다. 아프리카 국가들의 영토의 크기는 매우 다양하고 동시에 자연 자원도 어떤 국가는 비교적 많이 갖고 있고 어떤 국가는 거의 없는 국가도 있다. 산업의 주요 원동력인 원유도 알제리아, 앙골라, 카메룬, 콩고, 가봉, 리비아 그리고 나이지리아에만 매장되어 있다. 이 국가들은 원유의 생산으로 경제적으로 비교적 여유가 있고 대외적으로도 비중 있는 역할을 한다. 아프리카 국가들의 경제는 모두 수출에 크게 의존하고 있는데 40여개 국가는 2개 정도의 상품만을 수출하고 있고 이 2개 상품의 수출 액수가 전체 수출액의 60%를 차지하고 있다.

아프리카 국가들은 제2차 대전 이후 약 반세기 동안 산업화와 농업의 현대화 정책이 모두 성공을 거두지 못했다. 아프리카 국가들은 수백 년 동안 서양 제국주의 국가들로부터 착취당하여 생존의 기반을 완전히 상실하였고 또 이 국가들이 독립 국가가 된 이후에도 과거 식민 통치를 했던 국가들은 아프리카 국가들의 발전을 적극적으로 지원하지 않았다. 21세기가 되어도 아프리카 대륙에서 경제 발전에 성공한 국가는 찾아보기 어렵다. 경제적으로 발전되어 있지 않음에도 불구하고 아프리카 국가들의 대외 부채는 적지 않다. 아프리카에서 이례적으로 비교적 경제적으로 발전된 이집트와 나이지리아 두 국가가 비교적 많은 부채를 갖고 있다. 1990년대 기준으로 이집트 부채는 400억 달러이고 나이지리아는 300억 달러이다. 그리고 아프리카 국가들이 갖고 있는 외채의 총액은 2,300억 달러이다. 이 액수는 브라질과 멕시코 두 국가의 외채 액수와 같은 것이다. 그러나 아프리카 국가들의 무역 수지 측면에서 보면 이 대륙 국가들의 외채는 이 국가들의 경제 발전을 거의 불가능하게 만들고 있다. 1990년대 아프리카 대륙의 절반은 국제통화기금(IMF)과 세계은행(World Bank)의 요구로 구조 조정을 실시하고 있다. 이러한 구조 조정이 아프리카 대륙 국가들의 부채 탕감에는 어느 정도 도움이 될 수 있겠지만 이 지역 국가들의 경제 발전은 구조 조정과 깊은 연관성을 갖기 어렵다. 이와 같은 사실들이 오늘날 아프리카 국가들의 현주소이다. 이와 같은 현실로 아프리카 국가들이 그들의 국가 이익을 극대화하기 위해 또 국가 목표를 성취하기 위해 외교정책을 결정하고 그것을 실천하여 소기의 목적을 달성한다는 것은 불가능한 일이다.

아프리카 국가들은 예외 없이 일부 특수 집단이 정권을 독점적으로 장악하고 정치는 비민주적으로 전개되고 있고 그리고 정치과정 및 정치구조 역시 비민주적이다.

일반적으로 아프리카 국가들은 극히 일부 특수 집단이 정책결정에 참여하고 대내외의 정책은 국가 원수에 의해 독점적으로 결정된다는 데에 많은 학자들은 견해를 같이 갖고 있다.[12] 심지어 이 지역 국가들의 외교정책은 본질적으로 국가의 이익을 위해서가 아니라 그 국가의 특수집단의 이익을 위해 결정된다고 하여도 과언은 아니다. 이 특수집단은 국가 기관을 지배하고 국내 경제를 지배한다. 또한 아프리카 국가들은 여론이라는 것이 존재하지 않으며 정부가 언론매체를 장악하고 있다. 1990년대 아프리카에는 20여 개국에서 한 사람이 20여년 이상 집권하고 있고 그리고 대부분의 국가에서는 한 사람이 10년 이상 집권하고 있으며 이 정권들은 대부분 비민주적이 군사 정권들이다. 이처럼 한 사람이 오랫동안 집권하고 있고 정책결정과정이 비민주적이기 때문에 아프리카 국가들의 외교정책의 형태는 체계적으로 설명될 수 없다. 그리고 아프리카 대부분

12) 아프리카 국가들의 정책결정과정을 설명하는 학술 서적은 거의 존재하지 않는다. 학자들은 이 지역 국가들의 정책결정에 대한 자료를 얻기 어렵고 아프리카 학자들의 연구 결과는 신빙성이 없기 때문에 학자들이 이 결과를 이용하는 것은 위험하다. Ibid., p.336.

의 국가에서는 군부 독재 정부에 의해 통치행위가 이루어지기 때문에 외교정책은 독재자 중심으로 결정된다. 그러므로 아프리카 국가들의 외교정책은 정형화되어 있지 않다.

대부분의 아프리카 국가들은 외교정책을 결정하는데 고려해야할 공통 요소를 갖고 있다. 그것은 반식민주의, 반인종차별 그리고 냉전시기 비동맹노선(non-alignment)이 3가지이다. 아프리카에서 남아프리카공화국을 제외하고 모든 국가들은 이 요소에 반하는 외교정책을 결정하지는 않는다. 아프리카 국가들이 외교정책이나 대외관계에서 공통적으로 또 다른 요소를 갖고 있다. 이 지역의 국가들은 가진 것이 없기 때문에 그리고 이 국가들은 대체로 인접국가와 긴장된 관계를 갖고 있기 때문에 아프리카 국가들의 외교정책은 일차적으로 지역적 수준의 문제에 초점을 맞추고 있다. 아프리카 국가들의 국경은 제국주의 국가에 의해 인위적으로 확정되었기 때문에 한 국가에 여러 종족이 살고 있거나 또는 한 종족이 여러 국가에 분포되어 살고 있기 때문에 아프리카 국가들은 1960년대 독립국가가 된 이래로 서로 반목하며 살고 있다. 그렇기 때문에 아프리카 국가들의 최대문제는 인접국가와의 문제이다. 아프리카의 평화와 안전을 위해 아프리카연합기구(Organization of African Unity)는 모든 국가들에게 현재의 영토를 인정할 것을 강력히 요구하고 있다.

한편 아프리카 국가들은 대륙의 안정을 도모하기 위해 '아프리카연합기구'(OAU)도 만들었고 또 경제적 자력갱생을 위해 '동아프리카공동체'(East African Community), '서아프리카국가경제공동체'(Economic Community of West African States), '남아프리카발전조정회의'(Southern African Development Coordination Conference)등을 만들어 경제발전과 국가간 협력을 도모하려고 노력하고 있다.[13)]

아시아 국가들의 외교정책－아시아에는 우선 지역적으로 매우 넓고 많은 국가들이 존재하고 있다. 그렇기 때문에 아시아 국가들은 중남미 국가 또 아프리카 국가들과 같이 공통의 특성, 공통의 문화, 공통의 문제 등을 갖고 있지 않다. 아시아를 하나의 체계로 다루기에는 그 범위가 너무 넓고 다양하기 때문에 지리적 위치에 따라 각국을 분류할 필요가 있다. 아시아 국가들은 지리적 위치에 따라 동북아시아, 동남아시아, 서남아시아 그리고 중동으로 부류한다. 이 지역에 위치하고 있는 국가들은 그 나름대로

---

13) Naomi Chazan, Robert Mortimer, John Ravenhill and Donald Rothchild, Politics and Society in Contemporary Africa, 2nd ed.(Boulder, CO.: Lynne Rienner, 1992), pp.275-287에서 인용.

문화적으로 역사적으로 공통의 배경을 갖고 있다.

동북아시아－동북아시아에서는 한국, 일본 그리고 중국 3국이 주축을 이루고 있다. 이 3국은 역사적으로 또 문화적으로 깊은 관계를 갖고 오랫동안 이 지역에서 살아 왔다. 그러나 제2차 세계 대전은 중국을 공산국가로 태어나게 하였고 일본과 한국은 미국과 동맹관계를 갖게 하였다. 이로써 일본과 한국은 미국과 외교정책 노선을 함께 했고 대외적으로 공조체제를 유지하여왔다.

중국은 건국 직후 소련과 동맹관계를 갖고 친소노선을 추종했다. 그러나 중국 내 정치 상황의 변화 또 국제상황의 변화에 따라 중국은 외교정책 노선을 바꾸어왔다. 중국은 1972년 미국과의 관계개선을 통해 미국 지향적인 정책을 추구했고 1980년대 개혁 개방정책을 추진하며 미국과의 관계 증진을 매우 중요시하였다. 동북아시아에 위치하고 있는 국가들은 이 지역에서 미국의 정치적 또 경제적 역할이 매우 중요하기 때문에 이 지역 국가들의 중요한 외교정책은 미국의 대외정책에 초점을 맞추지 않을 수 없다.

중국 즉 중화인민공화국은 1949년 중국공산당에 의해 수립된 50여년의 일천한 역사를 갖고 있는 사회주의 신생국가이다. 중국의 한족(漢族)은 수천 년의 역사를 갖고 있다. 그러나 오늘날 중국은 과거 어떠한 왕조와도 연계성이나 연속성을 갖고 있지 않다. 그리하여 오늘의 중국 외교정책은 과거의 전통 또는 역사와 아무런 관계를 갖고 있지 않다. 다시 말하면 오늘날의 중국은 정치적으로 그의 역사성과 전통을 잇고 있지 않다. 그리고 중국은 공산주의 이념에 기초한 사회주의 국가이기 때문에 오늘날 중국의 외교정책은 그의 역사 및 전통과 맥락을 같이 하지 않고 있다. 따라서 중국의 외교정책도 그의 역사 및 전통에 기초해서 결정되지 않았다. 그렇기 때문에 중국의 외교정책의 경우에는 중국의 과거 왕조를 통해서 미래를 조명하는 것은 의미가 없다.

중국의 외교정책은 당대의 정치적 강대국 중심으로 결정되었다. 중국은 건국 직후부터 동서냉전이 시작되었고 또 중국은 국내적으로도 특히 경제적으로 커다란 어려움을 겪었다. 그렇기 때문에 중국은 대내외적으로 산적해있는 안보 및 경제적 어려움을 극복하기 위해 강대국 중심의 외교정책을 전개하는 것은 필연적이었고 이와 같은 현상은 정치적으로 경제적으로 또 군사적으로 중국이 약소국이라는 사실을 입증하는 것이다. 중국은 건국 이래 미국과 소련에 초점을 맞추어 또 두 강대국 중심으로 외교정책을 결정하고 추진하였다. 중국은 1950년대 소련과 동맹관계를 갖고 소련 중심으로 외교정책을 전개했다. 그러나 1960년대 중국은 소련과 외교관계를 단절하고 외교적으로 고립무원의 상태에 놓여있었고 동시에 반소·반미의 노선을 천명하였다. 1970년대에는 소련의 대항세력인 미국과 관계를 개선하고 친미적 그리고 반소적인 노선을 추구하였다.[14] 중국은 1979년 1월 1일 미국과 외교관계를 정상화하고 개혁개방정책을 추진하면서 중국은 미국과 실질적인 동맹관계(de factor alliance)[15]로까지 양국관계를 발전시켰다. 1991년 소련이 붕괴된 다음부터 중국은 새로운 러시아와 긴밀한 관계를 갖기 시작하였다. 중국과 러시시아는 1992년 12월부터 1999년 10월까지 7년 동안 국가 원수가 상호교환 방문하여 7차례의 정상회담을 가졌다. 이렇게 양국은 정상회담을 가지며 정치, 경제 등 여러 분야에서 긴밀한 관계를 과시하였다.[16] 이처럼 중국은 건국 이후 50여년 동안 미국 및 소련 이외의 국가에 대해 적극적인 외교정책이나 외교를 추진한 경우는 찾아보기 어렵다. 중국 외교정책의 다른 하나의 특징은 지역주의(regionalism)라는 것이다. 즉 중국은 지역국가(a regional power)로서 그의 정치, 경제 및 군사적 행위는 주로 아시아-태평양지역에 치중되어 있다. 특히 중국의 경제교류는 주로 동북아 및 동남아국가들과 이루어지고 있다.[17]

일본은 일찍이 산업화 및 근대화에 성공하여 20세기 말에는 아시아 국가 가운데 처음으로 서양 국가들과 거의 동등한 지위를 얻게 되었다. 이제 일본은 서양 국가들과 함께 외교행위의 규칙, 규범 등을 만들 수 있을 정도의 강대국(a major power)이 되었다. 일본은 1894-1895년 청나라의 전쟁에서 승리하였고, 1902년에는 당대 최대강대국인 영국과 동맹관계를 가졌고, 1904-1905년 러시아와의 전쟁에서도 승리하여 일본은 명실공히 강대국의 반열에 오르게 되었다. 그리고 일본은 사할린, 쿠릴열도를 수중에 넣었고

14) Michel Oksenberg, "The Dynamics of the Sino-American Relationships," in Richard H. Solomon(ed.), The China Factor in American Foreign Relations(Englewood Cliffs, New Jersey: Prentice-Hall, Inc., 1981), p.55.

15) Foreign Broadcast Information Service-China, 8, and 11 January, 1980, p.B1; David Shambaugh, "Patterns of Interaction in Sino-American Relations," in Thomas W. Robinson and David Shambaugh(eds.), Chinese Foreign Policy(Oxford: Oxford University Press Inc., 1995), p.203.

16) 송영우, "중국의 강대국 외교," 中國硏究(건국대학교 중국문제연구소), 제17집(1998.12.) pp.117-123참고.

17) Quansheng Zhao, "Modernization, Nationalism and Regionalism in China," in Steven W. Hook(ed.), pp.79-80.

더 나아가 한반도, 대만 만주 및 몽고지역까지 장악하게 되었다. 그리하여 20세기 초에 일본은 동북아시아를 지배하였고 1930년대에 일본은 북경 등 중국 대륙의 중심부까지 장악하며 아시아의 패권 국가를 모색 하였다. 1940년 9월 27일 일본은 독일 및 이태리와 3국동맹(Tripartite Pact)을 체결하였고 1941년 12월 7일 미국 영토인 진주만을 공격하면서 제2차 세계대전에 참여하였고 일본은 이 전쟁에서 패배하였다. 그 결과 일본 영토는 미군에 의해 점령되었고 미군 통치가 실시되었다. 일본은 미군의 통치가 7년간 실시된 다음인 1951년 미국과 일본이 체결한 샌프란시스코평화조약(San Francisco Peace Treaty)이 효력을 갖게 된 1952년 4월 28일 일본은 공식적으로 독립국가가 되었고, 미국과 동맹조약도 체결하였다. 일본은 그의 헌법에 재무장을 금지하는 규정을 두어서 과거의 전철을 밟지 못하도록 하였다. 그리하여 일본은 그의 안전 보장을 위해 미국과 동맹조약을 체결하였다. 이로써 일본은 미국의 보호를 받게 되었다. 미국과 동맹관계를 갖게 된 일본은 그의 안전 보장 및 경제 발전에서 미국과 불가분의 관계를 갖게 되었다. 오늘날 일본이 경제대국이 된 것도 미국의 지원이 그 밑바탕이 되었다. 예를 들면 2000년의 경우 일본은 미국과의 무역에서 매월 50억 달러의 흑자를 기록하고 있다. 이와 같은 배경 때문에 제2차 세계대전이후 일본의 외교정책은 미국 중심으로 결정되고 추진되었다.[18]

오늘날 일본이 경제 대국이 될 수 있었던 것은 그의 안전을 미국이 책임져주고, 일본의 위험과 부담을 미국이 전담해주어서 일본은 그의 모든 자원과 역량을 경제 발전에 쏟아 부을 수 있었기 때문이었다. 예를 들면 일본은 항상 그의 국방비를 그의 국민총생산(GDP)의 1% 이상 사용하지 않았다. 일본 정부는 미국과의 안전보장관계를 일본 대외관계에서 가장 중요한 관계로 생가하고 있다. 일본 정부가 발행하는 방위백서(防衛白書)에서 일미관계를 다음과 같이 밝히고 있다.[19]

"일본과 미국과의 안전보장체제는 일본 대외관계의 핵심이며 일본의 안전보장에 직접적으로 공헌한다. 일본이 미국과 동맹관계를 유지함으로써 일본의 안전 보장에 크게 기여하고 있다. 또한 일본과 미국의 관계는 일본 대외관계의 기둥이 되고 있다. 아시아-태평양지역에서 일본이 다른 국가와 교류하고 상호 협력하는데 있어 미-일 동맹관계는 다른 국가에게 신뢰감을 갖게 한다." 이와 같이 일본은 미국과의 관계를 최고의

18) Robert Scalapino, "Japan's Economic Route to Power," in Steven W. Hook(ed.), pp.93ff.
19) 日本防衛白書, 1993, pp.94-95.

가치로 생각하고 있다.

다음으로 일본은 동북아시아국가와의 관계를 중요시하고 있다. 특히 경제적 측면에서는 러시아와 중국과의 관계를 중요시하고 있다. 러시아와 중국은 무역 및 투자 부분에서 일본에게는 매우 중요하다. 그리고 전통적으로 일본은 한반도를 중요하게 생각한다. 일본이 1890년 명치(明治)헌법을 공포하고 대외문제에 관심을 가지면서 제일 먼저 관심을 가진 지역은 한반도였다. 일본은 지리적 이유 때문에 한반도를 '일본의 심장부를 겨냥한 단도(短刀)'로 인식하고 일본을 적대시하는 국가가 한반도를 지배하면 일본의 안전이 크게 위협받는다고 생각했다. 명치유신의 군국주의체제를 수립하는데 주도적인 역할을 했던 야마가다 아리모도(山縣有朋)는 1890년 발표된 '일본의 외교군사문제에 관한 의견서'에서 "국가 독립 자위의 길은 주권선(일본본토)과 이익선을 정하여 이것을 지키는데서 찾을 수 있다. 만일 우리가 우리나라의 독립을 지키고 강대국 대열에 진입하려면 한 발 더 나아가 우리의 이익선을 수비해야하며 주권선의 수비에만 만족해서는 안된다. 우리의 첫 번째 이익선은 바로 한반도이다"[20] 라고 역설하였다. 이와 같은 주장은 일본의 한반도에 대한 중요성이 얼마나 강조되고 있는가를 알 수 있다.

일본은 그의 안전을 보장하기 위해 미국 및 한국과 전략적 3각 관계를 갖고 있으며 이 3국은 전략 및 앞으로 발생 가능한 문제에 대해 정기적으로 협의하고 있다.[21] 동시에 이 3국은 특히 동북아 문제에 대해 정책적 공조체제를 유지하고 있다. 1945년 8월 15일 일본의 제2차 세계 대전에서의 패배로 한국은 일본 식민통치로부터 해방되었다. 그리고 한국은 3년의 미군정 통치를 거쳐 1948년 8월 15일 독립국가로 탄생되었다. 3년간의 미군정은 한국의 정치, 경제, 교육 등에 미국식 제도를 한반도 남쪽에 이식하였다. 그리하여 한국인은 이 제도하에서 살아왔다. 그리고 한국은 미국과 동맹관계를 가지며 미국의 지원과 보호하에 한국의 안전이 보장되고 있다. 그 뿐만 아니라 한국은 미국으로부터 경제적 지원을 많이 받았다. 한국이 탄생된 후 약 25년간 한국에 제공된 미국의 원조는 한국을 빈곤으로부터 해방시켜주었고 한국 경제 발전의 초석이 되었다.[22] 한국과 미국의 이러한 관계는 한국을 미국에 의존하게 만들었고 한국은 외교정책을 결정하는데

---

20) 吉昇欽, "韓美關係와 日本의 役割," 具永祿(外), 韓國과 美國(서울: 박영사, 1984), pp.257-258참고.

21) Robert Scalapino, p.115.

22) 미국이 한국에 제공한 경제 지원의 상세한 내용은 다음 자료를 참고.
趙東成, "韓美經濟關係 100년의 再照明," 具永祿(外), p.257; 김수근, "한국의 경제발전과 미국의 역할," 김덕중(편), 한국과 미국2: 경제관계(서울: 경남대학교출판부, 1988), pp.27-38.

자유를 제한받지 않을 수 없게 되었다.[23)]

한국과 미국의 관계는 시대적으로 정도의 차이는 있었지만, 정치적으로 양국관계는 평등하지는 않았다. 초강대국인 미국과 동맹관계를 갖고 있는 한국은 외교정책 결정의 자유를 미국 정부에 의해 제한받았다. 한국은 안보, 경제 등 여러 분야에서 미국에 크게 의존하고 있었기 때문에 양국간의 힘과 영향력의 차이는 매우 컸다. 그렇기 때문에 한국 외교정책의 우선 순위는 미국의 의사와 의지에 따라 조정되어야 했다. 미국이 반공을 강조하면 또 긴장완화(detente)를 추구하면 또는 독재체제 및 인권에 대한 평가가 달라지면 그 때마다 한국은 미국의 이러한 변화에 적응해야 했고, 예측할 수 없는 미국 정책의 가변성 때문에 한국인은 자주 분노를 느끼며 국내외정책에서 보다 더 독립적인 입장을 견지하려고 노력했다.[24)]

특히 한국은 휴전선을 가운데 두고 북한과 대치상태에 놓여 있기 때문에 한반도는 언제나 불안정하였다. 이러한 상황은 한국과 미국과의 동맹관계를 더욱 중요한 관계로 만들었고 한국은 미국과의 정책 공조를 유지해야 했다.

동남아시아–동남아시아는 브루나이, 인도네시아, 말레이시아, 필리핀, 싱가포르, 태국, 베트남, 캄보디아, 라오스 그리고 미얀마 10개국으로 구성되어 있다. 이 10개국 가운데 태국을 제외한 나머지 9개국은 모두 일본 및 유럽 국가의 식민통치를 경험하고 제2차 대전 이후 독립한 신생국가들이다. 그리고 이 지역 국가들은 싱가포르와 브루나이를 제외하고 모두 경제적으로 어렵고 낙후되어 있다. 이 동남아지역에 위치하고 있는 국가들은 정치적으로 또 경제적으로 취약한 국가들이기 때문에 이 지역 대부부의 국가들은 다른 국가로부터 많은 도움을 필요로 하는 국가들이다. 이 지역 국가들은 경제적으로 수준의 차이를 보이고 있고 정치적으로 또 대외관계에 있어서도 많은 차이점을 갖고 있다.

20세기 초 30여 년간(1902-1935) 미국의 식민통치를 경험한 필리핀은 1992년까지 미군을 그의 영토에 주둔시켰고 미국과 상호방위동맹을 체결하여 현재까지도 미국과 동맹관계를 갖고 있다. 냉전시기 미국은 그의 봉쇄정책의 일환으로 1954년 동남아시아

---

23) 朴乙鏞, “第2次 大戰 이후의 韓·美經濟關係,” 具永祿(外), pp.248-249.

24) Claude A. Buss, The United States and the Republic of Korea: Background for Policy(Stanford, California: Hoover Institution Press, 1982), pp.29-30.

조약기구(SEATO)를 창설하였다. 이 기구는 지역적 군사방어협력체이며 공산주의 세력의 이 지역 진출을 저지하기 위해 만들어진 군사적 국제기구이다. 이 기구에는 동남아국가 이외에도 미국, 영국, 프랑스, 오스트레일리아 그리고 뉴질랜드가 구성원이며 동시에 동남아의 필리핀, 태국이 회원국이었고, 서남아시아의 파키스탄도 회원국이었다.(이 기구는 미국과 소련간의 데탕트로 1972년 해체되었다.) 한편 인도네시아, 말레이시아, 캄보디아 및 싱가포르는 비동맹노선을 걷고 있고, 베트남, 라오스는 사회주의 국가이고 미얀마는 고립주의 노선을 걷고 있다. 동남아의 10개국은 대체로 외교정책 노선을 달리하고 있기 때문에 이들 간의 외교정책의 공조가 원만하지 못하다. 필리핀은 미국의 동맹국으로서 미국의 외교정책 노선을 부정하지 못했다. 필리핀은 소규모이지만 2003년 이라크에 필리핀군을 파견하였다. 그런가하면 베트남이나 미얀마는 미국과 정책공조 가능성을 거의 배제하고 있다.

이 지역 내 국가간의 관계도 다양하다. 태국과 미얀마는 국경선문제, 마약거래, 불법노동자문제, 또 빈번한 국경 충돌로 양국 관계는 우호적이지 않다. 한 때 베트남은 캄보디아를 침공하여 양국 관계는 아직도 소강상태를 면치 못하고 있다. 동남아시아의 10개국은 유대를 강화하고 여러 분야의 관계를 증진시킬 수 있는 장치가 아직 미약하다.

이런 가운데 동남아지역 국가간의 결속과 유대를 강화시킬 수 있는 기구가 있다. 그것이 곧 아세안(ASEAN)이다. 1967년 8월 8일 방콕에서 인도네시아, 필리핀, 싱가포르 그리고 태국의 외무장관 그리고 말레이시아의 부총리의 '방콕선언'의 채택으로 이 기구가 정식으로 출범되었다. 5개국으로 시작한 아세안의 회원국은 오늘날 10개국이 되었다. 이 기구는 군사·안보 위주의 초국가적인 기구가 아니라 포괄적인 정치·안보 및 경제위주의 지역그룹(regional grouping)이다. 이 기구는 회원국의 주권을 양도해야 하는 통합 위주의 국제기구가 아니라 각 회원국은 자신의 주권을 유지하는 가운데 협력위주(cooperation-oriented)의 지역협력체(regional cooperation group)이다. 그리고 아세안은 1993년 1월 1일부터 15년 이내에 국가간의 관세를 0% 내지 5%로 인하할 것을 목표로 설정하였고 이 목표를 달성하기 위해 아세안자유무역지대(AFTA)를 설립할 것을 결의하였다. 동남아에 자유무역지대를 실현하는 데에는 많은 시간이 요구된다. 그리고 회원국간의 의견 조정이 어렵고, 또 제도적 장치가 제대로 준비되지 않아 자유무역지대의 실현 가능성은 그다지 많아 보이지 않는다. 이제 아세안의 회원국은 10개국으로 증가되었다. 그리하여 회원국간에는 정치체제 및 경제체제를 달리하고 경제 발전의 수준도 격차가 있고 그리고 회원국의 외교정책 기조 또는 노선도 크게 다르다. 그렇기 때문에 아세안 회원국가의 협력은 매우 어렵게 되어 있다. 아세안의 결정은 회원국에 대한 구속력을 갖고 있지 않기 때문에 국가간의 협력이 매우 어렵다. 또한 안보 협력에 있어서도 아세안은 체계적인 제도나 구조를 갖고 있지 않기 때문에 아세안 회원국의 안보문제는 이 기구에서 어떤 결정을 할 수 있는 상황이 아니고 다만 대화로 의견을 개진하는 정도에 그치고 있다.[25] 아세안은 동남아 지역 국가들의 유일한 국제적 협력기구임에도 불구하고 위에서 언급한 여러 가지 문제로 인하여 아세안은 지역의 발전을 위한 역할을 다하지 못하고 있다.

동남아시아 국가들은 경제적으로 일본과 비교적 긴밀한 관계를 갖고 있다. 예를 들면 베트남, 라오스, 미얀마, 필리핀은 그들이 받는 외국정부원조(ODA)의 50% 이상을 일본으로부터 받고 있다. 그리고 동남아시아 국가들에게 제공되는 차관, 투자 등도 주로 일본이 제공하고 있고 또 일본은 동남아 국가들의 주요한 무역 대상 국가이다. 동남아에서 일본의 경제적 역할은 매우 크기 때문에 동남아 국가들은 경제적으로 일본에 대한 의존도가 점차 높아지고 있다. 그렇기 때문에 이 국가들의 대외관계나 외교정책은 일본에 초점을 맞추어 전개되지 않을 수 없다. 국제정치에서 국가간 경제적 의존은 정치적 의존을 낳기 때문에 동남아 국가들은 정치적으로 일본의 영향력으로부터 자유롭지 못할 것이다. 그렇기 때문에 동남아 국가들은 지역 내 국가간의 관계보다 일본과의 관계를 더욱 중요시 할 것이다.

중동–중동에는 25개 국가들 있다. 이 가운데 이스라엘을 제외한 24개국은 모두 이슬람국가이다. 그런가하면 1948년 중동 땅에 이스라엘이 건설된 다음 대체로 10년 주기로 국제적인 전쟁이 발생하고 있다. 또 이 지역은 세계에서 가장 많은 석유 매장량을 갖고 있다. 동시에 중동지역에[26] 위치하고 있는 국가들은 다른 지역과는 비교할 수 없는 특성을 갖고 있다.

먼저 (이스라엘을 제외한)중동 국가들의 전통적인 사회 질서는 이슬람적인 신념체계

25) 박광섭 · 이요한, 아세안과 동남아국가연구(서울: 대경, 2002), pp.42-78, passim.

26) 중동에 관한 내용은 Nadaw Safran, "Dimensions of the Middle East Problem," in Roy C. Macridis(ed.), Foreign Policy in World Politics(Upper Saddle River, New Jersey: Prentice-Hall, Inc., 1992), pp.358ff.

에 기초하고 있다. 이 체계는 특별히 변화를 거부한다. 이 지역에서는 이슬람의 교리가 최고의 가치 판단 기준이고 모든 지식과 가치는 이슬람교리에 의해서만 평가된다. 이 중동 지역에 살고 있는 사람들은 이슬람교리에 순종하여야 좋은 사회 그리고 좋은 사람이 될 수 있다고 믿는다. 이처럼 이 지역 사람들은 종교에 기초해서 살고 있기 때문에 중동의 국가들은 영토 또는 정치적 원칙에 입각해서 형성된 것이 아니라 종교에 기초해서 국가를 건설하였다. 중동에서 이란, 이집트 그리고 튜니시아를 제외하고 현재 모든 중동국가들의 영토는 정치적인 연고를 갖고 있지 않으며 이 중동 국가들은 서방 제국주의국가에 의해 탄생되었다. 그리하여 이 중동 국가들의 정통성 및 합법성은 이 영토 내에 있는 일부 집단에 의해 인정받지 못하고 있다. 대표적인 예로 아랍 민족주의자들은 아랍인들의 정치 통합체의 형성을 추진하고 있다.

중동에는 아랍과 이스라엘간의 대립 및 갈등으로 인한 분쟁이 끊이지 않고 또 범아랍주의(Pan-Arabism)의 이름 아래 아랍국가들은 지난 30여년 이상 분쟁과 투쟁을 계속하고 있다. 중동국가의 갈등 및 투쟁의 양상들을 열거하면 다음과 같다.[27)]

이집트는 여러 차례 시리아, 레바논, 이라크, 요르단, 사우디아라비아, 예멘 그리고 리비아에 혁명을 선도하고 혁명을 지원하였고 그리고 이집트는 반아랍적 국가들인 시리아, 이라크, 쿠웨이트, 수단, 예멘 및 알제리 국경에 군대를 집결시키기도 하였고 그리고 예멘, 사우디아라비아 및 리비아에 대해서는 실제로 무력을 행사하였다. 시리아는 이라크, 요르단, 레바논 및 북예멘에서 폭동을 선동하였고 이 국가들 가운데 반아랍적인 국가의 국경에는 군대를 집결시켰고, 요르단, 예멘 그리고 레바논에 있는 좌파적인 팔레스타인해방기구(PLO) 뿐만 아니라 우익 기독교 집단에 대해서는 적대 행위도 감행하였다. 이라크는 요르단, 시리아, 사우디아라비아 및 북예멘에서 폭동을 선동하였다. 이라크 역시 이 국가들의 국경에 군대를 동원 배치하였고 후에 쿠웨이트에 무력공격을 감행하였다. 요르단은 이라크, 시리아 그리고 예멘공화국 주변에 군 병력을 배치하였고 팔레스타인해방기구와 시리아에 대해 무력을 행사하였다. 사우디아라비아도 시리아, 요르단, 이집트, 북예멘 및 남예멘에서 폭동을 선동하고 정치적 암살을 기도하였다. 그리고 사우디아라비아는 요르단과 쿠웨이트에 있는 반아랍주의자들을 겨냥해 군 병력을 배치하였고 예멘에 있는 이집트인을 상대로 또 남예멘에 대해 제3의 집단을 이용하여 적대 행위를 감행하였다. 리비아는 모든 아랍 국가들을 상대로 폭동

27) Ibid., p.362

을 선동하고 정치적 암살을 기도하였다. 그리고 리비아는 이집트 및 투니시아 국경에 군을 배치하였고 투니시아에 대해서는 다른 세력을 이용하여 무력을 행사하였다. 그 뿐만 아니라 페르시아만의 종주국격인 이라크와 이란은 1980년부터 1988년까지 8년간 전쟁을 하였고 이스라엘과 아랍 국가들 간의 충돌은 끝없이 계속되고 있으며 이라크는 쿠웨이트를 무력 침공하였고 이라크는 미국으로부터 군사적 공격을 받고 국가의 존립을 위협받았다.

이상의 사실들은 제2차 대전 이후부터 약 50여 년간 중동 국가들의 관계를 단적으로 설명해주고 있다. 이들 국가간의 관계 및 상황은 국가간에 정치적 및 외교적 역량의 발휘를 불가능하게 만들었다. 이와 같이 중동 국가들 간에 반목과 갈등이 끊임없이 분출되고 국가간 폭력행사가 자연스럽게 이루어지고 있다. 이러한 상황 하에서 국가의 외교정책은 존재할 수 없다. 원래 외교정책은 평화적으로 국가의 안전을 도모하고 국가의 이익을 증진시키려는 것이 그의 존재 의미이다. 그런데 국가들이 이처럼 폭력을 서슴없이 행사하고 있기 때문에 외교정책은 그의 설자리를 찾을 수 없다.

중동국가들이 사분오열(四分五裂) 되어 있는 가운데 아랍 국가들은 이스라엘에 대해서만은 공통적으로 적대적 입장, 적대적인 정책을 갖고 있다. 중동에서 아랍권 국가와 이스라엘은 1948년부터 1973년까지 4차례 전쟁을 치렀다.[28] 이 전쟁들이 이스라엘과 아랍 국가들과의 관계를 단적으로 잘 설명해주고 있고 이와 같은 현상이 중동의 과거, 현재 그리고 미래를 조명할 수 있게 하고 있다. 이스라엘이 중동에 존재하고 있는 한, 아랍 국가들과 이스라엘간의 긴장 관계는 지속될 것이다. 이들간의 긴장관계는 중동의 정치적 상황을 불안하게 만들 것이며 이러한 상황은 이스라엘이나 아랍 국가들이 외교정책 결정에 중대한 영향을 미치게 될 것이다.

미국 카터 대통령의 주선으로 이집트와 이스라엘은 1978년 9월 '캠프데이비드협정'(Camp David Accords)을 체결하였고 1979년 3월에 양국은 '이집트–이스라엘평화조약'을 체결하였다. 그러나 다른 아랍집단은 이 협정에 참여를 거부하였고 팔레스타인 문제를 해결하기위한 교섭은 중지되었다. 이러한 상황에서 이스라엘은 1981년 아무런 근거도 없이 골란(Golan)을 점령하였고 1982년 6월 이스라엘은 레바논을 침공하기도

28) 1948-1949 : 팔레스타인 전쟁(이스라엘 독립전쟁)
1956 : 이스라엘과 이집트 간 Sinai War
1967 : 6일 전쟁
1973 : 10월 전쟁(Yom Kippur War)

하였다. 미국의 전폭적인 지원과 지지를 받는 이스라엘의 공격적 행위는 중동의 평화를 위협하고 있다.

제2차 대전 이후 미국과 소련은 양극체제를 구축하여 중동에서도 크게 경쟁하고 대립하였다. 미국은 소련봉쇄정책의 일환으로 1955년 영국, 이라크, 이란, 터키, 그리고 파키스탄을 묶어 '바그다드협정'(Baghdad Pact)을 체결하고 미국 중심의 방위체제를 구축하였다.

한편 소련도 중동에서 미국과 경쟁하기 위한 교두보를 확보하기 위해 미국 중심의 '바그다드협정'에 참여를 거부한 이집트와 관계 증진을 도모하였다. 소련은 1955년부터 이집트와 무기를 거래하였다. 처음 소련은 이집트에 1억 달러 정도의 무기를 판매하였으나 1970년대 및 1980년대에는 수 억 달러 상당의 무기를 이집트에 판매하였다. 소련의 이러한 행위는 중동의 안정을 파괴할 정도였다. 그 뿐만 아니라 소련은 1955년부터 이집트의 면화를 수입하고 아랍의 민족주의를 지원하고, 이집트의 아스완댐(Aswan Dam) 건설을 지원하는 등 중동–아프리카의 핵심 국가인 이집트와 밀착 관계를 모색하였다. 이로서 중동 역시 미국과 소련의 각축장이 되었다. 1956년 이집트의 낫세르(Gamal Abdel Nasser)대통령이 스웨즈운하 회사를 국유화하였을 때 영국, 프랑스 그리고 이스라엘이 이집트에 무력을 행사하였다. 이때 미국은 영국과 프랑스의 무력행사를 저지시키고 이집트의 결정을 지지하였다. 1956년 11월 유엔총회에서 이집트에 대한 영국, 프랑스 그리고 이스라엘의 무력행사를 중지하여야 한다는 결의안이 미국, 소련 등의 지원으로 찬성 64표, 반대 5표로 가결되었다. 미국이 유엔에서 소련의 입장을 지지하고 가장 가까운 동맹국인 영국, 프랑스와 다른 정책을 결정한 것은 이번이 처음이고 유일한 일이었다.[29] 이로부터 중동에서 미국과 소련의 각축전은 본격화되었다. 양국의 각축전은 대체로 1970년대 초까지 활발하게 전개되었다. 그러나 미국과 소련이 데탕트 정책의 추진으로 양국의 경쟁은 다소 완화되었고 특히 1973년에 발발했던 중동전쟁은 중동에서 미국과 소련의 역할을 축소시켰다.

1970년대 초까지 중동에서 미국과 소련의 영향력과 역할은 매우 위력이 있었기 때문에 이 시기 중동국가들의 대외정책은 실질적으로 미국과 소련의 통제를 받았다. 그리하여 1970년대까지 중동은 상대적으로 안정적이었다. 그러나 1970년대 중반 이후 중동에 대한 미국과 소련의 영향력이 약화되면서 중동 국가들은 비교적 자유롭게 외교정책을

29) Henry Kissinger, Diplomacy(New York: Simon & Schuster, 1994), p.542.

결정하였다. 이 외교정책들은 외부 세력의 제약을 크게 받지 않는 것이었고 그 외교정책의 내용은 공격적인 것이었다. 그리하여 중동 국가들 간에는 충돌이 많아졌고 중동의 상황은 안정적이지 못했다. 중동은 내재적으로 불안 요소들을 갖고 있다. 먼저 아랍과 비아랍 팔레스타인해방기구(PLO)의 독립 문제, 이스라엘에 대한 아랍 국가들의 적대의식, 범아랍주의, 페르시아걸프지역내 국가간의 적대의식 등은 중동 국가들이 해결해야할 문제들이다. 그런데 중동 국가들은 이러한 갈등적이고 대립적인 문제를 평화적으로 해결할 수 있는 능력을 갖고 있지 않다. 그렇기 때문에 중동 국가들은 비평화적인 수단으로 그들의 문제를 해결하려 한다. 이러한 상황 하에서 중동 국가들은 외교정책을 평화적으로 실천할 수 있는 수단을 갖고 있지 않기 때문에 중동 국가들의 외교정책은 존재 의미를 상실하고 있다. 외교정책을 실천할 수 있는 수단을 갖지 못한 약소국은 외교정책의 효능을 인식하기 어렵다.

제2부

외교

현대 외교의 위상

오늘날 지구상에 존재하는 모든 국가는 그의 국가 이익을 극대화하여 국가발전을 도모하기 위해 폭 넓게 대외행위를 하고 또 대외적으로 문호를 크게 개방하고 있다. 이와 같은 현상은 자연적으로 국가간의 접촉과 교류를 활발하게 하고 더 나아가 국가간의 상호의존을 심화시키며 상호작용을 폭 넓고 다양하게 만든다. 이와 같이 국가간 접촉과 교류가 많아지면서 국가간에는 상호 협력하여 이해(利害)를 나누어 갖는 경우도 있고, 다른 한편으로는 경쟁하고 대립하는 경우도 있다.

국가간에는 이해가 조화를 이루어 우호적이고 협조적인 관계를 유지하는 경우도 있고 어떤 경우에는 국가간 이해가 상충되어 갈등적이고 대립적인 관계를 갖는 경우도 있다. 어느 국가를 막론하고 다른 국가와 이러한 관계를 유지하는 것은 국가 이익이나 국제평화의 차원에서 바람직한 관계는 아니다. 그러므로 모든 국가는 다른 국가와 협조적인 관계를 견지하여 이해를 나누어 가지며 국가 이익을 극대화할 수 있기를 기대하고 있다. 오늘날 이와 같은 것을 가능하게 하는 수단은 외교이다. 과거에는 국가가 전쟁으로, 무력행사로 또는 다른 국가를 식민지로 만들어 국가 이익의 극대화를 도모하였다. 제2차 세계대전 이전까지 국제정치에 있어 전쟁은 한 국가의 목표 성취의 수단이었고 방법이었으며 구체적으로 대외 정책 실현의 방편이었다.

이러한 현상은 세계평화와 많은 국가들에게 도움이 되지 않기 때문에 여러 국가의 지도자들은 국제정치의 수단으로 전쟁을 이용하지 못하도록 하기 위해 유럽 국가들을 중심으로 1928년 8월 소위 '부전조약'(Pact of Paris 또는 Kellogg-Briand Pact)을 체결하였다. 이 조약에는 다음과 같은 내용을 담고 있다.

"이 조약의 모든 당사국은 그 국민의 이름으로 국제분쟁을 해결하기 위해 전쟁이라는 수단을 사용하지 않을 것 그리고 국가간 상호관계에 있어 국가 정책 실현의 수단으로 전쟁이라는 수단을 사용하지 않을 것을 엄숙히 선언하고 모든 당사국은 어떤 분쟁의 본질과 근원에 관계없이 국가간에 발생하는 모든 분쟁의 해결은 언제나 평화적인 수단에 의해서만 모색되어야 한다"[1]고 강조하고 있다. 역사적으로 볼 때 실제로 많은 국가들이 전쟁을 국제정치의 수단으로 이용했다. 1480년부터 1941년까지는 278건의 전쟁이 발생했고 제2차 대전 이후인 1945년부터 1967년까지 전쟁 및 무력충돌은 82건 발생했다.[2] 이처럼 국가간의 전쟁 및 무력충돌은 크게 줄어들고 있다. 이와 같은 사실은 국제정치에 있어 전쟁이나 무력행사가 정치적으로 효과적인 수단이 아니라는 것을 설명해주고 있는 것으로 보인다. 실제로 오늘날은 무력행사 없이도 국가의 이익을 극대화할 수 있는 수단은 많이 있다.

이와 같은 현실이 외교를 더욱 중요하게 만들고 있다. 오늘날은 외교가 국가간에 발생된 문제해결의 방법뿐만 아니라 한 국가의 외교정책을 실현하고 또 국가의 대외적 목표를 성취시키는 수단이다. 특히 오늘날 전쟁이 외교정책 실현 수단으로서의 존재 의미를 상실한 현 시점에서 외교는 국제정치의 수단으로 이해되어야 한다. 실질적으로 한 국가의 정책을 대외적으로 추구하고 실현시키는 도구는 전쟁이나 무력행사가 아니라 외교이다. 오늘날 어떠한 군사적 강대국도 전쟁이나 무력 행사로 다른 국가의 영토를 정복하지 않으며 식민지를 갖고 있지 않다. 이와 같은 사실이 군사력이나 무력의 행사가 외교정책 실현의 도구가 아니라는 것을 단적으로 설명해 주고 있는 것이다. 이제 모든 국가는 외교정책 목표나 대외정책을 전쟁이나 무력행사가 아니라 평화적 행위인 외교 행위로 이들을 실현시키고자 한다. 그렇기 때문에 국가의 이러한 행위는 매우 다양하고 수준 높게 행해지고 있다. 그러므로 우리가 관심을 갖고 보아야할 부분은 모든 국가의 평화적인 대외 행위이며 이러한 행위들이 국가의 이익을 극대화하고 국가를 발전시키는 원동력이 된다. 이러한 행위들이 다른 국가에 대해 국가의 이름으로 국가 관리에 의해 행해지기 때문에 이러한 행위는 국제정치적 행위이며, 이 행위는 곧 외교이다.

오늘날 이러한 행위는 외교관만이 행하는 것은 아니다. 외교의 영역이 광범하고 대상이 매우 다양하기 때문에 외교는 모든 관리에 의해서 행해진다. 대외적으로 군사적인 문제는 군에 관련된 업무에 종사하는 사람이 담당하고, 경제 문제는 경제 분야에 종사하는 관리가 또 문화적인 문제는 이 분야에 종사하는 관리가 담당한다. 오늘날 한 국가의 외교행위는 어떤 특정인 또는 특정분야에 속해있는 사람만 행하는 것이 아니라, 국가의 관리는 누구나 외교행위를 하게 된다.

국제사회가 복잡해지고 국가간의 상호 관계나 상호 작용이 다양해지면서 외교 행위

1) Rene Alfrecht-Carrie, A Diplomatic History of Europe(New York: Harper & Row, Publishers, 1973), p. 442 참고.

2) Quincy Wright, A Study of War, vol. 1(Chicago: University of Chicago Press, 1942), p. 650.; K. J. Holsti, International Politics, 5th. ed.(Englewood Cliffs, N. J.: Prentice Hall, 1988), p. 271.

도 함께 발전하고 있다. 이러한 대외 행위는 사안에 따라 또 국가간의 관계에 따라 간접적으로 행해지기도 하고, 직접적으로 적나라하게 행해지기도 한다. 그뿐 아니라 문제의 중요성이나 목표 혹은 정책의 비중에 따라 일방적인 외교행위가 전개되기도 하고 쌍무적으로 이루어지기도 한다. 특히 현대의 외교는 국가의 의사표시나 의사전달 행위로 전개되는데, 이것만으로 국가가 원하는 것을 얻는 것은 불가능하다. 이러한 외교 행위들이 효력을 발생하여 목적을 달성하기 위해서는 튼튼한 외교적 기초가 확립되어야 한다. 그렇기 때문에 모든 국가들은 그들의 외교적 기초를 다지기 위해 끊임없이 노력하고 있으며, 국가의 모든 역량을 총동원한다. 오늘날은 이러한 외교적 기초를 확실히 갖고 있는 국가만이 그의 목적이나 정책을 구현시킬 수 있고 국력을 극대화할 수 있다. 이러한 능력이 크고 강한 국가가 오늘날의 진정한 강대국이라 할 수 있다.

반면 외교 행위의 기초를 갖고 있지 않은 것은 물론이고, 다른 국가에 외교 행위에 대해 기초를 크고 강하게 제공하고 있는 국가가 약소국이다. 이러한 국가는 다른 국가에 의해 영토를 점령당하지는 않았더라도 대외적 행위를 제한받는다. 이로써 이러한 국가는 자국의 이익을 증대시킬 수 없게 되므로 이 국가는 피해국가의 굴레를 벗지 못하게 되고 약소국의 지위를 면하기 어려울 것이다. 재론할 필요도 없지만, 외교는 한 국가의 흥망성쇠를 결정지을 수 있는 중요한 국제정치의 수단이다.

이와 같은 외교 행위의 중요성은 모두 인정되고 있다. 한편 외교 행위 못지않게 중요한 것은 국가간의 외교 관계이다. 국가간의 외교 관계는 외교 행위의 질과 양, 그리고 폭과 깊이를 결정한다. 다시 말하면, 어떤 한 국가에 의해 다른 국가에 행해지는 외교 행위의 정도는 외교 당사국간의 관계의 정도에 따라 결정된다. 외교 당사국들이 같은 상황과 사안에 처하더라도 우호적이고 협조적인 관계를 가진 국가간에 전개되는 외교 행위와 비우호적이고 경쟁적이며 갈등적인 외교 관계를 갖고 있는 국가간에 행해지는 외교 행위는 질적·양적으로 달리 전개된다. 전자의 경우에는 적어도 상호 적응해야 한다는 정신이 내재되어 있어 극단적인 외교 행위는 배제될 수 있으나, 후자의 경우는 어떠한 행위도 제한받지 않고 행해질 수 있다. 이렇게 보면 약소국은 말할 나위도 없고, 강대국의 경우도 어떠한 국가와도 우호적이고 협조적인 외교 관계를 갖는 것이 바람직하다. 이와 같은 비우호적이고 갈등적인 국가간의 관계는 시간이 흐르면 자연적으로 우호적이고 협조적인 관계로 발전되는 것이 아니라 외교적인 행위에 의해 결정된다.

국제사회는 무정부적인 상태와 같다고 한다. 그러나 국제정치는 진공 상태에서 전개되는 것이 아니라, 국제정치 환경 또 국제정치체제의 틀 속에서 전개된다. 19세기의 국제정치 양태가 다르고, 제2차 세계대전 이후에도 1970년대 전·후의 국제정치의 양태가 다른 까닭은 각 시대가 국제정치체제를 달리하고 있기 때문이다. 따라서 이러한 체제의 변화는 외교가 전개되는 환경을 바꾸어놓을 뿐만 아니라 국가간의 외교 관계를 과거와 달리 갖게 해준다. 즉, 국제정치체제의 변화에 따라 협조적 관계를 가졌던 국가가 갈등적 관계로 변할 수 있고, 그 반대의 경우도 있을 수 있다. 예를 들면, 제2차 세계대전 이전에 미국과 소련은 통상적인 관계를 그리고, 전시중에는 협조적 관계를 갖고 있었으나 전후에는 극단적인 갈등 관계를 갖게 되었다. 또 1970년대 이전에 미국과 중국은 국교도 없는 적대적 관계를 갖고 있었으나, 그 이후는 외교 관계도 갖고 특정 부분에 대해서는 어느 정도 협조적 관계로 발전할 수 있을 정도로 커다란 변화를 가져왔다.

국제정치체제는 외교 관계와 밀접한 관계에 있으며, 어느 면에서 특히 강대국간의 외교 관계의 질적 변화는 국제정치환경이나 체제의 변화를 초래할 수 있는 변수로 작용될 수 있다. 이러한 측면에서 보면, 외교는 문제 해결의 수단으로서만 중요한 것이 아니라 국가간 외교의 기본적인 바탕이 되는 외교 관계를 결정짓는 수단이나 방책으로 더 중요한 의미를 갖는다. 각국이 다른 국가와 바람직한 외교 관계를 갖고 있지 못하다면, 어떠한 외교적 수단도 효력을 발휘하지 못할 것이고 국가 이익의 증대는 기대하기 어렵다. 이스라엘과 중동의 국가들간의 관계에서 볼 수 있듯이 외교에 있어 가장 중요한 것은 국가간의 관계이다.

이렇게 외교가 전개될 수 있는 상황이 명확하게 만들어진 것은 제2차 세계대전 이후이다. 그 이전에는 이러한 것들이 전혀 전개되지 않았던 것은 아니지만, 그 이전에 외교는 대체로 외교 정책이나 목표를 실현시키는 부수적인 수단에 불과하였다. 그러나 오늘날의 외교는 이러한 것들을 실현시키는 주된 수단이 되고 있다. 오늘날은 어떠한 국가도 대외정책이나 그 목표를 성취시키는 수단으로 외교 이상의 결정적 수단을 가질 수 없게 되었다. 이제 한 국가가 그의 주권이 미치는 지역 밖에서 얻고, 성취시키고자 하는 모든 것은 오직 외교에 의해서만 가능하게 되었다. 외교의 성공과 실패는 그 국가의 흥망과 직결된다고 해도 지나친 말은 아니다, 그러므로 이제는 그 어느 때, 어떠한 것보다도 외교의 가치와 중요성이 더욱 강조되어야 할 것이다.

1

외교의 본질

외교의 의미

오늘날 사용되고 있는 영어의 diplomacy란 말은 희랍어의 diploun에서 유래되었다. 이의 의미는 '접는다(fold)'라는 뜻이다. 로마제국시대에 외국인의 타국 통행을 허가하는 증서에 2개의 금속 도장을 찍고 그것을 특수한 방법으로 접어서 꿰매어 사용하던 수첩 모양의 통행증(passport)이 있었다. 이때의 이 통행증을 diplomas라 하였다. 오늘날 외교란 의미로 사용되고 있는 diplomacy라는 말은 바로 diplomas가 그 어원이다. 그로부터 서양에서 diplomas는 외국인이 다른 나라를 자유롭게 통행할 수 있는 통행증으로서 뿐만 아니라, 이의 소지자는 신분상의 특권을 인정받았고 그리고 타부족이나 타사회(community)와 약속된 일을 구체화시키는 사람으로 생각하게 되었다. 17세기까지 이 diplomas의 소지자는 외교문서를 관리하는 사람 또는 외국에 관한 일을 하는 사람으로 부르게 되었다. 18세기까지도 외교란 말이 대외관계에 국한되어 사용되지는 않았다. 외교란 말이 대외관계를 행하는 일에 국한되어 쓰이게 된 시기는 비교적 최근의 일이다. 영어의 'diplomacy,' 또는 'diplomatic,'이라는 말이 공문서를 연구한다는 의미가 아니라 국제관계의 관리 또는 행위라는 뜻으로 사용된 것은 비교적 최근의 일이다. 영국에서는 1796년 버크(Edmund Burke)가 처음으로 'diplomacy,'나 'diplomatic,'을 위와 같은 의미로 사용하였다.

그리고 1815년 비엔나회의(the Congress of Vienna) 이후에 비로소 외교업무에 종사하는 사람이 정치가(a stateman)나 또는 정략가(a politician)와 다른 직업인으로 인정되었고 외교의 규칙, 관례 및 규범도 비엔나회의 이후에 만들어졌다. 그후 상당 기간 동안 외교라는 표현은 문서를 보관하는 일, 과거의 조약을 분석하는 일, 국제 교섭의 역사를 연구하는 일 등으로 인식되어 왔다.[1)] 이렇게 시작된 외교라는 말은 오늘날까지도 매우 다양한 의미로 사용되고 있다. 그 예를 들어 보면, 외교라는 말은 외교정책이라는 의미로도 사용되고, 국가간의 분쟁을 해결하기 위한 교섭을 의미하기도 하며, 교섭을 행하는 과정 및 기구나 대외업무를 담당하는 기관 또는 교섭의 기술이라는 의미로도 사용되고 있다.[2] 이외에도 외교는 교섭에 의한 국제관계의 관리, 국가간의 업무를 처리하는 기술, 국가간의 관계를 다루는 일, 국가가 국제환경에서 그의 목표·이익·정책 등을 실천함에 있어 다른 국가와 직접 또는 간접적으로 공공관계를 개설하고 유지하는 정치적 과정 등 매우 다양한 의미를 갖고 있다.[3]

인류사에 있어 전쟁과 함께 긴 역사를 갖고 있는 외교가 오늘날까지 그 의미조차 구체적으로 정의되지 못하고 있는 이유는 우선 외교의 전래적인 의미인 교섭(negotiation) 중심으로만 외교를 생각하고 있기 때문이다.

외교가 처음 시작되었을 때는 국가간에 발생된 분쟁을 해결하는 일이 그 주된 업무였으므로, 과거의 외교란 교섭이 전부였다고 해도 지나친 말은 아니다. 그렇기 때문에 외교를 말할 때 교섭의 범주를 크게 벗어나지 않으려는 것이 일반적인 현상이었고, 그래서 외교를 국제정치의 측면에서 보는 것이 아니라 문제 해결의 수단·기술 또는 과정으로 보려는 경향이 농후하였던 것이다.

전쟁이 외교정책이나 외교정책 목표를 달성하는 수단이었던 시기에 있어 외교의 이러한 의미는 어느 정도 적절한 면이 없지 않았다. 국가의 문제 해결 방법은 교섭 아니면 전쟁뿐이었기 때문에, 외교는 정적인 의미의 교섭이나 그 기술·과정 등의 범위를 크게 벗어나지 못했다. 그러나 과학 기술 등 문명의 발달로 인류사회가 질적·양적으로 변화 발전함에 따라, 또 한 국가의 대외업무가 다양하고 복잡해짐에 따라 국가의 대외행위도 다양해졌다. 그럼에도 불구하고, 일반적으로 사용되는 외교의 의미는 전통적인 의미를 그대로 사용하고 있는 것이 사실이며, 외교의 의미는 좁고 실제의 범위는 넓어 조화를 이루지 못하고 있다. 그렇기 때문에 그 의미가 너무 넓고 다양하게 쓰이고 있다.

실제로 오늘날은 외교가 교섭 등의 정적인 측면에서만 설명될 수 없을 정도로 폭넓게 행해지고 있다. 예를 들면, 정상외교 인권외교 등거리외교 또는 한국의 제6공화국이

---

1) Harold Nicolson, Diplomacy, 3rd ed.(London: Oxford University Press, 1969), pp. 11-12.; Sir Ernest M. Satow, "Diplomacy/Diplomat-Derivation of the Concepts," in Elmer Plischke(ed.), Modern Diplomacy(Washington, D.C.: American Enterprise Institute, 1979), pp. 24-25.

2) Harold Nicolson, Diplomacy, pp. 3-4.

3) Robert L. Wendgel, International Politics(New York: John Wiley & Sons, 1981), pp.308-309.

표방했던 북방외교 등 여러 형태의 외교가 전개되고 있는 것이다. 그렇기 때문에 오늘날 다양하게 행해지는 외교를 교섭의 수단이나 방법 등 전통적 외교의 의미만으로 설명하기는 어렵다.

위에서 본 바와 같이 교섭의 수단, 과정, 기술 등을 의미하는 정적인 측면의 외교가 있는가 하면 북방외교, 등거리외교 등 교섭의 한계를 훨씬 넘는 정치적 성격을 띤 동적인 외교도 있다. 현대는 정적인 측면의 외교와 동적인 측면의 외교가 동시에 전개되고 있다. 정적인 외교란 어떤 문제가 발생했을 때 이 문제의 당사국들이 문제의 발생과 해결의 필요성을 같이 인지하고, 호혜적이고 평등한 입장에서 문제의 해결을 위해 행하는 대외행위를 말한다. 한편 동적인 측면의 외교란 한 국가가 자국의 정책이나 목표를 실현하기 위해 그 대상이 되는 국가에 대해 행하는 모든 대외행위를 말한다.

한 국가의 대외적인 행위에는 반드시 상대가 있다. 국가간에 문제나 분쟁이 발생하거나 한 국가가 그의 정책이나 목표를 실천하려 할 때, 당사국간에 합의가 이루어진다면 이러한 일들은 원만하게 해결되어질 수 있다. 이러한 경우는 정적인 측면의 외교로 설명이 가능하다. 그러나 상대국의 동의를 얻지 못하거나 합의에 이르지 못했음에도 불구하고, 어느 한 당사국이 반드시 문제 해결이나 목적을 달성하려 할 때, 이 당사국은 상대국가를 움직여 자국의 뜻에 따르도록 만들어 그의 목적을 달성하려는 대외행위를 하게 된다. 이러한 대외행위는 외교의 동적인 측면에서 설명되어야 한다.

정적인 측면에서 행해지는 외교는 정치적인 의미나 수단으로서 또는 일방적으로 목적을 달성하려 하지 않고 합리적이고 합법적으로 문제를 해결하려는 취지에서 행해지는 대외행위이고, 동적인 측면에서 행해지는 외교는 소위 정치적으로, 다시 말하면 힘에 기초해서 그리고 힘을 수단으로 자국의 목적을 달성하기 위해 그 대상이 되는 국가에 대해 일방적으로 행하는 대외행위를 의미한다.

제2차 세계대전 이후에는 각국이 전쟁이나 무력의 행사로 자국의 외교정책이나 목표를 실현하려는 경향이 과거에 비해 크게 줄었다. 군사적으로 초강대국인 미국이나 소련이 무력행사나 전쟁으로 그들의 대외문제를 해결하려는 경우는 흔히 볼 수 있는 일이 아니다. 이러한 사실은 군사력이나 무력의 행사가 외교적 수단으로서의 이용가치가 상대적으로 줄었다는 것을 설명해 주는 것이다. 동서양을 막론하고 19세기까지는 전쟁이나 무력행사로 중요한 문제들을 해결하였다. 심지어 20세기에 접어들어서도 두 차례의 큰 전쟁을 치렀을 뿐만 아니라 무력을 앞세워 다른 국가들의 영토를 점령하고 주권을 빼앗아 식민지를 확장하였다. 그러나 제2차 세계대전 이후 이와 같은 행위는 크게 줄었다. 1945년 이후, 지구상에서 전쟁이나 무력의 행사로 다른 국가의 영토를 점령하여 식민지화한 예는 거의 없다. 그 이유는 우선 다른 국가를 식민지화가거나 영토를 점령하는 것이 국력을 신장시키는 유일한 방법이 아니라는 것이 강대국의 현실적인 인식이기 때문이다.

제2차 세계대전 이후 지구상의 어떤 국가도 다른 국가에게 주권을 침탈당하고 식민지가 된 예는 없다. 또 전쟁이나 군사력의 행사로는 이를 행하는 국가가 뜻하는 바를 성취시키지 못한다는 것을 입증한 예도 있다. 1960년대 미국은 막강한 군사력으로도 베트남 전쟁에서 승리하지 못했고, 소련의 아프가니스탄에 대한 군사행동도 그 목적을 충분히 달성하지 못하고 말았다. 이러한 사실들은 이제 전쟁이나 무력행사가 외교의 수단으로서의 의미를 상실하였음을 증명해 주고 있는 것이다. 오늘날은 외교가 외교정책이나 외교정책목표를 달성하는 데에 절대적인 수단이 되고 있다. 이제 외교는 국가의 이익을 극대화하고 외교정책을 실천하는 중요한 수단이 되었다. 그러므로 외교는 국제정치의 한 방편으로 이해되고 설명되어야 한다. 다시 말해서, 외교는 국제정치의 가장 중요한 수단이다.

이렇게 볼 때, 오늘날의 외교는 한 국가의 외교정책 또는 외교정책 목표 뿐만 아니라 다른 국가와의 우호 및 협력 관계의 증진, 국가간의 분쟁 해결 등을 위해 국가의 관리가 국가의 이름으로 행하는 모든 대외행위를 의미하는 것이다.

외교행위

외교는 국가의 이름으로 국가의 관리에 의해 행해지는 구체적인 대외행위이다. 이러한 대외행위는 한 국가에 의해 다른 대상국가에 대해 일방적으로 행해지기도 하고 또는 국가간에 교호적(交互的)으로 전개되기도 한다. 국가의 이러한 행위들은 그의 정책을 실천하여 국가적 목표르 성취시켜 국가의 이익을 극대화하려는 행위이다. 국가의 이러한 외교행위 중에는 직접적으로 국가의 의사를 직접 알리는 의사전달행위, 자국의 의사를 일방적으로 그리고 간접적으로 알리는 의사표시 행위가 있고, 그리고 외교 당사국의 관리들이 자리를 함께 하여 각기 자국의 의사를 주고받으며 문제 해결을 도모하는 교호적인 외교행위가 있다. 여기서 말하는 의사는 정부의 견해, 의지, 요구, 주장, 정책,

목표 등을 포함하고 있다.

국가간 외교행위에는 선제적으로 그리고 주도적으로 행위하는 외교의 주체국가가 있고 다른 한편으로는 이 주체국가가 행하는 외교행위의 대상국가로 수동적이고 소극적으로 행위하는 객체국가가 있다. 외교는 일차적으로 주체국가에 의해 객체국가에 대해 전자국가의 의사 또는 정책을 간접적으로 알리는 의사표시 행위 그리고 주체국가의 의사 또는 정책을 직접 알리는 의사 전달 행위로 국가간의 외교가 전개된다. 국가가 외교행위를 하는데 있어 직접외교행위인 의사 전달 행위를 할 것인가 아니면 간접외교행위인 의사 표시 행위를 할 것인가 하는 것은 외교주체 국가에 의해 선택된다. 이 선택은 사안의 중대성, 시간적 여유 또는 국내외 상황에 따라 결정된다.

예를 들면 외교의 주체국가의 입장에서 사안이 중대하거나 또는 문제의 신속한 처리를 필요로 하는 경우에는 본국에서 특사를 보내거나 또는 주재국의 공관장을 상대국가의 정책 결정자에게 직접 보내 주체국가의 의사나 정책을 구두나 서면으로 직접 전달하는 직접적인 외교행위 방식을 채택한다. 외교행위는 주체국가의 필요와 판단에 의해 결정된다. 외교의 주체국가가 발생한 사안이 중요하거나 신속한 처리를 원한다면 직접적인 외교행위인 의사전달행위를 택할 것이고, 사안이 비교적 중요하지 않다고 판단되면 간접적인 외교행위인 의사표시 행위를 행하게 될 것이다.

예를 들면, 미국은 2009년 12월 보스워스 특사를 직접 북한으로 보내 북한으로 하여금 6자회담에 참가할 것을 강하게 요구하였다. 미국이 북한으로 하여금 6자회담에 참여를 권하는 내용이라면 워싱턴 D.C에서 미국무성 대변인의 성명 발표라는 간접적인 의사표시 행위로도 가능하다. 그러나 미국이 특사를 북한에 직접 보내 미국의 의사를 직접 전달하는 외교 행위를 하였다는 사실은 6자회담을 중요하게 생각했기 때문이다.

간접적인 의사표시 행위는 단순하게 주체국가의 의지만을 알게 하지만 직접적인 의사전달 행위는 객체국가의 정책 결정자에게 주체국가의 의지, 목적, 방법, 대책 등 여러 사항을 구체적으로 설명하고 설득도 할 수 있을 것이다. 그러므로 직접적인 의사 전달 행위는 간접적인 의사표시행위보다 주체국가의 의사가 소상히 전달되어 주체국가의 뜻이 잘 전달될 수 있으므로 외교적으로 더 효과가 있을 것이다.

또 직접 의사를 전달하는 경우에 그 주체국가의 의사 전달자가 어떤 사람이냐에 따라 같은 내용을 전달하더라도 전달하는 내용의 의미가 객체국가로서는 특별하게 느낄 수 있을 것이다. 예를 들면 외교 주체국가의 의사를 전달하는 사람이 과장급이나 국장급이 직접 의사를 전달하는 경우와 장관급 대통령 특사가 직접 의사를 전달하는 경우는 의사를 전달하는 국가의 뜻이 무엇이고 목적이 어디에 있는지를 더 명확히 알 수 있을 것이다. 간접적 외교행위는 문제를 해결하는데 시간적 여유가 있는 경우, 또는 국가간에 해결해야 할 문제가 비교적 중요하지 않은 경우, 또는 상대국가의 반응을 알아보기 위해 자국의 의사나 정책을 상대국가들에게 인식시키거나 또는 느낄 수 있도록 만들기 위한 외교행위이다.

이러한 의사표시행위인 간접적인 외교행위는 정부 대변인을 통한 성명서 발표, 또는 외교업무를 담당하는 부서의 정기적 또는 부정기적 기자회견, 상대국가로부터 자국 외교관의 철수, 상대국 외교관의 추방, 신문·방송 등 대중 매체 등을 통해 외교의 객체가 되는 국가에 외교 주체국가의 의사나 정책을 간접적으로 알리는 대외행위이다. 어떤 경우에는 외교의 주체가 되는 국가가 객체국가의 국경에 갑자기 많은 병력을 집결시키거나 또는 객체 국가의 해역에 전자 국가의 항공모함 등 해군 함대를 파견하는 군사적 시위 행위로 외교 주체국가의 의사나 정책을 객체국가에 간접적으로 알리는 의사표시 행위를 하기도 한다. 이러한 행위들은 모두 간접적인 외교행위이다. 주체국가의 이러한 군사적 시위 행위는 객체국가를 침공하거나 무력을 행사하려는 것이 아니라 객체 국가에 대해 주체국가의 의사나 정책을 알리려는 의사표시행위이인 간접적인 외교행위이다.

미국은 이라크 등 중동국가들이 미국의 정책이나 뜻에 어긋나는 행위를 하거나 반미적인 정책을 추진하면 미국은 이 지역 해역에 미국 항공모함 등을 파견해 미국의 의사나 정책을 이 지역 국가의 정책 결정자들에게 미국의 정책과 의사를 알리는 간접적인 외교행위를 행한다. 1988년 초 미국은 이라크가 유엔의 무기 사찰을 거부했을 때 중동지역에 미국의 항공모함 전단을 파견해 이라크로 하여금 미국의 의사를 수용하도록 강요하는 간접적인 외교행위를 하였다. 또한 의사표시행위인 간접적인 외교행위로 중국은 1972년 2월 미국과의 관계개선(rapprochement)이 이루어지자 곧 이어 미국과 중국이 외교관계 정상화를 이루는 동시에 대만에 주둔하고 있는 미군의 철수와 대만과 체결한 상호 방위 조약이 폐기될 것을 기대하였다. 그러나 이러한 일들은 중국이 뜻하는 대로 이루어지지 않았다. 그리하여 중국은 미국에 대해 불만을 갖게 되었다. 이런 가운데 1977년 8월 카터 행정부의 국무장관 벤스(Cyrus R. Vance)가 중국을 방문하였을 때 과거 키신저 국무장관이 중국을 방문했을 때와는 달리 벤스 장관에 대한 예우를 소홀히 하였다. 예를 들면 공항에서 벤스 장관을 맞이하는 행사를 매우 간단하게 거행했을 뿐만 아니라 공항에서 그를 맞이하는 중국 관리의 직급이 낮은 중국공산당의 비정치국 위원이었으며 벤스 장관을 위해 베푼 만찬도 매우 간소하게 격을 낮추어 베푸는 것으로 미국에 대해 중국이 갖고 있는 불만족스러운 의사를 이렇게 간접적 행위로 표현하였다.[4] 이러한 처사는 중국의 미국에 대한 불만의 뜻을 전달하는 수단으로 행해진 간접적인 외교행위이다.

단순한 의사 표시 행위인 간접적인 외교 행위의 한 예로 북한은 1985년까지 로마 교황청에 대해 지극히 냉담한 관계를 유지해 왔다. 그러나 북한은 1985년 교황이 아프리카 여러 국가를 순방하기 위해 공항에서 출국 의식을 거행할 때 로마에 주재하고 있던 북한 외교관을 이 의전 행사에 참석시켰다. 북한의 이러한 행위는 북한의 로마 교황청에 대한 우호적인 의사 표시 행위이며 앞으로 로마 교황청과의 관계 변화를 희망한다는 의사 표시행위로 볼 수 있다. 이러한 북한의 행위는 로마 교황과의 관계 증진을 희망하는 일방적인 간접적 외교행위이다. 다시 말하면 북한의 이러한 행위는 앞으로 북한과 로마 교황청과의 관계개선 내지 우호적인 관계 설정의 의지가 있음을 보여주는 간접적인 외교행위인 의사표시행위다.

외교행위 중에는 일방적인 행위도 있지만 의사를 교환하는 교호적(交互的)인 외교행위도 있다. 한국과 모리셔스는 1987년 8월에 모리셔스의 수도 포트루이스에서 문화협정을 체결하였다. 이런 행위는 양국의 동의와 필요에 의해서 행해진 교호적인 외교행위이다. 국가 원수가 외국을 방문하여 정상회담을 갖고 의사를 주고 받고 양국의 이름으로 공동성명을 발표하는 행위는 교호적인 외교행위이며 조약이나 협정 등을 체결하는 행위도 교호적인 외교행위이다.[5] 요즘 많이 체결되고 있는 국가간 자유무역협정(FTA)에 합의하는 교섭과정은 대표적인 교호적 외교행위이다.

구체적인 외교행위로는 다음과 같은 행위들이 있다.[6]

---

4) Robert L. Wendgel, International Politics(New York: John Wiley & Sons, 1981), pp.308-309.

5) Herman F. Eilto, "Diplomacy-Contemporary Practice," in Elmer Plischke(ed.), p.13.

6) James Lee Ray, Global Politics(Boston: Houghton Mifflin Company, 1979), p.158.

양보(yield)	논평(comment)
협의(consult)	찬성(approve)
약속(promise)	허용(grant)
보상(reward)	합의(agree)
요청(request)	제의(propose)
거부(reject)	비난(accuse)
항의(protest)	부정(deny)
질의(demand)	경고(warn)
위협(threaten)	시위(demonstrate)
관계축소(reduce relationship)	강탈(seize)
추방(expel)	힘의 행사(force)

이러한 외교행위를 유형별로 나누어 보면 첫째 협조적 행위(cooperative behaviors), 둘째 일상적인 행위(routine interaction-named participation), 그리고 셋째로 비우호적인 행위(conflictive nature)가 있다.[7] 외교행위의 수단 가운데 양보, 약속, 보상, 찬성, 허용, 합의 등은 협조적인 외교행위이고, 협의, 요청, 논평, 제의 등은 일상적인 외교 행위이며, 거부, 항의, 비난, 경고, 위협, 추방, 힘의 행사 등은 비우호적인 외교행위이다.[8]

지금까지 살펴본 바와 같이 외교의 본질은 행위이며, 외교는 직접적 또는 간접적 행위로 표현된다. 외교는 하나의 국가가 얻고자하는 것 또는 행하고자 하는 것 등을 구체적으로 실현시키는 수단이다. 이 수단은 행위로 표현되며 외교는 궁극적으로 국제정치의 수단이다.

간접적인 외교행위인 의사표시와 직접적인 외교행위인 의사 전달 행위는 기본적으로 그 성격을 달리하고 있다.

의사 표시 행위는 외교의 객체국가의 입장 및 태도와 관계없이 외교 주체국가에 의해 일방적으로 행해진다. 이 경우 외교의 주체국가에 의해 행해지는 의사표시 행위는 어떤

7) Charles McClellland and Gary Hoggard, "Conflict Patterns in the Internation among Nations," in James N. Rosenau(ed.), International Politics and Foreign Policy(New York: Free Press, 1969), pp.71ff.

8) Ibid. pp.70ff.

구체적인 목적의 성취를 위해서가 아니라 의사표시 자체를 외교적 목적으로 하는 경우가 많다. 이러한 의사 표시 행위는 이 외교의 객체가 되는 국가에 뿐만 아니라 이 외교와 직접적인 이해관계를 갖고 있지 않은 국가에도 외교 주체 국가의 의지를 알리기 위해 간접 외교행위를 하기도 한다. 예를 들면 이란이 미국 및 다른 여러 국가의 반대에도 불구하고 핵 개발을 지속하고 있을 때 미국이 이란의 이러한 핵개발을 반대한다는 의사표시로 이란의 인근 해역에 미국의 항공모함을 파견할 수 있다. 미국의 이러한 의사표시 행위는 이란에 이웃하고 있는 다른 국가에게도 핵개발을 하지 말라는 경고의 메시지를 전달할 수 있다. 이러한 것은 간접적인 외교행위인 의사 표시 행위만이 할 수 있는 것이다. 또한 미국과 이란의 관계 악화로 미국의 직접적 외교행위인 의사전달 행위를 할 수 없는 경우에 행해질 수 있는 외교행위가 의사 표시 행위이다.

한편 직접외교행위인 의사 전달 행위는 의사 표시 행위와는 달리 적절한 사전 조치가 요구된다. 외교 주체국가의 의사를 직접 전달하려 할 때 객체국가의 동의가 있어야 한다. 객체국가가 주체국가의 의사 전달을 거부한다면 이 직접적인 의사전달행위는 전개될 수 없다. 그러나 객체국가가 주체국가의 의사를 전달받기로 한다면 직접 외교 행위의 전개가 가능해질 것이다. 이렇게 하려면 직접 외교 행위인 의사전달 행위가 전개될 수 있는 사전 조치가 있어야 한다. 즉 외교 객체국가로 하여금 주체국가의 의사 전달 행위를 수용하도록 만들어야 한다.

간접적 외교행위인 의사표시 행위와 직접적 외교행위인 의사전달행위의 외교적 효력을 보면 후자인 의사전달 행위가 효율적일 것이다. 전자는 외교 주체 국가의 일방적인 외교행위이므로 이 의사표시 행위가 객체국가에 의해 수용될 가능성은 상대적으로 낮을 것이다. 반면 직접적인 의사전달행위는 이 행위의 객체국가의 동의하에 전개되는 외교행위이므로 일차적으로 원만한 외교가 전달될 수 있을 것이다. 물론 이 의사 전달 행위가 객체국가에 의해 전적으로 수용된다는 보장은 없지만, 그러나 일방적인 의사표시행위보다 쌍방 합의에 의해 전개되는 직접적인 외교행위가 보다 더 좋은 효과를 얻을 수 있을 것이다.

외교의 발생 동기

모든 국가가 외교행위를 행하지만 그 동기는 상대국 또는 현안에 따라 각기 다르다.

외교는 국제정치의 수단으로 행해지고, 국제정치는 국력에 기초해서 전개되고 있으므로 각기 외교의 동기를 달리하고 있다. 그러나 대체로 외교행위가 발생되는 동기는 세 가지 경우로 나누어 볼 수 있다.

첫째는 주도적이고 능동적인 동기에서 발생되는 경우, 둘째 다른 국가의 외교에 대해 수동적으로 대응함으로 발생되는 경우, 그리고 셋째 외교의 각 당사국이 같은 인식, 같은 필요에 의해 호혜적인 동기에서 시작하는 외교가 있다. 외교의 동기는 그 성패와 밀접한 관계가 있고, 따라서 동기는 국가 이익에 중대한 영향을 미칠 수 있다.

첫째, 외교가 주도적이고 능동적인 동기에서 전개된다면 그 외교의 성공 가능성은 매우 크다. 왜냐하면 이러한 동기에서 시작되는 외교는 이를 성공시키기 위한 여러 필요한 조치들을 구사할 수 있는 준비를 충분히 할 수 있기 때문이다. 그뿐만 아니라 이러한 외교를 전개하는 국가는 가능한 범위 내에서 외교의 대상국가나 문제를 적절하게 스스로 선택할 수 있기 때문에 외교가 비교적 손쉽게 전개될 수 있다. 그러므로 능동적이고 주도적인 동기에서 시작되는 외교는 우선 상대국가보다 유리한 입장에서 외교를 전개할 수 있다. 능동적인 동기에서 외교를 전개하는 국가가 상대국가보다 국력이 강한 국가라면 이 외교의 성공 가능성은 더욱 크다. 비록 상대국가보다 국력이 약하더라도 능동적인 외교를 전개하는 국가는 사전에 충분한 준비를 갖추고 외교에 임할 수 있으므로 수동적인 동기에서 출발하는 외교보다는 성공의 가능성이 더 크다. 예를 들어, 미국이 한국에 대해 시장 개방, 관세 인하 등을 요구하고 외교적 압력을 가하며 이에 대한 협상을 요구하는 경우에 미국은 한국보다 우월한 힘을 갖고 있고 더 나아가 능동적·주도적으로 협상을 전개하는 입장에 서게 될 것이며, 한국은 그 반대의 입장이 될 것이다. 이 경우 미국의 외교는 성공할 수 있는 가능성이 많아지는 것이다. 그러나 미국과 경제적으로 대등한 입장을 갖고 있지 않으며 국력 또한 약한 한국도 미국과의 통상문제에 있어 무엇이 문제이고 또 미국이 요구하게 될 것이 무엇인지를 사전에 알아내어 이 문제에 대한 협상을 사전에 준비하여 미국에 대해 적극적인 협상을 전개한다면 수동적인 경우보다는 훨씬 유리한 입장에서 외교를 전개할 수 있을 것이다. 그러므로 모든 국가는 주도적이고 능동적인 동기에서 외교를 전개하여야 하고, 그렇게 할 수 있도록 외교적 기초를 갖추어야 한다.

둘째, 수동적이고 소극적인 동기에서 전개되는 외교는 자국의 필요에 의해서 행하는 외교라기보다는 다른 국가의 필요와 강요에 의해서 행해진다. 다시 말하면, 다른 국가로부터 주어지는 의사표시나 의사전달 또는 요구 등을 거절할 수 없어 행하는 외교를 말하는 것이다. 국가간에 행해지는 외교에는 공세적인 당사국과 수세적인 당사국이 있다. 공세적인 당사국은 수세적인 당사국의 희생 위에 자국의 목적을 달성하기 위한 외교를 전개한다. 이런 경우 공세적인 당사국은 외교적 성공을 거둘 수 있다. 이 당사국의 외교가 성공한다는 것은 수세적인 당사국이 공세적인 당사국의 요구를 전부 혹은 부분적으로 수용하였다는 것을 의미한다. 이 경우에 수세적인 당사국이 수동적인 동기에서 외교를 전개하면 득(得)보다 실(失)이 많다는 것을 알면서도 이 외교에 임하는 이유는 그래도 능동적이고 공격적 외교에 응하는 것이 그것에 저항하는 것보다 그나마 손실을 적게 할 수 있다고 판단하기 때문이다. 즉 수세적인 당사국이 이와 같은 공세적인 외교에 부응하는 것은 비록 상대국에 양보함으로써 손실이 있더라도 공세적 당사국과의 우호적·협조적인 기존 관계나마 지속될 수 있다면 그것이 손실을 줄이는 것이기 때문이다. 만약 공세적인 당사국의 요구를 전혀 수용하지 않을 경우 자국의 의사와 관계없이 상대당사국으로부터의 보다 큰 요구를 수용하지 않으면 안 될 경우도 상정할 수 있으므로 공세적 당사국의 최초의 요구를 수용하는 편이 손실이 적을 수 있는 것이다.[9]

세 번째 동기는 각 당사국의 필요성에 의해서 발생되는 경우로서 일반적으로 어떤 문제에 대해 당사국들이 인식을 같이하고 그리하여 이해를 분담할 의사가 있을 때 이루어지는 외교의 동기가 가장 바람직한 외교 발생의 동기이다. 이러한 동기에서 시작된 외교는 문제 해결의 과정·결과 등이 어느 당사국에 편중되지 않고 공평하게 이루어질 수 있다. 이런 경우는 대체로 외교의 동기가 어느 측이 공세적이고 어느 측이 수세적이 될 수 없다. 이러한 외교는 대체로 강대국간 또는 약속국간에 비교적 많이 전개될 수 있는 국가간 외교의 동기이다. 이와 함께 국가간에 다루어질 사안들이 비정치적인 것들 예를 들면 문화협정, 통신협정 등은 호혜적인 동기에서 전개될 수 있는 외교이다.

외교의 동기는 외교의 성공 여부와 직결되며, 이는 곧 국가 이익에 영향을 미치게 된다. 그러므로 외교의 동기를 유리하게 갖는 것은 매우 중요하다. 비록 국력이 약하더라도 적극적이고 능동적인 외교를 전개하는 것이 그 국가의 외교 역량의 하나이다. 그와 함께 국력이 약한 국가는 가능한 범위내에서 다른 강한 국가에게 공세적인 외교의 동기를 부여할만한 기회를 최소화하는 것이 국가적 손실을 줄이고 또 국가의 명예를 실추시키지 않는 길이다. 예를 들면, 약소국이 강대국과 무역 마찰을 야기시키는 일은

9) Fred Charles Ikle, How Negotiate(New York: Harper and Row, Publishers, 1985), pp. 30-34.

강대국에게 공세적인 외교의 동기를 부여하는 계기가 된다. 그러므로 약소국은 이러한 무역 마찰이 생기지 않도록 하는 것이 곧 국가 이익을 증진시키는 길이다. 또 약소국은 국내정치에 있어서도 정치·사회·경제적 혼란을 미연에 방지하거나 모험적인 외교의 자제로 약소국에 대해 깊은 이해를 갖고 있는 강대국에 대해 우려나 불안을 느끼지 않도록 하는 것도 외교의 공세적인 동기를 부여하지 않는 방법이다.

강대국을 포함한 많은 국가들이 중동에 대해 깊은 이해와 관심을 갖고 있다. 그런데 중동의 주요 산유국이 국내 정치에 불안이 야기되어 석유 생산에 영향을 미치게 된다면, 우선 강대국들은 어떤 형태로든지 개입하게 될 것이며 이것이 곧 다른 국가에게 공세적인 외교의 동기를 부여하는 계기가 될 것이고, 이는 정치적으로 불안한 중동 국가에게 정치적으로나 물질적으로 불리하고 해로운 결과를 가져올 것이다.

모든 국가는 외교의 성공을 위해 공세적이고 능동적인 동기를 갖는 것이 무엇보다도 중요하지만, 이것이 여의치 않다면 수동적이고 수세적인 외교의 동기를 최소화하여야 한다. 특히 강대국으로부터 약소국가에 대해 어떤 정책이나 의사가 표시되거나 전달될 때, 이러한 외교의 동기가 상대국에게 자생적으로 생겨난 동기인지 여부를 정확히 파악하는 것은 중요한 일이다. 이 외교의 동기가 자생적인 것이라면 가능한 한, 적극적으로 대응하는 것이 바람직한 일이다. 그러나 외교의 동기가 다른 국가가 아닌 자국으로부터 주어졌다고 판단되면, 그 국가에게 외교의 동기를 부여하게 된 원인을 파악하여 상대국가가 갖고 있는 외교 발생의 동기를 제거하여야 한다.

한 국가가 전개하는 외교가 성공하는 데는 여러 조건과 수단이 있다. 물론 강한 국력을 갖는 것이 외교를 성공시키는 선행 조건이겠지만, 이는 하루 아침에 이루어질 수 있는 일이 아니다. 이러한 기초적인 조건이 열악하다고 하더라도 성공적인 외교를 전개할 수 있는 중요한 조건 중의 하나는 주도적이고 능동적인 외교의 동기를 갖는 일이며, 다른 한편으로 수세적이고 수동적인 외교의 동기를 갖지 않는 것이 매우 중요하다.

외교의 범위

모든 외교는 실제로 사람에 의해 행해진다. 사람에 의해서 행해진다는 것은 사람의 행위를 통해서 과정도 이루어지고, 결과도 만들어진다는 뜻이다. 외교는 국가의 이름으로 행하여지더라도 국가 자체가 외교를 행하는 것이 아니라 국가의 관리가 행하는 것이다. 즉, 외교는 사람이 행하는 행위가 그 핵심이다. 그렇기 때문에 외교는 사람에 의해서 행해지는 행위가 이해와 설명의 중심이 되어야 하고 연구의 대상이 되어야 한다. 한 국가가 행하는 외교의 성패는 무엇보다도 누가 무엇을 어떻게 행하느냐에 달려 있다. 제2차 세계대전 후 적대관계를 지속하던 미국과 중국이 이런 관계를 청산하고 1972년 양국의 관계개선을 이룩할 수 있었던 데에는 변화된 국제환경 그리고 미국과 중국의 외교정책도 중요하게 작용하였지만, 궁극적으로 관계개선의 성공은 양국 관리들의 행위에 의해 만들어진 결정체였던 것이다.

이러한 대외적인 행위는 국가 원수를 포함하여 모든 관리에 의해 행하여진다. 영국의 상징적 존재이며 국가 원수인 영국 국왕의 공식적인 외국 방문 행위는 의례적인 행위일 뿐만 아니라, 실질적으로 영국 관리들이 외교를 성공시키는 데 필요한 국민간 그리고 관리들간의 이해를 증진시키고 아울러 우호관계를 증대시키는 대외적인 행위이다. 그러므로 영국 국왕의 공식적인 외국 방문 행위는 외교적인 행위이다. 1957년 미국 백악관 기자회견에서 국가 원수의 외국 방문의 실효성 문제가 제기되었을 때, 아이젠하워(Dwight D. Eisenhower)대통령은 "국가원수의 외국 방문은 형식이 아니라 미국의 고위 관리들이 외국인, 외국의 문화 그리고 외국의 지도자들을 이해하는 데 매우 중요한 일"[10]이라고 답하였다. 그러므로 외교는 우선적으로 행위에 초점을 맞추어 이해되고 설명되어야 한다.

원칙적으로 모든 대외행위가 국가의 이름으로 그리고 국가의 관리에 의해 행해지는 행위라면 그것은 외교 행위이다. 이 행위가 의사표시 행위이든, 의사전달 행위이든 또는 군사적인 행위이든 간에 그 행위가 위의 원칙에 입각해서 행해진 것이라면 그것은 외교 행위이다. 또한 이러한 행위를 행하는 사람이 외무부에 속해 있지 않은 사람이더라도 국가의 관리이고 국가의 이름으로 대외행위를 한다면 그 행위는 외교 행위이다. 다른 국가에 대한 군사적 시위 행위는 군인에 의해 국가의 이름으로 행해진다. 군인도 넓은 의미로 관리의 범주에 들어가기 때문에 그 행위도 외교 행위라 하지 않을 수 없다. 그러므로 그 관리가 어떤 부서에 소속되어 있든 국가를 대표해서 행하는 대외행위는 외교이다.

정부가 관료가 아닌 특정인에게 특별한 임무를 부여하여 국가의 이름으로 대외 행위를 하게 할 때, 이 사람에 의해서 행해지는 행위도 외교 행위이다. 예를 들면, 국가의

10) Elmer Plischke, Diplomat in Chief(New York: Praeger, 1986), p. 156.

원수가 다른 국가에 대해 특별히 우호적인 예의를 표시하기 위해 관리가 아닌 사람에게 신임장을 주어 대통령의 특사로 임명해서 이 사람을 외국에 파견하였을 때, 이 사람이 그 국가에 가서 행하는 행위는 외교 행위이다. 그러나 어떤 개인이 개인 자격으로 다른 국가의 원수를 접견하고, 고위 관리들과 회견하는 행위는 외교 행위가 아니다. 왜냐하면 이 사람들이 국가의 관리가 아니고, 또 이 사람의 행위가 국가나 정부의 이름으로 행해지는 것이 아니기 때문이다.

외교는 국제정치의 수단이며, 국제정치의 주체는 국가이다. 또 국제정치는 원칙적으로 국가간의 정치적 상호 관계와 작용에 의해서 전개된다. 세계보건기구(WHO) 또는 국제노동기구(ILO)의 회원국가는 이 기구의 규정에 의해서 행위한다. 이에 의한 행위는 정치적 의미를 갖고 정치적 목적으로 행해지는 것이 아니다. 정치적 의미와 목적을 갖지 않고 행해지는 행위는 국제정치의 범위 밖의 행위이며, 이러한 범위 밖의 행위는 외교가 아니다. 물론 국가가 대외적으로 행하는 행위는 어떤 의미에서 모두 정치적 의미나 목적을 전혀 갖지 않은 것은 없다고 할 수 있다. 그러나 국제정치에서 다루어져야 할 문제는 직접적인 정치적 합목적성을 가진 것이어야 한다. 즉 국가의 대외 행위가 국제정치의 수단으로 행해져야 그것이 외교이다. 그러므로 비정치적인 대외행위는 국제정치와 외교의 범위에서 배제되어야 한다.

그러나 국제연합이나 북대서양조약기구 또는 바르샤바조약기구 등과 같이 주권 독립 국가들만이 회원국이 될 수 있고, 또 정치적 성격을 띠고 있는 국제기구에 대한 대외행위는 외교 행위이다. 한편 국제기구 가운데에도 비정치적 성격을 가진 국제기구가 있다.

예를 들면, 만국우편연합(Universal Postal Union) 또는 국제전기통신연맹(International Telecommunication Union)과 같은 기구들이 비정치적 기구들이다. 이 기구들은 기술적·사회적·문화적 편의를 도모하기 위해 만들어진 국제기구이다. 그러므로 이들 기구 자체는 정치적으로 행위하고 결정하지 않는다. 따라서 이런 국제기구에 대한 국가의 대외행위는 물론 국가의 이름으로 국가 관리에 의해서 행해지지만 국제정치적 성격을 띤 행위가 아니므로 외교 행위가 아니다.

인권외교를 미국 외교의 기조로 선언하며 미국 대통령에 취임한 카터 대통령은 소련과 동유럽 국가들의 인권정책을 비난하며, 취임 1개월여 후인 1977년 2월 17일 소련의 반체제인사인 사하로프(Andrei Sakharov)에게 소련내에서의 인권운동을 지지하는 서한을 직접 보냈다.[11] 이 경우 카터 대통령의 서한의 수신인은 정부도 아니고 관리도 아닌 개인이었다. 그러나 카터 대통령이 소련내에 거주하는 소련인에게 미국 대통령의 이름으로 서한을 보낸 행위는 사하로프의 인권운동을 격려함과 동시에 소련 정부에 대한 미국 정부의 의사표시 행위이며, 동시에 카터 대통령이 선언한 인권외교의 전개 행위이다. 그의 이러한 행위는 실질적으로 소련 정부의 비민주적 정책에 대한 소련을 대상으로 한 행위이고, 미국 정부가 인권외교를 전개하기 위한 정치적 합목적성을 갖고 있는 행위이므로 카터 대통령의 행위는 외교 행위이다. 이 경우 카터 대통령의 행위 대상은 비정치적인 존재라고 할 수 있겠으나 행위의 주체는 미국의 대통령이고 그의 이름으로 행해졌을 뿐만 아니라 그의 외교정책 기조에 입각해서 행해졌기 때문에 이는 외교 행위이다. 외교는 국가의 의사 또는 정책을 표시하고 전달하는 행위 중심으로 보아야 하고 행위의 초점은 행위의 주체에 맞추어야 한다.

한 국가의 어떤 정책노선의 선언은 얼핏 보아 대상이 없는 것으로 생각되기 쉽다. 예를 들면, 1947년에 선언된 소위 〈트루먼 독트린〉(Truman Doctrine)이나 1969년에 선언된 〈닉슨 독트린〉(Nixon Doctrine) 등은 대상이 없는 선언처럼 보인다. 그러나 〈트루먼 독트린〉은 그리스와 터키를 공산주의의 위협으로부터 보호한다는 미국의 의지 표명인 동시에 소련을 대상으로 하는 봉쇄정책(the policy of containment)의 천명이었고, 〈닉슨 독트린〉은 주로 아시아 국가들에 대해 미국의 새로운 외교정책 노선의 채택을 알리는 의사표시 행위로서 이러한 독트린의 선언 행위도 외교 행위이다.

한 국가의 어떤 대외적 행위를 외교의 범주에 넣을 수 있는 기준은 대체로 다음과 같은 것이라 할 수 있다.

행위의 주체를 중심으로 생각해야 한다. 우선 주체가 국가의 이름으로 행위하는 대표성을 가져야 한다. 그 다음으로 그 행위의 내용이 넓은 의미로 국가의 외교정책이나 외교정책의 목표를 실현하기 위한 국제정치의 수단으로서 행해져야 한다. 이중에는 국가간의 우호 및 협력관계의 증진, 현안 문제의 해결 등 직접·간접적으로 외교정책과 그 목표 실현과 관련된 것이 포함되어야 한다.

외교의 대상에 있어 한 국가가 일방적인 행위를 하는 경우에 그 대상은 외교 행위여부를 판가름하는 기준이 아니다. 행위의 주체가 외교 행위를 할 수 있는 사람이라면 그 행위의 대상이 어떤 사람이나 단체라도 그 행위는 외교행위이다. 한편 쌍무적 또는

---

11) Raymond L. Garthoff, Détente and Confrontation(Washington, D.C.: The Brookings Institution, 1985), p. 569.

다변적인 행위를 하는 경우에 이 행위에 참여하는 사람 등이 모두 외교 행위를 할 수 있는 자격과 권리를 가진 존재여야 그 행위를 외교 행위라 할 수 있다. 외교 행위 여부를 가름하는 데에는 형식과 내용이 모두 고려되어야 한다. 형식은 외교 행위를 하는 사람이 국가를 대표하는 관리이고 내용은 국제정치적인 것으로 외교정책과 그 목표를 실현하는 수단이어야 한다.

교호적인 외교의 시간적 범위는 원칙적으로 선관계 후행위(先關係 後行爲)이다. 다시 말하면, 국가간에 공식적 외교관계가 수립되어야 비로소 공식적인 교류 및 접촉 등 교호적인 외교행위가 전개될 수 있다. 국가간에 공식적 외교관계를 갖는 목적은 서로 이익이 되는 폭 넓은 상호작용을 직접 전개하기 위해서이다. 오늘날 공식적인 외교관계를 갖고 있지 않다는 사실은 실질적으로는 어떻든간에 형식적으로 국가간의 관계가 우호적이라고 할 수 없고 협조적인 관계는 상상할 수도 없다.

외교관계를 갖고 있다는 것은 원칙적으로 그리고 일차적으로 적대적이 아닌 원만한 관계를 가질 수 있다는 것을 말해 주고 있는 것이며, 따라서 국가간에 상부상조도 할 수 있다는 것을 의미하는 것이다. 바꾸어 말하면, 공식적 외교관계가 없다는 것은 상호 보완적으로 서로의 이익을 도모할 수 없다는 뜻으로 해석될 수 있다. 과거 한국과 소련 및 중국이 공식적 외교관계를 갖고 있지 않은 것은 양국관계를 우호적이라고 할 수 없고, 또 상호 이익을 도모할 수 없다는 의미로 볼 수 있다. 그러므로 한국과 이들 국가간에 공식적인 상호 작용을 전개할 수 없었다. 1986년 10월 소련 근해에서 한국의 어선과 선원이 소련 군함에 의해 나포된 일이 있었다. 이때 한국 정부는 소련과의 공식적인 외교관계를 갖고 있지 않았기 때문에, 소련과 이들의 송환을 위한 직접적인 교섭을 할 수가 없었다. 그리하여 한국 정부는 일본을 통해 이들의 송환 교섭을 전개하였다. 이와 같이 외교관계 정상화가 수립되어 있지 않다면 일상적이고 비정치적인 외교 행위도 이루어질 수 없다. 공식적인 외교관계가 수립되어 있지 않으면 국가간의 공식적 상호 작용은 이루어질 수 없다.

1989년 한국과 중국은 공식적인 외교관계를 갖고 있지 않아 경제관계에 있어서 간접적인 교류만이 행해지고 있었으며, 무역 협정·관세 협정 등 국가간 또는 정부 차원의 법적·정치적 효력을 갖는 외교 행위도 이루어지지 않고 있었다. 1989년 12월 한국의 서해안에서 조업을 하던 양국 어선간에 해상사고가 발생했을 때, 한국과 중국은 서울에서 피해 보상과 피해액 산정 등 사고처리를 위한 기본 원칙을 협의하여야 했다. 그러나 양국은 외교관계를 정상화하고 있지 않아 공식적으로 국가 대표가 이 원칙을 협의할 수가 없었다. 그리하여 한국측의 수산업협동조합중앙회 그리고 중국측의 동황해어업협회(東黃海漁業協會)가 각각 자국을 대표하여 이 문제를 논의하고 문제 처리에 합의하였다. 이와 같은 합의는 당연히 정부 차원에서 이루어져야 하며, 그래야 그 합의가 국제법적 효력을 가질 수 있고 외교적 의미를 가질 수 있다. 그러나 양국은 아직 공식적 외교관계를 갖고 있지 않았기 때문에 정치적이고 외교적인 의미를 갖는 합의를 할 수 없었다. 이런 합의가 국가나 정부 차원에 의해 이루어질 때 이 합의된 내용의 실현을 보장할 수 있지만 민간단체에 의해 합의가 이루어질 때 그 실천을 보장받지 못할 수도 있다. 국제법적 효력을 갖는 조약이나 국가간의 협정도 보장이 어려운 데 하물며 민간단체간의 합의나 약속의 실천 보장은 더욱 어려운 것이 국제사회의 현실이다.

한국과 중국간에 국가나 정부차원의 상호 작용이 이루어질 수 없는 것은 공식적 외교관계 정상화가 수립되어 있지 않았기 때문이다. 그러므로 국가간의 공식적 외교 행위는 외교관계의 정상화가 이루어진 다음에 공식적으로 이루어질 수 있다.

그러나 일방적인 정치적 외교 행위인 의사표시행위는 외교관계 수립에 관계없이 행해질 수 있다. 한국 정부는 1988년 7월 7일 노태우(盧泰愚)대통령의 소위 '7·7특별선언' 이후부터, 중국 대륙에 수립된 국가의 호칭을 중공(中共)에서 중국(中國)으로 고쳐 부르기 시작하였다. 중공이란 표현은 중국공산당(中國共産黨)을 지칭할 뿐, 사실 국호가 아니다. 이는 중국 대륙에 수립된 정권을 국가로 승인하지 않는다는 의미로 해석할 수 있다. 그러나 중국이란 표현은 국가 명칭이며, 중국을 국가로 인정한다는 뜻인 동시에 한국의 중국에 대한 관계 개선의 왕성한 의사표시행위이므로 이는 한국의 중국에 대한 정치적 의미의 외교 행위라 할 수 있다.

1987년 3월 미국은 자국 외교관에게 제3국에서 북한 외교관과의 접촉을 허용하고, 4월에는 의약품이나 식량을 중심으로 북한과 인도적 교역을 할 수 있음을 밝혔으며, 같은 해 7월 21일 뉴욕의 외교정책협의회에서 한반도를 주제로 연설한 미국무성 동아시아 및 태평양담당차관보는 북한을 조선민주주의인민공화국(DPRK)이라고 호칭하고 미국은 북한과의 관계개선의 의사가 있음을 시사했다. 이러한 미국의 대북한 의사표시행위는 비록 공식적 외교관계 정상화가 이루어지기 이전이지만, 이는 미국이 북한과의 관계개선을 목적으로 행한 대외적인 의사표시 행위이므로 이 역시 정치적 의미의 외교 행위이다. 국가간에 공식적 외교관계가 없더라도 국가의 정치적 목표의 실현 수단으로서 한 국가에 의해 일방적으로 행해진 대외행위는 외교행위이다.

한국과 일본은 1952년부터 청구권(請求權)에 관한 교섭이 시작되었다. 이 교섭은 양국이 외교적으로 상대방을 국가로 승인하기 전의 행위였다. 그러나 이것은 청구권에 대한 금액의 정도를 논의한 교섭일 뿐 정치적 목표를 달성하기 위한 국제정치적인 행위가 아니기 때문에 원칙적으로 외교행위라고 할 수 없다. 그러나 한국과 일본이 공식적 외교관계를 갖기 전인 1964년 당시 한국의 중앙정보부장과 일본의 외상(外相)이 양국 외교관계의 정상화에 합의하고 외교각서(memorandum)를 교환한 것은 외교행위이다. 왜냐하면 이 행위는 정치적 합목적성을 갖고 있기 때문이다. 또한 미국과 중국은 1955년부터 1970년 1월까지 제네바와 바르샤바에서 1950년 6·25전쟁으로 중국의 포로가 되어 있는 미군의 석방 등을 논의하기 위한 대사급 회담을 진행했다.

이 역시 양국의 정치적 목적 달성을 위한 회담이 아니었고, 상호 국가 승인이전이었을 뿐만 아니라 승인 의사도 갖고 있지 않았으므로 원칙적으로 외교행위가 아니다. 그러나 1970년 1월에 개최된 미국과 중국간의 제135차 회담에서 미국측 대표는 "미국은 중국을 적대국으로 하여 소련과 공모할 의사는 추호도 없다……미국은 보다 발전적인 문제를 서로 협의하기 위해 미국 대표를 중국에 파견하고 또 중국의 대표가 워싱턴으로 와서 여러 실질적인 문제에 관해 논의하기를 희망한다"[12]고 말하였고, 제136차 회담에서 중국 대표도 미국의 제의를 수락했다. 제135차 회담부터 그 이후의 미국과 중국의 바르샤바 회담은 외교적 행위이다. 이때부터 양국은 정치적 의미를 가진 의사표시가 있었으며, 정치적 합목적성을 갖고 접촉이 진행되었다.

이것은 미국과 중국간 관계개선의 실질적 계기가 되었으므로 제135차 이후의 회담은 모두 외교적 행위이다. 이와 함께 미국과 중국간의 관계개선이 이루어지기 전인 1971년 7월 미국의 대통령안보담당보좌관 키신저(Henry A. Kissinger)가 중국을 비밀리에 방문하여 주은래(周恩來) 수상과 회담하여 관계개선에 합의한 것도 역시 외교행위이다. 이는 관계개선을 전제로 한 정치적 목적, 즉 미국의 대외정책 및 그 목표의 실현을 위한 행위였기 때문에 이 행위는 외교행위이다. 국가간 공식적 외교관계 수립 이전의 행위가 외교인지 아닌지를 가늠하는 가장 중요한 기준은 그 행위의 정치적 합목적성이다. 언제 어떤 경우를 막론하고 한 국가가 정치적 합목적성을 갖고 행하는 행위는 국제정치적 행위이며, 외교행위이다. 한 국가가 갖고 있는 외교정책 및 그 목표를 실현하는 맥락에

---

12) Henry A. Kissinger, White Years Years(Boston: Little, Brown and Company, 1979), pp. 684ff.

서 행해진 대외행위도 외교이다.

원칙적으로 국가간의 외교는 공식적인 외교관계가 수립되어야 행해진다. 그러나 어떤 국가에 대한 일방적인 외교 행위, 예를 들면 관계개선을 위한 의사표시나 어떤 국가의 결정 또는 행위에 대한 의사표시 등은 상대국가의 의사와 관계없이 행해질 수 있고, 그러한 대외적 행위를 하는 국가의 입장에서 보면 그것은 외교 행위이다. 이러한 행위는 공식적인 외교관계 수립과 관계없이 행해 질 수 있다.

한편 일방적인 행위가 아닌 쌍무적 외교 행위도 공식적인 외교관계 수립 이전에 행해질 수 있다. 1964년의 한국과 일본간의 국가를 대표하는 사람에 의한 외교문서 교환, 1971년 7월에 키신저가 비밀리에 중국을 방문해 중국 고위당국자와 협의한 행위 등은 모두 외교관계 수립 이전의 행위이지만 이들 행위는 외교 행위이다. 왜냐하면 이러한 행위들은 모두 정치적 목적을 갖고 있고 그들의 외교정책 목표를 성취시키려는 행위이기 때문에, 또 형식상으로도 국가의 이름으로 국가 관리에 의해서 이루어진 행위이므로 비록 공식적 외교 관계 수립 이전이라 하더라도 형식상으로나 내용상으로 외교의 요건을 갖추고 있으므로 이는 외교 행위로 간주하여야 한다.

국가의 대외행위를 넓게 보면, 한 국가의 모든 대외행위는 국가 이익이나 외교정책 및 그 목표와 무관한 것이 없다. 그러나 외교 행위는 정치적 의미를 갖고 정치적 목적을 달성하기 위해 행하여지는 행위를 지칭하는 것이다. 그렇기 때문에 국가의 이름으로 행하는 대외적 행위를 모두 외교라고 할 수는 없다. 다른 국가에서 천재지변으로 인해 생긴 이재민에게 구호금품을 국가의 이름으로 보내는 행위, 세계보건기구(WHO)에 가입하여 인류의 건강을 증진시키는 일에 참여하는 행위 또는 국제노동기구(ILO)의 회원국이 되어 근로자의 근로조건과 생활 안정을 도모하는 행위 등도 어떤 측면에서 보면 국가의 대외적 행위라 할 수 있겠지만, 이러한 행위들은 정치적 의미를 갖고 정치적 목적을 위해 행해지는 행위가 아니므로 외교행위는 아니다. 그러므로 모든 대외행위는 어떤 경우에도 정치적인 의미를 갖고, 정치적 목적을 위해 행해져야 외교의 범주에 포함시킬 수 있다.

2
정치적 외교

정치적 외교의 의미

강대국이나 약소국을 막론하고 그의 대외정책목표나 외교정책이 모두 물 흐르듯 자국의 의도대로 실현된다는 것을 생각하기는 어렵다. 그러나 각 국가는 자국의 목표나 정책이 전부는 아니더라도 최대한 그것이 구현될 수 있도록 최선을 다하게 된다. 특히 자국의 목표나 정책이 다른 국가의 그것들과 대립되거나 상충된다면 이 국가는 이런 것들을 극복하기 위한 방책을 강구하여야 한다.

A라는 국가가 X라는 외교정책 목표를 설정하고 이를 실천하려 할 때, 이 X라는 목표가 B국의 Y라는 정책과 상충된다고 가정해보자. 그 때문에 그 목표의 실현이 불가능하다고 판단되면, A국은 B국에 대해 Y라는 정책을 포기하고 서로 상충되지 않는 다른 정책을 결정하도록 하여야 그 목적을 달성할 수 있을 것이다. 이때 외교의 주체국가는 대상이 되는 객체국가에 대해 그 정책을 변경하거나 포기하도록 직접 또는 간접 외교 행위를 하게 될 것이다.

이와 같이 직접 또는 간접 외교 행위로 소기의 목적을 달성할 수 있다면, 이는 가장 바람직한 외교행위라 할 수 있다. 그러나 이러한 외교행위로 그 뜻을 이룰 수 없다면, 외교의 주체국가는 경고, 위협 등의 방법으로 상대국가의 결정과 행위(behaviors)를 자국에게 바람직한 방향으로 유도하기 위한 행위를 할 것이다.[1] 그뿐만 아니라 직접 또는 간접 외교 행위에 그치지 않고 군사적 시위, 정치·경제적 보복 등 구체적인 행동을 통해 대상국가에 영향을 미치고 압력을 행사하여 그 국가를 움직이려 할 것이다. 이와

---

1) M. H. Halperlin and A. Kanter, "The Bureaucratic Perspective: A Preliminary Framwork," in M. H. Halperlin and A. Kanter(eds.) Reading in American Foreign Policy(Boston: Little, Brown and Company, 1973), p. 40.

같이 자국의 이익이나 안전 또는 외교정책이나 그 목표의 실현을 위해 다른 국가의 정치·경제·군사·사회 등 여러 분야에 걸친 목표·정책·행위·태도 등을 계속 유지 또는 변경시킬 목적으로 상대국가에 대해 행해지는 대외행위를 정치적 외교라 한다.

1987년 2월 미국무장관 슐츠(George P. Shultz)는 중국을 방문하여 중국의 외교부장 등 고위관리들과 회담했다. 이 방문은 중국내의 정치적 상황의 변화로 그의 개방정책이 위축되거나 후퇴하여 미국의 이익에 손상이 오지 않도록 하기 위해 미국의 의사를 전달하고 중국의 개방정책의 지속을 격려하기 위한 정치적 외교행위였다. 또 1979년 12월 소련이 아프가니스탄을 침공하자 카터 대통령은 "소련의 아프가니스탄 침공 행위는 세계평화를 위협했고 미·소 양국의 관계에 근본적이고 결정적으로 영향을 미쳤다…… 만일 현재 행하고 있는 행위를 취소하지 않는다면 이는 틀림없이 미국과 소련간의 관계를 위협하게 될 것[2]"이라고 그의 대통령 재직중 가장 강력한 의사를 소련에 표시했다. 그러나 이러한 의사표시 행위로도 미국의 뜻이 관철되지 않자 카터는 1980년 1월 소련과의 모든 정상적인 업무를 계속할 수 없다고 판단하고 소련에 대해 구체적인 조치를 취했다. 예를 들면, 뉴욕과 키에프에 설치하려던 소련 총영사관 개설의 연기, 경제·문화적 교류의 중지, 소련에 대한 고급 기술 및 전략적 기술의 이전 중지, 곡물수출 중지 등의 조치가 취해졌다.[3]

이상에서 살펴본 바와 같이 한 국가가 자국의 목적이나 정책을 실현시키기 위한 대외행위는 정치적 목적으로 또 정치적인 수단에 의해 행해지고 있으며, 이러한 대외행위는 모두 정치적 외교행위이다.

정치적 외교의 본질

국제사회의 본질이나 속성으로 보아 국가간의 정치적 문제는 정치적 방법으로서만 해결이 가능하다. 정치적 문제란 한 국가에 반드시 필요하고 절대적으로 지켜야할 가치, 보존해야 할 가치 그리고 국민 모두가 지키고 싶어하는 가치들과 직접적으로 관련이 있는 문제들을 정치적 문제라고 한다. 예를 들면 영토에 관련된 문제, 국가의 정체성 유지, 국가 체제 유지에 필요한 요소, 국민의 생명과 재산에 관련된 문제 등은 모두

---

2) Jimmy Cater, Keeping Faith: Memoirs of a President(New York: Bantam Books, 1982), p. 472.

3) Presidential Documents, vol. 16(January 14, 1980), p. 27.

정치적 문제이다. 정치적 해결이란 주로 합리적이거나 합법적으로보다는 국제정치의 생리인 힘을 바탕으로 문제 해결을 도모하는 것을 의미한다. 정치적 외교는 정치적 문제를 정치적으로 해결하려는 수단이다. 정치적 외교는 국가간의 이익, 목표, 정책 등의 대립, 모순, 경쟁관계에서 시작된다. 이는 국가간에 양보·타협 등으로 이익의 공동 분담이 실현 불가능한 경우에 전개되는 외교이다. 만약 국가간에 불일치 또는 양립불능(兩立不能)의 문제들이 존재하지 않는다면 정치적 외교가 전개될 여지는 없을 것이다.

정치적 외교는 힘의 그늘 아래서 이루어지므로 외교에 있어 국가간 힘의 평등 또는 불평등이 가장 중요한 고려사항이다.[4] 여기서 말하는 힘이란 다른 국가의 결정이나 행위(behavior)를 지배할 수 있는 한 국가의 총체적 능력(general capacity)을 의미한다.[5] 정치적 외교에서 국력의 현격한 차이가 있는 국가간에는 양보나 타협 등을 통한 이익의 조화라는 이상적인 외교의 형태는 쉽게 생각할 수 없다. 그러나 국가간의 힘의 불균형 상태 그 자체가 반드시 정치적 외교의 성공을 가능케 하는 것이 아니라 그 힘이 압력이나 영향력으로서 작용될 수 있는 바탕을 가지고 있어야 정치적 외교는 성공적으로 전개될 수 있다.

1961년 중반 이후 쿠바는 미국과의 협조적 관계를 청산하고 소련과 새로운 협조적 관계를 수립하였다. 그 후부터 쿠바는 경제적으로 소련에 크게 의존하게 되어 이제 그의 주요한 공업 및 군사 장비를 소련으로부터 가져오게 되었고, 소련과 동유럽 국가들이 쿠바의 주요 무역 대상국가가 되었다. 이러한 상황에서 소련은 자국의 정치적 목적을 위해 쿠바에 경제적 압력을 가하였다. 1967년 12월과 1968년 1월 소련은 몇몇 국제문제에 대한 쿠바의 태도에 불만의 뜻을 표시한 다음 쿠바에 석유 공급을 동결하고 연차적인 무역협정의 서명을 연기하였다. 그 후 쿠바는 1968년 여름 소련이 체코슬로바키아를 침공하였을 때 소련 위성국가 이외에 소련의 침공 행위를 지지한 유일한 국가였으며, 또 쿠바는 1974년 소련을 지원하기 위해 시리아에 군대를 파견하는 국가가 되었다.[6] 이 경우 소련이 쿠바보다 힘이 강하여 불균형 상태였을 뿐만 아니라 소련과 쿠바간에

---

4) Herman F. Eilts, "Diplomacy-Contemporary Practice," in Elmer Plischke (ed.), Modern Diplomacy(Washington, D.C.: American Enterprise Institute, 1981), p. 11.

5) K. J. Holsti, International Poltics, 5th ed.(Englewood Cliffs, New Jersey: Prentice-Hall, Inc., 1983), p. 141.

6) Michael Handel, Weak States in the International System(London: Frank Cass and Company Limited, 1981), p. 240.

경제적인 의존 관계가 형성되어 있었다. 따라서 소련은 쿠바를 움직일 수 있었으며 자국의 정치적 목적을 달성할 수 있었다.

힘이 강한 국가와 약한 국가간에 의존적이고 불평등한 관계가 형성되어 있을 때 힘이 강한 국가가 상대국가에 행하는 행위는 적극적인 정치적 외교행위이다. 반면 다른 국가에 의존하고 있는 약한 국가가 그의 상대국가에 대해 행하는 대외행위는 특정한 정치적 목적을 위해 대외행위를 행하는 것이 아니다. 다만 의사표시 그 자체를 목적으로 한 것으로서 실효성이 의심스러운 소극적인 정치적 외교행위라 할 수 있다. 즉 약한 국가는 그가 의존하고 있는 강한 국가를 움직일 수는 없지만 그 국가 나름대로 약한 국가도 강한 국가에 대해 유감의 뜻 또는 불만스러운 의사를 표시할 수는 있다. 약한 국가의 이러한 의사표시 행위가 얼마나 효력을 발휘할 수 있을지 의심스럽다. 하지만 약한 국가의 이러한 행위도 소극적이기는 하지만 정치적인 외교행위이다. 모든 국가의 대외행위는 합목적적이고 실리적이어야 한다. 만약 어떤 외교행위가 이를 충족시키지 못한다면, 이러한 외교행위는 진정한 외교의 의미를 상실할 것이다. 그것은 두말 할 것도 없이 외교행위란 국가의 이익 극대화, 안전보장 등을 도모하기 위해 행해지는 것이기 때문이다.

정치적 외교란 상대국가의 동의 없이 또는 동의를 인위적으로 도출해서 자국의 정치적 목적을 달성하려는 대외행위이다. 즉 외교의 대상 국가를 정치적으로 지배(control)하려는 것이 정치적 외교의 본질이라고 말할 수 있겠는데, 여기서 정치적 지배란 직접적 또는 간접적 외교행위로 상대국가의 여러 정책이나 행위들을 자국에 순응시키거나 적응시키는 것을 의미한다. 이러한 정치적 지배는 제2차 세계대전 이후 외교의 자원(resources)이 다양하고 풍부하게 되어 직접 다른 국가의 영토를 지배하거나 주권을 빼앗지 않고서도 원격조정으로 가능하게 되었다. 이것이 현대 외교의 핵심이며 오늘날 이러한 정치적 외교행위를 구사할 수 없는 국가는 강대국의 범주에 넣을 수 없게 되었다. 정치적 외교는 다른 국가에 대한 정치적 지배의 측면에서만 전개되는 것이 아니라 상호 적응의 측면에서도 전개된다. 국가간에 중대한 현안이 발생했을 때 각 당사국은 일차적으로 교섭을 통하여 문제 해결을 도모할 것이다. 그러나 발생된 현안이 각 당사국에게 모두 중요한 것이기 때문에 실무적인 교섭으로는 그 해결이 불가능하게 되었을 때, 이 문제를 정치적으로 해결할 수 있는 돌파구를 정치적 외교가 마련하기도 한다.

한국과 일본이 국교정상화를 하는 데 장애가 된 문제 중의 하나가 대일청구권 자금문제(對日請求權資金問題)였다. 1950년대 중반부터 양국의 실무자가 이 문제의 해결을 위해 회의외교의 형식으로 교섭했으나, 이 문제는 양국 모두 국가의 이익과 명예가 걸려 있는 문제였기 때문에 실무자간의 교섭으로는 해결이 불가능했다. 결국, 당시 한국의 중앙정보부장과 일본 외상(外相)이 막후 접촉을 통해 청구권 문제를 정치적으로 절충함으로써 문제 해결의 바탕을 마련했고, 그 결과 양국의 현안인 청구권 문제가 비정치적 외교로 해결될 수 있었다.

이와 함께 비정치적 외교로는 이루어질 수 없는 일들이 정치적 외교를 통해 성공을 거두기도 한다. 일례로, 20여 년 이상 적대적 관계를 유지해 온 미국과 중국이 이러한 관계를 청산하고 국교를 정상화시키는 일은 정치적 외교만이 할 수 있는 일이다. 1971년 7월에 닉슨 대통령의 안보담당보좌관인 키신저가 비밀리에 중국을 방문하여 중국의 실권자들과 과거의 모든 관계를 청산하고 새로운 외교관계를 수립할 수 있도록 하였던 수단은 정치적 외교뿐이었다. 정치적 현안들을 상호 적응하여 풀어갈 수 있도록 여건을 조성할 수 있는 역량을 갖고 행해지는 대외행위는 역시 정치적 외교이다.

이와 같이 정치적 외교가 정치적 문제를 해결할 수 있는 이유는 국제정치의 속성에 따라 외교를 전개하기 때문이다. 국제사회에서 국가간의 정치적 문제는 정치적으로만 해결이 가능하다. 국가간의 정치적 문제는 힘에 근거해서 해결하지 않으면 문제의 해결이 매우 어렵다. 외교행위 가운데 힘을 바탕으로 행하는 것은 정치적 외교이다. 그러므로 외교에서 정치적 외교는 정치적 문제를 해결할 수 있는 가장 좋은 방법이다.[7)]

정치적 외교의 행태

정치적 외교는 일정한 틀이나 원칙하에서 인정된 형식을 갖고 행해지는 외교행위는 아니다. 정치적 외교는 이를 전개하는 국가의 능력, 정치적 문화, 전통 등에 의해 다양한 형태로 이루어진다. 그뿐만 아니라 외교의 대상국가 또는 사안에 따라서도 다른 형태를 갖는다. 미국은 제2차 세계대전 이후 세계 최대의 강국으로 주요 외교 상대국인 소련을 겨냥하여 행하는 정치적 외교행위 중에는 소위 〈독트린(doctrine)〉이라는 선언적인 의사표시 행위를 많이 사용했다. 예를 들면, 〈트루먼 독트린〉 〈아이젠하워 독트린〉 〈카터

---

7) Bruce Russett and Harvey Starr, World Politics: The Menu for Choice(San Francisco: W. H. Freeman and Company, 1981), p. 160.

독트린〉 등이 소련에 대한 의사표시 행위로 선언된 것들이다. 이는 미국의 행정부가 행하는 대외행위에 대해서 의회의 승인 또는 전폭적인 지원을 받아야 하는 미국적인 정치의 특색을 반영한 것이다.

그런가 하면, 소련과 같이 공산당이 지배하는 사회주의국가는 모든 것을 공산당 중앙의 정치국에서 결정해야 행동에 옮길 수 있다. 그러므로 흔히 소련의 경우는 프리우다, 중국의 경우는 인민일보(人民日報) 등 흔히 공산당 기관지들을 통하여 외교행위를 하기도 한다. 일반적으로 행해지는 정치적 외교에는 직접적 형태의 외교행위와 간접적 형태의 외교행위가 있다. 직접적인 형태의 정치적 외교행위는 상대국가에게 자국의 의지·정책·목표 등을 알리고 수용하도록 하기 위해 그리고 상대국을 이해시키거나 이견을 조정할 목적으로 또 문제 해결의 정보나 방법(ideas)을 교환할 목적으로 행해진다. 이러한 경우에 행해지는 수단으로는 공식 또는 비공식 회합(meeting), 회의(conference), 협의(consultation), 대화(dialogue)등이 있다.[8] 이 같은 외교행위들은 외형적으로는 단순한 의사전달 행위로 보여지지만, 이를 주도적으로 행하는 국가들의 본래 목적은 상대국으로 하여금 자국의 의사나 정책을 수용하거나 자국의 것에 적응할 것을 음으로 양으로 요구 또는 강요하려는 것이다. 이와 같은 쌍무적인 의사전달 행위와 함께 국가 원수 간에 교환되는 공식 문서로 상대국에게 의사를 전달하는 방법도 있다. 이러한 문서에 의한 방법은 문서 내용의 비중에 따라 일반 관리에 의해 문서가 전달되기도 하지만 중대한 사안에 대한 문서로는 대통령의 공식 서한이 전달되기도 한다.[9]

이와 같은 직접적 형태의 정치적 외교행위 이외에 간접적인 형태의 정치적 외교행위도 있다. 각국은 강제적이고 적나라하게 다른 국가의 행위나 정책 등의 변화를 강요하기보다는 대상국가가 스스로 느끼고 또는 인지하도록 만들기 위한 정치적 외교행위를 행한다. 간접적인 형태의 정치적 외교행위가 행해지는 가장 전형적인 수단은 암시(signals)의 형태다. 이 암시는 자국에 바람직한 방향으로 대상국가의 태도·정책·행위 등을 지속 또는 변경시키기 위한 설득용으로 구사된다.[10] 이를 위하여 정책결정자들은 〈실체없는 도구(intangible instruments)〉를 사용한다. 이 실체없는 도구 가운데 가장 전형적인 것 중의 하나가 암시적인 의사표시 행위이다.

8) Herman F. Eilts, "Diplomacy-Contemporary Practice," pp. 12-13.

9) Ibid., p. 12.

10) M. H. Halperlin and A. Kanter, "The Bureaucratic Perspective," p. 40.

이 의사표시 행위가 외교정책 대상국가의 정책결정자를 겨냥하여 행해질 때 이를 암시라고 한다.[11] 이 암시는 어떤 구체적인 행위(signaling via actions)로 또는 글이나 말(signaling via language)로 행해진다. 예를 들면, 1970년 요르단에 내란이 발생했을 때 미국이 동지중해(東地中海)에 제6함대를 진입시켜 요르단에 사태의 더 이상의 악화를 방관하지 않겠다는 의지를 보이고 이 사태에 개입할 가능성이 있는 국가에 미국의 의사를 암시한 경우가 있고 또 1973년 중동전쟁(中東戰爭)이 발생했을 때 예비적인 군사적 경고를 발한 것은 소련의 간섭을 허용하지 않겠다는 언어를 통한 미국의 간접적인 정치적 외교행위였다.[12]

이와 같은 간접적인 정치적 외교행위인 의사표시 행위(communication or signals)에는 몇 개의 형태가 있다.

불특정 대상국가에 대한 준공식적인 형태의 공개성명(a form of an unattributed semiofficial statement)을 발표하여 여러 국가의 반응을 얻으려 할 때 이와 같은 형태의 외교행위를 하며, 또 다른 하나는 일반적인 대중매체를 이용하여 기자회견이나 의회에서 또는 국민에 대한 연설 등을 통하여 특정 정부에 대해 특정 문제에 대한 자국의 의사를 분명하게 밝히는 방법으로 공식성명(official public statement)이 있다.[13] 의사표시 행위는 사안의 중대성에 따라 공식 성명의 격을 달리하겠지만, 이러한 형식의 공식 성명은 대체로 비중 있는 사안에 대해 발표되는 것이 일반적이다.

선전이나 선언도 자국의 의사를 간접적으로 표명하고, 아울러 외교의 대상 국가의 태도·행위·정책 등을 자국의 이익에 부합시키기 위한 행위이다.[14] 1969월 7월 닉슨 대통령은 괌도에서 미국의 대외문제 접근방법과 복합적인 외교정책을 담고 있는 소위 〈닉슨독트린〉을 선언하였고 또 1986년 7월 소련공산당 서기장 고르바초프는 블라디보스토크에서 소련 대외정책의 변화를 의미하는 '블라디보스토크 선언'을 발표했다. 이와 같은 선언 행위는 자국의 입장이나 새로운 대외정책 노선의 선언으로 다른 국가의 행위 또는 정책 등에 영향을 미치려는 간접적인 형태의 정치적 외교행위이다.

한편 정치적 외교행위로서의 의사표시 행위가 단순한 의사표시가 아니라 구체적인

---

11) Ibid., p. 299.

12) Robert L. Wendzel, International Politics(New York: John Wiley & Sons, 1981), p. 308.

13) Hermann Elits, "Diplomacy-Contemporary Practice," pp. 11f.

14) Terrence H. Qualter, Propaganda and Psychological Warfare(New York: Random House, 1962), p. 27.

행위로 자국의 의사를 나타내는 경우도 있다.

소련은 1987년 8월 20일 제2차 세계대전 후 처음으로 모스크바 주재 일본대사관에 근무하고 있던 일본 해군 무관이 간첩 행위에 관련되었다는 이유로 그의 추방을 명령했다. 그러자 일본 정부도 자국의 무관이 소련 정부로부터 추방 명령을 받았다는 소식이 전해진 직후, 동경에 있는 소련 무역대표부의 부대표 유리 포크로프스키에게 추방을 명령했다. 그를 추방한 이유는 그에게 일본의 항공자료 절취에 관련된 혐의가 있어 일본 정부 당국이 소환하여 조사하려 했으나 조사에 불응했기 때문이라고 발표했다. 이러한 소련과 일본의 외교관 추방 행위는 국가의 이익을 증대시키려는 직접적인 행위는 아니다. 그러나 두 국가가 각기 해외공관에 근무하는 사람들의 행위뿐만 아니라 상대국가에 대한 불만스러운 의사를 이런 방식으로 표시한 것이다. 이러한 두 정부의 외교관 추방 결정은 행위를 통한 상대국가에 대한 간접적인 정치적 의사표시 행위이다.

또한 1987년 11월 한국적의 민간항공기가 북한이 파견한 간첩에 의해 공중 폭발한 사건이 발생하였다. 한국 정부는 직접적인 대북한(對北韓) 행위 대신 제3국인 미국·일본 등을 통해 국제연합 안전보장이사회에 북한 규탄 결의안을 제출했다. 그 결의안의 내용은 미국이 1987년 3월에 취한 북한 외교관 접촉 완화 지침 및 북한에 대한 인적 및 물적 교류 추진의 철회와 북한인에 대한 입국초청비자 발급 중지를 촉구하는 것이었다. 아울러 미국과 일본에는 소련과 중국에 사건의 진상을 설명하고, 북한에 대해 이와 같은 사건이 재발하지 않도록 영향력을 행사해 줄 것을 요청했다. 또한 일본도 북한과의 인적 및 물적 교류를 중단해 줄 것을 요청했다. 이러한 것들은 북한의 행위에 대한 한국 정부의 유감스러운 의사 표시로 이것도 한국의 정치적 외교행위이다.

군사적인 행위를 이용하여 정치적인 의사표시를 하기도 한다. 군사적 위협으로 어떤 국가의 행위를 저지하거나 어떤 행위를 강요하는 경우는 흔히 있다. 소련은 1968년 봄과 초여름에 체코슬로바키아 정부의 정치적 민주화를 저지시키기 위해 군사적 위협을 가했다. 또 1970년 이집트에 전투기 조종사와 미사일 부대 요원을 파견해 소련과 이집트간 우호관계가 돈독하다는 것을 과시함과 함께 이스라엘 전투기의 이집트에 대한 공격을 저지시키려 했다.

이러한 군사적 행위를 통한 의사표시 행위는 위협적인 것만이 아니라 건설적인 것도 있다. 소련은 폭력을 행사하지 않고 다른 국가와의 관계를 증진시키거나 대외정책 목표를 성취하기 위해 군을 이용한다. 소련은 1971년, 소련공산당 서기장 브레즈네프

(Leonid I. Brezhnev)와 수상 코시긴(Aleksei N. Kosygin)이 프랑스를 방문하기 직전에 소련의 미그 전투기 부대를 프랑스에 보내 양국간의 관계가 우호적이라는 것을 암시했다. 그리고 1975년에는 유도미사일을 장치한 두 척의 구축함(Boyki와 Zhguchy)으로 하여금 보스턴 항구를 방문케 하여 미국과 소련간의 긴장완화(détente)를 더욱 촉진시키려는 의사표시를 했다.[15)]

미국도 중국에 공산정권이 수립된 이후 처음으로 1986년 11월 5일 양국의 우호관계를 과시할 목적으로 미군함 3척을 중국 북해함대의 모항인 청도(靑島)에 기항시켰다. 이러한 미국의 행위는 미국과 중국의 관계가 친밀하다는 것을 표시하고, 특히 양국의 군사적 관계를 상징적으로 표시한 간접적인 형태의 정치적 외교행위였다.

표면적으로는 정치적 의미가 없어 보이지만, 실제적으로는 정치적 의미를 크게 담고 행해지는 정치적 의사 표시 행위도 있다. 1969년 4월 일본 나고야에서 세계 탁구 선수권대회가 개최되었다. 그런데 이 대회가 끝난 후 중국의 탁구팀은 미국 탁구팀에게 중국을 방문하여 친선경기를 갖자고 제의했다. 물론 미국팀을 초청한 중국팀이나 초청을 수락한 미국팀은 모두 자국 정부의 승인에 의해 친선경기를 가졌다. 중국의 탁구팀이 미국팀을 초청한 것은 곧 미국에 대해 중국의 우호의 뜻을 표시함과 동시에, 미국과의 관계를 개선하고자 하는 의지를 나타낸 외교적인 의사표시라고 할 수 있다. 이러한 중국의 의사표시는 미국 정부에게 중국이 미국과의 관계 개선의 의지가 있다는 것을 분명하게 인지하게 했다. 이 탁구팀의 초청은 미국과 중국 양국의 관계 개선을 촉진시키는 계기가 되었는데, 이러한 양국의 외교를 일명 핑퐁외교라고 한다. 정치적 외교행위는 의사전달 행위도 다양하지만 의사표시 행위가 여러 측면에서 다양하게 행해진다.

정치적 외교의 효능

정치적 외교는 제2차 세계대전 이후 국제 정치의 가장 중요한 수단으로 자리를 굳혀가고 있다. 이러한 현상은 전쟁이나 무력 행사가 외교 정책 목표를 실현시키는 수단으로서의 가치를 크게 상실하면서 비롯되었다.

라이트(Quincy Wright)는 "19세기 세력 균형 체제하에서의 외교는 언제나 우단

---

15) Stephen S. Kaplan, Diplomacy of Power(Washington, D.C.: The Brooking Institution, 1981), p. 33.

(velvet) 장갑 속에 무력을 감추고 있어 그 속에는 항상 전쟁이 들어 있었다."[16]고 하여 19세기의 외교의 본질을 단적으로 설명했다. 이 말은 평화적 방법인 외교로 문제를 해결하지 못하거나 어떤 목표를 달성하지 못하면 전쟁이나 무력 행사를 통해 그 목적을 달성하려 했다는 의미이다. 다시 말하면, 전쟁이 외교 정책을 실현시키는 최선의 수단이었다는 것이다. 이러한 현상에서 알 수 있는 것은 외교가 존재하기는 했지만 그것은 형식에 불과했고 실제로 문제의 해결은 무력 행사나 전쟁에 의해서 이루어졌다는 사실이다.

정도의 차이가 약간 있었지만, 이러한 양상은 제1차 세계대전 이후에 20세기 전반까지 크게 변하지 않았다. 20세기 초의 제1차 세계대전은 말할 것도 없고 전쟁이 발생하기까지 유럽에서 각국 간에 전개되었던 무력충돌은 외교 부재 현상과 함께 전쟁이나 무력 행사가 모든 문제의 해결사였다는 것을 잘 설명해 주고 있다. 이러한 양상은 제2차 세계대전 이전까지 매우 빈번했다. 1938년 히틀러는 체코슬로바키아로부터 독일어 사용 지역인 수데텐랜드(Sudetenland)를 빼앗기 위해 무력을 사용했고, 1939년에도 체코슬로바키아를 해체시키고 이 지역을 병합하기 위해 무력을 사용하여 그의 외교적 목표를 달성했다.[17] 또한 독일을 포함한 제2차 세계대전 이전의 강대국인 영국·프랑스·이탈리아·일본 등은 무력이나 전쟁으로 아시아 및 아프리카 대륙의 여러 국가의 영토를 정복하고, 이들지역을 식민지화하여 자국의 국가 이익 및 국력의 신장을 도모했다. 제2차 대전 이전 각 강대국들은 모든 대외 문제를 폭력 행사로 해결하려고 했다. 이러한 상황에서라면 외교를 논의할 여지가 없다.

제2차 세계대전 이후에도 전쟁이나 무력 행사가 없었던 것은 아니다. 군사적 강대국이 직접 또는 간접적으로 참여한 전쟁이 있었다. 1950년대의 한반도에서의 전쟁, 그리고 1960년대의 베트남 전쟁이 그 대표적인 예다. 그 외에도 4차례에 걸친 중동전쟁, 10여 년이나 지속되었던 이란—이라크 간의 전쟁, 그리고 아프리카 대륙에서 여러 차례의 내전 또는 국가간의 국경 충돌이 있었다. 뿐만 아니라 1950년대 헝가리와 1960년대 폴란드에서 정치적 변화를 모색하려 했을 때 소련이 이를 군사적 개입으로 저지했고, 1989년 12월 미국도 파나마의 독재자를 제거하기 위해 무력을 사용했다.

---

16) Quincy Wright, A Study of War(Chicago〉 University of Chicago Press, 1965), p.693.

17) Peter Bernhalz, The International Game of Power(Berlin: Walter de Gruyes & Co., 1985), p.155.

이러한 행위들의 결과를 보면 몇몇 경우를 제외하고 전쟁이나 무력 행사가 어느 측에도 만족할 만한 결과를 가져다 주지 못했음을 알 수 있다. 특히 군사적 강대국인 소련과 중국은 1960년 이후 여러 차례 있었던 국경 충돌에서 어느 측도 목적을 달성하지 못했고, 1979년 1월에 있은 중국과 베트남의 무력 충돌에서도 전력상으로 월등히 우세한 중국이 오히려 불명예를 안았다. 특히 군사적 초강대국으로 군사력을 외교의 수단으로 사용하고 있는 소련도 1979년 12월부터 10년간 아프가니스탄에 무력을 행사하며 자국의 정치적 목적을 달성하려 했으나 결국 실패하고 말았다.

이러한 사실들은 제2차 세계대전 이전의 국제정치 상황과 그 이후의 상황이 달라졌음을 설명해 주고 있다. 그리고 전쟁이나 무력 행사 대신 효율적인 외교의 방법을 필요로 해서 등장한 것이 정치적 외교이다. 그리하여 오늘날에는 군사력이 무력의 실제 행사나 전쟁을 위해 이용되는 것이 아니라 정치적으로 이용되고 있다. 이제 군사력은 폭력 행사의 수단보다 정치적 외교의 수단으로 더 많이 이용되고 있는 것이다. 이것은 앞의 예에서 보았듯이 군사력의 실제 행사가 국가의 정치적 목적을 실현시키는데 적합하지 않기 때문이다. 오늘날 군사력은 실제 행사보다는 정치적으로 이용될 때 더 효과적이다.

오늘날 군사력은 실제로 폭력을 행사하지 않고 다른 국가에 영향력을 행사하거나 압력을 가하기 위해 정치적으로 이용된다. 구체적으로 영구적 또는 잠정적인 해외 주둔군을 새로 배치하거나 철수시키는 것, 군사력의 시위 행위, 군부대의 외국 방문 행위, 정기적인 것이 아니라 갑자기 다른 국가를 정찰하거나 그 국가의 주위를 순찰하는 행위 또는 특정 지역으로 군부대를 이동하거나 예비군을 소집하는 행위 등을 말한다. 이러한 행위들은 다른 국가에 대한 위협적인 행위로 이런 행위를 인지시켜 다른 국가의 행위에 영향을 미치려는 정치적 목적을 가진 외교행위들이다.[18)]

이와 같이 군사력의 위협의 수단으로 사용되고 있으나, 군사력의 실제 행사가 오히려 효력이 없다면 그것을 통한 위협도 그다지 효력이 크지 않을 것이다. 군사력을 통한 위협이란 곧 군사력을 실제로 행사하겠다는 의사 표시이다. 그러나 실제로 행사하더라도 위협하는 것보다 더 큰 효과를 거둘 수 없는 상황이라면 무력을 행사하려는 국가는 그러한 의지를 갖기 어려울 것이다. 즉 위협으로 목적을 달성할 수 없다는 것은 군사력의 실제 행사를 두려워하지 않는 것으로 해석할 수 있다. 그러므로 오늘날 군사적 위협

18) Stephen S. Kaplan, Diplomacy of Power, pp.15-16.

이나 그것의 실제 행사는 외교에 있어 사용할만한 가치가 있는 수단이 아니다.

1979년 1월 중국은 베트남과 소련과의 밀착 관계를 저지하고, 인도차이나 반도에서 베트남에 대한 소련의 영향력을 약화시키기 위해 베트남에 무력을 행사했다. 중국과 베트남의 군사적 충돌이 계속되는 동안 소련은 제한적이나마 중국에 여러 차례 구두 경고를 하고 남중국해(南中國海)에 10여 척의 군함을 파견해 중국의 군사적 행위를 자제시키려고 압력을 가했다. 그러나 중국의 무력 행사나 소련의 영향력 행사는 모두 그들의 정치적 목적을 달성하는데 실패했다.[19] 이와 같은 사실로 미루어보아 이제 군사력이나 폭력의 행사는 정치적 목적을 위한 수단으로는 한계에 도달한 것이다.

한 국가가 자국의 정치적 목적을 위해 행사해야 할 효과적인 수단은 군사력에 기초하지 않은 정치적 외교이다. 이 정치적 외교가 성공적으로 전개되기 위해서는 외교 행위의 바탕이 마련되어야 하는데, 이것은 정치적 투자로 만들어질 수 있다. 정치적 투자란 다른 국가에 영향력을 행사하고자 하는 국가가 영향력 행사의 기초를 만들기 위해 국가가 갖고 있는 힘을 영향력 행사의 대상 국가에 투자하는 것을 말한다. 가장 대표적인 정치적 투자는 영향력 행사의 기초를 만들려는 국가의 경제 성장을 촉진시키고, 과학기술을 발전시키고 또는 국민의 교육 수준을 높이기 위해 물질적 투자를 제공하는 것이다. 또한 약한 국가가 강한 국가와 무역 및 원조 관계를 가지면 강한 국가는 삭감·취소·철회 등의 수단을 이용할 수 있다. 따라서 이러한 관계는 영향력 행사의 기초가 된다. 이처럼 한 국가가 다른 국가에 의존하게 되면 외부에 대해 취약해져서 다른 국가의 영향력 행사의 대상이 된다. 특히 경제력을 가진 국가가 그것을 갖지 않은 국가에 영향력을 행사한다.[20]

또 정치적 투자로 한 국가가 다른 국가에 일방적으로 의존하여 불평등 관계가 형성되면, 의존국가는 정치적 투자를 제공한 국가에 영향력 행사의 기초를 제공한다. 따라서 이 국가에서 행사되는 영향력에 굴복하지 않을 수 없다. 정치적 투자를 제공한 국가는 이미 형성되어 있는 영향력의 기초를 이용해 위협하거나 압력을 가해 그것을 제공받은 국가를 쉽게 지배할 수 있다.

국가간에 상호 작용이 이루어질 때, 근본적으로 상대국가의 힘의 강약·의지·약

---

19) Joseph Camilleri, Chinese Foreign Policy(Seattle: University of Washington Press, 1980), pp.235-237.

20) Bruce Russett and Harvey Starr, World Politics, pp.134 & 178.

속·목적 등은 교섭하거나 의사를 교환하는 사람의 반응·대응·교섭과정에 영향을 미친다. 다시 말해, 교섭 당사자가 상대국가로부터 어떤 위협을 인지하고 있을 때 그리고 그 국가로부터 어떤 압력을 받게 될 때, 이러한 상황은 그 당사자를 심리적으로 위축되게 하고 그의 입장이나 태도를 후퇴시킬 수 있으며 이는 상대방으로 하여금 보다 더 공격적인 자세를 취하게 할 수 있다.21) 그러므로 다른 국가에 정치적 투자를 많이 하고 있는 국가는 이와 같은 공격적 자세를 갖고 다른 국가에 영향력을 행사하여 자국의 정치적 목적을 어렵지 않게 달성하게 될 것이다.

양극체제하에서 미국은 서유럽 국가와 다른 동맹국에 많은 가치를 부여하고 혜택을 베풀었다. 미국은 이 국가들의 안전보장을 책임지고 있었고, 전쟁으로 인한 폐해를 복구하고 경제발전을 이룩하도록 많은 원조를 제공했다. 이러한 미국의 지원은 이들 동맹국들과 의존적 관계 또는 불평등한 의존관계를 형성하고, 이러한 관계가 정치적 관계에 연결되어 미국의 이들 국가에 대한 정치적 영향력 행사의 기초를 마련했다.

1956년 10월 이집트의 나세르 대통령은 수에즈 운하회사를 국유화하고 수에즈 운하를 봉쇄하였다. 이 운하는 영국·프랑스·이스라엘에게는 생명선과 같은 것이었다. 그렇기 때문에 이들 국가는 무력을 사용하여 수에즈 운하를 원상회복코자 했다. 이때 미국은 이 국가들에 대해 이집트에 대한 무력 공격을 중지하지 않는다면 미국이 영국·프랑스 등에 경제적 제재를 가하겠다고 경고했다. 영국·프랑스 등은 미국의 요구를 받아들여 이집트의 수에즈 운하의 국유화를 기정사실로 인정했다.22) 미국이 영국·프랑스 등의 무력 행사를 자제시킬 수 있었던 것은 이들 국가에 정치적 외교가 성공될 수 있는 정치적 투자가 충분히 제공되어 영향력 행사의 기초가 마련되어 있었기 때문이다. 영국이나 프랑스가 자국의 생명선과 같은 수에즈 운하의 원상회복을 포기할 정도로 미국은 영국·프랑스 등과 상당한 불평등한 의존관계를 갖고 있었고 그래서 미국의 경제적 제재의 의사표시가 효력을 발휘할 수 있었던 예다.

앞의 두 경우 중국과 베트남간의 무력 충돌과 군사적 위협 그리고 미국과 영·불간에 있었던 경제적 위협에서 전자는 실패한 경우였고 후자는 성공한 경우였다. 이 단적인 예에서 볼 수 있는 것은 오늘날 외교에 있어서는 비군사적 수단이 군사적인 수단보다

---

21) Bertram I. Specton, "Negotiations as a Psychological Process," Journal of Conflict Resolution, vol. 21. no.4(December 1977), p. 609.

22) John Spanier, American Foreign Policy since World War II(New York: Rinehart and Winston, 1980), p. 86.

더 효율적이라는 사실이다. 1980년대 들어 군사적 초강국인 미국과 소련이 중거리핵무기 폐기조약(intermediate-range nuclear force treaty)을 체결하고 화학무기의 폐기에도 합의하는 등 군비 축소에 박차를 가하고 있는 것도 이러한 맥락에서 설명이 가능하다.

이상의 사실들에서 얻어낼 수 있는 결론은 현대 외교 특히 정치적 외교의 성공을 보장할 수 있는 것은 결코 막강한 군사력이나 무력의 행사가 아니라 정치적 투자라는 것이다. 이 투자가 다른 국가와 일방적·의존적·불평등 관계를 형성할 때 영향력 행사의 기초를 만들 수 있고, 정치적 외교의 성공적인 결과도 가져올 수 있다. 이것을 역설적으로 말하면 어떠한 국가든 적어도 다른 국가와의 외교에서 패배하지 않기 위해서는 정치적 투자에 의해 일방적·의존적·불평등 관계를 만들지 않아야 한다는 것이다.

어떤 국가에 의해 다른 국가에 정치적 투자가 이루어지더라도 그것으로 인해 의존 또는 불평등 관계가 형성되지 않으면 이것은 정치적 외교의 기초를 제공하지 않는다. 그러나 이러한 경우는 쉽게 상정할 수 있는 일이 아니다.

3
행정적 외교

행정적 외교의 실체

한 국가가 자국의 이익을 극대화하고 안전을 보장하기 위해 채택하는 외교정책과 그의 목표는 매우 다양하고 복잡하다. 따라서 이들을 직접 추진하고 실현하기 위해 행해지는 외교 역시 단순하지만은 않다. 그리하여 외교에 의해 해결하려는 문제의 중대성이나 성격에 따라 적절한 행위와 수단을 강구하게 된다. 외교가 다루어야 할 사안(事案)이 절차적이거나 형식적인 것이라면 그리고 당사국간에 이해를 나누어 가질 수 있고, 또한 서로 타협할 수 있는 사안이라면 절차적인 외교행위로 그 목적은 달성할 수 있을 것이다. 이러한 경우에 행해지는 외교가 행정적 외교이다.

행정적 외교는 각 당사국간에 해결해야 할 문제가 발생했을 때 공동의 이익을 실현시키거나 공동으로 이해(利害)를 나누어 갖기 위한 합의에 도달하고자 할 때 그것의 방안을 명백하게 제시하여 문제를 해결하는 외교행위를 말한다.[1] 그러므로 행정적 외교는 외교정책을 실천하기 위해 다른 국가의 정책·행위·태도 등의 유지나 변경을 목적으로 하는 정치적 외교와는 다르다.

행정적 외교의 가장 전형적인 형태는 공개적인 교섭행위이다. 특히 행정적 외교는 구체적인 사안에 대한 합의가 주목적이다. 이러한 합의에 이르기 위해서는 당사국 상호간에 명시적이고 묵시적인 동의가 전제되어야 한다. 행정적 외교가 전개되기 위해서는 해결해야 할 사안은 절차적이거나 또는 국가의 정치적 이익이나 안전에 직접적인 영향을 미치지 않는 비정치적인 것이어야 한다. 그리고 행정적 외교가 원만하게 전개되어

---

1) Fred Charles Ikle, How Nations Negotiate(New York: Harper & Row, Publishers, 1985), pp. 3-4.; Glenn H. Snyder and Paul Diesing, Conflict among Nations(New Jersey: Princeton University Press, 1977), p. 22.

합의에 도달하기 위해서는 국가간 우호적인 외교관계 또는 정상적인 외교관계가 전제되어야 한다. 예를 들어, 한 국가의 선박이 실수로 타국의 영해를 침범하여 억류되어 있을 때 이 선박과 선원의 송환을 위한 국가간의 외교행위는 일반적으로 공개적인 교섭을 통하여 전개된다. 이러한 사안은 절차적인 것이므로 행정적 외교로서 처리가 가능하다. 그 외에도 입국사증(入國査證) 면제에 대한 협정, 영사협정, 문화협정 등과 같은 것은 중대한 국가 이익에 직접적으로 영향을 미치는 사안들이 아니므로 이러한 문제 역시 행정적 외교로 처리가 가능하다.

국가가 어느 때를 막론하고 군비를 축소한다는 것은 국가 이익과 안전에 직접적인 영향을 미칠 수 있다. 그러므로 군비 축소 문제는 중대한 정치적 사안이다. 그러나 이러한 군비 축소 문제도 각 당사국이 군비축소의 의지가 강하다면 이것도 행정적 외교로 해결이 가능하다. 제2차 세계대전 이후 군사적 초강대국으로 군림해 온 미국과 소련이 1972년 5월 제1차 전략무기 제한협정(SALT I)을 체결하였으며, 또 1987년 12월에 미국과 소련이 중거리 핵 미사일(INF: Intermediate-range Nuclear Force) 폐기조약을 체결한 것이 그 일례이다. 이처럼 정치적으로 중대한 사안도 경쟁적 관계의 미국과 소련 두 강대국이 합의에 의해 행정적 외교로 처리할 수 있었던 것은 양측 모두 협정 체결의 필요성을 동시에 인식해 명시적으로 이 문제 처리에 합의할 수 있었기 때문이다. 이 경우는 미국이나 소련이 각각 상대방에 대해 영향력을 행사하거나 압력을 가하지 않고 정치적 사안을 순수하게 행정적 외교로 중요한 사안을 처리한 좋은 사례이다. 그러나 행정적 외교가 반드시 외교 당사국의 자발적이고 합리적인 동의나 합의에 의해서만 이루어지는 것은 아니다. 다시 말하면 형식은 행정적 외교의 모양을 갖추고 있으나 실제로는 압력을 가하거나 영향력을 행사하는 정치적 수단을 이용하여 이루어지는 것도 있다. 이는 강대국과 약소국간의 상호 작용에 있어 동의·양보 등을 구할 수 없거나 이해의 분담이 불가능한 경우, 강대국은 약소국에 압력과 위협을 가하고 여러 수단을 동원하여 강제로 양보나 동의를 끌어 내 형식만 행정적 외교를 갖추는 경우를 말한다.

한국과 미국간의 1980년대 후반의 시장개방 협상이 그 예이다. 1986년과 1987년 2년간 한국은 미국과의 무역에서 100억 달러 이상의 흑자를 얻었다. 미국은 한국과의 무역역조를 시정하기 위해 농산물, 보험 등의 시장개방을 요구했으나 한국 정부의 대응은 미국을 만족시키지 못했다. 그리하여 한국과 미국은 이러한 문제들을 협의하기 위해 공개적인 협상을 전개하였다. 그러나 미국은 이 협상에서 더 많은 것을 얻기 위해 한국에 대해 여러 형태의 경제적 보복과 위협 등을 가했다. 그리하여 미국은 한국의 농산물, 보험 등의 시장을 일부 개방하는 데 성공했다. 이 경우 표면적으로는 행정적 외교였으나 외교의 성공을 위해 미국이 정치적인 수단을 사용한 것이다. 대체로 국가간 협상의 대상이 되는 사안이 정치적으로 중요한 것일 때, 위와 같은 형태의 외교가 특히 강대국과 약소국간에 흔히 행해진다.

행정적 외교의 범위

어떠한 외교행위를 행정적 외교의 범주에 넣기 위해서는 다음과 같은 요건을 충족시킬 수 있어야 한다. 우선 각 당사국이 해결해야 할 문제가 발생했다는 인식을 같이해야 한다. 예를 들어, 일본은 사할린의 귀속 문제가 일본과 소련간에 해결해야 할 문제로 생각하고 있다고 하자. 그러나 소련이 사할린은 소련의 영토이므로 이것을 해결해야 할 문제가 아니라고 한다면, 이 문제에 대해서 일본과 소련간의 행정적 외교는 이루어질 수 없다. 반면에, 1980년대 소련과 중국은 양국간에 국경문제가 해결되어야 할 문제임을 공동으로 인식하고 그것의 해결을 위한 회담을 개최해서 양국간에는 행정적 외교가 전개되었다.

교섭 등과 같이 문제 해결을 위한 행정적 외교를 전개하기 위해서는 각 당사국이 함께 해결해야 할 사안이 있고 또 그 사안을 해결할 필요성이 있음을 인식하여야 한다.[2) 그 뿐만 아니라 각 당사국은 서로 타협할 의지도 갖고 있어야 한다. 어느 측이나 일방적인 외교적 승리를 원한다면 행정적 외교는 전개되기 어려울 것이다. 과거 외교적 기초가 빈약하고 그 수단이 단순할 때에는 강한 국력을 가진 국가가 일방적인 승리를 위해 행정적 외교를 전개했지만, 오늘날은 외교적 수단이 많이 있기 때문에 타협의 의지가 없으면 굳이 행정적 외교를 문제 해결의 방법으로 택하지 않을 것이다. 다시 말해서, 어느 한 당사국이 모든 것을 다 얻으려 한다면 행정적 외교는 이루어질 수 없다.[3) 그러므로 오늘날의 행정적 외교는 일방적이 아닌 쌍무적이고 호혜의 원칙에 입각해 접촉이 이루어질 수 있어야 한다. 이와 같은 요소를 갖춘 틀 속에서 이루어지는 국가간의 대외적 행위를 행정적 외교라 한다. 이와 같이 행정적 외교는 상호 보완적인 입장에

2) Fred Charles Ikle, op. cit., p. 2.

3) Ibid., p. 1.

서 전개되는 외교이므로 대체로 공개적이며 일정한 형식을 갖추고 있다. 대표적인 예로 다변적인 국제회의의 형식을 갖춘 외교가 행정적 외교이다. 1975년 7월 30일부터 8월 1일까지 헬싱키에서 35개국이 참가한 가운데 '유럽의 안전과 협조에 관한 협정'(Final Act on European Security and Cooperation)을 체결하기 위해 개최되었던 회의가 전형적인 행정적 외교이다. 이 회의는 모든 참가국들이 합의해야 할 일이 있고 또 그렇게 해야 한다는 공통된 인식을 갖고 있었기 때문에 행정적 외교의 전개가 가능하였다.

행정적 외교는 우선 공개적이고 대체로 일방적이 아닌 호혜적인 성격을 띠고 있다. 다시 말하면 행정적 외교는 어느 일방의 완전 승리를 전제로 하지 않는 특징을 가진다. 일방적이고 완전한 승리를 얻으려면 정치적 외교를 전개해야 할 것이다. 행정적 외교는 이것이 전개되기 전에 행정적 외교를 위한 예비 단계를 거치기 때문에, 이 과정에서 양국의 합의 여부에 대한 대체적인 윤곽이 드러나므로 대개 결과를 예측할 수 있다.

행정적 외교의 또 다른 예로 정상회담을 들 수 있다. 이는 공개적이고 일정한 형식을 갖춰 이루어지며 양국간에 논의된 내용은 양국 국가원수의 이름으로 공동성명의 형식을 갖추어서 발표된다. 이 정상회담이 이루어지기까지는 외교의 실무자들간에 복잡한 절차를 거치는데, 이 과정에서 정상회담에서 논의될 내용과 대체적인 결과 등을 논의한다. 그러나 정상회담 그 자체는 공개적이고 호혜적인 성격을 갖고 행해지므로 이는 행정적 외교이다. 행정적 외교를 가늠하는 기준은 그 내용보다는 형식으로 각 당사국이 공개적으로 자리를 함께 하여 현안을 논의하는 형식이어야 한다.

행정적 외교의 과정

행정적 외교는 각 당사국의 명시적이거나 묵시적인 동의가 있어야만 전개될 수 있다. 이는 당사국 중의 하나가 어떤 사안에 대해 공식적으로 또는 사적인 경로를 통해 어떤 특정 국가와 협의를 갖고 싶다는 의사표시를 함으로써 시작된다. 이렇게 시작되는 행정적 외교는 당사국의 동의로부터 문제의 해결에 이르기까지 두 단계를 거쳐 전개된다.

첫 단계로 어떤 국가의 특정 사안에 대한 협의 의사가 다른 국가에 전달되고, 이 국가 역시 그 특정 사안이 해결되어야 할 문제라는 점과 이에 대한 협의의 필요성을 인정하게 되면 행정적 외교가 전개될 수 있는 바탕이 마련되는 것이다. 이렇게 행정적 외교가 전개될 수 있는 터전이 마련되면, 이것이 절차상 원만히 해결될 수 있도록 하기 위한 준비회담 또는 예비회담이 필요하다. 이것이 행정적 외교의 첫 번째 단계이다. 이 첫 번째 단계에서는 본회담을 순조롭게 진행하기 위한 절차에 관한 교섭(talks about talks)을 갖는데 이 회담 자체도 행정적 외교이다. 본회담은 예비회담에서 회담 진행에 필요한 사항들에 대해 각 당사국이 합의해야만 비로소 정식회담이 개최될 수 있다. 예비회담에서 논의되고 결정되는 사항은 첫째로 회담 장소로 회담을 어느 국가의 어느 도시에서 가질 것인가를 결정해야 한다. 둘째로 회담에 참가하는 각 당사국의 범위, 회담 대표의 격, 대표단의 규모를 결정하고, 셋째로 각국 대표단의 좌석 배치, 사용할 언어 그리고 넷째로 회담의 공개 여부 및 회담내용의 발표 여부, 회담의 의제, 일정 등 회의 절차상의 문제를 결정하여야 한다.

회담의 장소를 결정할 때에는 국가간의 관계에 따라 결정되는데 우호국간의 회담인 경우에는 당사국 중의 한 국가의 도시에서 개최하는 것이 일반적인 관례이다. 그러나 적대국 또는 비우호국간의 회담은 중립국의 도시에서 개최하는 것이 관례로 되어 있는데, 이들간의 회담은 대체로 스위스의 제네바, 오스트리아의 비엔나 또는 핀란드의 헬싱키 등 중립국가의 도시에서 많이 개최된다.

1950년대와 1960년대 미국과 소련은 적대적이고 경쟁적인 관계였다. 이 기간 동안 미국과 소련의 정상회담도 중립국에서 개최되었다. 그러나 1972년 5월 미국의 닉슨 대통령이 소련을 방문하여 모스크바에서 정상회담을 가졌다. 이 정상회담에서 미·소 양국은 핵무기시대에 평화공존에 기초한 상호 협력관계를 유지하는 것이 양국에 모두 중요하다는 내용을 골자로 하는 '미소관계 기본원칙'(Basic Principle of Relations Between the United States of America and the Union of Soviet Socialist Republics)에 관한 협정을 체결하였다. 또한 1973년 6월에는 소련공산당 서기장 브레즈네프(Leonid I. Brezhnev)가 미국을 방문하여 워싱턴에서 미·소 정상회담을 가졌다. 적대적이고 비우호적 관계에 있던 양국의 국가 원수가 서로 상대국을 방문하고 상대국의 수도에서 정상회담을 가졌다는 사실은 정치적으로나 외교적으로 큰 의미를 가진다. 이와 같이 양국이 정상회담을 중립국의 도시에서 갖지 않고 당사국의 수도에서 개최한 것은 적대관계의 해소 내지는 완화를 의미한다. 1970년대 미국과 소련의 정상회담은 동·서 냉전 분위기를 화해분위기로 바꾸어 놓을 수 있다는 것을 암시한 것이었다. 그리하여 중요한 정치적 회담의 장소는 정치적으로 큰 의미를 갖는다.

회담의 공개 여부는 회담 결과에 크게 영향을 미칠 수 있다. 회담을 공개적으로 하는 경우 회담은 자칫 어느 당사국의 선전장이 되기 쉽다. 회담장이 문제를 해결하고 합의에 도달하기 위한 장소가 아니라 선전장이 된다면 이 회담은 어떠한 결정이나 합의에 도달할 수 없다.[4)]

또 회담 내용의 공개 여부도 회담의 과정이나 결과에 중대한 영향을 미칠 수 있다. 회담 내용을 공개하지 않기로 하면 당사국간에 감출 것 없이 솔직히 의사를 교환함으로써 해결해야 할 문제에 대한 견해를 충분히 개진하고 토의하여 상호 이해를 도모함으로써 쉽게 문제 해결에 도달할 수 있지만, 회담 내용을 공개하기로 예비회담에서 합의한다면 각 당사국은 솔직한 의견을 개진하지 않아 서로를 잘 이해할 수 없고 충분한 토의를 할 수 없으므로 원만한 문제의 해결을 기대할 수 없다. 이와 같이 본회담을 열기 위한 예비회담이 본회담 결과에 영향을 미칠 수 있기 때문에 예비회담은 중요하다.

당사국간 예비회담에서 절차문제가 합의되면 실질적으로 문제를 토의하기 위한 본회담이 이루어진다. 본회담에서는 첫번째로 각 당사국이 각각 그의 기본입장과 기본목표를 밝히게 된다. 이때 각 당사국은 최대로 유리한 입장과 목표를 제시하게 될 것이다. 그래야만 협상과정 중 내용의 거래가 가능하기 때문이다. 둘째로 각 당사국은 상징적인 행위나 어떤 암시를 나타내면서 목표 달성을 위해 상대국을 설득하고 장래에 대한 약속이나 공약도 하고 그 외에 필요한 여러 수단을 강구하게 될 것이다. 이때 국가간의 관계 또는 사안에 따라 극단적인 수단인 무력 행사의 위협 등도 동원될 수 있다. 그러나 오늘날의 행정적 외교는 과거와는 달리 이미 예비회담의 결과나 의제의 성격을 보아 이해의 분담, 타협 등 어느 정도 양해가 이루어질 것을 전제로 하기 때문에 극단적인 수단이 동원되는 경우는 많지 않다.

각 당사국들은 이와 같은 과정과 방법들을 통하여 의견의 일치를 보게 되면 조약이나 협정 등을 체결하고, 만약 합의에 도달하지 못하면 회담을 연기하거나 아니면 교섭을 종결짓게 된다.[5)] 합의에 도달하지 못하면 각 당사국들은 대체로 이 교섭 실패의 책임을 다른 당사국에 전가하며 상대방을 비난하게 된다. 행정적 외교에 있어 모든 교섭이 반드시 이러한 절차나 과정을 거쳐 이루어지는 것은 아니지만 이러한 과정을 거치는 것이 일반적이다. 경우에 따라서는 예비적 절차를 거치지 않고 바로 본회담을 갖기도

4) K. J. Holsti, International Politics, 5th ed.(Englewood Cliffs, New Jersey: Prentice-Hall, Inc., 1983), pp. 173-175.

5) Ibid., p. 176.

한다. 이것도 행정적 외교의 방법일 수는 있겠으나, 본회담을 원만히 진행시킬 수 있는 준비가 없기 때문에 예비회담 없이 개최되는 본회담의 실효성을 크게 기대하기 어렵다.

행정적 외교의 목적

행정적 외교의 일차적인 목표는 두말 할 나위도 없이 국가간에 상충되는 문제를 해결하기 위해 각 당사국들이 협상하고 타협하여 합의에 도달하려는 것이다. 그러나 행정적 외교는 국가간의 외교관계 정도에 따라 어느 정도 그 목적을 달리한다. 국가간에 돈독한 우호 및 협조적 관계를 갖고 있는 경우에는 절충·타협·양보 등을 통하여 합의에 도달하려는 의지가 강하게 작용하기 때문에 행정적 외교 본래의 취지나 목적에 비교적 쉽게 접근하게 된다. 그러나 국가간의 외교관계가 적대적이거나 비협조적인 경우에는 행정적 외교가 합의에 도달함을 목적으로 하는 본래의 뜻과는 달리 상대 당사국의 입장에 손상을 입히거나 적의(敵意)를 표시하거나 선전만을 목적으로 전개되기도 한다. 또한 해결해야 할 문제의 성격에 따라 그 목적을 달리하기도 한다. 비정치적 문제를 다루는 행정적 외교의 경우엔 대체로 문제 해결을 위한 합의를 목적으로 하기 때문에 실질적인 협의가 가능하다. 그러나 정치적인 문제를 해결하기 위한 행정적인 외교는 문제의 해결보다는 다른 효과를 염두에 두고 행하는 경우가 많기 때문에, 특별한 경우를 제외하고는 각 당사국들이 합의에 도달하기가 쉽지 않은 경우가 많다.

정치적 문제란 중대한 국가 이익과 직결되어 있는 문제이기 때문에 외교 당사국들이 타협하고 양보하는 것이 매우 어렵다. 다행히 당사국들이 이해를 나누어 가질 수 있는 것이라면 행정적 외교에 의한 문제 해결이 가능하겠지만, 그렇지 않다면 정치적 문제를 행정적 외교로 해결하는 것은 거의 불가능하다. 정치적 문제를 행정적 외교로 해결하려는 국가가 있다면 그 국가는 문제의 해결보다는 다른 목적, 예를 들면 선전, 또는 국내정치에 이용하기 위한 수단(자국민의 주의를 국제문제에 돌리게 하려는 것 등)으로 행정적 외교를 이용하려는 것으로 볼 수 있다. 정치적 문제를 행정적 외교로 해결하려는 경우는 주로 강대국간의 외교에서 많이 이용될 수 있다. 강대국간의 정치적 문제는 정치적 외교나 행정적 외교로 해결이 거의 불가능하다. 그렇기 때문에 실질적으로 문제의 해결보다는 다른 목적으로 이 행정적 외교를 이용한다. 약소국간에도 해결해야 할 문제가 정치적 문제라면 그 행정적 외교는 문제 해결 그 자체보다는 다른 목적으로 이 행정적 외교를 이용하는 경우가 있을 수 있다. 그러나 강대국과 약소국간에는 정치적 문제를 해결하기 위해 행정적 외교를 전개하는 경우는 많지 않을 것이다. 약소국에 대해 영향력 행사의 기초를 갖고 있는 강대국이라면 정치적 문제는 정치적 외교로 해결하려 할 것이다. 비록 약소국에 영향력 행사의 기초를 갖고 있지 않은 강대국이라도 정치적 문제의 해결을 위해 행정적 외교의 수단을 택하지는 않을 것이다.

우리는 국가간에 행해지는 행정적 외교를 전망할 때 이 외교가 다루는 현안이 정치적인가 아닌가, 또 이 외교의 당사국은 어떠한 국가들이고 이들 국가간의 관계는 의존적인 불평등관계를 갖고 있나 등을 보고 그 행정적 외교의 성패를 판가름할 수 있을 것이다.

실제로 행정적 외교가 국가간의 현안을 해결하기 위한 것이 아니라 다른 목적으로 행정적 외교가 전개되는 경우가 있다.6)

첫째, 각 당사국은 대화나 의견교환을 통해 표면적인 협상의 주제 이외의 다른 문제에 대해 지속적이고 간헐적으로 접촉을 유지하고, 또 협상자간의 회동(會同)을 통해 국가간의 위기관리 (emergency communication and crisis bargaining)를 위한 잠재적인 대화의 창구를 갖기 위해 서로 접촉을 유지시킨다. 또 국가간에 접촉을 갖는 목적은 정상적인 외교관계가 없거나 있다고 하더라도 그 관계를 통한 접촉이 적절하지 않다고 생각될 경우에는 거창한 목표를 위한 협상보다 단순한 접촉을 위한 대화를 갖는 것이 더 유익한 경우도 있기 때문이다.

둘째, 국가간에 협상을 유지하고 있다는 사실은 서로 공격행위나 바람직하지 못한 행위를 삼가거나 자제할 수 있게 하는 효과를 가질 수 있다. 적어도 협상이 진행되고 있는 동안은 상대국에 의해 행해질지도 모르는 적대행위가 예방될 수 있을 것이다. 만약 한 당사국이 다른 당사국에 대해 무력행사 등 바람직하지 못한 행동을 취한다면 상대 당사국은 교섭을 중단할 것이며, 그렇게 되면 바람직하지 못한 행위를 자행한 당사국은 교섭 파기의 책임을 면할 수 없기 때문에 무력행사 등의 행위는 자제하게 될 것이다.

셋째, 교섭하고 협상하는 과정 중 각 당사국은 상대방에 대한 정보를 얻어 낼 수 있는 효과를 얻을 수 있다. 각 당사국은 교섭을 통해 상대국의 장기목표, 국내의 여론 또는 상대국과 동맹관계를 갖고 있는 국가와의 견해 차이 등 상호간의 명백한 의지를 교환할 수 있다. 1935년 이탈리아의 무솔리니는 당시 아비시니아를 침략하기 전에 영국·프랑스

6) Fred Charles Ikle, How Nations Negotiate, pp. 43ff.

등과 회담을 통하여 이탈리아의 아비시니아에 대한 무력 행위에 대해 이 양국이 크게 반대하지 않을 것이라는 것을 확인할 수 있었다고 한다.

넷째, 협상을 통해 원래의 외교정책목표나 군사행동을 감행하기 위한 위장전술로 협상을 전개하여 상대 국가의 주의를 다른 곳으로 돌리게 하기 위한 수단으로 협상을 이용하기도 한다. 1956년 10월 31일부터 11월 3일까지 헝가리와 소련은 헝가리로부터 소련군의 철수문제를 협의하고 있었다. 소련은 실제 소련군의 철수를 위한 어떤 합의를 목적으로 이 협상을 진행한 것이 아니라 헝가리의 민주혁명을 분쇄하기 위해 시간을 얻기 위한 수단으로 협상을 진행하였다. 또 1956년 이집트의 나세르 대통령이 수에즈 운하회사를 국유화했을 때 영국과 프랑스는 이집트에 대해 무력을 사용하려 하였다. 이때 미국 국무장관 덜레스 (John F. Dulles)는 콘스탄티노플협정을 이용하여 운하에 관한 국제회의를 소집하고, 운하의 운영을 위한 국제기구를 설립하는 등 여러 형태의 외교행위를 취하였다. 덜레스 장관이 취한 이러한 행위들은 어떤 국가에 의한 무력행사를 반대한다는 의지를 표명하여 영국과 프랑스의 무력행사를 자제시키기 위한 조치들이었다.

다섯째, 교섭 그 자체를 선전 목적으로 이용하는 경우가 있다. 어떤 문제의 해결을 위해서보다는 선전 그 자체에 더 큰 비중을 두는 경우를 말한다. 이 경우는 세 가지 의미가 있다. 그 하나는 전향판(傳響板)의 효과(sounding-board effect)로서 회의나 회담을 통해 자국의 입장과 정책목표를 공표하여 이 사실들을 제3국에 알리고 이들로부터 이에 대한 가치를 인정받기 위해 협상을 하는 경우이다.

1950년대와 1960년대 중국이 제3세계 국가들과의 회의를 자주 개최하였던 것은 중국이 갖고 있는 제3세계에 대한 관심도와 정책을 이들 국가들에게 알리고 인정받기 위해서였다. 또 미국과 소련이 군비축소회담을 하며 해외 군사기지 철폐를 주장하는 것은 각기 평화를 사랑하는 마음이 더 많다는 것을 널리 알리기 위한 것이었다. 그 외에 또 다른 효과는 경륜이 많지 않거나 국민들로부터 많은 지지를 받고 있지 못한 지도자나 정치인들이 다른 국가의 대통령이나 원수와 회견하고 있는 장면이 사진으로 찍히기를 원하는 것처럼 큰 국제회의나 정상회담 등에 참여하는 것 그 자체를 목적으로 하는 경우도 있다. 그 뿐만 아니라 회담에서 실제로 합의를 기대할 수 없는 문제를 제기하여 그 협상이 실패로 돌아갈 때 실패의 책임을 상대방에게 전가하여 상대국은 옳지 않고 자국이 옳다는 인상을 보이기 위해 협상을 하는 경우도 있다.

그리고 여섯 번째로 협상행위 그 자체로 제3국에 영향을 미쳐 유리한 협상 결과를 얻기 위한 수단으로 협상을 이용하는 경우도 있다. 상반되는 두 개의 협상을 동시에 개최하여 한 개의 협상은 실제로 어떤 합의를 얻고자 하는 것이 아니라 다른 하나의 협상에 영향을 미쳐 자국이 유리한 결과를 얻을 수 있도록 영향을 미치려는 경우도 있다. 1939년 8월 소련 외상 몰로토프(V.A.Molotov)는 영국 및 프랑스와 독일의 공격에 대응하기 위해 상호원조조약의 체결을 위한 협상을 공개적으로 진행하였고, 다른 한편으로는 비밀리에 독일과 불가침협정을 위한 교섭도 동시에 진행시키고 있었다. 이때 소련의 주된 목적은 영국 및 프랑스와 상호원조조약을 반드시 체결하려는 것이 아니라 사실은 히틀러와 불가침협정을 체결하는데 유리한 입장을 갖기 위한 수단으로 영국과 프랑스와의 조약 체결을 위한 협상을 이용하려 했다. 이때 소련은 리벤트로프(Joachim von Ribbentrop)가 협정에 서명하기 위해 모스크바에 오는 날까지 영·불과 협상을 계속하고 있었다. 1980년대에도 이런 경우를 찾아볼 수 있다. 중국은 미국과 무기구매 교섭을 전개하며 더 유리한 입장에서 교섭하고 또 더 많은 것을 얻어내기 위해 소련과의 정치회담을 다른 한쪽에서 진행하고 있었다. 중국은 미국과의 무기판매 교섭에서 미국보다는 외교적 역량이나 교섭의 역량(bargaining power)이 취약하여 교섭과정에서 불리할 것으로 판단하고 미국과 소련이 중국에 대해 경쟁적 관계에 있음을 알고 이 두 강대국의 외교적 고충을 이용해서 미국과의 교섭을 유리하게 전개하기 위해 미국과 무기 구매 교섭을 하고 다른 한편으로는 소련과 정치회담을 계속하며 미국을 은근히 압박했다. 그 결과 중국은 미국으로 하여금 대중국 무기판매 완화조치를 결정하게 했다.

이처럼 행정적 외교는 선전 등과 같은 정치적 목적을 위한 수단으로 활용되기도 하고 또는 겉으로 보이지 않는 숨어 있는 목적을 달성하기 위한 수단으로 이용되기도 한다. 특히, 상대적으로 외교적 역량이 취약한 국가는 앞에서 말한 바와 같이 행정적 외교를 외교적 역량을 강화시키는 방법으로도 이용하고 있다.

행정적 외교의 성공 조건

행정적 외교가 표방하는 본질은 각 당사국이 서로 절충하고 타협해서 이해나 견해를 달리하는 문제를 해결하자는 데에 있다. 이렇게 하기 위해서는 우선 형식과 격식을 갖춘 행정적 외교행위가 시작되기 전에 진행되는 예비회담에서 합의된 사항을 충실히 이행하여야 한다. 본격적인 행정적 외교에서 이미 약속된 일정, 논의할 항목, 각 당사국 간의 양해사항 등 예비회담에서 합의한 내용을 준수하지 않는다면 회담은 원만히 진행될 수 없다. 약속된 절차적인 사항들이 지켜지지 않거나 또는 이런 사항들이 재론되어야 한다면 본질적인 문제는 거론도 못하고 지엽적인 문제로 시간만 낭비하게 될 것이며, 결국에는 본질적인 문제의 해결에는 접근도 하지 못하고 회담이 종결되기 쉽다. 또 모든 교섭에 있어 각 당사국이 모두 만족하게 목표를 달성하는 것이 가장 이상적인 행정적 외교이다. 그러나 모든 당사국이 만족한 결과를 얻을 수 없는 경우도 생각할 수 있다. 이런 경우 행정적 외교의 궁극적인 목표는 합의에 도달하는 것이므로 각 당사국은 교섭을 깨뜨리지 않기 위해 각각 달성하고자 하는 목표에 융통성을 가져야 하고 또 타협의 여지를 가져야 한다.[7)]

행정적 외교를 전개하는 국가는 모두 그가 갖고 있는 목표를 전부 달성하기를 원할 것이다. 다행히도 각국의 목표들이 서로 상충되는 것이 아니라면 그의 목표는 모두 달성할 수 있을 것이다. 그러나 이러한 경우가 흔하지는 않을 것이다. 대체로 당사국들이 갖고 있는 목표들은 서로 상충되기 때문에 이러한 문제를 해결하기 위해 행정적 외교를 전개하는 것이다. 그러므로 행정적 외교의 당사국들이 그의 모든 목표를 모두 성취시키려 한다면 이 행정적 외교는 성공되기 어렵다. 모든 당사국이 부분적이나마 목표달성을 유보하거나 또는 목표의 수정의 의지가 있다면 그 행정적 외교의 성공 가능성은 매우 많다.

행정적 외교는 다루는 현안의 성격에 따라 그 전개 방법이나 양상을 달리 하여야 한다. 즉, 정치적 문제를 다루는 경우와 비정치적 문제를 다루는 경우가 달라야 한다. 비정치적 문제는 각 당사국의 편의나 절차적인 문제들이 대부분이다. 예를 들면, 문화·통신 또는 교통에 관한 문제, 그리고 영사적 또는 교육에 관한 문제들로서 이 문제들은 각 당사국의 명예, 국가의 중대한 이익이나 정책에 직접 영향을 미치는 것이 아니다. 그러므로 비정치적 문제를 다루는 행정적 외교에 있어서는 정치적인 영향력이나 수단들의 이용 없이도 쉽게 합의에 도달할 수 있다. 더욱이 이런 문제들은 어느 측으로 하여금 양보를 강요하거나 손해를 강요하는 경우는 거의 없기 때문에 가장 합리적이고 이상적인 행정적 외교가 전개될 수 있다.

---

7) Ibid., pp. 95ff.

그러나 정치적 문제를 다루는 행정적 외교는 문제의 성격상 앞의 경우와는 많이 다르다. 정치적 문제에 대한 행정적 외교의 결과는 국가의 이익이나 명예에 커다란 영향을 미칠 수 있다. 외교는 국제정치의 수단이므로 행정적 외교에 있어서도 어떠한 형태이든 힘의 행사는 배제될 수 없다. 즉, 행정적 외교에 있어서도 정치적 문제의 해결을 위한 교섭을 하는 경우에는 국력의 뒷받침이 전제되어야 유리한 입장에서 교섭을 진행시키고 좋은 결과를 얻을 수 있는 것이다. 1980년대 후반 한국이 미국과의 무역에서 흑자를 얻게 되었을 때 한·미 양국은 이 무역 역조를 시정하기 위해 행정적 외교를 전개하였다. 이 과정에서 미국은 한국의 시장 개방, 환율 인상 등의 일방적인 요구와 함께 보복조치 등으로 한국을 위협하기도 하였다. 그 결과 미국은 어느 정도 한국의 양보를 얻어낼 수 있었던 반면, 한국은 미국의 일방적인 요구를 상당 부분 수용하지 않을 수 없었다. 이것이 행정적 외교에서 힘의 행사가 적용된 예이다.

행정적 외교에 있어 정치적 문제를 다루는 경우, 자국이 달성하고자 하는 외교의 목표가 상대 당사국의 목표와 어느 정도나 양립될 수 있는가를 고려하여야 한다. 예를 들어, 자국의 목표가 상대국에 결정적으로 중대한 영토의 일부를 할양한다거나 한 국가의 경제 기반을 근본적으로 파괴시키는 문제 등을 행정적 외교를 통해서 해결하려 한다면, 아무리 큰 힘을 갖고 그 힘을 행사한다고 하더라도 문제 해결은 기대할 수 없을 것이다. 행정적 외교에 있어서는 각 당사국이 어느 정도 타협하고 양보할 수 있는 문제를 다루어야 한다. 그러나 이 과정에서 상대국가로부터 양보나 타협을 얻어내기 위해서는 상대 당사국에게 유형 또는 무형의 가치를 부여하거나 또는 그것을 박탈할 수 있는 능력을 갖고 있을 때 보다 더 유리한 결과를 얻을 수 있다.

이와 함께 행정적 외교를 통해 소기의 목적을 달성하기 위해서는 적절한 시기를 선택하는 일도 중요하다. 상대 당사국이 정치적·사회적으로 불안하거나 어떤 문제에 대해 국민들이 예민한 반응을 나타내며 정부에 대한 여론이 좋지 않은 시기에 문제의 해결을 위한 행정적 외교를 전개한다면 이 외교는 성공하기 어려울 것이다.[8] 예를 들어, 한 정부가 국민들로부터 신임을 얻지 못하여 반정부운동이 심각하게 전개되고 있을 때, 다른 정부가 이 어려운 입장에 처해 있는 정부와 중요한 문제의 해결을 시도한다면 그 외교는 성공할 수 없을 것이다. 만일 이 두 정부간에 해결해야 할 문제가 곤경에

---

8) Hans J. Morgenthau, Politics among Nations, 3rd ed.(New York: Alfred a.Knopf, 1960), pp. 539ff.

처해 있는 정부에 특히 중요하고 또 문제의 해결로 그 정부를 어려운 입장으로부터 구출할 수 있는 경우라면, 그리고 상대 정부가 그렇게 할 의지가 있다면 두 정부간의 문제 해결이 가능하겠지만 이러한 경우가 아니라면 일반적으로 문제 해결은 불가능하다. 각 정부가 대내외적으로 운신의 폭을 넓게 가질 수 있을 때를 문제 해결의 시기로 선택하는 것이 바람직하다. 민주주의 국가의 경우 총선거 또는 대통령 선거가 임박하였을 때 또는 정부가 바뀔 시기에는 각국이 대외행위, 특히 중대한 문제의 해결 등을 가급적 회피하려 할 것이다. 한편 공산국가의 경우 당대회와 같이 중요한 국내적 행사가 있을 경우에 외교행위를 폭 넓게 행하려 하지 않을 것이다.

또 행정적 외교에 있어 특히 정치적 사안이 논의의 대상이 된다면 상대국으로 하여금 타협할 수 있고 또는 양보할 수 있는 여지가 있어야 문제 해결의 가능성이 많다. 이러한 여건으로 각 당사국은 실리나 명예 둘 중의 하나를 나누어 가질 의지가 있어야 한다. 행정적 외교는 이해의 분담이 전제가 되어야하므로 실리와 명예 모두를 독점하려면 일방적인 외교 행위 즉 정치적 외교를 통하여 목적을 달성하여야 할 것이다. 그러므로 행정적 외교는 각 당사국이 실리가 아니면 명예 어느 하나를 선택할 수 있을 때 성공할 수 있다.

1986년 9월 한국과 일본 외무장관이 자리를 함께 하고 소위 '후지오 망언'에 대해 의견을 교환했다. 이때 일본측은 한국의 강력한 항의 요구를 받아들여 일본 고위관리의 발언으로 한국인들에게 일본의 기본정책에 의혹을 심어준 것은 일본 정부와 일본 국민들에게도 유감이며 두 번 다시 이런 일이 반복되지 않을 것이라고 외교적으로 항복에 가까운 사과를 한국측에 전달했다. 동시에 일본 정부는 이런 사과에 대한 일본 국내외의 불명예를 덜기 위한 관심사항으로 일본의 독도 영유권 주장을 기록에 남겼다.[9)]

물론 독도는 한국의 영토이다. 이러한 독도에 대해 일본이 영유권을 주장하도록 한국 정부가 양해한 것은 바람직한 일은 아니다. 그러나 행정적 외교에 있어 실리와 명예의 독점은 실질적으로 쉬운 일이 아니므로 한국은 일본으로부터 공식적 사과라는 실리를 얻었고, 일본은 외교적으로 불명예를 덜기 위한 수단으로 독도 영유권 주장을 활용하여 체면을 유지하며 이러한 내용을 기록으로만 남겼다. 만약 한국이 일본의 양해 사항을 용납하지 않아 일본의 체면 유지를 거부하였다면, 일본의 사과를 얻어내는 외교적 성공은 거두기 어려웠을 것이다.

---

9) 〈東亞日報〉, 1986년 9월 11일.

또 다른 예로서 1962년에 쿠바내에 소련 군사기지 설치로 미국과 소련 양국간에 긴장이 극도로 고조되었던 일을 들 수 있다. 쿠바내에 소련의 군사기지가 존재한다는 사실은 미국의 안전을 실질적으로 위협할 수 있고 또 강대국인 미국의 명예를 훼손시키는 일이다. 이에 대해 미국의 케네디 대통령은 쿠바로부터 소련 미사일과 비행기의 철수를 흐루시초프에게 강력히 요구하며, 이것이 관철되지 않으면 무력행사도 불사한다는 강경한 입장을 천명하였다. 당시 미·소 냉전하에서 공산권의 종주국인 소련이 이러한 미국의 요구를 아무 조건 없이 받아들인다는 것은 미국에 굴복한다는 인상을 풍기게 되어 소련에게는 매우 불명예스러운 일이었다.

이때 미국은 그의 목표 즉 쿠바로부터 소련 기지를 철수시키는 일을 성취하고, 그 대신 소련의 명예를 손상시키지 않게 하기 위해 쿠바로부터 소련 기지를 철수한다면 미국은 절대로 쿠바를 무력으로 공격하지 않을 것이라는 뜻을 밝혀 소련에게 쿠바로부터의 군사기지 철수 명분을 제공하여 양 강대국간에 문제가 원만히 해결될 수 있었다.

행정적 외교에 있어 각 당사국이 합의에 도달하기 위해서는 첫째, 진정으로 합의에 도달할 의지가 확고해야 하고, 둘째, 각 당사구이 추구하는 실질적 이익과 목표가 조화를 이루어야 한다. 셋째, 협상의 과정과 결과가 당사국 어느 측에도 불명예스러워서는 안 되며, 넷째, 각 당사국이 그의 목표를 달성하기 위해 협상자가 협상의 기술을 잘 활용하고 충분한 기량을 발휘할 수 있어야 한다.[10] 동시에 정치적 문제를 다루는 행정적 외교에 있어서도 영향력 행사나 압력을 가할 수 있는 외교의 기초를 갖는 것은 중요한 요소중의 하나이다.

행정적 외교의 도구

원칙적으로 행정적 외교는 당사국간의 해결해야 할 현안에 대한 합의를 목적으로 한다. 그러나 각 국가간의 현안이 항상 누구에게나 만족스럽게 해결되지는 않는다. 해결해야 할 문제들이 문화·예술에 관한 문제이거나 각 당사국에게 똑같이 유익하다고 생각되는 통신·건강 등에 관한 문제와 같은 비정치적 현안들이라면 서로의 편의를 도모하는 문제들이기 때문에 쉽게 합의에 도달할 수 있다. 그러므로 이런 경우에는 합의에 도달하기 위한 수단을 강구할 필요가 없다. 그러나 정치적 문제를 다루는 행정적

10) Robert L. Wendzel, International Politics(New York: John Wiley & Sons, 1981), p. 332.

외교에 있어 이해의 분담이 각 당사국에게 만족스럽게 이루어져 모든 당사국이 그 결과를 적극적으로 수용할 수 있도록 하는 것은 쉽지 않을 것이다. 이렇게 문제의 해결이 어려운 경우에 각 당사국은 협상을 유리하게 전개하고 좋은 결과를 얻기 위해 필요한 수단을 강구하는 경우도 있다.

우선 생각할 수 있는 수단은 무력의 행사 또는 그 행사의 위협이다. 제2차 세계대전 이전까지는 무력이 한 국가의 정책 실현의 수단으로 흔히 사용되었다. 1930년대 히틀러의 세력확장정책은 모두 무력을 수단으로 행해졌다. 그러나 행정적 외교는 정책을 실현하려는 대외행위라기보다는 현안을 해결하기 위한 대외행위이므로 그것이 정치적 현안일지라도 무력에 의한 해결의 모색은 지나친 수단의 강구이다. 무력을 행사할 의사가 있고 또 반드시 자국에게 절대 유리하게 문제가 해결되기를 희망한다면, 그 해결의 방법으로 행정적 외교를 선택하는 것은 적절하지 않다. 다시 말해서 오늘날의 국제적 상황으로 미루어 볼 때, 무력을 행사하면서까지 해결되어야 하는 문제라면 행정적 외교가 아닌 다른 방법을 통하여 문제의 해결을 모색해야 한다.

오늘날 해결하려는 문제가 정치적 현안일지라도 이 현안이 어느 한쪽 국가의 중대한 이해가 얽혀 있는 문제라면 행정적 외교를 통하여 해결하려 해서는 안된다. 행정적 외교가 성립될 수 있는 요건은 적어도 어느 한 당사국이 일방적 또는 완벽한 승리를 전제로 하지 않는 다는 것이다. 그러나 오늘날에도 경우에 따라서는 행정적 외교에서도 무력의 사용 및 그의 행사 위협이 효력을 발휘할 수도 있을 것이다. 실제로 국경을 접하고 있는 두 국가 가운데 한 국가는 강한 군사력을 갖고 있고 다른 국가는 그렇지 못한다면 이런 경우에 전자 국가는 행정적 외교에서 만족스러운 결과를 얻기 위해 무력의 행사 또는 위협을 생각할 수 있을 것이다. 이러한 상황을 관념적으로 상정할 수는 있겠지만 현실적으로 이러한 일들이 얼마나 가능할지는 매우 의심스럽다. 1991년 1월 이라크가 쿠웨이트를 정복하는데 실패하였다. 이와 같은 사실은 오늘날 무력이 국제정치적으로 효과적인 수단이 아니라는 것을 보여주고 있는 것이다. 그렇기 때문에 행정적 외교에 있어 가장 기본적인 도구는 설득과 타협이다.[11] 행정적 외교에 임하는 모든 국가들은 상대 당사국보다 유리한 결과를 얻으려 하기 때문에 아무런 뒷받침 없는 설득은 무의미하며, 그렇다면 타협도 쉽게 이루어질 수 없다. 그리하여 각국은 그가 갖고 있는 능력의 범위내에서 설득과 타협을 자국에 유리하고 용이하게 작용할 수 있는 수단

11) Joseph Frankel, International Relations(London: Oxford University Press, 1979), p. 52.

이라고 생각하여 이 수단들을 이용하려 한다. 행정적 외교에서 설득과 타협이라는 수단을 이용하려면 국력의 뒷받침이 있어야 효과적이다. 우선 설득과 타협으로 행정적 외교에서 목적하는 바를 얻으려면 그 국가는 다른 국에 정신적 및 물질적 가치를 부여할 수도 있고 또는 그것을 박탈할 수 있는 능력이 있어야 한다. 상대국가와의 교섭과정에서 자국이 보다 더 유리한 결과를 얻도록 설득 또는 타협하기 위해 여러 측면에서 상대국가에 대해 혜택을 베풂으로써, 예를 들면 경제원조·기술지원·무역특혜·국제사회에서의 정치적 지지 또는 안전보장의 약속 등의 수단을 이용하기도 하고, 그 반대로 불이익을 가하거나 이미 주어진 가치의 박탈을 위협함으로써 상대국을 움직여 협상의 테이블에서 보다 많은 것을 얻어내려 한다.

행정적 외교에 있어 가치의 부여나 박탈은 상대국의 선택에 영향을 미치고 그의 기대를 변화시킬 목적으로 사용하는 수단이다.

한 국가가 다른 국가에 대해 가치 박탈을 경고하거나 위협하는 목적은 상대국가의 득(得)과 실(失)에 대한 기대를 변화시키려는 것이 그 목적이고, 가치의 부여를 수단으로 이용한다면 위협을 받는 당사국으로 하여금 위협을 가하는 국가의 요구를 거절하지 못하게 하거나 또는 위협을 가하는 국가의 요구를 수용하지 않으면 더 많은 것을 잃게 될지도 모른다는 것을 깨우쳐 주기 위한 것이다.[12] 실제 행정적 외교에 있어 각 당사국들은 협상에서 보다 유리한 결과를 얻기 위해 여러 가지 방법이나 수단들을 적절히 구사한다.[13]

첫째, 각 당사국이 현안을 해결하는 데 있어 이해를 분담하여 모든 것을 해결하려는 의지가 확고할 경우에는 어떠한 외교적 수단의 강구도 요구되지 않는다. 이 경우에는 설득과 타협이 필요치 않기 때문이다.

둘째, 문제 해결의 필요성은 인정하지만 이해의 분담에 대해 견해를 달리하는 경우 다시 말해 어느 한쪽이 상대국가보다 더 크고 유리한 결과를 얻어내려 할 때에는 설득이라는 방법을 이용해야 한다. 이때의 설득은 상대 당사국에 대해 가능한 결과에 대한 어떤 평가를 바꾸고 상대 당사국이 이 결과에 부여하는 가치를 변경시키려는 것이 그 목적이다. 한 마디로 말하여 이 경우의 설득은 상대 당사국의 가치 체계와 상대국이 갖고 있는 가치에 대한 인식에 영향을 주려는 것이다. 이런 경우에는 가치의 박탈이라는

12) Fred Charles Ikle, How Nations Negotiate, p. 62.

13) Glen H. Snyder and Paul Diesing, Conflict among Nations, pp. 195-198.

위협적인 수단보다는 가치의 부여 또는 그의 약속이라는 긍정적인 수단을 통해 합의에 도달하도록 유도하는 것이 더 바람직하다.

셋째, 문제 해결의 당위성은 각 당사국이 똑같이 인식하고 있으나 결과에 대한 의견이 크게 다를 뿐만 아니라 결과의 비중에 대해서도 인식을 달리하는 경우를 말한다. 어느 한 당사국은 행정적 외교의 결과에 그다지 큰 비중을 두지 않는 반면, 다른 당사국은 상당한 비중을 두는 경우가 있다. 후자는 반드시 그리고 크게 유리한 결과를 가져야 한다고 생각하는 경우이다. 이때 후자는 상대 당사국에 대해 자신의 의사를 가능한 한, 많이 또는 전부 수용하도록 하기 위해 강하고 확고한 의지를 밝히는 동시에 위협이나 경고도 하고 필요한 경우에는 압력을 가하여 상대국에 희생이나 손해를 입혀서라도 합의에 도달하려 한다. 즉, 이 경우에는 일방적으로 이용 가능한 모든 수단을 동원하여 최대의 효과를 얻으려 할 것이다.

행정적 외교에 있어 상대방의 힘의 강약, 의지의 정도, 약속의 질량(質量), 목표에 대한 인지와 기대, 교섭하는 사람의 반응, 개인간 의사 표현의 강약의 정도 등은 전 교섭과정에 영향을 미친다. 예를 들어, 상대 당사국이 일방적인 위협을 느끼거나 그것을 인지한다면 이 교섭 당사자는 소극적으로 협상에 임할 수밖에 없을 것이다.[14] 그러므로 회의 초기 단계부터 상대국을 압도할 수 있도록 분위기를 이끄는 것도 행정적 외교를 성공적으로 이끄는 방법이 될 것이다. 교섭을 위한 회합에서 연약한 의지를 보이거나 소극적으로 상대국에 대응한다면 유리하고 성공적인 결과를 기대할 수 없을 것이고, 이는 외교의 실패라 아니할 수 없다.

행정적 외교와 힘

모든 외교는 군사적·경제적·기술적·심리적 힘의 그늘하에서 행해진다.[15] 역사적으로도 성공적인 외교에서 협상하는 사람이 설득에만 의존하는 경우는 많지 않다. 한 국가가 협상에 실패하는 경우엔 상대국에게 협상 실패의 책임을 물을 수 있는 벌칙에도

14) Bertram I. Spector, "Negotiations as a Psychological Process," Journal of Conflict Resolution, vol. 21, no. 4(December 1977), p. 609.

15) Herman F. Eilts, "Diplomacy-Contemporary Practice," in Elmer Plischke(ed.), Modern Diplomacy(Washington, D.C.: American Enterprise Institute for Public Policy Research, 1980), p. 11.

의존한다. 더욱이 협상이 실패할 우려가 있다면 압력은 가중된다.[16] 일반적으로 자국이 강하다고 생각되면 상대국을 일방적으로 설득하기 위해 실제로 무력을 사용하는 대신 무력행사를 위협한다.

심지어 위협이 협상 성공에 불충분하다거나 긴장관계가 폭력으로 발전한다면, 전쟁이 최소한의 대가로 외교정책을 합법적으로 완벽하게 성취시킬 수 있는 수단이 되기도 한다.[17] 특히 제2차 세계대전 이후 군사력의 주요 목적은 전쟁을 하기 위해서 보다는 평시에 다른 국가를 위협하고 움직이는 수단으로 사용하려는 것이다.[18]

국제사회에서 국가간의 문제 해결에 있어 어떠한 형태이든 힘이 작용하고 있다는 것은 분명한 사실이다. 그러나 한 사회의 발전이 분쟁 해결을 위한 평화적 방법과 협력 전개의 정도에 의해 측정된다면 국제사회는 아직도 미개한 사회라 아니할 수 없다.[19] 그리하여 아직도 국제사회에서는 합리성이나 정당성, 합법성 보다는 힘이 문제 해결의 중요 요소로 작용한다.

행정적 외교도 국제사회에서 이루어지는 국가간의 외교행위이기 때문에, 힘을 배제하고는 논의될 수 없는 것이 사실이다. 그러나 제2차 세계대전 이후, 행정적 외교에 있어 군사력이나 무력은 합의 도달에 주요 수단이 되지 않고 있다. 일단 각 당사국이 문제의 해결을 위해 탁자에 마주 앉는다면, 무력의 행사나 그 위협을 수단으로 삼지 않는다.

첫째로 오늘날 국가간의 중대한 문제는 대체로 행정적 외교로서가 아니라 정치적인 수단을 통해 해결을 도모한다. 행정적 외교에 있어 국가간에 어느 한쪽이 일방적이고 절대적인 승리를 전제로 한다면 합의에 도달하기란 매우 어려울 것이다. 그러므로 절대적인 승리가 보장되지 않는다면 행정적 외교를 통한 국가의 중대한 문제의 해결은 시도되지 않아야 할 것이다. 물론 예외적으로 일방적이고 절대적인 승리를 분명히 얻을 수 있다면 행정적 외교를 통한 문제 해결을 모색할 수 있겠지만, 무력 행사나 그의

16) Henry A. Kissinger, "On Negotiation and Bargaining in the Modern World," in Elmer Plischke(ed.), Modern Diplomacy, p. 373.

17) Paul Gordon Lauren, "Theories of Bargaining with Threats of Force: Deterrence and Coercive Diplomacy," in Paul Gordon Lauren(ed.), Diplomacy(London: Collier Macmillan Publishers, 1979), p. 185.

18) Ibid., p. 183.

19) Joseph Frankel, op .cit, p. 90.

위협이 아니면 문제의 해결이 불가능하다고 생각되는 경우엔 이 문제를 행정적 외교의 대상에서 제외하는 것이 오늘날의 일반적인 경향이다.

둘째로 제2차 세계대전 이후 미국과 소련을 중심으로 하는 양극화 현상으로 무력의 행사가 제한되지 않을 수 없게 되었다.

동·서 진영간은 물론 같은 진영내의 국가간에도 미국과 소련이 각 진영의 경찰 역할을 하여 무력행사가 억제될 수 있었고, 또 1970년대 이후는 동·서간 그리고 미·소간의 긴장관계의 완화로 모두가 현상을 인정하고 또 모든 국가의 국경을 인정하고 외교를 전개하고 있다.

셋째로 외교에서 이용되는 자원 (diplomatic resources)이 그 어느 때보다 풍부하게 발달되어 특히 행정적 외교에 있어 문제의 해결을 위해 여러 자원을 충분히 활용할 수 있게 되었기 때문에 무력이 행정적 외교의 수단으로 이용될 수 있는 가능성과 기회는 많이 줄었다.

현대의 행정적 외교는 대체로 절대적이고 일방적인 승리를 전제로 하지 않으며, 따라서 이해의 분담을 전제로 하는 경향이 크다. 그렇기 때문에 오늘날 행정적 외교에 있어 군사력은 제2차 세계대전 이전에 비해 상대적으로 크게 약화된 것이 사실이다.

1986년부터 소련과 중국이 국경회담을 시작하였다. 국경에 관한 문제라면 어떤 문제 못지않게 중요한 문제이므로, 만일 군사력을 포함한 국력이 중국보다 월등하게 우월한 소련이 반드시 자국에게 유리하도록 문제가 해결되어야 한다고 생각하였다면, 협상이라는 과정을 통한 문제의 해결은 생각지도 않았을 것이다. 소련이 중국보다 월등한 군사력을 포함한 국력, 국제적 지위, 외교적 자원을 갖고 있음에도 불구하고 정치적 수단이 아닌 행정적 외교의 방법을 택한 이유는 소련이 중국과의 이해의 분담·설득·양보 등을 할 수 있다고 생각했기 때문이다. 소련으로서는 무력의 행사보다는 이러한 이해의 분담이나 양보가 정치적으로 더 큰 것을 얻을 수 있는 계기가 될 것이라 판단했을 것이다.

오늘날은 적어도 군사력이 행정적 외교의 주된 수단은 아니며, 군사력이 전제되는 행정적 외교는 전개되지 않는다. 그러므로 군사력의 강약이 행정적 외교에 있어 문제 해결의 결정적 요소는 아닌 것이다.

4

공공외교(public diplomacy)※

국민과 외교

외교는 원칙적으로 국가의 이름으로 관리에 의해 다른 국가의 관리 또는 정부를 대상으로 전개된다. 외교는 국가의 정책을 실현시키고 국가의 현안을 해결하는 수단이므로 주로 정부 또는 정책 결정자간에 전개되는 것이 일반적이다. 오늘날은 많은 국가들이 점진적으로 민주국가 또는 민주정치를 지향하고 있다. 이렇게 되면 정치는 국민을 주인으로, 그리고 국민 위주로 전개되지 않으면 안 된다. 이처럼 민주정치가 발달하면서 직·간접적으로 국민의 정치참여가 확대되고, 교통·통신의 발달로 자국인과 외국인과의 사적인 교류 및 접촉이 확대되며 그리고 국민의 외교정책에 대한 관심 및 여론의 위력이 증대하고 있다. 또 여러 사회 계층의 시민운동, 이익 집단의 단체행동 등은 한 국가의 대외정책 결정에 커다란 영향을 미친다. 그렇기 때문에 오늘날 각국 정부는 다른 국가 국민의 태도와 행위에 영향을 미치는 일들을 수행하고 있다.

그 뿐만 아니라 이러한 행위를 통해서 다른 국가의 국민이나 집단들로 하여금 그들의 정부에 영향을 미치도록 만들려 한다.[1] 오늘날 국민의 뜻은 여론으로 수렴되어 정책에 반영되기도 하고 또 많은 국가들의 대의기관이 국민의 의사를 직접 반영하고 있어 국민은 이제 정책결정에 지대한 영향을 미치고 있다. 다시 말하면 오늘날 정부는 국민의 다수 의사와 일치하지 않는 정책을 결정하는 것은 거의 불가능하다. 그렇기 때문에 오늘날 많은 국가들은 다른 국가 국민을 향한 외교를 전개한다.

※ 이 책의 공공외교는 미국의 공공외교를 중심으로 전개. 공공외교의 주요 내용은 Allen C. Hansen, USIA Public Diplomacy in the Computer Age에서 설명된 내용을 인용하였다.

1) K. J. Holsti, International Politics, 5th ed.(Englewood Cliffs, New Jersey: Prentice-Hall, 1988), p. 191.

실제로 36여년간 한국을 식민통치 해 온 일본은 한국인의 뇌리 속에 매우 나쁜 존재로 각인되어 있다. 그렇기 때문에 한국 정부의 일본에 대한 정책결정의 폭은 대단히 좁다. 오늘날 교통·통신이 발달되어 국가 및 국민간의 교류와 접촉은 활발히 전개되고 있고 문화 교류도 손쉽게 이루어지고 있다. 한국과 일본은 지리적으로도 가깝고 정치 및 경제교류도 폭 넓게 이루어지고 있지만, 양국간의 문화교류는 장애를 받고 있다. 예를 들면 한 때 한국인들은 일본의 대중음악을 한국내에 방송매체를 통하여 들을 수 없었고, 또 일본의 영화가 한국내의 극장에서 공개적으로 상영되지 못하고 있었다.

이와는 달리 과거 한국과 적대관계를 갖고 있던 구소련, 중국 등의 대중문화는 합법적으로 공개되었다. 한국 정부가 일본에 대한 정책을 자유롭게 결정할 수 있으려면 한국 국민이 일본에 대해 갖고 있는 나쁜 인상을 씻고 좋은 인상을 바꾸어 가져야 할 것이다. 오늘날 다른 국가의 국민이 자국 및 자국민에 대해 좋은 인상을 갖도록 하는 일은 외교가 해야할 중요한 일중의 하나이다.

왓츠(William Watts)에 의해서 1980년 7월 2일과 1985년 3월 3일에 실시되었던 미국인의 한국인에 대한 의식 조사에 의하면 미국인은 대체로 한국과 한국인에 대해 부정적인 생각을 갖고 있다고 한다. 우선 미국인은 한국을 생각할 때 1950년의 6·25사변, 저개발, 국토의 황폐 등으로 묘사되고 또 한국은 정치적으로 불안하고, 대통령이 암살되고, 군이 정권을 담당하고, 광주 민주화운동, 학생들의 시위, 그리고 반체제 인사의 감시 및 체포를 생각하고 있다고 한다. 특히 인권문제에 대해 미국인들은 한국에 대해 관심을 많이 갖고 있으며 의회는 특별히 한국의 인권에 대해 감시자의 역할을 계속할 정도였다. 미 국무성에서 의회로 보내오는 보고서는 의회에서 폭 넓게 그리고 매우 신중하게 읽혀졌었다. 그리고 미국인들에게 아시아의 일본, 대만, 중국 그리고 한국 4개 국가의 인권과 자유에 대해 물었을 때 미국인들은 한국이 가장 나쁘다고 응답했다.[2)]

민주주의 국가인 미국의 국민들이 이처럼 한국과 한국인에 대해 부정적인 생각을 갖고 있다면 미국 정부나 의회가 한국에 크게 도움이 되는 정책을 결정하는 데에는 제한을 받지 않을 수 없을 것이다. 한국이 일본에 대한 정책을 결정할 때 한국정부가

---

2) Willian Watts, "Americans Look at Korea: Some Observations," in Robert A. Scalapino and Han Sung-joo(eds.), Uinted States-Korea Relations(Berkeley: Institute of East Asian Studies University of California, 1986). pp. 94ff.

한국 국민의 일본에 대한 감정과 정서를 고려하여야 하는 것처럼 미국이 한국에 대한 정책을 결정할 때 미국 정부나 의회는 미국 국민의 한국과 한국인에 대한 감정 및 정서를 고려하지 않을 수 없을 것이다. 그러므로 한국 정부는 (한국인도 마찬가지로) 미국 정부와 의회로 하여금 한국에 도움이 되는 정책을 결정할 수 있도록 하기 위해 미국 국민들로 하여금 한국과 한국인에 대해 긍정적이고 호의적인 생각을 갖도록 필요한 일들을 하여야 할 것이다. 이와 같이 다른 국가의 국민들로 하여금 자국과 자국인에 대해 호의적이고 긍정적인 생각을 갖게 하여야 성공적인 외교를 전개할 수 있다. 오늘날 모든 국가는 다른 국가의 국민들로 하여금 자국과 자국인에 대해 호의적인 생각이나 태도를 갖게하는 대외행위를 한다. 그 뿐만 아니라 각국 정부는 다른 국가의 외교정책의 결정 및 집행에 대한 국민의 태도에 영향을 미치는 행위를 한다. 이와 같이 한 국가의 관리가 정부의 이름으로 다른 국가의 국민에 영향을 미치기 위해 행하는 외교를 미국에서는 공공외교(public diplomacy)라고 한다.[3] 이 공공외교는 과거 전통외교에서는 찾아 볼 수 없는 대외행위로서 이 대중외교에는 정부가 다른 국가의 여론에 영향을 미치고, 자국의 사적 집단과 다른 국가의 사적 집단간의 이익을 증진시키기 위해 상호작용시키고, 다른 국가 국민에 대해 자국의 해외 업무와 정책의 효과를 알려주고, 외국의 언론인들과 자국의 외교관과 많은 의견 교환을 할 수 있게 하고 문화교류를 촉진시키는 일 등이 포함된다.

일찍이 사다트(Anwar Sadat) 이집트의 전대통령, 지스까르데스땡(Valery Giscard d'Estang) 프랑스의 전대통령, 그리고 쉬미트(Helmut Schmit) 독일의 전수상이 미국 정부의 교육교환프로그램에 의해 미국을 방문하였을 때, 이미 이들에 대한 미국의 공공외교는 시작된 것이라고 볼 수 있다. 또 중남미 사람들이 불법적인 마약 밀매가 위험하다는 사실을 담은 '여행'(The Trip)이라는 텔레비전 프로그램을 보고 있다면, 중남미인들은 미국공보원(U. S. Information Agency)이 제작하고 미국의 공공외교관이 배포한 작품을 보고 있는 것이다. 또 개발도상국가의 학생이나 학자들이 그들의 수도에 설치된 아메리카센터 (America Center)에서 공부할 때 미국의 공공외교관에 의해 제공되는 서비스를 받는 것, 또 미국의 연주자가 미국 정부의 주관하에 해외 연주를 위해 다른

3) 'public diplomacy'란 용어를 처음 사용한 사람은 Tufts University의 Fletcher School of Law and Diplomacy 학장인 Edmund Gullion이다. 그는 1965년 처음으로 이 용어를 사용하였다. Allen C. Hansen, USIA-Public Diplomacy in the Computer Age(New York: Praeger Publichers, 1984), p.2.

국가의 도시에 보내지면 미국의 공공외교관 (U. S. Public diplomats)들이 그의 연주 여행을 알리고 연주 일정을 만든다. 또 필요한 경우에는 연주 계획을 알리는 안내장을 만들어 배포하는데, 이러한 행위들은 모두 공공외교의 일환으로 전개되는 것이다.[4] 뿐만 아니라 해외공관에 근무하고 있는 외교관들의 중요한 업무 중의 하나는 주재국의 여러 계층의 인사들과 친분을 두텁게 갖는 일이다. 주재국의 여러 계층의 인사란 구체적으로 사회 지도급 인사로 다시 말하면 한 사회의 여론을 선도할 수 있는 사람들을 말한다. 외교관들이 이들과 두터운 친분을 갖는 것은 이들과의 접촉과 교류를 통해 자국을 또 자국의 국민, 자국의 정책 등을 알리고 이해시켜 주재국 인사로부터 호의적인 반응을 얻고 앞으로 이 국가의 자국에 대한 정책 결정 및 집행에 영향을 미칠 수 있게 하기 위해서이다.

오늘날은 대부분의 국가에서 국민의 정치 참여의 폭이 확대되고 따라서 정부의 정책 결정의 자유는 상대적으로 줄고 있다. 이처럼 국민의 정치에 대한 관심과 참여가 커지면 커질수록 정책결정 및 집행에 대한 국민의 영향력은 커지기 때문에 모든 정부는 자국 및 다른 국가 국민에 대해 지대한 관심을 가져야 한다.

목적

한 국가가 다른 국가의 국민들에게 외교행위를 전개하는 목적은 이 국민들로 하여금 자국의 외교정책과 정치적 주장을 지지하게 만들려는 것이다. 이렇게 다른 국가의 국민에 대해 적극적으로 또 직접적으로 외교를 전개하는 목적은 이들 국민들과 대화를 통해 외교정책에 대한 지지 기반을 확고히 하며 이 국가에 대한 외교를 효율적으로 전개하기 위해서이다.

그 목적을 좀 더 구체적으로 말하면 첫째 다른 국가의 국민들에게 자국의 가치관, 체제 및 여러 정책들을 보다 정확히 이해시키는 것, 둘째 자국 국민들에게 다른 국가 및 자국과의 상호관계를 정확히 알리는 것, 셋째 국가간 문화의 국경을 초월하여 개인적 또는 집단적으로 그리고 체제간 상호관계를 증진시켜 상호 이해의 폭을 넓히는 것, 그리고 넷째 자국 정부가 외교정책을 결정할 때, 그 정부가 다른 국가의 가치관, 이익,

---

4) Allen C. Hansen, USIA, Public Diplomacy in the Computer Age(New York: Praeger Publishers, 1984), pp.1-3.

우선 순위를 충분히 고려할 수 있도록 만들기 위한 것이다.

한 마디로 말하여 한 국가가 다른 국가의 국민들에게 외교를 전개하는 것은 이들로 하여금 자국에 호의적인 태도를 갖고 자국을 잘 이해하도록 하여 자국의 외교정책을 지지하도록 만드는 것이다.[5] 이와 같은 외교는 눈 앞의 현안을 해결하거나 또는 외교정책을 직접 실현시키려는 것이라기보다는 앞으로 자국의 외교정책과 외교가 순조롭게 또 효과적으로 전개될 수 있는 바탕을 마련하기 위한 간접적인 외교행위이다. 다시 말하면 다른 국가의 많은 국민들이 자국을 높이 평가하여 자국 외교정책을 지지하도록 만들려는 것이 이 간접적인 외교의 주된 목적이다.

다른 국가의 국민들에게 행하는 외교는 한 국가의 대외정책이나 대외행위의 기초를 강화하려는 대외행위이다. 외교정책은 정부에 의해 결정된다. 이때 정부는 국민의 의사를 수렴하지 않을 수 없다. 특히 국민의 집약된 의사는 한 정부의 정책결정에 지대한 영향을 미친다. 그러므로 다른 국가의 국민에 대한 외교는 그 국가가 자국에 대한 정책을 결정할 때 자국에게 유익한 정책을 결정하도록 그 국가의 여론에 영향을 미치려는 것이 그 목적이다. 예를 들면 한국인은 일본에 대해 좋지 않은 감정을 갖고 있다. 그렇게 때문에 한국 정부의 일본에 대한 정책 결정은 매우 신중하고 소극적이다. 일본이 한국 정부로 하여금 일본에 대해 우호적이고 적극적인 문화정책을 결정하도록 만들기 위해서는 일본 정부는 한국인들에게 적극적으로 외교를 전개해서 한국인들로 하여금 그들에 대해 갖고 있는 나쁜 감정을 씻어버리고 호의적인 생각을 갖도록 하여야 할 것이다. 그리하여 한국 국민이 일본에 대해 좋은 감정을 갖게 된다면 한국 정부의 일본에 대한 정책결정의 폭은 크게 넓어질 것이다.

만일 다른 국가의 국민이 자국이나 자국 국민에 대해 부정적인 태도나 호의적인 생각을 갖고 있다면 이 국가는 다른 국가 국민들로 하여금 긍정적인 태도나 생각을 갖도록 적극적인 외교를 전개해야 할 것이다. 한국은 미국 국민들에게 적극적인 외교를 전개해서 미국 국민들이 한국과 한국인에 대해 좋은 생각을 갖고 한국을 높이 평가할 수 있게 하여야 할 것이다. 이렇게 하여야 미국 정부나 의회가 한국에 대한 유익한 정책을 결정할 수 있을 것이다.

한 국가가 다른 국가의 국민들에게 영향을 미칠 수 있다면 그 국가는 외국의 국민들이 자국에 대해 호의적인 태도나 생각을 갖게 할 수 있고 이러한 것을 통해 자국에게 유익

---

5) Ibid., pp. 3ff.

한 정책을 결정하도록 분위기를 조성 할 수 있을 것이다. 이것이 다른 국가의 국민들에게 행하는 대외행위인 간접 외교의 주된 목적이다.

방법

다른 국가의 국민에 대해 행해지는 외교의 기초적인 방법은 개인간의 접촉, 라디오 방송, 도서관의 설립, 도서의 출판 및 배포, 영화, 텔레비젼, 각종 전시회 등을 이용한다. 뿐만 아니라 교육 및 문화 프로그램도 외국 국민들로 하여금 자국을 정확히 이해하도록 하고 또 외국인들에게 자국의 정책과 행위의 근본을 이해하게 만드는 데 이용되고 있다.[6)]

다른 국가의 국민들에게 행해지는 외교는 자국을 또 자국인, 문화, 체제 등에 대한 이해를 넓힐 수 있는 것이라면 무엇이든지 이용한다. 미국의 경우 1969년 최초로 사람을 달에 착륙시켰다. 이 사실은 모든 세계인을 놀라게 하였다. 동시에 이 사실은 미국의 과학기술이 어느 정도인가를 모든 사람에게 인식시켜 주었다. 그리하여 미국은 자국의 과학 및 기술 능력을 세계에 알리기 위해 달에 착륙했던 우주인들로 하여금 여러 국가를 방문케 하였다. 과거 공산주의의 종주국이었던 소련도 그에 대한 다른 국가의 나쁜 인상을 제거하고 좋은 인상을 갖게 하기 위해 소련은 자국에도 높은 수준의 문화가 있다는 사실을 알리기 위해 소련의 국립 무용단, 오케스트라 등을 외국에 보내 외국인들에게 이들의 연주를 감상케 하였다. 이와 같이 모든 국가들은 자국이 갖고 있는 자산들을 활용하여 대외적으로 자국과 자국국민이 훌륭하다는 것을 알리고 외국인들로부터 높은 평가를 받고 지지를 받기 위해 노력한다. 특히 오늘날은 과학 기술의 발달로 교통 및 통신의 수단이 발달되어 국가간 문화교류가 활발하기 때문에 자국을 다른 국가에 알리는 일이 매우 편리해졌고 그 영향은 대단히 위력적이다. 이런 측면에서 볼 때, 한 국가가 다른 국가에 대해 자국 문화의 수출을 소홀히 한다면 이는 국가가 간접적 외교행위를 소홀히 하는 것이다.

국가가 다른 국가 국민에 대해 행한 대외행위는 제1차 세계대전 동안 경제전쟁과 함께 심리전을 전개하면서 처음으로 시작되었다. 이 심리전의 목적은 자국 국민의 사기는 진작시키고 상대국 국민의 사기는 저하시키는 것이 그 목적이었다. 그 당시 전시

---

6) Ibid., pp .20-22.

심리전의 수단으로 이용되었던 것으로 적대국 지역에 선전 삐라(leaflets)를 살포하는 것이었다. 그리고 이와 같은 행위는 전시에 또는 다른 국가와 적대관계에 있는 동안에만 시행되었다. 전시가 아닌 평화시에 외국 국민에 대한 대외적인 선전행위는 소련이 처음으로 실시하였다.

소련은 볼쉐비키혁명 이후 공산주의를 선전하기 위해 정부내에 상설 기구를 설치하여 다른 국가에 공산주의를 선전하였다. 영국도 1935년에 '영국협의회'(British Council)를 만들어 영국인의 생각과 생활을 외국에 알리는 일을 시작하였다. 또 1938년에는 '영국방송공사'(British Broadcasting Corperation)를 만들어 여러 외국어 방송을 실시하였다. 그리고 1939년 6월 영국 수상은 외교부에 '해외선전국'(Foreign Publicity Department)을 설치하여 영국을 다른 국가에 알리는 일을 하였다.[7)]

국가가 국민에 대한 외교를 체계적으로 그리고 다양하게 전개한 국가는 미국이다.[8)] 미국은 1948년 '미국 정보 및 교육교환법'(United States Information and Educational Exchange Act-일명 Smith-Mundt Act)을 제정했다. 이 법을 제정한 의회는 다른 국가의 국민들로 하여금 미국을 더 잘 이해하게 하고 미국 국민과 외국 국민간의 이해를 증진시키려는 것이 이 법의 목적이라고 했다. 미국은 1953년 미국 공보원(U. S. Information Agency-USIA)을 만들어 국무성 산하에 두고 여러 국가에 이를 설치하였다. 미국공보원은 언론, 출판, 영화 등 여러 대중매체를 이용하여 미국을 외국인에게 알리는 일을 하고 있다. 미국공보원은 교육 및 문화계획을 통해 미국의 정책과 행위의 근간이 되는 미국문화를 외국인들에게 올바르게 이해시켜 궁극적으로 외국인들에게 미국 정부의 목적과 정책을 알리려는 것이 그 목적이다. 미국은 이와 같은 목적을 위하여 약 120여개국에 200여개의 미국공보원을 두고 체계적으로 다른 국가 국민에 대해 공공외교를 전개하고 있다.[9)] 또 미국 의회는 1973년 '국제방송위원회법'(Board for International Broadcasting Act of 1973)을 제정하였다. 이 법에 근거해서 '국제방송국'을 설립하고 이 방송을 통해 외국인에게 미국인과 미국의 정책, 목표 등을 알려 미국을 이해하는 데 도움을 주고 있다.

오늘날 많은 국가들은 다른 국가의 국민들에게 자국의 가치관, 목표, 정책 등을 알리

7) E. H. Carr, The Twenty Years' Crisis(London: Macmillan & Co. LTD., 1958), pp. 132ff.

8) 미국의 국민에 대한 외교는 Allen C. Hansen, op. cit., pp. 1ff 참고.

9) Ibid., p. 15.

고 이해시키는 일을 매우 강조하고 있다. 이러한 목적을 위해 이용되는 방법은 사람이나 물건을 직접 외국에 소개하기도 한다. 한 국가의 유명한 예술가가 있다면, 그를 외국에 보내 외국 국민들에게 자국의 우수성을 알리고 또는 자국의 국보급 문화재를 해외에 전시하여 자국의 문화를 자랑하기도 한다. 특히 부유한 국가들은 외국인들을 자국에 초청하여 이들에게 장학금을 주어 공부시켜 자국을 많이 이해하고 귀국하면 좋게 선전하여 줄 것을 기대한다. 이렇게 공부한 사람이 만약 장차 그 사회의 지도급 인사가 되거나 정책 결정자의 자리에 오른다면 그 부유한 나라는 이 학생에게 지급한 장학금으로 더 좋은 효과를 거둘 수 있을 것이다.

오늘날 국가적으로 부유한 국가들은 해외공관과 함께 문화원 또는 홍보관을 두고 있다. 이 기관은 주재국 국민들에게 자국을 소개하는 여러 가지 문화행사를 실시한다. 자국을 소개할 수 있는 영화도 상영하고, 강연회도 하며 학술회의를 개최하기도 한다. 그와 함께 자국을 이해할 수 있는 기초 수단으로 자국의 언어를 공부할 수 있는 기회를 제공하기도 한다. 또 국가들은 자국을 소개하는 데 도움이 되는 국제적인 행사도 유치해서 자국에 대한 평가를 높게 하고 위상을 제고시킨다. 독재국가는 세계미인대회를 자국에 유치해서 미인의 인상과 함께 자국의 독재국가의 나쁜 인상을 씻으려 한다. 또 국제통화기금(IMF), 세계은행(IBRD) 등의 국제적으로 영향력이 있는 국제기구의 회의를 유치하여 이 회의를 통해 자국의 위상을 제고시키려 한다.

공공외교의 행위자(the public diplomat)

공공외교도 외교행위 가운데 하나이다. 그러므로 공공외교를 실제로 전개하는 사람은 물론 한 국가의 관리이며 이들도 역시 국가의 이름으로 다른 국가 국민들을 대상으로 외교행위를 전개한다. 주지하는 바와 같이 일반적으로 외교는 한 국가의 관리들이 다른 국가의 관리들을 대상으로 전개되는데 이 공공외교는 국가의 이름으로 행위하는 국가 관리에 의해 다른 국가의 국민들을 대상으로 전개된다. 이러한 임무를 수행하는 관리들이 공공외교관이며 공공외교관이라는 용어는 1960년대 중반에 처음 사용되었다.[10] 공공외교의 제 일차적 목표는 자국의 외교정책을 지원하는 것이다. 그런데 공공외교는 정치적 의도를 갖고 직접적으로 또 적나나(赤裸裸)하게 전개되는 것이 아니라 공개적으

10) Allen C. Hansen, USIA-Public Diplomacy in the Computer Age, pp.ixff.

로, 정직하게 그리고 국민 친화적으로 전개된다. 이처럼 공공외교는 표면적으로 또 형식적으로 정치적 색체를 갖지 않고 다른 국가의 국민들에게 접근해서 자국의 문화, 가치 등을 이해하도록 하고 자국의 외교정책을 지지하게 만드는 외교이다. 그러므로 이러한 공공외교를 수행하는 행위자 즉 공공외교관은 정치적 의미를 갖고 행위하는 외교관과는 어느 정도 차별화가 요구된다. 그리고 공공외교를 전개하는 행위자들이 이용하는 도구, 방법, 행태 등은 매우 다양하며 따라서 공공외교는 다양한 사람들에 의해 전개된다.

그리고 공공외교에서 이용되는 수단은 각 종 서적의 발간, 신문, 라디오, 텔레비전, 영화 등 다양한 대중매체들이 있다. 그 뿐만 아니라 공공외교에서 이용되는 또 다른 도구로서 도서관의 관리, 강연회, 학술 토론회, 문화센터 지원, 교육적 교환 프로그램, 각 종 문화행사 등이 잇는데 이러한 활동을 공공외교의 행위자가 관리한다. 오늘의 세계에서 전문 분야에 종사하는 사람들은 다양한 대중매체를 충분히 활용할 것을 요구받고 있다. 그 중에서도 성공적인 공공외교관은 그 자신을 '다재다능한 사람'(generalists)이라고 생각하는 사람이다. 즉 공공외교관은 다양한 프로그램 예를 들면 각 종 전시회, 예술 활동, 교육 교류 프로그램 등을 관리하므로 언론, 라디오 그리고 텔리비전에 관한 해박한 지식을 가져야 그의 임무를 잘 수행할 수 있고 성공적으로 공공외교관의 임무를 수행할 수 있다.[11] 그리고 공공외교 행위자의 주요 임무는 다른 국가의 여론에 영향을 미치는 일이다. 그러므로 공공외교의 행위자는 위에서 언급한 다양한 수단들을 이용하여 다른 국가 국민들로 하여금 자국의 외교정책을 지지하도록 만든 일을 하는 것이 주요한 임무이다.

공공외교 행위자가 담당해야 할 주요 임무는 다음과 같다.[12]

1. 자국과 다른 국가 국민들의 생각의 교류 및 인적 교류를 최대한 크게 확대하기 위해 여러 활동을 촉진시키고, 지원하고 주최하는 일;
2. 외국 국민들에게 자국의 정책과 의지를 잘 이해할 수 있도록 돕는 일 그리고 자국이 왜 그 국가에 그러한 정책을 결정하였는지를 이해할 수 있도록 자국의 사회 및 문화에 대한 충분한 정보를 제공하는 일;
3. 자국 정부는 필요한 정책을 결정하기 위한 대상 국가의 여론 및 문화를 잘 이해하

11) Ibid., pp.79ff.

12) Ibid., p.22.

고 있다는 사실을 외국 국민들에게 분명히 알리고 또한 자국 국민과 자국의 기관에게 다른 국가 및 국민과 외국의 문화를 잘 알 수 있도록 돕는 일;

4. 폭 넓은 자국의 정책이 국제적으로 잘 집행될 수 있도록 지원하고 세계 국민들간에 많은 생각과 정보가 유통되도록 하는 일;
5. 다른 국가의 정부와 문화 교류를 위한 교섭을 준비하고 실제로 교섭을 행하는 일.

이러한 일들을 행하는 공공 외교관들은 자국의 외교정책을 지원하는 데에 초점을 맞추어 그의 임무를 수행하여야 한다. 그러나 이들에 의해 시행되는 교육 및 문화 교류 프로그램이 구체적인 외교정책목표를 지원하기 위한 수단으로 이용되는 것은 바람직하지 않다. 이러한 프로그램들은 외국인들로 하여금 자국의 정책 및 행위의 근간이 되는 문화를 이해할 수 있는 기본적인 바탕 및 틀을 제공할 수 있는 것이어야 한다.

공공외교를 수행하는 가장 주된 사람은 해외공관에 주재하는 외교관들이다. 그 중에서도 해외공관의 언론 및 문화 담당관(press and culture attraché)이다. 이들의 주임무는 위에 열거한 임무의 수행을 주된 업무로 하는 사람들이다. 이들은 이러한 임무를 수행하는 것 이외에 이들은 다중을 상대로 하는 업무를 추진하기도 하지만 다른 한편 개별적으로 주재국 시민들과 접촉하고 교류하며 그들의 임무를 수행한다. 특히 공공외교를 수행하는 사람들이 그 주재국의 여론 형성에 커다란 영향을 미치는 사람들과 교류를 한다면 이 교류는 공공외교를 효과적으로 수행하는 일이 될 것이다.

세계 많은 국가들은 해외에 문화원 또는 공보관을 설치하고 공공외교를 전개한다. 한국도 1950년대부터 다른 국가에 한국을 알리고 외국인들에게 한국을 이해시키기 위해 여러 활동을 전개하여 왔다 한국은 공공외교를 효과적으로 전개하기 위해 다른 국가와 문화협정을 체결하고 공공외교를 전개하기 위해 한국문화원을 설치하고 또 해외공관에 홍보를 담당하는 외교관을 두고 있다. 이들 기관과 외교관들은 한국을 외국인들에게 널리 알리기 위해 각 종 학술회의, 전시회, 한국 예술인들의 해외공연 등을 주최하고 있다.[13] 놀라운 경제 발전으로 국력이 크게 신장된 중국도 2001년부터 공공외교의 일환으로 다른 국가와 문화교류를 촉진시키기 위해 각국의 주요 대학에 중국 정부에 의해

---

13) 송영우, 한국의 외교(서울: 평민사, 2000), pp.164ff; 외무부, 한국외교 40년, 1990, pp.303ff; 외교부, 외교백서, (1994), pp.232ff.

'공자학원'(Confucious Academy)을 설치하고 있다. 2009년 4월 현재 중국은 전세계 82개국의 교육기관과 협력해서 총 328개의 '공자학원'을 설치 운영하고 있다. 한국에도 14개 대학에 '공자학원'을 설치하고 있다.[14] 이 공자학원은 우선적으로 외국인들에게 중국어를 가르치고 있으며 이는 중국을 잘 이해할 수 있도록 만드는 방법이다.

세계에서 가장 먼저 그리고 효율적으로 공공외교를 전개한 나라는 미국이다. 미국의 공공외교를 전개하는 주요 기관 중의 하나는 미국 국무성 산하에 있는 미국공보원(U.S. Information Agency—USIA)이다.[15] 해외에 있는 미국의 대사관 및 영사관에 소속되어 있는 미국 공보원의 관리들은 공공외교 업무를 수행하는 관리인 동시에 문화적 업무를 수행하는 관리들로서 해외에서 미국 정부의 주요 교육 및 문화 교환 프로그램을 관리한다. 이 교육 및 문화프로그램은 미국 외교정책의 특수한 목적을 지원하기 위해 만들어지는 경우는 없다. 이들 프로그램은 여러 국가 국민들로 하여금 상호 이해를 도모하고 협력에 기초하여 평화를 추진하도록 만들어진다. 미국 의회는 1961년 '상호 교육 및 문화교류법'(Mutual Educational and Cultural Exchange Act)을 통과시켰다. 이 법은 일명 '풀브라이트—헤이스 법'(Fulbright-Hays Act)이라고 불리어진다. 이 법은 기존의 여러 교육 및 문화교류 프로그램을 강화하려는 법령이다. 각국의 국민과의 상호이해 증진은 이 법의 주요 목적이다. 이 법의 서문에서도 교육 및 문화프로그램을 통해 상호 이해를 증진시켜 미국의 국제관계를 증진시키고 강화시키는 것이 이 법의 주된 목적이라고 강조하고 있다.

미국 공보원 산하에는 공공외교를 담당하는 기구로 '미국의 소리'(Voice of America) 방송국을 두고 있다. 1976년 미국 의회는 이 방송국에 미국의 공공외교를 수행할 수 있는 특수한 권한을 부여하였다. '미국의 소리'방송은 라디오를 통해 전세계인들과 직접 대화하며 미국의 장기적 이익을 신장시키는 데 기여하는 기구로 태어났다. 미국의 소리 방송은 미국의 외교정책을 지지하는 기본적인 임무를 효과적으로 수행하기 위해 미국공보원을 지원한다.

지금까지 위에서 언급한 대사관 및 영사관 관리들뿐만 아니라 미국공보원에 근무하는 사람들 그리고 '미국의 소리'방송에서 일하는 사람들은 모두 미국의 공공외교를

---

14) 中央日報(한국), 2009. 7. 2.

15) USIA에 관한 내용은 Allen C. Hansen, USIA-Public Diplomacy in the Computer Age, pp.ix-x, pp.1ff참고.

수행하는 공공외교관이다. 외교관은 아니지만 공공외교를 전개할 수 있는 사람은 해외 공관 또는 자국의 공보원이 있는 국가의 전문성을 가진 주재국의 국민들이다. 이들은 외국의 공공외교관보다 자국의 문화를 잘 이해하고 있고 또 공공외교의 수단에 대해 전문적인 지식을 갖고 있는 사람들이기 때문에 이들이 외국의 국가 기관에 고용된다면 이 사람들은 자신을 고용해준 국가를 위해 일하게 될 것이고 이들의 행위는 결과적으로 어느 정도 공공외교관의 역할을 수행할 수 있을 것이다.

한 국가의 가치 및 문화를 다른 국가 국민들에게 알리고 이해시키는 데 가장 좋은 방법은 자국의 언어를 외국인에게 가르치는 일이다. 자국의 언어 및 문자를 잘 이해하고 있는 사람들에게 자국의 가치 및 문화를 직접 소개하고 이해를 도모한다면 이는 공공외교를 성공적으로 수행할 수 있는 바탕을 마련하는 일이 될 것이다. 오늘날 경제, 과학 등의 선진국 가운데에는 영어를 모국어로 사용하는 국가들이 있다. 영어를 모국어로 사용하고 있지 않은 국가의 국민들은 선진 지식, 문화, 기술 등을 얻기 위해 영어를 공부한다. 오늘날 세계 어디에서나 영어는 생활의 필수적인 요소이다. 영어를 모국어로 사용하는 국가에서 그 국가의 관리나 또는 그 국가에서 고용한 사람들이 외국에서 외국인에게 영어를 교육하는 사람들도 공공외교의 한 부분을 담당하는 사람이라고 간주할 수 있다. 외국인들에게 자국의 언어 특히 영어를 가르쳐 영어 사용 국가의 가치, 문화 등을 이해할 수 있도록 한다면 공공외교관이 직접적으로 공공외교를 전개하지 않아도 외국에서 자연스럽게 공공외교의 효과를 얻을 수 있을 것이다.

실제로 미국공보원(USIA)에는 영어교육을 담당하는 부서가 있고 미국의 공공외교관은 외국에서 영어교육이 활성화 되도록 지원하고 있다. 미국공보원의 영어담당부서에서는 각 지역에 영어교육 자료를 제공하고, 영어 교육을 담당하는 전문가를 파견하며 영어교육의 확대·강화를 도모한다. 미국공보원은 외국인들에게 미국사회 및 미국의 여러 정책을 소개하기 위해 약 500여명의 전문가들을 해외에 파견한다.[16] 이렇게 파견된 사람들은 대학교육 또는 각 분야 전문가들이다. 이들은 2개 이상 국가에 보내져서 각국에 주재하고 있는 미국 공보원의 주선으로 강연도 하고, 학술회의도 하고 그리고 외국의 전문가들과 의견을 교환하기도 한다. 이렇게 해외에 파견되는 사람들은 국가의 관리도 아니고 공공외교관도 아니지만, 미국 국무성 산하의 기관인 미국 공보원이 주관

16) Report of the United States Advisory Commision on Public Diplomacy, 1982, Washington, D.C. p.27.

하는 각 종 프로그램에 참여하고 있기 때문에 이들은 미국을 위한 공공외교를 수행하는 사람들이라고 말할 수 있다. 또한 미국공보원의 후원 또는 주관하에 외국에서 음악, 무용 등 예술 활동을 하는 사람들도 공공외교를 수행하는 사람들이다.

5

외교역량

외교역량의 의미

국제정치의 가장 주된 행위의 주체는 배타성을 강하게 갖고 있는 주권 독립 국가들이다. 이 국가들은 각기 다른 국가보다 더 많은 것을 가지려 하고, 심지어는 다른 국가의 희생 위에 더 많은 것을 얻으려 하는 경우도 있다. 그렇기 때문에 국가간의 이해관계는 조화보다 상충되는 부분이 더 많아 각국은 서로 경쟁하고 대립하며, 상대 국가를 압도하려 한다. 이러한 국제적 환경하에서 한 국가가 자국의 대외적 목표를 달성해서 국가이익을 극대화하려면 자국이 원하는 방향으로 다른 국가가 행위하고 정책을 결정하도록 만들 수 있어야 한다. 오늘날 국제정치에 있어 진정으로 강한 국가는 군대에서의 지휘관처럼 한 국가가 다른 국가에게 어떤 의사를 간접적으로 표시하거나 직접 전달했을 때 이것이 명령으로 받아들여져 복종시킬 수 있는 능력을 가진 국가를 의미한다.[1)]

이러한 측면에서 볼 때, 오늘날 어떤 국가가 대외관계나 대외적 목적을 위해 무력이나 군사력을 행사하는 것은 외교에서 실패하였다는 것을 의미한다. 즉, 한 국가가 군사적 수단을 사용하는 것은 다른 국가를 설득하는 데 실패하였음을 뜻한다는 것이다. 미국은 오늘날 가장 힘이 강한 국가로 인정되고 있다. 그러나 1989년 12월 파나마의 독재정권을 제거하기 위해 군사적 행동을 감행한 것은 미국이 파나마에 대한 외교의 실패를 인정하는 행위이다. 파나마가 미국의 정책이나 의지와 다르게 결정하고 행위를 한다는 것은 미국의 파나마에 대한 정치적 외교가 전개될 수 있는 바탕을 갖고 있지 못해 미국의 외교가 효력을 상실하였다고 생각해도 좋을 것이다. 비폭력적인 외교행위로 미국이 그의 목적을 달성할 수 있었다면 군사적 수단은 사용되지 않았을 것이다.

1) Bruce Russett and Harvey Starr, World Politics(San Francisco: W. H. Freeman and Company, 1981), pp. 137 & 172.

오늘날 어느 국가도 자국의 목적을 달성하기 위해 군사적인 수단을 사용하는 것이 바람직하다고는 생각지 않을 것이다. 국가는 평화적인 방법으로는 목적을 달성할 수 없다고 판단하거나 또는 그 수단 밖에는 없다고 생각할 때 무력을 행사하게 된다. 물론 이러한 것도 외교의 한 수단이기는 하지만, 이는 외교의 수단 중 최후의 수단이다. 군사적인 방법으로도 그 목적을 달성할 수 없게 된다면 그 국가의 외교는 더 이상 전개될 수 없을 것이다. 군사력이 정치적 수단으로 효력을 가지려면, 실제 사용하는 것보다는 외교의 대상이 되는 국가에 영향력을 행사하는 수단으로 사용해야 한다. 어떤 국가에 대해 그 국가가 하지 않으려는 일을 하게 하거나, 또는 그 반대의 경우에 실제 무력을 행사하지 않고 군사력을 이용하여 영향력을 행사할 때 군사적 수단이 효과를 발휘하는 것이다.[2)]

모든 국가들은 더 효과적이고 바람직한 외교 수단을 가지려 하는데, 이러한 외교적 수단은 외교를 뒷받침하는 힘이 있을 때 도출될 수 있다. 이 외교적 힘이란 한 국가가 다른 국가에 의사전달 또는 의사표시 행위로 자국의 목적이나 뜻하는 바를 달성할 수 있는 능력을 말한다. 이 능력 가운데에는 한 국가가 평화적인 방법으로 그의 대외목표나 대외정책을 실현시켜 국가 이익을 극대화하는 적극적인 능력이 있고 다른 한편으로는 다른 국가로부터 자국의 국가 이익을 보호할 수 있는 소극적 능력이 있다. 전자는 적극적이고 공세적인 것으로 이는 적극적 외교역량이라 하고 후자는 소극적이고 수세적인 것으로 이는 소극적 외교역량이라고 한다. 이 소극적 외교역량은 적극적이고 공세적으로 가해지는 외교행위에 굴복하지 않고 자국의 이익을 보호할 수 있는 능력을 말한다.

적극적 외교역량

적극적 외교역량이란 한 국가가 자국의 외교정책이나 의지를 외교로 성취시킬 수 있는 국가의 능력을 말한다. 국제사회에서 언제 어디서나 힘의 뒷받침 없이 외교행위가 성공하는 경우는 흔한 일이 아니다. 국력이 강한 국가는 약한 국가에 비해 외교의 성공률이 높은 것이 사실이지만, 그렇다고 강대국의 외교가 언제나 성공적인 것은 아니다.

오늘날 강대국인 미국도 리비아에 대한 정책은 실효를 거두지 못하고 있다. 1980년대

2) Stephen S. Kaplan, Diplomacy of Power(Washington, D.C.: The Brookings Institution, 1981), p. 16.

리비아는 미국의 군사기지에 테러 행위를 자행했고, 미국인을 납치하여 인질로 삼았다. 1986년 4월 미국은 리비아에 무력을 사용하기도 했으나, 리비아에 대해 미국의 뜻에 어긋나는 행위를 저지시키거나 미국의 정책에 동의하도록 만들지는 못하였다. 소련 역시 공산권 국가의 종주국으로 군림하고 있었고, 바르샤바조약기구 (Warsaw Treaty Organization)를 통해 동유럽 국가들을 그의 휘하에 거느리고 있었다. 그러나 1968년 불가리아의 수도 소피아에서 개최된 이 기구 회원국 회의에서 소련이 이 기구의 군사령부를 확대 강화시키려하자 루마니아가 소련의 입장에 반대하였고, 그 후 루마니아는 수시로 바르샤바조약기구의 해체를 주장하였다.[3] 리비아와 루마니아가 각각 미국과 소련에 저항하며 순응하지 않는 태도를 갖는 것은 미국과 소련의 영향력이 각기 이 두 국가에 통용되지 않고 있음을 나타내는 것이며, 동시에 미국과 소련도 이 두 국가에 적극적 외교역량이 발휘될 수 있는 기초를 갖고 있지 못한 것으로 판단할 수 있다. 이와 같이 강대국이라고 하더라도 어느 국가에 대해서나 적극적인 외교역량이 발휘될 수 있는 것은 아니다.

한 국가의 힘은 땅 속에 매장되어 있는 원유와 같은 것이다. 땅 속에 많은 양의 원유가 매장되어 있다는 것은 국가의 큰 자산이다. 그러나 이 땅속에 묻혀 있는 원유가 곧 자동차나 공장 기계 등을 움직이는 에너지가 되는 것은 아니다. 이 원유가 채굴되고, 이것이 정유공장에서 사용가능한 기름으로 만들어져 필요한 곳으로 공급될 때 그 원유의 가치가 발휘되는 것이다. 이처럼 국가가 갖고 있는 힘도 그 자체가 자동적으로 외교역량으로 발휘되는 것이 아니다. 국력이 외교역량으로 변모되기 위해서는 그 국력이 적절히 활용되어져야 한다. 국가가 큰 힘을 품속에 간직하고만 있다면, 이는 소극적 외교역량은 될 수 있을지 모르나 적극적 외교역량은 될 수 없다. 국가가 적극적인 외교역량을 크게 갖기 위해서는 그 국가가 갖고 있는 자원(resources)을 실제적이고 효과적으로 사용할 수 있는 영향력으로 바꾸어야 한다. 이렇게 하는 것을 '힘의 변환'(power conversion)이라고 한다. 다시 말하면 '힘의 변환'이란 국가의 잠재적인 힘(potential power)을 실제로 사용 가능한 힘(realized power)으로 바꾸는 것을 말한다. 실제로 한 국가로부터 다른 국가로 유형 및 무형의 자산이 계속해서 제공되는 것을 '힘의 변환'이라고 말할 수 있다. 이러한 일이 실제로 전개된다면 이 두 국가 간에는 필연적으로

3) Raymond L. Garthoff, Detente and Confrontation(Washington, D.C.: the Brookings Institution, 1985), pp. 112-113.

후자 국가가 전자 국가에 일방적으로 의존하게 된다. 이러한 현상은 정치적으로 의존적 관계를 형성시킨다. 이러한 의존적 관계는 전자 국가로 하여금 후자 국가에게 영향력이나 압력을 행사할 수 있는 근거를 제공하게 된다. 이 근거는 전자 국가로 하여금 영향력이나 압력 행사를 통하여 후자 국가를 전자 국가의 뜻대로 결정하고 행동하게 만든다. 이러한 능력이 곧 적극적 외교역량이다. 이처럼 한 국가가 다른 국가와 깊고 넓은 정치적인 의존적 관계를 형성해서 강한 적극적 외교역량을 확대하고 강화하기 위해 다른 국가에 지속적으로 유형 및 무형의 자산을 제공하는 행위를 정치적 투자라 한다. 정치적 투자의 수단으로 주어지는 유형, 무형의 자산 가운데 가장 분명하고 일반적인 것이 경제발전의 지원, 과학기술의 제공, 군사원조, 국민의 교육 수준을 향상시킬 수 있도록 지원하는 물질적 투자이다. 그 외에도 여러 형태의 경제관계, 예를 들어 무역, 관세, 환율 등도 효과적으로 관리한다면 이것도 정치적 투자의 역할을 할 수 있고 또한, 교육 및 문화적 교류도 그의 일종이 될 수 있다.[4)]

국제사회에서 국가간에 이루어지고 있는 지원, 교류 등이 모두 정치적 투자로 이루어지는 것은 아니다. 그러나 국제정치의 속성상 한 국가의 다른 국가에 대한 지속적인 지원에는 이러한 정치적 투자의 의미가 다분히 담겨 있다고 보아야 한다. 국제사회에서 각국은 서로 경쟁하고 상호 배타적인 입장을 견지하는 것이 일반적인 현상이다. 그런데 한 국가가 다른 국가를 지속적으로 지원한다는 것은 자비와 박애의 정신에 입각해서라기보다는 정치적 의미를 담고 있는 것으로 보아야 할 것이다. 물론 정치적 투자는 국력이 강하고 풍부해야만 가능하다. 그러나 이러한 능력이 있는 국가라고 해서 원칙없이 무계획적으로 다른 국가에 정치적 투자를 제공하는 것이 아니다. 미국은 강하고 풍부한 국력을 갖고 있으나 세계 모든 국가에 유형·무형의 자산을 제공하고 있지는 않다. 능력이 있는 국가들로부터 정치적 투자를 제공받는 국가는 강대국 외교의 주된 객체가 되는 국가들이다. 많은 사람들이 기아에 허덕이고 있는 아프리카의 빈국에 강대국의 정부 또는 국가 차원에서 지속적으로 물질적 원조를 제공하는 하는 경우는 거의 볼 수 없다. 이런 사실은 곧 정치적 투자나 물질적 지원은 이를 제공하는 국가의 정치적 필요에 의해 이루어진다는 것을 말해 주고 있다. 이렇게 볼 때, 유형·무형의 자산이 지속적으로 제공되는 것은 정치적 투자의 성격을 강하게 띠고 있고, 이러한 정치적 투자는 적극적 외교

4) Bruce Tussett and Harvey Starr, World Politics, p. 134; Joseph S. Nye, Jr., "The changing Nature of World Power," Political Science Quarterly, col.105 no.2(summer 1990), pp.177ff.

역량을 강화하기 위해 이루어지는 것이라고 결론지을 수 있다.

특히 오늘날은 경제가 국제정치의 결정적인 요소로 작용하기 때문에 경제를 수단으로 하는 정치적 투자가 특히 효력을 발휘한다. 모든 국가가 경제발전을 국가의 지상목표로 삼고 있기 때문에 경제를 통한 일방적인 의존적 관계의 형성은 매우 쉽게 볼 수 있는 일이다. 어떤 국가가 수출물량의 절반을 특정 국가 시장에 팔고 있다면 이 국가는 수출시장을 제공하고 있는 국가와 무역에 있어 일방적으로 의존하게 된다. 이 의존 현상은 수출시장을 제공하는 국가에게 영향력이나 압력을 행사할 수 있는 근거를 제공하게 되고 이러한 관계는 정치적으로 의존적 관계를 형성하게 한다. 이런 관계는 수출 시장을 제공한 국가로 하여금 상품을 자국에 수출하는 국가에 대해 강한 적극적 외교역량을 갖게 해 줄 것이다. 이처럼 오늘날은 경제적인 요소가 정치적 투자의 요소로 이용되고 적극적 외교역량을 강화시키는 수단으로 활용되고 있다.

이와 같이 적극적 외교역량의 기초를 강하게 구축하기 위해 제공되는 정치적 투자가 효력을 갖기 위해서는 영향력이나 압력이 미칠 수 있고 작용할 수 있어야 한다. 그러기 위해서는 이 정치적 투자가 무기로서 위협이나 징벌을 가할 수 있어야 한다. 이를 위해 정치적 투자를 제공하는 국가는 이러한 측면을 염두에 두고 있다. 이는 정치적 투자를 제공받는 국가로 하여금 이를 제공하는 국가에 의존도를 깊고 넓게 만들려 할 것이다. 정치적 투자를 제공하는 국가는 이를 제공받는 국가와 일방적인 의존관계를 형성해서 언제나 전자가 후자에 대해 원하는 것을 성취시킬 수 있도록 하고, 더 나아가서는 경제적 징벌 또는 그의 위협으로 전자의 외교가 성공할 수 있는 기초의 강화를 도모할 것이다.[5] 적극적 외교역량을 확대·강화시키고 있는 국가로서 보다 더 효과있고 위력적인 외교행위의 바탕을 갖기 위해서는 다음과 같은 조건들이 충족되어야 한다.[6]

첫째, 영향력 행사나 압력을 받는 국가의 경제가 매우 취약해서 징벌을 가하는 국가의 위협에 쉽게 굴복할 수 있을만큼 양측의 경제관계가 커다란 불균형 관계에 있어야 한다.

둘째, 징벌을 받는 국가가 다른 공급처나 시장을 구할 수 없어야 한다.

셋째, 징벌을 받는 국가가 징벌을 가하는 국가로부터 제공받는 기술이나 자원을 다른 국가로부터도 구할 수 없어야 한다.

---

5) Ibid., p. 136.

6) K. J. Holsti, International Politics(Englewood Cliffs, N. J.: Prentice-Hall International, Inc., 1988), p. 227.

넷째, 징벌을 받는 국가가 불매동맹 그리고 통상 정지로 경제적 어려움이 발생했을 때 정치적 압력을 증가시킬 수 있는 요소로서 경제적 어려움에 불만을 가진 사람들이 징벌을 받는 국가내에 많이 있어야 한다.

다섯째, 압력이나 징벌을 가하려는 기도가 개별적으로보다는 집단적으로 이루어져야 더 효과적이다. 국가 그룹이나 전 공동체가 제재를 가할 때, 징벌의 대상이 되는 정부의 정통성은 치명상을 입는다.

여섯째, 이러한 압력이나 징벌은 가하는 측보다 이를 받는 국가의 손실이 더 커야 한다.

일곱째, 압력이나 징벌의 대상이 되는 정부가 국제적으로 동정을 받지 않아야 한다.

여덟째, 경제적 압력은 다른 징벌 수단과 병행되어 행해져야 더 효력이 있다.

적극적 외교역량의 효력을 증대시킬 수 있는 다른 하나의 수단으로는 무력행사가 아닌 무력행사의 위협이 있다. 이 수단은 정치적 투자 없이도 행사될 수 있다. 직접적인 무력 행사는 정치적 의미를 크게 갖지 못하지만, 이의 위협은 압력이나 영향력의 의미를 전달할 수 있기 때문에 정치적 의미를 가질 수 있다. 그러나 모든 무력 행사의 위협이 효력을 갖는 것은 아니다. 실제로 행사될 수 있는 무력을 보유하고 있어야 함은 물론이고, 이를 행사할 수 있다는 확고한 의지가 상대 국가에 인지되어야 한다.

중국의 대만해협에 대한 포격이 있기 전인 1958년 1월 만약 중국이 대만해협에 무력을 행사한다면 미국은 중국에 대해 핵무기로 보복 공격을 하겠다고 선언하였다. 그럼에도 불구하고 중국은 대만해협의 여러 섬에 대한 포격을 계속하였다. 중국이 미국의 위협에 굴복하지 않은 이유는 미국의 중국에 대한 보복 의지를 믿지 않았기 때문이다. 이렇게 미국의 의지가 효력을 갖지 못하는 이유는 1958년 7월 흐루시초프가 아이젠하워 대통령에게 "중국은 소련의 동맹국이고 우방이다. 미국의 중국에 대한 공격은 소련에 대한 공격으로 간주한다."[7]고 경고했기 때문이고, 이 경고가 중국으로 하여금 미국의 보복 의지를 무시할 수 있게 하였다.

다른 한편으로 1962년 10월 미국 해안으로부터 90마일 떨어져 있는 쿠바에 설치한 소련의 미사일기지가 발견되었을 때 이 같은 소련의 행위는 미국의 국가 이익에 대한 중대한 위협이고 도전이라고 미국은 판단하였고, 이에 대해 케네디(John F. Kennedy)

---

7) John R. Thomas, "Soviet Behavior in the Quemoy Crisis of 1958," ORBIS, vol. 6, no. 1(Spring 1962), pp. 41-42.

대통령은 쿠바내에 설치된 미사일 기지에 대한 공중공격을 내용으로 하는 최후 통첩을 소련에 전달하였다. 이러한 미국의 확고한 의지를 인지한 소련은 미국으로부터 쿠바를 공격하지 않겠다는 보장을 받고 쿠바로부터 미사일 기지를 철수하였다. 소련의 미사일 기지 철수 결정은 미국의 위협에 굴복하였기 때문으로, 이 경우는 미국의 소련에 대한 위협이 성공한 예이다. 소련이 미국의 위협에 굴복한 것은 미국의 확고한 보복 의지를 소련이 인지하였고, 동시에 미국의 군사적 능력을 알고 있었기 때문이다.

경제적이든 군사적이든 어떤 국가의 위협이 효력을 발휘해서 정치적 목적을 달성하려면, 위협을 가하는 국가의 능력과 의지가 위협의 대상이 되는 국가에 대해 확실하게 인지되어야 한다. 경제적 또는 군사적 수단이 적극적 외교역량으로 활용되기 위해서는 그 국가의 힘이 상대국보다 우월해야 하고, 이에 맞추어 불평등하고 의존적인 관계가 형성되어야 하는 것이다.

소극적 외교역량

어떤 국가든 대내외적으로 자국이 견지하고자 하는 노선, 정책, 태도 등을 유지하려면 최소한도의 소극적 외교역량을 보유하여야 한다. 여기서 의미하는 소극적 외교역량이란 다른 국가로부터 가해지는 압력이나 영향력 행사의 대상이 되지 않거나 또는 대상이 되더라도 이에 굴복하지 않을 수 있는 능력을 말한다. 이러한 능력은 우선 다른 국가에 정치적으로 또는 경제적으로 의존하지 않거나 의존성을 최소화할 때 가질 수 있다. 의존성 가운데 가장 중요한 것은 영토적 안전보장이다. 만일 어떤 국가가 자국의 안전보장을 전적으로 다른 국가에 의존한다면 이 두 국가간에는 일방적인 의존 관계가 형성되어 이를 보장하고 있는 국가는 피보호국가에 영향력을 행사해서 원하는대로 그 국가를 움직일 수 있는 여건을 가질 수 있게 될 것이다. 어떠한 국가든 자국의 생존보다 더 중요한 일은 없기 때문에, 이러한 피보호국가는 그를 보호하는 국가에 대해 저항할 능력을 가질 수 없다. 그러므로 자국을 보호하는 국가에 대해 최소한의 소극적 외교역량도 가질 수가 없다. 1950년대와 1960년대 서유럽 국가들이 외교권의 행사를 부분적이나마 미국에 의해 제한받았던 이유 중의 하나는 미국에 의해 이들 국가의 영토적 안전이 보장되었기 때문이다. 그러나 1960년대 말부터 미국과 소련간 핵무기 능력면에서 미국의 압도적인 우위가 무너지면서 양국이 새로운 핵전쟁의 위험성을 같이 인식하여 긴장이 완화되기 시작하였다.

이와 같은 인식은 전쟁불가피론을 제거했고, 1969년 양국간 전략무기 제한협정을 체결하기 위한 교섭의 시작과 1972년에 유럽의 현상(Status quo)을 인정하려는 〈유럽의 안전과 협력에 관한 회의 (Conference on Security and Cooperation in Europe)〉등이 시작되면서 소련의 서유럽 국가들에 대한 위협이 감소되었다. 이리하여 서유럽 국가들은 북대서양조약기구의 회원국이지만 안전보장상 미국에 의존하는 정도가 약화될 수 있었다. 이는 서유럽 국가들로 하여금 어느 정도 미국에 대한 저항 능력을 갖게 하는 계기가 되었다. 따라서 외교의 측면에서도 부분적이긴 하지만 서유럽 국가들은 미국을 맹목적으로 따르지는 않게 되었다.

이제 이 국가들은 미국과의 동맹관계에 대해 그 의미와 가치에 대한 이해를 과거 달리하게 되었다. 따라서 미국과 캐나다에 대항해서 지역적 경제기구 (the European Economic Community and the European Free Trade Association)를 만들었다. 그리고 쿠바, 도미니카 공화국 등에 대한 미국의 많은 중남미정책을 공개적으로 반대하며 이들 국가들에 대한 미국의 제재 요구를 거부하고, 미국 중심이 아닌 새로운 세계문제의 해결책을 요구하는 등 미국에 저항하였다.[8] 서유럽 국가들은 안전보장의 미국 의존도를 줄일 수 있게 되면서 미국에 대한 저항력, 즉 소극적 외교역량을 제고시킬 수 있게 되었다.

미국과 소련 중심의 양극체제하에서 인도·인도네시아·유고슬라비아 등은 강대국으로부터의 영토적 안전보장에 직접적인 위협을 느끼지 않았으며, 동서간의 이념투쟁에 개입을 원하지 않았고, 강대국으로부터 보다 많은 원조를 얻기 위해 비동맹 외교노선(non-alignment)을 걸었다. 이 비동맹국가들은 미국이나 소련과 군사적 동맹관계를 갖지 않고 더욱이 자국의 안전보장을 강대국에 의존하지 않았기 때문에 이들의 정치적 독립성은 외부의 세력으로부터 제한받지 않고 자유를 누릴 수 있었으며, 군사적으로도 외부로부터 영향을 받지 않았다.[9] 그러므로 이들 국가들은 강대국과 동맹관계를 갖고 있는 다른 국가보다 더 큰 소극적 외교역량을 가질 수 있었다. 그러나 한국은 미국과 동맹관계를 맺고 있고, 한국 땅에 미국군이 주둔하여 영토적 안전을 보장해 주고 있기

---

8) Cecil V. Crabb, Jr., Nations in a Multipolar World(New York: Harper & Row, Publishers, 1968), pp. 635-639.

9) J. W. Burton, International Relations(London: Cambridge University Press, 1965), pp. 177-178.; Michael Handel, Weak States in the International System(London: Frank Cass, 1981), p. 229.

때문에 한국은 자국의 안전보장을 미국에 크게 의존하고 있다. 이 경우 한국의 미국에 대한 소극적 외교역량은 매우 취약하다고 하지 않을 수 없다. 한 국가의 안전보장은 가장 중요한 요소인데 이것을 다른 국가에 의존한다면, 그 국가는 안전을 책임지고 있는 국가로부터 압력이나 영향력이 행사될 수 있는 기초를 제공하고 있는 것이다.

오늘날 소극적 외교역량을 약화시키는 또 하나의 요소는 경제적 요소다. 19세기와 20세기 전반까지는 각국의 대외적 경제 활동 및 경제관계가 활발하지 못했고, 경제적 상호 의존관계도 긴밀하지 않았기 때문에 경제적 요소는 국제정치나 외교에 영향을 미치는 주요 요소가 되지 못했다. 동시에 이 시기에는 대체로 정치와 경제가 국제사회에서 별개의 영역으로 전개되었다. 그러나 현대는 경제활동의 영역이 광범해지고 경제행위가 다양해지면서 국가간의 경제적 상호 관계와 작용이 빈번하고 밀접해짐에 따라 경제적 행위의 중요성이 매우 커졌다. 그리하여 이제 경제는 국제정치에 있어 주요 국력 신장의 절대적인 요소인 동시에 국가간의 경제행위나 경제관계가 정치와 분리되어 존재할 수 없게 되면서 국제정치에 있어 수단으로 이용되고 있다.

국제정치에 있어 경제적 행위는 정치적 목적을 위해 조직적으로 조작되질 수 있다. 한 국가가 다른 국가의 경제적 행위를 조작하는 것은 국내적이든 대외적이든 목표의 대상이 되는 국가의 정책이나 행위 등을 변경 또는 유지시킬 필요가 있을 때 행해진다.[10] 경제적 규모나 경제력은 한 국가의 대외문제 수행에 필수적이고 중요한 능력이다. 오늘날은 식민지가 모두 독립하여 어떤 국가도 영토적 식민지를 갖고 있지 않다. 그 대신 신식민지가 생기게 되었다. 제2차 세계대전 이후 국가간 경제 교류가 활발하게 전개되면서, 한 국가가 외국 경제에 의존하게 되며 대외정책의 수행을 방해받는다는 것은 널리 알려져 있는 사실이다. 다시 말하면, 경제적으로 우월한 국가가 의존적인 국가에 대해 자국의 외교정책을 따르도록 강요할 수 있게 된다는 것이다. 국가간의 국제적 경제관계(economic ties)는 외국 원조·무역·투자·차관 등 다양한 형태로 이루어진다. 부유한 국가는 가난한 국가를 경제적으로 의존하게 만들며, 이러한 의존성은 다른 국가로부터 영향을 받게 만든다. 다른 국가와의 경제적인 불평등 관계가 형성되어 공격당할만큼 취약한 국가는 우월한 국가의 정치적 압력이나 영향력 행사의 대상이 된다. 이러한 정치적 영향력은 의존적인 국가의 굴욕적이거나 맹종적인 외교정책으로 나타나게 된다.[11]

---

10) K. J. Holsti, International Politics, pp. 216-219.

오늘날 국간의 경제행위나 경제관계는 한 국가의 대외행위에 결정적인 영향을 미친다. 특히, 경제적 의존도와 외교정책이나 외교행위의 제한은 정비례한다. 그러므로 한 국가가 경제적으로 다른 국가에 의존하면 소극적 외교역량을 상실하게 되고 외교정책이나 외교행위가 크게 제한받게 되는 것이다. 이런 상태에 도달한 국가는 대외적인 명예나 신뢰도가 크게 실추되는 것은 말할 것도 없고, 대외행위나 대외정책에 있어 자주권을 상실하게 되어 국가의 이익을 증대시키는 일은 생각할 수도 없다.

국가는 적어도 소극적 외교역량을 상실하지 않아야 외교적 자주권을 향유할 수 있다. 그러므로 소극적 외교역량을 갖추기 위해서는 어떤 분야에 있어서나 다른 국가에 의존하지 않거나 아니면 의존도를 최소화하여야 한다. 다른 국가로부터 자국의 영토적 안전을 보장받고 있는 국가, 군사 및 경제원조를 한 국가로부터 일방적으로 많이 받고 있는 국가, 무역의 3분의 1 이상을 오직 한 국가에만 의존하고 있는 국가, 외채가 많은 국가, 외국 기업에 투자를 많이 허용한 국가들은 경제적 의존성이 커지게 된다. 그렇게 되면 정치적으로도 쉽게 의존하게 되어[12] 소극적 외교 역량을 상실하게 된다. 소극적 외교역량을 갖지 않고서는 적극적 외교역량은 절대로 가질 수 없다.

당장 외교행위나 외교정책에 직접적으로 큰 영향을 미치는 것은 아니지만 장기적인 안목에서 볼 때, 근본적으로 소극적 외교역량을 취약하게 만드는 또 다른 하나의 요소는 문화적 요소이다. 문화적 요소란 인간의 정신세계를 지배하는 것들을 말한다. 어떤 한 국가가 다른 국가 국민들의 정신세계를 지배할 수 있다면 이는 그 국가의 모든 것을 지배할 수 있다고 말할 수 있다. 어느 한 국가에서 다른 국가의 언어를 공용어로 사용하거나 모국어 다음으로 많이 사용하여 그 국가의 문화에 심취하게 된다면, 이는 타국의 문화가 자국인에게 뿌리내리게 될 염려가 있다. 이와 같은 현상은 외국 문화에 의해 자국인의 정신세계가 잠식되거나 지배될 가능성이 많게 될 것이고, 이런 결과는 정책결정 등에 크게 영향을 미칠 수 있어 궁극적으로 다른 국가의 영향력 행사나 압력에 굴복하는 결과를 낳게 할 것이다. 언어 이외에도 오늘날은 교통 및 통신의 발달로 외국의

11) Neil R. Richardson, "Economic Dependence and Foreign Policy Compliance: Bringing Measurement Closer Conception," in Charles W. Kegley, Jr. and Pat McGowan (eds.), The Political Economy of Foreign Policy Behavior(Beverly Hills: Sage Publication, 1981), pp. 87-90.

12) Marshall R. Singer, Weak States in a World of Power(New York: The Free Press, 1972), p. 328.

문물이 손쉽게 유입될 수 있다. 인류사회에 있어 문물의 교류는 당연하고 필연적인 것이지만 강한 문화의 과다한 유입 또는 어떤 특정 문화의 일방적인 유입 등은 위와 같은 결과를 초래할 수 있다.

과거 식민지 시대에는 말할 나위도 없고 오늘날 영토적 식민지가 없는 시대에도 각국은 국제관계 또는 외교의 기초로서 문화의 수출에 큰 관심을 갖고 이를 실천에 옮기고 있다. 외교에 있어 경제적 침투나 군사적 위협 등은 일시적일 수 있고 또 상황이 바뀌면 개선의 여지가 있을 수 있다. 그러나 타국의 문화가 유입되어 그것이 깊이 뿌리내리고 확산된다면 이러한 현상의 제거나 개선은 많은 시간과 노력이 요구될 것이다. 만일 한 국가의 문화가 다른 국가에 지나치게 유입되어 그 나라의 고유 문화를 훼손시킨다면 이는 그 나라 국민들의 정신세계까지 지배하게 될 것이고, 이러한 결과는 그 나라의 모든 것을 잃게 만들 것이다. 이러한 상황 하에서는 소극적 외교 역량의 발휘를 기대할 수 없다.

두말 할 나위 없이 소극적 외교역량이 취약한 국가는 약소국이다. 그러나 약소국이라고 하여 모두 취약한 소극적 외교 역량을 갖는 것은 아니다. 대체로 약소국의 경우, 강대국과 깊은 정치·경제·문화적 관계를 가질 때 의존적 관계가 형성되어 소극적 외교역량이 강하게 작용할 수 없다. 약소국의 입장에서 강대국과의 깊은 관계란 의존적 관계를 말한다. 모든 국가는 다른 국가와 어떤 형태이든 상호 관계를 갖고 작용을 하며 살아가고 있다. 이러한 상호 의존적 관계는 당연하고 필수적인 것으로 그 관계가 어느 한 쪽에 지나치게 기울지 않고 형평을 이룰 수 있다면 이러한 관계는 국가의 소극적 외교역량에 영향을 미치지 않는다. 그러나 국가간의 관계에 있어 정치·경제·군사 등 어느 한 부분에서라도 상호 의존적 관계가 아닌 일방적인 의존적 관계가 형성된다면 이는 소극적 외교역량을 약화시키는 원인이 된다.

외교역량의 강화

성공적인 외교는 한 국가를 부강하게 하고 그 국가의 명예를 제고시킬 수 있다. 그런데 이러한 성공적인 외교는 그 국가의 외교역량이 크고 강할 때 가능하다. 그런 의미에서 보면 크고 강한 외교역량을 갖는 것은 한 국가의 운명을 결정짓는 요소라고 할 수 있다. 그렇기 때문에 모든 국가는 외교역량을 제고하기 위해 노력한다.

적극적 외교역량의 강화-다른 국가에 대해 적극적 외교역량을 강하게 갖기 위해서는 영향력이나 압력의 행사가 효과적으로 작용할 수 있도록 깊고 폭 넓은 의존적 관계를 형성하는 것이다. 국가간의 의존적 관계는 정치적 투자가 합목적적으로 이루어질 때 형성될 수 있고 이는 정치적 영향력이나 압력 행사가 효력을 발휘할 수 있는 근거를 제공한다. 강대국에 의해 제공되었던 정치적 투자는 대체로 그를 제공하는 국가의 필요에 의한 것이다. 예를 들면, 소련의 대부분의 원조는 그 동맹국인 중국 또는 동유럽 국가들과 제3세계 국가 중에서 소련을 추종하는 국가에 제공되었고, 석유수출국기구(OPEC)의 원조도 회교국에 주로 제공되었으며, 미국 원조의 대부분도 개발도상국가가 아닌 이스라엘·이집트·터키 등 그의 주요 동맹국에 주로 제공되었다. 1980년대에 각국이 제공한 원조의 통계를 보면 원조가 제공되는 기준은 원조를 받아야 하는 국가의 필요성 여부보다는 원조를 제공하는 국가의 정치적, 전략적 고려에 의해 제공한 것으로 나타나 있다. 이러한 원조의 경향은 강대국에 의해 제공되는 원조의 특징이다.[13)]

일반적으로 강대국의 정치적 투자도 원조의 경우와 같이 정치적·전략적 기준에 의해 제공된다. 특히 강대국들에 의해 행해지는 정치적 투자는 이의 대상이 되는 국가의 필요성보다 오히려 투자를 제공하는 국가의 필요에 의해 주어진다. 미국이나 소련 등이 동맹국가들에 제공하는 정치적 투자는 양극체제하에서 이 동맹 국가들의 결속과 미국이나 소련에 대한 충성심을 제고시키기 위해 제공되는 정치적 투자이다. 이렇게 볼 때 미국과 소련의 정치적 투자는 이것을 제공하는 두 강대국의 군사적 및 전략적 필요에 의해서 제공되었기 때문에 정치적으로 그 효과는 그다지 크지 않았다. 이들이 제공한 정치적 투자는 미국과 소련의 정치적 및 전략적 필요에 의해서 제공되었기 때문에 미국 및 소련과 정치적 투자를 제공받은 국가간에 일방적인 의존적 관계를 형성할 수 없었다. 그리하여 이러한 정치적 투자는 영향력이나 압력을 행사할 수 있는 근거를 크게 만들지 못했고 이러한 정치적 투자는 적극적 외교역량을 강화시키는데 성공적이지 못했다.

양극체제하에서 미국과 소련이 동맹국에 제공한 정치적 투자는 무엇보다도 동맹 의무의 충실한 이행을 목적으로 주어졌다. 즉, 맹주가 되는 미국과 소련에 대한 충성심만을 위해 투자가 제공되었다. 그렇기 때문에 이러한 투자는 그 대상이 되는 국가의 절대적 욕구를 충족시키는 데 미흡했을 뿐만 아니라, 영향력이나 압력행사의 기초를 확고히 하는데 실패한 면도 없지 않다. 미국이나 소련이 제공한 정치적 투자의 폭이 넓어서

---

13) K. J. Holsti, International Politics, p. 234.

그 투자가 그 대상국가에 넓고 강한 영향력 행사의 기초를 형성했더라면 중국·프랑스·쿠바·루마니아 등의 반동맹적 행위는 없었을 것이다.

모든 정치적 투자는 그의 대상이 되는 국가로 하여금 정치적 투자를 제공하는 국가에 일방적으로 의존하게 만들고 불평등한 관계를 형성하려는 것이 그 목적이다. 그러나 이 불평등 관계나 의존관계의 질과 성격이 모두 같지는 않다. 이러한 의존적 관계에는 감성적 의존성(sensitivity dependence)과 취약한 의존성(vulnerability dependence)이 있다. 감성적 의존성이란 불균형 관계의 형성으로 다른 국가에 의존하고 있는 국가가 정치적 투자의 제공국가로부터 자본·상품·무역·시장 등을 무기로 해서 불이익을 강요받게 되어 어려움과 고통이 있더라도 이를 극복하며 어려움에 적응할 수 있는 정도의 의존관계가 형성된 것을 말하며, 취약한 의존성이란 이러한 불이익이나 어려움을 강요받을 때 이를 극복할 수 없는 의존성을 말한다.[14)]

미·소 중심의 양극체제하에서 미국이나 소련의 동맹국에 대한 정치적 투자는 대체로 감성적 의존성을 형성하였기 때문에 이들은 동맹국에 영향력이나 압력행사의 근거를 넓고 강하게 갖지 못한 측면이 있다. 그러므로 적극적 외교역량을 강화하기 위해서는 '감성적 의존성'보다는 '취약한 의존성'을 만들 수 있는 정치적 투자가 이루어져야 한다. 강대국이 다른 국가에게 취약한 의존관계를 갖게 하려면 거시적이고 다변적이 아닌 미시적·쌍무적 관계에 입각하여 정치적 투자를 제공하고 투자의 대상이 되는 국가의 필요를 충족시키는 정치적 투자가 이루어져야 한다. 이렇게 될 때 정치적 투자는 일방적인 의존관계가 형성되어 영향력이나 압력행사의 근거를 만들게 된다.

양극체제하에서 미국과 소련에 의해 대상국가에 주어진 정치적 투자인 안전보장, 원조, 여러 경제관계(economic ties) 등은 감성적 의존관계에 초점이 맞추어져서 이루어졌다고 할 수 있다. 이러한 모든 투자는 미국과 소련이 각각 그들의 동맹체제 또는 양극체제의 유지만을 위해 행한 것이었다. 특히, 미국과 소련은 그들이 구축한 양극체제나 동맹체제가 매우 견고하다고 생각하였기 때문에 이 두 강대국의 정치적 투자는 매우 소극적이고 거시적으로만 이루어졌다. 이러한 미국과 소련의 생각을 실증하려는 듯 1948년에 유고슬라비아가, 1960년엔 중국이 소련으로부터 이탈하여 소련을 추종하지 않았고, 1962년에는 쿠바가 미국을 버리고 소련을 택하였다. 그리하여 미국과 소련은

---

14) R. Keohane and J. Nye, Power and Interdependence(Boston: Lettle, Brown and Company, 1977), pp. 11ff.

이들 국가에 각기 경제적 제재를 가하였으나 아무런 효력이 없었기 때문에 마침내 이들 국가간의 관계가 악화되었다. 이 국가들이 각기 다른 입장이나 노선을 갖게 된 이유는 미국과 소련의 이들에 대한 정치적 투자가 소극적이었기 때문이며 그렇기 때문에 그 정치적 투자가 효력을 발휘할 수 없었다.

한편, 동·서진영간 그리고 미국과 소련간의 긴장이 완화된 1970년대에는 미·소 중심의 양극체제가 와해되어 국제정치 환경을 바꾸어 놓았다. 이 새로운 국제정치 환경의 등장으로 국가간의 상호 관계와 작용이 이념을 초월하여 전개될 수 있게 되었다. 국제정치 환경은 국제정치의 냉전적인 체제나 동맹체제 유지의 의미나 가치를 반감시켰다. 한 때 미국은 북대서양조약기구, 소련은 바르샤바조약기구라는 동맹체제를 갖고 있었지만, 미국과 소련에 의해 이들 동맹국에 주어지는 정치적 투자는 활발하지 않았다. 이들 동맹의 회원국들은 국제정치 환경이 바뀌면서 동맹체제의 유지보다는 자국의 실질적 국가 이익을 극대화시키기 위해 개별적인 대외행위를 하였다. 그렇기 때문에 이제 강대국들이 그들 동맹국에 정치적 투자를 제공하는 것은 영향력 행사의 기초를 만드는 데 적절하지 않아 동맹체제의 유지를 위한 투자는 효력을 발생하기 어렵게 되었다.

오늘날의 국제정치 환경하에서는 앞에서 말한 바와 같은 미시적이고 쌍무적인 정치적 투자를 제공하는 것이 바람직하며 정치적 투자는 그것을 제공하는 측보다는 이를 제공받는 측의 관점에서 제공되어야 할 것이다. 오늘날의 국제정치 환경에서 강대국은 어떤 체제를 유지하기 위해서가 아니라, 일방적인 의존적 관계를 형성해서 정치적 영향력 행사의 기초를 형성할 수 있는 정치적 투자만이 효력을 발휘할 수 있다. 이러한 측면에서 보면 강대국으로서는 양극체제보다는 다극체제하에서 그들의 정치적 투자가 더욱 큰 가치를 가질 수 있게 될 것이다. 왜냐하면 다극체제하에서는 어느 한 강대국이 어떤 체제를 유지할 수도 없고, 또 유지해야 할 필요성도 양극체제보다 많이 감소되었기 때문이다. 뿐만 아니라 동맹체제도 양극체제하에서보다 그 유용성이 줄어들었고 결속력이 약화되어 그 가치가 크게 떨어졌기 때문이다.

오늘날 경제적 강국은 경제를 수단으로 불평등 관계를 조성하고 일방적인 의존적 관계를 설정하는 것이 적극적 외교역량을 극대화하는 데 매우 효과가 있을 것이다. 한 국가가 경제행위를 순수한 경제행위 차원에서 행하는 것이 아니라 이 경제행위를 정치적 투자의 차원에서 행한다면 오늘의 국제정치 환경하에서는 매우 성공적으로 적극적 외교역량을 강화할 수 있을 것이다. 한 국가가 적극적 외교역량을 강화시킬 수 있는 다른 하나의 방편으로는 잠재적 영향력(potential influence)을 갖는 것이다. 잠재적 영향력이란 한 국가가 갖고 있는 유형 및 무형의 자산이 이것을 필요로 하는 국가들에게 영향력이나 압력을 행사할 수 있는 근거가 되는 힘을 의미한다. 이 잠재적 영향력은 지정학적 위치, 자연자원과 같이 인위적으로 만들어 가질 수 없는 것도 있지만, 인위적으로 만들 수 있는 것으로 높은 수준의 첨단기술, 높은 구매력과 넓은 시장, 과거 비동맹 국가 가운데 정치적으로 영향력이 큰 인도나 이집트처럼 한 지역이나 국제기구에서 강한 정치적 지도력을 갖는 것 등이 있다.

과거 양극체제하에서 그리스, 터키 등이 미국에게는 전략적으로 중요하여 이 두 국가는 미국에 대해 잠재적 영향력을 갖고 있었고, 사우디아라비아와 같이 많은 석유를 생산하는 국가는 이것을 절대적으로 필요로 하는 일본, 한국 등에 역시 잠재적 영향력을 갖고 있어 일본과 한국의 이스라엘 정책에 크게 영향을 미쳤다. 그 외에도 경제적으로 발전하고 있는 중국의 넓은 시장은 경제대국들에게는 잠재적 영향력으로 기능 할 수 있고 역시 양극체제하에서 인도나 이집트는 미국과 소련에 대해 잠재적 영향력을 갖고 있었다. 이집트가 1956년 프랑스와 영국이 소유하고 있던 스웨즈 운하 회사를 국유화 할 수 있었던 것은 이집트의 잠재적 영향력이 미국에 크게 작용하여 미국이 영국과 프랑스로 하여금 스웨즈 운하 회사를 포기하도록 설득하였기 때문이다. 또 식량을 풍부하게 생산하는 국가는 상당량의 식량을 외국으로부터 수입해야 하는 국가에 대해 잠재적 영향력을 행사 할 수 있는 국가이다. 식량이라는 것이 수입이 되어도 좋고 안돼도 그만인 물품이 아니기 때문에 식량을 생산하는 국가는 그것을 수입하는 국가에 대해 상당한 잠재적 영향력을 행사할 수 있다. 한 국가가 특정국가에 대해 정책이나 태도를 결정할 때 그 대상국가의 여러 상황을 알고 적절한 결정을 한다.

그런데 어떤 정책이나 태도를 결정할 때 그의 대상국이 자국에 대해 상당한 잠재적 영향력을 갖고 있는 국가라면 그 결정은 매우 신중하게 이루어 질 것이다. 자국에 대해 강하고 큰 잠재적 영향력을 갖고 있는 국가에 대해 어떤 정책을 결정한다면 그 정책의 성공여부가 불확실하거나 아니면 자칫 커다란 희생을 강요당할 수도 있다. 자국에 대해 상당한 잠재적 영향력을 갖고 있는 국가에 불리한 정책이나 태도를 결정하는 것은 오히려 자국에 불리하거나 어려운 외교적 입장을 만들 수 있다. 과거 1960년대 한국의 이스라엘과의 수교 결정은 이러한 어려운 외교의 좋은 예이다. 더욱이 잠재적 영향력이 실제로 행사되어 성공한 사례가 있다면 이 잠재적 영향력은 더욱 위력이 있을 것이다.

영향력이란 실제로 행사되는 것보다 행사되지 않고 감추어져 있을 때 더욱 위력이 크다.[15] 그런 의미에서 잠재적 영향력은 정치적 투자에 근거한 영향력을 직접적으로 행사하지 않고도 적극적 외교역량의 기능을 수행할 수 있기 때문에, 잠재적 영향력을 크게 갖는 것이 적극적 외교역량을 극대화할 수 있는 최선의 길이라 생각된다. 잠재적 영향력을 극대화하는 길은 여러 분야에서 강하고 사용 가능한 능력을 보유하는 것이다.

소극적 외교역량의 강화–소극적 외교역량을 강화하는 일은 두말 할 나위 없이 다른 국가에 의존하지 않는 것 또는 의존하더라도 그 의존도를 최소화하는 것이다. 물론 모든 국가는 다른 국가에 의존을 원치 않으며, 다른 국가에 의존하게 되면 대내외적인 행위의 자유를 제한 받을 수 있다는 것도 잘 알고 있다. 한 국가가 다른 국가에 의존하는 것은 필요성과 함께 불가피성 때문일 것이다. 특히 약소국가는 힘있는 국가와 긴밀한 관계를 갖게 되는데 중요한 것은 강대국과의 관계를 불평등하지 않게 갖는 방법을 강구하는 것이다.

한 국가가 다른 국가에 의존하게 되더라도 일방적인 의존을 지양하는 것이 중요하다. 다른 국가에 일방적으로 의존하지 않는다는 것은 상호 평등한 의존관계를 갖는 것이다. 이렇게 하기 위해서는 정치적 투자를 제공받지 않는 것이 가장 좋을 것이다. 그러나 만약 이런 투자가 필요한 경우라면 투자의 질과 양을 조절해서 받으려는 노력이 필요하다. 다른 국가로부터 제공되는 정치적 투자의 질과 양을 조절한다면 다른 국가의 적극적 외교역량이 발휘될 수 있는 바탕은 최소화 될 수 있을 것이다. 일반적으로 정치적 투자를 제공하는 국가들은 자국의 필요에 따라 투자를 제공하는 것이지 그 대상국가의 필요충족을 위해 정치적 투자를 제공하지 않기 때문에, 투자의 질과 양을 조절할 필요성이 있다. 즉 불요불급한 것이 아니라면 약소국은 강대국으로부터 제공되는 정치적 투자를 제한하여야 할 것이다.

약소국이 강대국과 불평등한 관계나 일방적인 의존적 관계를 갖게 될 때는 적어도 2개 이상의 강대국과 이러한 관계를 갖도록 노력해야 한다. 양극체제하에서도 이러한 관계를 갖는 것이 가능하였으므로 다극체제하에서는 그 가능성이 더욱 클 것이다. 왜냐하면 다극체제는 우선 강대국의 수가 증가되었을 뿐만 아니라 어떤 국가와 협조적 관계를 갖는 데 있어 이를 방해하는 이념적 장벽이 제거되었기 때문이다. 2개 이상의 강대국

15) Bruce Russett and Harbey Starr, World Politics, pp. 128-129.

과 의존적 관계나 불평등한 관계를 갖게 되면 강대국의 약소국에 대한 영향력이나 압력의 위력은 반감된다. 이러한 상황은 상대적으로 강대국에 대한 약소국의 소극적 외교역량을 강화시키게 될 것이다.

강대국으로 하여금 경쟁적으로 정치적 투자의 제공을 유도하는 것은 자연적인 여건, 예를 들어 석유와 같은 중요한 경제자원이나 지리적으로 전략적 가치를 갖고 있는 국가들의 경우엔 특별한 정책적·외교적 노력 없이도 가능하다. 그러나 문제는 이러한 자연적 여건을 갖고 있지 않은 국가의 경우에 인위적으로 강대국의 경쟁적인 정치적 투자 대상국가를 만드는 일이다. 이러한 인위적 여건의 형성은 그 국가의 정치 지도자의 능력에 의해 만들어질 수 있다. 그 예로서 1948년 유고슬라비아의 티토 대통령의 독자적 노선 결정, 양극체제하의 인도의 네루 수상 비동맹 노선 등을 들 수 있는데, 이 국가들이 인위적으로 강대국들로 하여금 경쟁적으로 자국에게 정치적 투자를 제공하게 만들었고 이 정치적 투자를 자국 중심적으로 제공하게 만들었다. 약소국가로서 강대국에 대해 적극적 외교역량에 버금가는 강한 소극적 외교역량을 가졌던 국가가 있었다. 1960년 중국과 소련이 실질적으로 모든 관계를 단절하게 되었다. 이때부터 북한은 중·소 두 국가에게는 상대적이기는 하지만, 정치적으로 중요한 존재가 되었다. 중국과 소련이 경쟁하고 대립하고 있는데 북한을 어느 한 쪽에 빼앗기면 북한을 차지하지 못한 국가는 명예롭지 못하고 또 경쟁에서 패배한 것으로 간주되기 때문에 북한은 양국에 대해 전략적으로 매우 가치 있는 존재가 되었다. 이러한 상황을 파악한 북한은 중·소의 경쟁적이고 대립적인 관계를 십분 활용하였다. 북한은 1960년부터 1980년대 후반 중소관계가 정상화 될 때까지 20여 년간 북한은 중소양국의 국내외적 상황에 따라 양국에 대한 친소(親疎)관계를 활용하였다. 예를 들면 1960년대 후반 중국이 문화혁명의 소용들이 속에 휩싸여 있었을 때에는 소련에 접근하여 소련으로부터 경제 및 군사원조를 제공받았고, 1970년대 중국이 안정을 되찾게 되자 북한은 다시 친중국적인 입장을 견지하였으나, 1970년대 후반 중국이 동남아 국가 등과의 외교관계를 정상화하자 북한은 다시 소련 쪽으로 기울어졌다. 이러한 상황을 간파한 중국은 1978년 5월 중국공산당 총서기로서는 처음으로 화국봉(華國鋒)이 북한을 직접 방문하여 북한을 회유하였다. 그 뿐만 아니라 1981년 11월에는 국무원 총리 조자양(趙紫陽)이 북한을 방문하였고 1982년 4월에는 김일성의 70회 생일을 전후하여 중국의 실력자 등소평과 중국 공산당 총서기 호요방(胡耀邦)이 북한을 방문하였으며 1984년 5월과 1985년 5월 총서기 호요방이 북한을 거듭 방문하였다. 그리고 중국은 10여 년간 중단했던 북한에 대한 군사 원조를 1982년 재개하여 중국이 만든 전투기 수 십대를 북한에 제공하였다. 소련도 1980년대 초 북한이 주장하는 미군 철수 및 북한의 통일정책을 지지하였고 1985년 김일성이 23년만에 처음으로 소련을 공식 방문하여 친소적인 태도를 보이며 소련에 원조를 요구하였다. 이에 대해 소련은 1985년 8월 북한에 MIG-23 40여대를 제공하였다.[16] 이처럼 북한은 중국과 소련 두 강대국의 관계를 충분히 이용하여 소극적 외교역량을 강화했을 뿐만 아니라 두 국가를 경쟁하게 만들어 많은 원조를 북한에 제공하게 만들었다.

운동경기에서 최대의 공격이 최선의 방어라고 한다. 북한의 소련 및 중국에 대한 공격적인 외교는 두 강대국으로부터 가해질 수 있는 공격 즉, 정치적인 영향력이나 압력의 행사를 미연에 방지한 행위였다. 북한이 두 강대국에 대해 공격적인 외교를 전개하였기 때문에 두 강대국은 북한에 공격적인 외교를 전개할 여지가 없었다. 그러므로 북한은 이러한 외교를 통해 그의 소련 및 중국에 대한 소극적 외교역량을 강화할 수 있었다.

약소국가로서 소극적 외교역량을 향상시킬 수 있는 또 다른 하나의 방법으로는 소위 남남 협력관계, 다시 말하면 여러 측면에서 다른 약소국과의 긴밀한 협력관계를 확대 및 강화하는 것이다. 이 약소국간의 관계는 일방적인 의존관계 또는 불평등한 관계를 만들 여지가 없으며 약소국간의 교류는 상호 부족한 부분을 보충할 수 있고 공동번영을 구가할 수 있기 때문에 약소국간의 폭 넓은 관계 발전은 약소국의 강대국 일변도의 관계를 줄일 수 있는 효과도 가져올 수 있다. 물론 강대국이 아닌 중진국 및 약소국간의 관계, 특히 경제적 관계는 그들간의 욕구를 만족스러울만큼 충족시킬 수 있는 경지에까지는 도달하지 못할 것이다.

그렇다고 강대국과 약소국간의 관계가 반드시 약소국가의 모든 욕구를 충족시키고 경제적으로 장래의 번영을 보장하는 것도 아니므로, 약소국간의 여러 관계가 비록 모든 것을 만족스럽게 하지는 못하겠지만 정치적으로는 비교적 폭 넓은 자유를 누릴 수 있게 해 줄 것이다. 약소국간의 폭 넓은 관계는 약소국의 강대국에 대한 의존도를 낮출 수 있다. 모든 것을 강대국으로부터 반드시 얻어야 하는 것이 아니고 약소국으로부터도 필요한 것을 어느 정도 얻을 수 있다면 약소국의 강대국에 대한 일방적인 의존은 피할

16) 宋永祐 외 공저, 韓中關係論, 5th ed.(서울: 지영사, 1997), pp. 11ff 참고.

수 있으므로 소극적 외교역량을 강화시킬 수 있다.

외국원조를 예로 들어본다. 외국원조는 돈·상품·기술 등을 다른 국가에 제공하는 것으로서 이는 국제관계에서 사용되는 정책적 수단이다. 1985년 1년 동안에 강대국이 개발도상국에 제공한 원조액은 약 360억 달러였다. 이 액수는 개발도상국에서 쓰이는 개발자금의 5%에 불과한 것이므로 원조액은 극히 적은 액수이다. 지난 20여 년간의 경우를 보면, 강대국 원조의 주요 대상국은 이집트, 이스라엘, 인도, 인도네시아, 방글라데시, 파키스탄, 터키, 탄자니아 등이다. 이 국가들은 강대국들로부터 정치적으로나 전략적으로 매우 가치가 있는 국가로 인정받고 있는 국가들이다. 이 중에도 특별히 가치가 있다고 평가받고 있는 이스라엘, 이집트, 그리고 터키 3개국은 미국이 제공하는 해외원조의 30%를 제공받았고, 소련의 경우는 전체 원조의 80%를 베트남·쿠바·에티오피아·몽고리아 그리고 캄푸치아 5개국에 제공하였다.[17] 이 하나의 예에서 보듯이 강대국들이 외국에 제공하는 원조는 정치적·전략적으로 가치 있는 국가에게 그것도 몇몇 국가에 집중적으로 주어진다는 것을 알 수 있다. 약소국과 개발도상국이 강대국과 어떤 관계를 갖는다고 해서 필요한 원조가 반드시 주어지는 것이 아니라, 원조를 제공하는 국가가 필요하다고 생각하는 국가에 원조가 주어진다는 것을 위의 예에서도 알 수 있다. 더욱 특이한 것은 외국의 원조를 집중적으로 제공받은 국가들이 거의 대부분 개발도상국가의 위치에서 벗어나지 못하고 있다는 사실이다. 이 역시 외국원조가 제공받는 국가의 필요에 의해서 주어지는 것이 아니라 원조를 제공하는 국가가 정치적 목적을 위해 정책적 수단으로 제공되기 때문에 그 원조를 제공받는 국가의 번영이나 발전에는 크게 기여하지 못했다. 강대국으로부터 제공되는 원조가 개발도상국의 경제발전에 절대적으로 공헌한다면 그것은 진정한 의미의 정치적 투자가 아니다. 이 정치적 투자는 이것을 제공받는 국가의 경제 발전에 이바지하기 위해 제공되는 것이 아니라 이것을 제공하는 국가와 제공받는 국가간에 일방적인 의존관계를 형성하여 영향력이나 압력행사의 근거를 마련하려는 주된 목적이다. 그렇기 때문에 약소국이나 개발도상국가들은 강대국과의 관계 개선에만 치중할 것이 아니라 약소국이나 개발도상국들과 협력관계를 증진하는 것이 긴 안목에서 볼 때 정치적·경제적으로 더 바람직하다.

약소국이나 개발도상국간의 협력관계는 의존적이거나 불평등한 관계를 설정하지 않는다. 힘의 절대적 우열관계는 불평등한 관계를 설정하지만, 힘의 비교우위는 의존적이거

17) K. J. Holsti, International Politics, pp. 230-232.

나 불평등한 관계를 쉽게 형성하지 않는다. 그러므로 약소국간의 관계는 약소국의 정치적 자유가 보장된다. 그리고 많은 약소국가와 협력관계를 가지면 조금씩이나마 부족한 것을 보완할 수 있기 때문에 경제적으로도 어느 정도 도움이 되고 이러한 것을 약소국들로 하여금 강대국에 대한 소극적 외교역량을 강화시킬 수 있는 방법이 될 것이다.

약소국과 강대국과의 깊은 관계는 대부분이 약소국을 위한 실리보다는 의존적 관계를 생성시켜 약소국은 강대국에게 영향력의 기초를 제공하게 될 것이다. 그러므로 약소국가의 소극적 외교역량의 강화 방법은 가능한 범위 안에서 강대국과의 관계를 최소화하고 약소국간의 협력 관계를 증진시키는 것이다. 이러한 일에는 단기적으로 어려움이 따르겠지만, 장기적으로 보면 정치·경제적으로 그리고 외교의 자주권을 갖는 데 도움이 된다. 이와 함께 약소국은 하나의 강대국과 깊은 의존적 관계를 갖는 것을 지양하고, 모든 부분에서 여러 강대국과 다변적인 관계를 갖는 것도 정치, 경제 외교의 자주와 자유에 크게 도움이 될 것이다.

6

외교의 기능

외교에도 기능이 있고 있어야 한다. 외교를 통해 국가의 이익을 극대화하려면 외교의 기능이 합목적적으로 다양해져야 한다. 따라서 외교의 기능이 목적에 따라 적절하게 구사되어야 국가는 소기의 목적을 달성할 수 있다.

외교의 기능은 목적에 따라 다음의 3가지로 나누어 생각할 수 있다.

첫째 국가간에 발생한 문제를 해결하기 위한 수단으로서의 외교, 둘째 외교정책목표 실현 수단으로서의 외교, 그리고 셋째 국가간 외교관계를 증진시키이 위한 수단으로서의 외교로 나누어 그 기능을 생각해야 할 것이다. 국가가 외교를 통해 국가 이익을 극대화하려면 외교의 기능이 십분 발휘되어야 할 것이다. 그렇게 하기 위해서는 외교도 그의 목적이 무엇이냐에 따라 외교의 전개과정, 행위, 방법 등을 적절히 구사하여야 한다. 즉 외교에도 분업화가 이루어져야 소기의 목적을 달성하고 국가 이익을 극대화할 수 있다.

오늘날은 국가간의 접촉 및 교류가 정치, 경제, 문화 등 여러 분야에서 다양하게 그리고 빈번하게 이루어지고 또 국가간 이해(利害)의 폭도 넓어지고 깊이 또한 심화되기 때문에 외교의 중요성 역시 날로 강조되고 있다. 그렇기 때문에 외교도 세분화되고 전문화되어야 한다. 예를 들면 정치적 목적을 위해 전개되는 외교와 경제적 목적을 위해 전개되는 외교의 과정, 방법 등은 반드시 같지는 았다. 왜냐하면 국가의 정치적 이해와 경제적 이해가 반드시 같지 않기 때문이다. 국가간의 경제적 이해는 경우에 따라서 어느 정도 나누어 가질 수 있는 여지가 있을 수 있다. 그렇기 때문에 이 경제 분야의 외교는 어느 정도 여유를 갖고 전개될 수 있다. 다른 한편 정치적 이해를 다루는 외교는 경제적 이해를 다루는 것과는 차원이 다르다. 예를 들면 국가간 체결되는 자유무역협정(FTA)같은 경제 분야의 협정은 이들 당사국간의 타협·절충 등으로 그들의 이해를 나누어 가질 수 있다. 그러나 국가간 국경선을 다시 확정하는 문제, 영해의 범위를 조정하는 문제 등은 경제문제와 같이 타협하고 양보하는 일은 매우 어렵다. 이처럼 사안에 따라 외교가 다양하게 전개되어야 하기 때문에 오늘날 외교는 분업화되어야 할 필요가 있다. 국가간에 발생한 문제를 해결해야하는 경우에도 해결해야 할 문제의 성격에 따라 외교의 전개과정, 형태 등이 적절하게 이루어져야 한다. 한 국가가 해결해야 할 문제가 정치적 문제라면 외교도 정치적으로 즉 정치적 외교를 전개하여야 한다.

앞에서 말한 바와 같이 영토에 관련된 문제, 국가의 정체성 유지 또는 체제유지에 필요한 요소, 국민의 생명과 재산문제 등은 모두 정치적 문제이다. 정치적 문제는 국가간 타협하거나 양보하기 어려운 문제들이다. 이렇게 타협하고 양보하기 어려운 문제들은 교섭과 같은 행정적 외교로는 해결이 어렵기 때문에 힘에 기초한 영향력 또는 압력에 기초한 외교 즉 정치적 외교를 통해서 문제의 해결을 도모하는 것이 하나의 방법이다.[1] 만일 이러한 방법이 존재하지 않는다면 다른 방도를 모색해야 한다. 이렇게 여러 방도를 찾아 문제의 해결을 도모하는 행위가 정치적 외교이다.

두 번째 외교정책목표를 실현시키는 외교는 외교정책을 결정하고 이 외교정책을 실천하는 외교를 통해 국가의 목표를 달성하여야 한다. 그러므로 이 경우에는 외교정책에 걸맞는 외교를 전개하여야 한다. 이 외교는 다른 외교보다 특정국가에 구체적으로 전개되어야 소기의 목적을 달성할 수 있다. 그리고 셋째 국가간 외교관계를 증진시키는 외교는 구체적이기보다 폭 넓게 그리고 다양한 통로를 이용하여 지속적으로 전개되어야 효과가 있을 것이다. 왜냐하면 날이 갈수록 국가간의 관계가 다양해지고 복잡하기 때문이다.

문제해결 수단으로서의 외교

외교의 핵심 기능 가운데 하나는 국가간에 발생한 문제를 해결하는 기능이다. 다시 말하면 국가간의 문제를 해결하는 최고의 수단은 외교이다. 국가간에 발생한 문제 가운데에는 문제의 성격에 따라 정치적 의미를 강하게 지닌 정치적 문제도 있고 또 정치성이 없는 비정치적 문제도 있다. 이 두 종류의 문제는 그 본질에 상당한 차이가 있기 때문에 문제 해결의 외교도 절차, 과정 등에 상당한 차이가 있어야 한다.

---

1) 정치적 외교 및 행정적 외교는 송영우, 현대외교론(서울: 평민사, 2003), pp.38ff참고.

① **비정치적 문제해결 외교**－국가간에 발생한 문제 가운데 중요하지 않은 문제는 없다. 그러나 국가간에 발생한 문제라고 해서 모든 당사국이 사활을 걸고 고수해야할 문제만 있는 것은 아니다. 앞에서 언급한 바와 같이 국가간에 발생한 문제 가운데에는 정권의 존립 또는 체제 유지에 직접적으로 관련이 없는 문제도 있다. 이러한 문제는 비정치적 문제에 속한다. 비정치적 문제는 당사국의 사활이 걸려있는 문제가 아니기 때문에 각 당사국간에는 어느 정도 타협이 가능하고 또 일정부분 양보도 가능한 문제를 말하는 것이다. 예를 들면 국가간 배타적 경제수역(EEZ)설정 문제는 각 당사국의 국가 이익과 밀접한 관계가 있기는 하지만 이 배타적 경제수역을 결정하는 것이 국가 체제 유지 또는 정권의 존립에 직접적으로 영향을 미치는 중대한 문제는 아니다. 일반적으로 이러한 문제는 비정치적 문제라고 말할 수 있다. 그 뿐만 아니라 경계수역에서의 어획량 결정문제, 무역 수지 개선 문제, 관세문제 등 경제와 관련된 문제들은 대체로 비정치적 문제로 분류할 수 있다. 이러한 문제들은 서로 주고받으면서 반드시 50대 50은 아니더라도 어느 정도 균형을 맞출 수 있는 사안들이다.

우선 비정치적 문제들은 비정치적 방법으로 해결을 모색하는 것이 바람직하다. 비정치적 방법이란 합리적 절차에 따라 전개되는 행정적 외교를 말하는 것이다. 행정적 외교란 주로 교섭을 의미한다. 비정치적 문제는 행정적 외교로 문제해결이 가능하다. 앞에 열거한 비정치적 문제는 이 문제의 이해 당사국들이 이해를 나누어 가질 수 있는 문제들로 판단된다. 이러한 비정치적 문제를 어느 하나의 당사국이 독점적으로 그리고 배타적으로 해결하려는 의도를 갖고 있다면 그 문제는 성격상 비정치적 문제일지라도 해결은 정치적 외교라는 방법으로 해결해야 할 것이다.

그러나 일반적으로 국가 및 정권의 생존과 깊은 연관성을 갖고 있지 않은 문제는 행정적 외교로 해결이 가능하다. 그 이유는 당사국간의 타협, 양보 등이 이루어질 수 있기 때문이다. 행정적 외교의 일반적이고 대표적인 방법은 공개적인 교섭이다. 문제의 이해 당사국들이 당면한 문제를 해결하기 위해 협상 탁자에 마주 앉아 문제 해결을 도모하는 행위가 교섭이고 그것이 행정적 외교이다. 이해 당사국간 이해를 나누어 가질 수 있는 문제들은 교섭을 통한 행정적 외교로 문제해결이 가능하다. 그러므로 이해 당사국이 협상 탁자에 마주앉아 이해를 조정하여 이해를 나눌 수 있는 방법 등을 논의할 수 있다. 그러므로 행정적 외교의 핵심은 그 이해를 어떻게 그리고 얼마만큼 나누어 가질 수 있는지를 논의하고 결론을 짓는 것이다.

문제 해결의 수단으로서의 외교가 그 기능을 효과적으로 발휘하기 위해서는 무엇보다도 문제의 성격을 정확히 파악하는 것이다. 이해 당사국간에 문제가 발생했을 때 각 당사국들은 이 문제를 외교적으로 다루면서 각 당사국이 이해를 나누어 가질 수 있는지의 여부를 파악하는 것이 중요하다. 각 당사국이 이해를 나누어 가질 수 없는 문제인데도 불구하고 문제의 성격을 잘 못 파악하여 이 문제를 행정적 외교로 해결하려 한다면 그 외교는 성공할 수 없다.

어떤 문제는 정치적 의미를 상당히 내포하고 있는 문제인데도 불구하고 이 문제를 행정적 외교로 해결하려는 시도를 하는 경우도 있다. 예를 들면 북한의 핵개발 문제이다. 북한의 핵개발은 전적으로 정치적 문제이다. 북한의 핵개발은 북한정권의 존립과 직결되어 있는 문제이다. 북한 당국은 미국이 군사적 공격을 저지하기 위해 핵무기를 개발하고 그것을 보유하여야 한다고 주장하고 있다. 그러나 실제로 북한 정권의 핵개발은 북한 군부의 위력을 강화시켜주고 이 무기를 통해 북한 인민에 대한 통치를 강화해서 정권을 유지하려는 것이 주된 목적이다. 그러므로 핵무기는 북한정권의 존립 기초이다. 핵무기가 개발된 이후 1945년 8월 미국에 의해 두 차례 일본에 투하된 이후 핵무기는 실제 사용된 일이 없다. 냉전시기 수 많은 핵탄두를 보유하고 있던 미국 그리고 소련도 핵무기를 사용한 일이 없다. 오늘날 핵무기는 실제로 사용 불가능한 무기이다. 왜냐하면 일본의 예에서 보았듯이 핵무기의 위력은 우리의 상상을 초월할 정도로 가공할 만한 파괴력을 갖고 있기 때문이다.

실제로 북한의 핵무기 개발을 저지하기 위해 한국, 미국, 일본, 중국, 러시아, 그리고 북한이 소위 '6자회담'을 개최하여 문제해결을 도모하였다. 그러나 북한의 핵무기 개발은 계속되었다. 북한은 2013년 2월에도 3번째 핵실험을 강행하였다. 이 '6자회담'은 원천적으로 북한의 핵무기 개발을 포기시킬 수 없는 방법이다. 앞에서 언급한 바와 같이 북한의 핵무기 개발은 군사적 목적보다는 그의 체제유지 그리고 정권 유지의 핵심 요소이다. 북한의 핵은 그 정권의 존립과 직결되어 있는 문제이다. 그러므로 북한의 핵 개발은 전적으로 정치적 문제이다.

그런데 '6자회담'의 당사국들은 이 북핵문제를 행정적 외교로 해결하려 하고 있다. '6자회담'의 당사국들은 회의 탁자에 앉아 북한으로 하여금 핵개발을 포기시키려 한다. 이런 행위는 산에 가서 물고기를 잡으려는 것과 같다. 이러한 북핵문제 해결 방법은 처음부터 잘못되었기 때문에 이 '6자회담'은 북핵문제 즉 북한으로 하여금 핵개발을 포기시킬 수 없다. 북핵 문제의 해결 방법은 정치적 외교이다. 행정적 외교는 대체로 각 당사국이 자리를 함께하여 서로 주고받고 양보하고 타협하여 이해를 나누어 각 당사국이 합의를 도출하려는 의지가 전제되어야 한다. 북한의 핵문제는 6개의 당사국이 서로 생각을 주고받고 그리고 양보해서 타협할 수 있는 문제가 아니다. 우선 북한이 핵개발을 포기하지 않을 것이기 때문에 이 '6자회담'은 의미가 없는 외교이다. 북한이 핵무기 개발을 포기한다는 것은 북한의 체제 및 정권의 존립을 위협하는 것으로 생각한다. 정치적 문제도 행정적 외교로 문제를 해결하는 경우도 있다. 이것이 성공했던 경우가 있다.

먼저 문제에 대한 이해의 당사국들이 문제 해결의 의지가 강력하여 반드시 문제해결을 희망하는 경우이다. 강대국간의 군비축소 문제는 중요한 정치적 문제이다. 이 국가들이 군비축소에 합의 하였다는 것은 이 문제 당사국들의 문제해결 의지가 강력했기 때문이다. 미국과 소련은 냉전시기 최대의 경쟁국가였다. 그런데 이 두 군사 강대국은 1969년 및 1979년에 전략무기제한협정(Strategic Arms Limitation Talks-SALT)을 체결하였다.

이와 같이 정치적으로 그리고 전략적으로 중대하고 예민한 문제를 당대 군사적 최강국인 미국과 소련이 교섭이라는 행정적 외교를 통해 전략무기 제한협정에 합의하였다. 미국과 소련 두 군사 강대국은 상대방을 서로 초토화시켜 모두를 괴멸시킬 수 있는 상황에 이르지 않게 하려고 미·소 양국은 데탕트(detente)[2]를 추구할 수 있게 되었다. 그리고 소련은 이 협정을 통해 미국과 동등한 지위를 얻게 되었고 미국은 소련으로 하여금 세계에서 무자비한 세력 확장을 하지 않게 만들 수 있게 되었다.[3] 이처럼 정치적으로 민감한 문제도 당사국들의 해결 의지가 있으면 경쟁국간에도 정치적 문제를 행정적 외교로 해결이 가능하다.

문제 해결의 가장 중요한 요소는 각 당사국의 문제 해결의 의지이다. 이와 함께 또 다른 중요한 요소는 정치적 문제를 행정적 외교로 해결하기 위한 당사국간의 합의 도출이다. 이렇게 하기 위해서는 당사국간 비공개적인 물 밑 접촉, 비공개 회담 등을 통해

---

2) 미국무장관을 역임했던 키신저는 데탕트를 다음과 같이 설명하고 있다. "데탕트란 경쟁국들이 서로의 차이점을 조율하고 제한하고 그리고 궁극적으로 경쟁으로부터 협력으로 옮겨간 환경하에서 협력과 자제로 공동의 이익을 창출하려는 상황이다." Charles W. Kegley, Jr. and Eugene R. Wittkopf, American Foreign Policy, 5th ed.(New York: St. Martin's Press, 1996), p.65에서 인용.

3) Ibid., pp.114-115.

타협하고 양보할 수 있다는 의지를 교환하고 확인하는 일이다.

이러한 의사소통은 정치적 문제를 행정적 외교로 다룰 수 있는 계기를 만들 수 있다. 국가간의 공개적인 협상 또는 교섭은 그 내용이 공개되기 때문에 당사국간의 대화에 상당한 제한이 가해진다. 국가간 공개적인 대화는 모든 당상국으로 하여금 솔직한 얘기를 하기 어렵게 만든다. 또 각 당사국들은 대화의 내용이 대외적으로 공개되는 것을 알기 때문에 진정성있는 내용은 언급되기 어렵다. 그렇기 때문에 공개적인 접촉이나 대화는 소기의 목적을 달성할 수 있는 효율적인 교섭을하기 어렵다. 문제의 당사국간의 비공개 접촉 또는 비공개 대화는 허심탄회하게 그리고 심도있는 대화를 가능케하기 때문에 이러한 비공개적인 과정을 통해 정치적으로 민감한 사안을 타협 또는 양보 등을 통해 어느 정도 정리하고 나머지 문제는 공개적인 대화 또는 접촉을 통해 문제 해결을 도모할 수 있을 것이다. 그렇기 때문에 외교에서 비공개적인 접촉 및 대화는 필요한 방식이고 문제 해결에 유익한 수단이 될 수 있다.

국가간에 해결해야할 중대한 정치적 문제가 있다면 무엇보다도 먼저 국민들에게 또는 언론에 노출되지 않는 비밀 대화 또는 비공개 접촉을 우선적으로 추진하는 일이 매우 중요하다. 앞에서 언급한 바와 같이 이러한 비공개 접촉 또는 대화는 국가간 진정성 있는 의견을 교환할 수 있다. 이러한 의견교환은 문제의 쟁점이 무엇이고 이것을 어떻게 해결해야할 것인가 하는 방향을 설정하는 데 크게 도움이 될 것이다. 이러한 비공개 접촉 및 대화가 비밀 외교를 추진하자는 것이 아니라 문제를 원만히 해결하기 위한 방편(方便)이며 국가간 어느 정도 합의에 도달한 다음에 정부가 그 내용을 발표한다면 그것은 비밀 외교의 범주에 속하지 않는다. 예를 들면 1971년 7월 미국 대통령 안보보좌관 키신저는 비밀리에 중국을 방문하여 주은래 중국총리와의 관계 개선문제를 논의하였다 그리고 그 사실을 곧 공식 발표하였다. 키신저의 이러한 행보를 누구도 비밀 외교라고 하지 않는다. 키신저의 이러한 행각은 비공개 또는 비밀 접촉의 전형(典型)이다. 이러한 비밀 또는 비공개 접촉은 문제 해결을 위한 진정성 있는 대화로서 문제해결의 과정, 방법 등에 대한 진지한 대화를 가능케 한다. 특히 이와 같은 비밀 또는 비공개 접촉은 대화의 내용이 공개되지 않기 때문에 심도 있는 내용의 대화가 가능하다. 그 뿐만 아니라 이러한 접촉은 성공과 실패에 대한 부담이 없기 때문에 더욱 깊은 논의가 가능하다.

② **정치적 문제 해결 외교**－앞에서 언급한 바와 같이 정치적 문제란 국가의 중대한 이익과 직접적으로 연관되어 있는 문제 또는 국가 및 국민이 반드시 지키고 보호하여야 한다고 생각하는 가치 등을 말하는 것이다. 이러한 문제들이 다른 국가의 이익과 충돌하여 국가의 이익이 훼손된다면 정부는 그것을 지켜야할 책무가 있다. 그러나 이 문제가 자국에게 유리하게 해결되도록 하여야 하는데 그것이 쉽게 이루어질 수 없다는 데에 문제가 있다. 이런 경우에 정부는 그의 중대한 이익을 지키기 위한 외교를 전개하여야 한다. 제2차 세계대전 이전에는 국가간 중대한 문제의 해결을 위해 흔히 무력을 사용하였다. 그러나 제2차 대전 이후에는 과거에 비해 전쟁, 폭력의 사용은 크게 감소하였다. 실제로 1919년부터 1939년 사이에 국가간에 발생했던 분쟁의 63%가 전쟁 또는 폭력적 수단에 의해 해결되었다. 그러나 1945년부터 1986년 사이에는 42%가 전쟁 또는 폭력에 의해 해결되었다. 그리고 제2차 대전 이전에는 국가간 분쟁의 37%만이 비폭력적 수단에 의해 해결되었고 제2차 세계대전 이후인 1945년부터 1986년 사이에 발생했던 국가간 분쟁의 58%가 평화적으로 해결되었다.[4] 오늘날은 전쟁이나 폭력적인 수단이 담당했던 폭력적 행위를 외교가 담당하게 되었다. 제2차 세계대전 이후 군사력이 강한 국가가 무력을 행사하였어도 문제는 거의 해결되지 않았다. 예를 들면 1950년대 한국의 6·25전쟁, 1960년대 미국에 의해 수행되었던 베트남전쟁, 1980년대 소련에 의해 전개된 아프가니스탄에 대한 무력침공행위 등에서 무력을 행사한 국가들이 소기의 목적을 달성하는데 실패하였다.

당사국들이 이해를 나누어 가질 수 없는 정치적 문제를 해결하기 위해서는 정치적 외교와 행정적 외교를 동시에 구사하여야 한다. 국가간에 정치적 문제가 발생하면 문제의 당사국은 먼저 공개 또는 비공개 접촉을 갖고 일차적으로 상대국가의 의중을 탐문하고 발생된 문제에 대한 상대국가의 태도, 입장 등을 확인하여야 할 것이다. 그리고 우선 비공개 접촉은 계속하며 공식적으로 문제 해결을 위한 교섭을 갖는 것이 필요하다. 당사국간의 공개적인 접촉에서는 의견개진 또는 의사 교환에 한계가 있다. 각 당사국은 자국의 입장이나 목적이 세상에 알려지는 것을 원치 않을 것이다. 그러므로 각 당사국이 허심탄회하게 의견을 개진하거나 또는 의사를 교환하기 위해서는 비공개(또는 비밀) 접촉이 필요하다. 이러한 접촉에서는 충분한 의사 교환이 이루어질 수 있기 때문에

4) K. J. Holsti, International Politics, 5th ed.(Englewood Cliffs, New Jersey: Prentice Hall International, Inc., 1988), p.410참고.

상당히 깊은 논의가 가능하고 따라서 문제해결의 실마리를 찾거나 또는 방안을 모색하는 일이 비교적 쉬울 것이다.

그리고 교섭과 같은 행정적 외교를 전개함에 있어 공개적인 교섭과 함께 비공개적인 접촉 및 교섭을 동시에 추진하는 것이 바람직하다. 당사국간 해결해야 할 문제가 정치적 문제이기 때문에 공개적인 교섭 즉 행정적 외교를 통해 발생된 정치적 문제를 완벽하게 해결하려는 생각은 바람직하지 않다. 왜냐하면 정치적 문제가 교섭만으로 해결하는 것이 쉬운 일이 아니다. 정치적 문제는 당사국 모두에게 매우 중요하기 때문에 어느 정도 힘의 뒷받침이 되는 정치적 외교가 행정적 외교와 함께 추진되어야 해결이 가능하다. 정치적 외교는 한 국가에 의한 일방적인 행위이고 또 상대 당사국에 대한 공격적인 행위이다. 먼저 상대적으로 강한 국력을 가진 국가는 상대국가로 하여금 자국에게 유리하게 문제가 해결될 수 있도록 결정하고 행위 할 것을 강요할 수 있다. 이렇게 하기위해서 강한 국력을 갖고 있는 국가는 군사적 위협도 가하고 또 정치적, 경제적 압력 등을 가하며 구체적인 행동을 통해 상대국가에 대해 영향력을 행사하기도 할 것이다. 정치적 문제 해결에 있어 형식논리상 정치적 문제를 해결하기 위해서는 행정적 외교와 정치적 외교가 병행해서 추진되어야 한다.

정치적 외교에서 한 당사국이 다른 당사국에 대해 영향력이나 압력을 행사해서 그것이 효력을 발휘하여 소기의 목적을 달성할 수 있느냐의 여부는 행사되는 영향력이나 압력의 질이나 위력에 따라 결정될 것이다. 영향력이나 압력의 질이란 그들의 위력을 의미하는 것이다. 영향력이나 압력의 위력이란 이것의 대상 국가들이 받는 위협의 정도, 충격 또는 영향력이나 압력에 의해 발생하는 손실의 정도 등을 의미하는 것이다. 한 당사국에 의해 다른 당사국에 영향력이나 또는 압력이 가해졌을 때 그 대상국가가 얼마나 공포 또는 위협을 느끼느냐에 따라 그 영향력이나 압력의 위력을 측정할 수 있다.

이 영향력이나 압력의 위력은 국가가 갖고 있는 자원이나 잠재적 능력을 어떻게 효과적인 영향력(effective influence) 또는 사용가능한 힘(realized power)으로 바꾸어 놓았느냐에 따라 결정된다.[5)]

한 국가가 거대한 객관적 국력을 자국 내에만 갖고 있다면 그 국력은 국가를 위해 발휘될 수 없다. 예를 들면 한 국가가 지하에 상당한 양의 고급 자원을 갖고 있고 그것을

5) Joseph S. Nye, Jr., "The Changing Nature of World Power," Political Science Quarterly, vol.105. no.2(Summer 1990), pp.177ff참고.

개발하지 않고 그냥 지하에 두고 있다면 그 자원은 사용할 수 없는 무용지물의 자원이다. 이와 같이 국가가 그의 자원이나 잠재력을 갖고 있다고 그 자원이 자연스럽게 영향력이나 압력으로 작동되는 것은 아니다. 한 국가가 그의 자원을 다른 국가에 정치적 목적을 갖고 제공하여 불평등한 의존적 관계를 형성하게 되면 영향력이나 압력의 위력은 매우 강해질 것이다. 그리고 한 국가가 갖고 있는 잠재력을 사용가능한 힘으로 바꾸어 다른 국가를 보호하고 또 다른 국가의 어려움을 완화하고 여러 방면으로 지원이 계속해서 제공된다면 이러한 상황은 역시 국가간 불평등한 의존 관계를 형성하게 되어 영향력이나 압력이 위력을 발휘할 수 있게 될 것이다.[6]

정치적 외교는 국가간에 이러한 불평등한 의존관계가 형성되어 있을 때 압력이나 영향력이 위력을 발휘하고 이에 근거해서 행해지는 정치적 외교는 성공할 수 있다. 정치적 외교가 성공할 수 있는 또 다른 경우는 다른 국가에 결정적으로 도움을 주거나 또는 위해(危害)를 가할 수 있는 요소를 가지고 있는 국가가 그 요소를 정치적 목적을 위해 사용할 때 그 정치적 외교는 성공할 수 있다.

먼저 한 국가가 영토적 안전 보장을 다른 국가에 크게 의존하고 있는 경우에 두 국가 가운데 어느 한 국가가 다른 국가에 일방적으로 의존하게 될 것이다. 이러한 상황에 놓여있는 국가간에 해결해야 할 정치적 문제가 발생했을 때 이 경우 국가간의 정치적 문제는 한 당사국에 유리하게 해결될 수 있을 것이다. 한 국가는 다른 국가의 안전을 보장하고 있고 그리고 한 국가는 그의 영토적 안전을 전자 국가에 의존하고 있는 두 국가간에 분쟁이 발생했을 때 한 국가가 다른 국가의 영토적 안전을 보장할 수 없다고 위협한다면 이 경우 두 국가간의 정치적 문제는 전자 국가에 유리하게 해결될 수 있을 것이다.

또 다른 경우 한 쪽은 중요한 전략적 자원을 갖고 있고 다른 한 쪽은 아무 것도 갖고 있지 않고 있는데 두 국가간에 중요한 정치적 문제가 발생한다면 이 경우 역시 어렵지 않게 정치적 외교로 문제를 해결할 수 있을 것이다. 전략적 자원이란 식량, 원유 같은 자원으로 모든 국가에 절대적으로 필요한 자원이다.

한 국가가 다른 국가의 전략적 자원에 전적으로 의존하고 있다면 이 두 국가간에는

---

6) 송영우, 국제정치학, 3rd ed.(서울: 건국대학교출판부, 2006), pp.32ff참고; Robert O. Keohane and Joseph S. Nye, Power and Interdependence, 2nd ed.(Glenview, Illinois: Scott, Foresman/Little, 1989), pp.8ff; Bruce Russett and Harvey Stan, World Politics: THe Menu for Choice(San francisco: W. H. Freeman and Company, 1981), pp.134ff참고.

정치적 문제가 발생하지 않을 것이다. 왜냐하면 전략적 자원을 다른 특정 국가에 크게 의존하고 있는 국가는 전자 국가와 정치적 문제의 발생을 미연에 방지하게 될 것이다. 이 두 국가간에 정치적 문제가 발생하더라도 이 두 국가간의 정치적 문제의 정치적 해결은 그다지 어렵지 않게 이루어질 수 있을 것이다.

지금까지 살펴본 바와 같이 정치적 외교로 정치적 문제를 해결하기 위해서는 어떤 형태로든지 국가간에 일방적인 의존적 관계가 형성되어 있어야 가능하다.

외교정책목표 실현수단으로의 외교

외교의 또 다른 중요한 기능 중의 하나는 정부에 의해 결정된 정부차원의 외교정책목표를 성취시키는 일이다.

1979년 12월 소련이 아프가니스탄을 침공하였다. 그러자 미국의 안전보장회의(NSC)는 12월 28일 긴급회의를 소집하고 핫라인(hot line)을 통해 브레즈네프(Leonid I. Breznev) 소련 공산당서기장에게 카터 대통령의 임기 중 가장 강력한 메시지를 보내기로 결정하였다. "소련의 아프가니스탄 침공 행위는 세계 평화에 대한 명백한 위협이며 미·소 관계를 장기적이고 그리고 근본적으로 바꾸어놓는 전환점이 될 것이다. 만일 소련이 아프가니스탄으로부터 철수하지 않는다면 필연적으로 미·소 관계를 위험하게 만들 것이다."[7]라고 경고하였다.

그러나 카터 대통령의 이러한 강력한 의사 표시에도 불구하고 미국의 뜻이 관철되지 않자 카터 대통령은 1980년 1월 소련과 모든 정상적인 업무를 계속할 수 없다고 판단하고 소련에 대한 구체적인 조치를 취하였다. 예를 들면 미국 뉴욕과 소련의 키예프에 각각 설치하려고 했던 총영사관 개설의 연기, 경제 및 문화교류의 중지, 소련에 대한 고급기술 및 전략적 기술의 이전 중지, 곡물 수출 중지 등의 조치가 결정되었다.[8]

이때 미국이 소련에 대해 취했던 이러한 조치들은 소련의 팽창행위 또 팽창정책을 저지시키려는 것이 미국의 목적이었고 이것이 미국 카터 정부의 외교정책목표였다. 다시 말하면 미국은 소련의 팽창정책을 억제하여야 한다는 외교정책목표를 달성하기

---

7) Jimmy Carter, Keeping Faith: Memoirs of a President(New York: Boston Books, 1982), p.47; Raymond L. Garthoff, Detente and Confrontation(Washington, D.C.: The Brookings Institution, 1985), p.949.

8) Raymond L. Garthoff, Detente and Confrontation, p.952.

위해 소련에 대해 강력하고 적극적인 메시지를 표시하는 외교행위도 감행하였고 또 소련에 대한 강경 조치로 여러 형태의 외교정책을 결정하였다. 카터 정부의 이러한 조치들은 미국의 외교정책 목표를 성취시키는데 실패하였다. 그 이유는 다음과 같다.[9]

첫째 미국의 지도자들의 소련에 대한 외교 및 외교정책을 미국의 진정한 의지가 아니라는 것을 소련 지도자들이 잘 인지하고 있었기 때문이다. 또한 소련의 지도자들은 아프가니스탄이 미국의 중대한 국가 이익에 포함되지 않는다는 것도 잘 알고 있었다. 특히 소련의 지도자들은 그의 아프가니스탄 침공이 페르시아만에 있는 미국의 실질적이고 중대한 이익을 위협하지 않는다고 판단하고 있었다. 소련의 지도자들은 미국 대통령의 여러 외교정책이나 카터독트린 또 다른 미국의 제재를 두려워하지 않았다 왜냐하면 미국의 여러 조치들이나 다른 외교정책들은 실제로 실현될 가능성이 없었기 때문이다.

이때 미국이 소련의 행위에 대해 결정한 조치는 미·소간의 데탕트를 와해시키고, 군비 경쟁을 부추기고, 걸프만에서 미국의 입지를 강화하고 그리고 모스크바 하계올림픽을 거부하며 반소공세를 강화하려는 것으로 미국의 체면치레로서 취해진 것이며 미국의 소련에 대한 조치가 아니라고 소련 지도자들은 판단하고 있었다. 즉 소련의 지도자들은 카터의 여러 조치는 미국 국내용이라고 판단했다.[10] 그들은 미국 정부의 의도와 의지를 꿰뚫어 보고 있었기 때문에 미국의 여러 조치들은 소련을 미국이 뜻대로 움직일 수 없었다.

1970년대 말 미국이 소련의 아프가니스탄 침공을 막기 위해 외교정책도 결정하여 그것을 실행하였고 정치적 외교행위도 전개하였다. 그럼에도 불구하고 미국의 외교정책과 외교는 소기의 목적을 달성하지 못했다. 미국의 정책들을 실패하게 만든 요소는 미국의 진정성이었다. 이때 소련은 미국의 아프가니스탄에 대해 중대한 이익을 갖고 있지 않다고 확신하고 있었기 때문에 소련은 미국의 이러한 정책들이 실제로 소련의 이익을 크게 그리고 근본적으로 침해할 것으로 생각하지 않았고 그리고 미국이 실제로 그러한 대소정책들을 실시할 수 있을 것인지에 대서도 의문을 갖고 있었다. 그렇기 때문에 소련은 미국의 외교정책 및 외교론 두려워하지 않았다. 위의 경우에서 소련이 쿠바 미사일기지에 대한 미국의 외교정책과 소련의 아프가니스탄 침공에 대한 미국의

9) Ibid., pp.971-972.

10) Ibid., pp.964-965.

외교정책은 같은 대소련 정책이었지만 소련이 느낀 위협과 진정성은 큰 차이를 보이고 있었다. 그렇기 때문에 전자의 미국 외교정책은 성공하였고 후자의 외교정책과 외교는 실패하였다.

미국 레이건 대통령은 1982년 '국가안전보장결정지침'(NSDD-75)을 승인하였다. 이 지침에는 3개의 장기목표를 담고 있었다.[11]

첫째 소련의 팽창을 봉쇄하고 소련의 국제행위를 약화시킨다;

둘째 제한적이기는 하겠지만 소련체제가 보다 더 자유주의적 체제로 변화될 수 있도록 노력할 것; 그리고

셋째 미국의 국가 이익에 도움이 될 수 있는 협약을 교섭할 것. 레이건 행정부는 이 3개의 장기 외교정책 목표를 성취시키기 위해 외교정책을 결정하고 외교행위를 전개하였다. 미국이 이러한 외교정책목표를 성취시키기 위해서는 적절한 외교정책을 결정하고 이러한 정책이 실천되기 위한 외교행위가 전개되어야 했다. 국가이익을 증대시키기 위해 외교정책목표를 설정하고 동시에 이 목표 달성을 위한 구체적 조치들 즉 외교정책을 결정하고 이 외교정책의 실천을 위한 외교행위가 전개되어야 한다.

한국, 미국, 일본 등은 북한의 핵포기를 외교정책목표 중 하나로 설정하였다. 이 국가들은 러시아 및 중국과 함께 '6자회담'을 통해 북한으로 하여금 핵무기 개발을 포기시키려고 노력하였다. 그러나 이 '6자회담'이 수년동안 계속되었으나 아직까지 그 외교정책목표는 달성되지 못했다. 이 목표를 달성하지 못한 첫 번째 이유는 각국이 실천 가능한 외교정책을 갖고 있지 않았기 때문이다. 북한의 핵무기 개발을 포기시키려는 목표는 있었으나 그 목표를 달성하기 위한 구체적인 외교정책이 없었다. 다시 말하면 북한의 핵개발을 포기시키기 위해 이 '6자회담'에 참가한 5개국이 무엇을 어떻게 하겠다는 실질적이고 구체적인 외교정책을 갖고 있지 않았다. 다만 이 회담의 당사국들은 회담이라는 행정적 외교행위만 수행하고 있었다. 외교정책목표를 달성하기 위해서는 구체적이고 명확한 외교정책이 반드시 있어야 한다. 그리고 이에 걸맞는 외교행위도 수반되어야 한다.

외교정책목표가 성공적으로 달성되었다고 평가할 수 있는 경우는 쿠바에 설치되었던 소련의 미사일 기지를 미국이 철수시킨 사건이다. 1962년 10월 쿠바에서 소련의 미사일 기지가 설치되고 있다는 사실이 항공사진에 의해 확인되었을 때 이 미사일기지는 미국

11) Ibid., p.1012.

의 안전을 크게 위협하는 것으로 판단하였다. 이때 미국의 케네디(John F. Kennedy) 대통령은 미국의 안보를 위해서 쿠바로부터 소련의 미사일기지를 철수시키는 일은 미국에게는 절대절명의 중대사였다. 케네디 대통령은 미국의 외교정책과 외교로 쿠바로부터 소련의 미사일을 철수시키는데 성공하였다.

미국정부는 쿠바에 소련의 미사일기지가 발견되었을 때 여러 정책들을 고민하며 시간을 갖고 신중히 대응하였다. 먼저 케네디 대통령은 미국 해군에 해상 봉쇄를 명령하였다. 그리고 미국 정부 내에 당장 쿠바에 있는 미사일 기지를 포격하여야 한다는 주장도 있었다. 그러나 이러한 포격은 이루어지지 않았고 그 대신 미국의 법무장관 로버트 케네디(Robert Kenney－케네디 대통령의 친동생)는 주미 소련대사 도브린(Anatoly Dofrynin)에게 "미국은 쿠바에 있는 소련의 미사일 기지에 공중 포격을 감행할 수도 있다."는 최후통첩을 전달하였다. 이때 소련 공산당 서기장 흐루시초프는 미국이 쿠바를 공격하지 않는다는 약속을 받아내고 쿠바로부터 미사일을 철수시켰다.[12] 미국은 쿠바에 공중포격을 할 수 있는 결정 즉 외교정책과 그리고 이 결정은 주미 소련대사에게 전달하는 외교행위인 의사전달행위로 그의 외교정책목표를 달성하였다.

2011년 12월 한국 서해에 배타적 경제수역(EEZ)에서 불법 조업을 하는 중국 어선들을 단속하는 과정에서 한국 해양 경찰의 특공 대원이 중국 어선의 선장에 의해 살해되는 사건이 발생하였다. 중국 어선의 불법조업이 계속되고 있기 때문에 한국정부는 주중한국대사관을 통해 2010년 11월부터 2011년 말까지 7차례에 걸쳐 현상 사진 등 불법조업의 증거 자료를 중국 농업부 어정국에 보내 중국 어선의 한국의 배타적 경제수역에서의 불법 어로 행위를 단속해줄 것을 요청하였다.[13] 그럼에도 불구하고 중국 어선들의 불법 조업은 계속되었다. 이 경우는 한국 정부가 중국 정부에 한국 정부의 의사를 전달하는 외교행위를 수행한 것이다. 한국 정부의 이러한 의사전달 행위는 중국 어선의 한국의 배타적 경제수역에서 행해지고 있는 불법조업을 막으려는 외교행위였다. 그러나 한국정부의 이 외교행위는 성공하지 못했다.

한국의 외교가 실패했던 이유는 그 외교정책목표를 성취시키지 위한 구체적인 외교정책을 갖고 있지 않기 때문이다. 다시 말하면 중국의 어선이 한국의 배타적 경제수역에서 불법 조업을 한다면 무엇을 하겠다는 구체적인 외교정책을 한국 정부는 갖고 있지

12) K. J. Holsti, International Politics, pp.287-290.

13) 朝鮮日報, 2011.12.13.

않았다. 어떤 경우에는 외교만으로도 외교정책목표를 달성하는 경우도 있다. 그러나 이러한 경우는 국가간의 상당한 그리고 최고의 우호협력관계를 갖고 있거나 또는 국가간 불평등한 의존관계를 갖고 있는 국가간에는 외교행위만으로도 외교정책목표를 달성할 수 있다. 그러나 국가간 이러한 특수한 관계를 갖고 있지 않으면 외교정책과 외교가 잘 조합을 이루어 체계적으로 추진되어야 외교정책목표의 달성이 가능하다. 한국과 중국은 이러한 특수한 관계를 갖고 있지 않기 때문에 중국을 향한 외교정책목표를 성취시키려면 그에 대한 적절한 외교정책과 외교를 동시에 추진하여야 목적을 달성할 수 있다.

국가간 어떠한 형태이든 특수한 외교관계 예를 들면 동맹관계, 또는 경제적 연합과 같은 특수한 관계를 갖고 있지 않은 국가에 대한 외교정책목표는 잘 조화를 이루고 있는 외교정책과 외교를 동시에 추진하는 것이 매우 중요하다.

외교관계 증진 수단으로서의 외교

국가간 외교의 핵심은 외교관계이다. 국가간의 인적 및 물적 교류, 협력, 많은 인적 접촉, 상부상조, 정책공조 등을 결정짓는 핵심요소는 국가간 외교관계의 깊이, 수준, 질 등이다. 국가간 외교관계의 질 및 수준은 국가간 모든 정책 및 문제들을 결정짓는 근본이 된다. 국가간 외교관계가 돈독하고 협조적이고 또 깊은 신뢰에 기초하고 있다면 이 국가들은 국가간의 주요문제 및 정책들을 긍정적으로 또 협조적으로 처리할 수 있다. 그러므로 한 국가가 다른 국가와 차원 높고 질 좋은 외교관계를 갖게 하는 일은 외교가 행해야 할 가장 중요한 일이다. 국가간 돈독하고 모든 면에서 협조적인 외교관계를 가지려면 다양한 형태의 외교행위가 전개되어야 한다. 이와 같은 국가간 협조적인 외교관계를 갖기 위해서는 다음과 같은 일들이 추진되어야 한다.

① **공통의 외교정책노선 추구**－한 국가가 다른 국가와 돈독하고 협조적인 외교관계를 가지려면 일차적으로 대상국가와 공통의 외교정책노선을 가져야한다. 공통의 외교정책노선을 갖는다는 것은 협조적 외교관계를 갖고 싶은 국가와 동일한 입장과 태도를 견지하고 여러 국제문제에 대해 동일하게 대응한다는 것을 의미하는 것이다. 예를 들면 북한이 핵무기를 개발하고 있을 때 일본은 북한의 핵문제에 대해 시종일관 한국 및

미국과 동일한 입장을 갖고 공동으로 대응하여 왔다. 그 뿐만 아니라 일본은 21세기에도 한국 및 미국과 전략적 삼각관계를 유지하고 있다.[14] 한국은 미국과 군사동맹조약을 체결하여 동맹관계를 갖고 있다. 그리고 일본도 1950년대 이래 미국과 쌍무적 상호방위조약을 체결하고 있다. 물론 한국과 일본은 직접적으로 군사적 동맹관계를 갖고 있지 않지만, 한국과 일본 두 국가는 미국을 매개(媒介)로 하여 간접동맹관계를 갖고 있다고 말할 수 있다. 그러므로 한국, 일본 그리고 미국은 전략적 삼각관계를 갖게 되고 따라서 이 3개국은 필연적으로 동일한 외교정책 노선을 갖게 된다. 이 3개국은 대체로 언제 어디서나 세계적 문제 그리고 지역적 문제에 동일한 입장을 갖고 공동으로 대응하고 있다.

이러한 한·미·일 3국의 외교관계는 실질적으로 우호적이고 협조적이다. 1950년대 이래 한국과 미국 그리고 한국과 일본은 특정시기 그리고 특정문제에 대해 다소 견해를 달리하는 경우가 있었으나 그것으로 인해 상대국가의 이익을 근본적으로 침해하는 일은 없었다. 실제로 1970년대 후반 미국의 카터(Jimmy Carter) 대통령 시절에 한국의 인권문제, 그리고 소위 '코리아게이트'로 미국 정부는 한국에 대한 인식이 매우 좋지 않았다. 이즈음 카터 대통령은 주한 미국 지상군을 철수시키려는 계획도 갖고 있었다. 실제로 미국은 주한미군 일개 대대병력 800여명과 비전투요원 2,600여명을 철수시켰다. 그러나 카터대통령의 외교안보 담당 참모들의 반대로 더 이상의 미군 철수는 이루어지지 않았다.[15] 1970년대 한국과 미국간에는 한국의 핵개발 문제, 코리아게이트, 인권문제 등으로 한국과 미국간에는 이견도 갈등도 있었으나 양국은 상대국가의 근본적 이익을 침해하는 일은 발생하지 않았다. 이와 같은 현상은 양국이 군사동맹관계를 갖고 있고 또 동일한 외교정책노선을 견지하며 높은 차원의 우호 및 협력적인 외교관계를 갖고 있었기 때문이다.

이란의 핵개발에 대한 제재로 2011년 말부터 미국은 이란이 생산하는 원유의 수입을 금지하는 결정을 하였다. 그 후 미국은 그의 동맹국들에게도 이란으로부터 원유 수입 중단을 요구하였다. 미국은 유럽연합(EU)에 대해서도 이란이 생산하는 원유 수입을 중지하도록 요구하였고 유럽연합은 미국의 요구를 수용하기로 결정하였다. 유럽연합이

14) Robert Scalapino, "Japan Economic Route to Power," in Steven W. Hook(ed.), Comparative Foreign Policy(Upper Saddle River, New Jersey: Pearson Education, Inc., 2002), p.115.

15) Don Oberdorfer, The Two Koreas(Reading, Massachusetts: Addison-Wesley, 1997), pp.84ff참고.

이러한 미국의 요구를 수용한 것은 세계 문제에 대해 미국과 공동으로 대응하겠다는 결정이다. 유럽연합의 이러한 결정은 미국과 유럽연합이 공동의 외교정책노선을 갖고 있기 때문이다. 유럽연합의 주요 국가들은 북대서양조약기구(NATO)의 회원국이다.

북한과 중국은 상호 우호·협력·원조조약을 체결하고 돈독하고 협력적인 외교관계를 갖고 있다. 2010년 3월 북한은 한국의 해군 함정을 격침시켜 수십 명의 한국 해군 장병을 희생시켰고, 같은 해 11월에는 한국의 영토인 연평도에 포격을 가하여 한국 군 및 주민을 희생시켰고 많은 재산피해를 입게 하였다. 북한이 이러한 무력공격행위를 감행하여 막대한 인명 및 재산피해를 발생시켰음에도 불구하고 중국은 북한의 이러한 천인공노할 행위에 대해 아무런 언급도 하지 않았다. 이러한 중국의 태도는 북한에 대한 중국의 우호적이고 협조적인 태도의 발로(發露)이다. 중국의 북한에 대한 이러한 우호적이고 호의적인 태도는 동맹관계의 유지에서 비롯한 것이며 동시에 중국과 북한은 공동의 외교정책노선을 견지해왔기 때문이다. 국가간 우호적이고 협조적인 관계를 유지하려면 따라서 공동의 외교정책노선을 갖는 것이 필요하다.

② **경제협력체 형성**－경제분야에서의 대외 활동으로도 국가간 외교관계를 증진시킬 수 있다. 국가의 경제활동 그리고 국가간의 경제 교류를 통해서도 국가간의 외교관계를 증진시킬 수 있다. 외교관계를 증진시킨다는 것은 국가간 협조관계를 갖는다는 것이다. 한 국가가 다른 국가와 경제적으로 협력하고 협조할 수 있는 조약, 협정 등을 체결한다면 이 국가간의 경제활동은 크고 활발하게 전개될 것이고 이러한 현상은 국가간 외교관계를 협조적 관계로 만들 수 있다. 시간이 흐를수록 국제사회에서 국가간 무력 충돌, 전쟁 등 폭력적인 대외 행위는 줄어들고 있고 다른 한편 경제 중심으로 국가간 교류는 활발하게 이루어지고 있다. 그리하여 오늘날 각 국가는 다른 국가와 경제 협력을 강화하기 위해 많은 경제협력체를 만들고 있다. 이렇게 국가간 경제 협력체를 만들어 경제관계가 긴밀해지면 국가간의 외교관계도 돈독해질 것이다.

오늘날 국가간 체결되는 주요 경제협력체 중의 하나는 자유무역협정(FTA)이다. 이 협정은 국가간 상호 관세를 낮추거나 또는 관세를 철폐하여 국가간 무역을 확대하여 상호 경제적 이익을 도모하기 위한 협정이다. 이 협정을 체결한 국가들은 무역을 통해 국가이익을 극대화시키려는 목적을 갖고 있다. 그러므로 이 협정의 체결 국가들은 무역을 증진시키기 위해 국가간 여러 경제 현안에 대해 협력하고 협조하게 될 것이다. 이렇게 되면 협정체결 국가간에는 경제적으로 긴밀한 관계를 갖게 될 것이고 이러한 관계는 외교적 관계도 증진시키게 될 것이다.

한국은 미국, 유럽연합, 칠레 등과 자유무역협정을 체결하였다. 한국과 이들 국가들은 무역을 활성화하고 경제이익을 증대시키기 위해 우선 경제적으로 서로 협조하게 될 것이고 이러한 상황은 국가간 외교관계도 증진될 것이다. 국가간 경제관계를 체계화하고 동시에 국가간 협조적 외교관계를 보장하는 체제는 완전한 경제통합이다. 이 체제는 회원국간 경제정책을 상호 조정하여 공동의 경제 정책의 추진을 목적으로 삼는 체제이다.

오늘날 유럽연합(EU)이 바로 경제통합을 이룩한 경제적 지역 통합이다. 유럽연합은 공동시장의 형태를 갖추고 있으며 여기서는 회원국간의 상품 및 서비스의 무역을 자유화하고 노동, 자본 등 생산 요소의 자유로운 이동을 보장하고 있다. 이처럼 회원국들은 매우 긴밀한 경제관계를 갖고 있으므로 따라서 국가간 외교관계도 돈독해지고 협조적이 것이다. 이처럼 국가가 다른 국가와 경제협력체를 형성하여 국가간 경제관계를 크게 증진시키고 동시에 외교관계를 돈독하게 하는 일도 외교의 주요한 기능 중의 하나이다. 한 국가가 다른 국가와 경제의 여러 분야에서 긴밀히 교류하고 협력한다면 국가의 경제 발전도 도모할 수 있고 동시에 국가간 외교관계 증진에도 도움이 될 것이다. 이와 같이 다른 국가와 경제관계 발전시키고 동시에 외교관계도 증진시키기 위해서 정부는 여러 국가와 경제협력체 형성을 위해서 노력하는 것이 필요하다. 이러한 일은 우선적으로 외교가 수행해야 할 주요한 기능 중의 하나이다.

③ **활발한 인적교류**－국가간 외교관계를 증진시키는 외교적 수단 중의 하나는 정부 차원의 의견을 교환하고 상호관심사를 논의할 수 있는 정부 인사들의 쌍무적 인적교류이다. 먼저 이러한 인적 교류는 국가간 상호 신뢰하고 있어야 가능하다. 상호 상대방을 신뢰하지 않는다면 정부 인사들의 인적 교류가 활발하게 전개되지 못할 것이다. 이러한 인적 교류는 국가간 여러 방면의 관계를 돈독하게 할 것이다. 국가간 이러한 인적 교류는 쌍방의 필요에 의해서만 가능하다.

국가간 인적 교류의 대표적인 예는 1990년대 중국과 러시아간에 전개되었던 인적교류이다. 러시아가 새로운 국가로 탄생한 직후인 1992년 12월부터 1998년 11월까지 6년 동안 중국과 러시아 양국의 국가원수는 상호 교차 방문하여 6차례 정상회담을 가졌다.

그리고 1991년부터 중국과 러시아 양국의 고위관료들은 약 1,000여 차례 각 종 회의를 개최하였고 5,000여 회의 접촉을 가졌었다.[16] 이 6년여 동안 중국과 러시아 양국의 이러한 정도의 인적 교류는 1990년대 중·러 양국 외교관계의 정도가 어떠하였던가를 가늠할 수 있다. 이 시기에 양국 관계는 최상의 외교관계를 유지하였다고 말할 수 있다.

2010년 5월부터 2011년 10월까지 약 2년 반 동안 중국과 북한간의 인적 교류도 비교적 상당한 수준이었다. 이 기간 동안 북한의 최고 통치권자인 김정일 국방위원장이 중국을 4번 방문하고 중국정상과 정상회담을 가졌다. 한편 중국측에서도 중국 총리가 한 차례 북한을 방문하였고 북한의 총리가 두 번 중국을 방문하였다. 또한 이 기간 중국에서는 중국공산당 중앙정치국 상무위원인 주영강(周永康)이 북한을 방문하였고 중국 부총리도 북한을 한 번 방문하였다. 중국과 북한 양측이 비슷한 수준의 쌍무적 인적 교류를 가졌었다. 이러한 인적 교류는 양측의 외교관계가 우호적이고 협조적이라는 것을 보여주는 것이다. 중국과 북한의 관계가 갈등적이었다면 이러한 고위 인사들의 교환방문은 없었을 것이다.

국가간 인적 교류는 빈도 및 회수(回數)도 중요하지만 교류하는 인사들의 지위도 매우 중요하다. 그러므로 국가 원수들의 교환 방문은 국가간 외교관계의 정도를 가늠할 수 있는 척도가 될 뿐만 아니라 국가가 외교관계를 증진시키는 좋은 수단중의 하나이다.

한편 1992년 8월 한국과 중국은 외교관계를 정상화하였다. 한·중수교에 대한 북한의 외교적 대응은 매우 냉담하였다. 1992년 8월부터 2000년까지 8년간 중국과 북한은 양측의 고위 인사의 교환 방문이 전혀 없었다. 이와 같은 사실은 중국과 북한 당국간의 외교관계가 좋지 않았다는 것을 반증하는 것이다. 국가간 고위 인사들의 교환 방문은 외교관계와 밀접한 연관성을 갖고 있다. 국가간의 교류 및 접촉이 증가하고 상호의존도가 높아지는 오늘날 국가가 외교관계의 중요성을 아무리 강조하여도 지나치지 않을 것이다. 그러므로 모든 국가는 앞에서 지적한 외교관계증진수단을 십분 활용하여 국가간 최고 수준의 우호적이고 협조적인 관계를 설정하고 그 관계를 유지할 수 있는 외교정책과 외교행위를 수행하여야 할 것이다.

오늘날 다른 국가와 외교관계를 정상화하고 있는 국가는 각각 상대국 수도에 외교공관을 설치하고 대사 등 외교관들을 상주시키고 있다. 그럼에도 불구하고 국가원수 등 고위 관리들이 상호교환 방문하는 것은 이 방문 자체가 국가가 외교관계를 더욱 증진시

16) FBIS-CHI, April 22, 1996, p.22.

킬 수 있다고 생각하기 때문이다.

그리고 고위 관리들의 다른 국가 방문은 양국의 관계를 발전시키기 위해 심도 있는 논의, 협의 등을 용이하게 전개할 수 있다. 이러한 인적 교류는 주재국 대사 등 외교관들이 수행하는 외교행위보다 더 차원 높은 의사교환 및 의사전달행위를 전개하게 되므로 이들 국가간 외교관계 발전에 더욱 크게 기여하게 될 것이다.

7

국가간의 외교관계

외교관계의 질과 양

지구상의 모든 국가는 어떠한 이념, 어떠한 체제를 갖고 있든지 간에 고립되어 살 수 없다. 문명, 과학기술 등의 발달은 더욱이 국가가 고립되어 살 수 없게 만들었으며, 한 걸음 더 나아가 국가간의 상호 의존도는 날이 갈수록 높아져 가고 있다. 그리하여 오늘날 모든 국가들은 보다 많은 국가와 우호적이고 협조적인 외교관계를 갖기 위해 이념, 체제, 인종 등 모든 장벽을 뛰어넘어 국가간의 관계의 폭을 넓히려고 노력하고 있다.

국가간의 외교관계에는 협조적 관계(cooperative relations), 갈등적 관계(conflicting relations) 그리고 통상(通常)적 관계(indifferent relations)의 세 가지 형태가 있다. 그리하여 모든 국가는 다른 국가와 이 세 가지 형태 가운데 하나의 외교관계를 갖고 있다.[1]

협조적인 외교관계를 갖고 있는 국가간에는 원칙적으로 새로운 물질적 및 정신적 가치를 창출하고 나누어 가질 수 있도록 상호 작용하며, 상호간의 모든 대외행위도 일방적이 아니라 이해를 나누어 갖는다는 정신에 입각해 서로 적응하고 조화를 이룰 수 있는 행위로 일관한다. 이러한 관계를 갖고 있는 국가간에는 모든 면에서 상부상조하는 행위를 하여 왔고, 앞으로도 그렇게 하겠다는 명시적이고 묵시적인 약속을 갖고 있다.

우리가 구분해서 생각해야 할 것은 협조적 관계와 우호적 관계이다. 국가간의 우호적

---

1) Klaus Knorr, The Power of Nations(New York: Basic Books, Inc., 1975), p. 3.; Charles McClelland and Gary Hoggard, "Conflict Patterns in the Interaction among Nations," in James N. Rosenau(ed.), International Politics and Foreign Policy(New York: Free Press, 1969), pp. 711ff.; Maurice A. East, Stephen A. Salmore and Charles F. Herman(eds.), Why Nations Act(Beverly Hills: Sage Publications, 1978), p. 41.

인 관계란 형식적으로 공식적인 외교관계를 갖고 있으며, 상대국가의 영토적 안전과 주권을 존중해 적어도 상대국의 중대한 가치를 침해하지 않는 관계를 의미한다. 한국은 필리핀과 위에서 말한 관점에 의하면 틀림없이 우호적 외교관계를 갖고 있다고 말할 수 있다. 양국은 상대방의 존재를 부정하거나 가치를 침해하는 정책이나 행위를 지금까지 자행하지 않고 있다. 그렇다고 양국이 언제나 새로운 가치를 창출하여 그것을 함께 나누어 가질 수 있는 관계를 형성하고 있지도 않다. 그러므로 한국과 필리핀은 우호적인 외교관계는 가지고 있으나, 협조적 외교관계를 가지고 있다고 말하기는 어렵다. 왜냐하면 한국과 필리핀 양국은 명시적인 또는 묵시적인 약속을 갖고 있지 않기 때문이다. 국가간의 우호적인 관계는 공식 외교관계를 수립하고, 서로 적대적인 행위를 일삼지 않을 경우 형성될 수 있는 외교관계이다. 다시 말하면, 외교적인 수사로서 국가간의 평범한 관계를 일컫는 말이다.

국가간의 협조적 관계는 일방적으로 또는 쌍방의 필요에 의해서 형성된다. 어느 일방이나 쌍방이 적응하고 가치를 나누어 갖는 것이 국가적으로 필요하다고 판단될 때 협조적 관계가 형성될 수 있다. 쌍방이 협조적 관계가 필요하다고 인정되는 경우라면 이러한 관계는 잘 유지될 것이다. 그러나 어느 일방만이 협조적 관계가 필요하다고 느끼는 경우에도 이러한 관계는 형성될 수 있다. 이 경우에 협조적 관계의 필요성을 느끼는 국가는 상대국가에 대해 많은 대가와 희생이 요구된다. 제2차 세계대전 후 미국은 서유럽 국가 및 다른 서방자본주의 국가들과 반공·반소를 위해 협조적 관계를 희망하였다. 미국은 이들 국가들과 동맹 등의 관계를 유지하며 협조적 관계를 유지했고, 그 대가로 동맹국 등에 많은 경제 및 군사원조를 제공하였고, 이들 국가들의 안전을 보장하기 위한 필요한 조치를 취했다.

국가간의 외교관계가 협조적이라고 하는 것은 근본적으로 상호간 물질적·정신적 가치에 대한 이해를 나누어 가질 수 있을 만큼 밀접한 관계에 있다는 것을 의미한다. 하지만 협조적 관계라고 해서 언제나 또 어떤 문제에 대해서나 국가간 이해를 똑같이 나누어 갖는다는 절대적인 의미가 아니라, 국가간에 원칙적으로 상부상조하고 이해를 균점할 의지를 갖고 있음을 뜻하는 것이다. 서로 협조적인 관계를 가질 수 있는 두 국가는 공동의 외교목표를 갖고 있으며,[2] 그 목표 추구의 방법 또한 어느 정도 일치하고

---

2) K. J. Holsti, International Politics, 5th ed.(Englewood Cliffs, New Jersey: Prentice-Hall, Inc., 1983), pp. 154-155.

있다.

제2차 세계대전이 끝난 후 미국은 서유럽 국가들을 망라하여 북대서양조약기구(NATO)를 만들어 이들 국가들과 유대를 공고히 하였는데, 미국과 이 기구의 회원국간의 외교관계를 대표적인 협조적·우호적인 관계라 할 수 있다. 이때는 동·서 및 미·소의 양극 체제하에서 미국과 서유럽 국가들이 모두 반공에 기초하여 소련 등 공산국가들의 세력 확장을 저지한다는 공동의 외교목표를 갖고 이를 위해 일치된 외교정책을 추진하였다. 그뿐만 아니라 미국은 서유럽 국가들의 안전보장을 전적으로 책임지고 있었고, 1947년 이후 마샬계획(Marshall Plan)에 의해 이들 국가들의 경제부흥을 적극적으로 지원하였다. 이 경우 미국은 서유럽 국가들과의 이해의 분담뿐만 아니라 이들 국가의 안전과 경제발전을 위해 일방적이고 헌신적으로 지원하였다. 이러한 정도의 관계라면 미국과 서유럽 국가들간의 관계는 대단히 협조적인 외교관계를 갖고 있다고 말할 수 있다. 이와 함께 한국과 미국간의 관계에 있어서도 양국은 우선 상호방위조약을 체결하고 있고, 한국 영토내에 미군이 주둔하고 있으며, 아울러 미국이 한국의 안전보장에 큰 몫을 담당하고 있을 뿐만 아니라 그간 한국에 경제·군사원조를 제공하여 왔고, 또 한국의 경제발전을 위해 적지 않은 지원을 해왔다. 한·미 양국은 대외정책 기조에 있어 반공을 외교정책의 근간으로 삼았고, 외교정책 목표도 일치하여 협조적 관계를 유지해 왔다. 소련도 제2차 세계대전 이후 반자본주의 및 반미를 공동의 외교정책 목표로 하여 동구 국가들과 바르샤바조약기구(Warsaw Treaty Organization—WTO)를 결성해서 협조적 외교관계를 유지해 왔다.

갈등적 외교 관계란 국가간에 강도 높은 갈등이 장기적으로 지속되는 경우 또는 무력충돌이 산발적으로 일어나는 경우, 또는 분쟁이 명백하게 종결되지 않는 경우를 말한다.[3] 그리하여 갈등적 외교 관계란 국가간에 지속적으로 상호 배타적인 정책을 결정하고 비우호적으로 행위하고 정책을 결정하는 국가간의 관계를 의미한다. 이러한 관계를 갖고 있는 국가간에는 상대방의 가치를 침해하고, 상대 국가의 희생 위에 자국의 가치를 증대시키는 행위를 할 수 있다. 갈등적 외교관계를 갖고 있는 국가는 본질적으로 배타적이고 투쟁적인 행위로 일관하며, 상대국가에 대한 행위나 결정이 그 상대국가의 가치를 침해하여 왔고, 앞으로도 그렇게 할 것으로 예상되는 국가간의 관계를 의미한다. 국가간

3) Charlco S. Gochman & Zeev Maoz, "Militarized Interstate Dispute, 1816-1976," Journal of Conflict Resolution, vol. 28, no. 4(1984), pp. 585ff.

의 관계가 갈등적이라는 의미는 근본적으로 외교정책 목표를 달리갖고 있으며, 따라서 외교정책이 서로 배타적이며 모든 대외행위도 상대국가의 희생이나 손해를 염두에 두고 행해지는 악의의 대립 및 경쟁관계를 말하는 것이다. 물론 이와 같은 관계도 공식적 외교관계를 전제로 한다.

이러한 갈등적 관계의 대표적인 경우로는 제2차 세계대전 이후부터 1970년대 말까지의 미국과 소련간의 관계를 들 수 있다. 1933년 이래 미국과 소련은 공식적 외교관계를 유지해 왔고, 제2차 세계대전기간 동안에는 동맹국가로 독일, 일본 등을 상대로 전쟁을 수행하여 깊은 협조적 관계를 갖고 있었다. 그러나 미국과 소련은 전쟁이 끝난 다음 양극체제를 형성하여, 어느 한쪽의 이득은 다른 한쪽의 손실(zero-sum)이라는 공식에 따라 극단적인 경쟁·대립관계를 유지하여 왔다. 이 두 국가는 세계를 거의 둘로 나누어 독점적으로 지배하였기 때문에 한쪽의 손실이나 희생없이 다른 한쪽이 이득을 얻을 수 없었다. 뿐만 아니라 두 강대국은 특히 1950년대 자본주의와 공산주의의 이념에 기초하여 외교정책 목표를 설정하고, 서로 공존을 거부하며, 상대방에 손해를 입히거나 상대국가의 국력을 약화시키는 데 총력을 경주했었다. 이렇다면 이 두 국가의 관계는 틀림없이 갈등적 관계의 전형적인 경우라 할 수 있다.

또 다른 하나의 갈등적 관계는 1960년 이후부터 1970년대 말까지 중국과 소련간의 외교관계가 그 좋은 예이다. 1949년 10월 중화인민공화국 수립 직후 양국은 공식적 외교관계를 가졌고, 1950년 2월 우호동맹 및 상호원조조약을 체결하였다. 그리하여 소련은 미국 및 일본의 동맹국에 의한 공격으로부터 중국을 보호할 뿐만 아니라 평등의 원칙하에 상호 이익을 도모하고, 상호 주권과 영토의 독립을 존중하며, 국내문제 불간섭의 원칙에 따라 행동할 것을 약속하였다.

한편 중국은 유보없이 소련의 외교정책 노선을 따를 준비가 되어 있었다. 그러나 1956년 2월 제20차 소련공산당대회에서 흐루시초프는 스탈린주의를 배격하였고, 소련의 수정된 마르크스－레닌주의를 소개하는 한편, 자본주의와 사회주의의 공존을 주장하였다. 이로부터 중국과 소련 양국은 이념분쟁을 시작하여 실질적인 단교상태에 돌입하게 되었고, 급기야 소련은 1960년 7월 중국에 파견되었던 소련의 모든 기술자들을 철수시키고 중국에 대한 모든 지원을 중단하였다. 그후 양국은 형식상 외교관계를 가지고는 있었으나 우호적이거나 협조적인 상호 작용은 전혀 없었다. 이로부터 양국간에 규모는 크지 않았지만 간간이 국경 충돌도 있었고, 외교정책면에서도 배타적이고 지극히 경쟁적이었다.[4] 이와 같은 양상은 두 국가가 서로 무관심하지 않고 오히려 깊은 관심을 갖고 있었기 때문인데, 그것이 우호적이 아니라 배타적·갈등적으로 상호작용이 이루어진 것이다.

통상적 외교관계란 상호 공식적인 외교관계는 수립되어 있되, 상호간 또는 어느 일방이 긴밀한 상호 작용의 필요성을 느끼지 않거나 혹은 상호간 가치의 증대를 도모하지 않을 때에 존재하는 외교관계를 말한다. 이러한 관계를 무관심한 관계라고 말할 수 있다. 그러므로 공식적 외교관계를 갖고 있다고 하여 모든 국가간의 관계가 협조적인 것은 아니다. 미국은 세계 최대의 강대국으로 거의 모든 국가와 공식적 외교관계를 갖고 있다. 그러나 미국은 아프리카의 말타공화국이나 산마리노공화국 등과는 외교관계가 있지만, 협조적인 관계뿐만 아니라 갈등적 관계도 갖고 있지 않다. 한국 역시 많은 국가와 외교관계를 갖고 있지만, 중남미의 에콰도르·과테말라 등과는 협조적 관계도 갈등적 관계도 갖고 있지 않다. 미국과 아프리카의 두 공화국간 그리고 한국과 중남미의 국가들간에는 특별히 서로 상대국가의 가치를 침해하지도 않고, 상호 이익의 증대를 위한 작용도 없다. 그러므로 이러한 국가간의 관계가 통상적 외교관계이다.

한 국가가 다른 여러 국가와 공식적 외교관계를 갖고 있지만, 어떤 국가가 정치적으로, 경제적으로 또는 전략적으로 가치가 없다고 생각되거나 또는 어떤 형태이든 교류나 상호 작용이 없는 경우에는 상주공관조차 두지 않는다. 상주공관을 두지 않고 있다는 의미는 외교적인 대상으로서의 비중을 크게 두고 있지 않다는 것이다. 그리하여 국가간의 외교적 관계도 소원해서 통상적 외교관계를 갖고 있다는 뜻이다. 그렇지만 통상적 외교관계를 가진 국가라고 하여 모든 국가가 반드시 상주공관을 두지 않는 것은 아니다. 다시 말하면, 상주공관을 두고 있지 않다는 것은 통상적 외교관계의 상징적 의미를 갖는 것이다.

이와 함께 국가간의 관계가 적대적인 경우도 있다. 이는 전쟁상태하에 있는 국가간의 관계를 말함은 물론이거니와, 또한 직접적으로 교전하고 있지 않더라도 이에 준하는 상태에 있는 국가간의 관계, 예를 들면 이스라엘과 아랍국가들간의 관계를 말할 수 있다. 이들은 상대국가의 존재를 인정하려 하지 않고, 상대국과 더불어 살기를 원하지 않는다는 뜻으로 이해할 수 있다. 이러한 상황이라면 이들 국가간에 실질적으로 공적인

---

4) Joseph Camilleri, Chinese Foreign Policy(Seattle: University of Washington Press, 1980), pp. 74-76.

접촉이나 교류가 있을 수 없기 때문에 외교는 전개될 수 없다. 그러므로 이러한 관계는 외교관계가 아니라 적대관계라고 할 수 있다.

오늘날 모든 국가들은 비록 외교적으로 통상적 관계 또는 갈등적 관계를 가질 지라도 거의 모든 국가와 공식적 외교관계를 갖고 있다. 서로 통상적 또는 갈등적인 관계라 할지라도 공식적 외교관계를 갖는다면 적어도 대화의 기회는 가질 수 있기 때문에 가능한 범위 내에서 많은 국가와 공식적 외교관계를 갖는 것이다. 한국의 경우도 174개국(1994년 1월 현재)과 공식적 외교관계를 갖고 있다. 이와 같이 공식적 외교관계를 갖고 있을 때 국가간의 관계가 협조적일 수도 있고 갈등적일 수도 있다. 국가간에 외교관계가 없다면 갈등적 관계도 또한 통상적 관계도 있을 수 없다. 그러므로 국가간에 협조적·갈등적 그리고 통상적 관계 중 어느 하나의 관계도 갖고 있지 않다는 것은 적대관계를 갖고 있다는 것으로 해석될 수 있다. 국가간의 관계가 적대적이라는 것은 어느 때나 군사력이나 폭력을 행사할 수 있다는 말이 된다. 또 적대관계란 다른 국가의 존재를 인정하지 않으려는 태도를 갖고 있는 관계이다.

국가간의 외교관계를 논의하기 위해서는 외교행위를 전개하는 국가간에 어떤 질의 외교관계를 갖고 있는지를 명확히 밝히는 것이 매우 중요한 일이다. 특히, 국가간의 관계를 분명히 하기 위해서는 국가간 외교관계를 판가름하는 기준이 있어야 할 것이다. 국가간의 외교관계가 협조적이라고 할 수 있는 근거는 명시적 약속으로 우선 동맹관계를 갖고 있는 경우를 들 수 있다. 국가간 동맹관계를 가질 때에는 공동의 적과 동질적 위협의식을 갖고 있어, 이러한 것들에 공동으로 대처하기 위해 공동의 대외정책 목표를 갖고, 그 목표를 공동으로 성취할 것을 약속하고 있다. 동맹 구성원간에 이와 같이 대외적으로 동일한 보조를 취하는 것이 구성원 모두에게 이익이 된다고 생각하기 때문에 이들 구성원간에는 모든 부문에서 대립적이고 갈등적이기보다는 상부상조하는 자세로 정책을 결정하고 행위할 것이다. 과거 양극체제하에서 북대서양조약기구 회원국간의 관계나 바르샤바조약기구 회원국간의 관계는 협조적 관계를 갖고 있었다고 말할 수 있다. 왜냐하면 이들은 각기 명시적 약속인 동맹체의 구성원들이기 때문이다. 그뿐만 아니라 개별 상호방위조약을 체결하여 동맹관계를 갖고 있는 경우도 역시 협조적 관계를 갖고 있다고 말할 수 있다. 미국과 한국, 미국과 일본 또한 중국과 북한은 쌍무적 동맹조약을 체결하고 있어 이들간의 관계도 협조적 관계를 갖고 있는 경우라고 말할 수 있다. 이들 국가들이 모두 공동의 적이 있고, 또 위협이 있다고 생각하는 한, 이들 국가간의 관계는 매우 협조적일 것이다. 물론 동맹관계를 갖고 있더라도 공동의 적이 사라져 공통적인 위협이 없다고 생각되면 동맹국간의 협조적 관계는 많이 약화될 수도 있다.

한국, 일본 그리고 북대서양조약기구 회원국들은 직접적으로 동맹관계를 갖고 있지는 않다. 그러나 이들 국가들은 모두 미국과 직접 동맹관계를 갖고 있다. 또 이 동맹은 모두 미국을 중심으로 형성되어 있다. 그러므로 과거 양극체제하에서 한국, 일본, 북대서양조약기구 회원국들은 모두 공동의 적을 갖고 있고, 또 그 공동의 적으로부터 공통적으로 위협을 느끼고 있다. 그러므로 한국, 일본 그리고 북대서양조약기구 회원국들은 간접적인 동맹관계를 갖고 있다고 말할 수 있다. 그러므로 이들 국가간에도 다른 국가를 해치거나 또는 중대한 국가 이익을 침해하는 일은 없을 것이다. 만일 이러한 일이 있다면 미국을 중심으로 하는 동맹관계는 존속되기 어려울 것이다. 그러므로 이들 국가간의 관계도 협조적 관계라 할 수 있다. 실제로 한국과 일본은 국민 감정이 좋지만은 않지만, 양국은 각각 상대국가의 중대한 국가 이익을 침해한 일은 없었다. 북대서양조약기구 회원국과 한국은 크게 대립하고 경쟁하는 경우도 거의 없었다. 국가간 협조적 관계를 갖고 있다고 해서 언제나 모든 문제에 대해 상부상조한다는 의미는 아니다. 즉, 협조적 관계를 갖고 있다는 것은 상대적으로 그리고 결정적인 시기나 중요한 문제에 임하는 자세, 태도, 정책 등이 협조적이라는 것을 의미한다.

또 다른 하나의 협조적 관계로 국가간 상호 이익을 도모하기 위해 조약을 체결하여 국제기구를 형성하였다면, 이 기구에 가입한 회원국들간의 외교관계는 협조적 외교관계를 갖고 있는 것으로 보아야 한다. 왜냐하면 이들도 명시적 약속을 갖고 있기 때문이다. 예를 들면, 유럽공동체(the European Community－EC)의 회원국, 동남아국가연합(Association of Southeast Asian Nations－ASEAN), 미주국가기구(Organization of American States－OAS)의 회원국 또는 석유수출국기구(Organization of the Petroleum Exporting Countries－OPEC) 회원국들의 관계는 협조적 외교관계에 있는 것으로 보아야 할 것이다. 이와 같이 이익공동체적 성격을 띠고 있는 국제기구 회원국들의 관계도 협조적 관계를 갖고 있다고 말할 수 있다. 이들은 모두 이익을 극대화하기 위해 권리와 의무를 명문으로 규정하고 있는 명시적 약속을 갖고 있다. 따라서 이 기구의 회원국들은 규정에 따라 행위하게 될 것이므로 모두 서로 이익이 되도록 협조하게 될 것이다. 두말할 나위도 없이 석유수출국기구 회원국들은 모두 그들의 권리 및 의무를 충실히 수행할 것이므로 회원국 모두는 상호 이익을 위해 공동 보조를 취하게 될 것이며, 이런 점에서 보면 이 회원국간의 외교관계는 협조적 관계라 할 수 있다.

이와 함께 조약의 체결로 국제법적 효력을 갖는 국제기구를 형성하지 않더라도, 상호 협력하기 위해 자주 접촉하고 교류하여 여러 현안 문제들에 공동 대처하는 무형의 모임체에 동참하고 있는 국가들의 관계도 협조적 외교관계를 갖고 있다고 할 수 있다. 왜냐하면 이 국가들은 묵시적 약속을 갖고 있기 때문이다. 이러한 모임체는 실질적으로 이해를 같이 하고 새로운 가치를 창출하여 이를 서로 나누어 갖고자 하는 모임체이므로 조약에 의해 만들어진 유형적 국제기구 못지 않게 협조의 정신, 의지 등에 기초하여 실질적인 협조는 더욱 잘 이루어질 것이다. 이러한 기구로는 서방경제선진국 회의(G7)가 있다. 이들 국가의 재무장관 및 중앙은행 총재들은 반드시 규칙적으로 또는 수시로 회합을 갖고 상호간의 경제문제와 국제경제에 관한 의견을 교환 또는 조정하며, 이들의 국가 원수들 또한 1975년 이래 정기적으로 공식적인 정상회담을 갖고 여러 경제적 문제들을 협의하며 자국의 국가 이익 증대를 도모한다. 특히, 이러한 회의들은 자국의 국가 이익과 직결되는 문제들을 협의하게 되므로 이 기구의 응집력이나 협조는 어떤 경우보다 더 철저하게 이루어질 것이다.

한국의 대통령은 1988년 11월 아시아–태평양지역을 순방하며 동남아국가연합과 공식 협의체제를 수립하기로 합의하였으며, 호주, 말레이시아 그리고 인도네시아 3국과는 각각 정부 차원의 공동위원회를 구성하기로 합의하고, 상호 협력관계 강화를 위한 창구를 개설하였다. 이런 기구들이 원만하게 운영된다면, 국가간에 이와 같은 협조적 기구를 갖는 것도 협조적 외교관계를 가질 수 있는 것으로 보아야 할 것이다. 동시에 국가간에 정기적으로 정상급 또는 각료급의 협의를 갖기로 되어 있는 경우도 협조적인 외교관계를 갖고 있는 것으로 간주할 수 있다. 한국과 일본은 한 때 정기적으로 각료급 회담을 갖고 있었다.

이와 같은 유형·무형의 국제기구 또는 협의체들은 모두 가치를 나누어 갖는 정도가 똑같지 않고, 각기 협조의 정도에도 차이가 있다. 그러나 같은 매체에 참가하고 있다는 것은 모두 협조적인 관계에서 그것을 유지하려는 의지가 있다는 뜻이고, 이들간의 외교관계는 서로의 가치나 이해의 균점이 가능하다고 보여지기 때문에 모두 협조적 외교관계라 할 수 있다.

1815년 비엔나회의 이후 영국, 러시아, 프러시아, 오스트리아 그리고 프랑스는 유럽

협조체제(the Concert of Europe)를 구축하여 매우 돈독한 협조적 관계를 유지하였다. 그러나 1823년 프랑스군이 스페인에 진주하면서 19세기 유럽의 강대국간에 형성되었던 협조적 관계는 다소 약화된 면이 없지 않았지만, 1853년 크리미아전쟁이 발생되기 전까지는 이들 5대 강대국간의 관계가 극단적인 경쟁관계나 갈등적 관계로 발전되지 않아 어느 정도 협조적인 관계는 지속되었다.[5] 그러나 크리미아전쟁 이후 영국 및 프랑스가 러시아와 갈등적 관계로 그 관계가 악화되었고, 1870년 프러시아와 프랑스간의 전쟁 이후에는 프랑스와 독일의 관계가 경쟁·갈등관계로 변하였다. 그 후 1882년 독일, 오스트리아, 이탈리아 3국의 동맹관계 형성으로 이들은 협조적 외교관계를 갖게 되었다. 이와 같은 3국 동맹은 자연스럽게 영국, 프랑스 및 러시아 3국의 관계를 더욱 밀접하게 만들어, 이들 3국이 구체적인 동맹관계나 협조체제를 갖기 전부터 독일, 오스트리아, 이탈리아 3국 동맹에 대항하는 의미에서 또는 각기 자국의 안전과 이익을 보호하기 위해 협조적 외교관계를 갖지 않을 수 없게 되었다. 물론 1890년대에 와서 프랑스와 러시아간에도 동맹관계가 형성되었고, 이어서 영국도 실질적으로 프랑스, 러시아와의 동맹체제에 가담하게 되어 19세기 후반 유럽대륙에서 세력균형체제를 지탱해 오던 강대국간의 외교관계는 크게 변질되었다.

1950년대와 1960년대 양극체제하의 강대국간의 외교관계는 너무도 극명하게 처음부터 적대적 관계에서 시작하여 적대적 관계로 일관하였기 때문에 더 이상의 설명이 필요하지 않다. 제2차 세계대전 이후에도 미국과 소련은 외교관계를 단절하지는 않고 극단적인 대립 및 경쟁관계를 지속하여 왔기 때문에 형식적으로는 적대적 관계가 아니었다. 그러나 실질적으로 각기 상대국의 가치를 침해하는 정책이나 행위를 지속해 왔기 때문에 두 국가간의 관계는 극단적인 갈등관계였다고 말할 수 있다.

1970년대 이후 다극체제하에서 미국과 유럽공동체의 중심국가인 영국, 프랑스 그리고 서독 등은 분명히 협조적 외교관계를 갖고 있었다고 할 수 있다. 이들은 군사적 동맹체인 북대서양조약기구의 회원국이므로 더 이상의 협조적 외교관계의 근거는 찾을 필요가 없다. 미국과 일본은 상호방위조약을 체결하고 있으므로 이들도 협조적 외교관계를 갖고 있다. 그리고 유럽공동체의 중심국가들과 일본간의 관계도 미국을 중심으로 간접적 동맹관계를 갖고 있었기 때문에 협조적 외교관계에 있는 것으로 보아야 한다.

---

5) René Albrecht-Carrié, A Diplomatic History of Europe Since the Congress of Vienna(New York : Harper & Row, Publishers, 1973), p. 81.

그러나 더욱 분명한 사실은 이들은 모두 서방경제선진국 회의의 구성원으로 서로의 이익 증진과 5개국(G5) 중심의 세계 경제질서의 유지를 위해 수시로 정상회담을 가지며 유대관계를 공고히 하고 있어 이들의 관계는 실질적인 협조적 외교관계를 갖고 있다고 말할 수 있다. 이들 자본주의국가들과 소련 및 중국간에는 각기 공식적 외교관계를 갖고 있다. 그러나 선진 자본주의국가들이 소련 및 중국과 협조적 외교관계를 갖고 있다고 할 수 있는 객관적인 근거는 찾아볼 수 없다. 그러므로 소련 및 중국과 선진 자본주의국가간의 관계는 경쟁적·갈등적 관계로 보는 것이 옳다.

실질적으로 하나의 국제정치체제를 주도하고 있는 국가간에 협조적 외교관계를 가지고 있다고 할 수 있는 객관적 근거 즉 명시적 또는 묵시적 약속이 없다면 이들 사이에는 갈등적인 결정이나 행위가 있을 수 있다. 이러한 맥락에서 소련과 중국 사이에는 1980년대 접어들어 많은 관계개선이 이루어지고는 있지만, 이 역시 객관적인 협조적 외교관계의 근거를 갖고 있지 않기 때문에 두 국가의 외교관계는 통상적 외교관계를 갖고 있는 국가로 분류할 수 있다. 중국과 소련은 지리적으로 국경을 접하고 있고, 특히 두 국가는 정치적 강대국이었기 때문에 이들간에는 무관심한 관계가 형성될 수 없다.

정치적 강대국간에는 어떤 형태의 외교관계이든 그 질과 양이 언제나 똑같지는 않다. 같은 협조적 외교관계를 갖고 있다 하더라도 또는 갈등적 관계를 갖고 있더라도 언제나 어떤 경우나 그 협조 또는 갈등의 정도가 같은 것은 아니다. 예를 들어, 미국과 일본간의 관계와 프랑스와 일본간의 관계를 비교해 볼 때, 이들은 모두 서방경제선진국 회의의 구성원으로 협조적 외교관계를 갖고 있는 국가들이지만, 이들의 외교의 질과 양은 다르다. 이 경우 미국과 일본은 직접적인 동맹관계를 갖고 있지만, 프랑스와 일본은 이런 관계를 갖고 있지 않기 때문에 우선 외교관계의 질이나 양에서 차이가 나타날 수 있다. 이러한 형식적인 측면을 떠나 실질적인 면에서 보더라도, 아시아-태평양국가로서 일본의 존재가 미국에게는 절대적으로 필요하기 때문에 미국의 일본에 대한 관심은 그 어느 국가에 비교할 수 없을 만큼 지대하지만, 프랑스는 일본에 대해 미국과 같은 깊은 이해관계를 갖고 있지 않기 때문에 같은 협조적 외교관계를 갖고 있다 하더라도 미·일과 프랑스와 일본의 관계는 다를 수밖에 없다.

1972년 국교를 정상화하기 이전에 중국과 일본, 그리고 1960년 실질적으로 모든 관계를 단절했던 중국과 소련은 모두 갈등관계를 갖고 있었다. 중국과 일본은 1978년 8월 중·일평화우호조약을 체결한 후 양국의 경제교류는 날이 갈수록 확대되었다. 이 두 국가의 관계는 점차로 발전되었으나, 중국과 일본은 실질적으로 모든 가치를 공정하고 공평하게 나누어 가질 수 있는 장치를 갖고 있지 못했다. 이 두 국가는 협조적 관계를 보장하는 장치를 갖고 있지 못하므로 이 두 국가의 관계는 협조적 관계도 아니고, 물론 경제 등 여러 분야에서 교류가 빈번하므로 무관심한 관계도 아니다. 그러므로 1972년 이후 일본과 중국간의 관계는 통상적 관계를 갖고 있는 것으로 간주되어야 한다.

중국과 소련간의 관계도 앞의 중·일관계와 같다. 중국과 소련은 1960년 실질적으로 모든 관계를 단절하였고, 양국간의 국경충돌도 빈번하였다. 1970년대 초 소련은 중·소 국경지대에 60만의 군대를 집중 배치하여[6] 양국관계는 매우 험악하였다. 그러나 1980년대 들어서면서 양국은 관계개선을 위해 노력하였고, 1989년에는 양국이 관계증진을 증명하려는 듯 1989년 5월 소련의 고르바초프 공산당 서기장이 중국을 공식 방문하였다. 중·소 양국은 협조적 관계를 갖고 있다고 객관적으로 인정할 수 있는 장치를 갖고 있지 않았으므로 두 국가의 관계를 협조적 관계라고 말할 수 없다. 그렇다고 두 강대국의 관계를 무관심한 관계라고도 말할 수 없다. 그렇다면 중국과 소련 두 국가의 관계는 통상적 외교관계를 갖고 있는 국가라고 분류할 수 있다. 그러나 두 강대국의 통상적 외교 관계는 시기적으로 그 정도를 달리한다. 1960년대 중·소의 관계는 극단적인 경쟁관계였고, 1970년대는 평범한 경쟁관계, 1980년대는 약한 경쟁관계를 갖고 있었던 것으로 보아야 할 것이다.

1979년 1월 1일 미국과 중국의 외교관계 정상화 이후 한때 미국과 중국간의 관계는 준동맹(quasi-alliance)적 관계[7]로까지 발전하였다. 미국과 동맹관계를 갖고 있는 일본과 중국간의 관계는 표면적으로 경쟁관계에 있다. 또 과거 일본과 소련간의 관계도 경쟁관계를 갖고 있었다. 미국과 일본은 당연히 협조적 관계이다. 미국과 중국은 실질적으로 준동맹국 관계를 갖고 있어 어느 정도 준협조적 관계를 가질 수 있을 것으로 보인다. 그러므로 일본과 중국간의 관계도 부분적으로나마 준협조적 관계가 있을 수 있다. 그러나 일본과 소련은 직접적으로나 간접적으로 협조적 관계를 가질 수 있는 바탕이 없으므로 일본과 소련간의 관계는 일본과 중국간의 관계보다 더 경쟁적이라

6) William G. Hyland, "The Sino-Soviet Conflict: A Search for New Security Strategies," in Richard H. Solomon(ed.), Asian Security in the 1980s(Cambridge, Massachusetts: Oelgeschlager, Gunn & Hain, Publishers, Inc., 1980), p. 140.

7) Raymond L. Garthoff, Déntente and Confrontation(Washington, D.C.: Brookings Institution, 1985), pp. 690ff; FBIS-CHI, 8and 21 Jan. 1980, P.B1.

할 수 있다. 한편 소련과 중국간의 관계가 외교적으로나 실질적으로 우호적인 방향으로 발전했으며 외교적으로 정상적 관계가 이루어졌다고는 하지만, 두 국가는 과거 1950년대와 같이 협조적 관계를 가질 수 있는 객관적인 근거인 어떠한 명시적 약속도 갖고 있지 않았다. 그렇다고 이 두 강대국이 무관심한 관계를 갖고 있지도 않았다. 그렇다면 양국 관계는 갈등적인 관계에 가까웠다고 할 수 있다.

1960년대의 쿠바에 미사일기지를 설치하려던 행위나 1979년에 아프가니스탄을 무력으로 점령하고 페르시아만을 장악하려던 소련의 행위들에 대해 미국은 소련이 미국을 위협하고 미국의 가치를 침해하려는 행위로 간주하였다. 이에 대한 미국의 대소 곡물수출 금지조치, 미국의 고급기술 및 다른 전략적 품목의 수출금지 등은 역시 미국의 소련에 대한 비협조적 행위이다. 이러한 행위나 결정 등이 미국과 소련 두 국가에 의해 되풀이되거나 지속되어질 때 이 국가간의 외교적 관계는 비협조적이고 갈등적 관계라 할 수 있다.

모든 국가의 외교의 효과와 그 성패 및 득실은 다른 국가와의 외교관계의 질과 정도에 의해 좌우된다. 다시 말하면, 많은 국가와 질 높은 협조적 관계를 갖고 있다면 그 국가의 외교는 성공률이 높을 것이고, 많은 국가와 극단적 갈등관계를 오랫 동안 지속하고 있다면 그 국가의 외교는 아무 것도 얻을 것이 없을 것이다.

국가간의 협조적 외교관계는 자연적인 요건에 의해서 형성되는 경우가 있고, 또한 인위적으로 수립되는 경우가 있다. 자연적 요건에 의해 협조적 외교관계가 형성되는 경우는 지정학적 위치나 또는 전략적으로 중요한 자원을 풍부하게 갖고 있는 국가와 이것을 필요로 하는 국가들이 협조적 관계를 갖고자 원하는 때이다. 19세기 영국이 벨기에(Belgium)의 안전을 보장하고 적극적으로 지원하며 협조적 관계를 유지했던 것도 벨기에의 지정학적 위치 때문이다. 또한 오늘날 미국과 일본의 관계를 보더라도 미국은 자신을 아시아－태평양국가로 자처하고 있기 때문에 태평양에 연해 있는 일본을 전략적으로 매우 중요하게 생각하며 협조적 관계를 유지하고 있는 것이다. 이와 함께 미국은 중동을 그의 외교정책 순위의 세번째로 꼽고 있다.[8] 1981년 1월 카터(Jimmy Carter) 대통령은 "페르시아만 지역을 장악하기 위해 이 지역에 외부세력이

8) Richard H. Solomon, "American Defense Planning and Asian Security," in Richard H. Solomon(ed.), Asian Security in the 1980s(Cambridge, Massachusetts; Oelgeschlager, Gunn & Hain, Publishers, Inc., 1980), p. 3.

무력을 행사하는 행위는 미국의 중대한 국가 이익을 침해하는 행위로 간주될 것이며, 이 지역에 대한 공격은 군사력을 포함한 모든 필요한 조치에 의해 격퇴될 것"[9]이라는 내용의 이른바 '카터 독트린'을 선언하였다. 이처럼 미국은 중동국가들을 매우 중요하게 생각하며 모두 협조적 외교관계를 갖고 있는 것이 사실이다. 이러한 이유는 중동국가들이 많은 석유 매장량을 갖고 있고, 이 석유는 서방국가들의 에너지의 근원이 되고 있기 때문이다.

한편 쿠바가 소련으로부터 많은 지원을 받으며 소련의 제3세계 국가 진출에 적극 가담하는 등 두 국가가 협조적 외교관계를 유지하고 있는 이유도 쿠바가 사회주의체제를 갖게 되었다는 점과 함께 그의 지정학적 위치 때문이다. 쿠바는 바로 미국에 근접해 있어 소련에게는 미국을 위협할 수 있는 기지가 될 수 있고, 아울러 소련의 남미 진출의 교두보가 될 수 있기 때문이다.

한편 인위적으로 국가간의 외교관계가 변하는 경우도 있다. 국제정치환경이나 국제정치체제에 따라 국가간에 새로운 외교관계가 생성되기도 하고 소멸되기도 하는 것이다. 제2차 세계대전 이후 양극체제의 형성으로 미국은 서유럽국가들과는 물론, 동남아시아국가들과 동남아조약기구(Southeast Asia Treaty Organization-SEATO)를 만들어 이 지역 국가들과 동맹관계를 형성하여 한때 협조적 외교관계를 유지하였다.

또한 영국도 1950년대 미국의 소련과 중국에 대한 봉쇄정책의 일환으로 터키, 이란, 이라크, 파키스탄과 중동조약기구(Middle East Treaty Organization)에 참여하여 이들 국가들과 동맹관계를 형성하여 협조적 외교관계를 가졌다. 그러나 1970년대에 접어들면서 동·서간 긴장이 완화되고 양극체제가 다극체제로 전환됨으로써 이러한 동맹조약의 필요성이나 가치가 감소되어 이들 동맹관계는 실질적으로 그 의미를 상실하였고, 이들의 협조적 외교관계도 크게 변화되었다. 그뿐만 아니라 미국도 역시 1950년대에 중화민국과 상호방위조약을 체결하였으나, 미국의 필요에 의하여 그리고 국제정치환경의 변화로 인해 1978년 중화민국과 단교하고 방위조약도 폐기하였으며, 중화민국이 적으로 생각하는 중화인민공화국과 미국은 1979년 1월 1일 외교관계를 정상화하여 오히려 중화인민공화국과 비우호적이고 적대적인 외교관계를 청산하게 되었다.

이와 같은 새로운 국제정치환경이나 국제정치체제는 국가간의 외교관계 변화에 가장 크게 작용하는 요소 중의 하나이다. 그 외에 개별 국가정책의 극단적인 변화도 외교관계

9) Weekly Compilation of Presidential Documents, vol. 16(January 28, 1980), p. 197.

변화의 주요 요소이다. 소련과 중국간의 관계가 1950년대 후반 협조적 외교관계에서 극단적인 경쟁적·갈등적 관계로 변한 것은 국제정치체제의 변화 때문이라기보다는 소련의 극단적인 정책 변화 때문이었다. 중·소관계의 변화는 사회주의와 자본주의 공존 불가 입장을 공존가능으로 바꾸고, 이에 입각한 정책 변화, 특히 소련의 대미정책 변화가 그 요인이었다. 이스라엘은 중동에 독립국가를 수립한 이후 여러 차례 전쟁까지 하며 적대관계하에 있던 이집트와 1978년 9월 적대관계를 해소하고 상호의 존재를 인정하며 공식 외교관계를 갖게 되었다. 이는 미국 카터 행정부의 중재 노력도 있었지만, 특히 이집트의 사다트(Anwar Al Sadat) 대통령이 1977년 11월 19일에 극적으로 이스라엘을 방문하는 등 이집트의 적극적인 정책 변화에 기인한 것이었다.

개별국가의 극적이고 극단적인 대외정책의 변화와 국제정치체제의 변화는 국가간의 외교관계를 변화시키는 가장 두드러진 요건들이다. 한 국가가 가능한 한 많은 국가와 협조적 외교관계를 갖지 않고서는 외교정책을 실천할 수 없고, 국가 목표의 실현이나 이익의 증대도 불가능하다. 어떠한 강대국이라 할지라도 다른 국가와 적대적 관계나 혹은 무관심한 관계만을 갖고 있다고 한다면, 이 강대국은 자국의 이익을 증진시킬 수 없다. 중국이 강대국이라고 하지만 폐쇄적이고 고립되었던 1950년대와 1960년대에는 그들이 목적했던 어떤 대외적인 정책도 성공적으로 수행할 수 없었고, 그 결과는 중국을 낙후되고 가난한 나라로 만들었던 것이 그 좋은 예이다.

자연적 요건이든 인위적 요건이든 어떠한 조건이든간에 한 국가가 다른 국가와 협조적 외교관계를 갖는 것이 중요한 이유는 협조적 외교관계를 갖고 있는 국가간에는 이해의 상충이 있더라도 이로 인해 국가간의 관계가 악화되는 것을 막고 서로의 가치 증대를 위해 노력할 것이며, 이들간의 외교 행위도 폭력 등을 동반한 제재나 응징의 방법에 의해서가 아니라 상대국의 이익을 해치지 않는 설득이나 타협 등 평화적인 방법으로 모든 문제들을 해결하고자 노력할 것이기 때문이다. 이러할 때 외교는 더욱 성공을 거둘 수 있다. 그러므로 모든 국가는 보다 많은 국가들과 우선적으로 협조적인 외교관계를 갖고, 그것을 유지하는 것이 외교정책과 그 목표를 실현하여 국가 이익을 증대시키는 최선의 길일 것이다.

협조적 외교관계를 가진 국가간의 외교

강대국간의 외교—한 시대의 국제정치체제의 형성·유지·발전 및 변화라는 대명제를 위해 같은 입장, 같은 노선, 같은 외교정책 목표를 갖고 있는 정치적 강대국들에게는 무엇보다도 그 체제의 유지가 가장 중요하다. 이러한 체제의 유지는 이 체제를 구성하고 주도하는 국제정치 체제의 정치적 강대국(major powers)간의 협조적 관계에 의해서 유지·발전될 수 있다. 그리하여 협조적 외교관계를 갖고 있는 강대국간에 이 체제를 유지하려는 욕망은 모든 문제에 대해 이해를 같이 하고 합의에 도달하기 위한 중요한 동기가 된다. 특히, 동맹조약에 의해 협조적 관계를 갖고 있는 국가간에는 조약의 의무를 충실히 이행할 것이라는 기대가 대단히 중요하기 때문에, 절박한 위기의 경우를 제외하고 한 순간의 이익을 위해 협조관계를 희생시키는 일은 없다.[10]

협조적 외교관계를 갖고 있는 국가들은 그들에 의해 합의된 원칙의 위반이 협조적·우호적 관계를 종결지을지도 모른다는 생각을 갖고 있다. 이들간에는 명백한 거짓말을 회피해야 하고, 약속을 지켜야 하며, 극단적인 비난을 하지 않아야 하고, 명백한 위협을 하지 말아야 한다. 또 합의는 일방적으로 파기하지 않아야 하며, 상호 이해(利害)는 나중에라도 잘못 해석하지 말아야 한다. 이러한 원칙의 준수는 협상 과정을 용이하게 하고, 정부 및 고위관리간의 협조관계를 촉진하며, 적대 감정을 감소시킬 것이다. 협조적인 외교관계를 갖고 있는 국가간에는 눈앞의 이득을 얻기 위해 어떤 원칙을 파괴시키기보다는 협조적관계의 유지를 더 중요시한다.[11] 적어도 협조적 외교관계를 가진 국가간이라면 명시적으로 또는 묵시적으로 이러한 원칙에 합의하고 있을 것이다. 그러므로 모든 외교행위는 이러한 원칙에 입각해서 전개되어질 것이다. 더욱이 협조적인 외교관계를 갖고 있는 정치적 강대국이라면, 그들의 국가 이익과 함께 국제정치체제의 유지를 위해서 합의된 원칙은 더욱 철저하게 지켜질 것이다.

행정적 외교의 측면에서 보면, 협조적 외교관계를 가진 정치적 강대국간에는 문제 해결의 기본 원칙이 이미 합의되어 있기 때문에 원칙에 입각해서 합리적인 결과의 창출 작업을 할 뿐이다.[12] 그리하여 협조적 외교관계를 갖고 있는 국가간에 문제가 발생하여

---

10) Fred C. Ikle, How Nations Negotiate(New York: Harper & Row, Publishers, 1985), p. 7.

11) Ibid, pp. 87-88.

12) K. J. Holsti, International Politics, 5th ed.(Englwood Cliffs, New Jersey: Prentice-Hall, Inc.,

이 문제를 행정적 외교로 처리한다면, 우선 국제법이나 국제관례에 의해 또는 이미 국가간에 합의해서 같이 갖고 있는 원칙에 의해 문제를 해결하려 노력하게 될 것이다. 협조적 관계를 갖고 있는 정치적 강대국간에는 문제가 발생하더라도, 적어도 상대국가를 희생시켜 어느 측이 일방적이고 절대적인 가치를 얻으려 하지는 않을 것이다. 이들 국가간에는 어떤 가치보다도 국가간의 협조적 관계가 더 중요하게 생각되기 때문이다. 그리하여 이러한 국가간에는 행정적 외교에 있어 타협, 양보, 이해의 분담 등으로 문제의 해결이 도모될 것이다.

이들 협조적인 정치적 강대국간에는 행정적 외교에서의 비정치적 현안은 어느 측의 손익에 관계없이 원만히 해결될 것이다. 이 국가들은 협조적 외교관계의 유지를 위한 대원칙에 합의하고 있고, 또 해결해야 할 현안이 비정치적인 것이므로 어느 측도 이해관계에 얽매이지 않고 합리적으로 문제를 해결하려 할 것이다. 예를 들면, 미국의 어선이 조업 중 부주의로 영국의 영해를 침범하였다고 했을 때 이 선박 및 선원의 석방문제는 쉽게 해결될 것이다.

정치적 현안의 해결을 위해 이들 정치적 강대국들이 행정적 외교를 전개하는 경우에도 어느 일방이 자국에게만 유리하게 문제를 해결하기 위한 외교적 조치, 그것도 상대국의 가치를 저해하는 무력행사, 무력행사의 위협, 봉쇄, 수출입 금지 등은 시도되지 않을 것이다. 만약 이러한 조치들이 행해진다면 이들간의 협조적 관계는 파괴된 것으로 볼 수밖에 없다. 뿐만 아니라 적어도 한 국제정치체제의 정치적 강대국간에는 위협적이거나 제재의 성격을 띤 조치들이 문제 해결에 효력을 나타낼 수가 없는 것이다. 만약 이러한 비우호적인 조치가 문제 해결의 관건이 된다면, 이 조치의 대상국가는 정치적 강대국이라 할 수 없다. 그렇기 때문에 이 강대국 사이에는 어느 한 국가에만 결정적으로 중대한 정치적 현안이 행정적 외교의 대상으로 등장하지 않을 것이며, 만약 이러한 중대한 정치적 현안이 협상의 대상이 된다면 그 경우 문제의 해결은 불가능하거나 아니면 당사국간의 협조적 외교관계에 변화가 있을 수 있다. 또한 협조적 외교관계를 갖고 있는 정치적 강대국들은 국가 이익에 결정적으로 영향을 미칠 수 있는 문제들이 행정적 외교의 대상이 되지 않도록 하기 위해 어떠한 형태이든 계속적인 공식·비공식의 접촉 또는 의사교환을 하고, 만약 이러한 문제가 발생되더라도 행정적 외교가 아닌 정치적 외교를 통하여 문제 해결을 도모하는 것이 그들간의 외교의 대전제이다.

1983), p. 176.

나폴레옹전쟁 이후 영국, 프랑스, 러시아, 프러시아 그리고 오스트리아 유럽의 5대 강국은 그들이 주도하는 세력균형체제를 형성하고, 이의 유지를 위해 유럽협조체제를 구축하여 유럽대륙의 현상을 유지하고, 그들의 국가적 이익을 도모하며, 이상적인 협조관계를 유지하여 왔다. 그러나 1822년 10월 이들 국가들은 베로나(Verona)에 모여 스페인 문제를 논의하였는데, 당시 스페인의 처리는 유럽의 현상과 각국의 이해에 커다란 영향을 미칠 수 있는 문제였기 때문에 이에 대한 강대국의 의견은 각기 달랐다. 이 경우가 중대한 정치적 문제를 행정적 외교를 통해 해결하려 했던 경우다. 결국 강대국들은 합의에 이르지 못하였고, 드디어 프랑스가 개입하여 이들 국가간, 특히 영국과 프랑스간의 협조적 관계에 변화가 생기는 계기가 되었다. 따라서 강대국간의 긴밀한 협조적 외교관계가 이완되어 이로부터 유럽대륙에는 불안의 싹이 텄다. 이러한 예에서 볼 수 있듯이, 어떤 국제정치체제하에서 협조적 외교관계를 갖고 있는 정치적 강대국간에 결정적으로 중대한 정치적 현안을 행정적 외교로 해결하는 것은 각 당사국에게 모두 만족을 가져다 줄 수 없을 뿐만 아니라 그 외교관계를 변질시킬 가능성이 매우 많은 것이다. 일반적으로 정치적 문제 해결에 있어 여러 방법과 수단이 이용되지만, 협조적 외교관계를 갖고 있는 강대국간에 비우호적인 방법을 통한 문제 해결은 바람직하지 않고 효력이 있을 수도 없다. 이들 정치적 강대국간에 설득, 보상의 약속(offer of rewards), 사전대가 보상(granting of rewards) 또는 물리적이고 폭력적인 수단 등은 문제 해결의 방법으로는 적절한 것이 아니다. 당대의 강대국이라면 이러한 반대급부에 현혹되지 않을 것이고, 물리적인 수단의 행사는 강대국의 존재를 부정하게 되어 체제의 존폐 문제까지 야기시킬 수 있다. 그리하여 국제정치체제를 주도하고 협조적 관계를 갖고 있는 정치적 강대국간에는 정치적 외교가 외교관계 유지와 문제 해결의 최선의 방법이다.

협조적 외교관계를 갖고 있는 정치적 강대국들은 언제나 국가원수로부터 각료급, 관리 등 여러 차원의 공식·비공식 접촉, 대화 등을 통하여 서로 의사를 교환하고 협의하는 정치적 외교의 통로를 갖고 외교행위를 행한다. 이들 강대국간에 문제가 발생하면 이의 정치적 해결을 위해 협의하여 해결을 모색한다. 그뿐만 아니라 이들 강대국들은 상호 정기·부정기적 의사 교환을 통하여 특히 해결하기 어려운 정치적 현안이 발생되지 않도록 적극적인 외교행위를 전개한다. 만약 이들간에 이와 같은 정치적 외교가 원만히 이루어지지 않는다면 이들의 국가 이익이 손상을 입을 수 있을 뿐만 아니라,

더 나아가서는 국제정치의 환경이나 체제가 그들에게 불리하게 작용할 수도 있을 것이다. 바로 서방선진 5개국 또는 7개국 회의(G-5 또는 G-7)가 이와 같은 정치적 외교를 모범적으로 행하고 있는 대표적인 경우이다. 또한 유럽공동체의 회원국들도 이 기구의 정신과 목표를 잘 이해하고 있고, 서로 정치적·경제적 이익과 그 필요성을 충분히 인식하고 있을 뿐만 아니라 상호 작용하는 데 기준이 되는 기본원칙에 합의하고 있어, 모든 문제를 해결하고 또 분쟁의 불씨가 될 수 있는 문제의 근원을 제거하는 데 정치적 외교를 잘 활용하고 있다.

정치적 강대국간에 이러한 정치적 외교 행위보다 중요한 것은 서로를 보호하고 서로의 이익을 증대시키기 위해 각기 협조적 외교관계를 갖고 있는 다른 강대국에 적응(accommodation)하려는 의지가 강해야 된다는 점이다. 물론 협조적 외교관계를 갖고 있다 하더라도 이해를 달리하는 경우가 있을 수 있는데, 이런 경우 서로의 이해가 평행선을 긋게 된다면 협조적인 관계의 유지는 어려울 것이다. 19세기 말 유럽협조체제의 붕괴는 강대국들이 이해를 크게 달리하여 서로 적응에 실패하였기 때문이었다.

1960년대 후반 미국은 반공에 기초한 봉쇄정책을 포기하지 않고, 인도차이나 반도에서 공산세력을 저지하기 위한 전쟁을 수행하고 있었다. 다시 말하면, 동·서 냉전 상태가 지속되고 있었던 것이다. 이즈음 미국이 맹주인 북대서양조약기구의 회원국 프랑스의 드골(Charles de Gaulle) 대통령은 1966년 6월에 소련을 공식 방문하였고, 두 개의 독일을 사실상 인정하려 하였으며, 1966년에는 폴란드 그리고 1968년에는 루마니아를 방문하며 미국의 외교정책 노선과 상당히 다른 외교정책을 추진하였다. 그뿐만 아니라 1966년에 드골 대통령은 북대서양조약기구의 통합 군조직으로부터 프랑스군을 철수시키고, 이 기구의 본부 및 부대시설을 프랑스로부터 다른 국가로 옮기도록 하는 등 이 기구 회원국가의 의사와 관계없이 일방적으로 모든 정책을 결정하고 실천하였다. 프랑스의 이러한 정책 결정은 협조적 외교관계를 갖고 있는 정치적 강대국들간에 쉽게 행해질 수 있는 일은 아니라서, 이렇게 일방적으로 정책을 결정하고 행위하는 것은 협조적 관계를 파괴시킬 수 있는 일이었다. 그러나 어느 회원국도 프랑스의 이러한 정책에 저항하거나 그것 자체를 부인하려 하지 않았다. 같은 회원국인 서독도 1969년 말부터 동방정책을 실시하여 1970년 8월에 소련과 상호불가침조약을 체결하였고, 1972년 12월에는 동독과 서로의 존재를 인정하는 평화조약을 체결하는 등 프랑스 외교정책 노선과 같은 정책을 실시했다. 이때까지 반공의 보루로서 반공정책 노선을 고수해 오던 미국은 프랑스와 서독의 정책에 동조하여 대공산권 화해정책의 길을 걷기 위한 준비를 하였다.[13] 그리하여 미국도 중국과 1972년 2월에 외교관계를 개선했고, 그리고 동년 5월 닉슨이 미국 대통령으로서는 처음으로 소련을 공식 방문하여 양국이 정상회담을 갖는 등 소련과의 관계 증진을 위해 노력하였다. 이러한 일련의 외교 행위들은 북대서양조약기구의 회원국들간에 상호 적응하려는 노력의 일환으로 생각된다. 이러한 상호 적응의 태도는 서방 선진국들간에 협조적 관계가 유지될 수 있게 하였다.

1970년대를 맞이하여 새로이 등장한 정치적 강대국들인 미국, 프랑스, 서독 등은 서로 적응하여 이들간의 협조적 관계 유지를 위해 노력하였다. 만약 이들간에 서로 적응하지 않고 배타적으로 또는 대립적으로 정책을 결정하고 행위했다면 이 정치적 강대국간에 협조적 관계가 유지될 수 없었을 것이다. 이들 국가들이 협조적 관계를 필요로 한다면 서로 적응하고 조화를 이루어야 할 것이다.[14] 1970년대 이후 다극체제하에서의 미국과 일본은 객관적인 국력의 측면에서 같다고 말하기는 어렵다. 특히, 군사적인 면에서는 자위력이 의심스러울 정도로 차이가 있으며, 실질적으로 일본은 미국에게 군사기지를 제공하며 자국의 안전을 미국에 의존하고 있었다.[15] 그런데 당시 국제정치체제에서 일본은 정치적으로 체제 주도국가 중 하나로 인정받고 있으나, 국력면에서 미국과 일본은 큰 차이를 보이고 있기 때문에 힘에 바탕을 두고 행해지고 있는 국제정치의 속성상 표면적으로 보면 미국의 일본에 대한 외교나 정책은 일방적이거나 아니면 미국의 영향력이 일본의 정책에 크게 작용할 수 있을 것으로 생각할 수 있다. 그러나 일본이 다극적 국제정치체제의 주요 정치적 강대국이라는 것이 인정되고 있기 때문에, 미국과 일본간의 관계는 힘의 논리보다는 정치적 강대국간 외교의 기본 정신이며 특성인 상호적응과 조화의 논리에 의해서 이해되고 설명되어야 한다.

형식논리의 측면에서 다극체제하의 미국과 일본의 외교는 적응과 조화의 논리로 그 설명이 가능하다. 그러나 실질적으로 미국이 일본에 해군 및 공군기지를 두고 있었고, 또한 미국이 일본의 안전보장을 책임지고 있었다. 이러한 현상은 미국의 일본에 대한

---

13) Henry A. Kissinger, White House Years(Boston: Little, Brown and Compay, 1979), pp. 408-412.

14) Alan S. Alexandraff, The Logic of Diplomacy(Beverly Hills: Sage Publications, 1981), p. 78.

15) Paul F. Langer, "Changing Japanese Security Perspectives," in Richard H. Solomon(ed.) Asian Security in the 1980s(Cambridge, Mass.: Oelgeschlager, Gunn & Hain, Publishers, Inc., 1980), pp. 69ff.

정치적 투자이며, 이 두 국가간에 어느 정도의 불평등한 의존 관계가 형성되어 있다고 말할 수 있다. 이러한 관계가 설정되어 있다고 하더라도, 미국과 일본은 그 시기의 정치적 강대국이기 때문에 강대국과 약소국간의 불평등관계와는 다르게 작용하지 않을 수 없었다. 약소국과 강대국간의 불평등관계라면, 강대국은 필요한 경우 약소국을 희생시킬 수 있다. 그러나 미국과 일본은 다같이 정치적 강대국이기 때문에 미국은 일본을 희생시키기 어렵다. 만약 일본과 불평등관계가 설정되어 있다고 하여 미국이 일본의 일방적인 희생을 강요한다면, 그의 능력이나 입장으로 보아 일본은 미국과의 협조적 관계를 파기할 수 있다. 더욱이 협조적 관계의 파기뿐만 아니라 역으로 일본이 소련 또는 중국과 협조적 관계를 갖는 다고 생각한다면, 전략적인 측면에서 이러한 현상은 미국에게 도움이 되지 않을 것이다. 또 정치적으로도 국제정치의 환경이나 구조에 변화를 초래할 수 있는 것이다. 국제정치질서의 재편이 특히 미국에게 불리한 것이라면 미국은 얻는 것보다 잃는 것이 더 많게 된다. 그렇기 때문에 협조적 외교관계를 갖고 있는 정치적 강대국간의 불평등관계는 강대국과 약소국간의 그것과는 다르게 보아야 한다. 강대국과 약소국간의 협조적 관계가 파괴되는 것은 그 두 국가만의 문제이고,또 강대국은 이 협조적 관계가 깨어지더라도 국가적으로 큰 위험이 초래되거나 크게 부담을 느끼지는 않을 것이다. 그러나 정치적 강대국간에 불화가 심각하여 이 국가들 간에 협조적 관계가 깨어진다면, 이것은 두 국가의 협조관계가 깨어지는 것에 국한하지 않고 더 나아가서는 강대국에게 유리한 국제정치질서가 변질될 수 있다. 정치적 강대국들이 협조적 관계를 유지하는 이유는 곧 현재의 국제정치질서를 유지하는 것이 강대국에 유익하기 때문에 이 정치적 강대국간의 협조적 관계의 유지는 매우 중요한 것이다. 그러므로 정치적 강대국들은 어떠한 경우에도 그들간의 협조적 관계를 유지하려 한다.

협조적 외교관계를 갖고 있고, 국제정치질서를 주도하는 정치적 강대국간에는 정치적 현안을 해결하기 위해 행정적 외교가 전개될 가능성은 거의 없다. 이 강대국들은 많은 접촉, 교류 등을 통하여 각국의 목표, 정책, 대외행위, 태도 등에 대해 항시 의견을 교환하며, 서로 적응하고 조화를 이루기 위해 노력하기 때문에 이들 정치적 강대국간에 절박한 정치적 현안이 발생될 가능성은 거의 없을 것이며, 따라서 정치적 현안을 행정적 외교로 처리하는 경우도 있을 수 없을 것이다.

협조적 외교관계를 갖고 있는 정치적 강대국간의 외교는 기본적으로 모든 크고 작은 문제들을 적응과 조화라는 용광로 속에 넣어 다루기 때문에 이 정치적 강대국간에 어렵고 불편한 문제들이 용광로 밖으로 표출되어 문제의 해결을 어렵게 하는 경우는 흔치 않을 것이다. 강대국간의 문제가 용광로 밖으로 표출된다면 이러한 현상은 강대국간의 협조적 관계에 대한 위험 신호이며, 이 협조적 관계가 파괴될 위험성이 있음을 암시하는 것이다. 협조적 외교관계를 갖고 있는 정치적 강대국간에는 주로 정치적 외교가 전개된다. 이들 국가간에는 대체로 대화를 나누고 의견을 교환할 수 있는 확실한 통로를 갖고 있기 때문에 이들간에는 의사교환, 인적 교류, 접촉 등이 많이 있게 되고, 이에 따라 정치적 외교행위도 많이 전개된다.

협조적 외교관계를 가진 정치적 강대국들이 상호 적응하고 조화를 이루려고 노력하는 이유는 현재의 국제정치질서를 유지하기 위해서이다. 현 국제정치질서는 정치적 강대국들의 이익을 보호하고 신장시킬 수 있는 체제이기 때문에 강대국들에게는 이러한 체제의 유지가 무엇보다도 중요하다. 그렇기 때문에 강대국간에는 어려움이 있고 다소 불리한 경우가 있더라도 이것을 감내하고 적응하며, 질서의 유지를 위해 조화를 이루려고 노력한다. 협조적 관계를 갖고 있는 정치적 강대국들은 긴 안목에서 보다 더 큰 이익을 위해 그리고 그들의 이익을 대변하는 국제정치질서의 유지를 위해 목전의 이익을 어느 정도 희생하기도 한다.

19세기 유럽의 세력균형체제하에서 영국, 프랑스, 러시아, 오스트리아, 그리고 프러시아 5대 강국은 유럽협조체제(the Concert of Europe)를 구축하여 이 체제 속에서 서로 적응하고 조화를 이루려 노력 하였다. 크리미아전쟁(Crimean War: 1854-1856)이 발생했을 때에도 영국과 프랑스는 러시아와 전쟁 상태에 돌입하게 되었으나 그 전쟁을 확대하지 않고, 영국, 프랑스, 오스트리아 그리고 러시아는 1856년 3월 파리에서 회합을 가져 모든 문제를 해결하고, 유럽대륙에 세력균형체제를 계속 유지하였다. 1870년 독일통일전쟁의 경우에도 프랑스와 독일이 전쟁을 하였지만, 전쟁이 끝난 다음 이들은 세력균형체제를 유지하였다. 이와 같이 강대국들은 체제의 유지를 최우선의 외교정책 목표로 삼고 있다.

오늘날 세계경제를 주도하고 있는 G-5 또는 G-7국가들의 경우에도 현재의 국제경제질서는 그들의 이익을 대변하고 있는 질서이다. 따라서 이 국가들은 각각 자국의 이익을 극대화하기 위해 회원국과 갈등을 심화시켜 이 국제경제질서를 파괴시키지는 않을 것이다. 전통적으로 프랑스와 독일은 반목하고 대립하였지만, 오늘날은 G-5의 회원국인 프랑스와 독일 두 국가가 갈등을 심화시켜 오늘의 국제경제질서를 파괴시키는 일은 하지 않을 것이다. 왜냐하면 이 질서의 유지가 두 국가 모두에게 매우 유익한 것이기 때문이다.

강대국과 약소국간의 외교－강대국과 약소국간의 협조적 외교관계는 강대국간의 협조적 관계와는 차원을 달리한다. 강대국간의 협조적 관계는 강대국 어느 일방의 필요에 의해서라기보다는 그들이 모두 협조적 외교관계의 유지가 절실히 필요하다고 느끼기 때문에 그 응집력이 강하다. 그리하여 이들 강대국간 외교의 근본 바탕은 적응과 조화이며, 이 바탕 위에서 외교가 전개된다. 그러나 강대국과 약소국간의 협조적 외교관계는 우선 필요성의 정도가 다르다. 강대국간의 경우에는 협조적 관계 자체가 목적이므로 적응과 조화가 이루어질 수 있다. 그러나 강대국과 약소국간에 협조적 외교관계가 설정되어 있다면, 강대국에게는 이것이 수단이고, 약소국에게는 목적이 된다. 강대국이 약소국과 협조적 외교관계를 유지하는 이유는 우선 강대국이 주도하는 국제정치체제를 유지하기 위한 수단으로 그들의 외교정책과 전략의 필요성 때문이다.

19세기 유럽대륙의 세력균형체제에서는 정치적 강대국이 개별적으로 약소국과 협조적 관계를 갖는 것이 금기시되었다. 1815년 비엔나회의 당시 현상을 그대로 유지하는 것이 유럽의 질서를 유지하는 것이었다. 그런데 어떤 강대국이 특정 약소국과 밀착된 관계를 갖는다면, 그 행위는 자칫 유럽대륙의 현상을 파괴시킬 수도 있기 때문에 이 시기 유럽대륙에서 강대국과 약소국이 협조적 관계를 가졌던 기록은 찾기 어렵다. 유럽대륙 내에서 5개의 강대국들은 악의의 경쟁·대립관계를 갖고 있지 않았기 때문에 어느 하나의 강대국이 독자적으로 유럽대륙 내에서 국력을 강화하려는 경향은 그다지 농후하지 않았다. 특히, 유럽대륙 내에서 강대국이 세력균형체제 유지의 수단으로 또 강대국의 외교정책과 전략의 필요성 때문에 강대국이 약소국과 특수하게 협조적 관계를 갖지는 않았다.

1950년대에 미국은 소련 등 공산국가에 대한 봉쇄정책의 일환으로 바그다드기구(Baghdad Pact 또는 Middle East Treaty Organization), 동남아조약기구 등을 형성하였다. 그리하여 미국과 이들 회원국들 사이에는 동맹관계가 유지되어 외교상 협조적 관계가 존재했었다. 그러나 미국과 소련간의 긴장이 완화되고, 미국이 봉쇄정책을 고수하지 않게 되면서 이 두 기구는 유명무실하게 되었고, 따라서 미국과 이 기구 회원국간의 협조적 외교관계도 크게 약화되었다. 또한 1954년 미국과 중화민국(대만정부)이 상호방위조약을 체결함으로써 두 국가는 동맹관계의 형성으로 협조적 외교관계를 갖게 되었으나, 1979년 1월 1일 미국과 중국의 외교관계정상화로 미국과 중화민국의 관계는 폐기되고, 단교상태에 이르렀다. 또 미국은 1963년 베트남 정부의 민주화를 요구하며 원조 삭감의 뜻을 비쳤다. 그러나 베트남 정부가 정치 개혁을 거부하자 미국은 원조를 줄이고, 쿠데타를 통해 베트남 정부를 붕괴시켰다. 이러한 사실들로 미루어 볼 때, 강대국과 약소국간의 협조적 관계는 강대국의 입장에서 보면 어떤 목적을 달성하기 위한 수단이라는 것이 입증되고 있는 것이다. 한편 약소국의 입장에서 보면, 강대국과의 동맹관계 형성에 의한 협조적 외교관계는 그 자체가 목적이다. 약소국이 강대국과 동맹관계나 협조관계를 갖는다면 그것으로 인해 자국의 안전과 경제적 발전을 도모할 수 있다. 강대국도 약소국과 협조적 관계를 유지하려면 최소한도의 적응과 조화를 위해 노력하지 않으면 안 될 것이다. 그러나 현실은 반드시 그렇지는 않다.

이와 같은 맥락에서 보면, 강대국과 약소국간의 협조적 관계의 유지 여부는 강대국과 약소국의 목표, 정책과 국제정치체제의 형태에 따라 결정된다고 할 수 있다. 특히, 강대국의 외교정책 목표는 국제정치체제에 의해 영향을 받는다. 이에 곁들여 한국과 미국간의 동맹관계와 협조적 관계도 현재까지는 유지되고 있지만, 이러한 관계의 지속 여부는 한국에 의해서가 아니라 미국에 의해서 결정될 것이다. 만일 한국이 미국과의 동맹관계의 유지를 필요로 할지라도, 미국의 대외정책 목표나 전략이 바뀐다면, 한국의 뜻과는 관계없이 한미간의 동맹관계나 협조적 관계가 지속되지 않을 수도 있다. 강대국과 약소국간의 협조적 관계는 이런 맥락에서 유지될 것이며, 실제 외교에 있어서 적응과 조화의 질과 양도 강대국간의 그것과는 차이가 있다.

한편 강대국과 약소국간의 협조적 외교관계는 이 관계를 갖게 해준 매개체에 따라 질과 양을 달리한다. 예를 들어, 서방 자본주의국가에 대한 주요 석유 공급자인 중동의 주요 산유국들의 안전은 '카터 독트린'에서 밝힌 바와 같이 미국의 중대한 국가 이익이 되고 있다. 중동의 산유국들과 미국 사이의 협조적 관계는 미국의 외교정책이나 전략 또는 국제정치질서에 관계없이 미국이 일차적으로 협조적 관계의 유지를 원하므로, 석유가 생산되는 한 또는 석유를 대체할 수 있는 다른 에너지가 만들어질 때까지 이 협조적 관계는 유지될 것이다. 이 석유는 아직까지 협조적 관계의 전천후 매개체이므로, 상황에 따라 변하는 매개체에 의한 협조적 외교관계보다 그 외교관계는 훨씬 밀도 높은 관계가 될 것이다.

약소국이 강대국과 협조적 외교관계가 설정되어 있다면, 이것은 의존적이거나 불평등한 관계가 확립되어 있는 것이라고 보아야 한다. 이러한 관계는 강대국의 필요에 의해서 생성되는 것이기 때문에 강대국은 약소국에 반대급부를 제공하고 협조적 외교관계를 가질 것이다. 이때의 반대급부는 대상에 따라 질과 양의 차이는 있겠지만, 대체로 정치적 투자의 의미를 짙게 내포할 것이며, 이것은 약소국과 강대국간의 의존적 관계 또는 불평등한 관계를 형성하게 될 것이다.

강대국과 약소국간의 외교에는 원칙적으로 힘의 논리가 작용한다. 국제정치의 속성상 국가간에 이러한 논리가 작용하는 것은 당연한 일이다. 그러나 이러한 기본적 논리가 언제나 똑같이 작용하는 것이 아니라, 상황에 따라 다르게 작용하기도 한다. 이처럼 국가간 힘의 논리를 다르게 작용하도록 만드는 것이 국가간의 외교관계이다. 그 중에서도 국가간의 힘의 논리가 약소국에게도 유리하게 작용할 수 있게 하는 것이 협조적인 외교관계이다. 국가간 협조적 외교관계는 상호 적응과 조화를 근간으로 하고 있다. 그리고 강대국과 약소국간의 협조적 관계는 우선적으로 강대국의 필요에 의해서 형성되고 유지되기 때문에 이 관계가 지속되는 동안 강대국은 이 협조적 관계의 유지를 위해서 최소한도로 약소국에 대해 어느 정도 적응하려고 노력할 것이다.

그런데 이러한 강대국과 약소국간의 협조적 관계도 상황에 따라 그 정도와 질을 달리하고 있다.

첫째는 절대불변의 매개체에 의해 설정된 절대적인 협조 관계가 있다. 즉, 강대국에게 절대적으로 중요한 매개체에 의해 약소국과 강대국이 협조적 관계를 갖게 되면, 오히려 약소국이 강대국에게 영향력을 행사할 수 있는 근거를 가질 수 있다. 외형적으로 볼 때 강대국과 약소국간의 협조적 관계는 불평등한 의존적 관계로 비춰질 수 있다. 그러나 이 경우에는 실질적으로 강대국에 의해 절대적인 가치로 인정받고 있는 중요한 요소를 약소국이 갖고 있기 때문에 오히려 약소국이 그것을 정치적 지렛대로 이용할 수 있다. 이러한 관계는 약소국이 강대국을 움직일 수 있는 근거가 될 수 있으므로 약소국에게는 '절대적 협조관계'라 아니할 수 없다. 한 예로서, 중동에서 생산되는 석유는 미국에게 절대적 가치로 간주되고 있다. 중동의 석유를 절대적 가치로 여기고 있는 미국은 중동 산유국의 안전과 미국 영토의 안전을 동일시하고 있다. 그러므로 이들간의 관계가 절대적인 협조관계라는 것을 의심할 여지가 없다. 약소국의 관점에서 볼 때, 강대국과 약소국간의 협조적 관계는 불평등한 의존적 관계로 생각된다. 그러나 강대국과 약소국간의

'절대적 협조관계'는 실질적으로 평등한 상호의존관계라 할 수 있다. 이런 경우 강대국은 힘을 갖고 있고, 약소국은 강대국에 의해 절대적 가치로 인정받고있는 요소를 갖고 있기 때문에 이들은 외교적으로 '균형된 상호의존관계(symmetrical interdependence relations)'를 가지고 있다고 할 수 있다.

'절대적 협조관계'를 갖고 있는 강대국과 약소국간의 현안을 해결하기 위한 '쌍무적 외교'는 가장 원만하게 전개될 것이다. 원래 쌍무적 외교의 근본 정신은 공동 이익의 실현과 이해(利害)의 균점이다. 그렇기 때문에 '절대적 협조관계'를 갖고 있는 국가간에, 그것도 어느 측면에서는 강대국이 약소국에 의존하고 있는 상황에서 강대국은 쌍무적 외교의 근본 정신에 위배되는 협상을 전개하지 못할 것이다. 일반적으로 쌍무적 외교에 있어 국력의 강약, 국가의 의지, 책임 그리고 목표에 대한 인지와 기대는 교섭하는 당사자의 반응, 의사소통의 정도 그리고 교섭의 전과정에 영향을 미칠 수 있다. 예를 들면, 위협의 감지는 교섭하는 사람으로 하여금 크게 후퇴하게 만들 수 있고, 한편 그의 상대방은 보다 더 공격적인 자세로 임할 수 있게 한다.[16] 그러나 '절대적 협조관계'를 가진 국가간의 쌍무적 외교에 있어서는 어느 측도 이러한 위협적인 분위기 하에서 협상을 전개하지는 않을 것이다. 이러한 관계를 가진 국가간에는 각기 정치적으로 매우 중대한 문제를 쌍무적인 협상의 탁자 위에 올려놓고 교섭하는 일은 없을 것이다. 이러한 관계를 가진 국가들은 중대한 문제가 발생하지 않도록 외교력을 발휘할 것이다.

강압적인 외교는 대체로 국가간의 불평등한 관계 하에서 전개될 수 있는 외교이다. 즉, 힘 있는 국가가 약한 상대방 국가에 영향력을 행사하거나 압력을 가하여 얻고자 하는 것을 얻으려는 외교이다. 이러한 측면에서 볼 때 '절대적 협조관계'를 가진 국가들 간에는 힘의 논리가 작용하는 강압적인 외교는 전개될 수 없을 것이다. 이처럼 대등한 상호의존관계를 가진 국가간에는 외교의 주체와 객체가 뚜렷하게 부각될 수 없기 때문에 이러한 일방적 외교가 전개될 여지는 많지 않다. 특히, 강대국과 약소국간에 힘의 논리가 작용될 수 없다면 강대국 중심의 일방적 강압외교는 전개될 수 없을 것이다. 예를 들면, 미국이 자국의 이익을 위해 사우디 아라비아에게 어떤 정책의 변화를 압력이나 영향력을 동원하여 강제하는 외교는 전개되지 않을 것이며, 이것이 '절대적 협조관계'를 가진 강대국과 약소국간 외교의 특징이다.

---

16) Bertram I. Spector, "Negotations as a Psychological Process," Journal of Conflict Resolution, vol. 21, no. 4(December 1977), p. 609.

둘째로 강대국과 약소국간의 또다른 협조적 관계는 특정 강대국이 자국의 이익을 위해 만든 국제적 또는 지역적 기구에 약소국이 참여하여 강대국과 함께 이 기구의 회원국이 되는 경우에 협조적 관계가 형성될 수 있다. 이러한 관계는 '상대적 협조관계'이다. 이처럼 어떠한 특수목적을 위해 강대국과 약소국이 하나의 국제기구의 회원국이 된다는 것은 이 기구의 목적을 위해 상호 적극적으로 적응하고 협조할 것을 약속하는 것을 말한다. 국제적 기구라는 매개체를 통하여 협조적 관계를 갖는 경우, 회원국간 상호 적응하고 협조하는 정도는 그 기구를 구성하고 있는 회원국의 질과 이 기구에 대한 회원국이 갖는 중요성에 따라 결정된다.

우선 국제적 또는 지역적 기구의 회원국 중에 정치적으로든 경제적으로든 강대국이 많이 있는 것이 상호 적응과 협조의 강도를 높일 수 있다. 국제기구의 회원국 가운데서도 강대국간에 서로 적응하지 못하거나 협조하지 않는다면, 그 기구는 존재의 의의를 상실하여 소기의 목적을 달성할 수 없거나 또는 존속한다고 하더라도 유명무실할 것이다. 이같은 좋은 예가 국제연합(UN)이다. 우선 국제연합에는 안전보장이사회 상임이사국들 중에 서로 대립하고 또 배타적으로 행위하는 국가들이 있기 때문에 국제연합 본래의 목적을 달성하지 못하고 있다. 회원국간에 대립하고 반목한다면 그 기구는 존재할 의미가 없을 것이다. 그러나 우선적으로 강대국이나 주요 회원국간에 서로 적응하려고 노력한다면 그 기구 회원국간의 협조관계는 잘 유지될 수 있다.

그리고 한 기구의 회원국이 협조관계를 갖기 위해서는 이 기구의 구심적 역할을 하는 주요 회원국들이 이 기구에 대해 갖고 있는 중요성의 정도에 따라 이 주요 회원국들의 적응 및 협조의 정도가 달라질 수 있다. 그렇기 때문에 약소국은 많은 강대국이 참여하고, 또 이들이 그 국제적 기구를 중요시하여 효율성을 높이기 위해 노력하는 국제기구의 회원국이 되는 것이 강대국과 협조관계를 갖는 최선의 방법 중의 하나이다. 강대국이 그 기구를 중시한다면 다른 회원국의 이익을 쉽게 침해하지 않고, 오히려 다른 회원국에 적응하려 노력할 것이다. 예를 들면, 미·소 냉전시기에 미국은 북대서양조약기구를 세계전략의 핵심으로 생각하였다. 그렇기 때문에 미국은 이 기구의 유지를 국가의 주요 목표로 삼고 있었다. 그리하여 미국은 회원국에 적극적으로 적응하였다. 이 기구의 회원국인 프랑스는 1964년 미국과 적대관계를 갖고 있는 중국과 단독으로 국교를 정상화하였고, 또 1966년에는 북대서양조약기구의 통합군에서 탈퇴하고, 북대서양조약기구의 본부 및 부속기관들을 파리로부터 다른 곳으로 이전시켜 줄 것을 요구하였다. 이처럼 프랑스는 이 기구를 실제로 주도하고 있는 미국의 정책에 반하는 행위를 하였음에도 불구하고, 미국은 이 기구의 존립을 중요시하였기 때문에 프랑스의 요구를 수용하고, 프랑스에게 어떠한 불이익도 강요하지 않았다.

국제적 기구를 통해 협조적 관계를 갖게 되었다면 이 기구의 개별 회원국간에 불평등한 의존적 관계를 형성하고 있더라도 이러한 관계를 정치적으로 이용할 가능성은 다른 경우에 비해 그다지 많지 않을 것이다. 특히, 힘 있는 국가가 그의 필요에 의해서 만든 국제기구에서 잃는 것보다 얻는 것이 더 많다고 생각한다면, 이 기구의 존속을 위해 강대국은 약소국과의 불평등한 의존적 관계를 정치적 수단으로 이용할 가능성은 많지 않을 것이다. 그러나 국제적 환경의 변화로 강대국 등 주요 회원국이 그 국제기구에 부여하고 있는 중요성이 줄어든다면, 주요 회원국들의 적응이나 협조의 정도 역시 약화될 것이다. 그러면 국제기구의 이익보다 개별국가의 이익이 우선시될 것이고, 그렇게 되면 회원국간 협조적 관계도 약화될 것이다. 그렇기 때문에 이렇게 국제기구에 의해 갖게 되는 협조관계는 절대적이라기보다 상대적이라 할 수 있다. 이러한 '상대적 협조관계'를 가진 국가간에 전개되는 쌍무적 외교에서는 일차적으로 힘의 논리가 작용하지 않을 것이다. 이러한 관계를 가진 국가간의 쌍무적 외교의 대상이 되는 현안들은 대체로 비정치적이고 또 어느 측에도 결정적으로 중대한 것이 아닐 것이다. 다시 말하면, 쌍무적 외교에서는 어느 측에게도 희생이나 양보를 요구하지 않는 문제가 쌍무적 외교의 대상이 되기 때문에 이런 경우에 어느 국가에 의한 힘의 논리가 작용되지 않을 것이다. 그뿐만 아니라 기본적으로 이 '상대적 협조관계'를 가진 국가간에는 그들이 구성하고 있는 국제기구가 잘 운영되도록 하기 위해 최소한도의 적응을 전제로 하기 때문에 비정치적 현안을 다루는 쌍무적 외교에는 강압적인 수단이 동원되지는 않을 것이다. 그러나 이 '상대적 협조관계'에서도 강대국이 다른 약소국을 상대로 하여 강압적인 외교를 전개해야 할 중대한 현안이 발생한다면, 강대국은 약소국의 이익을 서슴없이 희생시킬 것이다.

1950년대 미국은 영국 및 프랑스와 마샬계획, 북대서양조약기구 등으로 '상대적 협조관계'를 갖고 있었음에도 불구하고 미국이 영국과 프랑스의 중대한 이익을 희생시킨 일이 있었다. 원래 미국은 중립노선(non-alignment orientation)을 표방하고 있는 이집트로 하여금 친미적인 태도를 갖게 하기 위해 이집트의 나세르(Gamal Afdel Nasser) 대통령이 계획하고 있는 아스완 댐(Aswan Dam) 건설을 지원하려 하였다. 그런데 나세르 대통령은 비동맹중립노선을 걷는 국가로서 미국으로부터 보다 많은 재정적 지원을 얻기 위한 방편으로 미국과 경쟁관계에 있는 소련에 밀착하려는 태도를 보였으며, 또한 중국과 국교를 정상화하려는 움직임을 보이며 미국을 자극하였다. 그러자 미국은 1956년 7월 19일 아스완 댐 건설에 필요한 재정적 지원을 하지 않을 것이라는 미국 정부의 결정을 이집트 정부에 통고하였다. 이러한 결정에 대한 반작용으로 나세르 대통령은 영국과 프랑스가 대주주로 되어있는 수에즈운하회사를 국유화하고, 서유럽국가 선박들의 이 운하 통과를 금지시키는 결정을 하였다. 이러한 결정에 반발하여 영국과 프랑스는 이집트와 전쟁상태에 돌입하였다. 이집트가 친소화(親蘇化)하는 행위 및 태도를 취하여 미국의 뜻에는 위배되는 행위를 감행하였지만 이 지역 및 비동맹권에서 이집트의 정치적 지도력, 아랍인들의 민족주의 감정 자극, 반미·친소 감정의 고조 및 소련의 이 지역에 대한 적극적인 진출 등을 우려하여 미국은 영국과 프랑스에 경제적 제재를 위협하여 이들의 이집트에 대한 공격행위를 자제시키고, 영국과 프랑스의 수에즈운하에 대한 권리 회복을 포기시켰다.

미국은 영국 및 프랑스와 전통적으로 깊은 유대관계를 갖고 있지만, 이들간의 '상대적 협조관계' 그리고 미국의 정치적 실리 때문에 미국은 이 두 국가의 이익을 희생시키고 미국이 정치적 실리를 얻은 것이다.

약소국간의 외교－약소국간에는 협조적 관계를 가질 수 있는 직접적이고 응집력있는 매개체가 쉽게 등장할 수 없다. 왜냐하면 외교는 국력을 바탕으로 해서 전개되는 행위인데, 이들은 모두 국력이 제한되어 있어 적극적인 외교를 전개할 수 있는 힘이 없기 때문이다. 또 외교의 궁극적인 목적은 국가 상호간에 필요한 것을 주고받음으로써 국가의 이익을 증대시킬 수 있고, 그렇게 되어야만 밀접하고 적극적인 외교가 전개될 수 있다. 그런데 약소국은 다른 국가에게 큰 혜택을 베풀 수 없기 때문에 어느 측도 적극적인 협조적 외교관계를 수립하기 어렵다. 약소국간에 새로운 가치의 창출이 가능하다거나 혹은 가치의 균등한 분배가 흔히 이루어질 수 있는 여지가 충분하다면, 이들간에도 협조적 외교관계가 형성될 수 있겠으나 그 가능성은 많지 않은 것이 현실이다. 그러나 약소국간에도 그들이 성취해야 할 인정된 동일한 목표를 갖고 있는 국가들이 단합된 힘을 발휘하기 위해 국제기구를 만들거나 또는 구속력을 지니는 명시적 약속을 한다면, 이들간에 협조적 관계가 형성될 수 있고, 또한 협조적인 외교를 전개할 수 있을 것이다.

협조적 외교관계를 가지고 적극적 외교를 전개할 수 있는 바탕을 가지고 있는 국가들은 동남아시아국가연합(ASEAN)의 회원국들이라고 생각할 수 있다. 이들 회원국들은 이 기구의 창립 선언에서 경제, 사회, 문화, 기술, 과학, 행정 등 여러 분야에서 공동의 이익을 위해 적극적으로 협력하고, 상호 원조를 촉진시키는 것을 주요 목적으로 선언하였다. 그러나 이 회원국가들은 선진국들로 구성된 유럽공동체(EC)의 회원국들과는 달리 모두 개발도상국가들로, 동남아국가들은 가진 것이 넉넉하지 못하여 주고 받을 것이 많지 않다. 그리하여 이들은 새로운 가치를 창출하는 것이 어렵기 때문에, 오히려 각각 자국의 안전과 발전을 위해 다른 지역의 선진국가들과의 적극적 관계를 모색하고 있는 실정이다. 이들 회원국들은 이 기구를 만들어 많은 것을 주고 받으려 하였으나, 그것이 원만히 이루어질 수 있는 여건을 갖추고 있지 못하기 때문에 자연히 이 기구 자체가 이 국가들의 응집력을 약화시켜, 형식적으로는 협조적 외교관계를 유지하고 있지만 실질적으로는 적극적인 외교가 충분히 이루어지지 못하고 있다.

이 동남아국가연합에서 볼 수 있듯이, 국가간에 협조적이고 적극적인 외교관계를 갖고 외교를 전개하기 위해서는 정치적인 구속력을 가진 매개체에 의해서 외교관계가 형성되어야 한다. 다시 말하면, 국가간 의무와 권리의 불이행이 그 국가의 중대한 이익에 영향을 미칠 수 있는 장치를 갖춘 매개체에 의해 협조적 외교관계가 형성되었을 때 적극적이고 협조적인 외교의 전개가 가능한 것이다. 이런 측면에서 볼 때, 약소국간에는 정치적으로 구속력을 갖는 매개체에 의해 적극적이고 협조적인 외교관계를 갖는 일이 쉽지 않다. 일반적으로 말하여, 어느 한 약소국이 약속된 권리나 의무를 이행하지 않았을 때 부정적인 반대급부가 주어질 수 있는 경우라면 적극적이고 협조적인 외교의 전개가 가능하다. 그러나 약소국간에는 정치적으로 또는 경제적으로 영향력을 행사할 수 있는 직접적인 매개체에 의해 협조적 외교관계를 갖는 경우는 많지 않다.

석유수출국기구(OPEC)는 각 국가에 영향을 미칠 수 있는 매개체에 의해 만들어진 국제기구이다. 이 기구의 회원국들은 모두 석유를 생산하고, 그것을 수출하여 국가의 부를 축적시키는 국가들이다. 그러므로 이 회원국들은 공통적인 이해관계를 갖고 있고, 이들 국가들의 권리 및 의무의 불이행은 이 국제기구 및 회원국들에게 불이익을 가져다 줄 수 있다. 그렇기 때문에 이 기구의 회원국들은 어느 국제기구의 회원국들보다 응집력이 강하고 매우 협조적이다. 예를 들면, 이 석유수출국기구 회의에서 원유의 생산량이나 또는 원유가격을 결정하면 이 기구의 회원국들은 이 결정을 모두 잘 준수한다. 만일 어느 회원국이 이 결정을 위반한다면 순간적으로는 더 많은 이익을 얻을 수 있겠지만, 긴 안목으로 볼 때 이 기구가 제대로 기능하지 못하거나 또는 각 회원국이 독자적으로 행위하게 된다면 궁극적으로 모든 회원국은 석유 생산과 수출에 중대한 어려움이 따르게 될 것이다. 회원국들이 이러한 사실을 인식하고 있기 때문에 이 석유수출국기구 회원국들의 적응력은 매우 강하고, 따라서 이 회원국간의 협조적 관계는 매우 돈독하다.

약소국간에 협조적 외교관계를 가질 수 있는 경우는 강대국을 매개체로 하는 경우가 있을 수 있다. 한국이 미국과 동맹관계를 갖고 있고, 미국이 필리핀에 군사기지를 두고 있어 한국과 필리핀 양국은 미국을 통해 간접적으로 협조적인 외교관계를 가질 수도 있다. 이와 같은 간접적인 협조적 관계는 형식상으로 의미를 부여할 수 있겠지만, 실질적으로는 정치적 구속력이 없기 때문에 직접적이고 적극적 외교를 전개하지는 못한다. 그러나 한국과 필리핀간의 관계는 간접적인 협조적 외교관계의 매개체인 미국의 역할에 따라 적극적일 수도 있고 소극적이 될 가능성도 있다. 유엔총회에서 미국의 발의에 의해 한국에 관한 문제가 제기된다면, 이 문제에 대해 미국이 적극적으로 지지한다는 것을 의미한다. 이때 필리핀은 미국이 제의한 한국문제에 대해 관심이 없어 지지를 하지 않을 수도 있겠지만, 미국이 필리핀에 대해 미국의 입장을 지지하도록 요청한다면 필리핀은 미국의 요구를 받아들일 수 있을 것이다. 또 한국과 필리핀간에 해결하기 어려운 현안이 발생하였을 때, 미국이 양측 모두에 호의적인 중재자 역할을 할 수도 있을 것이다. 이렇게 볼 때, 국가간 간접적인 협조적 외교관계도 그 매개체의 비중과 역할에 따라 외교상 실질적 의미를 가질 수 있다.

양극체제하에서 서독과 한국은 모두 정치적으로는 약소국에 속한다고 할 수 있다. 서독과 한국은 협조적 외교관계를 가질 수 있는 직접적인 매개체는 없지만, 각기 미국과 동맹관계를 갖고 있었다. 이 경우, 한국과 서독은 미국으로 인하여 간접적인 협조적 외교관계를 갖는 것이 된다. 만일 동·서 냉전시기에 한국과 서독간에 바람직하지 못한 경쟁적·대립적 관계가 형성된다면, 자유진영의 지도자 역할을 하는 미국에게는 소망스러운 일이 아닐 것이다. 만약 이런 현상이 발생한다면 미국이 주도적으로 작용하여 이를 해소시키려고 노력하게 될 것이다. 그러나 양극체제하에서 간접적 동맹관계를 갖고 있어 간접적인 협조적 관계에 있는 국가간에는 갈등적 또는 대립적 관계가 발생하더라도 잘 수습될 수 있다. 왜냐하면 매개체의 역할을 담당하는 동맹의 축이 되는 국가가 적절한 역할을 할 수 있기 때문이다.

이와 같은 여러 정황으로 보아 약소국간에도 어떤 매개체를 통한 간접적인 협조적 외교관계를 가질 수는 있다. 그러나 이러한 관계는 직접적인 매개체에 의한 것이 아니고 간접적인 매개체에 의해 형성된 관계이기 때문에, 역시 이들 국가간의 외교관계는 소극적인 협조적 관계에 그치기 쉽다.

국력의 측면에서 볼 때, 약소국이라고 하여 힘이 모두 같은 것은 아니다. 약소국간에도 국력의 차이는 있다. 약소국들에 등급을 부여하여 중위권국가(middle powers), 소국가(small powers) 그리고 초소형국가(mini-states) 등으로 분류하기도 한다.[17] 이러한 분류는 국력상의 비교우위를 나타내는 것으로, 어느 약소국이 상대적으로 국력이 더 크거나 또는 강하다는 것을 의미한다. 이러한 국력의 비교우위는 그것이 정치적인 역량으로 발휘될 수 있을 때 의미가 있는 것이다. 그러나 한 국가의 국력이 정치적 역량으로 발휘되기 위해서는 이 국력이 여러 과정을 거쳐서 다른 국가에 대해 영향력을 행사할 수 있고, 또 이 영향력의 행사가 다른 국가의 안전이나 이익에 직접 또는 간접적으로 이익이 될 수도 있고 손해도 끼칠 수 있어야 한다. 그런데 일반적으로 말하여 국력의 비교우위만으로 다른 국가에 영향을 행사할 수 있는 것은 아니기 때문에, 비록 약소국간에 국력의 차이가 있더라도 이것에 비례하여 정치적 역량에 격차가 생겨 이들 국가간 정치적 외교에 의한 손익이 발생할 수 있는 여지는 별로 없다. 그리하여 약소국간의 국력에 다소 차이가 있더라도 정치적 또는 외교적 측면에서 그러한 차이는 크게 고려하지 않아도 좋을 것이다. 실제로 한국과 필리핀간에는 국력의 차이가 있다. 그러나 두 국가간에 존재하는 힘의 비교우위가 외교역량으로 발휘되지는 못하는 것이다. 한국의 정치적 영향력이 필리핀에 행사될 수 있기 위해서는 국력의 상대적 우위가 아니라 절대적 우위가 요구된다. 이렇게 볼 때, 약소국간에 정치적 외교가 전개될 수 있는 소지는 배제되어도 좋을 것이다.

외교의 당사국들이 약소국이고, 더욱이 직접적이든 간접적이든 협조적 외교관계를 갖고 있다면, 이들간의 행정적 외교나 정치적 외교는 가장 이상적인 외교의 형태가 될 것이다. 이들간에는 상호 상대국의 외교적 역량을 제한할 수도 없고 또 제한받지도 않기 때문에 비교적 평등한 입장에서 외교를 전개할 수 있다. 외교에 있어 어떠한 힘도 작용되지 않고, 합리적·합법적으로 모든 현안을 해결하며, 또 상호 이해를 같이 할 수 있다면, 그것이 가장 이상적인 외교라 할 수 있다. 약소국간에는 어느 정도 이러한

17) Michael Handel, Weak States in the International System(London: Frank Cass, 1981), pp. 10ff.

외교의 전개가 가능하다고 생각되기 때문에, 협조적 외교관계를 가진 약소국간의 외교를 모범적이라 할 수 있다. 이들간의 외교는 처음부터 어느 측의 일방적이고 절대적인 승리가 전제될 수 없다. 다시 말하면, 이들 국가간에는 원칙적으로 이해와 분담이 전제된다는 의미이다.

약소국간에도 행위의 측면에서만 본다면 외교의 한 형태인 정치적 외교행위가 있을 수 있다. 명시적이든 묵시적이든 또는 간접적이건 직접적이건 어떠한 의사표시행위 또는 의사전달행위가 전개될 수는 있다. 그러나 이러한 의사표시, 또는 의사전달행위가 어떤 정치적 목적을 달성할 수 있다고 생각되지는 않는다. 앞에서도 살펴본 바와 같이, 약소국들은 정치적 외교를 전개할 수 있는 바탕을 갖고 있지 않기 때문에 정치적 외교행위가 행해진다고 하더라도 효력이나 목적의 달성은 어려울 것이다. 그렇다면 협조적 외교관계를 가진 약소국간에는 행정적 외교가 외교의 주류를 이루게 될 것이다. 이론상으로 행정적 외교가 가장 바람직하다. 그러나 외교에 있어 정치적 현안, 특히 각 당사국에 결정적으로 중요한 정치적 문제가 야기되었을 때에는 이러한 문제는 정치적 외교로만 해결이 가능하다. 약소국간에는 정치적 외교의 전개가 용이하지 않기 때문에 이러한 중요한 문제도 행정적 외교의 방법으로 해결을 모색할 수밖에는 없다. 그렇다면 외교의 속성으로 보아 이 당사국간의 정치적 문제의 해결은 불가능하다고 보아야 할 것이다. 협조적 외교관계를 갖고 있으므로 약소국간에도 외교적으로 상호 적응이 가능 하겠지만, 발생한 현안이 매우 중대한 국가 이익과 직결되는 문제라면 상호적응은 기대할 수 없을 것이다. 물론 적극적인 협조적 외교관계가 수립되어 있고, 또한 적극적인 정치적 외교가 전개된다면 이처럼 중대한 정치적 현안이 발생되지 않겠지만, 약소국간에는 적극적인 정치적 외교가 전개되기 어렵기 때문에 이러한 문제 발생의 가능성을 완전히 배제할 수는 없다. 협조적인 외교관계를 갖고 있더라도 사안에 따라 약소국간에는 외교관계가 악화되는 경우도 있고, 심지어 국지적인 분쟁 또는 군사적 충돌도 발생한다. 이러한 이유는 국가간에 발생된 정치적 문제를 해결할 수는 수단인 정치적 외교가 충분히 전개되지 못하기 때문이다. 이러한 측면에서 볼 때, 정치적 외교가 활발하게 전개될 수 없는 국가간에는 정치적 문제의 평화적 해결이 불가능할 것이다.

협조적 외교관계를 가지고 있는 약소국간에는 정치적 외교보다는 행정적 외교가 실제로 많이 행해진다. 약소국간에는 적극적인 협조적 외교관계를 가진 국가들은 많지 않고, 소극적 또는 간접적인 매개체에 의한 협조적 외교관계를 가진 국가들이 많다.

그러므로 이들 국가간의 외교는 소극적일 수밖에 없다. 본질적으로 협조적 외교관계를 갖고 있더라도 약소국간에는 적극적이고 활발한 정치적 외교가 전개되지 않는다. 그리하여 이들 약소국간에는 행정적 외교가 필요에 따라 전개된다. 그렇지만 외교역량도 부족하고 외교적 수단도 제한적이기 때문에 이들간에는 행정적 외교 역시 소극적으로 전개될 수밖에 없다.

약소국간의 외교는 거의 전적으로 미시적인 측면만을 고려하며 전개된다. 왜냐하면 약소국은 거시적인 국제정치를 주도할 수 없기 때문이다. 그렇지만 약소국간에도 불평등한 관계를 확립하여 정치적 외교를 전개하는 경우가 있다. 인도는 네팔을 그의 추종국가로 만들기 위해 정치적·경제적 압력을 행사해 왔다. 네팔은 대외무역의 90%가 인도와 이루어지고 있고, 무역통로도 인도에 전적으로 의존되어 있기 때문에, 인도의 의사에 민감하지 않을 수 없고, 인도의 정치적 입장을 수용하지 않을 수 없었다. 만일 네팔이 인도에 비우호적인 정책이나 태도를 취한다면, 인도는 네팔에 즉각적으로 경제적 압력을 가할 것이다. 네팔은 외교정책을 결정할 때 우선 인도에 문의를 해야 할 정도로 의존적 관계가 심화되어 있다.[18] 네팔 정부는 인도 정부의 노선을 순순히 따를 뿐만 아니라 주도적으로 인도 정부의 입장을 따르려고 한다.[19] 네팔은 중국과 공식적 외교관계를 수립하였으나, 인도의 반대로 중국은 네팔의 수도 카트만두에 상주공관을 설치하지 못했다. 일찍이 인도의 수상 네루는 중국에 대해 "네팔은 인도의 영향권하에 있음을 인식하고, 중국이 네팔을 국가로 승인하려면 우선 인도와 협의해야 한다"고 강조하였다.[20] 이와 같이 약소국간에도 불평등한 의존관계를 만들어 적극적인 협조적 관계를 갖고, 정치적 외교를 자유로이 전개하는 경우가 있다.

결론적으로, 약소국간에는 적극적인 협조적 외교관계를 갖는 일이 쉽지 않다. 그 이유는 적극적으로 주고 받을 것들이 많지 않기 때문이다. 동시에 국력의 측면에서도 약소국들은 외교정책 목표를 달성할 수 있는 역량이 부족하여 실질적인 정치적 외교의 전개가 매우 어렵다.

---

18) Leo E. Rose, Nepal Strategy for Survival(Berkeley: University of California Press, 1971), p. 20.

19) Ibid., p. 195.

20) Ibid., p. 208.

갈등적 외교관계를 가진 국가간의 외교

일방이 타방에 대해 그의 가치를 어느 정도 침해하거나 또는 가치의 취득을 방해하는 행위 또는 앞으로 그렇게 하겠다고 위협하는 행위를 '갈등적'이라 정의할 수 있다.[21] 더욱이 '갈등적'이란 말은 타방의 희생 위에서 어떠한 가치의 획득을 위해 행위할 수 있다는 뜻도 포함하고 있다. 국가간에도 당사국의 한쪽 또는 양쪽이 이와 같은 행위를 할 의사를 갖고 있고, 직접 또는 간접적으로 이와 같은 행위를 할 수 있는 관계가 형성될 수 있다. 이러한 국가간의 외교관계를 갈등적 외교관계라 한다. 일반적으로 협조적 외교관계를 갖고 있는 국가간에 각 당사국들이 상호 가치의 증대를 위해 협력하고 합의에 도달하려고 하는 것을 '적응의 외교'라 한다. 거기에 대해 갈등적 외교관계를 갖고 있는 국가간의 외교는 상대 당사국에게 하기 싫은 또는 손실을 가져오는 결정이나 행위를 하도록 강요하고, 이 요구를 받아들이지 않으면 요구를 수용함으로써 생기는 희생이나 손실보다 더 큰 피해를 입게 될 것이라는 것을 인지시키는 강압적인 상황하에서 전개되는 '배타적 외교'이다. 이러한 외교에는 위협(intimidation), 갈취(blackmail), 힘의 사용(the use of power of some kind to force)이라는 비평화적인 수단들이 이용되기도 한다.

이러한 갈등적 외교관계를 가진 국가간에는 외교가 합의에의 도달을 목적으로 전개되는 것이 아니라, 상대국의 가치에 손상을 입히고 적의(敵意)의 표시를 목적으로 행해진다.[22] 갈등적 외교관계는 앞의 외교의 범위에서 설명한 바와 같이 공식적 외교관계를 갖고 있는 국가간이어야 이러한 외교관계가 수립될 수 있다. 왜냐하면 갈등적 관계도 외교관계 중의 하나이기 때문이다. 갈등적 외교관계가 형성되어 있다고 해서 모든 문제에 대해 언제나 상대국가의 가치의 침해나 희생을 전제로 외교가 전개되는 것은 아니다. 다만 협조적 외교관계를 갖고 있는 국가간의 외교에 비교해서 상대적으로 갈등적인 결정이나 행위가 많을 수 있다는 것을 의미한다. 카터 대통령도 1980년 1월 23일 미국의

---

21) Charles F. Herman, "Foreign Policy Behavior: That Which is to Be Explained," in Maurice A. East, Stephen A. Salmore and Charles F. Hermam(eds.), Why Nations Act(Beverly Hills: Sage Publications, 1978), p. 41.

22) Glenn H. Snyder and Paul Diesing, Conflict among Nations(Princeton, New Jersey: Princeton University, 1977), p. 22.; Joseph Frankel, International Relations in a Changing World(Oxford: Oxford University Press, 1979), p. 128.

상하 양원 합동회의에서 행한 연설에서 "미국과 소련의 관계는 그렇게 단순한 것도 아니며 또 정적인 것도 아니다. 미국과 소련간에는 협조(cooperation)도 있고 경쟁도 있으며, 어떤 때에는 대치상태(confrontation)도 있었다"[23]고 말하였다. 이와 같은 미국과 소련간의 관계가 갈등적 외교관계의 전형이다.

국가간의 갈등적 외교관계를 갖고 있는 국가간에도 극단적인 갈등관계를 갖고 있는 국가도 있고, 일반적인 갈등관계를 갖고 있는 국가도 있다. 극단적인 갈등관계는 1960년대 중국과 소련, 1970년대에는 중국과 베트남같이 국경에서 무력 충돌이 자주있는 경우를 들 수 있고, 일반적인 갈등관계는 미국과 소련같이 배타적인 행위도 있고, 협조적인 행위도 행하는 국가간의 관계를 말한다. 소련은 한때 쿠바에 미국을 겨냥한 미사일 기지를 건설하려 했는가 하면, 또 핵무기 강대국인 미국과 소련은 전략무기 제한협정(SALT I)을 체결하기도 하였다. 그러나 일반적 갈등관계라 하더라도 이러한 관계를 가진 국가는 협조적인 것보다는 배타적인 것이 더 많다.

어떠한 국가간에 갈등적 외교관계가 형성되어 있는 지의 여부를 진단하는 기준은 우선 국제기구, 조약 등 어떠한 매개체를 통한 협조적 외교관계를 갖고 있지 않으며, 강압적인 상황하에서 상대국의 가치를 침해하는 행위를 일방 또는 쌍방이 계속해서 되풀이하고 있는가의 여부이다. 정치적 구속력이 없는 매개체에 의한 협력체의 구성원간에 강압적 상황에서 상대국의 가치 침해 행위가 되풀이된다면, 이러한 외교관계도 갈등적 관계라 할 수 있다. 갈등적 외교관계를 가늠할 수 있는 또다른 기준은 공개적인 매체, 예를 들면 정부의 공식 성명서, 국가나 정부기관하에 있는 언론매체 등을 통해 상대국가의 결정, 행위, 태도 등에 대해 비난하거나 반박하는 일이 자주 있는 경우를 들 수 있다. 대체로 협조적 외교관계를 갖고 있는 국가간에는 상대국가에 대한 비난이나 반박 등은 삼가한다. 또한 통상적인 외교관계를 갖고 있는 국가간에도 다른 국가에 대해 무관심하기 때문에 비난이나 반박과 같은 불만스러운 의사표시는 있을 여지가 거의 없다. 예를 들어, 통상적인 외교관계를 갖고 있는 것으로 알려져 있는 국가간에 비난의 성격을 띤 공식적인 성명이 발표된다면, 이 국가간의 외교관계는 통상적인 관계에서 갈등적인 관계로 변화될 조짐이 있는 것으로 판단할 수 있다.

---

23) "The State of the Union: Address Delivered before A Joint Session of the Congress, January 23, 1980," Weekly Compilation of Presidential Documents, vol. 16(January 28, 1980), p. 195.

강대국간의 외교–19세기 말부터 20세기 초의 유럽 대륙에서 영국, 프랑스, 러시아 3개국과 독일, 오스트리아는 각각 상대방을 적대시하는 동맹체제를 형성하여 갈등적 외교관계를 갖고 있었고, 이들은 모두 당대의 강대국들이었다. 이들 국가간의 극단적인 갈등적 관계는 결과적으로 제1차 세계대전을 유발시켰고, 그리고 영국, 프랑스는 독일, 이탈리아 등과의 갈등적 관계가 확대되어 제2차 세계대전의 원인을 제공하였다.[24] 가장 극명한 강대국간의 갈등적 외교관계는 제2차 세계대전 후 양극체제하의 미국과 소련간의 관계였다. 특히, 1950년대와 1960년대 미국과 소련의 관계는 갈등적 관계를 넘어 적대적 관계를 가진 것 같은 외교행위를 전개하기도 하였다. 양국이 직접 전쟁행위는 하지 않았지만, 그와 유사한 또는 간접적으로는 전쟁상태에 돌입했던 경우들은 분명한 갈등적 외교관계를 갖고 있는 것으로 판단된다. 예를 들면 1962년 쿠바에 소련의 미사일기지가 발견되었을 때 미소관계는 전쟁 발발직전의 상태와 유사했다.

그러나 1970년대 이후 동·서간의 긴장 완화로 인해 미국과 소련 두 강대국간의 갈등적 관계가 구체적 행동으로 명확히 나타나지 않는 경우도 있었다. 이들 강대국간에는 거시적 또는 세계적 측면에서의 외교와 국가간 미시적 측면에서의 외교가 다소 차이가 있었기 때문이다. 예를 들면, 미국과 중국은 1980년대 초 거시적으로는 협조적 관계의 요구 때문에 서로 적응하려는 측면이 없지 않았으나, 미시적으로는 협조적 관계가 원활하게 이루어지지 못하고 있었다. 세계 정치 및 전략적으로 미국과 중국은 소련을 겨냥한 대외관계의 필요성을 인정하고 있었지만, 특히 미국의 경우 중국과 협조적으로 쌍무적인 행위를 하는 것을 주저하고 있었다. 경제적 측면만 보아도 미국은 중국의 현대화를 위한 적극적 지원을 소홀히 하였다. 중국과 소련간의 관계도 미국 및 중국간의 관계와 거의 유사했다. 그러나 총체적으로 말하면, 미국, 영국, 프랑스, 서독 등의 서방 선진자본주의국가들은 소련 및 중국과 갈등적 외교관계를 갖고 있었다고 할 수 있다. 특히, 동·서간의 긴장 완화로 이들 강대국간의 관계는 비정치적인 측면에서는 갈등적인 관계가 거의 사라진 것같은 인상을 주었다. 그러나 미국, 소련, 중국의 세 강대국간의 관계는 정치적으로 갈등적 관계가 엄연히 존재하고 있었다. 특히, 1980년 이후 미국 레이건 행정부가 대소 강경책을 취하면서 미국과 소련의 경쟁과 대립이 강하게 표출되었기 때문에 이 시기를 신냉전 시기라 한다.[25] 그 극단적인 예로, 1985년 12월 17일자 프라우

24) René Albrecht-Carrié, A Diplomatic History of Europe Since the Congress of Vienna(New York: Harper & Row, Publishers, 1973), pp. 253ff & p. 461.

다(Pravda)지는 “미국은 동구를 공산주의로부터 해방시키기 위해 오랫 동안 불신되어 온 덜레스 정책을 재현하려 꿈꾸고 있고, 얼마 전 서베를린에서 행한 슐츠 미국무장관의 연설은 냉전의 냄새가 난다”[26]고 지적하였다. 한편 미국도 소련에 대한 적의의 표시로 레이건 대통령이 소련을 ‘악의 제국(an evil empire)’ 또는 소련 지도자들을 ‘모든 악의 근원’(focus of all evil)이라고 비난하였다.[27] 이러한 예를 보아도 미국과 소련간의 정치적 관계가 갈등적이라는 것을 알 수 있다. 이와 함께 중국과 소련간의 관계도 1960년대와 같은 적대적 관계는 해소되었지만, 다극체제하에서 양국 관계는 갈등적이었다. 양국간에도 1980년대에 특히 비정치적 분야에서 많은 교류가 이루어지고 있었지만, 정치적인 면에서는 갈등적이라 할 수 있다. 중국은 소련을 여전히 위험한 존재로 보고 있었다. 그 하나의 예를 들어 보면, “중국과 소련간의 관계 중에서 가장 본질적인 문제는 지배와 지배를 반대하는 것이다. 소련은 중국을 지배하려 하고, 중국은 소련의 지배를 반대하는 것이 실질 문제이다. 양국간에 견해 차이가 생기면, 소련은 정치적으로 중국을 적대시하고, 경제적으로 압력을 가하고, 군사적으로 국경을 강화하였다. 오늘날에도 이러한 관계는 변치 않고 있다. 현재 양국간에 경제, 문화, 교육 등 비정치적 교류가 증대하고 있지만, 양국의 관계 증진은 느리고 멀다는 것이 많은 사람들의 생각이다”[28]라는 지적이 있었다. 또한 1985년 3월 등소평(鄧小平)도 “소련과 보다 발전된 경제관계를 갖기를 희망하나, 정치적 관계가 밀접해지는 것은 아직 어렵고 또 그렇게 되기에는 시간이 필요하다”[29]고 말함으로써 중국과 소련관계가 특히 정치적으로 협조 관계에 있지 않음을 명확히 시사하였다.

미국과 중국간에도 원천적으로 협조적 관계를 가질 수 없는 바탕의 일면을 찾아볼 수 있다. 1983년 3월 5일 슐츠 국무장관은 세계문제위원회에서 〈미국과 동아시아 : 장래의 동반자〉라는 주제로 강연하는 가운데 “미국의 입장에서 볼 때 세계적으로나 지역적으로 중국보다는 일본의 역할이 훨씬 더 중요하며, 중화민국(대만)을 포함한 미국의 다른 우방국가와의 관계를 희생시키면서까지 미국이 중국과의 관계를 증진시킬

25) Fred Halliday, The Making of The Second Cold War(London: Verso Editions and NLB., 1984), pp. 20ff.

26) The Current Digest of the Soviet Press, vol.XXXVII, no. 50(January 8, 1986), p. 24.

27) Weekly Compilation of Presidential Documents, vol. 19(March 14, 1983), p. 369.

28) Wang Jinging, “Why the Sino-Soviet Straints?” Beijing Review, no. 28(July 9, 1984), pp. 31-32.

29) 〈大公報〉, 1985年 3月 8日.

필요성을 느끼지 않는다"[30]고 말했다. 이러한 미국 국무장관의 말은 중국과의 관계의 한계를 잘 설명해 주고 있으며, 외교적으로 협조적 관계를 갖고 있지 않은 미국의 입장을 나타내 주는 것이다.

한편 서유럽의 선진자본주의국가들과 사회주의국가인 소련 및 중국과의 관계에도 배타적인 입장과 정책이 있다. 1988년 1월 파리에서 열린 연례 대공산권 수출조정위원회(Coordinating Committee for Export to Communist Area)에서 미국과 이 회담에 참석한 유럽의 대표들은 한국, 중화민국, 싱가포르, 홍콩 등 아시아 신흥공업국가들이 군사적으로 중요한 목적에 이용될 가능성이 있는 민감한 기술이 소련 및 공산권 국가에로 유출되는 것을 막는 데 협조해 주도록 설득작업을 전개하였으며, 이 위원회의 비회원국인 이들 아시아 신흥공업국가의 공산국가에 대한 기술적 우위는 서방의 안전보장 유지에 중요한 부분을 차지한다고 말했다. 이 대공산권 수출조정위원회는 1949년 미국의 제안으로 설립된 것으로, 무기개발 및 전투력에서 서방국가들이 기술적 우위를 계속 유지하여 공산국가들에 대한 견제력을 확실히 하자는 취지에서 생긴 기구이다. 이 기구의 명칭과 목적을 보아도 서방 선진자본주의국가들과 소련, 중국 등 공산권 국가들과의 관계가 배타적이고 갈등적이라는 것을 알 수 있다. 그뿐 아니라 실제로 서방 선진자본주의 국가들의 고급 기술이 공산국가로 이전되는 것을 금지하고 있는 것도 이 위원회의 중요한 임무 중의 하나이다.

이와 같은 사실들이 실제로 정치적 목적을 위해 행해진다면, 이들 국가간에는 이해의 분담, 새로운 가치의 창출, 균등한 가치의 배분 등이 이루어질 수 있는 관계라고 믿어지지 않게 된다. 그렇기 때문에 외교관계는 갈등적이고, 따라서 경쟁적 외교관계에 의한 외교행위가 행해질 수 있다. 바로 아시아 신흥공업국가들이 갖고 있는 기술이 공산국가로 이전되지 않도록 설득하는 행위 그 자체가 갈등적 외교관계에 의한 것이다.

갈등적 외교관계를 갖고 있는 강대국간에 행해지는 행정적 외교는 일반적인 행정적 외교가 갖는 특성 이외에도 다른 특성을 갖고 있다. 이들 국가들이 당대의 국제정치체제 또는 질서를 주도하는 강대국이기 때문에, 거시적 또는 미시적인 국제정치의 이해(利害)가 일치되면 행정적 외교가 갖고 있는 원래의 취지에 입각하여 합의에 도달할 수 있다. 이러한 경우로 미국과 소련은 정치적 강대국일 뿐만 아니라 군사적으로도 초강대

30) Raymond L. Garthoff, Détente and Confrontation(Washington, D.C.: The Brookings Institution, 1985), p. 1044.

국이지만, 특히 전략적인 측면에서 이해관계를 같이 하는 경우 전략적 문제들에 대해서 쉽게 합의에 도달하는 경우가 있었다. 1963년 미국과 소련은 지상, 대기권 및 수중에서 핵실험을 금지하는 〈핵실험 금지조약(Nuclear Test Ban Treaty)〉을 체결하였다. 미국과 소련은 핵무기를 독점하려는 의도를 같이 갖고 있었기 때문에 양국이 행정적 외교로 핵실험 금지조약을 체결하자는 합의에 도달할 수 있었다. 이와 함께 미국과 소련 양국은 1972년 5월 제1차 전략무기 제한협정(SALT Ⅰ)을 체결하는 데에도 합의하였다. 이 협정이 체결된 배경에는 동·서간의 긴장완화 분위기가 작용한 측면도 있으나, 그것보다는 두 군사적 초강대국이 어느 정도 전략적인 핵무기면에서 대등한 힘을 갖게 되었다는 것도 또 하나의 배경이었다. 뿐만 아니라 그와 함께 이들 두 국가가 전략 핵무기를 거의 독점하게 되었고, 이러한 상태하에서 더 이상의 군비경쟁은 어느 측에도 도움이 되지 않는다고 생각하였기 때문에 전략무기의 제한에도 쉽게 합의할 수 있었다. 이와 같이 정치적으로 이해를 같이할 때에는, 강대국간에 갈등적 외교관계를 갖고 있더라도 행정적 외교에 있어서는 국가간의 관계나 강대국간의 상호작용의 논리보다는 행정적 외교의 특성이 더 앞선다는 사실을 알 수 있다. 외교적으로 갈등적 관계를 갖고 있는 강대국간에는 세계적 그리고 거시적 차원에서 정치적 문제를 행정적 외교로 해결하는 경우가 있다. 왜냐하면 강대국들이 현재의 국제정치체제 또는 질서를 유지하려는 논리가 강하게 작용하기 때문이다.

강대국의 행정적 외교에 있어서 다른 하나의 특징은 비록 외교적으로 갈등적 관계를 갖고 있더라도 비평화적인 외교수단은 잘 사용되지 않으며, 또한 효력도 없다는 것이 다른 하나의 특징이다. 강대국간의 행정적 외교에 있어 어느 일방의 절대적 승리는 있을 수 없다. 이들간의 행정적 외교에 있어 어느 강대국도 가치의 박탈 또는 무력행사의 위협 등과 같은 폭력적인 외교적 수단에 굴복하지는 않을 것이다. 이에 대한 굴복은 강대국의 명예뿐만 아니라 실질적으로도 그의 위치를 의심케 할 수 있기 때문에 강대국간에는 어떠한 폭력적인 외교적 수단도 쉽게 활용되지 않는다. 특히, 갈등적 외교관계를 갖고 있는 강대국간에는 영향력을 주고 받는 외교적 기초를 서로 갖고 있지 않기 때문에 어느 한측의 일방적 승리가 있을 수 없다.

그러므로 갈등적 외교관계를 갖고 있는 강대국간의 행정적 외교에 있어서는 자의에 의한 양보, 타협, 적응 등은 있을 수 있지만, 강압에 의한 타율적인 합의나 굴복은 기대될 수 없다. 행정적 외교의 현안이 정치적이든 비정치적이든간에 모든 현안에 대한 합의는 완전히 자의적이다. 한편 갈등적 외교관계를 갖고 있는 강대국간에는 정치적인 현안이 사전 협의나 정치적 외교의 과정을 거치지 않고 행정적 외교의 협상대상이 되는 경우는 생각할 수 없다. 만일 이러한 현안이 여과 과정을 거치지 않고 행정적 외교의 탁자위에 오른다면, 이는 문제의 해결을 목적으로 하는 것이 아니라 다른 부수적 목적, 예를 들면 선전이나 상대국의 의사 타진 등을 위해 행하는 외교로 생각할 수 있다. 대체로 갈등적 외교관계를 가진 모든 국가간의 외교가 그러하듯이, 이러한 관계를 가진 강대국간의 행정적 외교도 이 범주를 벗어나지 않는다.

갈등적 외교관계를 갖고 있는 강대국간 외교의 절정은 정치적 외교이다. 본질적으로 정치적 외교의 수단은 한 국가의 대외적인 의사표시 또는 의사전달 행위이다. 이러한 행위는 구체적이고 명시적인 행위 또는 묵시적인 암시를 대상국가에 인지시켜 그 대상 국가의 행위 또는 결정을 유지시키거나 변경시키기 위한 목적으로 행해진다. 이러한 정치적 외교는 영향력에 기초하여 행해지는데, 국가간의 상호 작용에 있어 영향력은 어느 한쪽에서 다른 한쪽으로만 작용하는 속성을 갖고 있다. 강대국간의 상호 작용에 있어서도 역시 그 영향력은 서로 주고 받는 것이 아니라, 한쪽에서 다른 한쪽으로 일방적으로 행사된다.[31] 어떤 국가간이라도 영향력이 침투되지 않는다면 정치적 외교는 효과를 거둘 수 없다. 갈등적 외교관계를 갖고 있는 강대국간에 어느 한 국가의 영향력이 다른 국가에 침투되는 경우는 쉽게 생각할 수 없다. 같은 시대의 강대국간이더라도 그들의 힘, 특히 정치적 역량은 질적 및 양적으로 반드시 똑같지는 않다. 그러나 강대국간 정치적 역량의 다소간의 차이로 한 강대국의 영향력이 다른 강대국에 침투되어 실제로 효력을 발생하는 경우는 흔치 않는 일이다.

일반적으로 정치적 영향력의 효력은 국력에 의한 불평등한 의존관계 그리고 그에 따른 정치적 역량이 현격한 차이가 있을 때 발휘될 수 있고, 이에 기초하여 행해지는 정치적 외교는 성공할 수 있을 것이다. 특히, 정치적 영향력의 가장 중요한 요소는 정치적 투자이다. 그러나 강대국간, 특히 갈등적이고 경쟁적인 관계를 갖고 있는 국가간에는 정치적 투자가 쉽게 이루어지지 않을 것이다. 한 시대의 강대국이라면 최소한의 자생력을 갖고 있을 것이며, 더욱이 정치적 투자를 다른 국가에 직접 제공하고 있는 국가로서 그 위력을 잘 알고 있기 때문에 이 강대국들은 정치적 투자의 대상이 되는

---

31) K. J. Holsti, International Politics, 5th ed. (Englewood Cliffs, New Jersey: Prentice-Hall, Inc., 1983), p. 143.

것을 철저히 차단하려 노력할 것이다. 그러므로 이들 강대국간에는 일방적 의존관계나 불평등한 의존관계가 쉽게 형성되지 않는다. 그렇다면 이들 강대국들간에는 모두 정치적 외교가 효력을 발휘할 수 있는 기초가 없다고 보아야 할 것이다.

국제정치체제의 변화로 정치적 강대국으로 부상된 중국은 다른 강대국에 비하여 자생력이 뒤떨어지고 있다. 그리하여 중국은 1980년대 이후 자생력의 제고를 위해 현대화 정책을 추진하고 있다. 이를 위해 중국은 개혁·개방 정책을 추구하고 있으나, 현대화를 가속화하기 위한 무분별한 개방정책을 지양하고 조심스럽고 선별적인 개방정책으로 일관하고 있다. 그 이유는 무분별한 개방정책으로 인해 다른 경제선진국가의 정치적 투자의 대상이 되지 않기 위해서이다. 1981년 8월 중국의 실권자인 등소평은 "중국은 미국의 도움을 원하고 있지만, 실제로 도움을 얻기 위한 행위를 하고 있지 않다는 것을 미국은 알아야 한다. 중국은 미국과의 관계가 증진되기를 희망하고 또 그 필요성을 느끼고 있다. 그렇지만 양국의 관계가 최고로 악화된다 하더라도, 아니 1972년 이전의 상태로 악화되더라도 중국은 붕괴되지 않을 것이다. 중국과 미국은 같은 입장에서 협력해야 한다"[32]고 중국을 방문한 헤이그(Alexander Haig) 국무장관에게 말하였다. 이 말의 의미는 중국은 지나치게 미국에게 의존하지 않을 것이며, 미국의 정치적 영향력이 쉽게 침투될 수 있는 여지를 주지 않을 것이라는 중국의 입장을 나타낸 것으로 보인다. 만약 중국이 미국에 크게 의존하게 된다면, 중국은 미국의 정치적 외교가 쉽게 성공을 거둘 수 있는 대상국가가 될 것이며, 이는 오늘날 중국이 누리고 있는 정치적 강대국의 지위를 위협하게 될 것이다.

어떤 강대국에 의해 정치적 외교가 행해지며, 그것이 효력을 발휘할 수 있는 바탕을 제공하는 강대국이라면, 이 국가는 실질적인 강대국이라 할 수 없다. 다른 국가의 압력이나 영향력에 의해서 국가의 정책이나 행위가 결정된다면, 그 국가는 국력도 빈약하고 정치적 역량도 취약한 국가이다. 이러한 것을 역으로 다른 국가에 행할 수 있어야 강대국이라 할 수 있다.

갈등적 외교관계를 갖고 있는 강대국간의 정치적 외교는 국력이나 정치적 역량에 기초해서 행해지기보다는 강대국간의 외교적 역학관계에 의해서 이루어진다. 갈등적 관계를 갖고 있는 강대국간에는 서로 적응하기도 하고 배타적으로 행위하기도 한다.

---

32) Foreign Broadcast Information Service, Daily Report: Peoples Republic of China, August 25, 1981, p. W6.

이러한 행위는 대체로 국가적인 실질적 이익보다 거시적 국제정치 예를 들면 국제정치 체제 유지 또는 국제질서유지의 필요에 따라 적응하기도 하고 또는 배타적으로 행위하기도 한다.

미국의 소련에 대한 정치적 외교가 성공한 경우가 있다. 미국의 케네디 대통령이 1962년 10월 16일 쿠바에 소련의 미사일기지가 건설된다는 사실을 알았을 때, 다른 관리에 의한 개별적인 의사표시 행위 대신 대통령 자신이 직접 텔레비전 연설을 통해 "쿠바에 설치되는 소련의 미사일기지가 철수되지 않는다면 미국은 핵무기로 소련을 공격할 것"이라는 미국의 뜻을 소련에 전달하였다. 그 직후 소련은 쿠바로부터 미사일기지를 철수하였다. 이와 같은 소련의 행위는 미국의 위협에 소련이 굴복하였다는 것을 의미하는 것이다.[33] 미국 대통령의 의사표시로 소련으로 하여금 쿠바로부터 미사일 철수 결정을 이끌어낸 것은 미국에게는 소련에 대한 정치적 외교의 커다란 성공이다. 미국의 입장에서 보면, 양극체제하에서 갈등적 외교관계를 갖고 있는 두 강대국간의 외교에서 어느 한측의 일방적인 승리가 있었다면, 이는 소련의 강대국으로서의 지위를 의심하지 않을 수 없는 것이다. 그러나 소련측에서 보면 일방적인 패배로만 볼 수 없다. 소련 수상 코시긴은 1962년 11월 7일 소련 혁명기념일 보고에서 "소련이 쿠바로부터 미사일기지의 철수를 결정한 배경은 미국이 쿠바를 침공하지 않겠다는 약속을 하였기 때문이다"[34]라고 말하였다. 그뿐만 아니라 소련이 쿠바로부터 미사일기지를 철수한 대가로 미국도 소련의 철수 요구를 받아들여, 소련의 쿠바 미사일기지 폐쇄 3개월 후 미국도 이탈리아와 터키로부터 미국의 미사일을 철수하였다.[35]

쿠바에 설치하려던 미사일기지 폐쇄에 대한 미국과 소련의 정치적 외교는 미국의 선제 정치적 외교행위에 소련이 적응한 결과가 되었다. 이렇게 보면, 양국간의 외교에서 미국이 승리한 것 같고, 미국의 승리는 곧 소련의 외교적 패배를 의미할 수도 있겠으나 실제로는 그렇지 않다.

외교상으로는 미국에게 승리를 안겨준 결과가 되었지만, 실질적으로 소련은 자국의

---

33) Stephen S. Kaplan, Diplomacy of Power(Washington, D.C.: The Brookings Institution, 1981), p. 675.; James A. Nathan and James K. Oliver, United States Foreign Policy and World Order, 2nd ed.(Boston: Little, Brown and Company, 1981), p. 296.

34) Current Digest of the Soviet Press, vol. 14(December 5, 1962), p. 7.

35) Fred C. Ikle, How Nations Negotiate(Millwood, New York: Harper & Row, Publishers, 1985), p. 86.

고유의 것을 미국에게 빼앗긴 것이 아니고, 다만 얻으려 했던 것을 얻지 못한 것에 불과했다. 물론 미국의 정치적 외교가 효력을 발휘하였기 때문에 이러한 결과를 가져오게 된 것은 부인할 수 없는 사실이다. 그러나 실제로 미국이 쿠바를 무력으로 침공하지 않을 것을 약속했고, 또 소련의 요구가 수용되어 미국도 이탈리아와 터키로부터 미사일을 철수하였다. 그렇기 때문에 종합적으로 말하면, 쿠바 미사일기지 철수사건은 반드시 미국의 완전 승리나 소련의 완전 패배라고 단정하기 어렵다. 이번 사건이 이러한 정도로 마무리될 수 있었던 것은 미국과 소련이 각각 어느 정도 상대방의 입장이나 명예를 고려한 결과인데, 이는 두 국가가 정치적 강대국으로서 비물질적인 정신적 가치의 교환을 이룰 수 있었기 때문이다. 이러한 정신적 및 정치적 가치에 입각해서 문제의 해결을 도모하는 것을 외교적 역학관계에 의한 정치적 외교라 한다. 이 쿠바사건을 통해서 갈등적 외교관계를 갖고 있는 강대국간의 정치적 외교는 대체로 정신적 가치에 입각한 역학관계에 의해 하나의 결과를 낳을 수 있음을 알 수 있다.

1980년 12월 폴란드 노동자들의 공산정권에 도전하는 자유화운동이 확대되고 있을 때 소련은 군사 개입을 위해 소련군 27개 사단을 폴란드 국경에 집결시키고, 소련 공수부대의 폴란드 침공을 위해 장비를 공수하고 있었다. 카터 대통령은 소련의 이와 같은 움직임에 대해 "우리는 소련이 폴란드에 개입하는 사태가 발생하지 않기를 희망하며, 미국 정부는 소련이 폴란드에 군사적 개입을 단행한다면 미국과 소련간의 관계는 좋지 않은 결과를 초래하게 될 것"이라고 두 차례의 성명을 발표하였다. 미국은 이 성명에 담긴 뜻을 영국, 프랑스, 캐나다, 이탈리아, 오스트리아, 일본 등에 전달하였고, 북대서양조약기구 사무총장과 유엔 사무총장에게도 발송하였다.[36] 그뿐만 아니라 미국과 북대서양조약기구의 경고를 브레즈네프(Leonid I. Brezhnev) 소련 공산당 서기장에게도 전달하였다.[37] 이에 대해 소련은 어떠한 반응도 보이지 않았다. 그러는 가운데 폴란드인의 격렬한 반정부시위는 진정되었고 소련의 군사적 개입은 실행되지 않았다. 이 경우 미국이 정치적 외교를 구사하였으나, 이것이 소련의 행위를 저지시킨 것으로 보이지는 않는다. 오히려 소련의 군사적 개입의 위협이 폴란드의 국내적 위기를 진정시켰다고 보여진다. 이렇게 보는 근거로서, 동유럽국가는 미국에게는 결정적으로 중대한 그리고

36) Zbigniew Brzezinski, "White House Diary," ORBIS, vol. 32, no. 1(Winter 1988), pp. 40ff.

37) Zbigniew Brzezinski, Power and Principle: Memoirs of the National Security Adviser, 1977-1981(Farrar, Straus, Giroux, 1983), pp. 466-467.

미국의 국가 이익과 밀접한 관계를 가진 국가가 아니지만, 소련에게는 외교상 소련의 사활이 달려 있는 생명과 같은 존재이기 때문에 미국의 소련에 대한 경고가 소련의 행위를 저지시킬 수는 없었던 것이다. 이와 함께 아프가니스탄에 대한 소련의 개입에 대해서도 미국은 반대의 뜻을 표시했지만 소련은 아프가니스탄에 군사적 개입을 감행했다. 아프가니스탄은 전략적으로 소련에 중요한 국가이다. 그러나 미국은 그렇지 않았다. 아프가니스탄은 소련에게는 전략적으로 중요한 국가이기 때문에 소련은 미국의 뜻에 따를 수가 없었다. 갈등적 외교관계를 갖고 있는 강대국간에 행해지는 정치적 외교는 국가간에 명분과 실리가 조화를 이루어야 효과적으로 작용될 수 있다는 것을 이 미·소 관계가 보여주고 있다.

소련은 1956년에는 헝가리에 그리고 1968년에는 체코슬로바키아에 각각 공산정권을 유지시키기 위해 직접 군사력을 사용한 바 있다. 그러나 소련은 바르샤바조약기구의 회원국이 아닌 국가로는 처음으로 1979년 12월 아프가니스탄에 군사개입을 감행하였다. 물론 소련의 아프가니스탄에 대한 직접적인 군사적 개입이 있기 전에 간접적으로나마 소규모의 지원이 반정부군에게 주어졌었다.[38] 아프가니스탄은 소련과 2,500km의 국경을 접하고 있어 소련의 뒷마당과 같은 존재였다. 미국에게는 그렇게 중요한 국가가 아니었지만, 아프가니스탄은 소련에게는 중요한 국가 이익과 직결되어 있는 국가였다. 그러므로 소련의 군사적 개입은 예정되어 있었다.[39] 소련의 군사적 행동이 있은 후 여러 계통의 대소련 경고와 함께, 1979년 12월 28일 카터 대통령은 소련과의 직통전화(hot line)를 통하여 "아프가니스탄으로부터 소련군이 철수하지 않으면 이는 분명히 미·소 양국 관계를 위협하게 될 것이며, 즉각적인 철군과 아프가니스탄에 대한 내정간섭을 즉시 중지할 것을 강력히 요구한다"[40]는 미국의 의사를 표시하였다. 그러나 소련의 아프가니스탄에 대한 군사개입은 소련으로서는 이념적인 차원에서뿐만 아니라 정치적 의미 및 국가 안전의 필요성에 입각하여 행해진 결정이었다.[41] 결국 미국의 소련에 대한 정치적 외교는 성공하지 못하였다. 갈등적 외교관계를 갖고 있는 강대국간에 정치적 외교는 외교적 역학관계에 의해서 전개되어야 성공할 수 있다. 그런데 소련에

---

38) Raymond L. Garthoff, Détente and Confrontation(Washington, D.C.: The Brookings Institution, 1985), p. 923.

39) Ibid., p. 924.

40) Jimmy Carter, Keeping Faith: Memoirs of President(New York: Bantam, 1982), p. 472.

41) Raymond L. Garthoff, Détente and Confrontation, p. 929.

게 있어서 아프가니스탄은 절대적인 국가 이익에 직접 영향을 미치는 문제였기 때문에 양국간 외교적 역학관계가 작용될 수 없었다. 그러므로 처음부터 미국의 정치적 외교는 효력을 발휘할 수 없었던 것이다.

여기서 한 가지 생각해야 할 것은 강대국의 명예와 위상이다. 아프가니스탄 사태에 대한 미국의 정치적 외교행위는 명예로운 결과를 가져오지 못했다. 미국의 소련에 대한 경고, 위협 등으로 소련을 움직일 수 없다는 것은 자명한 일이었다. 갈등적 외교관계를 갖고 있는 강대국간에는 힘에 기초한 외교가 성공할 수 없고, 다만 외교적 역학관계에 의해서만 가능하다고 말한 바 있다. 이 경우는 힘도 외교적 역학관계도 작용될 수 있는 상황이 아니었기 때문에, 소련에 대한 미국의 외교행위가 반드시 미국에게 유익했다고 할 수가 없다. 그렇다면 일방적인 외교행위라고 할 지라도 그 득실을 감안해서 행하는 것이 바람직하다. 카터의 이러한 대소외교는 무의미한 것이었으며, 이 외교는 오히려 미국의 명예에 손상을 입혔다.

다극체제라고 하는 1980년대의 미국과 중국간의 관계를 살펴보면, 갈등적 관계를 갖고 있는 국가간에는 외교적 역학관계에 의해서만이 정치적 외교가 효과적이라는 사실을 보다 잘 알 수 있다.

1988년 4월 페르시아만에서 미국과 이란의 군사적 충돌이 있은 후 미국은 중국에게 이란에 대한 무기 수출을 중지할 것을 요구하였다. 그러나 중국은 미국의 요구를 거절하는 내용의 서한을 북경 주재 미국 대사에게 전달하였다. 이 경우, 미국은 국력면에서 중국보다 월등히 크고 강하지만, 중국에 대한 정치적 영향력이 그다지 크게 작용할 수 없었기 때문에 그의 뜻을 관철시킬 수 없었다. 이와 동시에 이러한 미국의 요구가 양국의 외교적 역학관계에서 양측 모두를 충족시킬 수 있는 물질적 또는 정신적 가치를 창출하지 못했기 때문에 미국의 정치적 외교는 소기의 목적을 달성하지 못했던 것이다.

그러나 외교적 역학관계에서 정치적 가치를 잘 활용하여 정치적 외교가 성공한 경우가 있다. 미국이 중화민국과 단교하며 상호방위조약을 폐기했을 때, 미국은 중화민국에 무기 판매를 약속한 바 있어 1982년 1월에 중화민국에 대한 무기 판매를 결정하였다. 이에 대해 중국 정부는 "미국의 대만에 대한 무기 판매는 중국과 미국간의 관계를 심각하게 만들 것이며, 앞으로 양국 관계는 더 악화될 수 있을 것이다"[42]라는 경고성 성명을 발표하였다. 사태가 여기에 이르자, 미국 정부는 1982년 5월에 부통령 부시(George

42) The New York Times, April 19, 1982.

H. W. Bush)를 중국에 보내 호요방(胡耀邦) 중국공산당 총서기와 조자양(趙紫陽) 총리에게 레이건 대통령의 친서를 전달하였다. 또한 미국은 동년 8월 "미국의 대만에 대한 무기 판매는 질·량(質量) 모두 점진적으로 감소시키고, 일정한 기간을 거쳐 최종적으로 해결할 것이며, 무기의 판매는 1979년의 수준을 유지한다"는 내용의 공동성명을 발표하였다.[43]

중국은 관계악화의 위협 성명을 통하여 미국으로 하여금 황급히 중국에 적응하게 만들었고, 또 미국의 대만에 대한 무기 판매의 내용을 일부나마 수정할 수 있었다. 이는 한 마디로 말하여, 중국의 미국에 대한 정치적 외교의 성공이었다. 중국의 이 정치적 외교가 성공할 수 있었던 배경으로는 다음과 같은 사항들을 들 수 있다. 첫째, 미국의 대만에 대한 무기 판매 정책이 미국의 중대한 정책이 아니고 또 중요한 국가이익에 영향을 미치는 일이 아니었기 때문에 미국은 중국에 쉽게 적응할 수 있었다. 둘째, 이보다 더 중요한 것은 미국·소련 및 중국의 삼각 외교에서 미국이 소련에 대해 유리한 입장을 견지하기 위해 중국을 정치적·외교적으로 이용할 목적으로 중국에 적응한 것이다. 이는 미국이 소련에 대해 소위 '중국 카드'를 이용하는 것과 마찬가지로, 중국도 '미국 카드'를[44] 역으로 이용한 결과 얻어진 외교적인 성과이다. 미국의 대만에 대한 무기 판매 문제로 전개되었던 미국과 중국의 정치적 외교는 양 강대국간의 외교적 역학관계에 입각하여 전개되고 마무리되었던 좋은 본보기이다. 미국이 중국에 적응했던 배경은 미국이 중국의 힘에 굴복한 것이 아니라, 미국이 정치·외교적으로 중국을 필요로 했기 때문이었다.

이와 같은 맥락에서 1986년 11월 5일 중국 건국 이후 처음으로 3척의 미국 군함이 중국의 청도항(青島港)에 입항하였다. 미국과 중국은 특히 소련에 대해 양국이 군사적으로도 밀접한 관계를 갖고 있음을 상징적으로 나타내기 위한 정치적 외교행위를 했던 것이다. 이는 역시 앞의 대만에 대한 무기 판매의 경우와 같이, 미국과 중국은 각각 서로 적응하고 있다는 사실을 표현하기 위해 정치적 외교행위를 한 것이다.

다극체제하에서는 양극체제에서와는 달리, 갈등적 외교관계를 갖고 있는 강대국간에 갈등적인 외교도 전개되지만, 한편 필요에 따라 상호 적응하는 외교도 비교적 많이 전개된다. 왜냐하면 다극체제는 갈등적 관계가 강대국간에 질적으로나 양적으로 다양

43) Beijing Review, no. 35(August 30, 1982), p. 25.

44) Raymond L. Garthoff, Détente and Confrontation, pp. 718 & 982ff.

해서, 양극체제보다는 적응할 수 있는 폭을 넓게 갖고 있기 때문이다. 같은 강대국간의 갈등적 관계라도 미국과 중국간의 관계는 미국과 소련간의 관계와는 질적으로 다르고, 또 서유럽의 프랑스와 중국, 프랑스와 일본간의 관계 또 일본과 중국간의 관계가 각각 다르다.

이들 세 국가들은 각각 지정학적 위치, 경제적 능력 또는 군사력 등에 차이가 있고, 상호 정책도 달라서 대응하는 태도, 방법 등에 있어 많은 차이가 있기 때문에, 또 경쟁이나 대립의 정도가 다르기 때문에 극단적인 대립관계가 존재하지 않았다. 그리하여 이들 국가간의 적응의 정도나 폭은 미국과 소련간의 적응의 정도나 폭보다 더 크다고 할 수 있다. 제2차 세계대전 후 미국의 세계적인 정책이나 전략은 모두 소련에 초점이 맞추어져 결정되고 전개되었다. 미국의 세계적인 정책이나 전략을 체계적으로 나타내 주고 있는 것은 미국 대통령들에 의해 선언된 소위 '독트린(doctrine)'이다. 1947년에 발표된 '트루먼 독트린'으로부터 1980년대의 '레이건 독트린'에 이르기까지 7개의 독트린은 모두 소련을 대상으로 선언된 것이었다.[45] 이러한 일련의 사실들에서 볼 수 있듯이, 냉전체제하에서 미국 대외정책의 기조는 소련을 대상으로 하였다는 것을 알 수 있다. 그러므로 미국과 소련간의 갈등적 관계는 다른 강대국간의 갈등적 관계와 많은 차이가 있다는 것도 알 수 있다. 외교상 똑같이 갈등적 외교관계를 갖고 있다 하더라도 갈등의 정도는 다르기 때문에, 어떤 국가간에는 갈등의 정도가 극단적일 수 있고, 한편 이완된 갈등적 관계를 가질 수도 있다. 제2차 세계대전 후 1950년대 및 1960년대 미국과 소련간의 관계는 양국의 정책, 태도 등으로 보아 극단적인 갈등관계를 갖고 있었던 것으로 보여진다. 물론 극단적 갈등관계를 갖고 있더라도 시기적으로 또는 사안에 따라 그 정도가 달라질 수는 있었다.

특히, 갈등적 외교관계를 갖고 있는 강대국간의 외교의 핵심적 요건은 비물질적 가치인 정치적 가치의 존재 여부 또는 정치적 가치의 질이다. 이에 따라 강대국간의 외교는 성공도 하고 실패도 한다. 미국과 소련간에 대체적인 핵전력이 균형을 이룬 다음 양국의 주요한 정치적 가치의 하나는 '공포의 핵 균형(nuclear balance of terror)'이었다.[46] 양국이 핵전력의 균형을 이룬 상태에서 더 이상의 적대적 또는 극단적인 갈등적 행위가

45) Cecil V. Crabb, Jr., The Doctrines of American Foreign Policy(Barton Rouge: Louisiana State University Press, 1982), pp. 107ff.

46) Cecil V. Crabb, Jr., Nations in a Multipolar World(New York: Harper & Row, Publishers, 1968), pp. 635ff.

누구에게도 도움이 되지 않는다고 판단하여, 양국은 이 정치적 가치에 입각하여 서로 충돌을 피하고 경쟁을 완화하였다. 그리하여 제2차 세계대전 이후 미국과 소련은 1950년 한반도에서의 전쟁을 포함하여 베트남 전쟁, 쿠바, 헝가리 등 어디에서도 직접적으로 정면 충돌한 일이 없었다. 양국이 이렇게 할 수 있었던 것은 핵전력의 균형이라는 정치적 가치에 의미를 크게 부여하여 이것을 통해 외교적 역학작용을 전개해왔기 때문이다.

소련은 1970년대 후반에 앙골라, 모잠비크, 에티오피아, 남예멘, 니카라과, 수리남, 아프가니스탄 등에 정치적·군사적으로 개입, 이 국가들을 공산화하였고, 또한 자국의 세력을 확장시켜 왔다. 그러나 1981년 미국 대통령에 취임한 레이건은 "우리는 힘을 갖고 소련과의 협상에 임해야 하며, 미국의 이익을 보호하고 신장시키기 위해 우리의 힘을 사용할 수 있다는 강한 의지를 소련에게 보여주어야 한다"[47]고 선언하였고, 또한 그는 "직접적이든 간접적이든 군사력은 미국 대외정책의 실행에 가장 유효하게 사용할 수 있는 부분이어야 한다"[48]며 모든 수단을 이용하여 미국의 넓은 국가 이익의 수호 의지를 천명하였다. 이후 1980년대 들어 소련의 다른 약소국에 대한 정치·군사적 개입은 계속되지 않았다. 소련이 더 이상의 세력 확장을 도모하지 않게 된 중요한 이유 중의 하나는 이제 세계 어디서나 미국으로부터 강한 저항이나 충돌없이 세력 확장이 불가능하게 되었다는 것을 인식하였기 때문이다.

소련의 이러한 인식과 판단은 미국과의 핵전력의 균형이라는 정치적 가치에 적응하는 것이 잃는 것보다 얻는 것이 더 많다는 데에서 연유한 것이다. 미국과 소련간에는 소련에 의해서 우선적으로 인식되고 있는 가치가 외교적 역학관계에 크게 작용하였다. 소련에 대해 외교적으로 우월한 지위를 얻으려는 '미국 카드' 또는 '중국 카드'가 미국과 중국의 정치적 가치이다. 1980년대에 양국을 서로 적응하거나 반목하게 한 것은 모두 이 정치적 가치에 의해 결정되었다. 그러나 소련과 중국간에는 1980년대에도 이 두 강대국을 외교적으로 연결시킬 수 있는 정치적 가치를 갖지 못해 외교적 역학관계가 제대로 작용되지 못했다. 그리하여 소련과 중국간에 중대한 정치적 문제가 발생할 경우, 양국은 활용할 수 있는 정치적 가치를 갖고 있지 않아 상호 적응하기 어려웠고, 외교의 폭도 좁아지지 않을 수 없었다. 일본이나 서유럽의 강대국들과 소련 및 중국은 갈등적

47) Russell J. Leng, "Reagan and The Russians: Crisis Bargaining Beliefs and Historical Record," The American Political Science Review, vol. 78, no. 2(June 1984), p. 339.

48) Terry L. Deibel, "Why Reagan Is Strong," Foreign Policy, no. 62(Spring 1986), p. 117.

외교관계를 갖고 있지만, 다극체제하에서는 정치적 갈등관계가 심각하지 않기 때문에 그 관계가 극단적이지는 않다.

유럽공동체의 중심국가인 영국, 프랑스, 서독 등의 국가와 소련 및 중국은 우선 세계적인 정치나 전략적인 측면에서 서로 주된 대상국가로 생각하고 있지 않기 때문에 경쟁이나 대립이 극단적으로 치닫지 않았다. 그렇기 때문에 갈등적 외교관계를 가진 이들 국가간의 관계는 극단적이 아닌 이완된 갈등관계의 맥락에서 설명할 수 있다.

결론적으로 말해서 갈등적 외교관계를 갖고 있는 강대국간의 외교에 있어 생각할 수 있는 가장 중요한 요소는 이들간에 공통적이고 정신적인 정치적 가치의 존재 여부이다. 이러한 가치는 갈등적인 강대국간에 상호 적응의 기회를 제공할 수 있다.

19세기 유럽의 세력균형체제하에서 강대국들이 약 100여 년 가까이 공존할 수 있었던 것은 이들이 공통적으로 유럽의 현상(status quo)유지를 그들의 정신적인 정치적 가치로 인정하고, 이것을 외교적 역학관계에 활용하였기 때문이다. 그러나 19세기 말에는 '현상의 유지'라는 정치적 가치가 점점 퇴색하여, 이것을 통한 외교적 역학관계가 이루어지지 못한 결과 제1차 세계대전이 발발되고 말았다.

양극체제하에서는 미국과 소련이 전면전의 회피를 그들의 정치적 가치로 생각하고, 이것을 양국 외교관계에 적용하여 왔다. 다시 말하면, 전쟁 회피를 전제로 두 강대국이 외교적 역학관계를 유지해 온 것이다. 앞에서 살펴본 쿠바사건도 미국과 소련 양국간 전쟁은 회피되어야 한다는 정치적 가치가 작용되었기 때문에 충돌을 회피하였다. 즉, 전쟁 회피라는 정치적 가치가 존재하지 않았더라면 쿠바사건은 평화적으로 해결되지 못했을 것이다. 1950년대와 1960년대의 미국과 소련은 많은 국제적 문제에서 극단적인 경쟁관계를 갖고 있었지만, 서로 충돌을 회피하려고 노력했기 때문에, 긴장이 고조된 가운데서도 이런 긴장이 전쟁 등의 행위로 나타난 일이 없었다. 미국과 소련 두 강대국이 전쟁 회피를 그들 최대의 정치적 가치로 생각했던 이유는 전쟁이 발생했을 때 누구의 승리도 보장받을 수 없었기 때문이다. 이런 불확실한 상황하에서 두 강대국이 전쟁을 한다는 것은 자살행위에 가까운 일이었다. 제2차 세계대전 이후 지금까지 미국과 소련의 정면 충돌이 한번도 없었던 사실은 위와 같은 맥락에서 설명이 가능하다.

다극체제하에서는 정치적 강대국이 두 개 이상으로 증가하였다. 그리하여 이들 강대국간에 갈등적 외교관계가 있더라도 그것은 극단적이 아니었다. 어떤 강대국이 다른 강대국과 극단적 갈등관계를 갖게 되면, 이런 상황은 오히려 다른 강대국을 유리하게 할 수 있기 때문이다. 예를 들어, 일본과 소련이 극단적인 경쟁·대립관계로 치닫는다면, 이들간에는 소모적인 외교가 전개될 것이다. 반면에 같은 갈등적 관계를 갖고 있는 중국과 미국이 외교적으로 상호 적응의 폭을 넓혀 모든 면에서 공동의 보조를 맞춘다면, 소련보다는 중국이 더 유리한 입장에서 다른 국가와 외교를 전개할 수 있을 것이다. 다극체제하에서는 양극체제와는 달리 갈등적 관계가 다원화될 수 있기 때문에 각기 갈등적 관계를 완화하려는 경향을 보이게 된다. 그리하여 이 체제하에서의 정치적 가치는 극단적인 갈등관계의 완화로, 이것이 이들 강대국간에 외교적 역학작용을 했다. 바로 이런 것이 날이 갈 수록 국제사회의 긴장을 완화시키는 요인이 되었다. 특히, 갈등적 요소가 질적으로 약화되고 수적으로 감소되는 것은 갈등적 외교관계를 갖고 있는 강대국들의 정치적 가치에 대한 깊은 인식에서 비롯된다. 1989년의 독일 베를린장벽의 붕괴도 소련, 미국 등 서방국가들간의 갈등적 요소가 질적·양적으로 극소화되었기 때문에 가능하였다.

강대국과 약소국간의 외교－갈등적 외교관계를 갖고 있는 강대국과 약소국간에는 양측 모두 모범적이고 바람직한 외교가 전개되기는 어렵다. 외교가 전개될 수 있는 바탕이 갈등적이고, 국력이나 정치적 역량에 차이가 있기 때문에 필연적으로 강대국에게 유리한 외교가 전개될 수밖에 없다는 것은 자명한 일이다. 특히, 강대국과 약소국간에 현안의 중대성이 크면 클 수록 가치의 공유나 균점은 불가능하다. 더 나아가 갈등적 외교관계를 갖고 있는 강대국과 약소국간에는 상대방의 희생 위에 자국의 이익을 극대화하려는 생각이 언제나 작용한다. 그렇다면 약소국의 이익은 희생될 것이고, 강대국은 약소국의 희생을 국익 증대의 수단으로 삼을 것이다.

외교적 측면에서 볼 때, 물질적 또는 정신적 가치가 당사국간에 상충되거나 혹은 이러한 가치를 경쟁적으로 다투게 될 때 갈등적 외교관계를 가진 강대국간에는 더 많은 것을 얻기 위해 대립하고 경쟁할 수 있지만, 강대국과 약소국간에는 경쟁이 있을 수 없다. 만일 경쟁이 있다면 강대국은 이 경쟁에서 더 많은 것을 얻고 독점하기 위해 필요한 수단들을 동원하여 일방적으로 경쟁의 대상이 되는 가치를 독점하게 될 것이므로 모범적인 외교는 전개되지 못할 것이다. 강대국과 약소국간에는 힘의 격차가 크고 또한 외교관계의 질로 보아 본질적으로 상호 적응하는 외교, 다시 말하면 이견의 조정이나 해소 또는 이해의 분담을 전제로 하는 외교가 전개되기 어렵다. 그렇기 때문에 이들

간에 가치의 획득을 위해 경쟁하거나 해결해야 할 중대한 현안이 발생한다면, 여기에는 강대국의 강압적인 외교가 일방적으로 전개될 것이다.

약소국과 강대국이 갈등적 관계를 갖고 있다는 것은 각기 독자적인 길을 걷고 있어 정상적인 또는 원만한 외교를 전개할 수 있는 기초를 갖고 있지 않다는 것을 의미한다. 약소국은 갈등관계를 갖고 있는 강대국과 의존적 관계 또는 불평등관계를 갖고 있지 않으면서 자주 충돌하고 대립하게 된다. 또한 강대국 역시 커다란 국력을 갖고 있고 강한 정치적 역량을 갖고 있지만, 외교의 대상이 되는 약소국과는 어떠한 외교적 기초도 갖고 있지 않기 때문에 이 강대국은 그 약소국과 바람직한 외교를 전개할 수 없다. 강대국과 약소국 사이에 어떤 가치의 다툼이 있거나 또는 양 당사국에 중대한 현안이 발생한다면, 강대국은 비우호적이고 비평화적인 방법을 동원하여 소기의 목적을 달성하려 할 것이다. 다시 말하면, 강대국과 약소국간의 관계가 갈등적이고 원만한 외교를 전개할 수 있는 외교의 기초를 갖고 있지 않다면, 여기에는 문제 해결을 위해 강대국의 일방적인 폭력적 행위만이 자행될 것이다.

일반적으로 약소국이 강대국과 극단적인 갈등관계를 갖는 경우는 흔치 않다. 앞에서 설명한 바와 같이, 약소국과 강대국이 극단적인 갈등관계를 갖는다면, 그것이 약소국에게 대단히 불리할 것이므로 우선적으로 약소국이 강대국과의 극단적인 갈등관계를 회피하려 할 것이며, 이러한 관계를 갖고 있다면 약소국은 또한 강대국과 해결해야 할 문제의 발생을 미연에 방지하거나 회피하려 할 것이다. 그러나 강대국으로서는 어떤 약소국과도 협조적 관계를 갖는 것이 바람직하겠지만 갈등적 관계를 갖고 있더라도 강대국은 크게 불리할 것이 없을 것이다. 강대국이 협조적 관계를 갖고 있는 약소국에 대해서는 비협조적인 행위를 자제하겠지만, 갈등적 관계를 갖고 있는 약소국에 대해서는 강대국이 그의 목적 달성을 위해 수단과 방법을 가리지 않을 것이다.

19세기 유럽의 세력균형체제하에서 강대국과 약소국이 갈등적 관계를 갖는 경우는 없었다. 유럽대륙 내에서 강대국의 개별적인 대외행위는 대체로 억제되었기 때문에 어떤 강대국이 특정 약소국과 갈등적 관계를 갖지 않았다. 엄밀히 말해서 양극체제하에서도 각각 다른 진영에 속해있는 강대국과 약소국이 갈등적 외교관계를 갖는 경우는 흔치 않았다. 우선 서방진영에 속해 있는 약소국이 공산진영의 강대국과 공식적 외교관계를 갖고 서로 가치를 다투는 일은 있을 수 없었다. 왜냐하면 공산진영의 강대국인 소련과 서방진영의 약소국간에 직접적인 외교가 전개될 수 없었기 때문이다. 그러므로 양극체제하에서 이념과 사회체제를 달리하는 강대국과 약소국간에 긴밀한 상호작용이 있을 수 없었으므로 해결해야할 현안이 발생할 가능성도 매우 적었고, 가치를 다투는 일도 발생하기 어려웠다.

양극체제하에서 1960년대 강대국인 소련과 중국은 갈등적 관계를 갖고 있었으나, 양국간에 직접적인 외교를 전개하지 않았고, 따라서 두 국가간에 해결해야할 긴급한 현안도 발생하지 않았을 뿐만 아니라 이해를 다투는 경우도 없었다. 비록 소련과 중국은 갈등적 관계를 갖고 있었지만, 모두 공산주의국가였다는 것이 두 국가간의 갈등적 관계가 극단적으로 치닫지 않도록 하였던 이유라고 생각된다. 역시 냉전시기인 1960년대 이후 미국과 쿠바는 갈등적 관계를 갖고 있었다. 그러나 미국은 일방적으로 쿠바의 희생을 강요하지 않았다. 왜냐하면 쿠바는 소련의 보호를 받고 있었기 때문에 미국이 쿠바에게 희생을 강요한다면 미국은 소련과 충돌할 가능성이 있었다. 그래서 미국은 소련과의 충돌을 피하기 위해 쿠바의 희생을 강요하지 않았다.

국제정치체제가 다극화함으로써 강대국과 약소국간의 협조적 관계가 크게 줄어들었다. 강대국과 약소국간의 협조적 관계는 강대국의 필요에 의해서 형성되는 것인데, 다극체제하에서는 강대국이 많은 약소국가들과의 협조적 관계를 가질 필요성이 적어지게 되었다. 왜냐하면 강대국간의 경쟁, 대립 등이 치열하지 않았고 극단적이지 않기 때문이다. 따라서 약소국은 강대국으로부터 외교적으로 자유롭고 또 독립적으로 행동할 수 있게 되었다. 이제 강대국도 수적으로 증가했고, 그리고 미국 및 소련이 주도하여 형성되었던 진영(陣營)이 해체되어 약소국도 독자적인 외교를 전개할 수 있게 되어 약소국은 강대국과 갈등적 관계를 갖게 될 가능성이 많아졌다.

강대국과 약소국간에 비정치적 현안이 발생한다면, 양국이 갈등적 관계에 있더라도 공식적 외교관계를 갖고 있기 때문에 행정적 외교를 통한 문제의 해결이 가능하다. 형식적인 행정적 외교가 전개될 수 없더라도 외교관계를 가지고 있으므로 대화나 접촉의 창구를 가질 수 있어 이를 위한 정치적 외교도 가능할 것이다. 그러나 중대한 국가이익과 직결되는 정치적 현안이 발생한다면, 정상적인 외교로서는 그 해결이 불가능할 것이다. 갈등적 외교관계를 갖고 있고 또 강대국과 약소국간의 외교이므로 이해의 분담을 쉽게 생각할 수 없을 것이며, 이 경우는 강대국의 일방적 승리로 끝나게 될 것이다. 갈등적 외교관계를 갖고 있는 강대국과 약소국간에는 정치적 외교가 전개될 수 있는 기초가 형성되어 있지 않은 것이 일반적인 현상이다. 강대국과 약소국간에 의존적 관계나 불평등한 관계가 형성되어 있다면, 이 관계는 갈등적 관계가 아닐 것이다. 그러므로 갈등적 관계에서는 정치적 외교가 전개될 수 없기 때문에, 중요한 문제가 발생한다면 강대국은 상대 약소국을 희생시켜서라도 자국의 목적을 달성하려 할 것이다. 강대국과 약소국이 갈등적 외교관계를 갖고 있다면, 정상적인 외교가 전개될 수 없다. 그러나 강대국의 경우에는 필요하다면 목적의 달성을 위해 필요한 조치를 강구하게 될 것이다.

약소국간의 외교－갈등적이라는 요소와 약소국이라는 요소는 외교에 있어 그 폭을 가장 좁게 하고, 외교행위를 가장 소극적으로 만드는 요소이다. 이러한 요소들을 갖고 있는 국가간에는 외교적인 상호 작용이 매우 적다. 외교의 근본 목적은 새로운 가치를 창출하고, 각 당사국이 이를 균점하여 국가 이익을 극대화하는 데 있다. 그러나 외교의 각 당사국이 갈등적이고 약소국이라면 창출될 가치가 많지 않기 때문에 이들간의 외교는 지극히 제한적일 수밖에 없다. 그러므로 이들 국가간에는 일반적이고 정상적인 외교가 전개될 수 있는 바탕을 갖지 못한다.

약소국간의 외교는 국제정치체제 및 국제질서와도 거의 관계가 없다. 일차적으로 국제정치체제 및 국제질서의 변화로 약소국의 지위가 변하지 않는다면, 이 체제질서의 변화는 약소국들에게 큰 의미를 부여하지 않는다. 물론 약소국간이라도 상대적으로 국력이 강하고 다른 약소국보다 정치적 역량을 좀 더 발휘할 수 있는 국가가 있을 수 있다. 그러나 이들의 외교관계는 갈등적이기 때문에 정치적 역량을 발휘할 수 있는 터전을 마련하기가 어려울 것이다. 정치적 역량을 발휘할 수 있는 터전은 적어도 상대국가의 이익을 침해할 수 있어야 그러한 터전이 마련될 수 있는데 이들의 외교관계가 갈등적 관계라면 영향력 행사의 바탕을 가질 수 없다. 그러므로 약소국간에 정치적 외교가 전개될 수 있는 가능성은 배제되어도 좋을 것이다.

이들간에도 비정치적 현안이 발생한다면, 역시 갈등적이지만 공식적 외교관계를 갖고 있어 행정적 외교를 통한 문제 해결을 모색할 수 있을 것이다. 만약 이들 국가간에 행정적 외교가 전개된다면, 물리적 힘의 행사나 정치적 역량이 발휘될 수 있는 여지가 적기 때문에 원칙에 입각한 모범적인 외교의 전개가 가능할 것이다.

한편, 이들간에 중대한 정치적 현안이 발생한다면, 당사국들은 어려운 국면에 접어들게 될 것이다. 이러한 문제는 정치적 외교에 의해 해결이 가능하지만, 약소국간에 정치적 외교의 전개가 불가능하기 때문에 각 당사국은 첨예한 대립을 면할 수 없게 된다.

이들 국가간에는 갈등적 외교관계를 갖고 있어, 평상시 어려운 정치적 현안을 미연에 방지하는 정치적 외교가 전개되기 어렵고, 만약 정치적으로 중요한 현안이 발생한다면 그 해결은 매우 어렵게 될 것이다. 왜냐하면 이들 간에는 공통의 정치적 가치를 갖고 있지 않기 때문에 이 약소국들은 상호 적응할 수 있는 근거를 갖고 있지 않다. 그렇다면 이런 문제의 해결은 외교 이외의 방법에 의해서만 해결이 가능할 것이다.

그것은 물리적 힘의 행사에 의한 충돌, 다시 말하면 전쟁 행위 등의 방법으로 문제의 해결을 모색하는 것이다. 약소국간 갈등적 외교관계를 갖고 있는 국가라면 어떠한 국제정치체제하에서도 물리적 힘에 의한 충돌 행위는 흔히 발생될 수 있는 일이다. 1980년대 이란과 이라크간의 전쟁 그리고 21세기 이라크의 쿠웨이트 침공이 있었고 그 외에도 약소국간에 발생되는 국지전은 대체로 위에서 말한 요소들에 의해 그 원인이 제공되는 경우가 많다. 만약 이들 국가들이 무력 충돌을 회피하기 위해 정치적으로 중대한 현안을 행정적 외교를 통하여 해결하려 한다면, 이 행정적 외교는 각 당사국이 문제의 해결에 접근하기보다는 행정적 외교의 부수적 효과를 최대한으로 얻기 위한 행위로 일관하게 될 것이다.

결론적으로, 갈등적 외교관계를 가진 약소국간에는 활발하고 적극적인 외교가 전개될 수 있는 기반이 조성되어 있지 않기 때문에 일반적인 외교의 형태를 정립하기가 어렵다. 이러한 국가간의 관계가 실제로 존재한다고 하더라도, 외교적 행위가 전개될 수 있는 터전을 갖고 있지 않아 이들간의 외교행위는 평상시 거의 전개되지 않고 있다. 비록 갈등적 외교관계에 있더라도 지리적으로 인접한 국가간이라면 우호적이든 비우호적이든 소극적인 외교가 전개될 수 있겠지만, 지리적으로 멀리 떨어져 있는 국가간의 활발한 외교는 기대하기 어려운 것이다.

통상적 외교관계를 가진 국가간의 외교

국가간의 외교관계가 '통상적 관계(indifferent relations)'라는 말은 국가간에 공식적인 외교관계는 가지고 있지만, 외교 관계의 질이 모든 가치를 나누어 가질 수 있을 만큼 명백한 협조적 관계를 가지고 있지도 않고, 또 다른 국가의 가치를 침해하는 대립적·갈등적 관계도 갖지 않는 국가간의 외교관계를 뜻한다. 이같은 경우는 영국과 시에라리온 또는 프랑스와 다호메이 등의 관계에서 볼 수 있는데, 이들 사이에는 공식 외교관계는 있으나, 약간의 무역거래만이 존재할 뿐 접촉이나 교류는 활발하지 않다. 이러한 국가간의 관계를 통상적 외교관계라 할 수 있다. 또 한국은 중남미의 에콰도르 공화국, 아프리카의 세네갈과 외교관계를 정상화하고, 그 곳에 우리의 상주공관을 두고 있다. 그러나 한국과 이들 국가간에는 접촉이나 교류도 활발하지 않고 또 정신적 및 물질적 가치를 창출해서 나누어 갖는 경우도 매우 드물다. 그 뿐만 아니라 서로 비난도 비판도 하지 않으며 이 지구상에 공존하고 있다. 그러므로 한국과 이 두 국가간의 외교관계는 통상적 관계라 할 수 있다. 한 국가가 다른 국가와 통상적 외교관계를 갖고 있을 때, 갈등적 또는 협조적 관계를 갖고 있는 국가보다 외교의 폭을 더 크게 가질 수 있는 소지(素地)가 있다. 다른 국가와 통상적인 외교관계를 갖고 있는 국가는 일시적으로 또는 잠정적으로 어떤 사안이나 상황에 따라 협조적 관계를 가질 수도 있고, 갈등적 관계를 가질 수도 있다. 통상적 외교관계를 갖고 있는 국가간에는 외교관계의 축을 협조적인 측면에 더 크게 두는 것도 아니고 또 갈등적 관계에 비중을 더 크게 두는 것도 아니다. 이들간의 외교는 일정한 정향(orientation)을 갖고 있지 않아 외교적 상호 작용의 틀이나 범위가 없다. 그 대신 이들의 외교는 시간이나 공간 또는 사안에 따라 외교행위를 크게 달리할 수 있다. 그리하여 이런 외교관계를 가진 국가간에는 거의 교류가 없는 국가들도 있고, 사안에 따라서는 잠정적으로 협조적 관계 못지 않은 관계도 가질 수 있다.

통상적 외교관계를 갖고 있는 국가간의 외교를 결정짓는 중요한 요소는 적대적이거나 배타적인 태도, 행위, 정책 등을 갖지 않도록 하는 것이다. 국가가 이러한 태도나 정책을 갖게 되면 국가간의 관계는 갈등적인 관계로 발전할 수 있는 여지를 만들 뿐만 아니라 그것이 더 악화될 수 있는 소지를 갖고 있기 때문이다. 국가간에 이와 같은 상황을 인식할 수 있다는 것은 실질적으로 밀접한 상호 작용이 필요하고, 또 그렇게 하여야 할 이유가 있기 때문이다. 이렇게 밀접한 상호 작용의 필요성을 갖는 데에는 지리적·정치적·경제적·전략적인 측면의 여러 이유가 있을 수 있다. 그럼에도 불구하고, 협조적 외교관계를 갖지 않는 이유는 외교 당사국의 일방 또는 쌍방이 일정 기간 동안 외교적 자유와 권리의 제한이 수반되는 협조적 관계의 설정을 원하지 않기 때문이다. 그 대표적인 예가 제2차 세계대전 이후 양극체제하에서 강대국과 비동맹 외교노선(non-alignment orientation)을 채택한 국가간의 관계이다.

비동맹 외교노선을 채택한 국가들은 자국의 필요에 의한 대외정책 결정과 독자적인 외교행위의 자유를 향유하고, 미·소 두 강대국으로부터 경제원조를 받으며 자율적인 경제발전을 이룩하기 위해서 두 강대국과 동맹관계를 갖지 않으려 하였다.[49] 뿐만 아니라 이들 국가는 두 강대국과 갈등적 관계도 갖지 않았다. 그러나 강대국들은 비동맹 외교노선을 걷는 국가 중 특히 영향력이 있는 국가 예를들면 이집트, 인도 등과 긴밀한 유대관계를 갖는 것이 필요했기 때문에 그들과의 소원하고 무관심한 외교관계를 탈피하려 하였다. 그러나 비동맹국가들이 미국과 소련 두 강대국과 협조적 관계를 원하지 않았기 때문에 미국과 소련은 이들과 협조적 외교관계는 가질 수 없었지만, 외교상 통상적 관계를 유지하며 이들 국가들이 자국에 대해 적대적이거나 배타적인 태도, 정책 등을 갖지 않게 하려고 노력했다.

이와 같은 경우는 비교적 특수한 경우이고, 일반적으로 협조적·갈등적·통상적 외교관계 중에서 가장 많은 국가간의 관계는 통상적 관계이다. 대체로 강대국들은 많은 국가와 공식적 외교관계를 갖고 있지만, 이들 국가는 자국의 입장에서 거시적 또는 미시적으로 가치가 있다고 생각되는 국가와 농도 짙은 협조적 외교관계를 갖는다. 양극체제하에서 강대국들은 미시적 측면보다는 거시적 측면에서 다른 국가들과 협조적 관계를 설정하였다. 그리하여 비교적 많은 국가와 협조적 관계를 갖고 있었다. 그러나 다극체제하에서 강대국은 양극체제하에서와는 달리 미시적 측면에서 외교관계의 질을 결정한다. 다극체제하에서는 어떤 특정 강대국이 독단적으로 국제정치체제의 유지 및 관리를 책임질 수가 없고, 또 그렇게 하려고 하지도 않는다. 그러므로 외교에 있어 미시적 측면이 보다 강조됨으로써 강대국의 외교관계의 영역도 자연히 좁아지며, 따라서 강대국의 외교관계는 협조적 외교관계나 갈등적 외교관계는 줄어들고, 오히려 통상적 외교관계가 증가했다. 양극체제하에서는 약소국의 경우도 마찬가지로 외교관계의 제한 요소인 이념, 동맹 등으로 외교의 폭이 넓지 못하였으나, 외교관계의 질은 협조적 관계 또는 갈등적 관계로 극명하게 나뉘어져 있었다. 그러나 약소국도 다극체제하에서는 외교관계의 제한적 요소가 거의 제거되어 외교의 폭은 넓어졌지만, 외교관계의 질은 떨어지게 되었다. 다시 말하면, 강대국이나 약소국이나 국가간의 외교관계는 통상적 관계가 확대되어 가고 있다.

---

49) K. J. Holsti, International Politics, 5th ed.(Englewood Cliffs, New Jersey: Prentice-Hall, Inc., 1983), pp. 96ff.

강대국간의 외교－어느 시대, 어떤 국제 정치체제 하에서도 강대국간에는 통상적 외교관계가 형성될 수 없다. 강대국간이라면 서로 상대국을 관심 밖에 둘 수 없고, 협조적이든 갈등적이든 외교관계를 가지게 되며, 서로 무관심할 수 없는 것이다. 강대국이라면, 모든 가치가 제한적인 19세기 세력균형체제나 양극체제하에서는 말할 것도 없고, 비교적 가치가 제한적이지 않은 다극체제하에서도 강대국으로서의 지위를 유지하기 위해서 필연적으로 다른 강대국을 의식하여 행위하고 정책을 결정한다. 만약 강대국이 각기 다른 강대국에 대해 관심을 갖지 않는다면 국제정치체제 또는 국제질서는 형성되지 않을 것이고, 또 형성되더라도 그 유지는 불가능할 것이다.

국제정치체제는 19세기 초 강대국의 탄생과 더불어 생성되었다.[50] 그리고 국제정치의 일정한 법칙과 그 범위는 강대국의 상호작용에 의해서 만들어지는데,[51] 강대국이 서로 무관심한 관계를 갖는다면 국가간의 관계나 세계적인 국제정치는 질서도 또한 틀도 없는 상태하에서 전개될 수밖에 없을 것이다. 그러므로 국제정치체제가 형성된 이래 오늘까지 강대국들이 자국의 지위를 포기하지 않는 한, 이들간에는 무관심한 관계가 형성될 수 없었다. 그러므로 강대국간의 통상적 외교관계는 실제로 존재하지 않는다. 역설적으로 강대국간의 외교관계가 무관심한 관계라면, 세계는 매우 평화롭고, 모든 외교는 합법적·합리적으로 전개될 수 있을 것이다. 왜냐하면 이러한 관계를 가진 강대국간에는 국제정치질서나 체제의 유지 또는 전복을 위한 대립이나 경쟁이 없어질 것이고, 따라서 국제정치체제가 없다면 절대적 강대국이나 약소국의 의미도 희석될 수 있어 외교는 비교적 단순하게 전개될 수 있을 것이기 때문이다.

그러면 모든 국가간의 외교가 어느 정도 평등한 지위에서 전개될 수 있는 환경이 조성될 수 있을 것이다. 그리고 국제정치체제 및 강대국의 의미가 축소되거나 가치가 하락한다면, 모든 국가의 외교는 거시적인 측면에서가 아니라 전적으로 미시적인 측면에서만 전개될 것이다. 만일 이렇게 된다면 강대국과 약소국의 외교의 폭은 크게 축소될 것이다. 그러나 국제정치체제 및 국제정치 질서가 존재하고 그것이 작용되는 한, 강대국간의 외교관계는 무관심할 수가 없다.

---

50) R.R. Palmer and Joel Colton, A History of the Modern World, 5th ed.(New York: Alfred A. Knopf, INC., 1978), p. 410.

51) Stanley Hoffmann, "International Organization and the International System," in Leland M. Goodrich and David A. Kay(eds.), International Organization: Politics and Process(Wisconsin: The University of Wisconsin Press, 1973), p. 62.

강대국과 약소국간의 외교－일반적으로 말하여 강대국과 약소국간의 가장 보편적인 외교관계는 통상적 외교관계라 할 수 있다. 국가간의 외교관계의 형태와 질은 강대국에 의해서 주도적으로 결정되는 것이 일반적인 현상이다. 약소국은 강대국과 협조적 외교관계를 가짐으로써 강대국에 의해 자국의 안전을 보장받을 수 있고, 국가간의 정치 또는 국제기구나 국제회의 등에서 외교적 지원을 받을 수 있을 뿐만 아니라 경제적·군사적 원조도 받을 수 있다. 그리하여 부분적으로 외교나 외교정책의 제한을 감수하면서도 강대국과 협조적 외교관계를 갖고자 하는 약소국도 있을 수 있다. 그러나 이러한 외교관계는 약소국의 필요가 아니라 강대국의 약소국에 대한 필요에 의해 결정되기 때문에, 약소국이 일방적으로 강대국과의 협조적 외교관계를 희망하는 경우라면 그 협조적 외교관계는 형성되기 어려울 것이다. 그러나 그 반대의 경우, 즉 강대국이 어떤 특정 약소국과의 협조적 관계를 원한다면 이 경우에는 강대국의 뜻에 의해 약소국은 강대국과 협조적 외교관계를 가질 수 있다.

위와 같은 현상이 일반적인 현상이라 할 수 있으나, 양극체제하에서 미국이나 소련 두 강대국과 비동맹 외교노선을 채택한 국가 가운데 일부 영향력 있는 국가간의 경우는 예외적이었다.[52] 양극체제하에서 미국과 소련은 정치적 영향력의 경쟁이 극도로 치열했기 때문에, 비동맹 외교노선을 채택한 국가들과 각기 형식적이 아닌 실질적인 협조적 관계를 갖게 되면 외교적 경쟁에서 매우 유리한 고지를 점할 수 있었다. 협조적 관계를 갖지 못하더라도 이 영향력 있는 비동맹국가가 미국 또는 소련 중 다른 측에 편향되는 것을 막는 것이 절대적으로 필요했다. 그렇기 때문에 이러한 국가에 대한 미국과 소련의 경쟁은 매우 치열하게 전개되지 않을 수 없었다. 그 좋은 예가 아시아의 인도와 아프리카의 이집트이다. 이 두 국가가 비동맹권 내에서는 영향력이 크기 때문에, 인도와 이집트가 적어도 상대편 강대국에 밀착되는 것을 막는 일이 강대국에게는 절대절명의 과제였다. 그리하여 이집트와 인도 두 국가는 강대국과 외교상 통상적 외교 관계를 갖고 있으면서도 자국의 특이한 외교노선을 이용하여 약소국의 입장에서 오히려 주도적으로 강대국과 실질적인 협조관계를 유지하였다.

52) Michael Handel, Weak States in the International Relations(London: Frank Cass, 1981), pp. 191ff.

특히, 미국으로서는 1956년 이집트가 수에즈운하회사를 국유화했을 때 자국의 동맹국가이고 정치적 가치를 가장 높게 평가받고 있던 영국, 프랑스, 이스라엘의 이익을 희생시키면서까지 이집트를 옹호하였고, 또 이에 맞서 소련도 미국에 뒤지지 않기 위해 이집트의 수에즈운하 국유화 결정을 전폭적으로 지지하였다. 이와 함께 이집트의 아스완 댐 공사의 경우에도 미국과 소련은 역시 경쟁적으로 지원하였다. 그 후 미국은 이집트에 대해 호의적 태도를 보이기 위해 1957년 자국의 우방국가인 이스라엘에게 시나이 반도로부터 철수하도록 강한 압력을 가하였다.[53] 그뿐만 아니라 아이젠하워 대통령은 1957년 1월 5일 상하 양원 합동회의의 연설에서 중동에 대한 미국의 기본 정책의 새로운 방향을 발표하였다. 이것을 곧 '아이젠하워 독트린'이라 한다. 그 후 미국 의회는 1957년 3월 9일에 행정부가 제출한 '중동결의안(Middle East Resolution)'을 가결하여 미국 대통령으로 하여금 중동국가들의 독립을 뒷받침할 수 있는 원조를 제공하게 하였고, 군사적 지원도 제공하게 하였을 뿐만 아니라 중동국가들의 영토적·정치적 독립을 보호하는 데 미국의 군대를 사용할 수 있게 하였다.[54] 이러한 근거로 미국은 이집트를 포함한 중동국가들을 적극적으로 지원하였다.

미국의 이와 같은 중동 및 이집트 정책에 대항하여 소련도 1958년 이집트의 아스완 댐 건설을 지원하기로 하였고, 이집트의 아랍 민족국가의 기수로서의 지위를 높여주기 위해 이집트 대통령 나세르의 반공 정책과 서방 국가와의 폭넓은 관계 개선까지도 용납하였다.[55]

아시아의 비동맹국가 가운데 가장 영향력이 큰 인도에 대해서도 미국과 소련은 각각 인도가 상대 측에 편향되지 않도록 하기 위해 적극적인 정책을 추진하였다. 동·서 양진영의 미국과 소련은 인도를 자국의 동맹 진영에 들어오게 한다면, 두 진영간의 경쟁에서 결정적인 승리를 획득할 수 있다고 생각하고 있었다. 그리하여 두 강대국은 인도를 포함한 비동맹국가들에게 도덕적·경제적·정치적·군사적인 모든 지원을 집중적으로 퍼부어 이들을 자국 진영에 들어오게 하려고 노력하였다.[56] 강대국들이 이처럼 비동맹

53) Ibid., p. 126.

54) Cecil V. Crabb, Jr., The Doctrines of American Foreign Policy(Baton Rouge: Louisiana University Press, 1982), pp. 153-154.

55) Alvin Z. Rubinstein, Soviet Foreign Policy since World War II(Cambridge, Mass.: Winthrop Publishers, Inc., 1981), p. 242.

56) Hans J. Morgenthau, Politics among Nations, 3th ed.(New York: Alfred A. Knopf, 1960), p.

국가, 그 중에서도 영향력 있는 국가들에게 모든 지원과 원조를 아끼지 않았지만, 이들 국가간에는 외교관계상으로는 통상적 외교관계가 유지되었다. 양극체제하에서 강대국과 비동맹 국가간의 실질적인 행위가 실제적 외교관계를 뛰어넘어 행해졌던 것은 미국과 소련의 필요 이상의 극단적인 경쟁의 결과였다.

그러나 양극체제를 대신하여 다극체제가 등장하면서 미국과 소련의 극단적인 대립과 경쟁이 완화됨으로써 비동맹노선 그 자체의 의미가 퇴색하였고, 이들 국가에 대한 미국과 소련의 정치·경제·군사적인 공세도 완화되었다. 양극체제하에서의 강대국과 비동맹 외교노선을 걷는 국가간의 외교관계와 실질적 행위는 원칙을 벗어나 비정상적으로 작용하였으나, 다극체제하에서는 이들 국가간에도 실질적 외교관계와 실질적 외교행위가 일치하게 되었다.

비동맹국가의 경우와 같이 경제적 이유, 그 중에서도 자원의 위력 때문에 통상적 외교관계를 가진 국가들이 실제로 협조적인 외교행위를 행한 경우는 미국의 중동정책을 통해 잘 살펴볼 수 있다. 1973년 중동의 산유국들은 유럽공동체 회원국가와 일본의 석유 금수를 위협하였다. 이렇게 위협을 받게 되자 유럽공동체 회원국의 외상들은 1973년 11월 6일 그리고 일본은 11월 22일 그들의 원래 입장을 바꾸어 아랍국가들을 지지한다는 성명을 발표하였다.[57]

비동맹국가와 산유국의 경우는 협조적 외교관계가 아닌 통상적인 외교관계를 가짐으로써 약소국들이 그들의 외교정책이나 외교행위에 제약을 받지 않고 외교의 자유와 권리를 향유할 수 있었던 경우이다. 전자는 정치적 위력으로, 후자는 경제적 무기로 강대국들을 움직이는 성공적인 정치적 외교를 구사하였다. 이런 경우에서 볼 수 있듯이, 정치·경제·지리적인 면에서 가치 있는 요건을 갖추고 있다면, 강대국과 통상적 외교관계를 갖는 것이 독립적인 외교정책을 결정할 수 있고, 자유로운 외교행위를 할 수 있어 약소국에게는 더 유익할 수 있다. 약소국이 강대국과 통상적 외교관계를 가짐으로써 특히 유리했던 것은 양극체제하에서였다. 왜냐하면 약소국은 특별한 요건을 갖추고 있지 않더라도 그 국가가 위치한 지리적 요건만으로 정치적 위력을 발휘할 수 있었기 때문이다.

1950년대와 1960년대에는 강대국의 군사기지가 될 수 있는 지역이나 또는 상대국의

360.

57) Michael Handel, Weak States in the International System, pp. 245 & 255.

정보를 쉽게 얻을 수 있는 레이다 장치를 설치할 수 있는 곳은 강대국과의 실제적인 외교관계에 상관없이 강대국에게 영향력을 행사할 수 있는 국가가 될 수 있었다. 그러나 강대국 간의 긴장이나 경쟁이 완화된 다극체제하에서 약소국이 강대국과 통상적 외교관계를 가지고 자국의 외교적 역량을 발휘할 수 있는 여지는 거의 사라지고 있다.

약소국의 외교 역량이나 통상적인 외교관계는 강대국간의 대립이나 경쟁이 특히 정치적·군사적으로 치열하게 작용하는 경우에 효과적인 외교를 전개할 수 있는 바탕을 마련하게 될 것이다. 그러나 다극체제하에서는 정치적·군사적인 경쟁이나 대립이 강대국간에 극심하지도 않고, 더욱이 이들 강대국간 경쟁의 매개체가 가치의 확대 생산이 가능한 경제적인 것이 아니라면, 강대국과 약소국간의 통상적 외교관계의 지속은 그 가치를 더욱 감소시킨다. 석유를 많이 생산하고 있는 국가들이 아니라면 약소국가가 강대국에게 제공할 수 있는 가치는 없기 때문이다.

양극체제하에서 비동맹 외교노선을 걷는 국가들이 강대국의 관심과 쟁탈의 대상이 되었던 것은 그의 상대적 가치 때문이었다. 다시 말하면, 비동맹국 그 자체가 가치있고 중요해서라기보다는 미국과 소련의 필요 이상의 쟁탈의 대상이 되었기 때문이다. 그러나 미국과 소련의 경쟁이 완화되면서 그 국가들의 정치적 가치나 중요성은 일과성의 존재로 끝났다. 마찬가지로 지리적 위치로 인해 강대국의 관심의 대상이 되었던 비동맹 국가들도 다른 비동맹국가들의 경우와 같다. 이러한 국가들의 강대국과의 통상적 외교관계는 국제정치체제에 의해 그들의 가치를 인정받기도 하고 버림을 받기도 하는 지나치게 현실적인 외교를 전개하게 됨으로 긴 안목에서 볼 때 이러한 외교는 바람직하지 못한 것이다.

약소국으로서 강대국과 통상적 외교관계를 갖는 것은 대외적인 결정이나 행위에 있어 제한을 받지 않고 자유와 권리를 충분히 만끽할 수 있는 장점은 있으나, 다른 국가들과 새로운 가치를 창출하고, 그것을 나누어 가질 수 있는 기회는 줄어들게 한다. 물론 약소국이 강대국과 협조적 외교관계를 갖는다고 해서 반드시 가치의 공유가 보장되는 것은 아니지만, 그렇다고 통상적 외교관계의 유지가 어떠한 가치를 증대시킬 수 있는 바람직한 외교관계라고는 말할 수 없다.

강대국과 약소국간의 통상적 외교관계는 국제정치체제와 강대국간의 관계에 따라 그 범위가 커지기도 하고 작아지기도 한다. 19세기적인 세력균형체제하에서는 강대국과 약소국간의 관계가 무관심한 것이 당연한 일이다. 이 체제는 강대국간의 현상 유지가 그 목적이기 때문에, 강대국이 약소국과 지나치게 긴밀한 관계를 갖는 것은 현상 유지를 위험하게 할 수 있다. 그리하여 이러한 행위는 금기사항으로 되어 있었다. 실제로 19세기 전반 유럽대륙에서는 강대국간의 대립 및 경쟁이 없었기 때문에, 유럽의 강대국과 약소국간의 외교관계는 대체로 무관심한 것이었다. 그러나 19세기 말 강대국간의 경쟁 및 대립이 치열해지면서 강대국과 약소국간의 관계는 무관심할 수 없었다. 왜냐하면 약소국은 강대국의 쟁탈의 대상이 되었기 때문이다. 제2차 세계대전 이후 미국과 소련의 대립 및 경쟁의 터전이었던 체제하에서는 역시 많은 약소국이 이 두 강대국의 쟁탈의 대상이 되어 강대국과 통상적 외교관계를 유지할 수 없었다. 약소국은 강대국에게 군사기지를 제공하기도 하고 동맹관계도 갖게 되어 협조적 관계를 가졌다. 그러나 다극체제하에서는 강대국간들의 경쟁이나 대립이 약화되어 이들의 약소국에 대한 관심이나 필요성이 줄어들게 되었다. 그래서 동맹관계도 크게 줄었고, 약소국에 설치되었던 군사기지도 많이 폐쇄되어 약소국과 강대국간의 협조적 관계를 만드는 고리가 풀어지게 되어 무관심한 관계가 많이 형성되었다. 양극체제하에서 미국과 동남아 국가간에 협조적 외교관계를 만들어 주었던 동남아조약기구는 다극 체제하에서는 쓸모없는 존재가 되어 미국과 이들 국가간의 외교관계는 통상적 외교관계로 변질되었다. 약소국이 강대국과 갖는 외교관계에는 무엇보다도 국제정치환경이나 국제정치체제가 가장 중요한 요소로 작용한다.

강대국과 약소국간의 통상적 외교관계는 외형적으로 양측이 평등한 입장을 갖게 된다. 다시 말하면, 강대국의 약소국에 대한 정치적 투자도 없기 때문에 약소국의 강대국에 대한 불평등한 의존도 역시 높지 않다. 이러한 상황이라면 이들간의 정치적 외교는 성공적일 수 없다. 그 대신 강대국과 약소국간에 강대국에게 결정적으로 중요한 문제가 발생했을 때 정치적으로 강대국의 뜻대로 문제가 해결되지 않는다면, 강대국은 사용가능한 모든 수단을 동원하여 약소국을 희생시켜서라도 자국의 목적을 달성하려 할 것이다.

약소국간의 외교–모든 국가가 적극적으로 외교를 전개하는 목적은 정치적 독립을 보장하고 국가의 이익을 증대시키기 위해서이다. 그러므로 이를 위해서는 많은 국가와 활발한 외교를 전개할 수 있어야 한다. 이러한 관점에서 볼 때, 통상적 외교관계는 이러한 것들을 원만하게 수행하는 데 있어 결코 적절하거나 바람직한 관계가 아니다.

더욱이 약소국간의 통상적 외교관계는 어느 국가에도 도움이 되지 않는다. 약소국간에는 협조적 외교관계를 갖는다 해도 의존적이거나 불평등한 관계가 쉽게 형성되지 않을 것이고, 또 이 협조적 관계가 약소국들에게 크게 보탬이 되는 경우도 많지 않다. 하물며 약소국간에 무관심한 관계를 갖는다면, 어느 측이든 아무 것도 얻지 못할 것이다.

그런데 대체로 약소국간의 외교관계는 통상적 외교관계이다. 왜냐하면 약소국간에는 서로 주고 받을 가치나 새로이 창출될 가치가 많지 않으므로, 상호 밀접하고 협조적인 외교관계를 가질 필요성을 느끼지 못하기 때문이다. 외교는 어느 측에서든 강한 필요성을 느낄 때에 국가간의 상호 작용은 활발하게 전개되는데, 약소국간에는 강한 필요가 발생되지 않는다. 한국과 남미의 어느 작은 국가 또는 아프리카의 어느 빈곤한 국가간에 적극적인 외교의 필요가 발생되기란 쉽지 않다. 이들 국가와 한국이 협조하고 상부상조할 일도 별로 없을 것이고, 국가간에 나누어 가질 정신적 또는 물질적 가치도 존재하지 않기 때문에 한국과 이들 국가간에 통상적 외교관계를 갖는 것은 당연하리라 생각된다.

양극체제하에서는 약소국들간에도 간접적인 매개체에 의해 느슨하지만 간접적인 협조적 외교관계를 가질 수 있었다. 이러한 관계는 주로 동맹에 의해서 형성되었다. 그러나 다극체제하에서는 이러한 동맹체제가 거의 유명무실하게 되어 간접적인 협조관계를 가질 수 있는 기회가 줄어들게 되었고, 그리하여 약소국간의 무관심한 관계는 더욱 증가되었다.

이러한 측면에서 볼 때, 과거 동남아조약기구가 유력한 동맹체로 존재했을 때에는 한국과 태국 등 동남아조약기구 회원국들을 간접적인 협조적 외교관계를 가진 국가로 분류할 수 있었다. 그러나 다극체제하에서 동남아조약기구가 유명무실한 존재가 되면서, 한국과 이 기구의 회원국간에는 협조적 외교관계를 가졌다고 할 수 있는 아무런 연결 고리도 없으므로 이제는 통상적 외교관계를 가진 국가로 분류되지 않을 수 없는 것이다. 이와 같은 외교관계를 가진 국가간에 비정치적인 현안이 발생한다면, 협조적 외교관계를 가진 국가들처럼 행정적인 외교로 문제의 해결을 모색할 수 있을 것이다. 그러나 정치적인 현안이 발생된다면, 우선 외교관계로 보아 이러한 문제는 행정적 외교로 해결될 수 없다.

통상적 외교관계를 가진 약소국들간에 정치적 외교를 통한 문제의 해결은 불가능하다. 이들간의 외교관계로 보아 정치적 외교가 서로 적응하는 방향으로 전개되기도 어렵고, 국력이나 외교역량의 측면에서 보더라도 정치적 외교가 어느 측에 의해 성공적으로 전개될 수 있는 기초를 갖고 있지 않을 것이므로 정치적 현안의 해결은 매우 어렵다. 정치적 외교의 측면에서 정치적 현안을 보면, 통상적 외교관계를 가진 약소국간의 외교는 갈등적 외교관계를 가진 약소국간의 외교와 같다고 할 수 있다. 약소국간이라고 하더라도 통상적 외교관계란 상호 상대방의 가치를 침해하는 노골적인 행위가 자행되지 않을지는 모르지만, 이러한 행위가 필요하다고 생각되는 경우가 발생하면 상대국의 가치를 침해하는 행위를 자제하는 데에는 한계가 있을 것이다. 약소국간의 통상적 외교관계는 평상시에는 냉담하고 또 서로 긴밀한 접촉이나 교류가 없어 어떤 문제도 발생하지 않음으로써 그 관계가 존속될 수 있다. 만약에 이들 국가간에 해결하기 어려운 문제가 발생한다면, 서로 문제 해결의 능력과 수단을 갖추고 있지 못하기 때문에 이들간의 관계는 악화될 소지가 많다. 이렇게 본다면 약소국간의 통상적 외교관계는 협조적 외교관계로 발전하기보다는 갈등적 관계로 변할 수 있는 가능성이 더 많다고 하겠다.

약소국간에는 지리적으로 깊은 유대관계를 가질 수 있는 국가가 아니면 대체로 무관심한 관계를 갖는다. 그 이유는 지리적으로 격리되어 있는 약소국간에는 적극적인 가치가 등장할 가능성이 많지 않기 때문인데, 이 같은 경우가 적극적인 외교나 긴밀한 외교관계를 갖는데 가장 큰 장애 요소로 작용하게 된다.

찾아보기

ㅣㅅㅣ

ㅣㅇㅣ

ㅣㅈㅣ

ㅊ

ㅋ

ㅌ

ㅍ

ㅎ

지은이 송 영 우

• 건국대학교 정치외교학과 졸업
• 동 대학원 정치학과 석사과정 수료(정치학 석사)
• 중국문화대학 대학원 박사과정 수료(정치학 박사)
• 건국대학교 정치외교학과 교수
• 현재 건국대학교 명예교수

〈저서〉

1. 현대중국론 (공저, 희성출판사, 1989)
2. 현대외교론 (평민사, 1990)
3. 중국의 정치적 현대화 (공저, 평민사, 1991)
4. 국제정치학 (건국대학교 출판부, 1992)
5. 중국의 외교정책과 외교 (공저, 1993)
6. 한중관계론 (공저, 지영사, 1993)
7. 중국의 정치동원 (공저, 집문당, 1996)
8. 중국학 (공저, 건국대학교 출판부, 1998)
9. 한국의 외교 (평민사, 2000)
10. 국제정치경제론 (건국대학교 출판부, 2002)
11. 외교정책론 (지영사, 2005)
12. 중국적 정치 (지영사, 2012)

외교정책 그리고 외교

2014년 4월 25일 초판 인쇄
2014년 4월 30일 초판 발행

저 자 / 송영우
발행자 / 오판근
발행처 / 교우사

주 소 / 서울특별시 동대문구 약령시로 8 교우빌딩 2층
전 화 / 925-2861~2, 편집부 / 925-2825
팩 스 / 925-2860

E-mail / kyowoo@kyowoo.co.kr
http://www.kyowoo.co.kr

등록 / 1994. 3. 24 제6-0256호

ISBN 979-11-251-0033-1 (93340)

값 25,000원